絵伝と縁起の近世僧坊文芸

聖なる俗伝

堤邦彦

森話社

［カバー図版］お為の丑の刻参り（『西光寺御絵伝』近世後期〜明治期、西光寺蔵）

絵伝と縁起の近世僧坊文芸

聖なる俗伝

＊目次

Ⅳ　資料篇

はじめに

一　聖と俗の融化

元禄の人々と仏教のかかわりをめぐり、江戸の俳諧師・不角の『千代見草』（元禄五年〔一六九二〕刊）に雑俳狂句らしい次の戯画詠《カリカチユア》が載っている。

慰《なぐさみ》に御法《みのり》を聴かば奉加帳

右の句の前句は「与風《ふと》行《ゆき》かゝりこまる事かな」とある。ほんの気晴らしのつもりで座った談義の法席なのに、目の前に浄財をつのる奉加帳がまわってきて苦笑してしまう。ひたむきな信仰心とは雰囲気の違う江戸の寺社詣での呑気な風景が、軽妙な味わいの句作から伝わってくるだろう。

さらにまた当節流行の笠付の句には、説教をする寺僧の側の世俗臭を拾いあつめた句作が目につく。

しんじつに申すか売る歟《か》なまあみだ

（『たから船』元禄十年刊）

高座の上で民衆教化の言葉をつらねる唱導僧の真の目的が、信徒の賽銭目当てではないか、と疑ってみる「うがち」の表現が可笑しみを誘う。

十八世紀の江戸市中において、俗談平語を重んずる寺社の通俗説教がもてはやされたことは、三田村鳶魚の『教化と江戸文学』にその実情が明らかにされている。役者の声色まで真似てみせる渡世僧の芸態に対して、当時の儒者、知識層からは激しい排仏批判の言葉があびせられた。そうした説教の俗人化は仏教宗門の内部でも、当然のことながら問題視されるようになる。「近クハ謡、浄瑠璃ノゴトキ小説ヲ以テ神社仏閣ノ縁起ニアハセ」（『野客問話』）といった真宗僧・南溟《なんめい》（一六九九～一七五七）の現状批判は、縁起説話の卑俗化に向けられた教団側からの指弾とみてよかろう。

寺社をめぐる近世中期の宗教環境の変化が急速に進むなかにあって、古寺霊場の有り難さを説く縁起譚や、宗祖・開山の高僧伝は、俗間の大衆文化に限りなく接近し、いつのまにやら聖・俗の垣根を低いものにしてしまう。いわゆる近世仏教の卑俗化と宗教的な堕落、衰微を指摘する歴史観が仏教史研究の立場から提示されたのは［1］、そのような民間唱導のありようを中央教団の価値基準や哲学仏教の視座に比定して評言した結果と言えるだろう。

しかしその一方で、先祖供養から祭礼、年中行事にいたるまでの、寺院を発信源とする生活習俗が、社会のすみずみに普及したことは、まぎれもない事実であった。「卑俗化」とは、別の見方をすれば、民衆生活への草の根のような浸潤を意味するのである。

日常的な仏事や寺参りの風習が全階層的に行きわたり、信仰の世俗への偏在を可能にした近世日本の宗教状況について、大桑斉編の『論集　仏教土着』（法藏館、二〇〇三年）に注目すべき視座が示されている。すなわち大桑は、一見〈脱宗教〉のように見える社会、文化のなかに新たなる宗教性を見出そうとしたトーマス・ルックマンの非教会型宗教論（「見えない」宗教）［2］にことの本質を求めつつ、近世社会と信仰のかかわり方を仏教の〈住み着き〉という概念にそってこう分析する。

中世までの仏教が、仏教の名のもとに諸思想、諸宗教をすべて包含し体系化したのとは異なり、むしろ仏教としての本来の姿を隠し、さまざまな形態に姿を変え諸思想、諸宗教の根底をなす心に〈住み着い〉ている、ということに着目せねばならない。

（「総説　仏教土着論」）

説教僧の説く六道輪廻、因果応報などのおしえは、いつしか寺坊の外部に大衆的なひろまりをみせ、市井の精神生活に深く静かに沈み込んで行く。仏教は、「卑俗化」によって宗教機能をうしなったのではなく、むしろ時代思潮の深部に仏教的な世界観、人生観、生きるための倫理と知恵を皮下浸透させて行ったわけである。

かくして江戸中・後期に顕在化する世俗仏教の〈住み着き〉の果てに、寺社縁起や高僧伝記に材を得た芸能、文芸の世界が花開き、聖地霊山のカミ・ホトケをめぐる口碑伝説が都鄙のまにまに四散する。まるで外部が内部を呑み込むがごとく、教団は世俗との融合を許容し、一般社会もまた神仏に日常的な慣れ親しみを覚え、芝居小屋に、絵解き法会の遊山にと、法悦のひとときを享楽したわけである。

ゑで見るは地獄のはうがおもしろい

（『川柳評万句合』安永七年〔一七七八〕）

清浄な極楽の浄土図よりも、血肉の飛び散る凄惨な冥府の責め苦に目を見はり、世俗の好奇心を刺激されるといった感覚は、今日の宝物展にあってもしばしば囁かれる光景であろう。不真面目なようでいて、じつはそこには人々を唱導の場にいざなう地獄絵本来の迫真性と、冥府のありさまに見入る江戸市民の宗教観が如実にあらわれているのである。

十七世紀以後の宗教文化に立ちあらわれる聖と俗のモザイク状の混在は、およそそのような世相のもとに生み出されたとみてよい。

仏教思想の芸能化、絵画化、あるいは唱導文芸の流行といった局面だけをとらえていえば、かような動きは何も近世特有の事象ではなく、古くから行われた仏教文化の一断面にすぎないかもしれない。しかし近世のそれは、外面的にはとうてい教理・経典とは無縁の貌をした俗謡、芝居、戯作小説、落語、講釈、浮世絵、口碑伝説などの広汎な民衆文化の中に溶解し、潜在するものであることを見逃してはならない。

二　近世僧坊文芸の意味

さて、以上のような世俗の動向は、布教活動の変化とも大いに連動していた。十八・九世紀の唱導界において、大衆の心をつかみ人々を仏法へと誘うための工夫が諸宗の説教僧のあいだで模索されて、通俗平易な仏教説話の生成へとすすんだ。一般の檀信徒を意識した教化の語り口が大幅に導入された結果、波乱にみちた高僧のものがたりを大量に世に出すこととなったのはその一端とみてよい。

たとえば道元（曹洞宗）、法然（浄土宗）、親鸞（真宗）といった信徒数の多い宗派の開祖をめぐっては、本山公認の歴史的、正統的な典籍に載らない法席の俗談が由緒正しい史伝のかたちで取りあげられ、神異僧としての開祖の験力を示す感動の逸話となって説法の聴衆に発信されるようになった。近世中・後期に刊行された平仮名絵入りの高僧伝図会は、そうした唱導界の傾向をよくあらわす一群といえるだろう。
あるいはまた、地方末寺の周辺に散在する口碑、伝承のたぐいが積極的に史伝の一景に組み入れられて民衆の信仰心を呼び起こすてだてに混融していったのも、この時代の高僧伝を特徴付ける新たな動きとみてよい。今日の地方口頭伝承に土地の昔話伝説と寺院縁起の不可分な類縁性が珍しくない遠因は、こうした縁起の民談化現象と深くかかわるのではないだろうか。

近世僧伝ともいえる通俗平易な史伝の流行は、やがて開祖の一代記のみならず、宗門の中興派祖や地方有力寺院の開山僧を中心にすえた枝葉の僧伝文芸へと説話の裾野をひろげていく。浄土宗の祐天（一六三七〜一七一八）、幡随意《ばんずいい》（一五四三〜一六一五）、弾誓《たんぜい》（一五五一〜一六一三）や、親鸞の直弟二十四人をあらわす「二十四輩」の旧跡寺院に的をしぼった開創由来が法系を同じくする学僧の手で陸続と編まれ、一般民衆と僧坊を結ぶ信仰伝承の温床となっていった。「高僧」の範囲が、今日誰もがおもいおこす歴史上の宗祖にとどまらず、地域の信仰圏に支えられたコミュニティの宗教英雄にひろがりをみせた点は、大いに注目すべき現象といえるだろう。

一方、布法の手段に新たなメディアが登場したことも、通俗的な僧坊文芸の隆盛に拍車をかけた。江戸期の唱導の場にあって最も有効な布法手段となったのは、双幅もしくは三、四幅仕立ての掛幅画を用いた絵解き説法であり、木版手彩色や肉筆によって描かれた高僧絵伝の普及であった。参詣者の耳目に直接訴えかける絵解き説法は、自派高僧のたぐいまれなる験力を寺参りの人々の記憶に焼きつけていく。絵伝を駆使した絵語りのひろまりは、寺と民衆の距離を確実に近付けていったであろう。そのような流れは明治初年にいたっても鈍化することなく、肉筆から銅版にいたるさまざまな形態の近代絵伝が都鄙の法席を飾ることになる。

さらに法会や縁日の折にひろく配布された略縁起もまた、近世特有の簡便な情報配信のツールとなり、唱導の一助として機能した。略縁起の記述内容は、多くの場合、各僧坊の宝物とも深くかかわりをもつ。霊験利益の確かな証拠となる霊宝の開帳（モノ）と、略縁起・絵伝に描かれた聖なるものがたり（コト）がじつに有機的に絡み合いながら説教の立体化を可能にしたところに、近世の僧坊文芸の特性と民衆をとりまく宗教環境の生の姿をうかがうことができる。

近世の僧坊に繰りひろげられた、凡俗だが伝奇性、文芸性にとむ絵伝や略縁起の世界に光をあてて宗教説話の変遷を解き明かす。そのためには個別の事象ごとに丹念な検証をこころみる必要があるだろう。それぞれの寺坊に伝わる高僧伝や開創縁起の生成をこまかく分析するところに本書の目的の一端があるといってよい。

また、視点を変えていえば、布法を目的とする「僧坊の文芸」は、それでは同じ時代の創作文芸のなかでどのような位置を占めるのか。近世に生成した「僧坊の文芸」を中世までのそれとは違う角度から定義付け、唱導文芸史のひとつのジャンルに分類していくためには、江戸の芝居、伝奇小説、怪異談に比定しながら、この時代に生まれた仏教説話の位相を明らかにする視点は避けてとおれないと考える。仏教と当代文学との交流は、江戸の人々にいかなる宗教精神の基層を根付かせたのであろうか。この点を追尾することもまた、本書のいまひとつの目的といえるだろう。

［1］例えば辻善之助『日本仏教史』近世篇（岩波書店、一九六〇年）にみる仏教衰微観。
［2］トーマス・ルックマン『見えない宗教』（ヨルダン社、一九七六年）。

Ⅰ　近世高僧伝の文芸性と口承性

第一章

近世高僧伝の虚と実

道元伝記の変容を中心に

一　高僧伝の大衆化

江戸時代は仏教各宗の高僧に関する伝記研究が、考証的な方法をともないながら質・量ともに進展した時代であった。弘法大師空海をはじめ、法然、親鸞、日蓮、道元といった宗門の開祖はもとより、中興派祖の史伝と記録を扱うあまたの著述が写本、版本のかたちで編まれている。『浄土宗全書』『曹洞宗全書』などの今日の宗門別叢書をひもとけば、近世に花開いた僧伝研究の裾野の広さがうかがえるだろう。

一方、中央教団の学僧による高僧伝記の編纂とは別に、一般信徒をターゲットとする布教活動の最前線においては、祖師高僧の神秘的な生涯が邪神教化などのエピソードを交えた平明な語り口によって声高に唱導され、たぐいまれなる法力をそなえた神異僧のイメージを民衆のあいだに定着させていった。

たとえば近世後期を頂点とする日蓮宗祖師伝の流行を解析した冠賢一の論考によれば、日蓮伝を江戸の庶民層に根付かせたメディアは、漢文で書かれた室町期の『日蓮聖人註画讃』を読みやすい平仮名絵入の版本に改めた通俗伝記本だった［1］。しかもそれらの編纂には、正式な日蓮僧ではない在家信者が深くかかわったという。

こうした通俗本の普及を経て、安政五年（一八五八）に『日蓮上人一代図会』が世に出る。本書は寺院主導の出版物でありながら、作者に戯作者の中村経年（松亭金水《しょうていきんすい》）を起用し、挿絵は葛飾北斎の門人・為斎《いさい》に画かせるといったぐあいに、当時の戯作読み物に限りなく近い娯楽性を一書の生命とした「僧伝文芸」であった。十八、九世紀の巷間にあっては、日蓮宗寺院の開帳に当て込んだ「日蓮物」の歌舞伎、浄瑠璃がしばしば上演されており、大衆好みの通俗伝記を生む下地を形成していた。

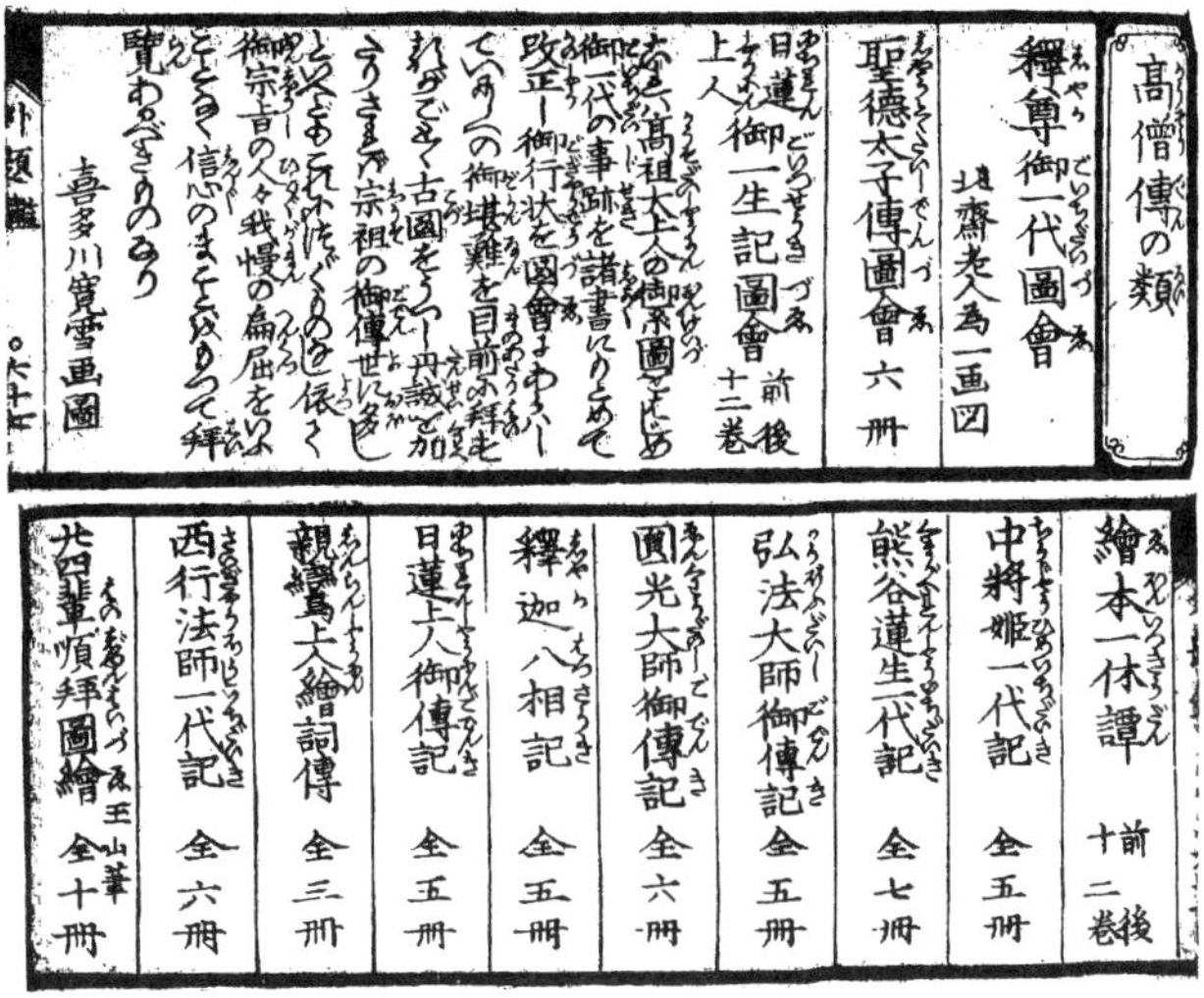
高僧傳の類
釋尊御一代圖會　北斎老人為一画図
聖徳太子傳圖會　六冊
日蓮上人御一生記圖會　前後十二巻
喜多川寛雪画圖
繪本一休譚　前後十二巻
中將姫一代記　全五冊
熊谷蓮生一代記　全七冊
弘法大師御傳記　全五冊
圓光大師御傳記　全六冊
釋迦八相記　全五冊
日蓮上人御傳記　全五冊
親鸞上人繪詞傳　全三冊
西行法師一代記　全六冊
廿四輩順拜圖繪　玉山筆　全十冊

図1　為永春水『増補外題鑑』

そもそも近世文芸史のながれに比定していえば、それらの絵入高僧伝の刊行は当代文芸界に顕著な図会物読本の盛況とも大いに関係していたであろう。

近世後期に出版された絵入高僧伝が図会物の様式を取り入れたものであることは、当節流行の小説・軍記等を紹介した為永春水の『増補外題鑑』（天保十年〔一八三九〕刊、図1）のなかに、「高僧伝の類」として『釈尊御一代図会』（北斎画）以下の十二部の図会物作品が採録されているのをみても容易に想像できる。

春水の取り上げた「高僧伝」とはいかなる作品群であったのか。二、三の作品について触れておきたい。

「高僧伝の類」に名を連ねた『親鸞聖人絵詞伝』（享和元年〔一八〇一〕刊）、『二十四輩順拝図会』（前篇・享和二年、後篇・文化六年〔一八〇九〕刊）の二書は、一般門徒に支持をあつめた親鸞伝記の神秘化傾向をよくあらわしている。前者は京都の本山・本願寺と対立関係にあった高田派の親鸞伝であり、関東在地の俗説を多く含む絵入本である。そこには筑波山の餓鬼済度、鳥栖《とす》の女霊成仏にみるような土着神霊の帰伏譚が目につき、それらが宗祖の関東布教の一景に組み込まれているのがわかる。下野国・専修寺《せんじゅじ》を拠点に教線を伸ばした高田派の特色を色濃く示す親鸞伝とみてよい。本書の原拠はおそらく五天良空が編んだ『高田開山親鸞聖人正統伝』であろう。高田派の歴史観にもとづいた宗祖伝の解釈がなされ、一般門徒の耳目に親しみやすい絵入版本に再編されたわけである。

また、後者の『二十四輩順拝図会』の方は、近世中・後期に確立した宗祖聖跡めぐりの旅「二十四輩巡拝」の隆盛に刺激されたものである。おもに北関東に点在する親鸞の故地を訪ね宗祖の遺徳を追体験する、信仰の旅に門徒の関心があつまるにつれて、実地に役立つ案内記があいついで編まれるようになった。そうした気運をうけて、新たに豊富な絵図を加えた図会物形式の本書が刊行されることとなる。上方の図会物読本に多くの作品を残した竹原春泉斎の挿絵は、霊験譚の細部や土地の風景を視覚化しており、まさに二十四輩めぐりの紙上追体験ともいうべき趣向にこと欠かない。また、編者の僧・了貞が巻頭の序文に、

国字《かな》、俗文、猶加ふるに図画をもってせるは童蒙婦女の視やすからんが為なり。

と述べたように、本書の叙述表現は、教養の低い読者層の理解度に合わせる工夫を重んじており、春泉斎の画風もあいまって、誇張にみちた戯作調の描写力を全体にみなぎらせる。「三度栗」「川越の名号」はもとより、「大蛇済度」「産女亡霊の救済」といった在地伝承を連想させる霊異を好んで採録し、本願寺の禁忌する神異僧としての親鸞像を演出する筆法に特色をみせている。中央教団の学問僧からみれば、史実に反する訛伝にすぎない〈親鸞伝説〉を宗祖

伝のクライマックスに導入する『二十四輩順拝図会』の登場は、もはや俗説を許容せざるを得なくなっていた近世期の高僧伝のありようを如実にものがたる。

このような読み物化のながれは万延元年（一八六〇）刊の『親鸞聖人御一代記図絵』などに継承され、明治・大正期の仏教講釈、節談説教へと展開する〔2〕。歴史学的な「正しさ」よりも宗教英雄の活劇を尊び、かつ楽しんだ時代の感性が、宗門の周辺に立ちあらわれたわけである。

もっとも、通俗伝記の立場に立ちながらも、高僧たちの足跡（と信じられるもの）を紀伝、編年の伝統スタイルに模して注釈し、歴史の事実として語った点に、近世僧伝のもうひとつの側面をみるべきであろう。それはまさしく「稗史読本」の時代の文芸環境を反映した宗教読み物の宿命的な特徴といえるのではあるまいか。

一方、親鸞伝の通俗化現象は絵解きの現場においても事情を同じくする。史実にそくしていえば、宗祖伝記の定型は本願寺の創始者・覚如の頃（一二七〇～一三五一）に完成をみたという。すなわち、「伝絵《でんね》」（親鸞絵伝）と呼ばれた上下二巻の絵巻物に宗祖一代の偉業をまとめ、のちにはこれを元にした「御絵伝」が有力末寺に下付されるようになった。ことに康永本伝絵の成立以後、本願寺はこれを親鸞伝記の決定版と定め、絵所で一括してこしらえた伝絵を末寺に下付することにより、異説の入り込む余地を徹底的に排除した〔3〕。

ところが、近世も後期に入り、二十四輩案内記や図会物の親鸞伝が俗世間に出回りはじめると、関東・北陸の末寺は土着の親鸞伝説にもとづく掛幅絵伝を独自に画くようになり、本山の主導する「正しい親鸞像」からの逸脱を是認するようになる。後章（Ⅱの第二章）にとりあげる「関東絵伝」はその典型であった。教線の拡大と信仰の普及は、ある意味で非正史的な高僧伝説の浸透と不可分の関係にあると言っても過言ではない。

こうした大衆化の道程は、ひとり真宗教団に限ったことではなかった。史実の正確さよりも、人々のこころねに染みわたる豊饒な物語の世界を優先させる高僧一代記の系譜は、宗派を問わず諸宗の僧坊において通俗化、平易化の試

図2『幡随意上人諸国行化伝画図』（三重県・引接寺蔵）　※筆者撮影、以下全て同じ

みがなされ、信徒に向けて発信されていた。

一、二を例するなら、近世浄土宗の名僧として知られる幡随意《ばんずいい》（一五四二～一六一五）や呑竜《どんりゅう》（一五五六～一六二三）の行跡をまとめた数種の僧伝風の勧化本が編纂され、それらを土台に用いた絵解き図の製作に進展した［4］。

幡随意伝のケースでは、三重県津市久居《ひさい》の引接寺《いんじょうじ》に伝存の掛幅絵伝（四幅、幕末の成立、図2）を考えることができる。そこには諸国行脚の折の怨霊済度や神霊調伏を読み込む一代記の構想が図像化されているのがわかる（後述、Ⅱの第一章）。じつは説話内容のほとんどは宝暦五年（一七五五）刊の勧化本『幡随意上人諸国行化伝』に拠るものであり、そこから地方寺院における勧化本テクストの絵語りの実態を垣間見ることができる。ちなみに『行化伝』じたいが、霊験譚の多くを近世前期の奇談物仮名草子『伽婢子』や鈴木正三『因果物語』より着想していて、文芸素材の援用をあらわにしている。僧伝の伝奇化と近世小説のかかわりを示唆する興味深い事例といえるだろう。

かくして高僧たちの生涯をドラマチックにつづる勧化本が諸宗の唱導僧の手で編まれ、また色鮮やかな掛幅画に描かれて法会・開帳の折に堂宇の余間を飾ることとなったのである。

さて、史伝のダイナミズムと説話そのものの新奇な面白さ、そしてまた視覚効果を大幅に導入することにより、近世の高僧伝記は民衆の信仰圏に溶け込んでいった。個別の事情をさらに詳しく検証するため、ここでは近世曹洞教団の周辺にみえかくれする道元伝の変容を追尾しながら、史実と俗説の混交に注目してみたい。

二　伝奇化する道元伝

道元伝の民間普及は、他宗の状況に比べるとやや後発の感がある。もちろん中世には『伝光録』（正安二年〔一三〇〇〕頃）や『建撕記《けんぜいき》』（応仁二年〔一四六八〕～文明四年〔一四七二〕頃）といった古態の史伝書が成立していたが、これとても写本の性格上、道元の生涯を山門外にあまねく布宣する機能を具えていたわけではなかった。

そこで近世初頭の洞門学僧により、宗祖の史伝を漢文体でしるした『日域曹洞列祖行業記』（寛文十三年〔一六七三〕刊）、『永平開山道元和尚行録』（延宝元年〔一六七三〕刊）が出版され、さらに宝暦四年（一七五四）には道元五百回忌（宝暦二年）の記念事業として『訂補建撕記』と題する刊本が京都・風月堂庄左衛門より上梓され、宗祖の偉大な生涯を世間に知らしめるところとなった。『建撕記』の版本化に際しては、当代きっての学僧であった面山瑞方《めんざんずいほう》（一六八三～一七六九）が本文の考証と注釈を担当し、完成度の高い普及版道元伝の生成をめざしている。

ただし、面山の訂補版は絵入本ではなかったため、享和二年（一八〇二）の五百五十回忌を機縁に、あらためて在家檀徒の理解を助ける絵入りの新版を再刊することになる。

じつは享和の遠忌は曹洞宗史において重要な出来事であった。当時の教団全体に道元の古風に立ち戻ろうとする復古の気運が高まりをみせ、遠忌の折に大本山永平寺に登拝の雲水は五万人をかぞえたという［5］。そのような熱気につつまれて、道元伝記の図会化計画は、大賢鳳樹・瑞岡珍牛の編述による『訂補建撕記図会』（文化三年〔一八〇六〕

序、同刊。図4）に実を結ぶ。本書は上巻に四十一景、下巻に二十八景の挿絵を付し、各図に片仮名交じりの簡単な説明を加えた図会物道元伝の代表作となる。

十九世紀初頭の『訂補建撕記図会』の発刊は、道元伝記の大衆化をうながす第一歩となる。すなわち本書の編述に

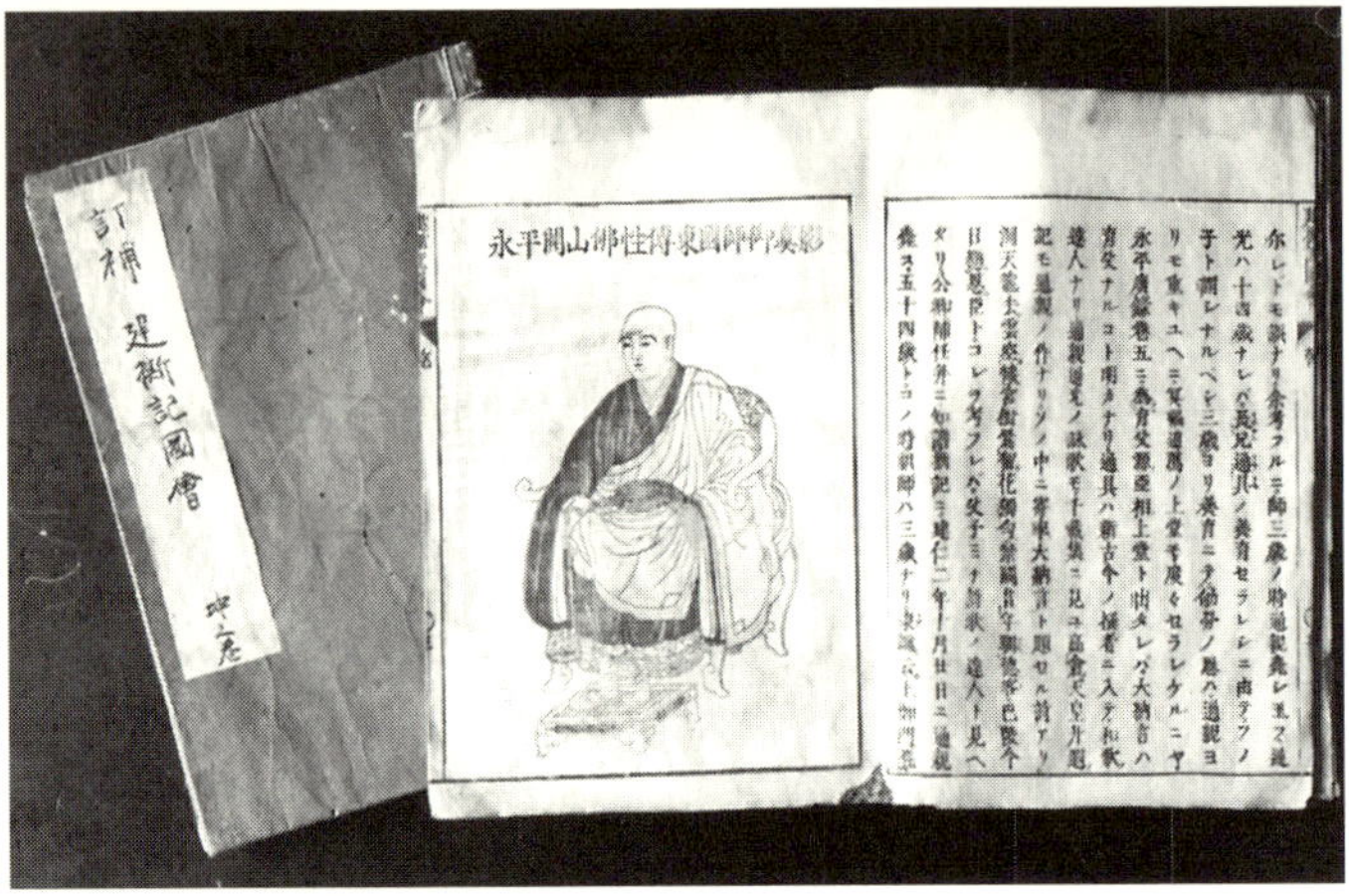

図4『訂補建撕記図会』（堤邦彦蔵）

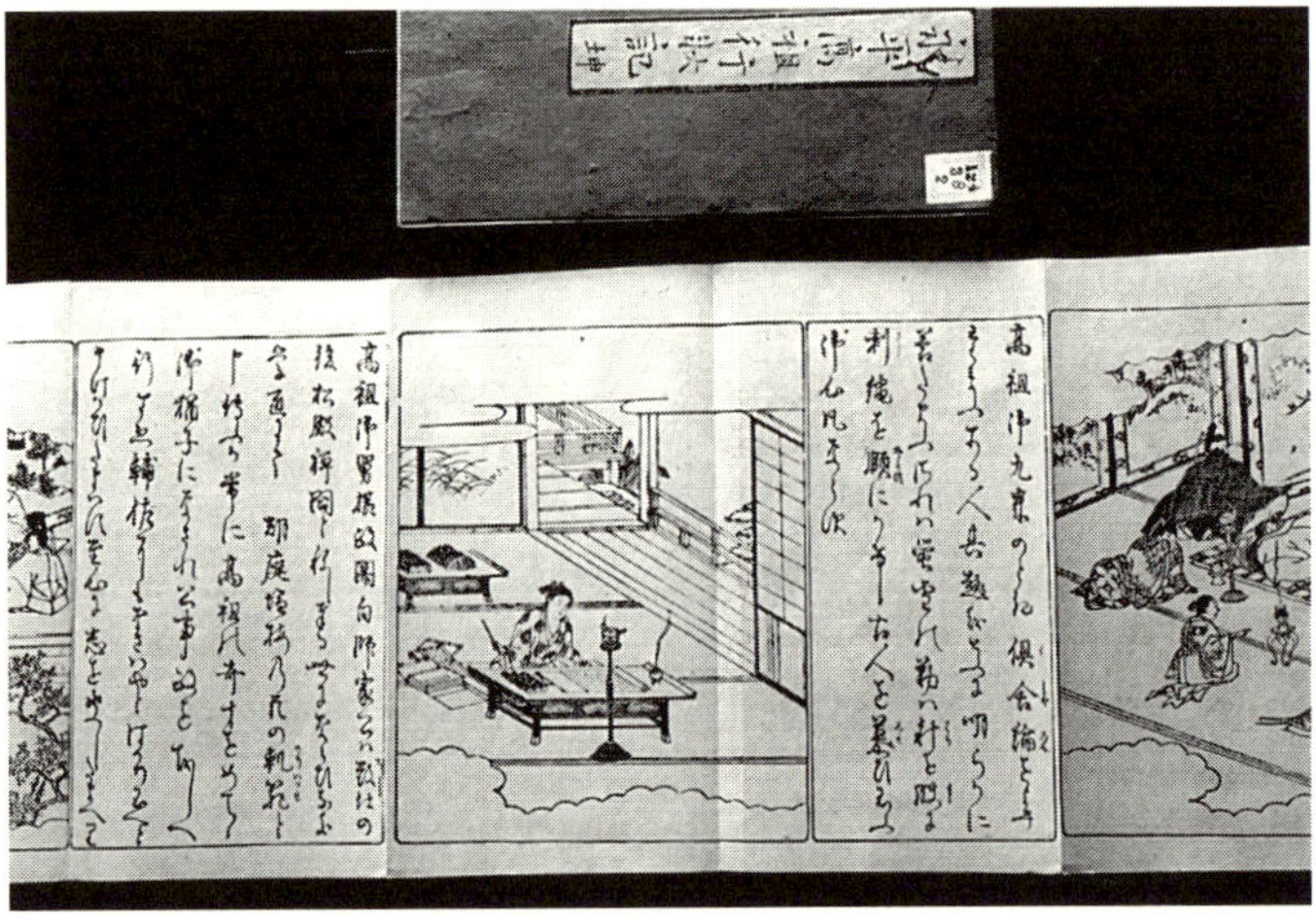

図5『永平高祖行状記』（慶應義塾図書館蔵）

前後して、平仮名絵入りの折本仕立てを特色とする珍牛選の『永平高祖行状記』（文化六年刊、内題は『永平道元禅師行状図会』、図5）が登場し、図像文学としての道元伝を世上に流布させるところとなった。

そしてさらには、木版手彩色の技法を用いて刷られた掛幅絵伝『永平道元禅師行状之図』（双幅、文化十三年印刻。図6）や、『高祖道元禅師行跡図』（双幅、幕末期成立か）の印刻へと発展し、版木を所蔵する永平寺より末寺に下付された。本山を頂点とする、かような管理体制は、先に述べた真宗系の「伝絵」を真似たものであった。

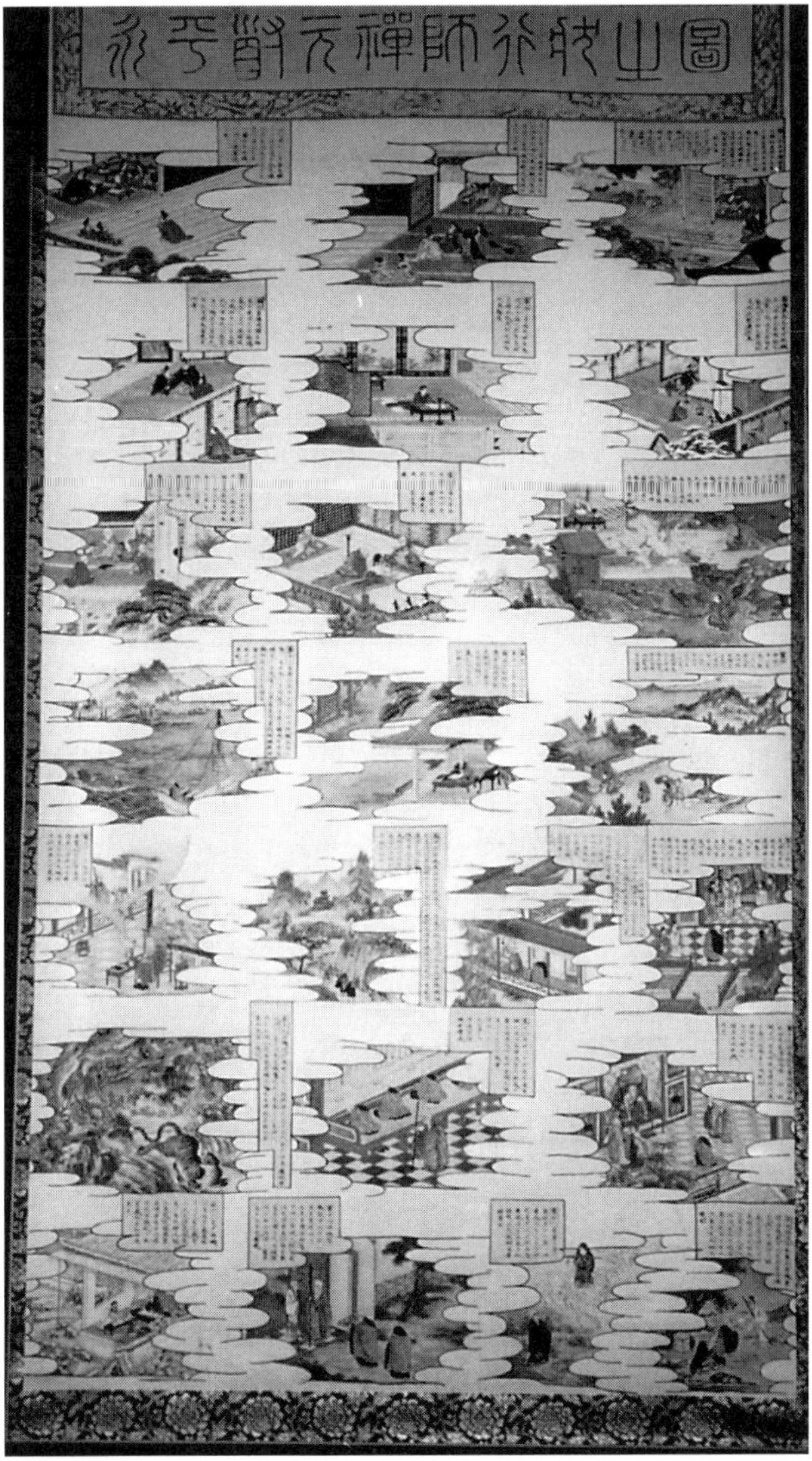

図6 文化十三年版『永平道元禅師行状之図』（右幅、愛知県御津町・法住寺蔵）

これらの木版絵伝はいずれも各景に漢文体の詞書きを付しており、絵解きを念頭に置いて刷られた点は否めない。絵伝に対応する台本の存在はその証左といえるだろう。

たとえば『高祖道元禅師行跡図』の場合には、掛幅絵伝とは別に『永平高祖行跡図略伝』と題する版本（刊年不明［6］）が伝存し、絵伝の詞書き部分を片仮名に改めた台本の役目を果たしている。大谷大学図書館蔵の一本をひもとくと、匡郭上部に墨書で旧蔵者の注釈が加筆されていて、道元絵伝を講説する際の口演の様子を推察させる［7］。

いずれにしても、『訂補建撕記図会』から双幅絵伝にいたる絵入道元伝が、檀信徒に対する布教を主目的に編纂されたことは間違いないだろう。『訂補建撕記図会』の凡例に刊行の意図をしるして、

駆烏雛僧ヲ導キ且ツハ四遠信檀ノ児女庸輩ニ便セン

としたのは、宗祖伝の世上への流布をおしすすめたこの時期の曹洞教団の立場を代弁する。

また凡例の別のところでは、図会版の通俗性をあげつらい「何ゾ戯玩ノ甚シキヤ」と難ずる言説を逆手にとり、

コノ言シカルベシトモ思ハレズ。夫レ上世賢聖ノ行実、スベテ文ニアタハザルモノハ画ヲ以テ補セリ。


と述べ、視覚効果の優位性を主唱するのであった。

こうした動きを受けて、門派寺院のなかには、板木を用いず自坊独自の肉筆道元伝を製作するものもあらわれた。文政五年（一八二二）に信州更級の絵師・臨行斎省行が画いた『道元一代曼荼羅』（全四幅、長野県松巌寺蔵、図3）はその典型である。

漢文体を和文にやわらげ、挿絵を加えて史伝の劇的場面を強調する。図会物にはじまる道元伝記の大衆化は、高祖の偉大なる行跡を教団の内外に行きわたらせるために必要不可欠なものとなっていった。

しかし、一面において、話のわかり易さを重視するあまり、時として歴史の真実に則る正統僧伝の枠組みを逸脱し、「戯玩」の誹りをまねきかねない危険性をはらんでいたことも事実であった。たとえば、永平寺の建立秘話として伝

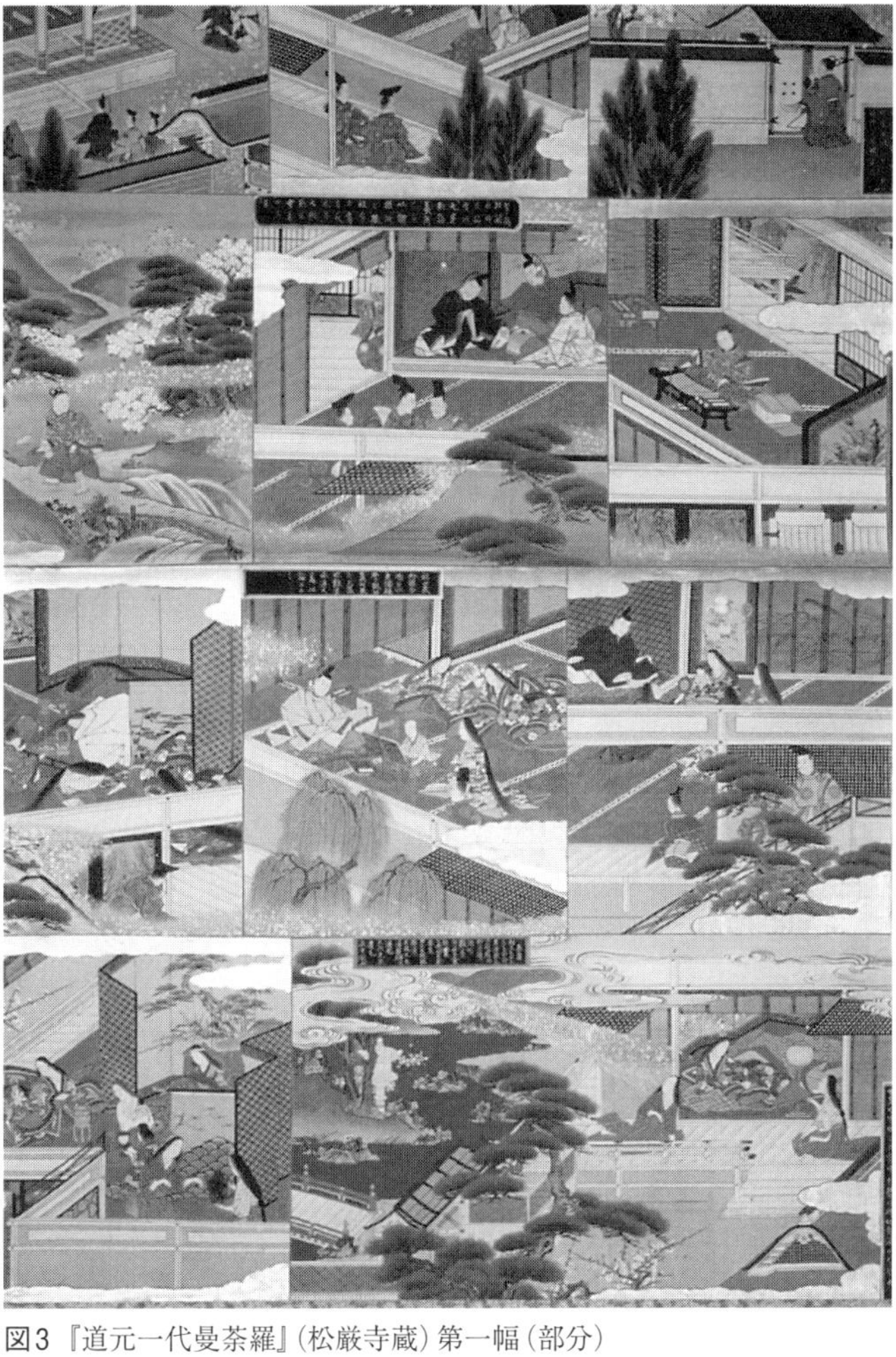
図3『道元一代曼荼羅』(松厳寺蔵)第一幅(部分)

承された「血脈池《けつみゃくいけ》」の扱いは、その典型といえるだろう。

三　永平寺建立の俗説

福井県永平寺町の吉祥山永平寺の開創（寛元二年〔一二四四〕）にあたり、道元を越前に迎えた大檀那・波多野義重（〜一二五八）の強力な援助があったことは歴史的な事実であろう。鎌倉の御家人で六波羅評定衆の一人であった義重は、入宋ののち京洛に身を置く道元に帰依し、所領地の越前志比庄に宗祖を招請した。『建撕記』寛元元年の条に、

波多野義重参ジテ被申様ハ、越州吉田郡之内ニ深山ニ安閑ノ寺アリ。某甲知行ノ内也。御下向アリテ度生説法アラバ、一国ノ運、又当家ノ幸ナルベシ、ト言上ス。

とみえ［8］、波多野義重を永平寺開山の機縁とする歴史観が、宗門史の公的見解であった。

これに対して、義重の愛妾の横死霊にまつわる因縁が古くから永平寺の周辺に語られている。杉原丈夫の『越前若狭の伝説』（一九七〇年）は『福井県の伝説』（一九三九年）よりの引用と注記して次の民話を紹介する。

血脈池は、おきちが池ともいう。寛元のころ（一二四三ころ）当地の地頭波多野義重の愛妾におきちという者があった。本妻のねたみを受け、花見のため池のほとりを通ったとき、突き落とされて死んだ。その亡霊が現われ、日夜本妻を苦しめたので、妻は道元禅師に救いを求めた。禅師は池のほとりへ行き、仏祖から伝わった血脈を投じて供養したので、亡霊は成仏して、現われないようになった。この池を荒らすと大雨が降るという。

現代の民話は永平寺山内の「血脈池」の由来として、謀殺された「おきち」の祟りが道元の投じた血脈の功徳によって鎮静する話を筆録している。ここではとくに永平寺の建立に言及していないが、俗説のルーツを遡上すると、どうやら血脈池伝説の生成には義重の開山をめぐる故事が深くかかわっていたようだ。中世末の天正年間（一五七三～九二）に成立した一色直朝の『月庵酔醒記』〔9〕は、下巻に「道元禅師永平寺建立之根本、同血脈」と題する説話を載せる。大略はこうである。

越前のあるじ「永平《ナガヒラ》」の寵姫が本妻のために池に沈められて怨霊となる。亡婦は諸国行脚の僧におのれの正体をあかして血脈授戒による成仏を願い、紅の衣を脱いで永平に渡して欲しいと託ける。在京の永平は証拠の小袖に愁嘆の涙を流し、愛する女のために道元和尚の血脈を送り弔祭供養する。この一件に因り越前の地に永平寺が開かれた。

亡婦の言告《ことづ》けをモティーフとする話型じたいは、中世小説、説話文学にしばしば見受けられる「片袖幽霊譚」のバリエーションであろう〔10〕。ただし、「血脈授戒」という洞門僧に必須の宗教儀礼を話の中心点に置き、永平寺の開基に結び付けるところから考えて、この話が洞門の僧坊から発信されたものである点は想像にかたくない。ただし、そうはいっても血脈の由来が十八世紀初頭の時点で、あくまでも非公式な俗説であることに変わりはない。『建撕記』版本はもとより『永平仏法道元禅師紀年録』（延宝六年〔一六七八〕）等の伝記に採録されていないのはその証左であろう。

そのような洞門学僧の理解に比べてみた場合、血脈池伝説を波多野義重による永平寺開山の因縁として、はじめて宗門資料のうちに記載した延宝元年刊の『永平開山道元和尚行録』は注目に値する。もっとも、これとても俗説を本文中に直接紹介するのではなく、巻末の「付録四条」のひとつに「血脈度霊」の項目を追補しているところをみると、口碑伝説を正面から取り上げるには、やや躊躇《ためら》いがあったのだろう。

『行録』所収の血脈池伝説について、もう少し吟味してみたい。伝承の扱い方をこまかく見ていくと『行録』の選者は、俗説に対していま一歩踏み込んだ注釈を加えている。すなわち『月庵酔醒記』とほぼ同内容の怨霊解脱譚を紹介し、永平寺の開創をしるしたあとに、宗旨に照らした「血脈」の功徳を説き、さらに末尾にこの話を記載した「古記」の存在にふれながら、怨霊事件をめぐる以下の時代考証を展開するのであった。

古記曰。義重遣レ使。請二救済于鎌倉建長開山大覚禅師一。覚云。道元和尚在二越前某山一。汝疾往矣。使帰尋二得師一。得二於度一。此託也。元禅師在二興聖一之日度レ霊也。乃寛元之前也。師為レ度レ霊。義重堅請。創二大仏寺一。大覚四年春始著二筑之博多一。当レ知度霊之時。大覚尚未レ来。建長尚未レ創。豈レ得レ謂三大覚在二建長一哉。誣罔可レ知矣。

『行録』の言うところを約《つづ》めてみよう。「古記」に、義重が鎌倉の大覚禅師（蘭渓道隆）の助言を得て越前に隠遁していた道元を導師としたとあるのは、歴史的な事実に反する。血脈度霊の一件は道元が京都・興聖寺にいた頃、すなわち「寛元」より前の出来事でなければ辻褄があわない。なぜなら怨霊救済を因とする大仏寺（＝永平寺）の開堂（寛元二年〔一二四四〕）の時期に、渡来僧である大覚はまだ日本の土を踏んでいない。九州博多に着いたのは寛元四年のことである。そもそも建長寺が開かれたのは建長五年（一二五三）なのだから、どうして義重の使者が大仏寺成立以前に鎌倉に赴き大覚に会うことができるのか――。時系列にそくしていうなら、『行録』の評言は実に理にかなった分析である。

それでは『行録』の引く「古記」とは何を指すのか。じつは建長寺・大覚禅師の仲介に言い及ぶ血脈度霊の説話で現在確認しうる最も古い資料は、前掲の『月庵酔醒記』の他に類をみない。旅僧から真相を告げ知らされた「永平」[11]は、堕獄の苦しみより亡婦を救うため、血脈授戒の師を捜しあぐねていた。『月庵酔醒記』の本文はこうつづく。

其比、鎌倉の大覚禅師、建長寺建立、天下におゐて信仰かぎりなき時なれば、使者をもつて此旨を申ければ、禅師仰けるは、「我にこえたる師あり。大唐同学の和尚、そのちかき所に高跡をかくして深山にあり。請たてまつりて師となし、受持すべき」よし、一々仰けり。使帰て永平に此旨かくといひければ、永平随喜のあまりに、我宿所を仏寺となして、道玄和尚にたてまつる。さて血脈を霊女に送てとぶらひをいたし、剰永平発心仕、出家の形となりにけり。今の永平寺是也。

「古記」がすぐさま『月庵酔醒記』に合致すると断定することは早計であろう。むしろ『月庵酔醒記』の情報源が永平寺周辺に存在したと考えた方が穏当かもしれない。

いずれにしても『行録』の典拠探しが当面の目的でないことに変わりはない。むしろ重視すべきは『行録』の選者が、本来ならば僧伝の範疇から除くのが常である血脈度霊の俗説に「注釈」をほどこし、年代の正誤に筆をさいた事実にあるのではないか。いかに宗門知悉の伝承であるとはいえ、俗説を考証の対象にすえる行為とはいったい何を意味するのだろうか。

われわれはそこに、宗祖一代の伝奇的エピソードを虚妄の空言と退けるのではなく、布教のための有効な方便とみなすようになった唱導の場の実情を垣間見ることになる。俗説は、その物語性ゆえに正統史伝を超える感銘を聴衆に与え、優れた唱導話材に昇化しうるのである。言を換えていうなら、道元伝記の質的変遷をめぐって真に見つめ直すべき事柄は、俗説が許容されるに至った宗教環境そのものにあるのではないか。

さて、江戸中期の仏教界全般にみとめられる高僧伝説の大衆化傾向を背景として、『行録』の示した俗伝許容の方向性は、このあと近世期の道元伝や図会物にさらなる潤色の輪をひろげていくことになる。

四　血脈池伝説が道元伝の一景となるとき

文化年間に『訂補建撕記図会』や珍牛版の絵入折本が刊行され、木版絵伝の流布をもたらしたことは先に述べた。本格的な図会物道元伝のさきがけとなった『訂補建撕記図会』の凡例に、血脈池伝説に関する興味深い一文がみえる。

一　今記文ノ次第ニ依テ、図会ヲ作トイヘドモ、訂補師ノ附録ニ載セル血脈度霊ノ如キハ、波多野氏、宗祖ニ帰仰シテ、永平寺ヲ創業スルノ基ヒト聞ク。故ニ其年歴ヲ考ヘ上セテ、所依ヲ定ム。覧ルモノ、請フ意ヲ用ヨ。

右にしるす「附録ニ載セル血脈度霊」とは『行録』所収の俗説をさす。『訂補建撕記図会』は巻末にこれを転載し、割注に出拠名の『行録』を明記する[12]。

そしてまた凡例の言にしたがえば、図会版の選者たちは、『行録』が遠慮がちに付録に載せた俗談を「永平寺ヲ創業スルノ基ヒ」と認め、事件の年代を考えて血脈度霊の図様（図7）を永平寺開堂の前に挿入したわけである。

もっとも、本文に伝承の詳細をしるすことなく、挿絵の画中に「アル僧、師ノ血脈ヲ授ケテ義重ノ妾ノ亡霊ヲスクフ」との詞書きを加えるにとどめたのは、いまだ俗伝の全面的な受容に踏み切れない選者たちの洞門学僧としての立場と見識をものがたる。

一方、選者の一人である珍牛が別個に刊行した平仮名絵入りの『永平高祖行状記』の方は、血脈池伝説を宗祖一代記の要部に採用する積極的姿勢に転換している。すなわち、寛元元年の越前入国の段のすぐ前の箇所に左の一章をもうけるのであった。

当時越前国に波多野出雲守義重とて、世に聞えたる勇士あり。其妾みめうるはしく、こころざま、すなほなるに、愛《めで》て寵《いつくし》みもてかしづけば、妻女ふかく妬みて、みそかに従者をして彼妾を太山《みやま》の池に淪めしむ。しかるに亡魂夜な夜なあらはれ、くるしげに叫喚《さけび》ければ、里人おそれてゆききも絶にき。ある僧あはれみ、高祖の道徳をつたへききて、都にのぼり血脈をこひ帰りて、かの霊に授けけるに、忽紫雲棚引妙なる声して、吾無上の正法をえし

図7 『訂補建撕記図会』の血脈池

図8 『道元一代曼荼羅』(長野県・松厳寺蔵)の血脈池

功力により、幽冥の苦をまぬかれたりと。夫より義重、高祖を尊崇せらるる事いともふかし。

珍牛版の折本は右の度霊因縁のすぐあとに、

仁治三年十二月十七日、波多野義重、京六波羅の館にて、高祖を請し奉り、はじめて御説法を拝聴せらる。

といった歴史記述を対置し、さらに「波多野家略譜」を掲げて史料への連結をこころみる。そのような構成上の工夫により、血脈池聖跡の伝承は世俗の訛伝から大檀那・波多野氏の帰依を象徴する譬喩の物語に意味合いを変化させていく。注釈風の歴史記述にいろどられた潤色をほどこすことによって、怨霊救済の因縁話は違和感のない道元伝記の名場面に見る者、聴く者をいざなうようになるのである。

かくして血脈池伝説の史伝的意義は大きな変容をみせるところとなった。文化年間以後に製作された木版絵伝の諸本や、肉筆系絵解き図の『高祖大師御絵伝』（永平寺蔵）、『道元一代曼荼羅』（長野県松巌寺蔵）などが、おしなべて血脈度霊の景を作画（図8）し、永平寺建立の因縁と説いているのは、当代曹洞教団におけるこの話の唱導材料としての存在感をものがたる。吉田道興の報告によれば、図中に詞書きを記さない永平寺蔵の『高祖大師御絵伝』のありようは、唱導師（勧化師）が掛幅をもとに絵解きを行った可能性を想像させるという[13]。自由な発想の口演体を駆使する図像文学において、波多野義重の妾の怨霊済度は、道元絵伝の語りをひきたてる永平寺開創の大団円となって機能したに違いない。

絵解き芸能の大衆化は絵伝の伝奇性をいやおうもなく高める結果となった。ややもすれば荒唐無稽の難辞を喚起しかねない血脈池のごとき俗説が、道元一代記の俗解に欠かせない挿話とみなされた背景には、衆庶相手の僧伝文芸をめざした当時の唱導界の体質が深くかかわっていたと考えてよい。
そうした動勢のなかにあって、近世後期の曹洞僧たちは、民衆教化の現場で血脈池の霊験をしばしば援用するようになっていく。たとえば、推翁禅扣《すいおうぜんこう》の勧化本『仏戒俚語』（天保十一年〔一八四〇〕）では、血脈の優れた功徳の証拠として永平寺開基の故事を引く。

扨、変化ノ人マデニ血脈ヲ授ルコトハ、昔越前ノ城主永平寺ノ開基義重ノ夫人、ヒソカニ女ヲ取テ山中ノ池ニ沈ム。女死テ為レ厲ト。コレヲ救ニ血脈ヲ以テ度ス。世ノ人能ク知ル処ナリ。

曹洞宗の血脈が邪霊の成仏に験《しるし》あることを明らかにするため、波多野義重の因縁が声高に説かれ、道元伝の一景に組み込まれるプロセスがよくわかる。こうした勧化本の事例は一、二にとどまらない〔14〕。

五　芝居仕立ての高僧伝

道元伝記の通俗大衆化をもたらした要因に、絵解きに代表される近世後期の唱導芸能の潮流を度外視できない点は、もはや明らかであろう。一方、最も伝説色が濃いと評される、『永平開山元禅師行状伝聞記』〔15〕の場合には、全体の構想に古浄瑠璃の影響が見え隠れしており、歴史僧伝から稗史への転身を示唆する姿勢がうかがえる。本書をして「道元の生涯を片仮名交じりで戯曲風に綴った物語伝記」に位置づけた竹内道雄の評言〔16〕は、演劇種の潤色とみられる説話の内容に照らして大いに首肯される。
本書の書誌データについていえば、『曹洞宗全書』所収の文化二年（一八〇五）刊本の他に、享和二年（一八〇二）

夏の奥書をもつ写本（東京泉岳寺蔵など）があり[17]、宗祖五百五十年忌にあたる享和二年の頃に成立したものとみられる。文化二年刊本は奥付に「万松山宗泉院主宰」とあり、この寺の関与を推測しうるものの、選者の詳細についてはよくわからない。

『伝聞記』の全体像を文化二年刊本の目録題により以下に示す。

一　御誕生事　付発心シ給フ事
二　若君愁傷シ玉フ事　付将監慰奉ル事
三　若君花見　付高充悪賊退治之事
四　若君夜半遁叡山　付高充尋出シ申事
五　蓮常法師神罰蒙ル事　付三輪示現之事
六　師渡唐之事　付旅行解毒円之事
七　師太白星ニ値玉フ事　付戒臘公事ノ事
八　悪僧共神天ノ罰ヲ蒙ル事
九　師臘ヲ質シ了テ如浄ニ依ル事　付亡霊ヲ救ヒ玉フ事
十　虎歯痕之拄杖之事　付帰朝之路悪償ニ逢玉フ事
十一　竜天善神幷一葉観音現ジ玉フ事　付師御父母生天之事
十二　師住持弘法之事　幷白山詣之事
十三　時頼師ヲ請シ寺ヲ建ル事　付師亡霊救幷勅ヲ受玉フ事
十四　師病ニ由テ入洛之事　付師遷化示滅之事

目録からうかがえるとおり、本書は道元の誕生、出家、入宋修行と帰国、そして永平寺の成立、遷化とつづく行跡をつづり、宗祖の一代記に仕立てあげたものである。各々のエピソードには、絵伝に好んで取りあげられた稲荷神の神薬授与（第六章）、虎封じの拄杖（第十章）、日本に持ち帰る碧巌録の書写を手伝う白山神（第十章）、海上の風波を鎮めた一葉観音の守護（第十一章）などの霊験・神異の説話が散見する。また、第十三章には血脈池の異伝を引く。

これに対して、他の道元伝記にはまったく見出せない独自の説話が点在するところに本書の特殊性があるといってよい。すなわち、幼き日の道元（神道丸）を守護する若党の「木下将監高充」（第一章〜第二章）、花見の宴で神道丸の命をねらう一味との戦い（第三章）を描く前半のクライマックスや、出家して「道正」と法号した高充の法徳譚、道正庵秘伝の霊薬「解毒円」の由来（以上第六章、第十一章）、さらに鎌倉星ノ井の女人亡霊の救済、越前湯の尾峠の疫神鎮圧をつづる後半の神霊教化譚（ともに第十三章）は、これまで見たような道元伝記や絵伝類と様相の異なる物語世界を形成している。

じつはこれらのモティーフの素材源をたどると、元禄二年（一六八九）版の古浄瑠璃『越前国永平寺開山記』との間の偶然とは思えない符合に気付かされる。東京大学図書館蔵の絵入版本によれば、本書の巻末に、

右此本者太夫結城孫三郎ワキ喜太夫同三郎兵衛両三人直伝之正本を以テ一点あやまりなく写之候て令板行もの也
元禄弐年巳五月吉祥日
〇〇通あぶら町
新版

とあり、元禄二年に刊行された結城孫三郎の説経正本であることがわかる〔18〕。全六段の梗概をあげておこう。

【初段】後鳥羽院の御宇、源中納言道忠には「神道丸」「金若丸」「松世の姫」の三子があった。道忠は長兄神道丸に家督を譲り、臣下の木下将監に若君の後見を託す。一方、奥方の「虎が御前」は先腹の神道丸の世継を喜ばず、将監に若君の謀殺を命ずるものの、実子の金若丸が身替わりとなって首を討たれる。

【二段目】将監はおのれの悪事を恥じ、息子の梅王に神道丸への忠義を命じて自害する。梅王は若君を守りながら比叡山に逃れる。

【三段目】道忠の死後、一家は離散し奥方と松世の姫も行方知れずとなる。このことを知った神道丸と梅王は出家して「道元」「道正」と名乗り、やがて入唐を志して船出する。

【四段目】海上に示現した白山権現の守護を得て異国に渡り、天童山にて達磨より「碧岩録」と拄杖を授かる。旅の道元師弟はこの拄杖の功力で悪虎の難を退ける。かくして十三年間の修行の末に帰朝を決意。荒天の船上で、竜女に血脈を与えて報謝の霊薬を得たり、一葉観音の示現を感得したりする。

【五段目】入洛ののち参内した道元・道正は紫衣を賜り、宇治に「光照寺」を開く。また勅命により竜女ゆかりの霊薬「解毒円」を製し、衆生の救済に励む。洛中施薬の恩恵にあずかり死の淵から蘇った貧女の病母は、じつは行方不明の道忠の奥方であった。道元は義母と妹の松世の姫と再会を果たす。二人は道元の導きで髪をおろし、鎌倉松が岡に隠遁する。

【六段目】さらに諸国行脚をつづける道元は、鎌倉にて井戸に落とされ逆様の姿になった女幽霊を救済する。北条時頼（最明寺殿）は「はたのいづもの守」に命じて道元を招き法弟となる。やがて宝治元年八月、鎌倉を発ち越前へ向かう「いのふ」峠の山中において行疫神を教化し、病魔除けの呪符を得る。今に「まごじやくし」と称して尊崇される御札の由来である。かくして領主波多野出雲守の外護により寛元二年七月十八日、永平寺が開堂し、道忠と金若丸の供養を盛大に執り行った。

図9『越前国永平寺開山記』（東京大学総合図書館蔵）第十図・第十一図。「ほうさうの神」を従える道元。左丁には永平寺の開創を画く

初段に描かれた継母の悪計とお家騒動をきっかけとする出家遁世は、おそらく『伝聞記』発端の若君暗殺の陰謀、忠臣高充の活躍、そして叡山への逃避行などの筋立ての素型となったのではあるまいか。また実際に京洛で薬を販売していた木下道正庵［19］とのかかわりを強調する点も、古浄瑠璃の影響を前提とするなら、さほど不自然なストーリー展開ではない。

さらにいえば、『伝聞記』第十三章にみえる「星井ノ女人ノ亡魂」や、「越前ノ湯尾トウゲ」の疫神の話は古浄瑠璃以外の先行書に類例をみない。いま試みに疫神教化の部分をとりあげ両書の叙述を比べてみよう。

比《ころ》は、ほうし《宝治》元年八月に、御いとま給はり、かまくらを御出有、北国を心ざし、ゑちせんさしてそ、いそかるゝ、ひかす《日数》かさ也、今ははや、ゑちせんの国、いのふとうげにさしかゝり、しはらくやすらいおはします。かゝる所へ、け《化》したる者、あらはれ出、道元に、うちむかい、我々は、第六天のまわう《魔王》

の、けんぞく、七せんやしやの其内、あにらじんまにらじんの大府也、然るに、此度のせんじ、ほう王なやみ給ふへき、じせつにあたり候ゆへ、たゝ今、御しんへわけ入、くるしめ奉ると、ぜんしに近付たてまつるぜんし、あつきにうち向ひ、むいのしんゐんめんもんにげんず、ちゑ口はんによにつうず、れいかうふんみやうにして、たいせんのかゞやす、きじんいづれの所にしゆぎやくをつげん、とじゆもんをとなへ、御つゑにてうち給へは、きじん、たちまちさとりをゑ、かうべをちにつけ、まつたいにいたりて、此もんあらんところには、かげもさゝじと、かたくやくそくつかまつり、かたちも見へずなりにけり、そのとき道元のうたせたまふ、つゑのかたちに木をきざみ、このもんのかきて、ほうそうのまじなひ、まごぢやくしとなづけ候事、此ときよりはしまりたり

（『越前国永平寺開山記』）

又鎌倉ヨリ帰山ノ時、越前ノ湯尾トウゲニテ、疫神ニ逢イ玉ヰテ、説法シテ疫神ヲ度シ、一生疱瘡ノ役ヲ脱シ玉フ事、是又人ノ知処也、又疫病ノ公案ハ猶ヲ宗旨ニ伝ハリ、諸寺院ノ室中ニ参ズル者ハ、拝視スベシ、智恵愚痴通般若云頌在リ、戸札ニ書テ彼ヲ防グト云。

（『永平開山元禅師行状伝聞記』）

両者は説話の展開はもとより「智恵愚痴通般若」の頌文も合致しており、ともに唱導の由来を語っておわる。『伝聞記』の選述にあたり、古浄瑠璃正本の参看があったであろうことは想像にかたくない。

ちなみに湯尾峠の「孫嫡子」が疫病封じの霊符として近世庶民の信仰をあつめたことは、杉原丈夫の論考に詳しい[20]。江戸では駒込の曹洞宗海蔵寺に延宝四年（一六七六）建立の「湯尾大明神」の分社が鎮座していたという（『諸病除疱瘡神縁起』）。もっとも、孫嫡子信仰じたいは安倍晴明の疫神退治に由来するもので、道元伝と直接かかわりをもたない。越前の孫嫡子伝承を道元一代記の逸話に仕立てたのは、古浄瑠璃にはじまる脚色であったようだ。そうし

た俗説的解釈をためらうことなく踏襲し、「又疫病ノ公案ハ猶ヲ宗旨ニ伝ハリ」として、現行儀礼との対応を注記したところに『伝聞記』の特性をみるべきであろう。

　こうした俗伝許容の態度は、疫神教化につづく血脈池伝説の引用についても同じ傾向を示す。『伝聞記』は図会物、絵伝とは別系統の話によっている。

> 本州ニ藤原ノ永平《ナガヒラ》トテ、師ヨリ優婆塞戒ヲウケ信心ノ善男子アリ。其妻死シテ蛇ト也、又愛欲ノ浅マシク、嫉妬ノ情深クシテ免レ難ケレバ、又師是ヲ愍デ菩薩戒ノ血脈ヲ授ヶ玉ヱリ。忽チ変ジテ男子身トナリ、便チ師ヲ礼謝シテ、光明ニ乗ジテ天ニ登リキ。嗚呼法血ノ功徳不可思議ノ至リ也。然ルニ近代ノ悟リニ酔ル僧徒、偏枯ノ見解ニクルシンデ、糞ヲ拭古紙ノ如ス。不立文字教外別伝ノ語ヲ悪シク心得テ、常ヲ以テ常ニカヱズト云フコトヲ不レ知也

愛欲嫉妬心の罪業ゆえに蛇体と化した「永平《ながひら》」の妻が道元の血脈を受け「男子身」と変じて成仏したというのは、『日域曹洞列祖行業記』（寛文十三年〔一六七三〕刊）などの伝える別伝の影響下にある。たとえば『行業記』は、

> 本州有二一婦人一、其性酷妬、既死化レ虵。師、憐之授二菩薩戒一。便現二男子形一騰レ空而去。

のごとく、変成男子となった亡婦の解脱をしるす。面山編の『永平開山和尚実録』も同内容の伝承を筆録しており、永平寺山内にこの種の異説が語られていたことを推測させる。

　なお、右の『伝聞記』引用部後半にみえる「然ルニ近代ノ悟リニ酔ル僧徒」云々の文言は、当代の学問僧の俗伝軽

視に対する反論であり、『伝聞記』編者の立場を鮮明にあらわす。俗伝の功徳と方便重視の論理を主張する唱導僧のスタンスがよくわかる言説であろう。

一方、『伝聞記』のもうひとつの顔として、唱導現場の儀礼や教義解釈を説話の合い間に散りばめる手法がみてとれる点も顧慮すべきであろう。第九章後半の「亡婦ヲ救玉フ事」は古浄瑠璃に不載の話材であり、道元絵伝等にもみあたらないので、『伝聞記』選者のオリジナルである可能性が高い。中国太白山のかたわらで心静かに座禅する道元の眼前に二十あまりの女が苦悶の表情をうかべて立ち現れ、冥府からの救済を願う。

妾ハ元ト此山ノフモト遠カラズシテ住ミケル李氏ノ婦ニテ有ケルガ、性トシテ貪リ、猶ヤブサカニ奴僕小婦ヲ憐レマズ、日ニ打詈シ空シク駈使テ、剰ヱ衣食ヲバハギ、寒暑ニ恵ヲ欲ク、好夫ガ善事ヲ障拒デ途ニ三宝ニ帰投セズ、只貪リタクワヱテ千代ノ栄花ヲ計ル処ニ、天然ヲ終ラズシテ五日以前ニ早死ス。今獄卒ノ手ニ掛リ、鉄湯銅炎ノ責メ、嗚呼如何、上人利益ヲ賜ヱトテ、忽チ見ヱザリキ。師ノ至慈豈ニサシヲクニ忍ンヤ、乃チ清池ノ水ヲ汲ミ、一字水輪ノ法ヲ加持シ、大悲神呪ヲ誦シ了テ、暫ク静慮シ玉フ時ニ、天女一人現ジ来テ、師ヲ拝ミ、吾ハ前来ノ亡婦也、上人ノ慈力ニ依リ悪趣ノ苦誅ヲ免レ、速ニ今忉利天ニ到ル、故ニ来テ深恩ヲ謝シ奉ルト云イシガ、俄ニ香風四方ニ薫ジ、青白ノ雲東西ニ靉キ、風雲ト諸共ニ天女ハ去テ見ヱザリキ。是道人ノ所為トシテ、回向広大ノ力、太ダ奇特ノ至也。猶予ヲ懐キ怪ム事勿レ。

李氏の妻が生前の罪で堕獄の責めを受ける。道元は「一字水輪」の加持と「大悲神呪」の読誦によって女を生天させる。この話の出拠について吉田道興は、能登永光寺に伝わる「切紙」のなかに「河原根本之切紙」と題して天童山(太白山)の女幽霊を「大悲呪」「血盆経」「金剛経」の読誦と血脈授与で抜度した僧の言説が見受けられる点を指摘した[21]。石川力山の洞門抄物研究をひもとくなら、永光寺には同内容の切紙二種が現存し、十七世紀なかばに秘伝として伝持されていたという[22]。

以上をまとめていえば、江戸初期に洞門の禅林僧坊に伝承された中国種の亡霊済度譚が、百余年を経た『伝聞記』にいたり道元の入宋修行の一コマに組み込まれ再生したことになる。同時にそれは、『伝聞記』の伝奇的話柄がじつは当代雲水の布法の場と密な関係性を保つことを教えるのである。

さて、『伝聞記』に展開する僧伝編述の方法を通して、われわれは伝記注釈のスタイルに仮託した大衆教化、民間唱導の方程式を読みとることになるだろう。現今の歴史研究に比定すれば、それは確かに史実に乏しい虚妄の産物に過ぎないかもしれない。しかしながら、近世の宗教文化が生み出した稗史的僧伝の系譜を思い起こすとき、『伝聞記』のつむぎ出す「高僧道元の物語」は江戸の僧伝文芸の秀作とみなしうるのではあるまいか。

虚・実は一如だった、のである。

[1] 冠賢一「近世における日蓮聖人伝の出版」(『日本仏教』二七、一九六七年八月)。このほか、松亭金水の日蓮物編纂については、服部稼治「松亭金水と日蓮宗――幕末期における通俗仏教書の出版と戯作者」(『仏教文学』三一、二〇〇七年三月)などの論考がある。
[2] 塩谷菊美『真宗寺院由緒書と親鸞伝』(法蔵館、二〇〇四年)二三四頁。
[3] 赤井達郎『絵解きの系譜』(教育社、一九八九年)一九〇頁「伝絵から御絵伝へ」。
[4] 堤邦彦『江戸の高僧伝説』(三弥井書店、二〇〇九年)第二編「近世浄土僧の民衆教化」。
[5] 『永平寺史』下巻(一九八二年)一二二頁。
[6] 奥書に「日本曹洞大本山/吉祥山永平寺/知蔵謹識」とあり、永平寺版であることがわかる。
[7] 吉田道興「道元禅師「絵伝」考――広島県三原市香積寺所蔵本を中心に」(『宗学研究』四三、二〇〇一年三月)。
[8] 『永平寺史』上巻(一九八二年)九四頁。

〔9〕本書の成立・編者については『月庵酔醒記』上巻（三弥井書店、二〇〇七年）の服部幸造解題参照。

〔10〕堤邦彦『江戸の怪異譚』（ぺりかん社、二〇〇四年）第一部第二章Ⅳ。

〔11〕義重の兄を「永平」とする一説がある（『永平仏法道元禅師紀年録』）。

〔12〕『訂補建撕記図会』巻末の「血脈度霊」の標題下にしるす割注の本文は次のとおりである。

肥前州、採牛首座、寛文癸丑、所㆓板行㆒之行録末、載㆓此一件㆒。不㆑知㆓誰作㆒、今采附。

〔13〕注7に同じ。

〔14〕たとえば洞門勧化本の『戒会落草談』（享和四年〔一八〇四〕）にも、血脈度霊を引きながら血脈授戒の儀礼の意義に言い及ぶ例が見出される。

〔15〕『曹洞宗全書』解題。

〔16〕注15に同じ。

〔17〕吉田道興「『永平開山元禅師行状伝聞記』における「伝説・説話」の類型――「混交信仰」を中心に」（『宗学研究』四〇、一九九八年三月）。

〔18〕若月保治『古浄瑠璃の研究』（桃井書店、一九四四年）。

〔19〕注4書、第一編Ⅲ「道元禅師と稲荷神」。

〔20〕杉原丈夫「湯尾峠孫嫡子考」（『福井県立博物館紀要』一、一九八五年三月）。

〔21〕吉田道興「道元禅師外伝「血脈度霊」逸話考――血脈授与による救済と性差別」（『宗学研究』三八、一九九九年三月）。

〔22〕石川力山『禅宗相伝資料の研究』下巻（法蔵館、二〇〇一年）一〇四二頁。

第二章

親鸞の産女済度譚

縁起と口碑伝説のあいだ

一　はじめに

仏教史の視点から寺院の宝物由来、開創縁起、高僧の史伝などを研究対象にする場合、明らかに後世の俗説と思われるものや、土地の口碑伝説に融け込み民談化した事例は、寺院史研究の表舞台から意識的に除かれる傾向にある。そもそも仏教学が積みかさねてきた経典、教義の注釈、あるいは宗祖・教団をめぐる歴史研究の立場にたつなら、史実とかけ離れたマジカルな霊験説話のたぐいを「後世の訛伝」に分別し、正統な研究の対象外に位置付けることは、それなりの意味を持つだろう。

しかし、一方において古寺にまつわる土地の口碑が、地方民衆史に立ちあらわれる信仰世界のリアリティを端的に説話化したものである点もまた、まぎれもない事実であった。むしろ高僧の法力にからめて語られた宝物、遺跡の由来は、住民の生活感情にねざした仏教民俗の宝庫であることすら珍しくない。

たとえそれらが近現代の訛伝であるとしても、そこには近世以前の寺院の布教活動をとおして培われた檀家里民の宗教観念が蓄積されているはずである。日々の信仰生活のはざまで咀嚼され、口碑伝説のかたちに翻案された土着の「仏教説話」にこそ、かえって民衆史の実態にそくした仏教受容のありのままの姿がうかがえるのではないだろうか。

さて、そうした観点から寺院宝物の由緒、縁起書と土地の口碑とのかかわりをめぐって、具体的な事例に言及してみたい。

二 関東二十四輩の親鸞伝説

寺院縁起と口碑伝説のあいだの話柄の類似、および彼我の差異をめぐり、真宗の幽霊救済譚を例として、現存資料の宗教性と口承性、民俗性を整理することからはじめよう。次のAとBは今日の民話集、町史などに載る茨城県鹿島地方の親鸞伝説である。

A 無量寿寺の幽霊

親鸞聖人が稲田の草庵に来たのは四十五歳の時である。それから五十二歳まで常陸の衆生化導のために地方を往来していたのだから、聖人に関する伝説は真宗の寺のある土地には、必ず一つや二つは語り伝えられている。

鹿島郡鉾田町鳥栖に無量寿寺があるが、この寺には聖人幽霊済度の伝説がある。幼児を残して死んだ若い人妻が乳の足りない子を心配して毎夜墓場から脱け出して来てはわが子と添寝して、朝になると墓場へ帰ってゆく。寺僧の法力では済度できないので、各宗の僧を招き、種々の行法を修したがさっぱり効験がない。しまいに住僧も逃げ出し、参詣人もなく寺はさびれて荒れはてる。聖人はこれを聞き寺に行って三部妙典を小石の一つ一つに一字ずつ書き、その小石を幽霊の墓に埋めて終日誦経念仏したところ、その夜から幽霊は出なくなった。鹿島神杜の神官、尾張守中臣信親はこの不思議を聞き深く聖人の仏徳に感じて、その子信広を聖人の弟子とした。順信房性光がそれである。

（『茨城の史跡と伝説』一九七六年）

B　経塚

与沢の人長島喜八の妻難産のため死し、毎夜亡霊となり形をあらわして恨をなすこと毎夜、聞く人皆恐る。喜八いと悲しく思い神社仏閣に追善を乞うも更にその効なく、依って聖人往来の時請じ奉って御化導を願うところ、聖人浄土三部妙典を小石に書写して塚に埋めたまいてより亡魂現わることとなし。経塚として現在せり。

（『小川町史』上巻、一九八二年）

史実にそくしていえば、十三世紀のはじめ真宗の開祖・親鸞は、師とあおぐ法然の法難に連座して越後へ流罪となる。やがて建保二年（一二一四）、許されて常陸国小島の草庵（現茨城県下妻市）に入り、稲田の地（同笠間市）に布教の足跡をのこした。いわゆる原始真宗教団の関東土着のはじまりである。

その後、本願寺三世覚如の時代になって、門弟二十四人に縁のある寺院が「二十四輩」の旧跡に選ばれ、近世中期には関東二十四輩の由緒を紹介した書物が陸続と刊行されて聖跡巡拝の風を門徒の信仰生活に根付かせた。そのような歴史背景をふまえて、茨城、栃木県下の有力寺院に親鸞のたぐいまれなる法徳をものがたる伝承が、自坊の寺史に関連づけられながら布宣されたわけである。

Aの無量寿寺（現茨城県鉾田市鳥栖）は二十四輩の第三番に位する名刹で、親鸞の門弟順信房信海の開基である。順信の出自は鹿島神宮の神官といい、宗祖の教えを受けて真宗に帰順した人物であった（静嘉堂文庫蔵『無量寿寺系図』）。

ところで、鹿島神宮とのかかわりに言いおよぶAの伝説は、一見、無量寿寺開創の史実をふまえた叙述のようでいて、近世の真宗資料にひき比べて読み解いてみると、明らかに異質な「土地の伝承」の様相をおびているのがわかる。この点を浮き彫りにするため、ひとまず真宗関連の近世仏書をひもといてみよう。

経文を書きつけた小石を埋める方法により女霊を鎮めた話は、さかのぼれば宝永八年（一七一一）刊の二十四輩資料『遺徳法輪集』（宗誓編）を初出とする。無量寿寺がその昔「仏心宗」（禅宗）の堂宇であったころの由緒をつまびらかにしたあとに、同書は幽霊済度の霊験に筆をすすめる〔1〕。

境内ニ一ノ塚アリ。イツゾノコロカラニヤ女人ノ幽魂出ハジメ異類異形ヲ変作シ哭喚ノワザヲセリ。コレニヨリテ諸人アヒ見テ或ハ悶絶シ或ハ忽命ヲ失ケリ。故ニ寺ノ住侶チリ〳〵ニナリ住職スルモノナカリケリ。シカルニ聖人稲田ヨリ鹿島へ御越ノ砌、コノ寺ノ辺ニテ諸人コノ旨ヲカタリ、ネガハクハコノ幽霊ヲ済度シタマヘト申シケレバ、聖人コレヲキ、タマヒ、サテモ不便ノコトカナト仰ラレ、シカラバ小石ヲ拾ヒ来レヨトノタマヒケレバ、オノ〳〵悦ビコレヲ拾ヒ持来レリ。聖人スナハチソノ石ニ三部経ノ文字ヲ一字二字ツヽノコラズ書ツケタマヒ、コレヲカノ塚へ掘埋サセタマヒ御帰ナサレケリ。諸人モオノ〳〵悦カヘリシガ、ソノ夜カノ女ノ眷属夢ミケルハ、我一念ノ邪心ニヨリテコノコロ多ノ人ヲ悩サフラフニ今日大善知識ノ御化益ニヨリ西方ノ往生ヲ遂ゲルナリ。イソギ稲田へイタリコノ御礼ヲ申シサフラへ、トテ光ヲハナチ西ニ飛トミテ夢ハサメニケリ。

墓原に出没する「女ノ幽魂」のために荒れ寺となった無量寿寺は、かくして親鸞により再興され、真宗寺院となる。いまに残る経石塚の遺跡（図1）をふくめ、説話の大きな枠組みじたいは現今の口碑にいたるまでそうは変わらない。しかしながら、細部の表現にこだわっていえば、『遺徳法輪集』の幽霊済度はAの伝説が強調する「幼児を残して死んだ若い人妻」のモティーフを具備していない。すなわち近世の宗門資料との類比からみて、Aはいわゆる産女《うぶめ》伝承や昔話の子育て幽霊譚の色合いを鮮明にする点で、民談的な性格を濃厚にしていると考えて差し支えないだろう。

これに対して、真宗教団側に伝わった無量寿寺縁起の主テーマは、どうやら別のところにあったようだ。たとえば享保十八年（一七三三）刊の『親鸞聖人正明伝』は、村人をおびやかす「女ノ姿ナル妖霊」の正体を寺の墓地に葬られた「山賊悪八郎」の邪念とし、「盗殺」の罪科によって成仏できない「男」の妖災と、親鸞を導師にすえた迷霊の鎮魂に話の中心点を置いており、女霊哀話の要素はいっさい語られていない。むしろ、宗祖の説いた悪人正機思想を連想させる叙述に宗門縁起の教義的な特色が見いだせるだろう。

図1 女人成仏御経塚（無量寿寺）

さらにまた、寛政五年（一七九三）の八月に、破損した経石塚の修復費用を募る目的で編まれた『無量寿寺略縁起』（写本、巻子本一軸）にいたっては、不信心ゆえに難病死した女の応報を語ることに力点があり、哀切に充ちた産死婦霊のおもかげをそこに読みとることはできない。女霊の化現を描く縁起の本文に着目してみよう［2］。

其頃、当地の領主に村田刑部少輔といえる仁あり。常に観音を念じ、禅宗を尊ぶ。然るに其妻慳貧邪見にして三宝を不レ敬、殊に難病にて命終る。寺内に葬り塚を築。然るに彼塚夜毎に鳴動し、炎の中より幽霊形をあらわし、啼さけぶ声近隣に聞か故に、村里の男女畏なし、寺に参詣する者なし。

信心深い領主に比べて慈悲のかけらもない妻は、日頃の振る舞いが祟って重篤な病をうけてみまかり業鬼と化す。かような悪婦の応報と救済に、寛政五年本略縁起の主題が組み込まれている点は明らかであった。信不信を問う仏教者のスタンスがよくあらわれているといってもよかろう。宗門の語る無量寿寺・経石塚の由来にあって、縁起の骨子は仏法をないがしろにする者の悪報と邪悪なるものの救いにあるのであって、その意味合いから純然たる仏教説話であることがわかる。それらはいわば、民間に流布した難産死婦への民俗的なオソレとは別種の宗教教義的な幽霊鎮魂のものがたりであった。

ところが、十九世紀に入るころから、縁起の宗教的な意味付けにほころびが見えはじめる。

幕末の版とみられる絵入りの略縁起『光明山無量寿寺略縁起』の場合、妖異の出没を描くにあたり、十九歳になる村田刑部の妻が「なんざんのくるしみにていのちおわる」悲惨な最期をとげて迷霊のかたちをあらわすことにあえて筆をさくのであった[3]。肉筆巻子本（写本）の寛政五年本略縁起と異なり、絵入り版本の略縁起は、寺を訪れる参拝者を対象に量産・配布された簡易版であり、それだけに世俗の耳目に親しい身近な難産死婦（ウブメ）の伝承に傾斜したのであろう。

そうした傾向は、信徒のみならずひろく一般の読者層を対象に刊行された絵入り名所図会において、いっそう通俗化した無量寿寺の幽霊済度譚を生み出していった。竹原春泉斎の絵を加えた文化六年（一八〇九）刊の『二十四輩順拝図会』後篇巻之三は、「夜な夜な啼き叫ぶ」女霊を目のあたりにして、「無量寿寺にこそ産女《うぶめ》てふ化生《けしょう》あり」と噂する村人の恐怖の心理さえ描き出しており、怪異小説の産女譚を思わせる筆づかいに、当時流行の「名所図会」らしい文芸志向の表現が見てとれる。

専修念仏を真の仏法と説く真宗本来の教義に照らしていえば、宗祖の怪異調伏などはまさしく否定すべき顕密仏教的な世界の所産であり、宗祖伝にふさわしくない訛伝であった。にもかかわらず近世後期の略縁起や『二十四輩順拝図会』に幽霊を鎮める神異僧・親鸞の虚像が増殖しはじめたのは、いかなる事情によるものか。単に、出版文化の隆盛をうけた通俗仏書普及だけがその要因とは思えない。

三　産死婦供養の仏教民俗

じつはBの長島喜八の説話は、関東の真宗に内在するきわめて在地的な性格をあらわにしており、土着の民俗性を思わせる話柄であった。

従来の悉皆調査に際して、現在宗教法人格をもたない喜八阿弥陀堂は宝物調査の対象外となるのが常である。歴史資料や文化財を対象とする調査の目的からいえば、それもある種の見識なのだが、他方、ひろく説話・伝承の全体像を土地の特殊事情にからめてとらえようとするとき、喜八阿弥陀堂の霊験と無量寿寺縁起の対比は避けてとおれないだろう。

喜八阿弥陀堂の経塚をめぐる伝承の文献初出は、元禄七年（一六九四）の写本『親鸞聖人御直弟諸国散在記』である。本書は越中の真宗僧・宗誓が二度にわたって実際に聖跡を巡り、みずからの見聞を整理したものという。「与沢村喜八」の由来を採録しながら、その一方では無量寿寺の経石塚にふれた記述がみあたらないことは、喜八阿弥陀堂の話の方が古くから土地に語られた親鸞伝説ではないかとの推測を示唆する。ひとまずここでは、やはり宗誓の著述である『遺徳法輪集』によって大略を示す。

喜八（厭良）の先祖で、難産死した女の亭主を「与八」といった。同書「与沢村厭良」の項をみてみよう。

コノ厭良先祖ヲ与八ト申シケルニソノ妻難産ニテ命オハレリ、是非ナク塚ニツキケルニソノ夜ヨリ幽霊カタチヲアラハシ泣叫声村里ニヒヽキ諸人オノ〳〵怖ケリ。与八コレヲカナシミ諸山ノ法師ヲ請シ種々ニ穰ヘドモ詮ナク護摩ノ煙ハ空ニ靉靆ケトモ印ナシ、イヨ〳〵一族コレヲ悲ミケリ。然ルニ聖人鹿島ヘ御越ノ砌、コノ里ヲスギサセタマフヲキ、与八コノ旨ヲ申シ奉リ、哀レネガハクハ御済度ナシタマヘトテ聖人ヲ屈請イタシケレバ、不便ニ思シメストテ小石ヲアツメヨト仰ケレバ、与八一族ヲ具シ近辺ノ小石ヲ拾ヒモチキタレリ。聖人三部経ヲノコラズカキ写シタマヒコレヲ塚ニ埋ヨト仰セラレ御立ナサレケリ。与八ハコレヲイタヾキカノ塚ニツキコメシニ、ソノ夜ノ暁与八ナラビニ一族ノ夢ニ見エテ告テイハク、我レ愛執ノ涙ニタヾヨヒ夜々諸人ヲ嬈《ナヤマシ》ケル、昨日聖人ノ御化益ニヨリテ往生ヲ遂ルナリ、トテ光ヲハナチテ西ニ去リヌ。各夢サメ大ニ悦ビ、ヒトヘニ聖人ノ御恩トテ与八鹿島ヘ詣デ聖人ニ謁シタテマツリ具ニ御礼ヲ申シケリ。聖人御帰ニ与八ガ家ニ入タマヒケレバ大キニ悦ビイロ〳〵珍味ヲト、ノヘ饗応イタシ奉リ、聖人御ネンゴロニ御教化ナサレケレバ随喜ノ泪ヲナガシアリガタキ後世者トナリニケリ。ソノ時授与シタマヘル三幅対ノ霊宝今ニ安置セリ。

『小川町史』（一九八二年）によれば、与八の子孫は代々「長島」姓を名乗り、いまも阿弥陀堂のかたわらに居をかまえ、親鸞より授かった三幅の絵像（阿弥陀如来、聖徳太子、善導太子）を家の宝としている。また長島家からほど近い畑の中に宗祖ゆかりの「経塚」（県指定文化財。図2）が現存する。

もっとも経塚のすぐ隣には、別の経塚（二号墳）もあり、あわせて茨城県南部には石岡市の「親鸞聖人の御旧跡の経塚」をはじめ、そこここに浄土三部経の書かれた小石を埋めたと伝える塔碑の伝承が散在する。

さらに、与八村経塚の伝承の民俗的な背景を示唆する習俗として、難産の除災を目的に営まれた二十三夜講の信仰圏を想起することもできるだろう[4]。とくに鹿島地方にそうした民間信仰の宗教モニュメントである二十三夜塔が少なからず見受けられることを思えば、与沢の幽霊済度伝承もまた、土着的な産育民俗を土台として、当地に教線を伸ばした真宗の宗祖伝説を融合させたものではなかったか。あるいは、無量寿寺の縁起じたいが、難産除災の習俗を

図2 長島家付近の経塚

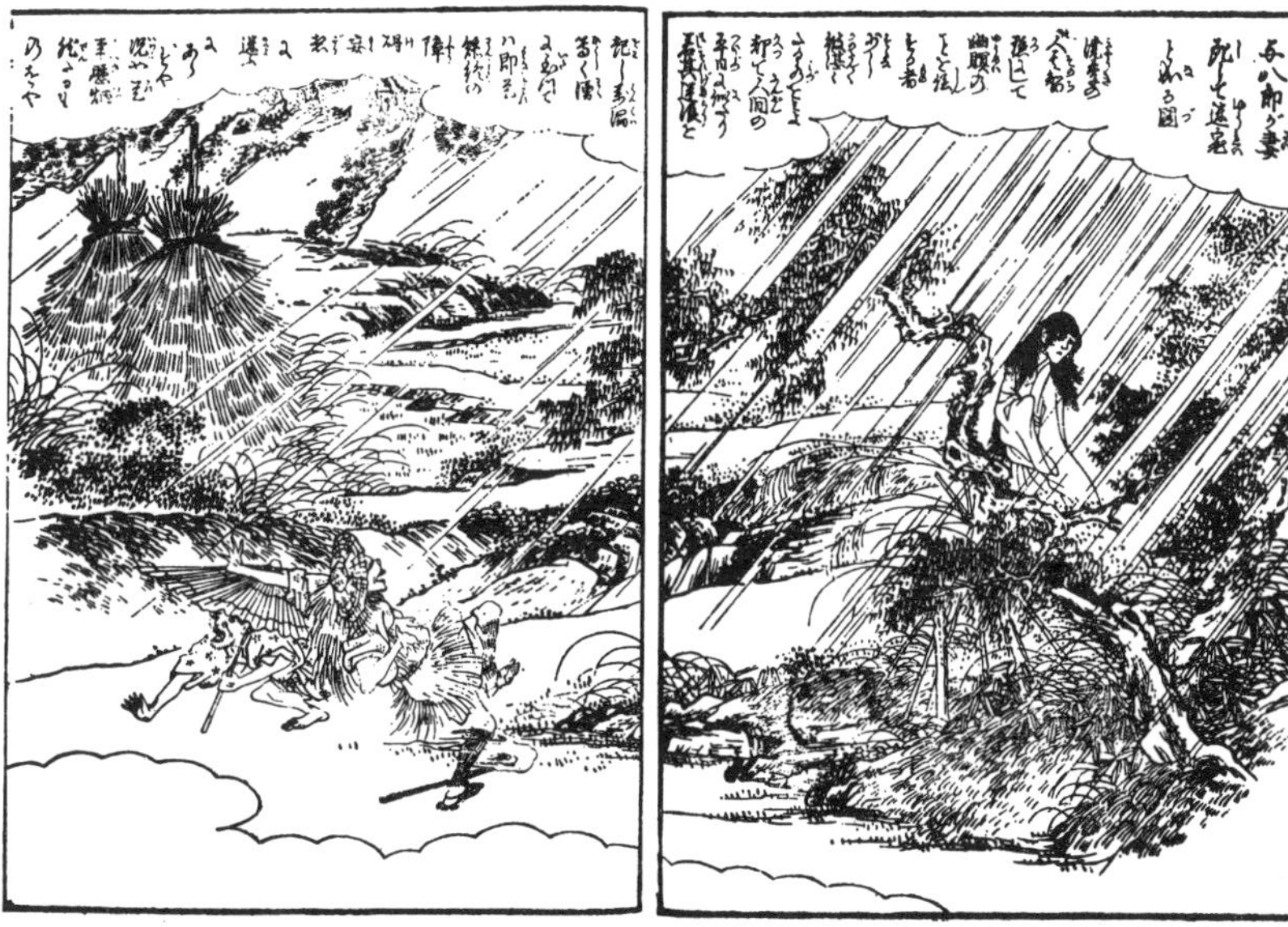

図3『二十四輩順拝図会』後篇巻之三。与八郎が妻死して迷鬼（ゆうれい）と成る図

下敷きにして、女人済度の教義的な意味付けを重ねあわせた宗教伝承であったのかもしれない。

かような推論は、歴史資料や個別寺院の宝物由来の調査からは、容易に発想されない空論であろう。しかしながら、無量寿寺の縁起と、喜八阿弥陀堂由来の語り口の近似を考えると、霞ヶ浦北辺村里の土着信仰をふまえた親鸞伝説の在地化現象は想像にかたくないのではなかろうか。むろんそれは、京都の本山（東・西本願寺）が布宣する教団史上の親鸞像とはかけはなれた「伝説のシンラン」にほかならない。

四　親鸞・産女済度伝承の流伝と変容

現在、無量寿寺および二キロ程離れた隠居寺の無量寿寺（鉾田市下富田）は、ともに一幅ものの幽霊画を所蔵し（図4）、盆の折に参拝者に展観する。盆の先祖供養の場に、宗祖の産女救済をものがたる掛幅が掲げられ、女人成仏のあかしとされていることは、土地の民俗と真宗寺院のかかわりを示す興味深い事例であろう。

ところで、さらに目をひくのは、鳥栖・無量寿寺の幽霊画に酷似する掛幅が、前出の寛政五年縁起の写しとセットになって、遠く離れた長崎市の光源寺（真宗本願寺派）に伝わることである。

しかも光源寺は、これらの宝物とは別に、木製の幽霊像を所蔵し「産女《うぶめ》の幽霊」と呼びならわしている（図5）。木像は頭部と胸部のみで腰より下はなく、盆の開帳時に白い着物を着せ裾をすぼめて本堂に掲げておくのである。幽霊像を納めた箱の裏書きに「延享五歳戊辰五月下旬第七日」と墨書されており、延享五年（一七四八）以前に造られたものとみられる。ただし長崎にもたらされたのは、もう少し後のことらしい。

越中哲也の「光源寺幽霊考」によれば、明治四十四年の親鸞聖人大法要の折、仮小屋を建てて幽霊像を開帳したところ、大変な評判となり、あまりの人出に警察から注意されたという［5］。

木像が光源寺の所伝となったいきさつについて「光源寺幽霊考」は、これを二十四輩霊場の宝物と称して各地を出開帳して歩いた者が、「借金をして光源寺においていかれた」（越中タカ談）との口伝を紹介する。俗間の噂のようでいて、あるいはかような由来語りの裏面に、宗祖霊験の証拠物を携えて無量寿寺の産女済度を語り歩いた唱導の徒の介在が見え隠れするのではあるまいか。時期的にみて、それは幕末から近代にかけての布教営為ではなかったか。

通常の悉皆調査では、あまりに荒唐無稽な「伝説」とみなされ、寺院記録の埒外に置かれがちな幽霊像ではあるものの、他方近世以降、明治から昭和にいたる二十四輩寺院縁起の伝説化とその語り手、伝播経路などを考えるためには、この種の情報は欠かすことのできない「資料」と考えて差し支えないだろう。

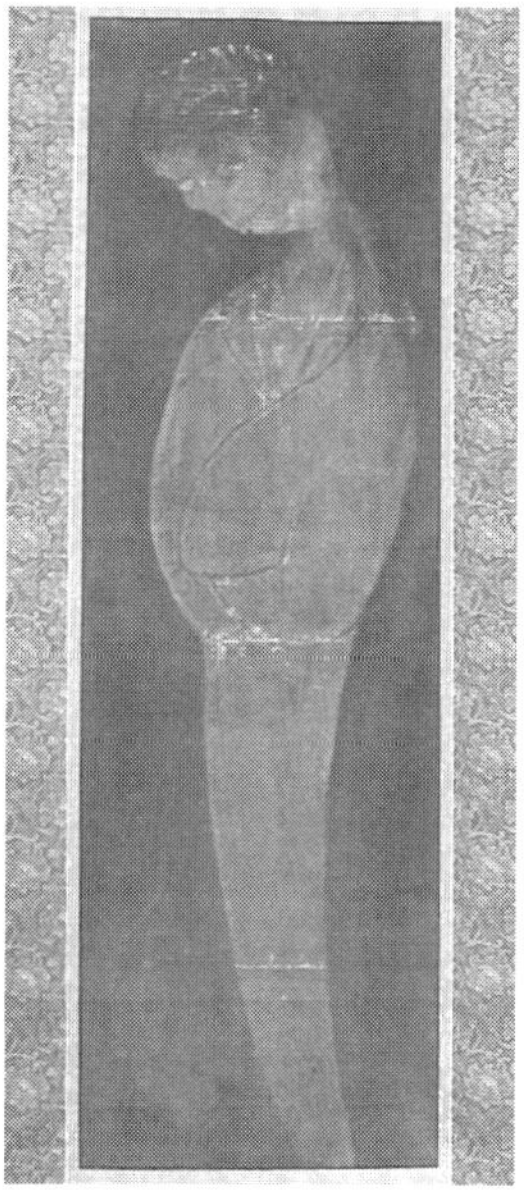

図4 無量寿寺（下富田）の幽霊画

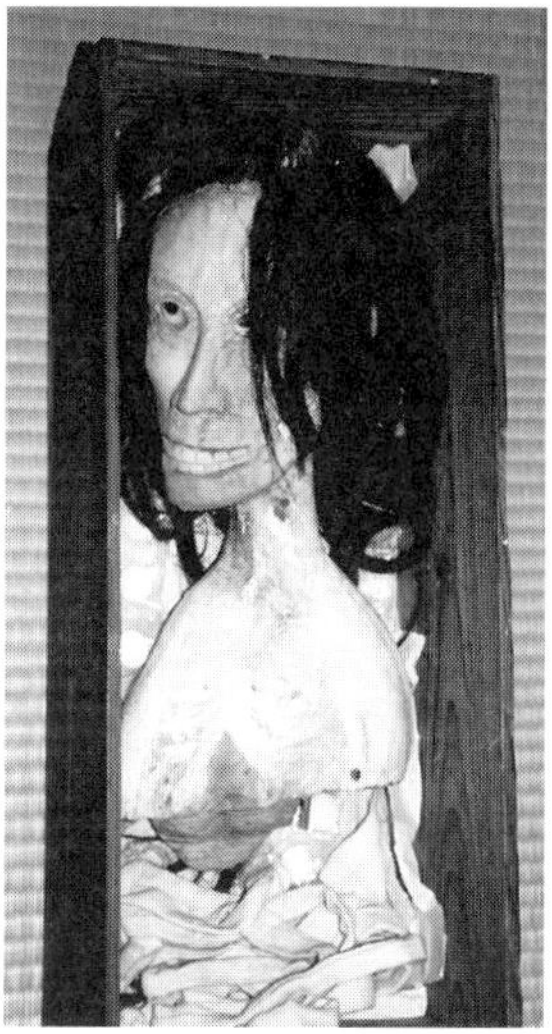

図5 長崎市の光源寺（真宗）に伝わる産女像。親鸞による常陸国の難産死婦救済譚をもとに造形されたもので、盆行事の折に公開されている

なお、光源寺の周辺には「幽霊井戸」の口頭伝承が語られている（『日本伝説大系』第十三巻、および『長崎の伝説』など）。麹屋町の飴屋に一文銭を持って飴を買いに来た女が光源寺の門前で消える。境内裏の新墓より赤ん坊が掘り出され、母幽霊の慈愛に充ちたふるまいとわかる。このことがあって数日後、飴屋の主人の夢枕に女霊があらわれ、遺児を育ててもらった返礼に水の枯れない井戸を湧出させた。

いわゆる「子育て幽霊」型の昔話・伝説のバリエーションであるものの、こうした口碑の発生母体に、光源寺を発信源とする親鸞聖人・産女済度の縁起が深くかかわっていた点は想像にかたくない。光源寺の寺宝（縁起書、幽霊画、木像）を前提にしなければ、長崎にひろまった「幽霊井戸」伝説の生成プロセスを垣間見ることはできないのではないか。民衆史や伝説研究の立場にたつ寺院縁起解析の重要性はじつにこの一点にあるといってよい。

もっとも、仏教唱導と伝説の関係は、寺院縁起から民間口碑への拡散といった直線の図式では描ききれない側面をあわせもつ。

たとえば、次の伝説は、北陸の真宗門徒のあいだに古くから語られた蓮如上人の名号由来譚である。蓮如は、いうまでもなく本願寺中興の祖であるが、この伝承は、これまで述べてきた関東の親鸞伝説（経塚の由来）が、北陸の地にあって蓮如の霊験に姿を変え、ふたたび宗教伝承に再編される道筋を示している。

女人済度の名号【金沢市久安町】

蓮如さんが四十万の善性寺にいた時、久安村の与八というものが帰依して毎晩お参りしていた。それを嫉妬した与八の女房が狂い死にし、それからは墓の中より恐ろしい姿で現われては、往来の人を害し、夫の与八を苦しめた。悲嘆にくれた与八の話を聞いた蓮如さんは、六字の名号を書いて墓前で女房を教えいましめ、名号の前で三部経をあげて帰った。すると不思議なことに　その晩から女房は影も見せず、三日目に与八の夢に現われ、「蓮如さんの教化と名号の御利益で浄土に往生できた、あらありがたや、南無阿弥陀仏」と、称名の声とともに西の雲間に入ったかと見ると夢がさめた。

そこで与八は早速蓮如さんにことの次第を話し、ますます信心を深めたという。

（小林久信談、加能民俗の会編『蓮如さん――門徒が語る蓮如伝承集成』橋本確文堂、一九八八年）

夫の篤信が妻の嫉妬に火をつけ、狂死させる。亡霊となって化現した「与八の女房」を鎮めたのは、ほかならぬ蓮如直筆の名号の功力であった。その遺物である「女人済度の名号」は、現在金沢市扇町の広済寺の宝物となっていて、三月の蓮如忌に開帳される。「与八」の名から推察されるように、この話が与沢村の親鸞伝説を原拠としていることは疑いないところであろう。

関東の二十四輩伝承は、きわめて大衆化したかたちで長崎の「幽霊井戸」の話を派生するとともに、真宗王国・北陸の門徒圏においては、蓮如ゆかりの名号にからめてふたたび真宗寺院の法談となり、再生産されたわけである。

五　香川県の二十四輩石仏群

同様の伝承拡散を地方の真宗地帯に求めてみたならば、さまざまな二十四輩伝承の在地化に気付かされるだろう。たとえば、香川県高松市や丸亀市、坂出市に点在するミニ二十四輩の巡拝信仰は、その一例であった。あまりに遠く離れた関東の遺跡を巡るのは骨が折れる。そこで二十四輩を模した塔碑（図6）がこの地に建立されたのは、大正四年から昭和十一年にかけてのことであった〔6〕。近代の新聖跡である巡拝塔群には、それぞれ関東の二十四輩の寺院名があてられていて、近隣の門徒は旅費を工面せずとも容易に二十四輩めぐりの功徳を積むことができるようになったわけである。

二十余年にわたり当地の石仏調査を行なった森川定によれば、現在香川県に四十一例、徳島県北部に四例、愛媛県宇和島市に一例の二十四輩石仏を確認できるという。それらは主に香川県下に教線をのばした興正派の門徒が施主となって建立されたものであった。

さて村田刑部の幽霊成仏のいわれは、高松市庵治町にある「庵礼二十四輩」の二十三番の塔碑に刻まれている。ただし、伝承の旧跡を無量寿寺とせず、茨城県水戸市の信願寺［7］にあてるといったぐあいに、従来の二十四輩伝承からみれば、まさしく「後世の訛伝」ともいえる様態で信仰されていた。

左右二対の石塔〈幽霊済度のレリーフと経塚、図7〉は村外れの境界に位置し、かつては欝蒼とした場所で「幽霊墓」なる通称で知られていた。無量寿寺の経石由来が〈二十四輩巡拝〉の真宗習俗をなかだちとして、香川の村里に移入され、風土性を帯びた土地の呪的信仰に融解したと考えてよかろう。

こうした説話伝播の重層的なありかたを鳥瞰し、その全体像を把握するためには、「寺宝」を歴史資料の選定基準にあわせて記録する悉皆調査の方法論はあまり有効とはいえない。

図6 二十四輩塔碑のひとつ、茶臼山石仏群（香川県さぬき市）

図7 庵礼二十四輩の幽霊墓（高松市庵治町）

ただし、そうはいっても「伝承」なるもののつかみどころの無さを可視化する過程で、悉皆調査で得た文献・宝物情報が有力なてがかりとなる点も少なくない。

歴史、宗教史、民俗研究、口承文芸などの諸領域に目をくばる、ジャンルを超えた学際の視座に立つとき、従来の悉皆調査の知見はいっそう豊かな資料を提供してくれるはずである。宗教と民俗のはざまに生まれた唱導説話の位相を思えば、新たな調査方法の確立は必要不可欠であると考える。


［1］『真宗史料集成』第八巻（同朋社、一九七四年）。

［2］縁起の編者は「越後国教證」。なお全文の翻刻が「共同研究――真宗初期遺跡寺院資料の研究」（『同朋学園仏教文化研究所紀要』一九八六年）にそなわる。

［3］梁瀬一雄『社寺縁起の研究』（勉誠社、一九九八年）。

［4］『大宮町史』（一九七七年）七八七頁。

［5］『産女の幽霊』（光源寺刊、一九八三年）所収。

［6］岸本慶三郎「香川県牟礼・庵治二町にまたがる庵礼二十四輩」（『日本の石仏』九四、二〇〇〇年六月）。

［7］水戸の信願寺は二十四輩第二十三番の寺院。

第三章

蓮如上人・幽霊済度の島

真宗史と在地伝承

一　はじめに

僧尼による仏教唱導、とりわけ近世期の民衆教化が土地の口碑・伝承におよぼした影響とはいかなるものであったのか。そのようなテーマを扱おうとするとき、すぐに思い起こされるのは、歴史学の立場に立つ仏教史研究の視座と、在地にひろまった民談の世界そのものに注目する説話研究のあいだの大きな隔たりである。等しく寺院の縁起や宝物の由来譚を対象としながら、在地伝承とのかかわりに視野をひろげ、仏教唱導に内在する「語り」の物語性を明らかにしようとする後者のアプローチは、中央教団の「歴史」を念頭に置く前者の方法論からは容易に発想しにくいように思われる。

しかしながら、地域の信仰生活にあって、歴史的事実と伝承の峻別は、一部の知識層を除けば、ほとんど認識されていなかったのが実状であろう。僧坊を起源とする口碑伝説の広汎な流布は、そのことを裏付けている。

高僧の法力を示す邪霊鎮圧、土地神教化、請雨止水などの霊験が寺の宝物、由緒、旧跡にからめて縁起化し、口碑となって村里のいいつたえに定着したためしは少なくない。

たとえば、北陸、三河、関東のいわゆる真宗地帯では、宗祖・親鸞、中興の祖・蓮如にまつわる神秘的な法力説話が門徒の信仰心を喚び起こす伝説となって四散し、真宗以前の民俗と習合しながら語りの場をひろげていた。

一方、近世以降、京都の本山を中心に教義の純化が提唱され、学問的な立場を重んずる宗祖伝の研究・編述がおしすすめられた結果、地方末寺を拠り所とする親鸞伝説、蓮如伝説は、高僧の名を汚しかねない荒唐無稽な俗説として退けられる傾向にあった。明治維新を経て信仰の原理主義化に拍車をかけた近代の中央教団において、そのような流れはいっそう顕在化していった。

しかし、本山の忌避にもかかわらず、親鸞、蓮如の霊験譚とその証拠となる宝物のたぐいは、地方末寺の布教活動と一体化して法話に不可欠の唱導話材となっていた。「川越の名号」「大蛇済度」「嫁おどし肉付面」などの俗耳に入りやすい故事因縁が真宗地帯の郷村に伝承の輪をひろげたことは、紛れもない事実であった。

地方の門徒に支持された縁起の口誦性と、寺伝の「語り」がはなつ説話のリアリティをめぐって、塩谷菊美は次のように指摘する［1］。

> ありふれた絵像、木像、脇差などが、語りの力で、親鸞の「御苦労」と直弟の献身の証しに身を変ずる。怪しさは逆に有り難さの源泉となる。（中略）学僧ならぬ一般の門徒衆は、その木像が本当に鎌倉時代の作か、親鸞の自作であって「偽造」でないかを問題にしなかった。正否の分別よりも「語り」の力によって現世に顕現した親鸞やその直弟たちと、じかにつながることのほうを大切にしていたのである。

いわば目の前のモノに凝縮された法悦の物語が、史実としての正確さや教義的な論理性を超え、「語り」の説得力に支えられて地方門徒のあいだに浸透する。

むろんそれらの高僧伝説は、信仰をとおして結束する門徒圏の存在を前提に成立するものであるわけだが、一方で、「語り」は変幻自在の豊かな物語性ゆえに、ときとして親鸞、蓮如の法徳説話を古くから土地に伝わる山川草木の神異譚に混交させる結果となり、口碑伝説との違いを曖昧なものにすることもあった。言葉をかえれば、高僧伝説の民談化ともいうべき現象が、近世真宗寺院の周辺でおしすすめられたといってよかろう。宗門史研究の目からは、取るに足らない俗談であっても、そこには土着の民俗的世界観に裏うちされた親鸞伝説、蓮如伝説の生の姿がうかびあがるのである。

さて、以上の視点をふまえ、ここでは蓮如の幽霊済度を骨子とする因縁をてがかりに、地方末寺の縁起布宣活動と民談化の軌跡を追ってみたい。

二　沖島・西福寺蔵「虎斑の名号縁起」

滋賀県近江八幡市の沖合い一キロ余の琵琶湖に浮かぶ沖島は、古くから湖上交通の安全祈願で知られている。現在、島の主産業は漁業であるが、かつて享保年間には石材採掘の職人でにぎわったこともあった。

沖島漁港にほど近い住宅地の一角に掛嶌山西福寺と号する浄土真宗本願寺派の寺院がある。元禄五年（一六九二）の『下寺開基帳』によれば、寺の草創は永正十二年（一五一五）にさかのぼる。源氏の落武者の末裔であった茶谷《ちゃや》重右衛門なる者が、文明のころに寄島した蓮如上人に帰依して得度を許され、釈西了《さいりょう》と号したのが開基のいわれという。はじめ島の北辺に位置する掛島に建立された念仏道場を濫觴として、宝永五年（一七〇八）に寺号を許され、本願寺派となった（『天保下寺帳』）。寺堂が現在他に移ったのは天保十三年（一八四二）のことである。

さて、現在西福寺には蓮如の真筆と伝える「幽霊済度の虎斑《とらふ》の名号」が安置されている。そのいわれは、蓮如寄島の折、難産死した茶谷重右衛門の妻の亡魂を教化し、荒筵の上で染筆した名号を与えてみごと成仏させた因縁による。「南無阿弥陀仏」の六字の名号の墨跡に筵のあとがまるで虎の斑《まだら》模様のごとくに浮き出たことにちなむ命名という。

蓮如にまつわる「虎斑の名号」の故事じたいは、他にも似たような伝承例を目にすることができる。すなわち石川県山中町下谷蓮如堂の虎斑名号や、福井県敦賀市横浜・高雲寺に所伝の「船場の名号」などの縁起から、パターン化した類型説話の流伝が推察される。前者は下谷に立ち寄った蓮如が、自然薯をごちそうになった返礼にゴザの上で六字の名号をしたため村人に与えたもので、長らく当村の道場「蓮如堂」の宝物となっていた。寛政、天保の二度にわたり盗難にあったが、虎縞模様の特徴ある筆跡ゆえにすぐ取り戻されたという[2]。また、後者の方は、文明七年(一四七五)、吉崎から若狭小浜に渡海したときの出来事になっている。暴風雨の難を避けて当地に三日間とどまった蓮如は、高宝院(のちの高雲寺)の僧・藤本俊喜を化導して寺を真宗に改宗させ、名号を書き与えた。その際、やはり荒筵の上で染筆したので独特の縞模様が浮き出たという[3]。

こうした逸話の背景には、世尊寺流の書家として知られ、請われるままに場所を選ばず筆勢あふれる名号をしたため与えた蓮如の歴史的な実像が投影されているとみてよかろう。

もっとも、北陸一円の虎斑名号の伝承に比べると、沖島の縁起は、蓮如来訪の折のエピソードであると同時に、「幽霊済度」の因縁を話の中心に置く点で明らかな相違をみせている。女人済度の念仏の功力といったテーマは、西福寺の虎斑名号縁起をきわだたせる特徴にほかならない。

加えて、西福寺とその周辺には、名号の由来を語るあまたの縁起書、記録や絵画資料が残されており、こうした伝承の生成と伝播の実態を知るうえからも注目に値する。すなわち西福寺の宝物として、名号そのものはもとより、虎斑の名号の由来をしるした縁起書二点のほかに、幽霊済度ゆかりの正信偈四句の御文(二軸)と読み縁起一点、そして縁起の内容を図像化した絵伝（二幅）、檀徒の献納による明治期の幽霊画（一幅）などの多彩な所伝資料を目にすることができる。また、西福寺に隣接する真宗・願証寺の古文書にも、重右衛門妻女の化導一件をつぶさに伝える記録がそなわり、年代、形態を異にする複数の資料をもとにして、縁起生成の立体的なありさまを再現しうる希有の状態にあるとみてよい。

ひとまず個々の資料の紹介、分析に話をすすめよう。それぞれのデータを左に略記しながら、名号縁起の全体像を把握しておきたい。

〔西福寺の宝物〕

(1)虎斑の名号（銀地、一幅）

(2)正信偈四句の御文（二幅）

(3)御名号御絵伝（二幅、成立年未詳）

(4)幽霊画（一幅、明治十二年献納）

〔西福寺の縁起書〕

(5)略縁起A本（片仮名、一巻、文化三年写）

(6)同B本（平仮名、一巻、書写年未詳）

(7)同C本（同）

〔願証寺文書〕

(8)『当村由緒書』(平仮名、一冊、原本は寛政十一年三月写、現存本昭和二十八年再写)

(1)は西幅寺縁起の根幹となる宝物で、その伝来のいわれを説く(5)(6)の縁起書をともなう。また(2)は、蓮如が島を去る際に正信偈の四句を墨書し、西了に与えたものとされ、幽霊が極楽より持ち来たった絹布で表装した二軸という。これもまた(7)の縁起書に由来が詳述してある〔4〕。モノ(宝物)に対応するコト(縁起)をしるした文書の存在は、沖島の蓮如伝説に見え隠れする話の口誦性を示唆するのではあるまいか。(5)の縁起書の巻頭起筆部分が、

檀上御厨子ノ内ニ安置シ奉ルハ蓮如聖人虎譜ノ名号ナリ

で始まり、そして末尾を

世ニ虎譜ノ御名号ト申スハ此方ニテ御座ル。各、称名モロトモ慎デ拝礼トゲラレウ

と結ぶ記述の形態からも明らかなように、(5)〜(7)の縁起書が、宝物展観の折りに、参詣者の老若男女に向けて発信された「読み縁起」(もしくはその転写)であることは、ほぼ間違いないだろう。

内容をさらに詳しく分析するため、(5)の縁起書の全文を紹介しておく。

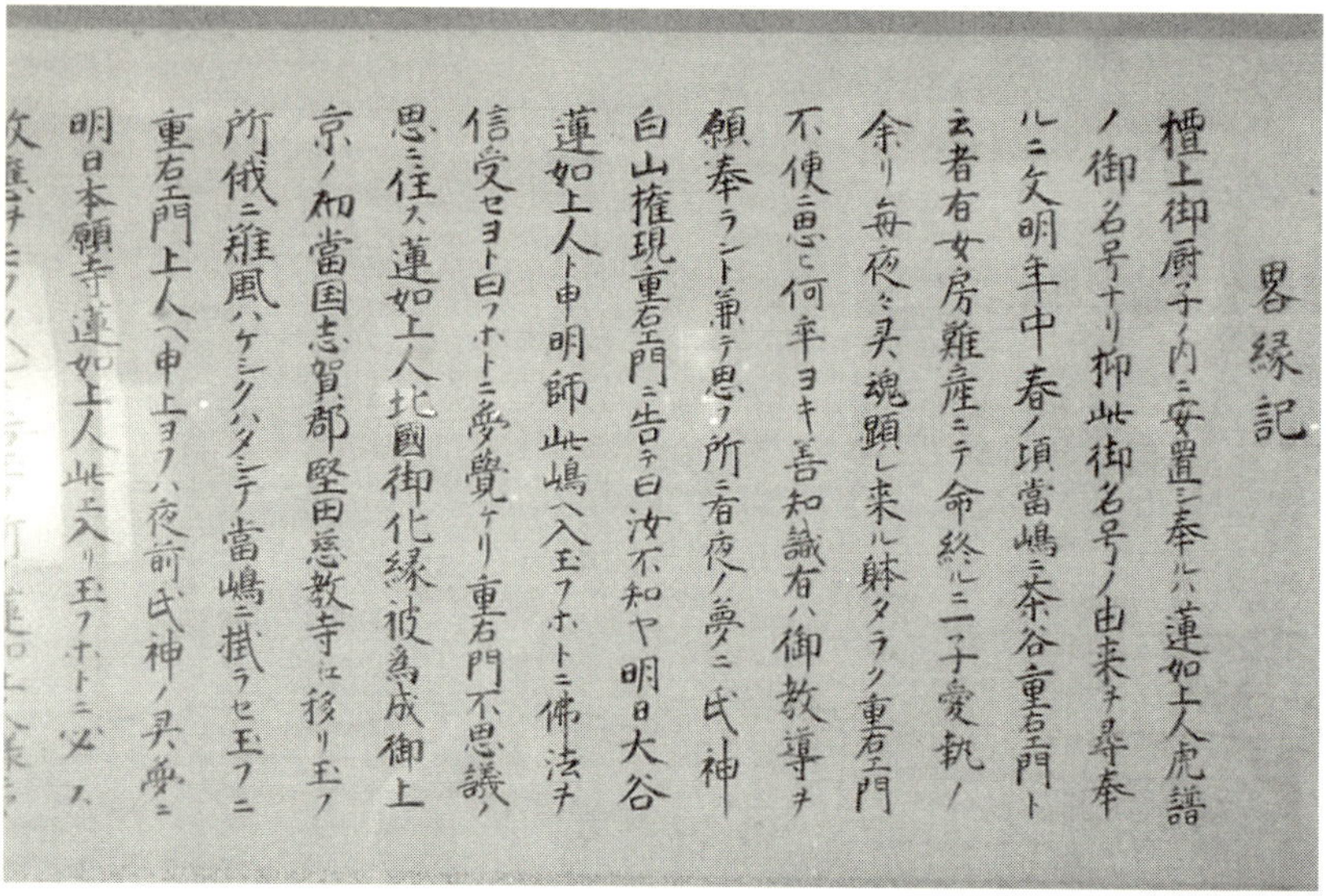

畧縁記

檀上御厨子ノ内ニ安置シ奉ルハ蓮如上人虎譜
ノ御名号ナリ抑此御名号ノ由来ヲ尋奉
ルニ文明年中春ノ頃當嶋ニ奈谷重右エ門ト
云者有女房難産ニテ命終ルニ一ツ子愛執ノ
余リ毎夜々々亡魂顕レ来ル躰タラク重右エ門
不便ニ思ヒ何卒ヨキ善知識有ハ御教導ヲ
願奉ラント兼テ思フ所ニ有夜ノ夢ニ氏神
白山権現重右エ門ニ告テ曰汝不知ヤ明日大谷
蓮如上人ト申明師此嶋ヘ入玉フホトニ佛法ヲ
信受セヨト曰フホトニ夢覚ケリ重右門不思議ノ
思ニ住ス蓮如上人北國御化縁被為成御上
京ノ砌當国志賀郡堅田慈敬寺江移リ玉フ
所俄ニ難風ハゲシクハタシテ當嶋ニ掛ラセ玉フニ
重右エ門上人ヘ申上ヨフハ夜前氏神ノ亡夢ニ
明日本願寺蓮如上人此エ入リ玉フホトニ必ス

図1 略縁起 A 本

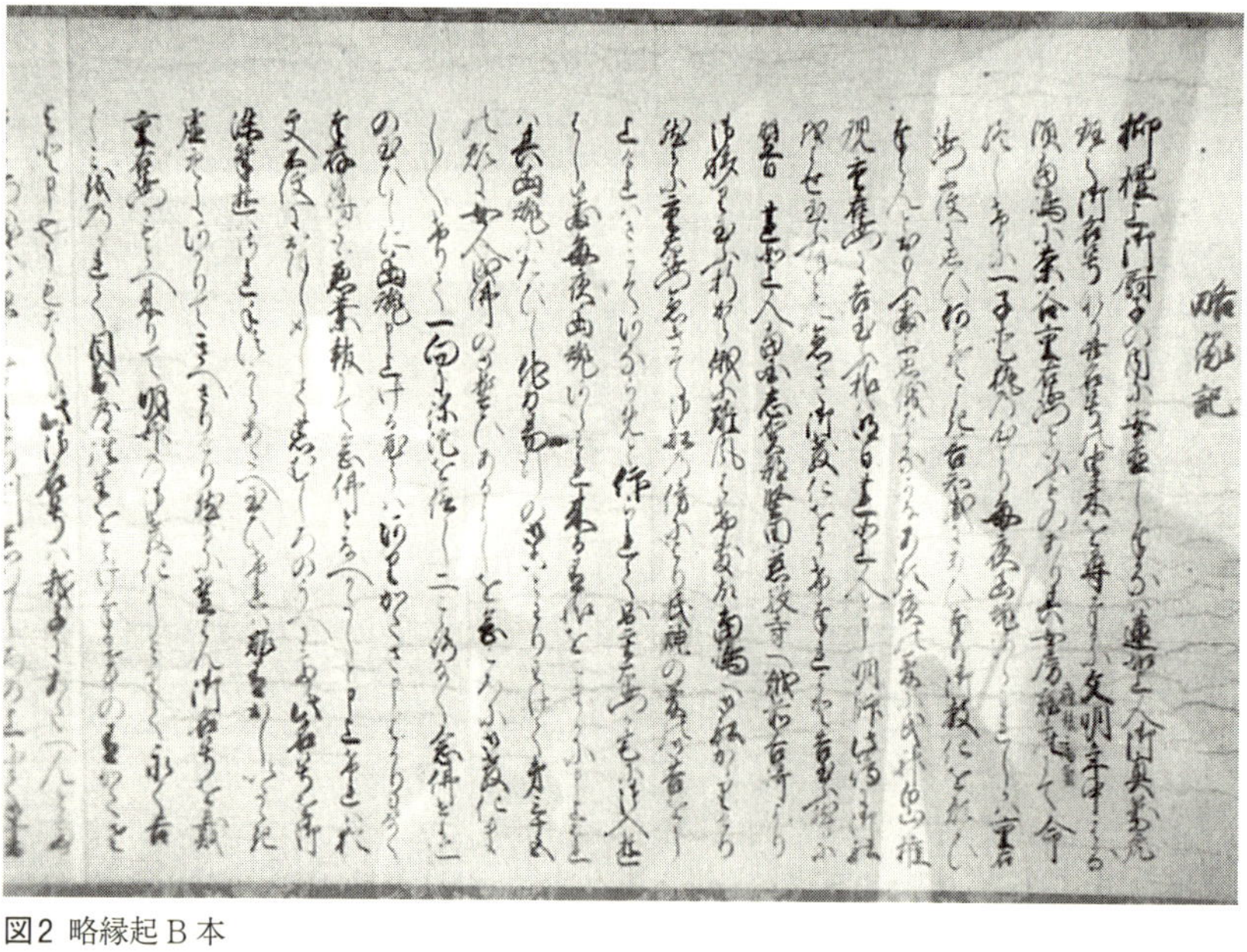

図2 略縁起 B 本

畧縁起

檀上御厨子ノ内ニ安置シ奉ルハ蓮如聖人虎譜ノ名号ナリ。抑此名号ノ由来ヲ尋奉ルニ、文明年中春ノ頃、当島ニ茶谷重右エ門ト云者有。女房難産ニテ命終ルニ、一子愛執ノ余り毎夜々霊魂顕レ来ル体タラク、重右エ門、不便ニ思ヒ、何卒ヨキ善知識有バ御教導ヲ願奉ラン、ト兼テ思フ所ニ、有夜ノ夢ニ氏神白山権現、重右エ門ニ告テ曰、汝不知ヤ、明日大谷蓮如上人ト申明師此島へ入玉フホドニ、仏法ヲ信受セヨ、ト曰フホドニ夢覚ケリ。重右エ門不思議ノ思ニ住ス。蓮如上人北国御化縁被為成、御上京ノ砌、当国志賀郡堅田慈教寺江移り玉フ所、俄ニ難風ハゲシク、ハタシテ当島ニ掛ラセ玉フニ、重右エ門、上人へ申上ヨフハ、夜前氏神ノ霊夢ニ明日本願寺蓮如上人此エ入リ玉フホドニ必ズ敬応ヲモフクベシ、ト告玉フ所ノ蓮如上人様ニヤアラン、ト申上グレバ、上人、其事ナリ曰フ（ママ）。夫ヨリ重右エ門が宅エ入ラセラレ玉フニ、重右エ門毎夜霊魂来ル事ヲコマカニ上人へ申上グレバ、其夜蓮師カノ霊魂ニ曰ク、此世ハ老少不定ナレバ一度ハ命終ルベシ。且ハ念仏セヨ、ト御教化アラセラレタレドモ、彼霊魂、念仏称へガタク、ト申ス故、上人アワレト思シ召、自ラ御筆ヲトラセラレ御名号御染筆被遊、授ケ玉へバ、霊魂アリガタクイタゞキ、両眼ヨリナンダヲナガシ、念仏モロトモ虚空ニアガリ、ヨク晩来テ重右エ門ニ告テ曰、明師ノ御教化ニ依テ須次目出度キ往生ヲ期シ給ホドニ、且ハ此御名号ハ我一子ニ与エン、ト告去ニケリ。則チ此御名号ハ新莚ノ上ニテ御書キ被遊ケレバ、筆ハ躍リテ虎ノ譜ノ様ニ拝マレ玉フ。世ニ虎譜ノ御名号ト申スハ此方デ御座ル。各、称名モロトモ慎デ拝礼ヲトゲラレヨウ。

文化三丙寅年

二月吉日改之

江州蒲生郡沖之島村

掛嶋山　西福寺
　　願主　大遵法師

愛児を思い化現する婦霊は名号の功力により成仏する。かくして証拠の「虎譜ノ名号」が西福寺の寺宝に帰した由来をつづり、西福寺の霊験譚は完結するのである。

一方、(8)の『当村由緒書』の方は、大略では(5)〜(7)の名号由来とほぼ同内容ながら、細部に文飾や枝葉の説話が加わり、読み縁起の簡潔な描写と趣を異にしている。(8)の奥付には、

寛政十一年己未三月
　　西居氏改
　　現住　大立

とあり〔5〕、蓮如三百回忌（寛政十年〔一七九八〕）の前後に島内で語られていた因縁の筆録とみてよい。江戸期をとおして遠忌のたびごとに蓮如伝の物語化、伝奇化がおしすすめられ、多くの宝物・遺跡や読み縁起を世にのこした〔6〕。そうした風潮のなかで、沖島の名号伝承も俗耳に入りやすい「伝説」の色彩を濃くして行ったのであろう。

とりわけ『当村由緒書』所収の名号伝承を特徴付ける虚構の語り口は、一子を残してこの世を去った亡婦が、愛念の妄執に苦しみながら姿をあらわす以下の場面に色濃くうかがえる。

重右衛門致方なく涙とともに一七日の仏事を吊ひけるに、其夜つら〳〵と寝入るよと思ふと俄に家鳴り風動々と雲連々と起り神も消入る斗恐敷有様なり。是は何事ならんと思ふ折ふし、死たる女房白き装束を着てぬっと出テたる有様身の毛もいよ立斗を、重右衛門心を取直して尋て申様は、汝は我妻にあらずや、何故に来る、と聞ければ、彼化生答て申、然々成程、我は御身の妻なり。此度病を受て終に命終る。死ぬる今はの時、我子の事一念思ひ、我無き跡にて後の妻を迎へ玉ふは必定なり。然ればかはいや継母に懸らん事を思ひ、すでに中有に迷ひ此姿となる。あはれ願くは何卒明師をも頼み御経読誦し玉ひ未来成仏を頼み奉る、と云より早く消失にけり。毎夜〳〵来る故、重右衛門も初めは隠せども後々には近所隣も知る様になり、恐れて来る人もなし。

このあと重右衛門の懇請を受けた蓮如は、亡婦に「老少不定」の理を説き、虎譜の名号を書き与えて妄執の淵より女の魂を救済する。その部分については前掲の読み縁起とそう変わらない。

一方、亡婦の未練の原因を、継母の継子いじめを危惧する女霊の母心に求める『当村由緒書』の右の筆法は、当時の婚姻制度や家婦の生活実態にねざす同時代の幽霊話と同工の話柄であった。

類似の着想を勧化本に求めるなら、元文二年（一七三七）刊『新撰発心伝』のような事例に行きあたる（上巻「因二亡妻之恨一発心」）。死に臨んで幼い娘の行くすえを案ずる母親が、亭主に後妻を迎えないで欲しいと哀願する。その後再婚した夫の身に起きた霊異をきっかけとして、物語は男の発心へと展開するのである。

おそらくは、民衆生活に立脚したかような霊異のエピソードが唱導の場に深く浸透し、母幽霊の化現を信ずるに足るものとしたのであろう。そう考えてみると、『当村由緒書』所収の蓮如伝説は、同時代の怪異談に近い、耳慣れた内容ということになる。宝物の伝来に密接なかかわりを持つ(5)〜(7)の読み縁起に比べて、いっそう民談化した蓮如伝説の流伝を、われわれはそこに垣間見ることになるのである。

三　絵伝の物語性

さらにまた(3)の絵伝は、虎斑の名号の縁起を骨子としつつ、よりいっそう物語的な虚構を加味した叙述に充ちている。双幅絵伝の成立年代、画師については、残念ながら識語を欠いているため定かでない。寛政十年の蓮如三百回忌を契機に、諸地方の地域特性をそなえた絵伝が堰をきったように作られている点〔7〕にかんがみ、西福寺の絵伝は、近世後期から明治初年にいたる百年ほどの間に描かれ、絵解きされていたのであろう。

ひとまず絵相の内容について紹介しておこう。

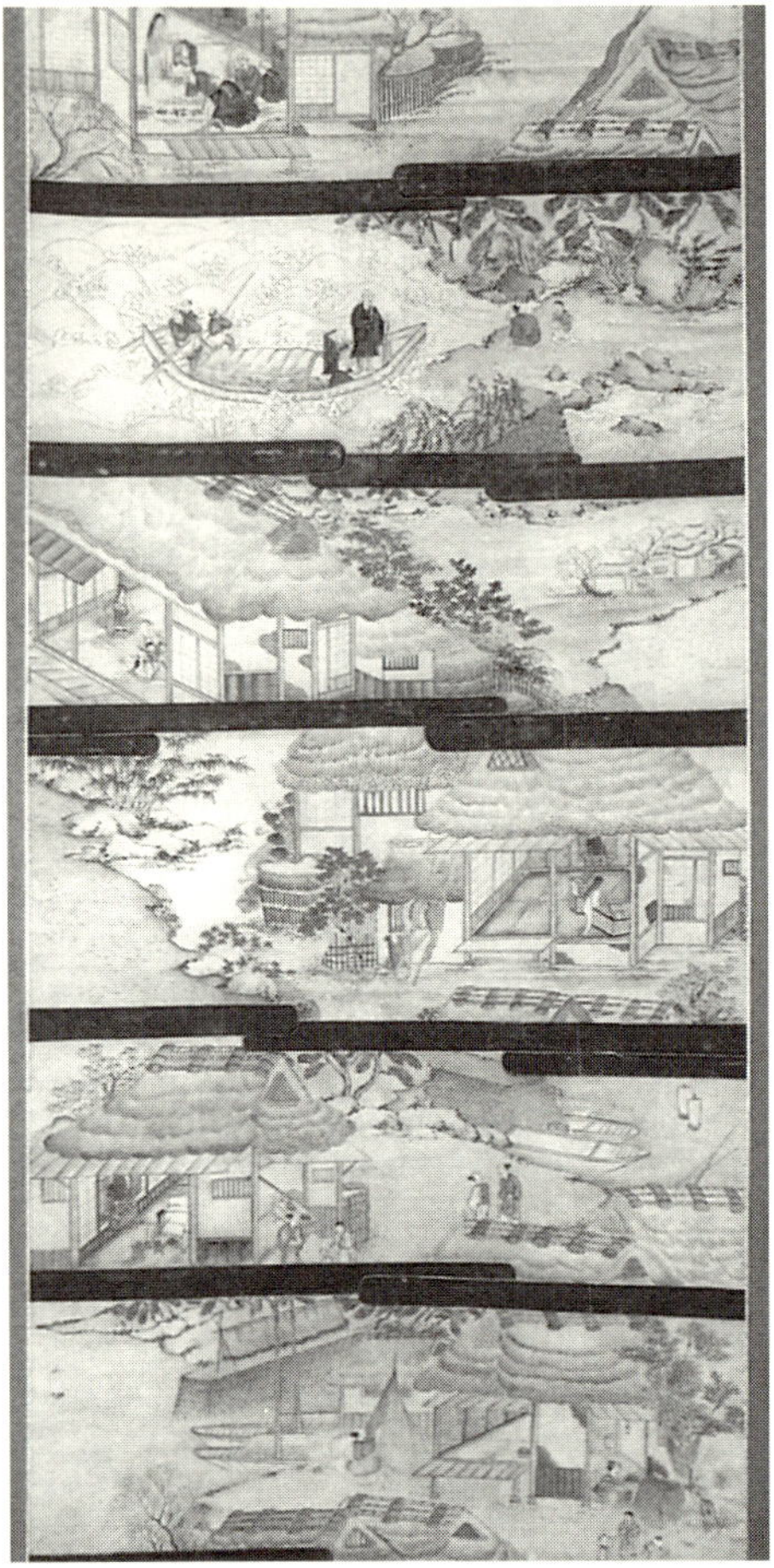

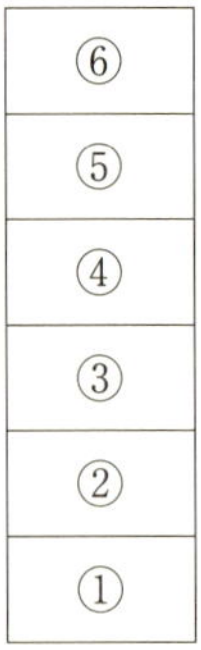

図3　『御名号御絵伝』第一幅

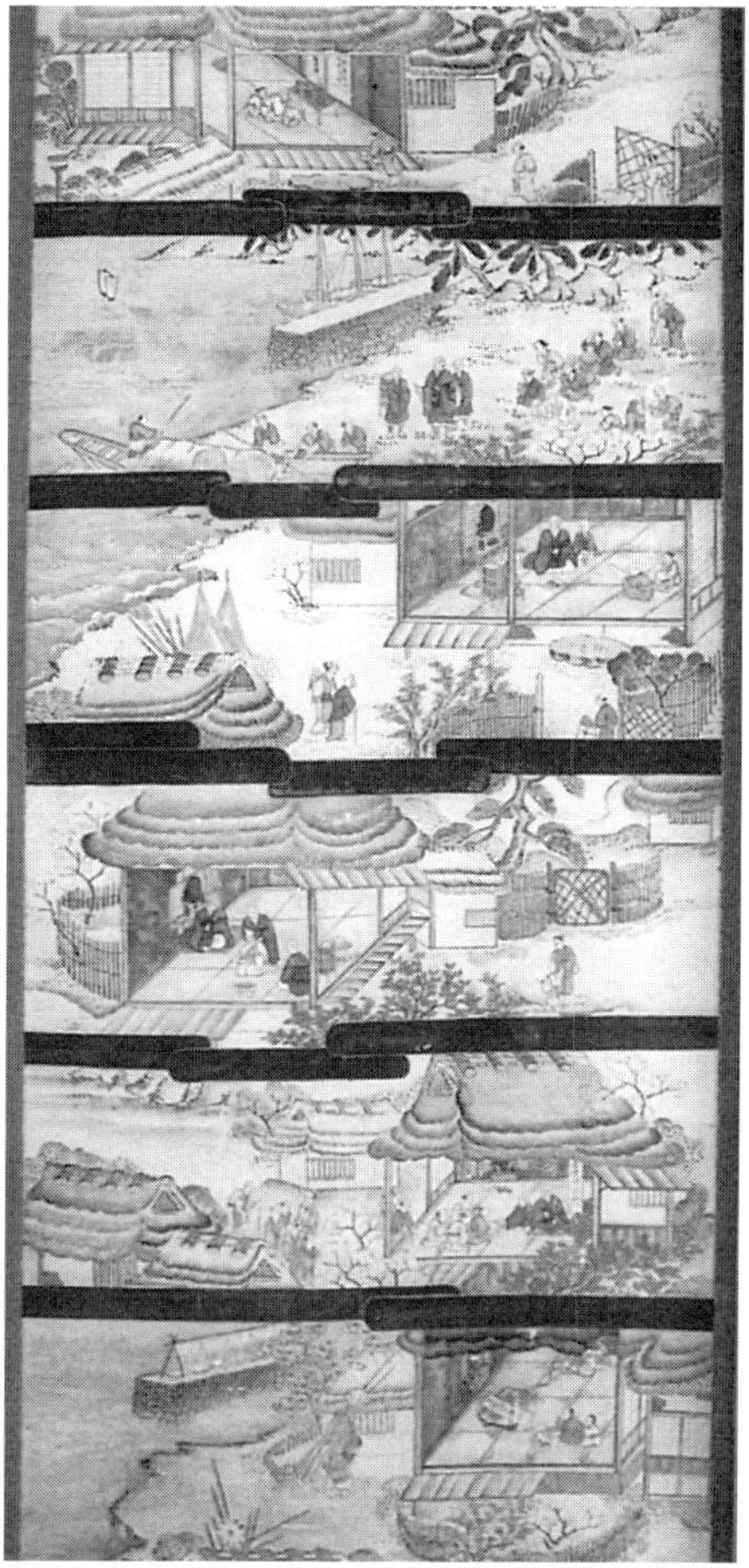

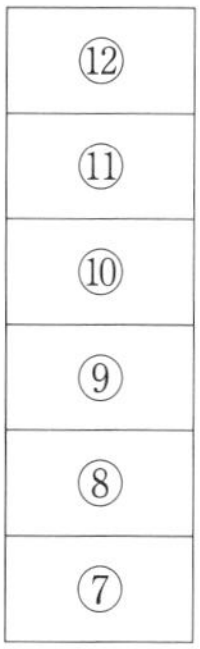

図4　同第二幅

①沖島漁村の生活と重右衛門一家。
②重右衛門の妻の病死。
③寝所に化現する亡婦。
④氏神（白山神）、夢中に蓮如の寄島を告げる。
⑤蓮如の漂着。
⑥幽霊済度にのぞみ虎斑の名号を染筆。
⑦名号と片袖を残して成仏する亡婦。
⑧島民の帰依。

図5 虎斑名号の染筆の景（⑥）

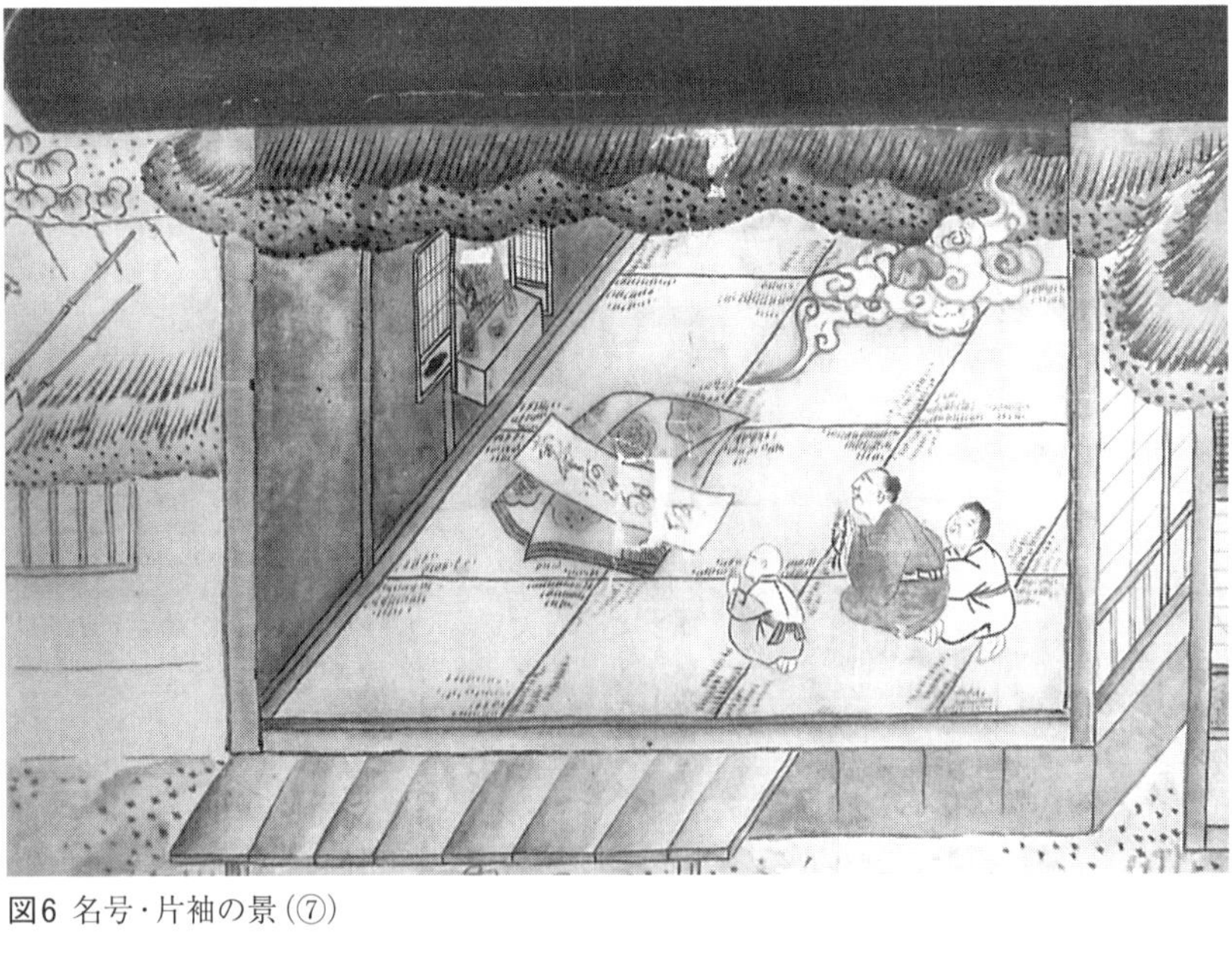

図6 名号・片袖の景（⑦）

⑨重右衛門、発心剃髪して釈西了と号す。
⑩『正信偈』四句の御文を賜る西了。
⑪蓮如の離島。
⑫西福寺建立。

①〜⑫の絵相は、おおむね前掲の縁起書に材を得ているものの、⑦の場面（図6）に画かれた「片袖」の因縁だけは絵伝のみの所伝である。台本の類が残っていないので、詳細はわからない。ただ、現住職・茶谷文雄師による現行の絵解きにおいても亡婦遺品の「片袖」に言及しており、すでに絵伝成立の時点でこうしたモティーフが語られていたであろうことは想像にかたくない。

片袖を幽霊成仏の証しと説く縁起は、大阪平野の大念仏寺（融通念仏宗）や、曹洞宗大本山の永平寺に伝わる建立説話（『月庵酔醒記』『永平開山道元和尚行録』等）など枚挙にいとまがない[8]。それらは、古くは立山地獄を舞台とする『法華験記』、『今昔物語集』の話にさかのぼる息の長い説話モティーフであった。近世には怪異小説や浮世草子（『新御伽婢子』等）に潤色され、また地方口碑のかたちで伝承された例も散見する。

亡者の片袖はあの世からのメッセージに信憑性を与える証拠品として、ひろく近世民衆に知れわたった話であった。そのような題材を援用することにより、沖島の蓮如伝説は俗耳に入りやすい唱導の物語に成長していったのであろう。それは宝物のはなつリアリティに支えられた新たな物語世界の登場を意味する。モノ（寺宝）がコト（縁起）の信憑性を担保し、コトが聴衆の心に響く虚構の物語を紡ぎ出す。かような縁起語りの構図が、絵伝の成立と絵解きの内容をとおして明らかにされるのである。

四　幽霊画と座敷音頭、節談説教

なお、西福寺所蔵のもうひとつの絵画資料に(4)の明治十二年献納・幽霊画がある（図7）。その伝来をしるした寺蔵の文書から、蒲生郡船木村の檀徒・岡田氏父子の発願によるものであることがわかる〔9〕。虎斑の名号の霊験を後世に伝えるべく、「西京画所」に依頼して作画させ、明治十二年の六月に西福寺に納めたという。檀徒の篤信が幽霊済度のシンボリックな絵像を生み、寺の唱導を補完したことを意味しており、門徒圏にみられる説話の受容と縁起拡散のメカニズムを今日に伝えた事例といえるだろう。

このほか、西福寺縁起の流伝をうながした要因のひとつとして、近代に入り縁起の芸能化がすすんだ点も想起すべきであろう。

図7　幽霊画（西福寺蔵）

たとえば絵伝の内容を音曲に仕立てて語った「座敷音頭」は、虎斑の名号の霊験を世俗に知らしめる一助となった。本曲は、沖島の対岸に位置する近江八幡市大中町在住の後藤喜代一の作詞によるもので、つい十年程前まで耳にすることがあったという。

これに加えて、沖島の虎斑の名号に材を得た節談説教の盛行もまた、この種の話の民間浸透を大いに助長したものと思われる。平成十七年三月、東京・築地本願寺で開催された節談説教布教大会において、松島法城師の語る「虎譜の名号」が公演されている。縞模様をもつ名号の由来をテーマにすえた節談説教が、西福寺のみならず、複数の真宗寺院にからめて語られていたことは大いに想察されるところであろう。
次節にとりあげる岐阜県信成寺の「虎婦の名号」を含め、こうした霊験譚の流布に、近現代に立ちあらわれる縁起の芸能・音曲化の動向が何らかのかたちで影響を与えたことは想像にかたくない。

五　名号縁起の拡散

近世後期に縁起伝承の定型を確立した沖島西福寺の幽霊済度譚は、幕末にいたり他寺の縁起に姿を変えて類型的な話の拡散をもたらすことになった。
安政二年（一八五五）刊の『蓮如上人御遺跡図会』（谷輔長）は、近江八幡船木村の長誓寺にまつわる説話として、西福寺縁起に酷似する幽霊済度譚を筆録している。沖島の住人・佐々木氏が寄島した蓮如に帰依して「長誓道場」を開いたいきさつを述べたあと、『蓮如上人御遺跡図会』の本文は以下のようにつづく。

同じ島人十右衛門といへる同行有リ。其家に亡霊幽かに形を顕しけるを見る事折々なり。是を上人に告給ふ。其後亡魂現形する事なかりければ、是より十右衛門、長誓道場を舟木村に移し、是より居る。後、子孫道場を相続し長誓寺に改ム。什宝孤目《こもめ》名号は、佐々木別れの時願ひければ、紀念として舟中にて書き与へ給ふ。

（下巻「長誓寺」の項）

簡略な筆致ながら、右は西福寺縁起の類型とみてよい。ただし、長誓寺の幽霊済度譚は寺宝「孤目《こもめ》名号」の由来に直結する語り口ではなく、まるで西福寺縁起の断片をつなぎ合わせたような内容であった。幕末から明治初年にかけて、沖島の蓮如伝説は周辺寺院の霊験に取り込まれ、さまざまなバリエーションを派生したのであろう。

ここに蓮如ゆかりの虎斑の名号にまつわるいまひとつの縁起伝承がある。興味深いことに、それは西福寺と法系上の交流をもたない美濃安八郡の大谷派寺院を源泉とするものであった。すなわち岐阜県輪之内町楡俣《にれまた》の威光山信成寺の寺宝「虎婦の名号」は、沖島の幽霊済度に際して、上人みずからが染筆した三幅の名号のひとつとされている。奥書識語に古い縁起書からの転写とことわる昭和九年写の巻子本縁起により、話の全容を紹介しよう。

幽霊済度御名号由来

抑ココニ安置シタテマツル尊号ハ、幽雲御済度ノ御名号トナヅケタテマツル。ソノ由来ハ、昔シ近江国ナル湖水ノ中ノ沖ノ島ニ角右エ門トイエル猟師アリケリ。角右エ門ノ女房風ノココチニテワヅライツキ次第ニ病気オモルトイヱドモ、元来困窮ノ者ナレバ医者ムカヱルタヨリモナク月日ヲ送リケルガ、半年バカリノワヅライニテ、オサナ子二人ヲ残シテ遂ニ命オワレリ。然ルニ角右エ門ハ女房ノナキガラカタツケ、力ナクモ親子三人臥ニケリ。幽霊ソノ翌晩ヨリカノ女房子供ノ愛執ニヤヒカレケン、毎夜〳〵枕ノモトニアラワレヌ。角右エ門モナツカシク思ヒ、コトバヲカケルトモ、遂ニ〳〵モノイウコトナシ。手ニテ捕エミルニ、ケムリノ如クニテ本体ナシ。依テ二三夜《フタヨミヨ》ノ後ハオソロシクナリヌ。所ノ氏神八幡宮へ右ノ幽霊キタラザルヨウニト祈リケレバ、七日満ズル夜ノアケガタニ、夢《ユメ》トモナク現《ウツツ》トモナシ、八幡宮《氏神》妙《タエ》ナル御声ニテ、今日日本第一ノ名僧コノ島ニ渡ラセタモオウアイダ、コノ知識ヲタノムベシ、トツゲタマエリ。依テ明ルヲ待テ迎ニイデケルガ、八ツ時分トオボシキニ、ニワカニ〳〵風起リ海中ニ波立テ知識ノワタリタモフ様子ニミエザリケレバ、角右エ門モ何レヨリ渡リタモウト云フ方角ノ告ナキコトヲ恨ミ思ヒ《(ママ)》。ソノ内ニ島ヨリ北ニアタリテ一ソウノ小舟波ノ内ニタダヨイヌ。然ルニソノ小舟、遂ニハ沖ノ島ニ着キケレバ、乗合ノ人々ヨロコビテ島ニ上リケル。ソノ中ニ一人ノ御僧アリ。角右エ門チカヨリテ、何レノ御人ト尋ルニ、我コソハ本願寺八代目ノ蓮如ナリト答エタモウ。角右エ門、日本第一ノ御名僧トハコノ聖人ノコトナラン、ト思ヒ、右ノ趣キ申上ゲ御済度ヲ願ヒタテマツリケレバ、蓮如上人ソノ夜ハ角右エ門方ニオトマリ遊バサレ、夜ノフケルヲ待タモウニ、八ツ時分トオボシキニ衰ヘタル姿ニテアラハレヌ。コノ時、聖人ムシロノ上ニ紙ヲノベ三枚ノ名号ヲカキタモウ。コノ名号ヲカベニハリツケ、カノ幽霊ニ向ハセラレ、観経ノ下下品ヲ引テ御勧化ヲ遊バシケレバ、始メテコトバヲ発シ両手ヲ合シ南無阿弥陀仏トヒトコヱニキエウセヌ。翌日、聖人墓ノ前ニテ三部妙典ヲ読誦ナシタマエバ、西方ヨリ墓ノ上ニ紫雲タナビキ、ソノ中ヨリ一人ノ菩薩アラハレ、我事ハ角右エ門が女房ナリ。アリガタクモ聖人ノ御ススメ御弔ノ御蔭ニ依テ成仏ス。故ニ御礼ノタメニアラハレタリ、トテ紫雲ト共ニ西方ヘ飛去リケリ。ソレヨリコノ御名号ヲ幽霊済度ノ御名号ト申タテマツル。然ルニ、コノ御名号ハ角右エ門エ御付属ナリケルガ、何ノ故カシテ今ハ三幅三所ニワカレタリ。一幅ハ江州戊亥村福生寺ニアリ。一幅ハ沖ノ島蓮角寺ニアリ。残ル一幅ハコノ御名号ナリケリ。ムシロノ上ニテカカレタモウ故ニ、虎婦《トラヲ》ニナリヌ。世ニ蓮如上人虎婦《トラヲ》ノ御名号トハ数多アリトイヱドモ、日本ニ三幅ノ幽霊済度ノ御名号ト申ハコノ尊号ナレバ、謹デ拝礼アルベキナリ。

古来ヨリノ縁起書ハ虫害等ニテ破レヲ来シタルニツキ、此ニ清書スルモノナリ

昭和九年四月二十六日写

第十五世信成寺住職
野田実恵
五十五歳

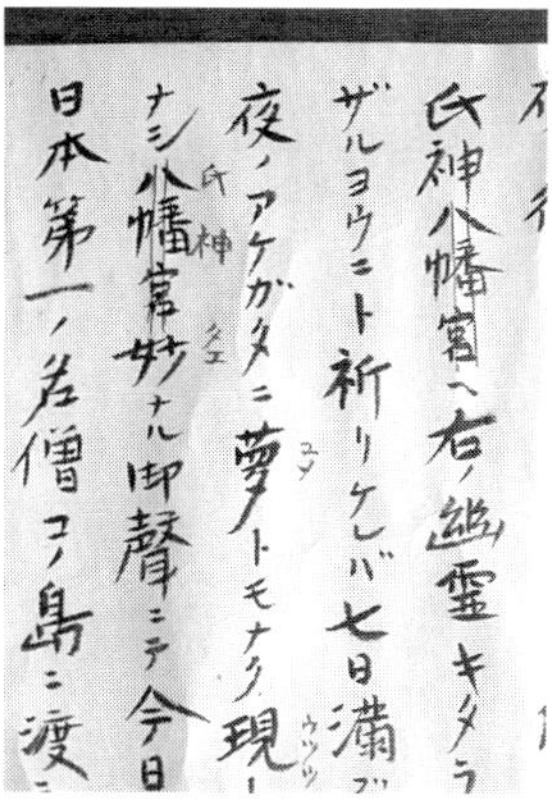

図8『幽霊済度御名号由来』の訂正部分

右の縁起は、幽霊の夫の名前を「角右衛門」とし、沖島の寺を「蓮角寺」とするなど、西福寺縁起とのあいだに表現上の差異を生じているものの、蓮如寄島の折の亡婦済度をテーマとする点では、同根の説話と見てよい。

信成寺の建立された楡俣地区は旧名を「十蓮坊」といい、かつて十宇の真言宗草庵が軒を並べた故事にちなむ郷名という。現在は町内寺堂の大半（三四ヶ寺）を大谷派が占め、真宗教線の伸長にしたがって密教より転宗したものとみられる。信成寺の草創に関する詳細は不明ながら、おそらくは近世初頭に密宗から大谷派に転じたのであろう。

信成寺縁起の古写本がいつ生成したかを特定することはできないが、少なくとも昭和九年の再写以前に「古来ヨリノ縁起書」が名号とともに寺に伝来していた点は確かである。前住の野田恵雄師によれば、昭和三十年代まで毎年三月の「蓮如さま」の忌日に「虎婦の名号」を本堂に掛けて経を唱え、三幅一対の名号にまつわる奇しき因縁を拝読したという。近代の地方真宗における読み縁起の盛行をものがたるばかりか、西福寺縁起の他郷への流伝と変容を示す事例といえるだろう。

なお、三幅のひとつが伝わるとされる「江州戌亥村福生寺」とは現長浜市の笠置山福勝寺をさす。この寺はかつて沖島に下道場を保持していたというが（『日本歴史地名大系』）、虎斑の名号の因縁については定かでない。

ところで、信成寺縁起の記述を丹念にみて行くと、昭和九年再写時における近江沖島との交流を示唆する注目すべき特徴がみとめられる。

両寺の縁起は、いずれも夢に蓮如の漂着を告げる氏神の存在を描くが、信成寺の再写本は一度「八幡宮」と書いたものの上に朱筆の二本線を引き、横に「氏神」と書き添える訂正を施している（図8）。一方、西福寺の縁起類に立ち戻ってみると、おしなべて夢告の神霊を沖島の白山権現としていることに気付かされる。島内の現状からいえば氏神は白山神でなければならない。おそらく、信成寺古写本からの転写にあたり、「八幡宮」の誤りに気付いた寺僧の手で訂正が加えられたのであろう。このことは、昭和九年以前に両寺のつながりが希薄で往来のなかったことを裏付けるのではないだろうか。

同時にそれは、昭和初年になって信成寺の側に沖島西福寺の因縁を意識させる何らかの事情が生じた点を想察させる。そのような要因として大いに考えうるのは、先に述べた名号由来譚の芸能化ではなかったか。

信成寺の「蓮如さま」参りが活況を呈した昭和三十年代のころ、縁日の境内は、説教師の語りで大いににぎわったという（野田師談）。そうした遊楽の場にあって、虎斑名号の宗教物語は教義のレベルをこえた機能を発揮し、難産死婦を救う蓮如の法徳咄を在地門徒の信仰に根付かせることになったのであろう。明治以降の百年余の間に、御絵伝の絵解きや節談説教、あるいは音頭の「語り」を媒介として、蓮如の幽霊済度が近江、美濃の郷村に話の享受層を拡大して行ったとすれば、そこに「芸能化」をキーワードとする近代真宗寺院の縁起布宣のありようと民談化の軌跡を読み取ることも可能ではないか。絵画を観ること、語りを聴くこと、そしてともに祈る場を仲立ちとして寺院縁起の立体化がはかられ、門徒圏に説話の輪をひろげていく。近現代の西福寺周辺に起きた、そのような動きに注目しておきたい。

［1］『真宗寺院由緒書と親鸞伝』（法蔵館、二〇〇四年）一九四頁。
［2］加能民俗の会編『蓮如さん――門徒が語る蓮如伝承集成』（橋本確文堂、一九八八年）六五頁。
［3］杉浦丈夫『越前若狭の伝説』（安田書房、一九七〇年）。

［4］西福寺蔵の平仮名巻子本『略縁起』（C本）の末尾に、
則此表具のきれは二軸共に霊魂の持来り候切にて、世に無類の宝物なり。各々近く寄、慎で拝礼奉遂りやう。
とある。

［5］ただし現存本は、昭和二十八年二月に再写されたもの。原本未見。西居清三郎『沖島ものがたり』（私家版、一九五七年）に複製影印がそなわる。

［6］村上學「縁起に見る蓮如上人——教義・歴史・伝承のはざま」（『講座蓮如』第二巻、平凡社、一九九七年）。

［7］赤井達郎「蓮如上人絵伝」（『講座蓮如』第二巻）。

［8］堤邦彦『江戸の怪異譚』（ぺりかん社、二〇〇四年）第一部第二章Ⅳ「片袖幽霊譚の展開」。

［9］本文は以下のとおりである。
此一軸ハ養父故岡田豊治当寺至重之法宝物タル虎斑之名号ニ副シ事ヲ欲シ西京画所ニ乞、蓮師之真像ヲ模写スト雖モ表装ナラスシテ没ス。茲ニオイテ某甲先考ノ志ヲツキ、コレカ表装ヲ修整シ寄附致ス所ナリ。願クハ永ク万世ニ伝シ事ヲ冀望スル而已。

蒲生郡船木村

岡田恒治 ㊞

紀元弐千五百三十九年六月

Ⅱ　絵解きと高僧絵伝

第一章

勧化本と絵解き

幡随意上人伝の図像化をめぐって

一　聴く説教・視る説教

近世日本は仏教説話の大衆文化がピークを迎えた時代であった。秘仏の開帳、縁日・法会、遊山化した寺社参詣の隆盛は、人々のあいだに古くから伝わる仏菩薩の霊験や高僧の法力譚などを身近な信仰の物語として定着させた。

そのような宗教環境のなかにあって、多くの「勧化本《かんげぼん》」が編まれ、仏教説話の普及に拍車をかけた。勧化本とは、十七世紀以降の寺院勢力により、在俗の人々への教化を主な目的に述作された書物の総称であり、写本・版本の形態的な別はあるものの、いわば布教用台本の役割を担ったものが少なくない。諸寺の僧坊はもとより、一般社会にひろく流布したそれらの勧化本は、近年研究者の目をあつめている。

後小路薫の「近世勧化本刊行略年表」によれば、元和四年（一六一八）から元治元年（一八六四）の間に出版された勧化本は四百九十七種をかぞえた[1]。また後小路は略年表の報告から四半世紀を経た二〇〇四年に、住職の法話ノート的意味合いの強い写本系勧化本を大幅にとりいれた「増補近世勧化本刊行略年表」を完成させて近世通俗仏書の全体像を明らかにした［2］。

ところで、十八世紀にはいると、勧化本のなかに五巻一冊を基本とする長篇形式の一群があいついで刊行されるようになる。それらは小野小町、苅萱道心《かるかやどうしん》、文覚上人、中将姫、阿部仲麿といった歴史や文芸をとおして世に知られた人物を主人公とする新スタイルの仏書であり、民衆の慣れ親しんだ道成寺ものや、三荘（庄）太夫、信田妻《しのだづま》などの古典劇（能、説経節、古浄瑠璃等）のテーマに材を得つつ、仏教的な世界観を語るそれらの叙述方法には、同時代の小説・芝居にあい通じる文芸創作色が色濃くうかがえる。そうした特性をめぐって中村幸彦、横山邦治、中野三敏、土屋順子らの近世文学研究者は、戯作小説史に占める長篇勧化本の位置付けを明らかにするとともに、十八世紀の戯作作品の原拠となった個々の事例に言及し、『中将姫行状記』（享保十五年〔一七三〇〕刊）、『苅萱道心行状記』（寛延二年〔一七四九〕刊）などの意義を指摘している［3］。

一方、長篇勧化本は文学史のみならず、仏教布法の歴史に照らしてみても論ずべき多くの特色をもつ。すなわち長篇化に際して導入された宗教英雄の一代記、高僧伝記への傾斜や、歌舞伎・浄瑠璃のストーリーを利用した構成の複雑化、あるいは浄瑠璃風の文体を駆使した軽妙で哀切な語り口は、この時代にあらわれる説教の通俗化現象とも大いに関連していた［4］。とくに芝居がかった文体に着目していえば、これらの長篇勧化本が高座に上る僧侶によって口誦され、説教台本となっていたであろうことは想像にかたくない。今日に残る長篇勧化本のテクストに、しばしば朱筆による傍線、読み仮名が加えられていたり、あるいは文末を口語体に直した書き入れが見受けられたりするのは、台本化の実状をものがたる証拠ではないだろうか。いわばそれらは俗耳に入りやすい講談調の宗教物語が、江戸中・後期の寺院に行われた生々しい痕跡といってもよかろう。

さらにいえば、明治初頭の説教本のなかに、弘法大師、法然、親鸞、蓮如、日蓮といった日本仏教史に名をとどめる高僧たちの一代記が速記本の形体で散見するのは［5］、近世唱導文化の流れの延長上に起こる事象と考えて大きくあやまつまい。

さて、こうした風潮を背景として、一部の長篇勧化本は話の内容を視覚化した掛幅絵を派生し、説話画とその語りによる絵解き説法へと展開していくことになる。

たとえば渡浩一の報告〔6〕による福島県伊達郡桑折町・観音寺蔵の『孝子善之丞幽冥界感見之曼荼羅』、および千葉県いすみ市の円蔵律寺蔵『地獄極楽図』等は、いずれも天明二年（一七八二）刊の長篇勧化本『孝子善之丞感得伝』をもとに作画された掛幅形式の廻獄図である。民衆相手に地獄・極楽の様子を説きひろめ、冥府のありさまを詳しく述べる唱導営為が、勧化本の語りと絵解きの組み合わせによって普及していたとすれば、われわれはそこに江戸後期の寺坊における視覚効果を生かした説法のありようを垣間見ることになるだろう。さらにまた、渡は宝暦十一年（一七六一）刊の長篇勧化本『西院河原口号伝』（章端編）を絵画化した三重県四日市の金剛寺、同県久居市の引接寺《いんじょうじ》の掛幅絵伝（図1・2）に関する調査・紹介を行っている〔7〕。

絵伝のもとになった『西院河原口号伝』は、空也上人の一代記を標榜しつつ、部分的な筋立てに近世前期の怪異小説『因果物語』『宿直草』等を援用して京都西院の浪人・立花藤太重信と妻妾、縁者をめぐる複雑な因果応報の物語に仕立てたものであった〔8〕。蛇身に変じた女の執念につきまとわれた重信は、空也の導きを得て救済される。つぎつぎと連鎖する因縁の構図とストーリー展開は、三重県下に現存の二種の掛幅絵伝において、じつにわかり易い絵語りとなって再現されるのであった。図様の具体的な説明については渡論文を参照していただきたい。

ところで『西院河原口号伝』の掛幅画を所蔵する久居市木造町の引接寺には、このほかに宝暦五年（一七五五）刊の『幡随意上人諸国行化伝』、および明和四年（一七六七）刊の『弾誓上人絵詞伝』にもとづく掛幅画が伝わり、勧化本をテクストにした絵解き説法の幅広いバリエーションをおしえる。

引接寺は天台宗真盛派に属し、永正年中（一五〇四～二一）に盛品の開基した寺と伝える。古くは現在地より一町ばかり南に位置したが、寛永年間（一六二四〜四四）に移転し今日にいたる。寺地は、紀州徳川家の飛地で初瀬街道に近く、また伊勢参りの船入り地という立地条件から考えて、絵解き説法に適した環境下にあったものと想像される。現在の掛幅画類は毎年三月末に引接寺で開催される「永代一心講」の折に展観され、真盛派の本山である滋賀県・西教寺よりまねかれた説教師が法話をする際に一般公開される［9］。

ちなみに、真盛派は天台諸流のなかでも浄土教を重んじ、念仏色の濃い門派として知られる。そのような宗風を背

図1・2『西院河原口号伝絵』（引接寺蔵）
重信は、本妻の懐妊を妬ましく思う妾の林をひそかに斬殺する。断末魔の執念が蛇と化して重信にまとわりつく。

景に、幡随意《ばんずいい》、弾誓《たんぜい》といった近世浄土宗の高僧たちの霊験が絵画化され、引接寺を訪れる人々に絵解きされたのであろう。視る行為、聴く行為を媒介として長篇勧化本の立体化がはかられ、平明でなじみ易い宗教芸能を生み出した点は、近世後期の唱導の場のありかたを知る上からも興味深い。

筆者は先に幡随意伝の伝奇化、芸能化の流れについて整理したことがあった〔10〕。ここでは高僧史伝の絵画化に的をしぼり、勧化本を用いた絵解きの特性にからめて考えてみたい。対象とするのは引接寺所伝の『幡随意上人諸国行化伝画図』（四幅、以下「画図」）である。

二　『幡随意上人諸国行化伝画図』

幡随意（演蓮社智誉白道、一五四二～一六一五）は近世初頭の浄土宗鎮西派を代表する学僧であるとともに、江戸神田の新知恩寺（神田山幡随院）をはじめ多くの宗門寺院を開創・中興し、教団の教線拡大に力を尽くした。また慶長十七年（一六一二）に徳川家康の命を受けて九州に赴き、長崎を拠点にキリスト教徒を仏道に改宗させるための教化活動にたずさわり、大音寺、白道寺などの浄土宗寺院を開いている。要するに幕府の宗教政策の実践を布教の最前線で支えた唱導僧の一人といってよい。

幡随意の伝記としては、没後百年ほどのちに編まれた『浄土鎮流祖伝』（正徳三年〔一七一三〕刊）に漢文体の公的史伝がまとめられている。また、個人僧伝を分離した『幡随意上人行状』（延享三年〔一七四六〕刊）や、『幡随意上人略縁起』のような簡便な刷りものが流布しており、著名な浄土高僧のひとりとして一般に知られていた。

そうした史伝類のなかでも、喚誉編の『幡随意上人諸国行化伝』（五巻五冊、以下『行化伝』）は出色の長篇勧化本であった。その内容は、伝奇性のまさる霊験利益譚にとみ、さらに物語的虚構の色合いが強い幽霊救済、悪鬼鎮圧、女人教化の説話を随所に差し挿んでいて、時・人・場所を明示するリアルな筆致にことかかない。まさに戯作性を駆使した長篇勧化本の典型であった。その全貌については本書Ⅳの資料篇に付載したとおりである。

かつて引接寺には『行化伝』の版本が所蔵されていたという。現在は本山・西教寺の称名庵文庫に移管されている。この引接寺旧蔵の『行化伝』を台本に用いて、四幅の「画図」が絵解きされたのであろう。

まず、「画図」の基本データを示しておきたい。

- 箱書き　「幡随意上人絵伝」
- 形態　肉筆、紙本着色、四幅
- タテ・ヨコ　一三一・八×五八・四センチメートル
- 場面数　第一幅十七景、第二幅二十一景、第三幅十八景、第四幅十八景（計七十四景）
　※ただし一景を雲形で区切り二～四場面を画くものも含むので、絵画化された説話数は全七十九話。
　※各景右端に漢文体の題詞を墨書
- 奥書　第四幅向かって左下隅に次の識語あり
「勢州飯高郡伊勢寺村　荒井勘之丞新描画／発起同国三重郡馳出村金剛寺仙阿弥陀仏鏡誉／再画工同郡海山道住林路廣斎写之」

識語を信ずるなら、現在の四幅絵伝の成立以前に「荒井勘之丞」なる絵師の描画した絵伝があり、「廣斎」によって再写されたのが、今の掛幅画ということになる。かつまた「画図」の製作には、四日市・金剛寺の鏡誉が深く関与していた。

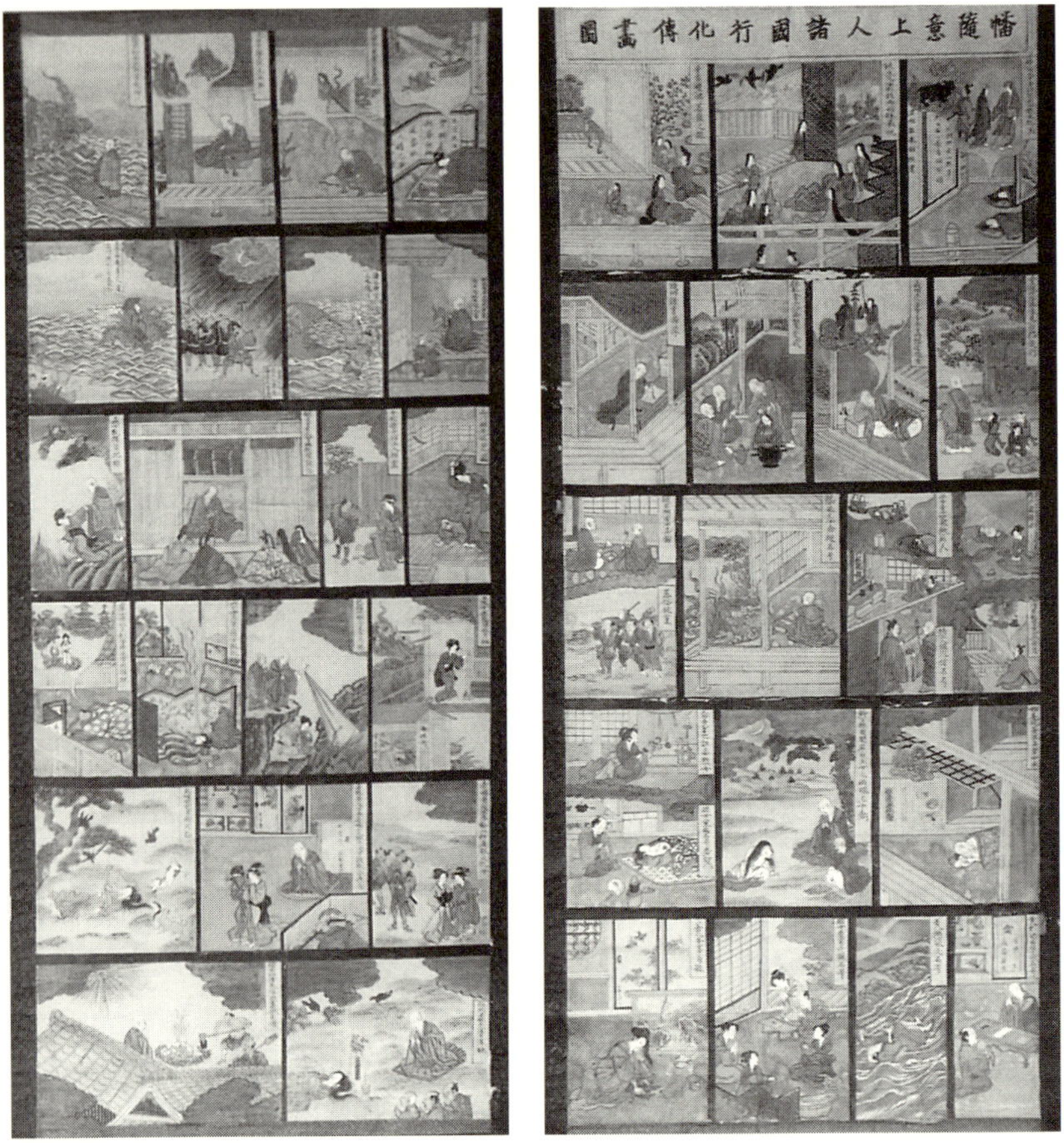

図3『幡随意上人諸国行化伝画図』全四幅（右より第一幅）

『幡随意上人諸国行化伝画図』題詞

第一幅

幡随上人諸国行化伝画図

- [1] 母公夢中詣二熊野山一熊来化レ玉
- [2] 誕生之室群鴉御稲穂来祝
- [3] 童常礼二仏菩薩之像一
- [4] 童以二煉土一作二仏像一見二沙門一追行
- [5] 義順上人ノ夢中ニ青衣童持レ幡常随レ童
- [6] 投二範誉上人一落髪受戒
- [7] 随師読書修学
- [8-1] 武州浅草辺何某娘尼伝尸病移レ妹
- [8-2] 浅草観世音蒙二夢告一
- [8-3] 夢中童子四人来撫ル二病人一
- [8-4] 待二上人頭陀一信二名号一
- [9] 竜女来乞二十念一授二名号一
- [10-1] 随岩与二宥田一法論
- [10-2] 愚俗徒党
- [11] 妙竜現二菩薩身一夢中来
- [12] 於二下総国関宿一白玉女之幽魂与二十念ヲ一
- [13-1] 三谷善八妻呪詛二妾照女一
- [13-2] 照女重病名号ノ告(ママ)二望ヲ一
- [14] 善八到二関宿一授二十念ト名号一
- [15] 善八溺二河水一失二名号一
- [16] 照女産男子握ル二名号一
- [17] 善八本妻自殺

第二幅

- [1] 照女夢中名号守二小児一防二小蛇一
- [2] 上人夢中善八妻前生事語
- [3] 上人夢中龍王来乞二血脈一
- [4] 随波和尚血脈渡二竜神一
- [5] 於越後国高田草庵翁与二僧形木像之首一
- [6] 漁夫無首之木像得
- [7] 一念義之俗人追二上人一逢二竜誉高天威力急雨一
- [8] 王誉妙竜負二上人一渡二泉川洪水一一念義徒恐
- [9] 品川継母妬レ児図
- [10] 介抱二捨子一伴二上人禅室一
- [11] 儲君皇后三公月郷聴聞二説法一
- [12] 日坂女孤独堕地獄
- [13] 日坂女土蔵隠破二片袖一
- [14] 孤独地獄令レ見名号ノ徳
- [15] 山州宇治里瘤女教化
- [16] 瘤女姉死霊到二夢中一夫告二我得脱一
- [17] 赤穂屋茂次郎於山科逢二狐之化女一
- [18] 赤穂屋茂次郎妾嫁二人依二上人法力一顕二狐姿一遁去
- [19] 為二嫉妬一断レ食終死怨
- [20] 怨死ノ霊依二上人法力一得脱
- [21] 神田山清泉涌出雲中掛二竜燈一

第三幅

- 1-1 貧女有二一児一欲レ捨二一児一迷途
- 1-2 貰二一児一向二名号一祈レ乳
- 2 於二寺内土蔵中一上人腰掛二盗賊三人一
- 3 三人盗賊到二本堂一懺悔而為二弟子一
- 4 危難身代之名号之奇験
- 5-1 東都石町之ノ孝女秘レ母捨二一児一
- 5-2
- 6 捨子出世シ於二上人前一祖母対面
- 7 板橋幽魂教化ス
- 8 熊谷村久三郎母悪心死病熱悩
- 9 於二久三寺一降伏二冥使之二鬼一
- 10 勢州白子悟真寺龍水名号
- 11 勢州山田入門寺本尊放二光明一
- 12 勢州山田北村長兵衛父死期譲レ秤
- 13 北村長兵衛懺悔忽折レ秤
- 14 北村長兵衛二子経二七日一死去
- 15 長兵衛夫婦狂乱対二上人一悪口
- 16 長兵衛夢中三尊示現
- 17 邪宗対治ノ告人々賜二餞別ノ品一
- 18-1 於二入門寺一上人夢中大神与二仏像一
- 18-2 翌朝異人持来二仏像一与二上人一

第四幅

- 1 於二難波大鏡寺一説二法教化ス二王五郎ヲ一
- 2 於二明石浦一買レ魚放生値銭従レ天降
- 3 船中守護不濡名号之奇験
- 4 肥前国高来郡娘之死霊託レ母邪党修験等祈レ之
- 5 死骸引道不(ママ)レ焼名号之現徳
- 6 邪宗伴夢ト対論化益
- 7 邪宗伴夢ノ党捨身往生
- 8 犬欲レ害佐久間三柳妻
- 9-1 三柳本妻之死霊夜々迷出
- 9-2 邪党祈レ之井上人之頭陀
- 10 三柳踏二竃灰一発心為二信者一
- 11 長州於二赤間関一龍王化度
- 12 於二紀州万松寺一遷化前鴉多群
- 13 意天和尚之長途
- 14 於二万松寺一書レ偈遷化現二白道一
- 15 水晶之念珠変二舎利一
- 16 徒弟詣二熊野山一拝二真影一
- 17 老翁持来二薬師像一寄付二上人一
- 18 山田入門寺一灸夢想
- 奥付

じつは、金剛寺は安政四年（一八五七）に作画された「西院河原口号伝絵」（双幅）を所伝しており〔11〕、引接寺に同種の絵伝があることとあわせて推測すると、あるいは金剛寺の鏡誉と引接寺のあいだの交流をふまえて、長篇勧化本の絵画化が発案されたのかもしれない。詳細は、今後の調査をまたねばならないが、十九世紀半ばの伊勢地方において、勧化本の図像化と絵解きをめぐる試みが活況を呈していたことは想像にかたくない。

三　絵伝の物語性

さて、絵解き台本の役目をはたした宝暦版『行化伝』全四十四章の内容を四幅の「画図」の図様と対比してみた場合、「画図」の製作者が必ずしも『行化伝』の忠実な絵画化を意図していないことは明白であった。**表1**に示すように伊勢の唱導圏と関係の薄い原作の六章分が省かれているのは、地方色を重んずる立場から新たな幡随意伝の編述を企てた結果ではなかったか。すなわち関東・近畿の諸寺に関する開創伝承（巻一の四の上野国館林・善導寺縁起、巻二の三の京都百万遍知恩寺、巻三の九の武蔵・熊谷寺など）はあえて除かれる傾向にあり、また江戸・幡随院に秘蔵の上人自作木像（対言ノ御影、巻三の四）や、江戸城内における法論の栄誉（巻三の十一）という、幡随意派の宗門史に不可欠な宝物情報、史伝のたぐいを一顧だにしなかったのは、「画図」の在地情報性をあらわすものにほかなるまい。

これに対して、『行化伝』巻三の十二の勢州白子・悟真寺、巻四の一の伊勢山田・入門寺については縁起語りの対象から外していない。ことに入門寺の本尊の奇瑞を描いた第三幅⑪（「勢州山田入門寺本尊放二光明一」）では、白楽天の詩を障子に書き付けた上人の故事がそのまま画中左端に再現され、伝記に視覚的な臨場感を与えている（**図4**）。

なお、「画図」の第四幅⑰⑱の二景はともに『行化伝』に見当たらない場面であり、「画図」の描出にあたり新たに追補した図様であるが、よく見ると⑱の題詞に「山田入門寺一灸夢想」とあり（**図5**）、入門寺のオリジナルな故事

表1　勧化本（『行化伝』）の説話内容と絵伝（「画図」）図様の対応比較　※「画図」の返り点などは私に補う

行化伝	画図
巻一の一　幡随意上人誕生奇瑞ノ事	第一幅 1 母公夢中詣二熊野山一熊来化レ玉 2 誕生之室群鴉御稲穂来祝 3 童常礼二仏菩薩之像一 4 童以二煉土一作二仏像一見二沙門一追行 5 義順上人ノ夢中ニ青衣童持レ幡常随レ童 6 投二範誉上人一落髪受戒
巻一の二　鎌倉光明寺ニ至リ給フ	7 随師読書修学
巻一の三　伝尸病ヲ治シ給フ事	8-1 武州浅草辺何某娘尼伝尸病移レ妹 8-2 浅草観世音蒙二夢告一 8-3 夢中童子四人来撫ル二病人一 8-4 待二上人頭陀一信二名号一
巻一の四　館林善導寺開基ノ事	ナシ
巻一の五　竜女化導ノ事	9 竜女来乞二十念一授二名号一
巻一の六　随岩ト宥田法論ノ事	10-1 随岩与二宥田一法論 10-2 愚俗徒党 11 妙竜現二菩薩身一夢中来
巻一の七　山霊ヲ引導シ給フ事	12 於二下総国関宿一白玉女之幽魂与二十念一ヲ
巻一の八　釘抜名号利生ノ事	13-1 三谷善八妻呪詛二妾照女一 13-2 照女重病名号ノ告（ママ）二望一ヲ 14 善八到二関宿一授二十念ト名号一 15 善八溺二河水一失二名号一 16 照女産男子握ル二名号一 17 善八本妻自殺
巻一の九　関宿大竜寺建立ノ事	第二幅 1 照女夢中名号守二小児一防二小蛇一 2 上人夢中善八妻前生事語

巻一の十　越後国高田善導寺建立ノ事	[5] 於越後国高田草庵／翁与二僧形木像之首一 [6] 漁夫無首／之木像得
巻一の十一　竜誉高天ヲ化度シ給フ事	[3] 上人夢中龍王来乞二血脈一 [4] 随波和尚血脈渡二竜神一 ※[3]-[6]は『行化伝』巻一の十・十一の順を逆にする。
巻二の一　林泉禅寺ト問答龍神守護之事	[7] 一念義之俗人／追二上人一逢二竜／誉高天威力急雨一 [8] 王誉妙竜負二上人一渡二／泉川洪水一一念義徒恐
巻二の一　武州品川小児現益之事付リ惟岩 法師壱岐ノ前司親輔ノ子ノ事	[9] 品川継母妬レ児図 [10] 介抱二捨子一伴二上人禅室一
巻二の二　洛陽百万遍入院ノ事	[11] 儲君皇后三公月郷聴聞二説法一
巻二の三　百万遍知恩寺ノ事	ナシ
巻二の四　日坂ノ駿河屋妻孤独地獄ノ事	[12] 日坂女孤独堕地獄 [13] 日坂女土蔵隠破二片袖一 [14] 孤独地獄令レ見名号ノ徳
巻二の五　宇治ノ瘤女ヲ教化シ給フ事	[15] 山州宇治里瘤女教化 [16] 瘤女姉死霊到二夢中一夫告二我得脱一
巻二の六　狐妖ノ障碍ヲ除キ給フ事	[17] 赤穂屋茂次郎於山科逢二狐之化女一 [18] 赤穂屋茂次郎妾嫁二人依二上人法力一顕二狐姿一遁去
巻三の一　亡妻ノ死霊得脱ノ事	[19] 為二嫉妬一断レ食終死怨 [20] 怨死ノ霊依二上人法力一得脱
巻三の二　幡随院建立ノ事	[21] 神田山清泉涌出雲中掛二竜燈一
巻三の三　名号ヲ祈《イノリ》乳ノ出シ事	第三幅 [1]-1 貧女有二二児一欲レ捨二一児一迷途 [1]-2 貫二一児一向二名号一祈レ乳
巻三の四　肖像ヲ彫刻シ玉フ事	ナシ
巻三の五　盗賊ヲ教化シ給フ事	[2] 於二寺内土蔵中一上人腰掛二盗賊三人一 [3] 三人盗賊到二本堂一懺悔而為二弟子一

巻三の六　身代《ミガワリ》名号ノ事	4 危難身代之名号之奇験
巻三の七　捨子ヲ拾ヒ給フ事	5 東都石町之ノ孝女秘レ母捨二一児一 6 捨子出世シ於二上人前一祖母対面 ※図様は上下二分割
巻三の八　板橋ノ幽魂ヲ教化シ給フ事付リ連歌ノ事	7 板橋幽魂教化ス
巻三の九　熊谷《クマガヘ》寺建立之事	ナシ
巻三の十　悪鬼ヲ降伏シ悪人ヲ化度シ給フ事	8 熊谷村久三郎母悪心死病熱悩 9 於二久三寺一降伏二冥使之二鬼一
巻三の十一　法論ノ称美ヲ得給フ事	ナシ
巻三の十二　龍水名号請雨《アマコヒ》現証ノ事	10 勢州白子悟真寺龍水名号
巻四の一　山田入門寺開基ノ事	11 勢州山田入門寺本尊放二光明一
巻四の二　北村長兵衛教戒ノ事	12 勢州山田北村長兵衛父死期譲レ秤 13 北村長兵衛懺悔忽折レ秤 14 北村長兵衛二子経二七日一死去 15 長兵衛夫婦狂乱対二上人一悪口 16 長兵衛夢中／三尊示現
巻四の三　邪宗対治告令ノ事	17 邪宗対治ノ告人々賜二餞別ノ品一
巻四の四　伊勢参籠弥陀之像威得ノ事	18-1 於二入門寺一上人夢中大神与二仏像一 18-2 翌朝異人持来二仏像一与二上人一
巻四の五　浪華大鏡寺ニテ化益ノ事	第四幅 1 於二難波大鏡寺一説法教化ス二王五郎一ヲ
巻四の六　九州へ出船ノ事	2 於二明石浦一買レ魚放生値銭従レ天降
巻五の一　不濡ノ名号霊験ノ事	3 船中守護不濡名号之奇験
巻五の二　不焼《ヤケズ》ノ名号ノ事	4 肥前国高来郡娘之死霊託レ母邪党修験等祈レ之 5 死骸引道不(ママ)レ焼名号之現徳
巻五の三　邪宗ノ発頭伴夢ヲ化度シ給フ事	6 邪宗伴夢ト対論化益 7 邪宗伴夢ノ党捨身往生

図4『幡随意上人諸国行化伝画図』第三幅[11]

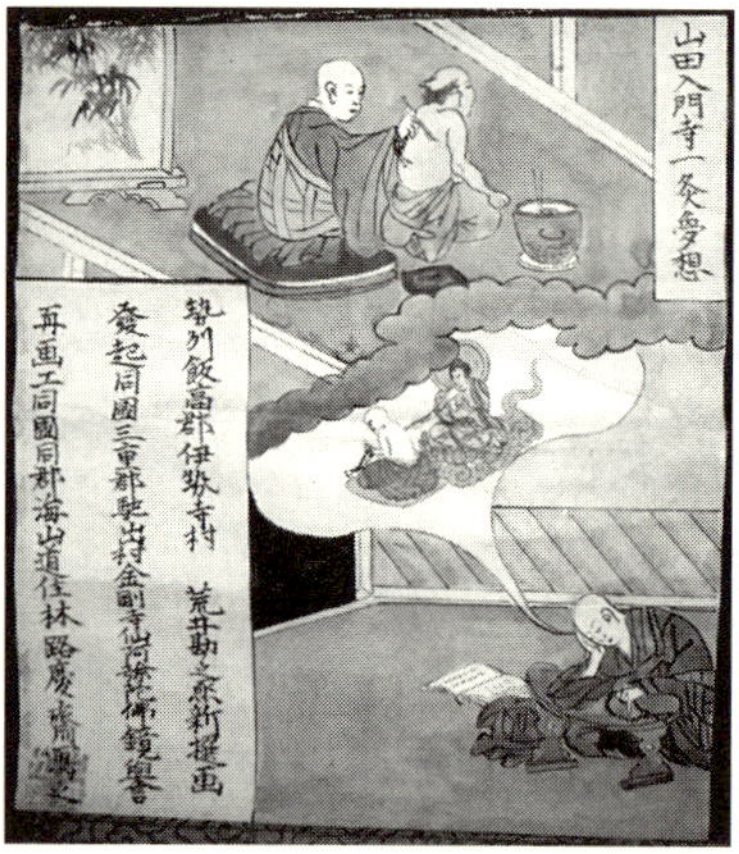

図5 同第四幅[18]

巻五の四　佐々間三柳降伏ノ事	[8] 犬欲レ害佐久間三柳妻 [9]-1 三柳本妻之死霊夜々迷出 [9]-2 邪党祈レ之井上人之頭陀 [10] 三柳踏二竈灰一発心為二信者一
巻五の五　赤間関ニテ龍神帰依ノ事	[11] 長州於二赤間関一龍王化度
巻五の六　紀州万松寺ニテ入滅ノ事	[12] 於二紀州万松寺一遷化前鵄多群 [13] 意天和尚之長途 [14] 於二万松寺一書レ偈遷化現二白道一 [15] 水晶之念珠変二舎利一 [16] 徒弟詣二熊野山一拝二真影一
ナシ	[17] 老翁持来二薬師像一寄付二上人一 [18] 山田入門寺一灸夢想 跋文

をとりあげていることがわかる。絵柄から推測して、どうやら本尊の夢告を受けての施薬治療の由来が説き明かされているらしい。絵解きの大団円をかざる重要なラストシーンに入門寺の伝承を採用した背景に、われわれは「画図」製作者の地元志向をうかがい知るとともに、入門寺との密接な関係を想察することになるだろう。

一方、「画図」絵伝のいまひとつの特色についていうなら、作画の基準として、霊験譚が放つスーパーナチュラルな劇的場面を好んで取りあげる虚構の筆致をあらわにする点は注目すべきであろう。かような描き方は、歴史事実の正しさや寺の宝物類にこだわる高僧伝本来のありようを逸脱するものであった。「画図」の編集にあたって創作性が重んじられ、登場人物の奇しき運命はもとより、親子の愛別離苦、出産をめぐる苦悩、一つ屋根の下に住む妻妾の葛藤などのドメスティックな題材をことさら描き出そうとする姿勢が目につくのは何故か。おそらくそれは、十八世紀の勧化本が模索しはじめていた人情咄への展開を、抑揚表現にすぐれた絵解きの芸態にあわせて、増幅させた結果であろう。

また、絵画構成の特徴に関していえば、筋立てのこみいる話のケースでは、『行化伝』の一章分を数景に分かち、多彩な場面転換を生かした連続する絵語りに改編しているのがわかる。テンポの早い絵解きのダイナミズムをあらかじめ予測した配置とみてよかろう。再画者の廣斎は絵解きの場に精通した人物だったのかもしれない。

具体例を示そう。『行化伝』巻四の二「北村長兵衛教戒ノ事」は不正な仕掛けをほどこした計量秤を使って財を築いた悪徳商人とその息子の懺悔・発心を描く。「画図」は原作の図像化に際して第三幅⑫～⑯の五景を用意する（図6）。父親の不正告白と臨終（⑫）を発端に、心を改め秤をへし折る長兵衛の目の前で二つの火の玉が虚空にのぼる（⑬）。そして⑭⑮のシーンは、懺悔の甲斐なく二人の子供を失い、狂乱のあまり幡随意をなじる長兵衛夫婦の姿を描き、さらに入門寺本尊の夢のお告げによって上人の善導が証明される大団円（⑯）へと展開していく。じつは、もしも息子達が命長らえて成人していたら、必ず罪を犯して長兵衛夫婦に連座の罪科がおよぶ運命にあった、というので

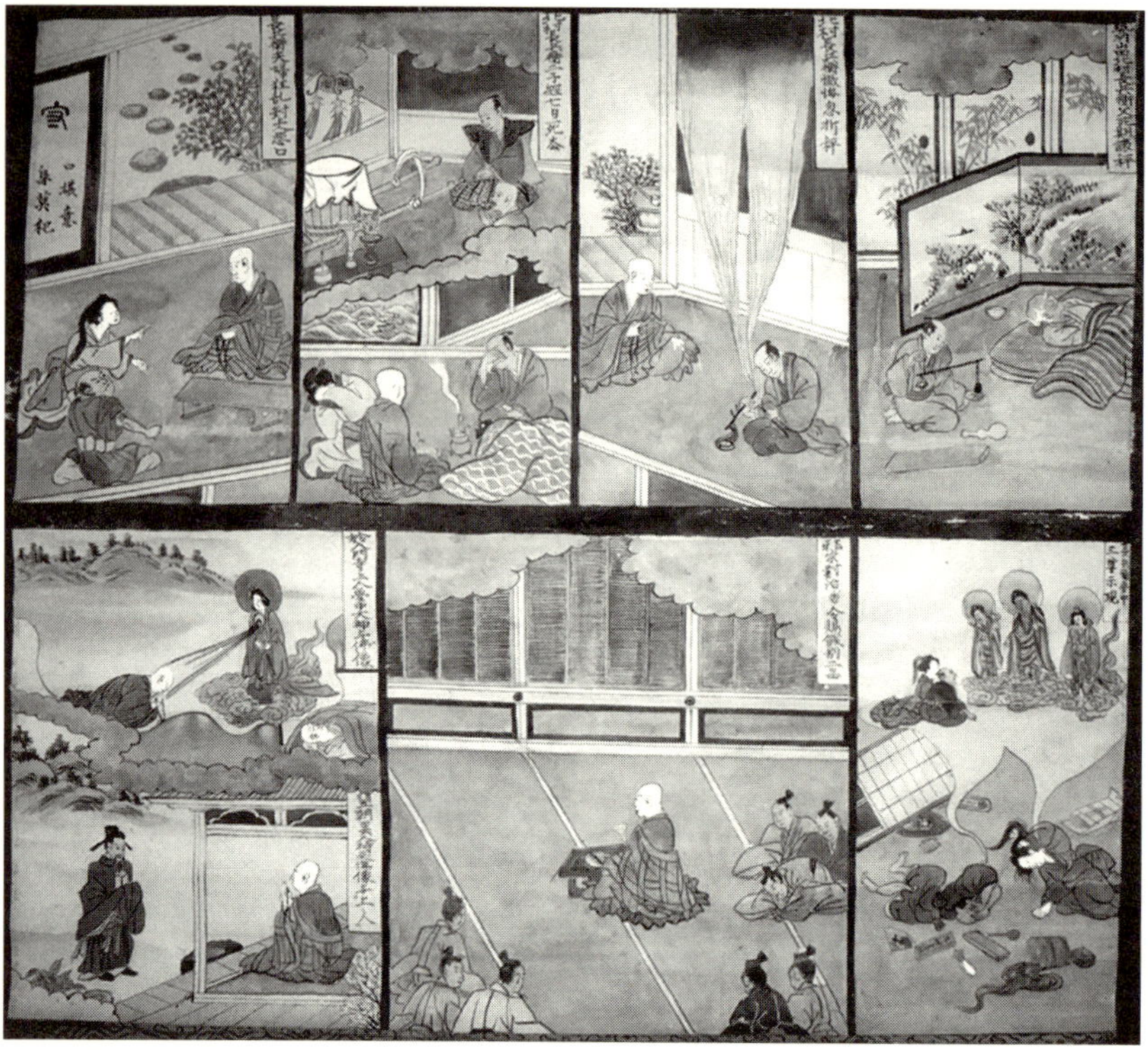

図6　同第三幅⑫〜⑱（右上より⑫）

ある。そのような因果応報の連鎖を断ったのは、ひとえに幡随意上人の法力のなすところにほかならない。すべての謎が氷解するドラマチックな結末が、五景の絵相の最後に用意されているわけである。

ちなみに⑫〜⑯の北村長兵衛の話が、第三幅⑪の入門寺建立譚の次に置かれ、入門寺縁起にからめたひとつづきの霊験になっている点を考えるなら、「画図」の図様配列は『行化伝』テクストのきわめて有効な視覚化といえるだろう。

第三幅は最後の⑱にも入門寺の夢告説話をとりあげていて、「画図」の第三幅後半が入門寺を軸とする一連の話の流れとなるよう工夫されていることは明らかであった。幡随意伝を地元の古刹に関連づける語り口、そして伊勢商人の悟道といった土地柄になじみの深いテーマに五景をついやす作画方針、それらはまさしく引接寺絵伝のきわだつ特色である。

視る者、聴く者の好奇心に訴えかける波瀾万丈のストーリーを『行化伝』本文より選び出し、数景にわたる絵語りに再編していく。そのような「画図」の方法は、第一幅⑬〜⑰から第二幅の①②へとつづく妻妾の愛執と葛藤の物語においても同様であった。話の原拠は『行化伝』巻一の八「釘抜名号利生ノ事」、第一の九「関宿大竜寺建立ノ事」の二章分でありながら、そこに七景が振り当てられたのは、もっぱら内容に伝奇性と通俗味をもたせるためであった。『行化伝』の荒筋に「画図」の各場面番号を対応させて整理すると、およそ以下のようになる。

下館の住人・三谷善八には四十になる妻のほかに、善八の子を宿した妾の照がいた。あるとき臨月の照は原因不明の腫れ物に苦しみ、明日をも知れない病態となる。こうなったのはすべて嫉妬に狂った本妻が藁人形に釘を打つ呪詛を仕掛けたためだったが、誰もそれを知る者はいない（第一幅⑬図7）。やがて善八は下総国関宿に逗留の幡随意上人を訪ね、安産・治病に利益のある「南無阿弥陀仏」の名号を書き与えてもらう（⑭）。しかし、帰途に川へはまり大切な名号を紛失する始末であった（⑮）。途方に暮れて家に戻ると、照の腫れ物はすっかり消えてなくなり、しかも赤子の手にはなくしたはずの名号と釘がにぎられていた（⑯図8右）。本妻はおのれの業の深さに怖れおののき自害して果てる（⑰図8左）。この一件ののち、子供の掌中にあった名号は苦しみを除く「釘抜名号」と名付けられた。善八はこれを照の産室に掛けて息子の生育を祈る毎日をおく

図7　同第一幅⑬

図8 同第一幅⑯（右）と⑰（左）

る。ある晩、夢中に小蛇が現れ産婦をおびやかそうとするものの、名号の放った光明に恐れをなして退散する（第二幅①）。この話を聞いた幡随意上人は、本妻の怨念の祟りであることを知り、菩提を弔う。すると上人の夢に本妻の霊魂があらわれ、自分の前生を語って、善八に殺された小蛇の再来であると告げる（②）。怪事件の因縁がすべて白日のもとに明らかとなり、本妻はもとより小蛇の恨みを慰撫するため、関宿に大竜寺が建立された。

　全般に名号の効力を強調する浄土宗らしい説話パターンにいろどられた霊験譚ながら、妻妾の愛憎、産婦守護の呪符、小蛇の怨念の再誕と因果応報といった当時の仏教系怪異譚、たとえば「累《かさね》ケ淵《ふち》」の因縁などに通底する話柄になっている。近世後期にいたり、寺坊の絵解き芸能は、もはや江戸戯作なみの通俗臭と表現力をかねそなえるようになっていたわけである。

　なお、話のわかり易さを重視する「画図」の基本姿勢は、図様の右端にしるされた題詞の表現にもうかがえる。『行化伝』の比較的簡素な章題に比べると、「画図」の題詞は、人名・地名に具体性をもたせ、話の内容が一目瞭然となるように工夫されているのがわかる。一二を例すれば、次の差違が見出されるだろう。

『行化伝』　　「画図」

巻四の五「浪華大鏡寺ニテ化益ノ事」→第四幅[1]「於㆓難波大鏡寺㆒説法教化《ス》㆓二王五郎《ヲ》㆒」

巻四の六「九州へ出船ノ事」→同[2]「於㆓明石浦㆒買㆑魚放生値銭従㆑天降」

巻五の二「不焼《ヤケズ》ノ名号ノ事」→同[4]「肥前国高来郡娘之死霊託㆑母邪党修験等祈㆑之」

話に具体性をもとめることは、絵語りのリアリティを増大させ、聴衆の臨場感を喚起するのに不可欠な条件となったのであろう。一回性を生命とする絵解きのライヴ感覚に照らして考えるなら、かような改変は当然といわなければなるまい。

四　古典怪談の転用による僧伝の伝奇化

そもそも『行化伝』の作風じたいに、先行の説話、怪異小説に材を求め、幡随意伝の伝奇化をめざす明確な意図があったことはいなめない。『行化伝』の世界を支えたこれら文芸由来の章段は、「画図」にいたりさらに具体的な視覚表現に置き換えられながら脚色の度合いを増していったのである。説話・怪異小説を原拠とした話の変遷の一部を例示してみたい（表2）。

「画図」第一幅の[8]、および第二幅の[12]〜[20]は総じて近世初期の怪異小説に材を得た幡随意伝のひとこまである。すなわち、伝尸病に罹った女の救済（第一幅[8]）、生きながら地獄に堕ちた盗人の発心（第二幅[12]〜[14]図9左端の上と右下）、継子をいじめ殺した罪科により首筋のコブから蛇の涌き出る奇病をわずらう悪女が上人の導きを受け、先妻・継子の死霊の祟りから救われた話（同[15][16]図9左下）、女に化けた妖狐の怪を鎮圧する念仏の功力（同[17]、[18]図10右）、

表2　『行化伝』「画図」の素材　※（　）内は出典となった怪異小説等

行化伝	画図
巻一の三 「伝尸病ヲ治シ給フ事」 （出典・『伽婢子』巻十三の四）	第一幅 8-1 武州浅草辺何某娘尼伝尸病移レ妹 8-2 浅草観世音蒙二夢告一 8-3 夢中童子四人来撫ル二病人一 8-4 待二上人頭陀一信二名号一
巻二の四 「日坂ノ駿河屋妻孤独地獄ノ事」 （出典・片仮名本『因果物語』中巻五の第一話）	第二幅 12 日坂女孤独堕地獄 13 日坂女土蔵隠破二片袖一 14 孤独地獄令レ見名号ノ徳
巻二の五 「宇治ノ瘤女ヲ教化シ給フ事」 （出典・『伽婢子』巻十三の三）	第二幅 15 山州宇治里瘤女教化 16 瘤女姉死霊到二夢中一夫告二我得脱一
巻二の六 「狐妖ノ障碍ヲ除キ給フ事」 （出典・『伽婢子』巻九の一）	第二幅 17 赤穂屋茂次郎於山科逢二狐之化女一 18 赤穂屋茂次郎妾嫁二人依二上人法力一顕二狐姿一遁去
巻三の一 「亡妻ノ死霊得脱ノ事」 （出典・『今昔物語集』）	第二幅 19 為二嫉妬一断レ食終死怨 20 怨死ノ霊依二上人法力一得脱

図9 同第二幅⑨〜⑯（右上より⑨）

図10 同第二幅⑱（右）と⑲（左）

夫に去られ狂死した妬婦の屍が朽ち果てることなく妖異をなす話（同⑲、⑳図10左）などは、いずれも当時の怪異文芸の常套的な着想、モティーフを受け継いでいる。とりわけ第二幅⑲⑳の妬婦譚は『今昔物語集』の昔からラフカディオ・ハーンの「死者にまたがる男」（『影』〔一九〇〇年刊〕所収、原題 "The Corpse-Rider"）にいたる怪談咄の系譜に位置づけられるものであった。そこには陰陽師の教えにしたがい毎夜動き回る妻の死骸に馬乗りになって危難をまぬがれた夫の恐怖体験がつづられている。これに対して、『行化伝』や「画図」では、陰陽師の指南はまったく効験をあらわさず、幡随意上人の念仏・名号を授かり、やっと荒ぶる怨霊は済度されることになる。

『行化伝』から「画図」に引き継がれた超人的でマジカルな幡随意像は、むろん民衆教化を主目的とする寺院活動の産物にほかならない。しかし、一般社会に宗教英雄の物語をひろく布宣するための表現方法としては、耳慣れた怪談や、江戸の芸能史に花開いた浄瑠璃、講談といった語りものの芸態が大いに援用され、寺院説法の高座に多くの善男善女を誘《いざな》ったことも事実といわざるをえない。

語りの場の朗誦に堪えうるストーリー展開、物語性、伝奇的な素材と構成などの要素を獲得した長篇勧化本の諸作品、そしてそれを台本に用いた掛幅絵伝の生成と絵解き説法の確立――。かような動向は近世後期の寺院を舞台に行われた仏教布宣の芸能の姿を今に伝えるとみて差し支えないだろう。伊勢・引接寺所蔵の絵伝群は、近世唱導史の実状をものがたる一級資料であった。

〔1〕後小路薫「近世勧化本刊行略年表」（『文芸論叢』一〇、一九七八年三月）。
〔2〕後小路薫「増補近世勧化本刊行略年表」（『国文学』学燈社、二〇〇四年四月）。
〔3〕中村幸彦「読本発生に関する諸問題」「読本開史の一齣」（『近世小説史の研究』桜楓社、一九七三年、のちに『中村幸彦著述集』五、中央公論社、一九八二年に採録）など。

［4］堤邦彦『近世仏教説話の研究』（翰林書房、一九九六年）第一部第三章「長篇勧化本の世界」、同『江戸の怪異譚』（ぺりかん社、二〇〇四年）第一部第一章Ⅱ「長篇勧化本の意義」。

［5］堤邦彦『江戸の高僧伝説』（三弥井書店、二〇〇八年）第二編「近世浄土宗の民衆教化」。

［6］渡浩一「『孝子善之丞感得伝』とその絵画——表紙によせて」（『絵解き研究』一六、二〇〇二年三月）、同「日本の冥界遍歴物語と地獄・極楽図」（『明治大学人文科学研究所紀要』五四、二〇〇四年三月）。

［7］渡浩一「《資料紹介》西院河原口号伝絵二種」（『明治大学教養論集』三九二、二〇〇五年三月）。

［8］注4『近世仏教説話の研究』第一部第三章Ⅰ。

［9］注7論文に同じ。

［10］注5書、第二編ⅡおよびⅢ。

［11］図録『冥府の裁き　閻魔さまと地獄の世界』（四日市市立博物館、二〇〇一年）所収。

第二章　二十四輩巡拝と関東絵伝

一　はじめに

平成二十三年の親鸞聖人七百五十年遠忌に際して、真宗教団はもとより、日本各地の博物館、大学図書館、研究施設の主催するさまざまな記念行事や宝物展示が執り行なわれた。そうしたなかにあって、江戸中期に確立した宗祖遺跡めぐりの旅「二十四輩巡拝」が研究者の目をあつめたことは、近年の寺社縁起研究の進展、とりわけ開帳、略縁起、霊場巡礼等をめぐる近世宗教文化の立体化の試み〔1〕と無縁ではないように思われる。

二十四輩巡拝とは、おもに常陸、下総などの北関東に点在する親鸞の故地を訪ね、直弟子の開いた寺院に参拝して宗祖ゆかりの宝物を拝観する信仰の旅の謂である。近世中・後期には僧侶のみならず、一般門徒のあいだにこの宗風がひろまり、親鸞の足跡を追体験し、遺徳に触れて信心を深めることがひろく行なわれた。そのような気運の高まりを受けて、実地に役立つ巡拝手引書、案内記の編纂があいつぎ、さらには豊富な図絵を加えた読み物としての親鸞伝記の出版へと発展し、伝説化した宗祖像の民間流伝を容易にした。

そのような参詣資料、出版物の全容と巡拝旅程の実態については、渡辺信和の論考〔2〕に委曲がつくされ、また、同朋学園仏教文化研究所による「【共同研究】真宗初期遺跡寺院資料の研究」〔3〕をとおして、二十四輩寺院の活動と所伝宝物の詳細を知ることができる。それらの成果は同朋大学仏教文化研究所二〇〇八年秋期展示「二十四輩巡拝——親鸞をしたう旅」の図録にまとめられている。渡辺信和の解題にしたがい、図録に紹介されている二十四輩資料を整理するなら、およそ以下の四つの性格に分類して考えることができるだろう。

(1)僧侶による巡拝記録
(2)順路を遺程の実際にそくして示す道中案内記
(3)一般門徒の残した旅行記録
(4)図会もの（絵入り刊本）や屏風絵による巡礼代償行為

(1)は、実際に遺跡を歩いた真宗僧の残した記録であり、宗誓編の『二十四輩散在記』（元禄六年〔一六九三〕、七年ころ写）や同書をもとにまとめた『遺徳宝輪集』（宝永八年〔一七一一〕刊）、天旭の『捃聚抄』（元禄一三年刊）等がそれにあたる。いずれも諸寺の宝物由緒、開創の年次などにこだわる筆法を特色としており、真宗史学者の立場に立って書かれた実証記録の側面をもつ。

これに対して(2)は、あくまでも旅途の実用性を重んじた案内記で、宗祖の四百五十年忌（宝永八年）、五百年忌（宝暦一一年〔一七六一〕）、五百五十年忌（文化八年〔一八一一〕）の御遠忌を迎えるたびに一般門徒のあいだで盛り上りをみせた聖跡巡拝の気風をよりどころとして刊行された一群である。竹内寿庵（是心）の『親鸞聖人御旧跡并二十四輩記』（享保一六年〔一七三一〕）はそうした意図をもって編まれた巡拝記の典型であった。

また遺跡めぐりの旅に出た門徒の体験と見聞は、(3)に分類される十八・九世紀の参詣記録からその実態をうかがうことができる。

一方、近世中期以後の二十四輩巡拝の流行は、やがて居ながらにして遺跡参詣の旅を擬似体験できる(4)の絵入刊本や絵画資料の登場をもたらすことになる。たとえば渡辺信和が発見、紹介した『真宗旧跡巡拝図絵屛風』（同朋大学附属図書館保管）は江戸中期の成立とみられる肉筆の屛風絵であり、同時代の門徒に知られた諸国旧跡の全体像を今日に伝える貴重な作例といえるだろう。

もっとも、民間への普及を助長したという意味では、近世後期に上梓された絵入刊本もまた見過ごせない一群である。すなわち寛延四年（一七五一）刊の『親鸞聖人二十四輩御旧跡図彙』は由緒寺院の名所図会化を試みた早い時期の刊本であった。

二　絵入り刊本と図会もの

真宗の宗教名所を絵入で詳述するこの種の出版物のながれは、十九世紀に入り了貞編の『二十四輩順拝図会』（前篇・享和三年（一八〇三）刊、後篇・文化六年（一八〇九）刊）に結実して行く。本書は同時代の出版界における名所図会ブームに触発された書物であり、紙上巡拝記の集大成ともいうべき作柄であった。挿絵は『東海道名所図会』の絵師でもある大坂の竹原春泉斎清秀が担当し、随所に通俗臭の濃い伝奇・伝説的な親鸞の法徳譚をとりまぜる。文体、挿絵の工夫について述べた了貞の序文には、一般の読者の理解を得やすい「国字《かな》」や挿絵をとりまぜ、宗祖伝の平易通俗化をめざす編集方針が明らかにされている（前述一六頁）。

同様の刊行意図は、六百年忌の前年にあたる万延元年（一八六〇）に世に出た『親鸞聖人御一代記図絵』に継承され、通俗読みものとしての特色をさらに鮮明にしている（図1）。本書は京都本願寺の門前に店を構えた永田調兵衛、丁字屋九郎右衛門らの五書肆から刊行された大本形式の絵入平仮名本（五巻五冊）で、明治・大正期の活字再版本を含め、神異な法力譚に充ちた親鸞伝説の民間流伝に大きな役割を果たした［4］。

図1『親鸞聖人御一代記図絵』巻二、越後配流（堤邦彦蔵）

絵入り刊本や図会もの形式の親鸞伝がつぎつぎと出版され、通俗伝記の色あいを濃くしていった背景には、近世中・後期になって目立つようになる真宗高田派の積極的な唱導活動と高田派の学僧・五天良空による新たな「親鸞伝」の編纂・開版の動きがあった。親鸞の高弟・真仏により開かれた下野高田の専修寺は室町中期に伊勢の一身田に移る。下野高田の旧跡は戦国期の兵火による衰退を経て、江戸初期に復興し、一身田の本山とともに関東二十四輩の第二番として栄えた。

塩谷菊美は、十八世紀に顕在化する神異僧「親鸞」の物語を支えた要因として、高田専修寺の発信による「本願寺聖人親鸞」ではない「親鸞」像の浸透を指摘している［5］。そこには本願寺の説き示す正統宗門史の史実とは異なる関東在地の俗伝が縦横に語られており、「東国の親鸞」の再発見ともいえるような傾向をあらわしていた。

五天良空の著した『高田親鸞聖人正統伝』（享保二年〔一七一七〕刊）は、自序によると専修寺秘蔵の数種の「実伝」をもとに宗祖の一生を編年体にまとめたものであり、関東の二十四輩伝承にかさなる説話も少なくない。

さらに良空は高田派称揚の意図を全面に打ち出した『親鸞聖人正明伝』（享保十八年〔一七三三〕刊）を開版して、本山本願寺の正式な宗祖史伝に載らない東国の親鸞伝を世に広めていくのである。同書がとりあげる下野・花見岡の大蛇済度（『正明伝』四十三歳の項）や筑波山中の餓鬼（『正明伝』・五十四歳）といった説話は、関東絵伝の題材にしばしば引かれるようになる二十四輩寺院の縁起伝承を宗祖伝の一景に固定化したものであった。良空の著述が世に出る

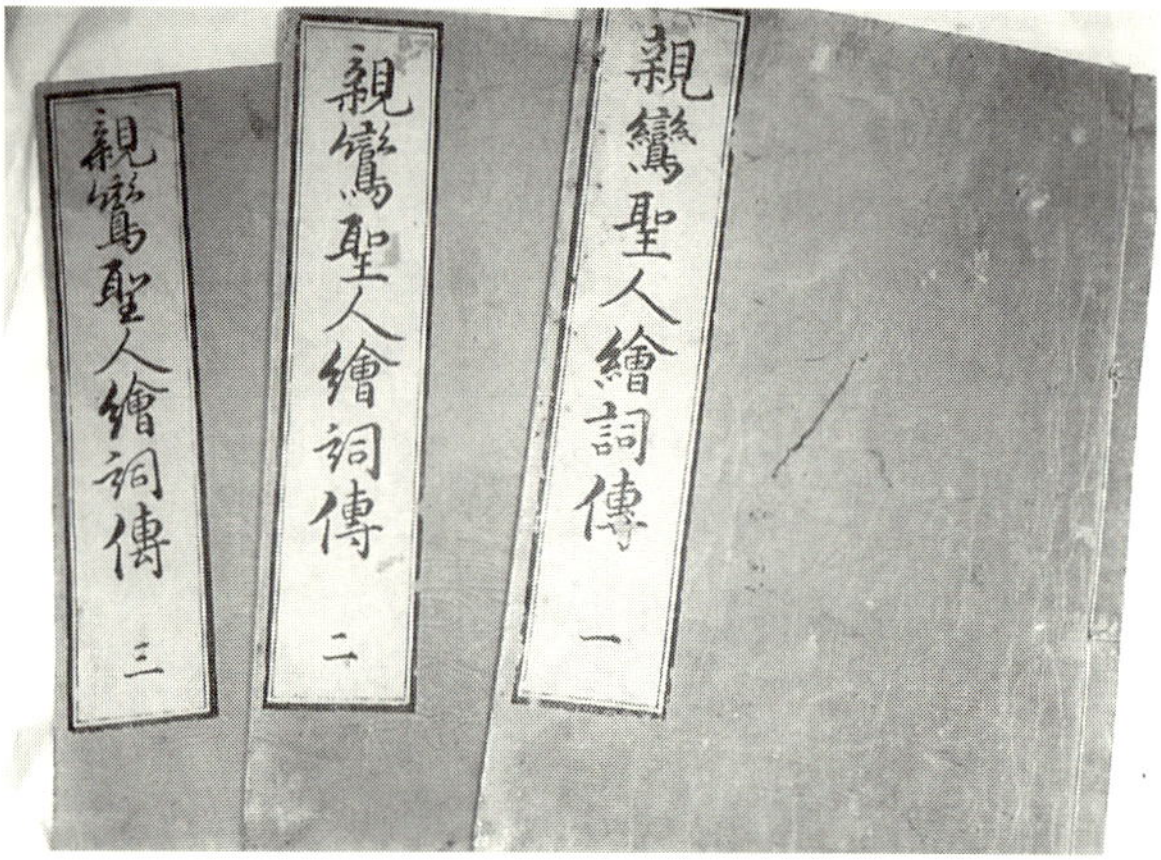

図2『親鸞聖人絵詞伝』（堤邦彦蔵）

図3『親鸞聖人絵詞伝』巻二、弁円帰伏

につれて、高田派に伝わる関東由来の霊験は「書物に載る出所正しい史伝」の意味合いを帯びるようになるのである。

高田派のこうした動向は、やがて享和元年(一八〇一)刊の平仮名絵入り本『親鸞聖人絵詞伝』三冊に結実し、源隆為の筆になる挿絵を加え、いっそう大衆的な読みものへと姿をかえていく(図2・3)。その内容は『正統伝』『正明伝』をほぼそのまま踏襲しながら、平仮名絵入り、ルビ付きの簡便で読み易い体裁に作り直したものだった。奥書きに「高田山御坊御蔵版」とあり、専修寺公認の出版であることがわかる。

一方、『親鸞聖人絵詞伝』の出版事情に注目してみると、版元として丁字屋九郎右衛門のほか、北村市郎兵衛、菱屋孫兵衛、菊屋喜兵衛といった京都を代表する老舗の書肆が名を連ねているのがわかる。このことは、同時代の稗史図会の流行に乗じて『親鸞聖人絵詞伝』の公刊がおこなわれ、本屋の店先に並ぶことになったいきさつを示している。近世文学史の流れにそくしていうなら、本書は、宗教書と文芸の距離が限りなく接近した時代の特色をよくあらわす高僧一代記とみてよいだろう。

かくして、高田派の主導する新たな宗祖伝の流布は、結果的に関東二十四輩寺院の在地縁起を満載する近世版の通俗伝記を巷間にひろめるところとなった。本書が、やはり平仮名絵入り本である『親鸞聖人御一代記図絵』とともに、後世にいたるまで宗祖の通俗伝奇として広く人々の間に流布したことは、明治維新以後も『見真大師絵詞伝』と改題して、少なくとも二回の重刷におよんだ事実からも容易にうかがえる〔6〕。

三　関東の真宗寺院と出版文化

ところで、二十四輩巡拝の流行と、それを受けた親鸞伝記の物語化、伝奇化の風潮は、二十四輩の寺格をもつ北関東真宗寺院の唱導活動にいかなる影響をおよぼしたのであろうか。

遠路はるばる宗祖の故地を探訪する参詣者に対して、自坊所持の宝物を展観し、それらの由緒を親鸞伝の一景に組み込みながら縁起の再編をはかる。そのような方法によって、二十四輩旧跡としての聖性を主張したであろうことは想像にかたくない。今日、諸寺に伝存する簡便平易な略縁起のかずかずは、遠来の参拝門徒を意識した寺宝開帳と縁起布宣の活性化を意味している。

あるいはまた、その昔関東の地に教線をひろめた親鸞の苦難を語るにあたり、旅の門徒の耳目に親しい絵入刊本所載の通俗伝記が大幅に援用され、わかり易さに徹した由緒語りに傾斜したことも事実であろう。真宗史学の正統からみれば俗世間の訛伝に過ぎない伝奇的な伝承が唱導の場を賑わせたとしても不思議ではないのである。

二十四輩寺院の縁起伝承に絵入刊本の俗伝が色濃く投影したとするなら、そこに近世の出版文化と地方寺院の唱導営為の緊密な連関性をうかがい知ることも可能であろう。それらの動向は、絵入り刊本のかたちに潤色された親鸞伝説が、関東在地の寺院縁起に吸収され、ふたたび説教の話材に姿を転ずる道筋を示すのではないか。

出版文化の土壌のうえに花開いた近世の宗教文学は個々の寺坊の縁起語りに再生することでいかなる布法の場のリアリティを獲得しえたのか。そのような角度から、二十四輩寺院の縁起伝承と刊本系の親鸞伝説のかかわりについて検討を加える必要があるように思えてならない。

近世中・後期の社会にあって、関東二十四輩の寺院が直面したであろう種々の状況を念頭に置くならば、考究すべき課題は一、二にとどまらないだろう。それらの一端を解き明かすため、本章では、ひとまず北関東はもとより日本各地の真宗寺院に伝わる「関東絵伝」の絵画資料をとりあげ、説話内容の特色について述べてみたい。

四　関東絵伝の成立と展開

親鸞の生涯を描いた絵伝としては、京都の本山・本願寺より下付された「御伝絵」がひろく知られている。それらは教団の公許する〈正しい親鸞伝〉を弘布する目的のもとに、本山の絵所、絵表所において製作されたものであり、それゆえいっさいの異伝俗説の立ち入る余地を認めなかった。御伝絵は真宗中興の祖・蓮如（一四一五～九九）のころに四幅形式に固定化し、報恩講という儀礼の場で絵解きされるようになった［7］。

一方、北関東の二十四輩寺院には、そうした一般的な御伝絵の世界とはほど遠い神異な在地伝承を描き込む掛幅画が少なからず見出される。それらは、主として近世後期から明治期にかけて成立した縁起絵であり、諸寺の宝物由来や旧跡たる因縁をテーマの中心にすえながら、鬼神邪霊を教化するマジカルな親鸞像に充ちあふれていた。

たとえば、茨城県常陸太田市河合町・枕石寺（二十四輩第十五番）の『枕石寺御絵伝』（双幅）は、親鸞布教の折の出来事を自坊開創のいわれにからめて説き明かす。すなわち絵伝は、一宿を断わった日野左衛門尉頼秋が雪中で石を枕に念仏を唱える宗祖の姿に感嘆し、無礼を詫びて入西房道円となり枕石寺を開いたいきさつを詳らかにする。寺に二種ある絵伝の一本に「文化壬申年十月」（文化九年（一八一二））とあり、近世末の生成であることがわかる［8］。すでに元禄期の『捃聚抄』などに取りあげられ、宗祖の逸話として広く知られていた枕石寺の由来は、十九世紀の北関東にあって、よりいっそう具体的な寺院縁起のかたちに整理されていった。たとえば寺蔵の宝物に加えられた親鸞ゆかりの「御枕石」の伝存は、説話と遺物、絵画の一体化による親鸞伝説の立体的な布宣を大いに裏付けるだろう。

六百年忌を期して枕石寺より版行された『親鸞聖人枕石寺伝絵鈔』（万延元年〔一八六〇〕刊、平仮名絵入り、二冊）は、巻頭見開きに大石の図様を描き込んでいる［9］。こうした宝物の開陳に連動して、参詣の輩を前に『枕石寺御絵伝』の絵解きがおこなわれたことを想察させる。

また、茨城県つくば市大曾根の常福寺（同十八番）には、『筑波山餓鬼済度之御影』（一幅、図4）が伝存する。裏書きに、

筑波山餓鬼済度絵伝　信教法師筆

十八番　常福寺

とあり、嘉永五年（一八五二）正月に五十四歳で没した信教（常福寺過去帳）の名が見えるところから、幕末ころの製作と考えてよかろう。

図4の絵伝は、下方に老女の姿に化身した筑波権現と親鸞の対面を描く。筑波の神と詠歌を交わす説話は、常福寺の略縁起『常陸国筑波山大権現今師聖人と応対御詠歌之縁記』〔10〕にも山中にある「迎来橋」の由来として紹介されており、建暦二年（一二一二）四月朔日の出来事であること、また「芳賀氏某」の先祖「入道善賀」により書きとめ

図4『筑波山餓鬼済度之御影』（常福寺蔵）

られ当寺に伝えられたことなどをしるす。
一方、絵伝の上半分は筑波山の実景を配し、ここを訪れた親鸞が、生前の悪業ゆえに餓鬼道に墜ちた亡者たちを救済する場面に筆をついやす。

図5『親鸞聖人御一代記図絵』巻二、餓鬼済度

筑波神の詠歌伝承が『捃聚抄』などに載らない常福寺のオリジナルな説話であるのに対して、絵伝上部の餓鬼済度の方は、高田派の『親鸞聖人正明伝』にとりあげられたのをはじめ、『親鸞聖人絵詞伝』『親鸞聖人御一代記図絵』といった絵入り刊本の世界に展開した説話と同材であった（図5）。『正明伝』では巻三下の末尾に常陸布教の折の霊験として次の済度説話を引いている。

聖人、或時常陸国筑波山ニ参テ、旅館ニ寄宿アリケルニ、其夜神夢アリ。一童子来テイハク、我ハ当山男躰権現ノ使ナリ。師、明日山下ノ三窟《ミツノイワヤ》ニ入ベシ。カナラズ所用アラム、ト。聖人不審ナガラ、明日彼ノ岩屋ニ入リテ視タマフニ、一箇ノ釜アリ。（中略）暫アリテ、岩屋ノ奥ノ小穴ヨリ多クノ餓鬼出来タリ。聖人ニ向テ申ヤウ、我等ハ人間タリシ時、慳貪放逸ノ者ニサブラヒシ。其ノ報ニ因テ、今此ノ餓鬼趣ニ落在セリ。但シ筑波権現ノ氏子タル者ハ、権現ノ別ノ御慈悲ニ依テ、余ノ悪趣ニイレズ、斯ノ窟中ニ置テ、日毎ニコノ釜ノ水一滴ヅヽヲ与テ食トナサシム。是、男躰権現ハ本地大悲ノ菩薩ニテマシマスユヘナリ。然ルニ昨夜神ノ告アリ。明日、明師コ、ニ来応アルベシ。諸鬼カノ教誡ニアヅカリテ悪趣ヲ脱セヨ、ト。希クハコノ重苦ヲ救ヒタマヘ、ト、袖裳ニスガリテ泣タリ。

親鸞は筑波権現の神託に応じて懇ろに弥陀の願力を示し、念仏の功徳によって餓鬼たちを悪趣より救い出す。さらに餓鬼を責め立てる獄卒の大鬼に対しても光明遍照の文を誦し、衆鬼をことごとく西方の雲間に昇天させるのであった。宗祖の神秘的な法徳譚を関東布法の一場面に仕立てる高田派特有の筆法が、筑波岩窟の餓鬼救度にも大いに生かされていると言えるだろう。

常福寺の所蔵する『筑波山餓鬼済度之御影』が、世間に流布した絵入り刊本の霊験説話に依りつつ、二十四輩十八番の旧跡寺院としてのリアリティに支えられるかたちで、寺参りの信徒に向けて絵解き説法されたことはいうまでもあるまい。出版メディアから在地縁起への逆流現象が、ここにも起こっていたわけである。

高田派の編んだ絵入り刊本系の通俗伝記や『二十四輩順拝図会』の潤色をとおして民間に流布した関東在地の親鸞伝は、二十四輩巡りの盛行とともに、個別の諸寺の唱導活動にとりこまれ、宗祖ゆかりの霊宝や、その由来を説いた掛幅絵伝の製作へと向かう。枕石寺、常福寺の事例はもとより、無量寿寺（茨城県鉾田市鳥栖、二十四輩第三番）の女霊済度（経石塚の由来）と後世に描かれた寺蔵・幽霊画の供養（本書五〇頁）などは、そうした動きを背景とする。

また、嫉妬の悪心ゆえに蛇体と化した女の得脱を骨子とする花見岡（栃木県下野市）の女人救済説話の場合には、かつてその地に建立されていた安養寺（現宇都宮市）と、江戸期になって新たに花見岡に移転してきた蓮華寺の両者が、ともに大蛇済度の絵解きや霊宝開帳、略縁起の配布などを行い、親鸞伝説の土着化に拍車をかける結果となった[11]。むろん花見岡の大蛇済度が、これまでみてきたような十八・九世紀以降の新たな宗祖伝承であることはいうま

でもない。もともと元禄十三年（一七〇〇）の『捃聚抄』の時代には、

▲下野国大高村花見岡ト云処ニ聖人御逗留ナサレシトナン申ツタヘリ。スナハチ松山ノ中ニ池アリ、御用ニナサレシトテ俗ニ親鸞池ト名ヅク。

図6『二十四輩順拝図会』後篇巻之四、蛇婦昇天

のような地名由来にすぎなかったものが、高田派の『正統伝』を経て『二十四輩順拝図会』などにいたる新たな女人成仏譚を派生し、生贄をもとめて荒れ狂う蛇身の妬婦に対して、弥陀の本願を示して教化する「東国の親鸞伝」の劇的な場面へと成長するのである（図6）。

こうした女人救済の説話を語る際、略縁起と秘蔵の宝物が自坊を訪れる巡拝者に示され、縁起の聖性をいっそう高めるために物語の図像化が重んじられた点は注目すべきであろう。たとえば、安養寺の絵入り略縁起（刊年不明、『略縁起集成』二所収、図7）は、四景の図様を挿入して視覚的効果に充ちた縁起の世界を表している。略縁起の後半、人の姿に戻った女は、女人成仏の動かぬあかしとして、おのれの「爪」を引き抜いて聖人に捧げるのであった。

それに付《つき》ても女人の身ハ、私はじめうたがひ深きならひなれバ、末の代の女人にもうたがひをはらさせたまへとて、尖《とが》れる己《おの》が爪

図7 安養寺の絵入り略縁起

をくひきり、我《わが》往生の証拠なりと聖人に捧《さゝげ》たてまつる。此大蛇の爪、今に伝来せり。

図7の左下には、聖人の傍に置かれた「爪」が描れている。蛇身往生の顛末を末代にいたるまで伝える霊宝の「爪」は、長く安養寺に伝わっていた。昭和十年の絵葉書をみると、「大蛇爪」（図8）が「花見ヶ岡大蛇済度絵伝」（図9）とセットになって布法の場に並べられていたことがわかる。両方ともに現在行方不明のため、図様等の詳細はわからないが、安養寺の霊験譚を民衆に説き示す大切な役割りをになっていたと考えて差し支えないだろう。

絵伝を駆使した説法は、その後花見岡の故地に開創された蓮華寺の絵解き説法を介して土地の口碑と混交しながら、二十四輩寺院のひとつ弘徳寺（茨城県八千代町、第八番）の宝物縁起を生み出していく。弘徳寺の蛇骨にまつわる現行の縁起絵（図10）に「女人変化大蛇の下あご／河合兵部の妻」とあるのは、蓮華寺の絵伝に翻案された「下野国都賀郡大光寺村」の「川合兵部と云う者」の妻をめぐる妬婦蛇身譚に材を得て、弘徳寺独自の花見岡縁起に仕立てたものであった。先代住職の時代（昭和中期）には寺宝「蛇骨」（図11）の読み縁起も存在したという。詳しい考証は旧稿〔12〕にゆずることとするが、近世～近代の関東二十四輩寺院において、視て聴く縁起の立体化が確実にすすめられていた点は、親鸞伝説の広汎な民間流伝をうながした背景にせまろうとするとき、避けてとおれない要因であろう。

さて関東の真宗寺院に顕在化する親鸞伝説の絵画化と、寺宝縁起にからめた布法のありかたは、やがて従来の絵入刊本にさえ載らない在地特有の伝承をも取り込み、自坊の縁起譚に仕立てていくことになる。

茨城県常陸太田市谷河原の西光寺（二十四番）には、開基・唯円房の発心と、寺宝の「鬼人成仏証拠の角」にまつ

図8 安養寺絵葉書の「大蛇爪」（左端）

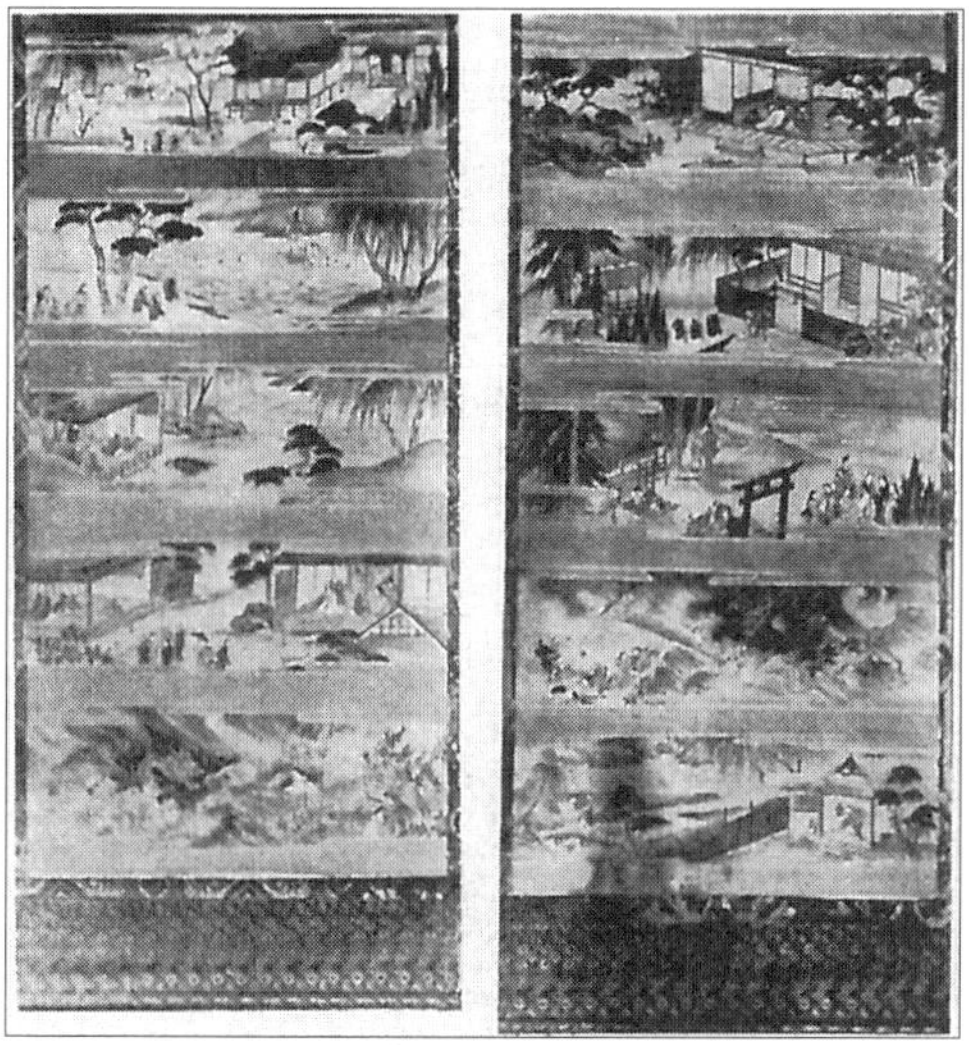
図9 安養寺絵葉書の「花見ヶ岡大蛇済度絵伝」

図10 弘徳寺の現行縁起絵（花見岡蛇骨図）

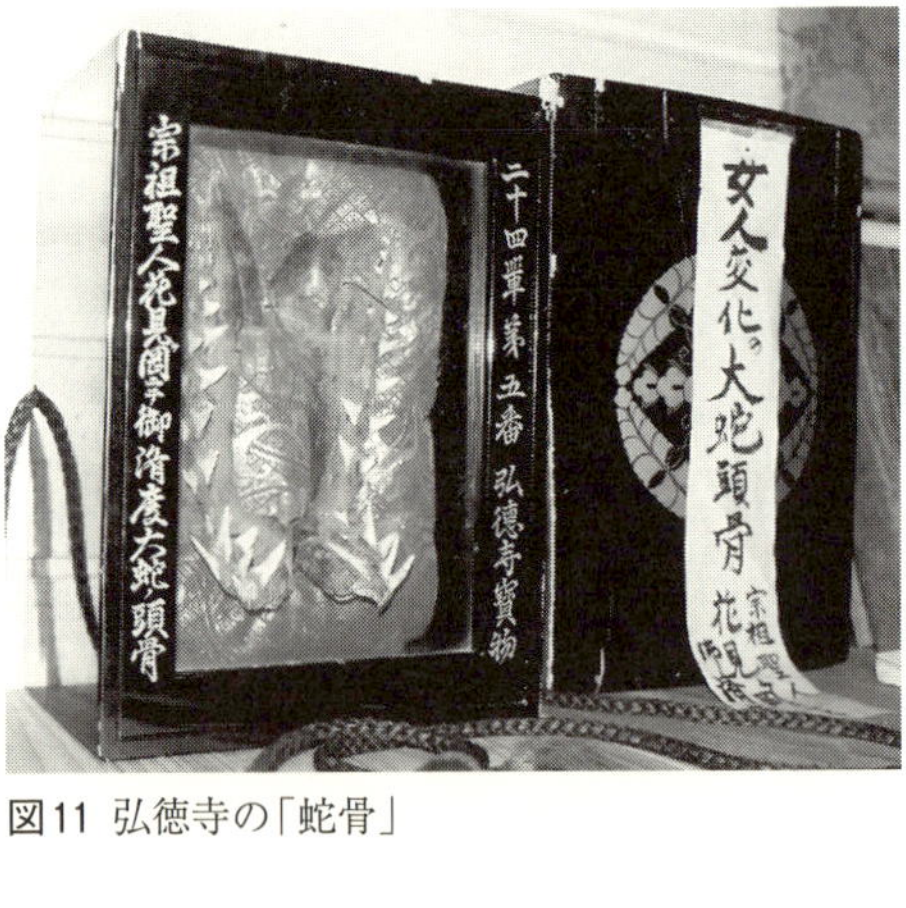

図11 弘徳寺の「蛇骨」

わる双幅絵伝（『西光寺御絵伝』、成立年未詳）が伝存する。全二十一景のうち、前半は一子を失い世を捨てた唯円が薬師如来の夢告を受けて親鸞に出会うまでを描く。西光寺の濫觴を宗祖の関東布教に照らし合わせて語る開創説話とみてよい。これに対して後半は、愛欲恋慕のために鬼女と化した「お為」を念仏の功力によって成仏させた宗祖の法徳と、寺宝・鬼女の角の由来へと話がすすみ、同じく寺宝として伝わる「身代り名号」「鏡の真影」の霊験に言いおよぶ。『西光寺御絵伝』の全体像については次章で詳述するが、ひとまずここで確認しておきたいのは、総じてこれらの絵相が、読み縁起とみられる『西光寺法宝物略縁起』（寺蔵）の記述と一致しており、堂宇に安置の霊宝とセットになった絵伝の語り口を想像させる点である。そのような意味合いにおいて西光寺縁起もまた、他の二十四輩寺院と同じく、立体化した「東国の親鸞伝」にほかならない。

さて、以上にとりあげた諸寺の絵伝は親鸞の生涯に関係付けながらも、実際には各々の寺の宝物や開創のいわれに力点を置く点で類似の構造を持つ。赤井達郎の調査研究によれば、近世後期の関東において、「枕石寺の由来」「川越の名号」「大蛇済度」がおもに一幅ものの形式にまとめられ唱導の材に援用されていたという[13]。

これに関連して、赤井は、そうした一幅一席形式の絵語りが親鸞、蓮如ゆかりの宝物にからめてひろく近世真宗の法席に行なわれていたことを推察している。たとえば、滋賀県大津市の等正寺本堂内において、蓮如の身代りとなった「堅田源兵衛の首」を目の前にした絵解きが行なわれる点に注目し、赤井は次のように評している[14]。

この劇的な物語をその髑髏を前にし、心をこめての「絵解き」が行なわれる。こうした絵と物とをくみあわせる絵解きの形は、のちにのべる開帳の絵解きにもよくみられるところである。(中略)当麻曼荼羅の開帳に十分一図が売られ、開帳本等の縁起を記す小冊子が領布されたように、ここでも本堂の隅には一枚刷りの縁起や、『蓮如上人遭難之記』などがならべられている。なお、右余間の側面には嫁威しの段のみを一幅に描いたものが、親鸞の川越名号、枕石寺の由来をそれぞれ一幅に描いたものとともに掛けられている。むろんもとは親鸞・蓮如ともさらに多くの場を描くものがあり、一幅一席という形で絵解きされたものであろう。

赤井の説明は、むろん現行の絵解きから類推したものであるが、おそらくは近世から明治にかけて真宗教線の最前線では、一幅一席の絵解き説法が日常化していたのではあるまいか。

印刻・配布される略縁起や堂宇の余間に並ぶ宝物が掛幅絵と一体になって、参詣の輩に宗祖高僧の波乱に充ちた威大なる行実を劇的かつおごそかに語る。そのような縁起語りの俗態が、本山の公許する御伝絵の歴史的宗祖像とはまったく異なるベクトルをさし示す在地の親鸞(蓮如)伝説であることはいうまでもない。

関東二十四輩の諸寺にみとめられる個別テーマ型の掛幅絵伝の成立背景には、当代真宗をとりまく史伝の芸能化という宗風が見え隠れするのである。

五　巡拝型絵伝

一方、関東絵伝のいまひとつの方向性として、特定の寺坊の縁起由来に限定せず、むしろ二十四輩に点在する親鸞伝説をひろく採取し、二幅もしくは四幅の絵伝にまとめる霊跡めぐり形式（巡拝型）の説話画をあげておかねばならない。それらは一見宗祖の関東布教を歴史的につづるようでいて、じつは本山下付の御伝絵には見当らない地方伝承をあつめた異色の内容となっている。いわば霊跡巡拝のネットワーク性を意識しながら、二十四輩とその周辺の親鸞伝説をひとつの絵伝に描き込んだところに特色が見出されるといって差し支えないだろう。

ひとまずは所在を確認できた巡拝型絵伝の所蔵、形態、法量を略記しておこう。

A　茨城県坂東市辺田・西念寺（第七番）蔵『御絵伝　関東の巻』（箱書きによる）
双幅、紙本著色、一二一・二×四三・一センチメートル
一幅六段、全二十景、近世後期ヵ

B　静岡県河津町谷津・専光寺蔵（箱書きなし・無題）
双幅、紙本著色、一二六・三×四九・二センチメートル
一幅六段、全二十景
※Aの西念寺本とほぼ同一の図様

C　茨城県水戸市酒門町・善重寺（第十二番）蔵『開基絵伝』
双幅、紙本著色、一一六・一×六五・六センチメートル
一幅六段、全二十四景、明治期カ

D　茨城県水戸市飯富町・真仏寺蔵『親鸞関東絵伝』
四幅、紙本著色（法量未計測）
一幅七段

E　茨城県鉾田市鳥栖・無量寿寺（第三番）蔵『関東御絵伝』
四幅、紙本著色、一五九・〇×五七・〇センチメートル
未見（『真宗初期遺跡寺院資料の研究』による）

F　大分県中津市耶馬溪町大字大野・浄正寺蔵（『関東絵伝』カ）
四幅、紙本着色（法量未計測）
一幅六段、全四十六景（一部破損のため推定）、明治期カ

G　香川県高松市国分寺町・満善寺蔵（箱書き等なし・無題）
四幅、紙本著色、一三七・五×七八・八センチメートル
一幅六段全四十八景、明治初年の成立
※香川県には、興正派郡家別院（丸亀市）や、法専寺（綾川町）にも二十四幅を基本形式とする巡拝型の関東絵伝が伝わる。

※この他、石川県小松市の通観寺、茨城県笠間市の唯信寺に関東絵伝の所伝があるというが、現在未見。

A～Gはともに二十四輩の旧跡にまつわる霊験を描きながら、絵伝の採話内容に異同がみられ、それぞれ独立した説話画と考えてよい。また共通する話材として「川越の名号」「板敷山の法難」等の著名な親鸞伝説を扱ってはいるものの、説話配置の順番や個々の構図に関していえば必ずしも均質ではなく、同じ作者・工房による作画でないことは明らかであった。例外的なケースとしては、Aの西念寺本とBの専光寺本はほぼ同じ構図の図様で構成されており、模写の関係にあると考えられる。西念寺本第一幅下部（図12）と、図13に示した専光寺本の同じ場面を比べるならば、細かな筆づかいの一致を視認することができるだろう。専光寺の明治・大正期の住職は全国をめぐる説教活動に従事

図12 西念寺本（第一幅下部）

図13 専光寺本（第一幅下部）

し、遠く満州まで布教の旅を行ったという（現住職談）。そのような動向のなかで西念寺本の模本が専光寺の所蔵に帰したのであろうか。

またEは九州に伝播した関東絵伝である。流伝のいきさつや成立年代は未詳ながら、幕末から明治にかけてこうした絵伝の巡回絵解きによる布法がおこなわれていたことを推測させる。枕石寺、花見岡の由来や後述する願牛寺、雁島の縁起を画くもので、関東絵伝とみなし得る内容である。なお、Gの末尾に※印で注記した香川県内の絵伝は、明治初頭のこの地に教線を伸ばした興正派が深く関与した一群である。関東諸寺の絵伝にはみられない形式（一寺一幅の二十四幅仕立て）に独自性のうかがえる巡拝絵伝であり、本書五三頁にとりあげた高松周辺の二十四輩石仏の事例とあわせて、近代以降の四国地方に流布した二十四輩伝承の詳細を今日に伝えている。その全容についてはⅡの第六章に考察してみたい。

六　西念寺本『御絵伝　関東の巻』

ここではAの西念寺本、Cの善重寺本に焦点をしぼり、関東絵伝の特色に言及しておきたい。Aの『御絵伝　関東の巻』を所蔵する西念寺は、二十四輩のひとり西念房が真宗に中興した寺で、羅災ののちに武蔵国野田より現在地の坂東市辺田に移っている。巡錫の親鸞を描く「御旅御影」（一五一頁、図1）をはじめ、多くの宝物、読み縁起を今日に伝えている。Aの絵伝もそのひとつであり、現住職・光林忠明師によれば、大正から昭和にかけて関西・九州方面に運び絵解きされたという。Bの専光寺絵伝や大分県中津市に現存するFの伝来経路を連想させる口伝であることが気になる。

西念寺本の全二十景（図14）の説話は表1のように配置されている。

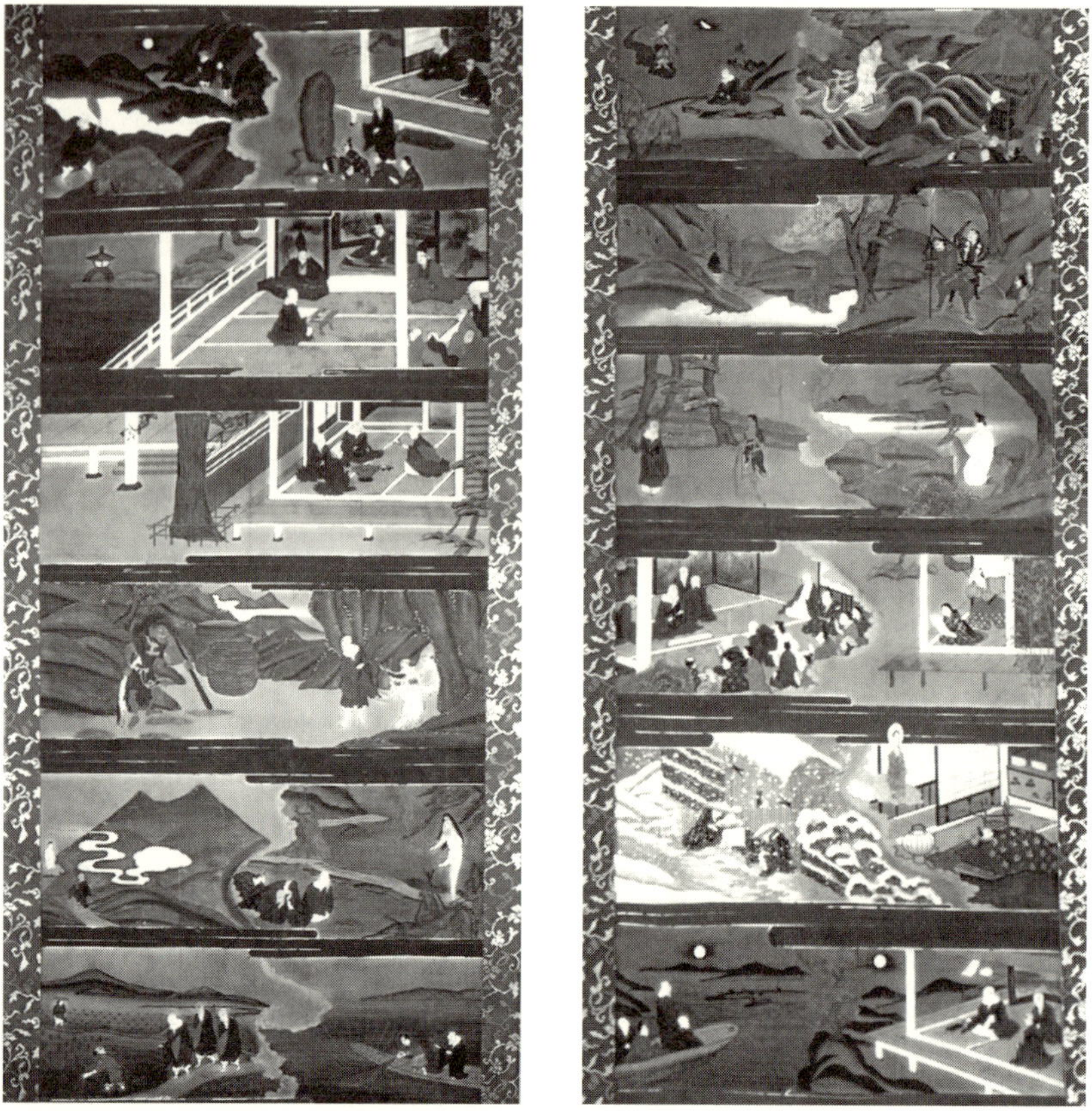

図14 西念寺本の『御絵伝　関東の巻』(右より第一幅)

第二幅
⑳月夜の箱根峠越え ⑲相模国府津・帰命堂 名号石の由来
⑱鎌倉北条館　説法する親鸞
⑰不明（願船寺お手植の銀杏カ）
⑯筑波山の餓鬼済度
⑮筑波神の示現　⑭喜八阿弥陀堂の由来 与八郎の妾の亡霊
⑬真仏寺のお田植歌 ⑫霞ヶ浦・如来寺の由来 水底の阿弥陀像

第一幅
⑪柳島の由来（高田専修寺建立） 般舟石と明星童子 ⑩花見岡の大蛇済度
⑨板敷山の法難　山伏弁円
⑧明神の化身・赤童子　⑦鹿島明神
⑥不明（稲田の草庵カ） ⑤報仏寺の身代り名号
④枕石寺縁起　雪中の親鸞 ③日野頼秋の夢
②雁島　小船に乗る 親鸞と善性房　①雁島涌出の由来 月を愛でる親鸞

表1 西念寺本『御絵伝　関東の巻』の見取図

西念寺本の内容上の特性について述べてみたい。⑨の板敷山の法難のように、御伝絵以来のオーソドックスな話も採取されているが、総じて地方色豊かな常総一円の旧跡と寺院由緒を絵画化したところに西念寺本の独自性を指摘すべきであろう。

雁島の涌出（①②）、枕石寺開創（③④）、水底に光を放つ阿弥陀像（⑫）などは、早くも十七世紀の『捃聚抄』に記載のある二十四輩の重要な旧跡であった。たとえば①②では、湖上に浮かぶ秋の名月を愛でる聖人が、島ひとつあれば風情はなおいっそう増すものを、と感じ入るところ、翌日飯沼の湖上に島ひとつ浮かぶ奇瑞がもたらされたという因縁である。『二十四輩順拝図会』後篇之二にも引かれる有名な故事である。

⑭の喜八阿弥陀堂、⑲の帰命堂名号石のことも元禄十年の写本『親鸞聖人御直弟諸国散在記』にみえている。これらの旧跡情報は、二十四輩巡拝の初期の段階から門徒のあいだに、よく知られた信仰対象だった。

図15 西念寺本（第一幅）赤童子と親鸞

他方、⑤の報仏寺・身代り名号、⑩の花見岡の大蛇済度、⑮の筑波神（老女）の詠歌などは、近世中期以降に印刻された略縁起を介してひろまった在地伝承であり、比較的新しい親鸞伝説の混入とみてよい［15］。ことに鹿島神の化身にまつわる⑧の赤童子の伝承（図15）は、元禄前後の巡拝記録や高田派の『正統伝』『正明伝』に所伝がなく、さらに『二十四輩順拝図会』『親鸞聖人御一代記図絵』といった普及版の諸書にも載っていない。かなり地域性のつよい特殊な土着伝承とみられるモティーフであった。管見では、茨城県境町一ノ谷の妙安寺（第六番）の読み縁起資料のなかに、霊験譚の内容をしるした記述がうかがえる［16］。それによると、妙安寺蔵の「赤童子の御影」は、もともと鹿島の高徳寺が秘蔵する親鸞直筆の絵像を模写したものという。建保五年（一二一七）、親鸞は弟子たちとともに鹿島の社殿に参籠した。満願の日の暁に「赤キ童子ノ姿」に化身した大明神が顕れ出て忿怒の形相を示し、悪を懲らして念仏の衆生に味方することを約束した。その折の尊形を写したのが高徳寺の絵像であり、さらに後年、宗祖の遺徳を慕って鹿島を訪れた覚如により再写されて妙安寺の宝物に加えられたのである。

なお、鹿島・高徳寺の配布した『赤童子神影略縁起』が梁瀬一雄『社寺縁起の研究』（七八五頁）に収められている。内容は妙安寺の読み縁起とほぼ同一である。これら一連の赤童子説話は、関東に教線を伸ばした初期真宗と鹿島神信仰のかかわりを伝承化したものと考えてよかろう。

さらにまた、西念寺本のいまひとつの特色として、高田派系統の説話の影響が想起される。すなわち⑪の柳島の由来は高田専修寺の開創にまつわる因縁であった。柳枝と菩提樹の種を手にした明星天子の導きで泥濘の湿地が一夜にして伽藍建立の堅土に変じた奇跡を語るもので、『親鸞聖人正統伝』『親鸞聖人絵詞伝』等の高田派の書物にしるされ、専修寺を宗祖所縁の聖跡として称える立場を鮮明にする。『正統伝』五十三歳の条より、柳島の霊験にまつわる部分を引用する。

五十三歳正月八日、聖人イカナル心カオハシケン、唯一人、下野国芳賀郡《ハカノコホリ》大内庄《オホチノシヨウ》柳島《ヤナキシマ》ト云所ニ往《ユキ》タマフ。日既ニクレヌ、人家遠シテ、宿亭ナシ。野ノ中ニ一枚ノ平石《ヒライシ》アリ。聖人石上ニウツクマリ、念仏シテ明《アカシ》タマフ。明星マサニ出ントスルトキ、忽ニヒトリノ天童キタレリ。手ニ尺余ノ柳ノ枝ト、白紗《ハクシャ》ノ包物《ツツミモノ》ヲ持タリ。東西ニ盤桓《ハンクハン》トシテ謡《ウタフ》テ曰。

白鷺《ハクロ》ノ池《イケ》ノミキハニ、一夜《イチヤ》ノ柳枝《ヤナギエ》青シ。

般舟《ハンシュ》ノ磐《イワ》ノミナミニハ、仏生国《フツシヨウコク》ノ種生《タネヲイ》ヌ。

如此シハ　吟味シテ、北ニ向テ去ントス。聖人問テ言ハク、童子ハ何人ソヤ、何故ニコ、ニ詠吟スルヤ。答申サク、我ハ明星天子《ミヤウシヤウテンシ》、本地極楽ノ聖衆虚空蔵菩薩ナリ。師ニ伽藍ノ霊地ヲ示サン為ニ、コ、ニ来レリトテ、即南方ノ水田ヲ指シテ曰ク、抑《ソモ》日域ノ中ニ、古仏ノ聖跡、如意輪観自在霊応ノ地三所アリ。一者洛陽六角精舎ノ地、是過去諸仏転法輪ノ霊所、如意輪観自在鎮居ノ芳趾ナリ。二者摂州摩尼宝《ニホウ》ノ峰《ミネ》、是往昔迦葉如来修行度生ノ地、如意観施無畏応現ノ山ナリ。三者野州柳島ノ地、是昔釈迦文仏遊止説法ノ霊地、如意輪観世音如来ノ教勅ヲ受テ、方便利生ヲ待タマフ梵区《ボンク》ナリ。師ハヤク伽藍ヲ造建シ、是二樹ヲ庭砌《テイセイ》ニ植《ウエ》ヨ。コノ柳枝ハ、月氏白鷺池《ハクロチ》ノ柳ナリ。コノ樹子ハ、仏生国ノ菩提子ナリト云テ、件ノ二種ヲ聖人ニ授ク。聖人ノタマハク、童子ノ語疑ヘカラス。然トモ、此地ハ緑水《リヨクスイ》泥土ノミナリ、如何カシテ伽藍ノ地トナラント。童子黙シテタ、チニ水中ニ入去ル。聖人試《コヽロミ》ニ彼柳枝ヲ水田ノ涯《キシ》ニ刺《サシ》、菩提子ヲ平石ノ南ニ植《ウヘ》、石上ニ帰、般舟三昧シテマシマス。天明《テンメイ》ニ及テ、コレヲ見ニ、柳枝菩提子一夜ニ長生スルコト二十尺余。枝葉四方《ヨモ》ニ布《シケ》リ、涌水四渠ニ流レ、中央凸然《テツセン》トシテ高堅ノ地盤トナル。是ヨリ此地ヲ名テ高田ト称《イフ》。蓋師徳ノ仏天ニ相感《アイカン》スルヲ顕《アラハ》ストナリ。時ニ見聞ノ道俗、信伏驚歎シテ申サク、師教時ニ契《カナ》ヒ機縁ステニ稔《ウメ》リ、ハヤク伽藍ヲ造建シテ一宗ノ本基《ホンキ》トセント。聖人ノタマハク、我願猶未満ノ所アルカト。門弟等其意ヲ不レ知。已上本伝

明星天子の教えるままに聖人は柳枝を水田の岸辺に指し、菩提樹を平石の南に植え、そのまま石に座して念仏三昧の境地に入った。すると一夜のうちに二樹は二十余尺ばかりに成育し、沼だった所の真中が盛り上って堅固な地盤をあらわした。かくてその場所は「高田」と名付けられた。本文は、このあと、親鸞に帰依した下野国司・大内国時の外護と助援を得て高田に伽藍が造営され、専修寺の開堂におよんだことをつづるのである。

神異の事跡や神祇とのかかわりを説いた高田派の親鸞伝説に対して、真宗史観に立脚する本願寺学僧の忌避のまなざしが向けられたことは、すでに諸方面から言及されたとおりである[17]。一方、関東在地の二十四輩伝承においては、むしろ高田派の宗祖像に関心があつまり、宗教的感銘を呼びおこす物語となって伝播したのであろう。関東絵伝の柳島の段は、そのことをよくあらわす民衆的な図像文学といえまいか。

図16 西念寺本（第一幅）花見岡の大蛇済度

図17『親鸞聖人御一代記図絵』花見岡

なお、西念寺本の画風について少々補足しておきたい。絵伝の絵師、成立年は未詳ながら、一部の場面に『親鸞聖人御一代記図絵』と酷似の図様が見受けられることから、本書の刊行（万延元年〔一八六〇〕）より後の製作ではなかったかと思われる。たとえば、図16～19に示すように、花見岡の大蛇済度、喜八阿弥陀堂の景の筆法には『親鸞聖人御一代記図絵』に想を得たとみられる構図や背景・人物などの配置がうかがえる。六百年忌にあわせて出版された

図18 西念寺本（第二幅）女霊の得脱

図19『親鸞聖人御一代記図絵』与八郎の亡妻

『親鸞聖人御一代記図絵』の広汎な流伝をふまえて西念寺本が描かれたとすれば、そこに量産型の絵入刊本メディアから地方寺院固有の絵解き図への展開という興味深い事象を想起しうるのではないだろうか。

七　関東絵伝の多様性

ところで、西念寺本の説話内容を他の関東絵伝のモティーフと類比してみた場合、諸本のあいだに著しい相違がみとめられる点に気付かされる。すなわち前掲Cの善重寺本、Dの真仏寺本は「関東絵伝」を標榜しながら、いずれも前半部分に越後、信濃の巡拝ルートに関する宗祖遺跡を描き込んでいる。善重寺本を例に、所載説話の全容を示すと**表2**のようになる。

①は長野市松代町・本誓寺の什物「瀬踏み阿弥陀」にまつわる因縁であろう（**図21下段**）。増水した筑摩川を渡りかねた親鸞一行を向う岸まで導いた阿弥陀像の話は『二十四輩順拝図会』巻之五などにみえる。

②も本誓寺所蔵の「日の丸十二字名号」と深くかかわる図様である。日輪に名号の浮かぶ奇瑞は新潟県上越市寺町・浄興寺の『日の丸名号縁起』（近世後期ヵ）に詳しい。

これら二景に③の「聖人配所」、④の「川越名号」（**図21上段**）を合わせてみるなら、善重寺本の導入部四景が越後、信濃の霊験譚より説きはじめるものであることは明らかであった〔18〕。

Dの真仏寺本も四幅のうちの第一幅を越後関係の旧跡にあてており（三度栗、日の丸名号、川越名号等）、関東絵伝の一系統に、二十四輩旧跡の地理的範囲を北関東のみならず北陸方面にまでひろげる作図のながれが存在したことを示す。幕末から明治にかけて二十四輩巡拝のネットワークが確立するにつれ、絵伝の遺跡選択に地域的な拡大が生じ、越後・信濃を含めた広汎な親鸞伝説の採取に発展したのであろう。

話を善重寺本にもどす。⑤〜㉔の図様の説話モティーフには、西念寺本と共通のものも見出される。ただし配列の順番にかなりの差違がみとめられることも事実であった。たとえば⑤と⑭はともに『捃聚抄』等に載る雁島の涌出を描きながら、二つの場面が第一幅と第二幅の異なる箇所に分散して配置されたためにひとつづきの物語として機能していない（図22・23）。実際にどのような順番で絵解きを行なったのであろうか。そもそもこの絵伝は、善重寺の什物

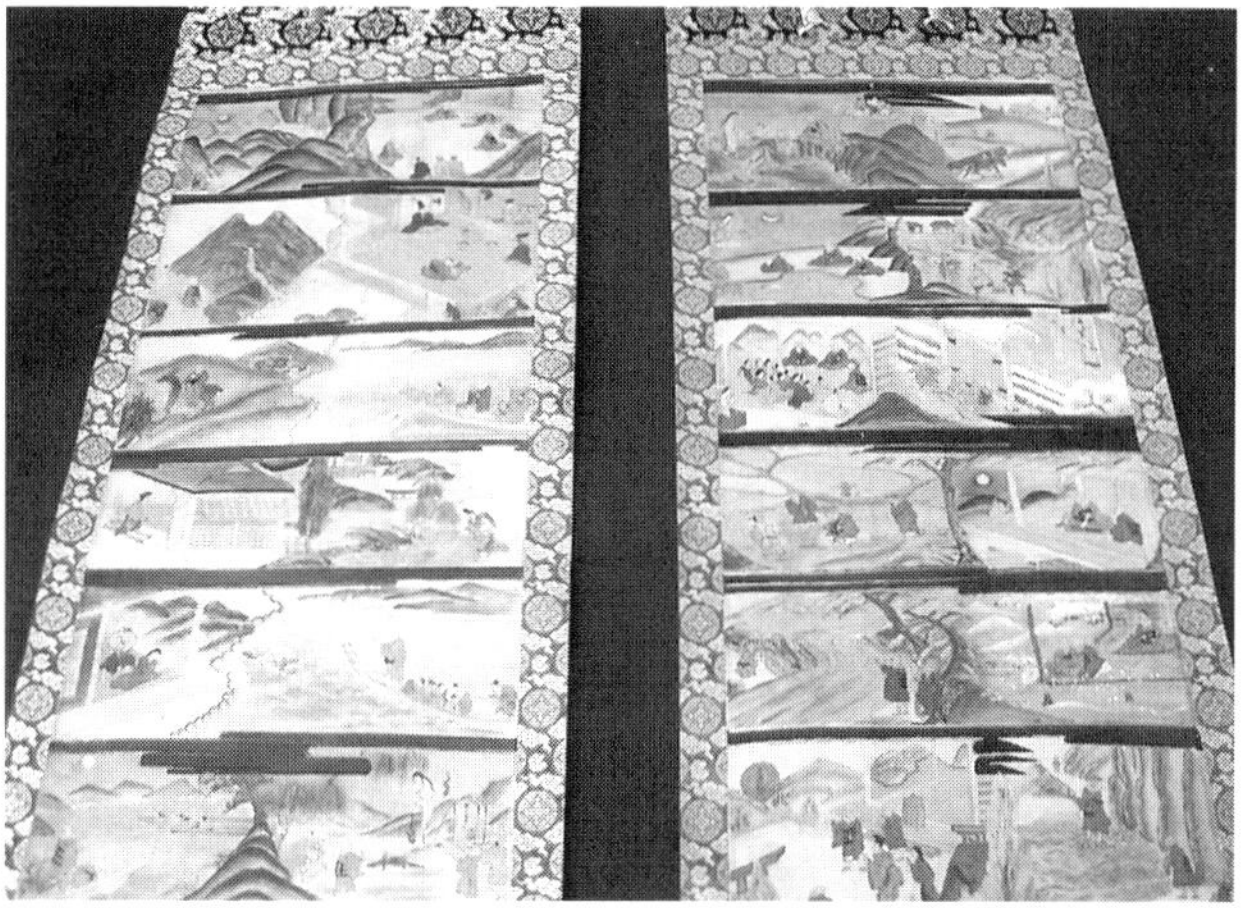

図20 善重寺本の『開基絵伝』

第二幅	第一幅
㉔箱根峠越え ㉓国府津・帰命堂　名号石の由来	⑫花見岡の大蛇済度 ⑪願牛寺の建立
㉒筑波神の夢告 ㉑鎌倉北条館　説法する親鸞	⑩柳島の由来　明星童子 ⑨板敷山の法難　山伏弁円
⑳鹿島詣での親鸞カ ⑲如来寺建立の由来 霞ヶ浦の阿弥陀堂	⑧稲田の草庵カ ⑦枕石寺縁起
⑱生野天神の帰依 ⑰性信房と生野天神 二匹の鯉の献上由来	⑥報仏寺の田植歌 ⑤雁島涌出の由来
⑯報仏寺の身代名号 ⑮性信房・龍返しの宝剣	④川越の名号 ③聖人配所の旧跡
⑭雁島湧出の由来 ⑬喜八阿弥陀堂の由来 経石塚の亡霊	②日の丸名号の由来 越後居多神社 ①瀬踏み阿弥陀の由来 筑摩川渡河の親鸞

表2 善重寺本『開基絵伝』の見取図

にもかかわらず当寺の縁起を語っていない。善重寺本の語り口をめぐって解明すべき点は少なくないだろう。

一方、善重寺本には、西念寺本などに見当らない固有の説話が採録されている。⑪の願牛寺（茨城県常総市倉持）は親鸞に帰依した郡主稲葉勝重（のちの一心房）を開基とする。坊舎の建立にあたり、どこからともなく一頭の牛が現れて巨木を運び、大石を背負って寺の造立を助けた（図24）。落慶の日、牛は近くの沼に飛び込み、一株の古木と化す。この縁にもとづき、親鸞は寺号を願牛寺と定めた。

『二十四輩順拝図会』によれば、元文年間（一七三六～四一）のころ、以前より廃寺になっていた直弟・性信房開基の竜宮寺を再興し願牛寺と名付けたという。そのような歴史的事実をもとにして願牛寺建立の伝承が創案され、絵伝

図21　善重寺本（第一幅）川越名号、聖人配所（上段）と瀬踏み阿弥陀、日の丸名号の由来（下段）

図22　善重寺本（第一幅）雁島涌出の由来、名月と親鸞

図23　善重寺本（第二幅）雁島涌出の由来

の一景に追補されたのであろう。

ところで、鹿島神宮の家系を出自とする性信房は親鸞最初の法弟であり、二十四輩第一番の報恩寺（茨城県常総市および東京都台東区）を開いた僧侶だが、善重寺の所載説話に性信房関連の話が二ヶ所（⑮⑰）にわたり取りあげられていることは、親鸞法弟の由緒を積極的に追補する絵伝の性格を示唆している。
⑮の龍返しの宝剣は、性信房が宗祖より賜わった剣で、浅草報恩寺の什物となっていた（『二十四輩順拝図会』等）。鹿島神宮に詣でる性信を乗せた船が霞が浦で遭難しそうになった時、剣を水底に投じて風波を鎮める。下向の折、龍

図24 善重寺本（第一幅）願牛寺の由来

図25 善重寺本（第二幅）龍返しの宝剣

図26 善重寺本（第二幅）二鯉献上の由来

神が姿をあらわし、頭上に戴いた宝剣を性信に捧げたところから、「龍返し」の名が付けられたと伝える（図25）。二十四輩の第一番に名を連ねる報恩寺の霊宝と開基性信の法徳譚になっている点は、絵伝の対象が宗祖の事跡にとどまらず、有力法弟の伝承に拡大して語られたことをものがたる。これもまた二十四輩巡拝の隆盛がもたらした結果であろう。

さらにまた⑰の生野天神（大生の天神、飯沼天神）の故事についても、報恩寺の年中行事と深くかかわる話材とみてよい（図26）。類書の故事としては、古く天和四年（一六八四）の『古今犬著聞集』に筆録されている説話であるが、ここでは宗門側資料の『捃聚抄』によりその大略を示す。

頃は貞永元年（一二三二）冬、説法を行なう性信房のところに「大生ノ天神」（飯沼天神）が翁に化身して立ちあらわれ、念仏の教えを授けられた。翌年の正月十日の晩、社僧の夢に天神が示現してかく告げるのであった。

ワレ性信上人ト師弟ノ契約ヲナス。陽春ノ礼印ニ御手洗ノ鯉魚ヲオクレトアレバ、神託ニマカセテ網ヲヲロシ、カ、レル二尾ノ魚ヲ報恩寺へ持参ス。

神託のとおりに網にかかった二尾の鯉を報恩寺に送り献納した。これ以来、毎年正月の十一日に下総報恩寺の性信像に鯉を供え、翌十二日に浅草報恩寺において古式ゆかしく鯉料理規式を執り行なうようになった。江戸の民衆にもよく知られた真宗の正月行事のいわれを説明する因縁である。

これらの二話は、性信房伝承ともいうべき法徳譚が関東絵伝の題材に定着するありさまを如実にものがたる。二十四輩巡拝は宗祖の遺跡を追体験する奉讃の旅から発展しながら、やがて個々の寺院縁起や法弟達の信仰伝承へと拡散し、豊かな宗教物語の世界を形成するに至ったわけである。

なお、浅草の報恩寺には性信を中心にすえた霊験説話を図像化した『性信上人絵伝』四幅が伝わる。内容の詳細については、Ⅱの第五章に述べることとしたいが、近世～近代の真宗教団における二十四輩伝承の拡散を示す資料であることは間違いないだろう。

そもそも二十四輩の定義自体が、近世に入ると必ずしも、「二十四人の法弟」にとらわれない広汎な事跡にひろがりを見せていた。実際、遺跡の数をみても、近世後期には蓮如・教如らの関係寺坊を付け加えながら百ヶ所以上に増大したとされる[19]。そのような状況のもとで、関東絵伝の諸本に新説話の加筆が目立つのは、しごく当然の帰結といえるだろう。

確かに宗門史の「歴史的事実」や美術史上の価値からみれば、開東絵伝は親鸞の足跡に似て非なる俗説・訛伝の類であり、史実と異なる通俗絵画かもしれない。しかしながら明治維新前後の北関東にあって、宗祖と法弟たちの行実がどのように唱導され、聖地めぐりの門徒の信仰をあつめたのかを知ろうとするとき、関東絵伝は避けて通れない資料といえるのではないだろうか。

[1] 徳田和夫・堤邦彦編『寺社縁起の文化学』（森話社、二〇〇六年）、石橋義秀・菊池政和編『近世略縁起論考』（和泉書院、二〇〇七年）等。
[2] 渡辺信和「二十四輩巡拝とその案内書」（『巡礼記研究』四、二〇〇七年九月）。
[3] 『同朋学園仏教文化研究所紀要』七・八合併号（一九八六年三月）。
[4] 塩谷菊美『真宗寺院由緒書と親鸞伝』（法蔵館、二〇〇四年）二三四頁。
[5] 塩谷菊美『語られた親鸞』（法蔵館、二〇一一年）二八六頁。
[6] 注4書、二三一頁。
[7] 赤井達郎「絵解きと念仏」（『蓮如上人絵伝の研究』真宗大谷派宗務所出版部、一九九四年）。

［8］注3紀要、三一五頁。

［9］注4書、二二九頁。

［10］梁瀬一雄編『社寺縁起の研究』（勉誠社、一九九八年）所収。

［11］堤邦彦『江戸の高僧伝説』（三弥井書店、二〇〇八年）第三編「関東二十四輩の親鸞伝説」。

［12］注11に同じ。

［13］注7に同じ。

［14］赤井達郎『絵解きの系譜』（教育社、一九八九年）二二四頁。

［15］たとえば梁瀬一雄編『社寺縁起の研究』所収の『平太郎女房身代御名号略縁記』『常陸国筑波山大権現今師聖人と応対御詠歌之縁記』など。

［16］注3紀要、四八七頁に翻刻。

［17］吉本隆明『最後の親鸞』（春秋社、一九七六年）など。

［18］越後における川越の名号伝承の伝播と真宗寺院のかかわり、ならびに縁起の全国的なひろまりについては、鈴木堅弘「親鸞伝における川越ノ名号伝承の成立と展開——親鸞聖人絵伝・略縁起を中心に」（『説話・伝承学』二一号、二〇一三年三月）に詳細がそなわる。

［19］『日本名所風俗図会』八（角川書店、一九八〇年）の解題。


［補遺］西念寺の追加調査の折に次の新出絵伝を見出すことができた。絵伝は箱書きに『関東御絵伝』と墨書する双幅（一二二・一×五五・三七センチメートル）で、水戸市の善重寺のものとよく似た図様二十四景よりなる。両者の筆づかい、構図の類似は左の**図27**と前掲**図21〜26**を対比してみれば一目瞭然であろう。近代以後に善重寺本を模写したか、あるいは、同一の工房で製作された一本とみられるが、詳細は不明。ただし、善重寺本との間に配置上の違いがあり、完全な写しとはいえない。西念寺本『関東御絵伝』の制作が比較的新しいことを意味するのかもしれない。さらに**表3**の⑤⑥⑩などのように善重寺本に不載の別の話も混入していて、この絵伝の特異性をものがたる。

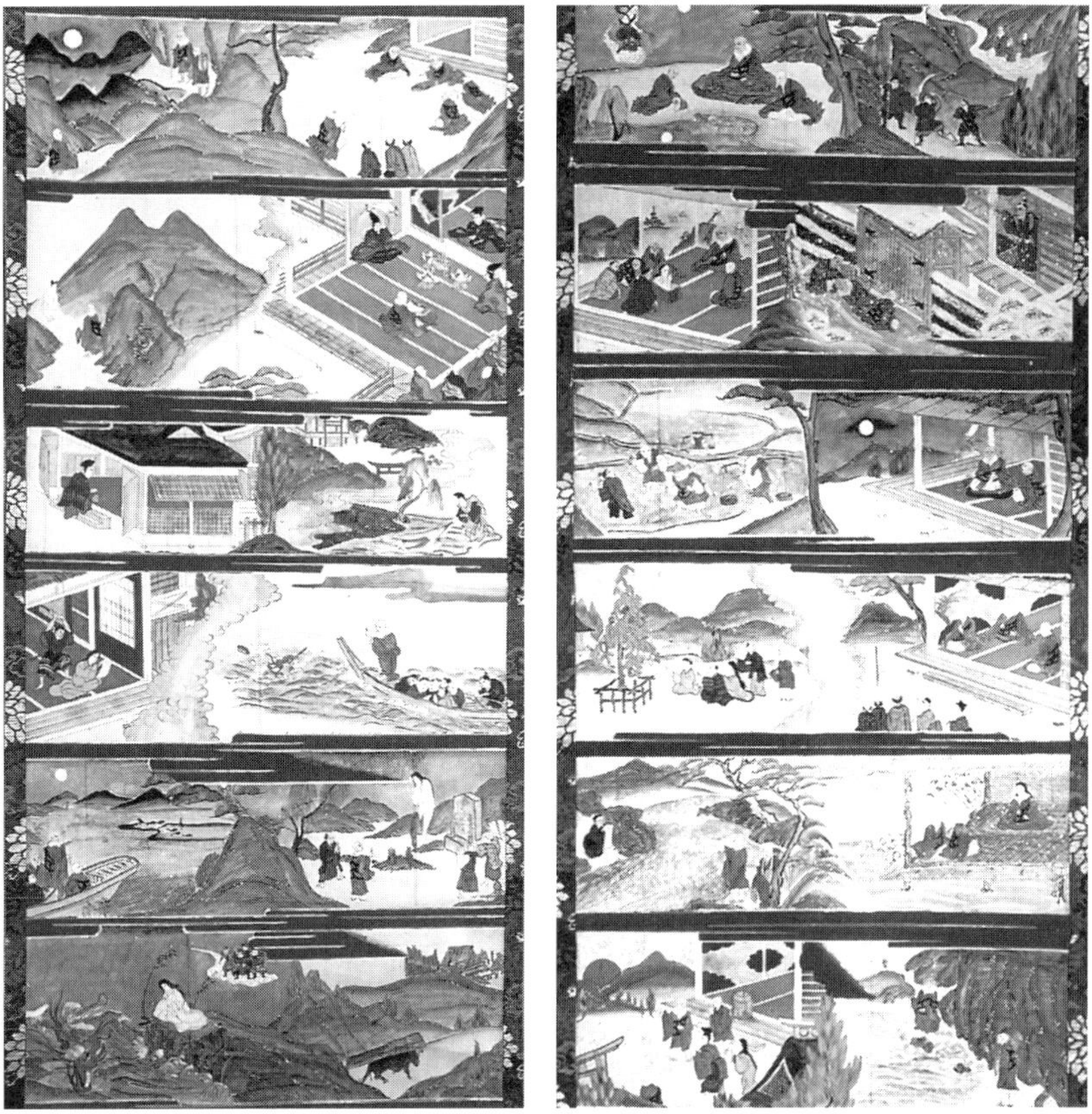

図27　西念寺本『関東御絵伝』（右より第一幅）

第二幅	
㉔箱根峠越え	㉓名号石の由来
㉒筑波神	㉑鎌倉北条館
⑳生野天神の帰依	⑲二匹の鯉の献上
⑱身代名号	⑰龍返しの宝剣
⑯雁島の湧出	⑮喜八阿弥陀堂
⑭花見岡の大蛇済度	⑬願牛寺の建立

第一幅	
⑫柳島の由来	⑪板敷山の法難
⑩幽霊済度	⑨枕石寺縁起
⑧報仏寺の田植歌	⑦雁島湧出の由来
⑥三度栗	**⑤逆さ竹**
④川越の名号	③聖人配所
②日の丸名号	①瀬踏み阿弥陀

表3　西念寺本『関東御絵伝』の見取図　※太字は善重寺本に不載の図様

第三章　『西光寺御絵伝』と「鬼人成仏証拠之角縁起」

一　女房の角

ありがたい　出る角かくし　眉かくし

江戸の川柳句がとらえた白無垢の花嫁は、心の奥底に巣くう「鬼」を角隠しの内に封じ込めている。かくして何事もなく婚礼の儀が粛々と執り行われていく。嫉妬、欲心、恨みつらみの悪感情にとらわれて鬼と化す女のこころねを「角」の表象にシンボライズしてみせる江戸軽文学の発想は、現代人にとっても十分理解できるものといえるだろう。

もっとも、言葉の語源をさかのぼってみると、「角隠し」とは、もともと真宗の門徒の女たちが寺参りの折に被る綿帽子の礼装をそのように呼び習わしたに過ぎず（『塵塚談』）、必ずしも女性の内奥に宿る心の鬼の喩えを意味してはいなかった。それでは、女・鬼・角の連想が人々の間に自明のことがらとなって語られはじめたのは、いつの頃からであったのか。

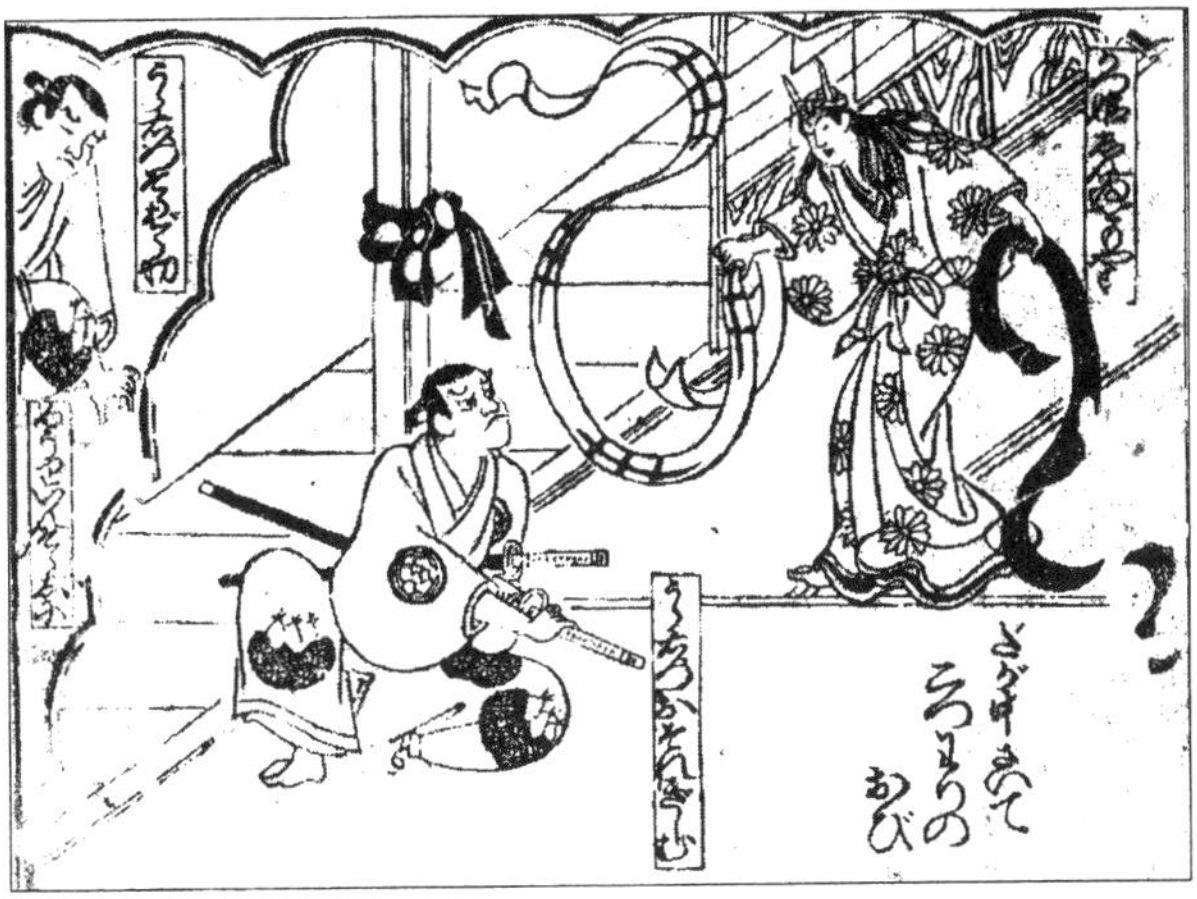

図1『壬生秋の念仏』（天理図書館蔵）

近世文芸の世界に目を移せば、たしかに「女房の角」の表象は元禄期の文芸表現のなかにすでに定着をみていた。たとえば近松門左衛門『壬生《みぶ》秋の念仏』（一七〇二年初演、図1）のように、角に見立てたキセルを頭にさして恋の恨みを口走る妬婦の演出が見受けられる［1］。

一方、そのような文芸趣向が容易に創案された背景に、古代・中世の寺院に源を発する女人教化の思想と、その譬喩因縁としての「鬼になる女」の物語の伝統が仏教唱導の場に根付いていたのも事実であった。宗教思想史、仏教布法史のそうした脈絡にそって角の生えた妬婦の怪異談を解析しようとするとき、近世庶民仏教の法席に語られた女房の角の言説は避けて通れないのではないだろうか。

このことに関して、十八世紀の真宗談義本である『平太郎事跡談』（寛政八年〔一七九六〕）に興味深い一節がみえる。親鸞の法話を聴聞しにやって来た常陸国の貧しい農民夫婦に対して、聖人は女人成仏のおしえを「邪見の角」の喩えを交えて説き示す。

殊に女人は罪ふかく嫉妬偏執の念おしやほしやの煩悩より、邪見の角の折るる事なきゆへ、永不成仏必堕無間と説キ置かれ、三世の諸仏も助ケ給ふ事不レ能ズ、みなつまはじきをなして忌ミ嫌はせ給ふを、阿弥陀如来は不便に思シ召され、永劫無量《えいごうむりょう》の御苦労を遂《とげ》させられて、ふかく浮む世更に有まじき悪人女人を成仏せしめずは、阿弥陀と呼ばるる正覚をとらじと誓ひ給ふ。

後小路薫によれば、本書はいわゆる真宗の平太郎説話のなかでも、殊に物語性の強い作柄であり、平易な因縁話をよろこぶ聴衆の嗜好に応えようと努めた近世説教の特色を色濃くうかがわせるという〔2〕。たしかに平仮名絵入りの体裁をふくめ、通俗を旨とした民衆向け教化書であることは否めない。そのような性格の勧化本に、女性の性根を「邪見の角の折るる事なき」ものになぞらえる表現が見出されることは、江戸中期の庶民生活に浸透した「女房の角」の宗教的な意味付けを探る手がかりとなるのではないだろうか。

二 寺宝となる「鬼女の角」

仏法の功力により救われた鬼女が報謝のしるしに額の角を折って高僧にさし出す。実は近世の僧坊において、そのような因縁話は、ものの喩えの範囲をはるかに逸脱し、具象化したモノにまつわるわかり易い縁起伝承へと変容していった。市井の片隅で、成仏の証である角の展覧と脱角説話の由来語りが実際に行われ、世俗の噂となっていた事実は、まさしくその裏付けにほかならない。

たとえば、高田衛の紹介した文政七年（一八二四）八月、江戸回向院の開帳はその典型例であった〔3〕。安珍清姫伝説には欠かせない「鐘」が故あって京都の妙満寺の所蔵に帰したこと〔4〕から、道成寺としては本尊の観音像とともに名だたる宝物を用意して江戸の出開帳にのぞんだ。その際、あまたの霊宝に加えて「清姫が鬼女になりし時の角といふもの」が堂宇の余間に並べられ、参詣人の目を驚かせたという。道成寺ものの芝居で知られる清姫の情念がこもった珍宝だけに、この時代の女訓意識を呼び起こすのに十分な戒めと受け取られたのかもしれない。大衆芸能と仏教唱導の際限のない接近をそこに読み取ることもできるだろう。

寺僧の関与が明らかな鬼女の角の伝来は、これにとどまらず、福井県三国の古刹・滝谷寺（真言宗智山派）に現存する「鬼角」のケースについても、女人教化の資助という意味で同様の目的性を帯びている。滝谷寺は、他にも「幽霊の片袖」といった遺宝を所蔵しており［5］、具体的で目に見えるかたちの唱導にこだわる布法の場のありようを推察させる。また、宝暦十三年（一七六三）刊の『本朝国語』巻三「立山権現の什物」の項に、「鬼の牙」「天狗の爪」などとともに、「角二ツ若狭の老尼の額の角」といった記述がみえ、立山参詣の人々への展観に用いられていたことを示唆する。

さて、近世庶民仏教の教化活動にしばしば見出される鬼女の角の伝承を追って、真宗の開祖・親鸞にまつわる女人救済の物語に話をすすめてみたい。

近世中・後期の北関東では、前章に述べたように二十四輩巡拝の宗風が隆盛していた。そうしたなかにあって、宗祖ゆかりの旧跡に組み込まれた二十四輩寺院のひとつ、茨城県常陸太田市谷河原の西光寺は、親鸞の念仏によって脱角成仏を果たした下女「お為」の因縁をつづった縁起と双幅絵伝を所蔵し、さらに「鬼人成仏証拠の角」が聖なる霊異の生き証人となって現存する（図2）。道成寺や滝谷寺の寺宝開帳にも通底する、江戸時代らしい伝奇性をそなえた霊物縁起である点は、新たな親鸞伝説の登場をものがたるといってよいだろう。

自分を裏切り富豪の娘と結ばれることになった男に憎悪の炎をもやす村娘のお為。恋の懊悩と恨めしさのあまり丑刻参りの呪詛を繰り返すうちに、女の一念が凝り固まり、生身の鬼に変化してしまう。お為の両親は娘の業障を嘆き、西光寺に救いを求めた。

承久元年（一二一九）八月、常陸稲田の草庵にいた親鸞が呼ばれ、四十八願

図2 西光寺の宝物「鬼女の角」

の法要を執り行う。十月二日の朝、鬼女は聖人の前に手をついて頭をうなだれ、化導に感謝して念仏を唱える。すると不思議や、二本の角が「秋の木の葉の落るが如く」ころりと取れて前に落ちた。そのうちの一本は親鸞の手元に、残る一本が西光寺の霊宝となったと伝える。

西光寺の鬼角由来をめぐり、寺蔵の絵伝や縁起内容の詳細に立ち入ってみよう。

三　『西光寺御絵伝』

西光寺は真宗大谷派に属し、鳥喰山無量光院と号する。寺伝によると、建保三年（一二一五）に唯円房寂照《ゆいえんぼうじゃくしょう》の開基という。もとは那珂郡鳥喰《とりばみ》新田にあったため「鳥喰山」の山号としたが、寛永三年（一六二六）、水戸藩主・徳川頼房の命で現在地に移された[6]。唯円は俗姓を橋本伊予守綱宗といい、承安三年（一一七三）に武蔵国樽山の城下に十六万五千石の大名の長男として生まれた。平和な日々を過ごすうちに、愛する息子の清千代丸を病で失い、悲しみのあまりに城を弟の次宗に譲り、仏道修行の旅に出た。あるとき鳥喰村の空き家に旅寝の折、薬師如来の夢告を受け

第一幅	
⑨お為の丑の刻参りと鳥喰明神の神宮	
⑧篠沢家の息子六郎とお為	⑦お為の奉公
⑥筑波神ヵ	⑤筑波山
④親鸞と綱宗の出会い	③薬師如来の夢告
②清千代丸の死と綱宗の遁世	
①猶山城	

第二幅	
㉑西光寺と唯円	⑳身代わり名号の由来
⑲戦場の次宗	⑱鏡の御影
⑰お為の成仏	⑯教化の末に角を落とすお為
⑮名号を授かる次宗	⑭親鸞に助けを求める与茂七
⑬親鸞に帰依する次宗	⑫阿弥陀如来の守護
⑪鬼となって遁走するお為と村人	⑩与茂七夫婦にお為の鬼形を伝える神官

表1『西光寺御絵伝』見取図

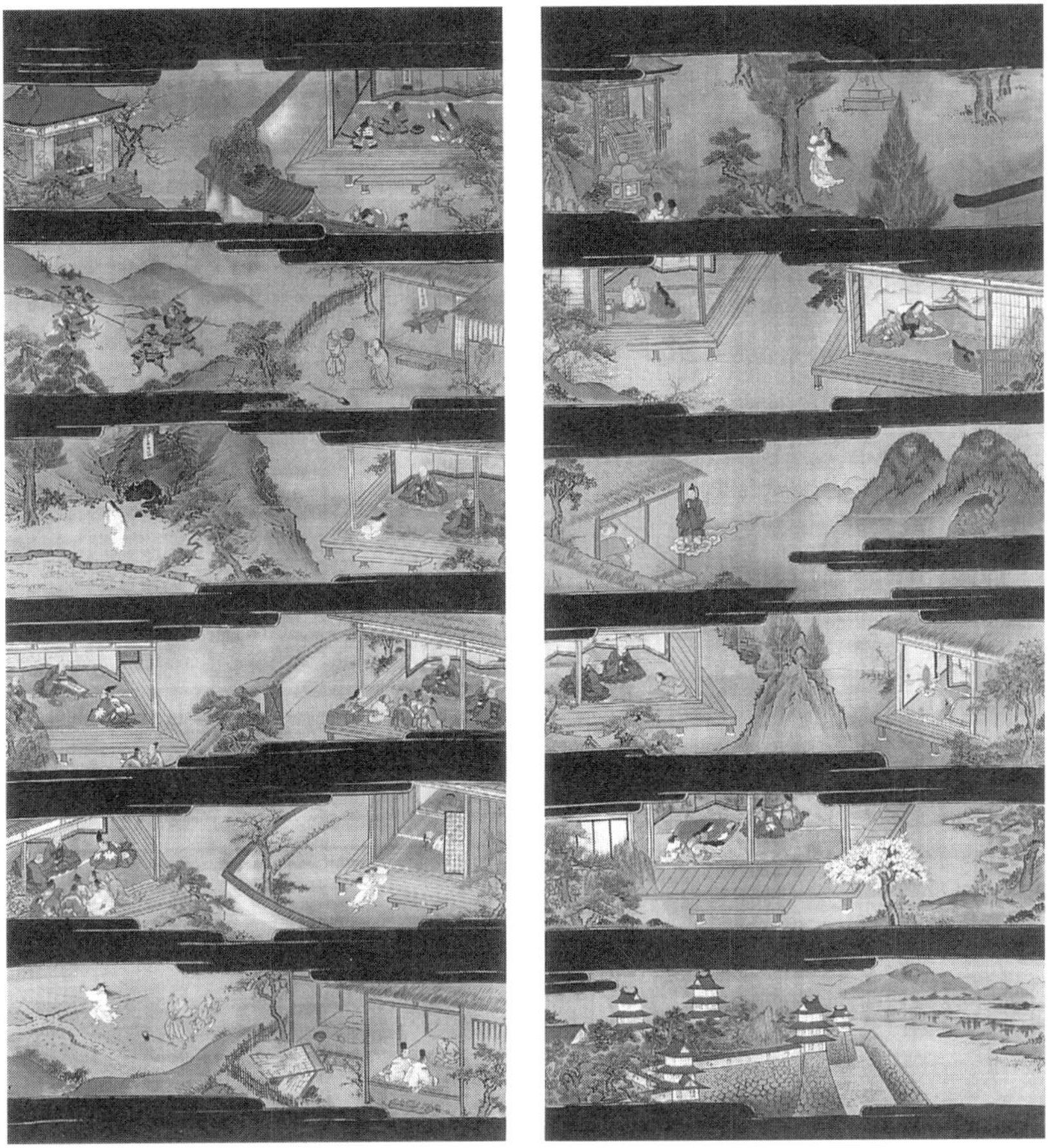

図3『西光寺御絵伝』(右より第一幅)

て稲田の草庵にいた親鸞にまみえ、弟子となって唯円の法名を賜った。ときに建保三年、綱宗四十三歳のことと伝える。

寺に伝わる『西光寺御絵伝』は、綱宗の遁世と当寺開創の由来を発端として、これに鬼女成仏の因縁、弟の次宗を救った身代わり名号の霊験、帰洛する聖人が唯円に残した「親鸞聖人鏡御真影」のいわれなどを加えて双幅に仕立てたものである。絵伝は絹本着色、各一二四・〇×五七・三センチメートルの大きさで、一幅を六段に分かち、合計二十一景からなる。それぞれの場面の隅に話の順番を示す漢数字が付されており、かつては掛幅を用いた絵解きが行なわれていたものと思われる。裏書き、箱書きはないものの、画風から近世後期~明治期の成立と推定される。

図4 薬師の夢告(③④)と筑波神(⑤⑥)

図5 身代わり名号を授かる次宗(⑮)

図6 血に染まる名号(⑳)

図7 寺宝類と絵伝(鏡、角、薬師像……)

また、西光寺には、宝物の読み縁起（現在伝存せず）にもとづくとみられる活字版の『西光寺法宝物略縁起』が所蔵されている［7］。これをもとにして絵伝二十一景の図様を略記すると表1のような配置となる。

①〜④は綱宗の出家・遁世、および親鸞への帰依を描く西光寺開基の物語である。⑤⑥は筑波神の示現のようであるが、当寺の縁起には見当らず詳細不明の場面である（図4上部）。つづく⑦〜⑫と⑭⑯⑰が絵伝の中心となる鬼女成仏の縁起である。その内容については後に述べることになるが、一方、鬼女の一件の途中に、唯円の弟・次宗にまつわる名号授与の挿話（⑬⑮、図5）を加えたのは、⑲⑳に展開する「身代わり名号」の因縁（図6）の前段部分に相当するものである。絵伝の場面構成が、名号や鬼角といった複数の寺宝を列挙するように進行しているのは、堂宇に並べた霊宝類（図7）を前にして聴衆に説き示す絵解き説法の場の芸態を示唆するるのではないだろうか。

なお⑱の鏡の御影は、これも宝物と深いかかわりをもつ図像であり、宗祖が唯円の求めに応じて自身の姿を映じてみせたものという。興味深いのは、絵伝に画かれた薬師像、身代わり名号、鬼角、鏡などの寺蔵の霊宝類が、どうも近世初頭にさかのぼって西光寺に所蔵されていたとは考えにくい点にある。元禄十年（一六九七）の写本『二十四輩散在記』をひもとくと、そこにしるされた西光寺宝物は、「十字名号　一幅」「阿弥陀木像　行基作」「絵像太子」の三点のみである（前二者は現存）。残りの寺宝については、二十四輩巡拝の盛行する十八世紀以降に補われたものと考えるのが、どうやら実状に近いように思われる。関東を巡る門徒の俗耳に入り易い因縁譚とその証拠の寺宝、そして視覚に訴える絵伝が有機的に組み合わさり、宗祖の聖跡を劇的にものがたる立体的な

図7 西光寺の寺宝類（鏡、薬師像、角など）と絵伝

縁起伝承に変容していったと考えて良いだろう。

四　鬼女の成仏

絵伝のほぼ半分を占めるお為の脱角と成仏の物語とはどのようなものであったのか。『西光寺法宝物略縁起』をもとに、ひとまず話の全容を紹介しておきたい。『西光寺法宝物略縁起』に収録された「鬼人成仏証拠之角縁起」は次のような宝物由来を載せている。

鬼人成仏証拠之角と申すは、祖師聖人御化導に依り鬼人成仏せる鬼人の角と敬ひ奉る。抑、其の由来を尋ぬれば、常陸国那珂郡鴨巣村に与茂七といふ百姓ありて娘に為といふ者あり。為は十四歳より十八歳まで五年の間、鳥喰村の郷土篠沢民部の妻もとの方に腰許に行き居りたるに、民部の一子に六郎といふ若士ありけるが、為に恋慕いたし、後々には夫婦になるべき約束をなし、五年の間染馴を重ね居りければ、六郎外に思ひはなけれ共、故ありて常陸国那珂郡川内村の郷士石川早人之輔の娘いとを女房になさんとの約束なせしかば、為大に立腹して「扨て扨て変れば変る人心、我を見捨て外より女房を迎ふとは憎き六郎が心体なり」と思詰、尚尚悪心募りて、「是を打ち捨て置かばいつの世にかは思ひの晴れる時節なし」とて、是より鳥喰明神に丑の刻参りをなし、益々悪念募り、人目を忍び毎夜毎夜祈り殺さんの一念に、昼尚暗く鬱蒼と繁れる神木に恨の数々申し立て、「あらうらめしや残念や」と釘打つ度毎に吹き出す意気は火焔の如く、頭には二本の角を生じ、口は耳まで裂け、鬼人となりて丑の刻参りをするといふ評判ありしかば、事実の有無検べん者と、鳥喰明神の神官両名は丑の刻と思ふ頃、杉の蔭となり待ち居りたるに、白衣と身を□《（ママ）》□鬼人となれる有様歴然たり。依つて神官両名は承久元年八月十五日も早朝、与茂七に其の事告げたるに、隣座敷に居りし為の耳に入るや、「鬼人とは何事」と首にかけたる鏡を見るに鬼人の姿ありありと顕れければ、「嗚呼、是も六郎が為め」と、我家に在つたなら世人に見られて恥しやと、障子蹴破り我が家を飛び出し、それよりは鳥喰明神裏手なる屏風が岩家に身をかくし、益々悪心募り、六郎が寝首取らんものと毎夜毎夜六郎が屋敷まで忍び入れ共、守本尊阿弥陀如来光明赫灼として六郎を守らせ給ふ故、室内は日中の如くなれば入る事叶はず。それよりは罪なき人々に仇を為し、年寄子供など取り喰ひしかば、世人是を恐れざるもの無し。依つて鳥喰明神の夢告に、汝に日に三羽の小鳥をあたひるにより仇なき年寄子供取り喰はぬ様、夫より日に三羽の小鳥を喰い居つたのである。与茂七夫婦是を心配し、明暮涙の乾くひまは無かつた。依つて与茂七夫婦、唯円坊の御庵室に参り、何卒御慈悲に娘の成仏を御願申上げゝれば、唯円坊福田に参り、聖人へ御為の御教化を御願致しければ、御斟酌の体無くして態々鳥喰の御庵室に来り、承久元年八月二十八日より同年十月十六日まで四十八願御説法ましまし給ふに、三十五願御説法の十月二日、鬼人祖師聖人に申上げる様、「私が為長長の御教化有難く存じます。別して今日の御教化にて成仏しますれば御礼申しに上りました」と両手をついて頭を下げ南無阿弥陀仏と称えければ、不思議なるかな二本の角は秋の木の葉の落るが如く、ころりと前に落ちければ、鬼女大に驚き着物の袖を切り、角を包み聖人へ差上申しければ、聖人疑へ深き人人に見せ済度致さんと思召、是を受け給ふ。一本は祖師聖人疑い深き人人に見せ済度致せよと唯円坊に御附属なされたのである。是れ即ち今日に伝る鬼人成仏証拠の角である。

図8 丑の刻参り(⑨)

篠沢家の腰元となった為は、民部の息子・六郎と夫婦の約束を交わし五年の間恋慕の時を過ごす。ところが、六郎と郷士石川早人の娘・いととの婚儀を知った為は、夜毎に丑の刻参りをなして男を呪詛する（図8）。鳥喰明神の神官が確かめると、もはや為の姿は鬼そのものであった。承久元年八月十五日の早朝、神官たちは与茂七宅を訪ね一部始終を告げる。隣座敷でこれを聞いた為は、鏡に映るおのれの鬼形に嘆き悲しみ、鳥喰明神の裏手の屏風が岩屋に身を隠す。それより村人は鬼女の出没に悩まされた（図9）。毎晩、鬼女は六郎の寝所をおびやかすが、守り本尊の阿弥陀如来から放たれる光明の功徳により男の部屋に入ることができない（図10）。やがて罪のない村の老人子供までが祟りの犠牲となったため、鳥喰明神の夢告にしたがい、日に三羽の鳥を生けにえにささげるようになった。このあ

図9 鬼女となる為（⑪）

図10 阿弥陀如来の守護（⑫）

図11 脱角（⑯）

りさまを憂えた与茂七夫婦は、唯円のもとを訪ねて娘の救済を懇願した。唯円の話を聞いた親鸞は、承久元年の八月二十八日より十月十六日まで鬼女のために四十八願の法談を執り行った。三十五願にあたる十月二日、為は聖人の前にひれ伏し御教化に感謝しながら、みずからの成仏を告げる。南無阿弥陀仏の声とともに、不思議にも額の二本の角がまるで「秋の木の葉の落ちるが如く」はらはらと落ちる（図11）。親鸞はそのうちの一本を「疑へ深き人人」に見せて教化せよと唯円に与えた。こうして「鬼人成仏証拠之角」が西光寺の霊宝に加えられたと引き結ぶ語り口は、まさしく宝物開帳の折の読み縁起にふさわしい常套表現にほかならないだろう。

五　民談の変遷

女性の内面に潜む夜叉の心を戒める西光寺所縁の脱角説話は、その後の北関東にあって、仏教布法の場とは別の次元で常陸地方の民間伝承に吸収され、現代の口碑へと姿を変えて巷間に拡散していく。たとえば茨城民俗の会が編んだ『茨城の民俗』六号（一九六七年十二月）には、西光寺より六十キロ程離れた鹿島郡鉾田町に伝わる民談として、以下のような鬼女譚が載録されている。

安塚と角折の話

昔、安塚に「安鬼」といい生まれながら額に両角のある鬼となった婦人が住んでいた。非常に嫉妬深く婿に貰った男も困りはて、家を逃れ出し知人の家に隠れて居た。安鬼は夫の後を追って角岡（今の大野村角岡）に辿りついたが、そこで鹿島詣の親鸞聖人に逢った。聖人は異な姿に事情を聞き気の毒に思って女人済度の誦経をつづけていると、こは如何に安鬼の両角はポロリと落ちてしまった。それ以来安鬼は別人のように心も顔も柔和になったので夫も喜んで家に帰り、急に家庭は明るくなったが、間もなく安鬼は急死してしまった。安鬼の死骸を埋葬した所が即ち安塚で、角岡は改めて角折ということになったという。（新堀　猛）

西光寺縁起に比べると、男を呪詛して鬼となる女の業を描かずに、「生まれながら」角の生えた悪女の奇話となっており、別種の説話とも受けとれる内容となっている。また、鉾田町安塚を舞台とし、鬼女の埋葬塚に言いおよぶところから、二十四輩第三番の無量寿寺（鉾田町鳥栖）に伝わる婦霊済度の「女人成仏御経塚」（前出Ⅰの第二章）の因縁と話の混交を起こしているのがよくわかる。

もっとも、法話とは程遠いはずの昭和の民談においても、嫉みそねむ女の妄念を両の角にシンボライズしてみせる発想じたいは、話の中心点となって機能している。角を折る結末に家庭円満の秘訣を説くという、凡俗だが民衆の社会通念になじみやすい話柄ゆえに、長く村落の日常生活に語りつづけられたのであろう。

そのような鬼女成仏の物語の源泉に、近世中・後期の関東真宗寺院が創り出した二十四輩所縁の親鸞伝説がひろく静かに伝播していた歴史を忘れてはなるまい。


［1］堤邦彦『女人蛇体――偏愛の江戸怪談史』（角川書店、二〇〇六年）一三五頁。

［2］後小路薫『勧化本の研究』（和泉書院、二〇一〇年）一八〇頁。

［3］高田衛『女と蛇』（筑摩書房、一九九九年）二八五頁。

［4］秀吉の紀州攻めに際して道成寺の鐘は戦利品として京に持ち去られ、日蓮宗妙満寺（現左京区）の什物となった。

［5］堤邦彦『江戸の怪異譚』（ぺりかん社、二〇〇四年）二七頁。

［6］『遺徳法輪集』には「寛文辛丑谷河原ニ再興」とある。

［7］現行の活字版略縁起は外題に「親鸞聖人御旧跡二十四輩二十四番西光寺法宝物略縁起」とあり、内容は、「開基唯円坊御縁起」「次宗身代名号縁

起」「法然上人流刑御真影縁起」「親鸞聖人鏡御真影縁起」「薬師如来縁起」「唯円坊御真影縁起」「鬼人成仏証拠之角縁起」の七つの読み縁起をまとめたもの。いずれも所蔵する宝物の由緒を語る。

第四章

二十四輩寺院縁起の周辺

水辺の風土と念仏の勝利

一　親鸞伝説の拡散と在地化

近世後期から明治初頭にかけて、北関東の真宗寺院のあいだでは、二十四輩巡拝の隆盛にともない、土地の伝承や寺坊の縁起にからめた新たな親鸞伝説が、つぎつぎに紡ぎ出されていた。それらは前章にとりあげた西光寺絵伝と同様に、目の前の霊宝と有機的に連関しながら、掛幅絵伝を用いた縁起の視覚化と立体化により、参詣者の興味を惹きやすいドラマチックな宗教説話へと変容していったのである。

その際、ひとつの寺の物語は親鸞伝説の定型を形づくると同時に、別の寺の縁起に置き換えられ、自坊の宝物由来に合致するオリジナルな絵伝の製作や読み縁起の布宣へとすすんだ。宗祖伝承の拡散ともいえる連鎖が、およそ十九世紀前後の北関東に顕在化するのであった。

たとえば、京都へ帰ることになった親鸞が、高弟との別れに臨んで旅立ちの姿を絵相や木像にとどめ、二十四輩の寺々に残した、との伝承は、諸寺のあいだに大同小異のバリエーションを派生している。

茨城県坂東市辺田の西念寺（前出、二十四輩第七番）のケースでは、寺宝の「御旅御影《みえい》」（九二・五×三四・七センチメートル、図1）とその由来をしるした読み縁起「関東御旅立之御影」を今日に伝えている。帰洛の同道を願い出た西念坊に対して、宗祖は言い放つ。読み縁起の本文は、その場面を次のように描くのであった［1］。

> 愛別離苦は世の習ひ、信心一味の同行は必ず浄土の対面待つ程に、我は都に帰るなり。汝に形見を置く程に、親鸞恋しと思ひなば、此絵像に打向え称名相続致せよと、仰せられけり。

京都に帰る親鸞が、別れの涙にくれる門弟に自像を与えるという話は、西念寺のみならず二十四輩第五番の弘徳寺にも共通する。親鸞自作の木像とされた「宗祖聖人六十歳関東御旅立の御真影」がそれであり、「蛇骨」（Ⅱの第二章）などの遺宝とともに現行の「弘徳寺法宝物縁起」にあらましを載せる。

一方、旅姿の御影の由緒は二十四輩の諸寺にとどまることなく、巡拝ルートに位置する二十四輩以外の真宗寺院に伝承圏を伸張していた。

図1 西念寺の御旅御影

西念寺から四キロほど離れた茨城県坂東市長須の阿弥陀寺もまた、旅姿の御影一幅を宝物とする。しかも当寺所蔵の双幅絵伝には、宗祖みずから絵像をしたためる場面（後掲図10）が描き込まれ、かかる遺宝を阿弥陀寺の堂宇に掲げるようになった由緒を克明に説き示すのであった。

もっとも、宝永八年（一七一一）刊の『遺徳法輪集』の阿弥陀寺の項を見るかぎり、「六字名号」以下六つの宝物リストのなかに、「旅姿の御影」は見当たらない。

さらに近世前期のものとみられる寺蔵の『阿弥陀寺世代記』〔2〕にも旅姿の御影に関する記述がないところから、読み縁起の書かれた近世後期以降に、こうした宝物由来が新たに追補されて阿弥陀寺縁起の一景を飾ったものと推察される。

ところで、阿弥陀寺の絵伝は、旅姿の御影の由来のほかにも、沼の悪龍の済度譚や、数珠が菩提樹の巨木となる因縁などを図像化し、さまざまな説話にからめて寺宝の歴史を語るといった構成になっている。境内に茂る菩提樹の霊木と「御影」「悪龍の髭《ひげ》」などの遺宝が絵解きの内容と一体化したかたちで阿弥陀寺の縁起伝承をいっそう豊かなものに肉付けしていく。絵伝の成立は、近世から明治初頭の北関東に立ちあらわれた親鸞伝説の在地化と、個別の寺院縁起への融化現象をじつによく示すものといえるだろう。

同時にまた、悪龍教化の説話にみられるように、阿弥陀寺の縁起伝承には、沼沢や川筋に囲まれた常総地方の低湿地の風土が色濃く反映していた。水辺の念仏者・親鸞に対する門徒農民の信仰のありようをものがたる点からも、こうした在地の宗祖伝をいまいちど考究しておく必要があるだろう。

以下、ここでは阿弥陀寺の掛幅絵伝に着目しつつ、「関東の親鸞伝」が各々の寺坊の縁起に組み込まれていくプロセスを明らかにしてみたい。

二　阿弥陀寺の絵伝

茨城県坂東市の中心部から西方に入った長須の屈旋龍山阿弥陀寺は、旧鵠戸《くくいど》沼の西岸に位置する。昭和三十年代までに広大な沼の干拓がすすんだため、今日では水辺のおもかげを残すものも少ない。

慶安三年（一六五〇）に筆写された寺蔵の『阿弥陀寺縁起』によれば、当寺は、はじめ三論宗として開基したものを天台宗の霊場に改め、十五世覚円のとき、貞応二年（一二二三）に関東巡錫の親鸞に帰依して真宗寺院となった。覚円は名を安養と改め、阿弥陀寺の中興に力を尽くしたという。慶安三年の縁起書は、このほか宗祖の所持していた菩提樹の実の数珠が衆生勧化の繁栄をあらわすごとくに、枯れ葉茂って大樹となった霊験をしるし、さらに聖人御自作の阿弥陀像を安養に譲り、寺の本尊としたことに言いおよぶ。

一方、近世初頭の宗門資料にさかのぼりうる縁起書の由来譚とは別に、絵伝は、悪龍の救済にまつわる古伝承不載の親鸞伝説を付け加えている。現行の口伝は次のような内容である。

親鸞が妙安寺（二十四輩第六番）を訪れた折、鵠戸沼を船で渡って阿弥陀寺にも立ち寄った。そのとき、水底の龍が現われ船を転覆させようとしたが、親鸞の説法を聴くと、死骸を残して天に昇った。〔3〕

悪龍の正体に関して、岩井市教育委員会編の『いわい市のつたえばなし』は、さらに詳しい土地の口碑を紹介する。これによると、三熱の苦しみにのたうつ龍も、かつては近郷の貧しい農民の娘だった。たび重なる戦さと凶作のため、病気の老母を養いきれずおのれの手にかけてしまう。罪禍ゆえに龍蛇身に変じた娘に、親鸞は阿弥陀如来の大慈大悲

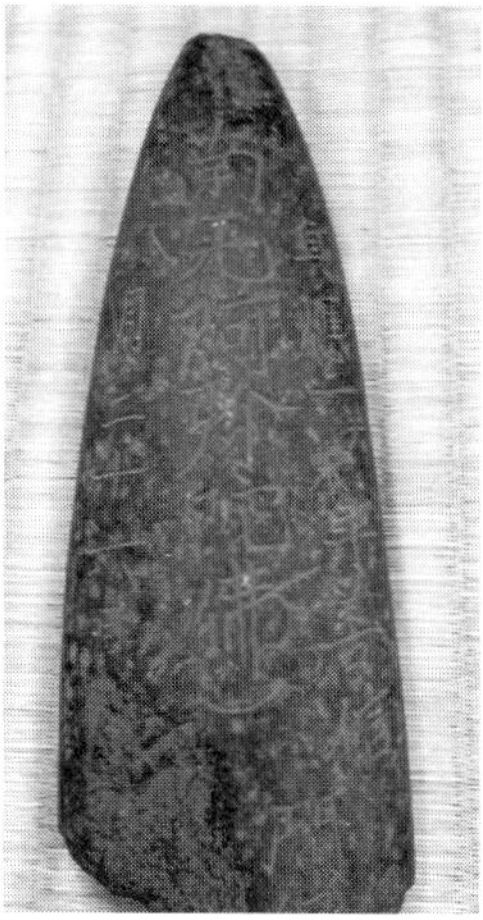

図3 同「石斧」

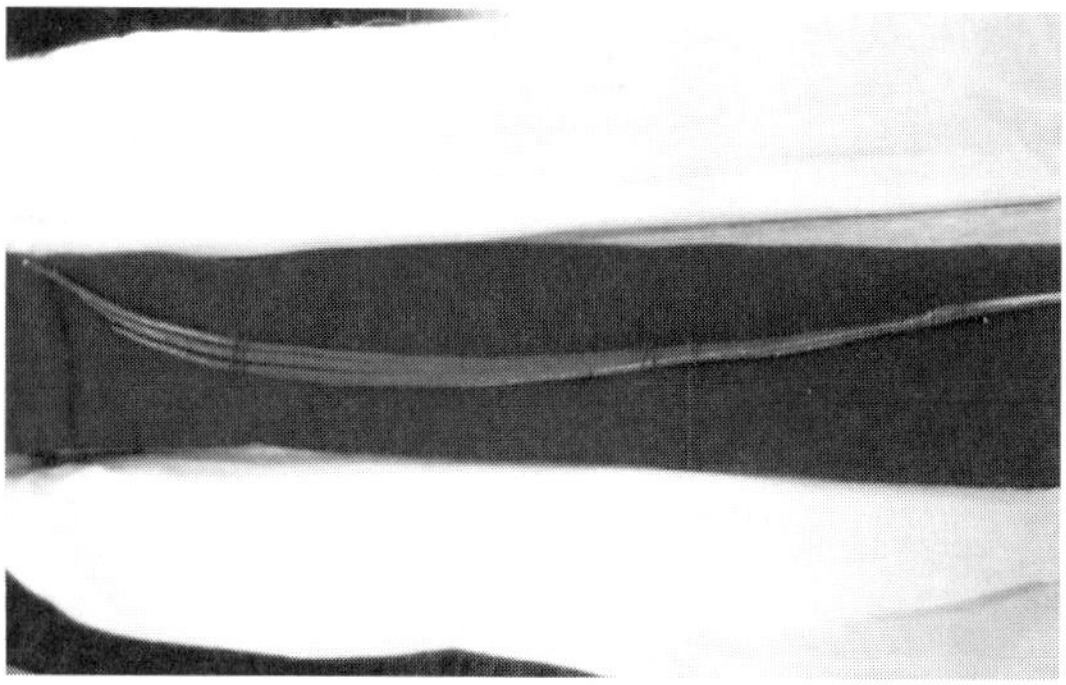

図2 阿弥陀寺の「悪龍の髭」。削ってのませると病気平癒の効能があるという

を説き、石斧に名号を書いて与えた。みるみる龍は女の姿に戻って昇天し、あとに残された骸を寺域に埋めて「八龍神」に祀った。さらに霊験の証とするため、悪龍の髭と石斧（図2・3）が阿弥陀寺の宝物に加えられて今日にいたった。

悪龍救済のくだりは、『二十四輩順拝図会』などの一般的な真宗資料にみえないばかりか、前述の慶安三年縁起や『阿弥陀寺世代記』にも記録がない［4］。地元の口碑となって語られた鵠戸沼の悪龍伝承の成立は、おそらく幕末まで下がるものであろう。その時期は絵伝じたいの成立期とほぼ重なるのである。

近世末の在地伝承と図様の深い関わりを明らかにするため、まずは絵伝の形態や製作時期の詳細に話をすすめていかなければならない。阿弥陀寺絵伝の基本データは次の通りである。

双幅、紙本着色、一三三・二×六二・二センチメートル

第一幅（右幅）五段七景、第二幅（左幅）六段九景、全一六景

慶応三年頃の成立

絵伝は双幅のそれぞれに裏書きがそなわる。右幅の末尾に「明治三歳庚午」とあり、その頃までに寺の什物に加えられていたことがわかる。

図4 阿弥陀寺の双幅絵伝（右より第一幅）

<table>
<tr><th colspan="2">第二幅</th></tr>
<tr><td colspan="2">⑯阿弥陀寺の本堂と本尊
旅姿の御影</td></tr>
<tr><td colspan="2">⑮親鸞の帰洛</td></tr>
<tr><td>⑭旅姿の御影を描く</td><td>⑮菩提樹の数珠</td></tr>
<tr><td>⑫八龍神塚</td><td>⑪名号の効力</td></tr>
<tr><td colspan="2">⑩悪龍済度</td></tr>
<tr><td>⑨母殺しの娘</td><td>⑧親鸞と老婆</td></tr>
</table>

<table>
<tr><th colspan="2">第一幅</th></tr>
<tr><td>⑦説法をする聖人と安養坊、聴衆の中に老婆</td><td>⑥覚円は法名を安養と改め聖人の弟子となる</td></tr>
<tr><td colspan="2">⑤親鸞に出会い念仏に帰依する覚円</td></tr>
<tr><td colspan="2">④沼を渡る親鸞一行</td></tr>
<tr><td>②十五世覚円</td><td>③神霊の夢告</td></tr>
<tr><td colspan="2">①天台宗時代の寺域</td></tr>
</table>

表1 阿弥陀寺の双幅絵伝見取り図

図5 夢告（③）

あわせて左幅裏書きには、絵伝成立に深くかかわった四十三世正照の関与がみえる。寺には、三論・天台の時代から真宗中興にいたるまでの「諸伝来由」をしるした「縁起」が伝存した。これを整理して絵伝にしたのが正照であった。裏書本文より、その部分の記述を引いてみよう。

干時第四十三正照沙門、年を累て摩滅せん事をなげき、十有余年の間、筆を把り墨を磨シ、伝を製し図画を作り、慶応三年丙寅（ママ）秋□卒業

正照の編纂姿勢に関しては右幅裏書きに「常好㆓読書㆒揖㆓集諸伝㆒」とみえ、古い寺記を博索のうえ、慶応三年までに絵伝の内容を整理・編述したものと推察される。時期的にいえば、それは関東の親鸞伝説が種々の版本や略縁起を通して世の中に四散する頃であった。

鵠戸沼の龍が新たな伝承として絵伝に取り込まれた経緯は巨視的にはそのような時代のながれと合致している。たとえば『二十四輩順拝図会』などの絵入り版本によって、花見岡の大蛇済度をはじめとする女人救済の物語が関東一円はもとより、諸国の門徒圏に流布していた。近世末のそうした説話環境をふまえて、正照編述の絵伝が鵠戸沼の女人済度をあえて補筆した意味は十分に理解可能なのではないだろうか。

話を絵伝の内容と構成にもどす。**表1**は双幅に描かれた説話の流れ、配置を略述したものである。

絵伝の図様十六景のうち、①～④は阿弥陀寺の草創から貞応二年の親鸞来訪と覚円の帰依を中心にすえた真宗中興の歴史をたどる。③の夢告の景は文献上に見出せない霊験であるが、図柄から判断して、覚円の夢枕に示現した神霊

が聖人と弟子たちの来訪を告げる場面ではないだろうか（図5）。つづく④に、寺の前にひろがる鵠戸沼を漕ぎ渡り長須の地をめざす親鸞一行の姿が見えるので（図6）、話の流れとしては、④の景をその前兆と考えて差し支えない。

じつは親鸞と二十四輩の法弟の出会いを、神童・菩薩の夢告より説きおこす語り口は、他の寺の縁起伝承と共通するものであった。先述の『西光寺御絵伝』の冒頭にある薬師如来の示現をきっかけとして綱宗（のちの唯円坊）が親鸞のもとに馳せ参じたというのは、そのバリエーションといえる。阿弥陀寺の絵伝が、関東絵伝の類型をふまえて製作されたことは明らかであろう。

⑦〜⑫は、絵語りのメインとなる鵠戸沼の悪龍をめぐる霊験譚である。⑧に描かれた老女（図7）について、寺蔵

図6 鵠戸沼を舟渡りする親鸞（④）

図7 親鸞と老婆（⑧）

図8 悪龍済度（⑩）

の縁起や近世の真宗資料から確認することはできない。しかし『いわい市のいいつたえ』に採取された口碑に対応させて図様の展開を追ってみると、話の輪郭がみえてくる。口碑では、村娘は病母をあやめた業報によって龍身の苦を受けることになる。絵伝は、村人にまざって聖人の説法を聴きに寺堂を訪れる老女（⑦）と、娘の姿の龍女（⑨）を描きながら、⑩の悪龍済度（図8）、⑪の名号の功力、そして⑫の八龍神塚の建立とつづく一連の女人成仏説話に仕立てている。むろんそれは寺に残る「龍の髭」と一対の宝物由来となって機能するものであったはずである。こうして絵伝は、⑬の菩提樹の数珠（図9）を経て、⑭～⑯の旅姿の御影の物語を語る大団円へと展開する（図10・11）。

絵相にまとめられた各々の説話は、いちように阿弥陀寺に伝わる宝物と連動して語られた縁起伝承とみてよかろう。

図9 菩提樹の数珠（⑬）

図10 旅姿の御影を描く（⑭）

図11 阿弥陀寺の宝物・旅姿の御影（⑯）

そうした特色をとおして、目で見て、耳で聴く親鸞伝説の立体化を意図した幕末・明治期の関東絵伝のありかたと、説教の場の実態をうかがい知ることができるだろう。

三　水辺の景観・風土と親鸞伝説

ところで、鵠戸沼の悪龍説話の背景には、利根川水系と鬼怒川にはさまれたこの地方特有の低湿な水辺の風土との親和性が見え隠れする、

幕末の長須村の地勢にふれた『中山家文書』（万延元年〔一八六〇〕）によれば、このあたりは「中利根川縁ニて、少之出水ニテも田畑一円水囲に相成」る水害頻発の土地柄であり、田畑や家屋をのみ込む災害の歴史を繰り返してきた。近年では、二〇一五年の常総市大水害が記憶に新しい。この地方の「あばれ川」が過去の遺物でないことをおしえる惨事であった。

さらにまた、長須周辺は景観のうえからも湖沼に囲まれた小陸地の趣きで知られた。『二十四輩順拝図会』の「長須阿弥陀寺」の項（図12）は、図会の説明に、

長須といへるは方言にして大なる沼なり。津樹両岸に鬱々として漁舟《いさりぶね》遠近に浮かび、すこぶる眺望の景あり。

としるし、広大な沼の岸辺にたたずむ明治以前の門前のありさまを描写している。

そもそも北関東の下総一帯は、鵠戸沼にかぎらず、多くの内陸湿原を風土的な特徴とする。利根、鬼怒、小貝の川筋がおりなす複雑な流路は、村落の周りに大小の沼と遊水池を生み出した。江戸中期の大規模な干拓事業による新田

開発以前には、水辺の小丘や半島のように浮かぶ台地が点在する景観をあちこちに呈していた。

建保二年（一二一四）の初夏、関東に入った親鸞が小舟に乗って布法をつづけたとの伝承は、常陸、下総の真宗史跡にしばしば見出されるものであった。

常総市中沼の雁島湧出の縁起に関連していえば、沼沢に漕ぎ出した宗祖の「舟」が、近世中期のころまで同市蔵持の願牛寺に保管されていたという［5］（享保一二年（一七二七）、『願牛寺由緒書』）。また下総報恩寺（常総市豊岡）にほ

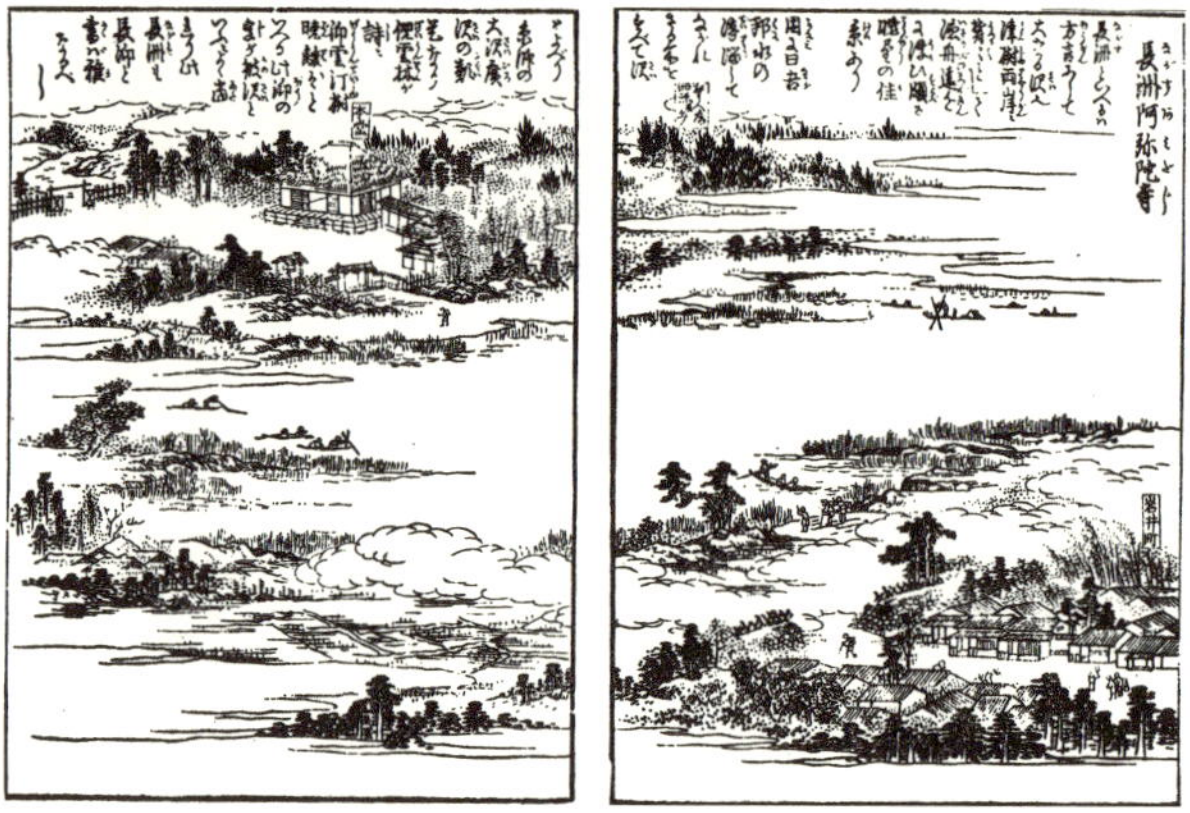

図12『二十四輩順拝図会』長洲阿弥陀寺

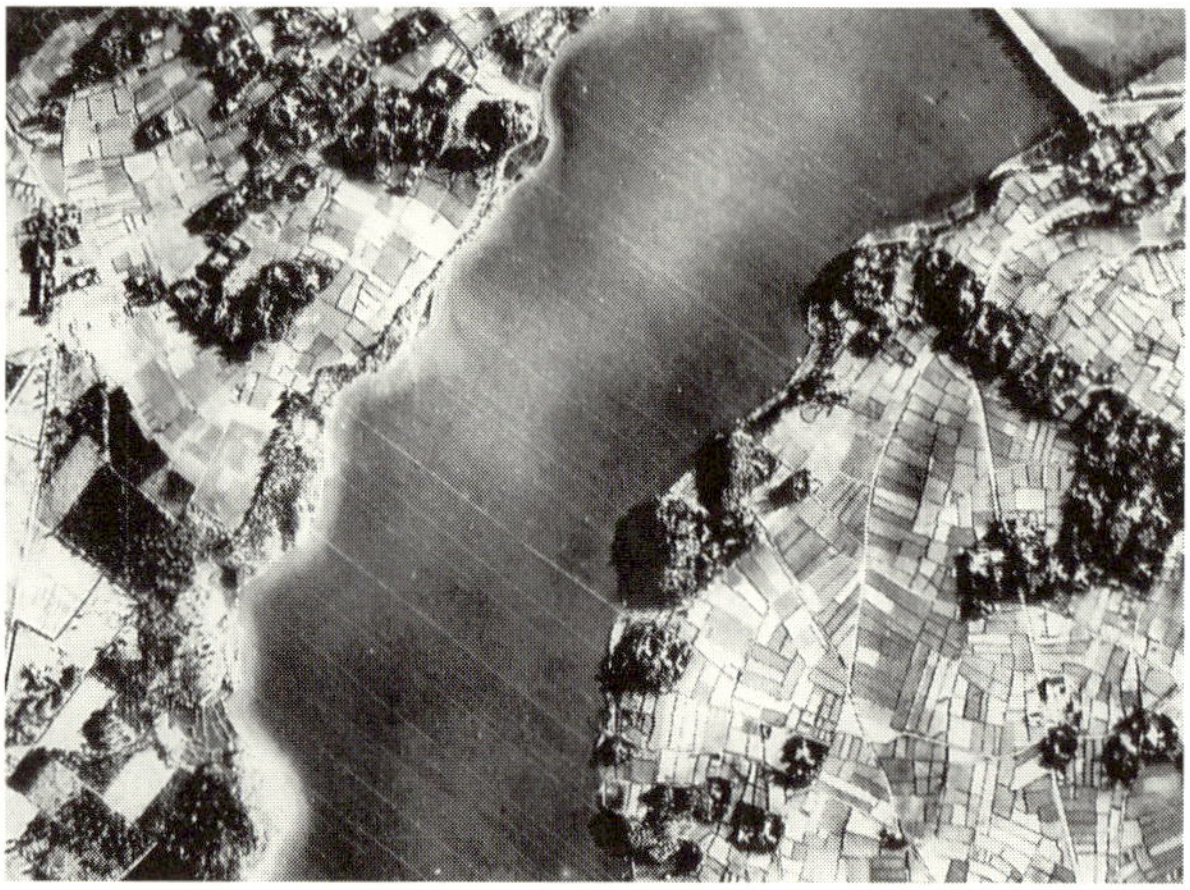

図13 1940年代の航空写真にみる長須付近

ど近い「親鸞聖人舟繋の松」は、宗祖がこの地の横曾根門徒を訪ねるたびに、自身の舟をつなぎとめた旧跡であった。高弟・性信の開いた報恩寺の周辺には、かつて東西二〜三キロ、南北二十数キロにおよぶ飯沼が存在し、小舟を交通手段に用いる水運の地として知られた。地形を鳥瞰していえば、鬼怒川と飯沼のあいだに小高く盛り上がった横曾根台地が横たわり、その西麓の岸辺に豊岡の報恩寺が建立されていたことになる。沼のほとりに峙《そばだ》つ宗教聖地の荘厳な様相は土地の人々の信仰心を惹起するものであったろう。そのような地理条件は、横曾根台地に隣接する長須台地の阿弥陀寺についても同様と考えてよかろう。

あばれ川の氾濫と水難に苦しむ内陸湿原の生活圏において、水底の土着神を従える高僧の法力が村落共同体の崇敬をあつめたであろうことは想像にかたくない。鵠戸沼のほとりに展開した親鸞と龍蛇身の女の話もまた大筋ではそうした文脈の信仰伝承とみてよい。

ひるがえって花見岡の大蛇済度や弘徳寺の蛇骨縁起、あるいは大覚寺の蛇塚由来といった二十四輩寺院の周辺に散らばる龍蛇済度譚は、総じて水辺の民の暮らしと民俗に立脚した風土色の濃い宗祖のものがたりであった［6］。言葉を換えていえば、それはまさしく関東真宗の教線と在地民俗の結節点をあらわす特色といえるのではないか［7］。

ちなみに横曾根門徒の拠点であった豊岡は、近世怪談の代表作「累ヶ淵」の舞台となった場所でもある。元禄三年（一六九〇）刊の『死霊解脱物語聞書』によると、累の怨霊を鎮めるため、そのころ飯沼の弘経寺にいた祐天和尚が呼ばれ、念仏供養の導師となる。当時の弘経寺は幕府公認の関東十六檀林のひとつにかぞえられた浄土宗の名刹であり、祐天の活躍を描くのに適した場所であったが、同時にそこが往古から沼沢の邪神を鎮める宗教伝承の旧跡である点も、この際念頭に置くべきではないだろうか。

高田衛は累の憑霊事件の原風景に鬼怒川近郊の「共同幻想的な水神のタタリ信仰」や「タタル水死霊への民俗的祭祀」の記憶を重ねあわせる解釈に言及している［8］。近世最大の怪異譚の地下水脈に下総湿原に根付いた水神信仰の古層を見抜いた高田の視覚は卓見というほかかない。

その一方で、近世浄土教団の教線がおよぶ以前の北関東において、すでに土着の水精を念仏思想に帰伏させる原始真宗の教化説話が流布し、水辺の念仏者・親鸞の史伝に結び付けられて飯沼を臨む横曾根台地の村里に浸透していた点も顧慮すべきではないだろうか。水精帰伏の宗教伝承から荒ぶる婦霊の鎮圧へ。飯沼の地に展開する親鸞伝説と祐天説話の表裏の関係はそのような説話伝承史の流れにそって理解できるのではないか。

四　性信伝記への流路

さて、阿弥陀寺の絵伝にみてとれるような水精教化譚の伝統は、親鸞の史伝のみならず、宗祖帰京後の関東に勢力を伸ばした高弟・性信の説話についてもうかがい知ることができる。

飯沼のほとりを埋め立てて建立したと伝える性信開基の下総報恩寺〔9〕は、土着神による鯉魚献上のエピソードを残している。現在、下総・坂東の二ヶ寺に分かれている報恩寺では、いずれも「鯉魚規式」なる正月吉礼の行事を執り行っている。法会の由緒は、寺域の北方四キロにある飯沼天神（大生郷天神）が念仏に帰依して毎年二匹の鯉を献上するにいたった因縁にもとづく。縁起生成のあらましは次章に述べることとするが、土着神を従える二十四輩の親鸞伝説が、性信を中心とする横曾根門徒の信仰圏に変遷し、新たな二十四輩の伝承を派生したことは間違いない。

さらにまた、鎌倉～南北朝期における横曾根門徒の教勢進出〔10〕で知られる茨城県西部の古川市、群馬県東部の板倉町の一帯にも、性信の水神封じにまつわる伝承がひろく語られている。

十三世紀末の性信木像を安置する板倉町の宝福寺（現真言宗豊山派）では、昭和三十年代まで「親鸞上人性信房御鉢米」の護符を近郷に配布する風習があった。宝福寺は、親鸞の関東入国の折、最初に立ち寄った「さぬき」の地ともされる場所だが、この土地においても水害に苦しむ領民のため、性信が大蛇退治を行ったとの伝承を今に伝えており、宝福寺近くの水神供養塔は、その時の遺跡という〔11〕。

性信と大蛇の因縁をしるした近世中期の縁起書が宝福寺の所蔵資料のなかにみえる。今井雅晴の翻刻・紹介した『性信上人縁起』〔12〕よりその部分を描き出してみよう。

貞永元壬辰年穐七月、野之上州ニ有㆓板倉㆒云処、沼ニ有㆓怪蛇㆒悩ス㆑人ヲ、里人伝㆔聞テ性信ノ之降㆓伏スルコトヲ大蛇㆒ヲ、屈請ス之、性信便チ到㆓板倉㆒ニ、立所ニ伏ス之而授ルニ以テ㆓本領念仏㆒ヲ、怪蛇自㆑此木㆑悩㆑人ヲ、夜々亦呈ス㆓龍燈㆒ヲ、里俗雀踊シテ尊㆓重スルコト性信㆒ヲ宛カ如クス㆑仏ノ矣、使㆘信ヲシテ住㆗持セ其処ノ精舎㆖ヲ、密乗ノ霊地法福寺也、性信持㆓来テ鸞聖人直作之弥陀ノ像太子ノ像㆒ヲ（中略）安㆓置ス于此精舎㆒ニ、性信モ亦作㆓自像㆒ヲ而安ス焉、性信之像霊徳日ニ〳〵新也、里人旱天ニ請ヒ㆑雨ヲ、病時祈㆓快全㆒ヲ、果シテ有ト㆓其利㆒云フ

本文中に「伝㆔聞テ性信ノ之降㆓伏スルコト大蛇㆒ヲ」とあるのは、報恩寺を開くにあたり、飯沼の主の蛇を調伏した一件が右の引用部の前にあることを受けた言い回しである。その詳細については次章にとりあげることとして、ここでは、性信伝の周辺にきわめて均質な水精教化譚の流伝があることを確認しておきたい。それはまさしく、ひとつの済度譚が別の寺の大蛇封じへと増殖する状況といってもよかろう。同時にまた、性信像が雨乞いや病気平癒に効能ありとした『性信上人縁起』の記述は、関東に教勢を伸ばした真宗門徒の現世利益信仰のひろまりを示すものであった。

性信をめぐるこれらの伝承は、近世後期から近代初頭の関東に展開した親鸞伝説の拡散と変奏を探る有力なてがかりとなるだろう。次章では、報恩寺の縁起と絵伝の生成に立ち入り、性信の霊験譚のなかへ受けつがれた親鸞伝説の派生型を追尾してみたい。

〔1〕本文は同朋学園仏教文化研究所編『真宗初期遺跡寺院資料の研究』（一九八六年、四九〇頁）に拠った。

〔2〕『史料と伝承』四号（一九八一年七月）に翻刻がそなわる。なお、今井雅晴「性信坊関係史料（続）」（『人文学論集』二〇号、一九八七年三月）にも『阿弥陀寺年代記（仮題）』の抜粋翻刻が載るが、やはり「旅姿の御影」への言及はない。

〔3〕日本歴史地名大系『茨城県の地名』阿弥陀寺の項による。

〔4〕たとえば『二十四輩順拝図会』は阿弥陀寺開基の歴史と宝物・阿弥陀像の伝存をしるすのみ。

〔5〕今井雅晴『茨城と親鸞』（茨城新聞社、二〇〇八年）二四頁。

〔6〕堤邦彦『江戸の高僧伝説』（三弥井書店、二〇〇八年）第三編「関東二十四輩の親鸞伝説」。

〔7〕飛田英世は下総・報恩寺の鯉切行事に関連して、茨城の真宗勢力と神祇との融合を指摘しながら、真宗が「神祇不拝の姿勢をとっていたという概念を敢えてリセットしてみる必要」に言及した（「下総報恩寺と大生郷天満宮の儀式」『親鸞の水脈』五号、二〇〇九年三月）。

〔8〕高田衛『江戸の悪霊祓師』（筑摩書房、一九九一年）第四章「因果の図式」。

〔9〕『二十四輩順拝図会』の報恩寺の項に飯沼干拓の様子が次のように記述されている。

ここにおいて性信、仏閣を建立し、いよいよ宗風をさかんにせんとて、其池を求むるに、幸なる哉、飯沼といふ広き江ありて四方の景色もっとも勝れたりとて、性信、此沼を埋むこと数十町、其中に仏閣を営立し、都の聖人へも其の趣き仰上られければ、聖人喜悦あって則ち寺号を報恩寺と下し給ふ。

〔10〕今井雅晴「横曾根報恩寺の成立と性信・證智」（『地方史研究』二〇六号、一九八七年四月）。

〔11〕『板倉町史』（一九八五年）第四章第一節「親鸞の東国入国とさぬき」。

〔12〕『茨城大学人文学紀要』（一九号、一九八六年三月）。本文引用にあたり、〆、ヿの表記は、シテ、コトに改めた。

第五章

親鸞伝から『性信上人絵伝』へ

報恩寺絵伝をよみとく

一　性信と報恩寺

二十四輩の筆頭・第一番にかぞえられた報恩寺は、現在、東京都台東区東上野の坂東報恩寺と、茨城県常総市豊岡町の下総報恩寺に分かれている。宗門史のうえの旧跡としては、親鸞の高弟・性信（一一八七〜一二七五）により飯沼の丘陵地に開かれ、横曾根門徒の拠点となった下総報恩寺が古く、その創建は親鸞が常陸に入った建保二年（一二一四）にさかのぼる。縁起によれば、無住となった真言宗大楽寺を宗祖の命をうけて報恩寺と改めたという[1]。その後、天正五年（一五七七）の戦火で堂宇は灰燼に帰し一時寺勢を失うものの、慶長七年（一六〇二）に徳川家の外護を得て江戸御府内に再建される。これが坂東報恩寺のはじまりであった。江戸時代を通じて外神田、八丁堀と寺地を変えながら、文化七年（一八一〇）に東上野の現在地に移転している。

また、飯沼の旧跡の方は、江戸時代に聞光寺という掛所（隠居所）になっていたものを、明治維新を経て旧寺号に復し、今に至る。

性信の伝記をしるすものには、報恩寺十八世の性晴が編述し十九世紀の住僧・性実の筆写した『報恩寺開基性信上人伝記』[2]（近世中期成立、二巻）のほか、宗誉の『二十四輩散在記』、『遺徳法輪集』といった真宗資料に載るものがある。ひとまず性晴のまとめた性信伝をもとに出自と経歴を追ってみよう。

性信は常陸鹿島・大中臣氏の出身で幼名を悪太郎といい、力自慢の豪傑であった。十八歳のとき、熊野に参籠して霊夢をさずかり、黒谷の法然上人を介して親鸞に出会い、これを機縁として、「聖人第一ノ弟子」となる。「性信」の法号を拝受してからは常に宗祖の傍らに随行し、越後配流、常陸入国、そして関東布法の日々を師とともに過ごすのであった。

建保二年には横曾根郷に報恩寺を建立して「真宗ノ繁昌」のいしずえとなる。そのころの性信の法徳をあらわすエピソードとして、『報恩寺開基性信上人伝記』は三又江の水精を封じた「龍返ノ剣」の霊験にいいおよぶ。説話の全容はあとに述べることになるが、性信を主人公とする霊験譚が近世中期の報恩寺の縁起伝承に定着をみていたことは注目しておきたい。

さて、貞永元年（一二三二）、性信は京に帰る親鸞を箱根山まで見送り、別れ際に笈に収めた宝物（法然所持の仏舎利）と宗祖自筆の『教行信証』を拝領して報恩寺に戻る。

このあと『報恩寺開基性信上人伝記』は、当寺の正月儀礼の起源となった大生郷天神の帰依と鯉魚献上のいわれを紹介し、さらに嘉禎元年（一二三五）、京で再会した親鸞より宗祖自作の尊像を賜り関東に持ち帰ったこと、性信の前生の骨にまつわる因縁などをつまびらかにしながら、建治元年（一二七五）八十九歳にて示寂するまでの生涯を描く。全般に、報恩寺所伝の宝物や年中行事の由来にからめた性信伝である点は、江戸中期に成立したこの史伝書の特色といえるだろう。

二　坂東報恩寺の絵伝

坂東報恩寺の所蔵資料には、寺の宝物に関連する説話をあつめ、性信の史伝にからめて構成した四幅全三十七景の掛幅画が伝わり（図1）、毎年八月の虫干しの折に一般公開されている。箱書きに『性信上人絵伝』と墨書するもので、以下の裏書きから、明治二十二年五月に千葉の絵師・古池柳山が画いた説話画であることがわかる。

廿四輩第壱番　坂東報恩寺
旧地支坊　茨城県下総国岡田郡豊岡村
字報恩寺村
報恩寺什物
明治廿二年五月成就　寄附有志中
画工　千葉県古池柳山
同廿五年御祥月出張之際函書記
右住職巌證　印

当初、絵伝は下総報恩寺の什物だったようだが、その後坂東報恩寺に移管された。詳しい事情はわからないが、図様の内容をみるかぎり、総じて坂東報恩寺に伝わる宝物の由緒を説く説話であることから、二十四輩巡拝の起点に位置する当寺の管理下で絵解きされていたと考えて大きくあやまつまい。

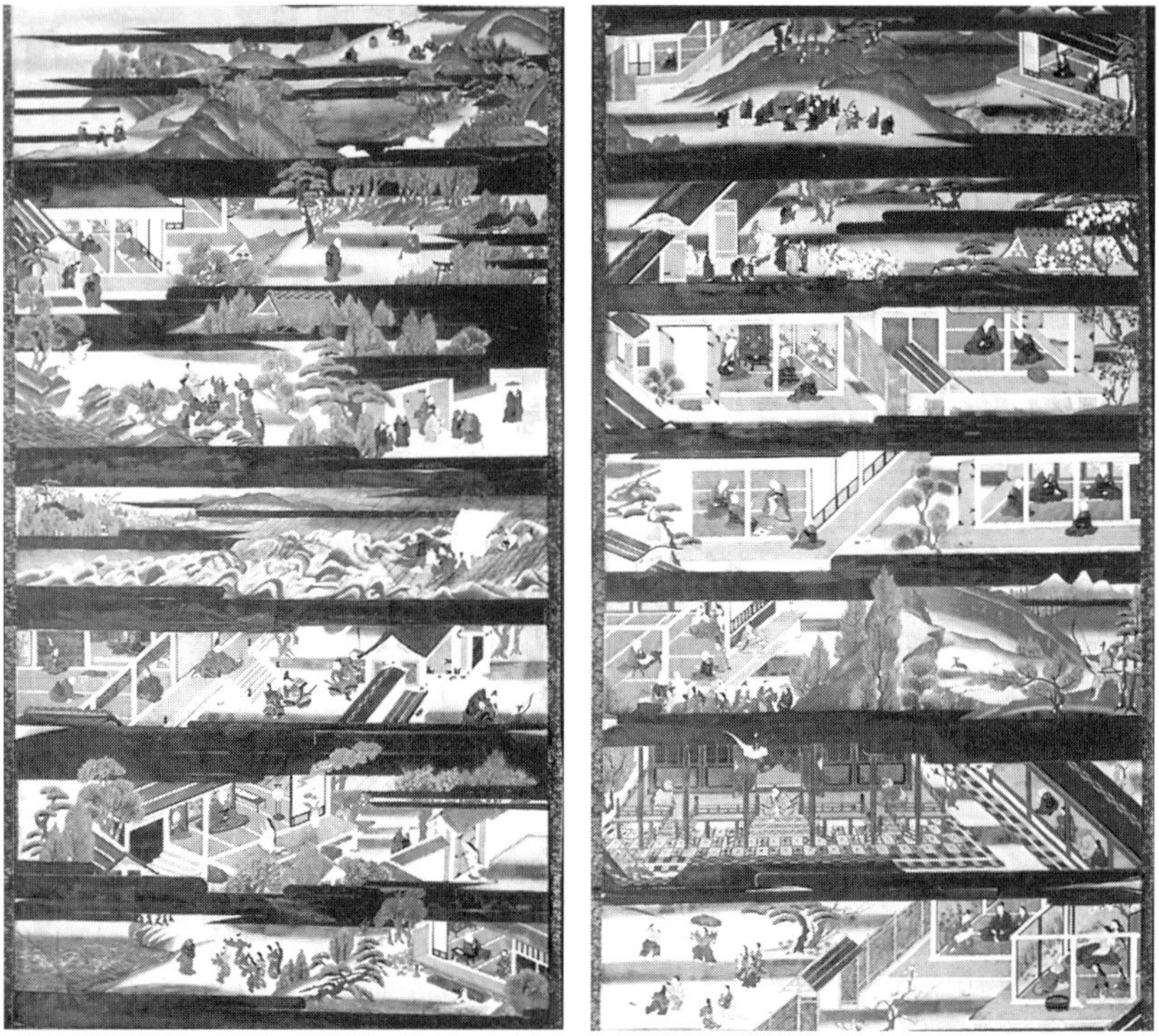

図1 絵伝(右より第一幅)、左頁につづく

第二幅	
㉒箱根山　親鸞との別離	
㉑帰依する神	⑳神(飯沼天神)の示現
⑲龍女成仏	⑱親鸞の帰洛旅立ち
⑰龍返しの宝剣	
⑯貴人と性信	
⑮性信に対面する蛇婦	⑭報恩寺をたずねる蛇婦
⑬飯沼の主の大蛇	⑫報恩寺の建立

第一幅	
⑪承元二年両師配流	
⑩法然、親鸞のもとに群集する道俗	
⑨親鸞より名号を授かる	⑧親鸞と性信
⑦十八歳剃髪	⑥親鸞の弟子となり性信と改む
⑤京にて法然の説法を聴聞	④殺生を好む悪五郎
③熊野参籠と夢告	
②力自慢の悪五郎	①悪五郎(性信)の誕生

第三幅	
㉜土湯山にて前生の骨を拾う	
㉛異神の夢告	
㉚親鸞自刻の木像を賜る	
㉙京都にて親鸞と再会する性信	㉘池の霊光
㉗二鯉と鏡餅の献上	㉖報恩寺の正月鯉開きの儀
㉕御手洗の池に鯉魚を得る	㉔天神と礼拝杉
㉓飯沼（大生）天神の社　御手洗の池	

第四幅	
筑波山 ㊲下総報恩寺の景	
㊱荼毘	㉟葬列
㉞出棺	㉝性信の入滅

ところで、明治十年代に宗門の近代化をめざす京都の東西本願寺より蓮如絵伝の絵解き説法を禁ずる通達が出されたのは、通俗話材の混入を嫌う本山側の姿勢をあらわにするものとされてきた〔3〕。近代初頭の絵解きに向けられた教団サイドの公的な評価に引き比べてみるとき、霊異な物語世界への志向を露呈する性信絵伝の生成は唱導の場の実情をものがたる点で見逃せない。

性信絵伝のめざした方向性とはいかなるものであったのか。ひとまず『性信上人絵伝』四幅の説話内容について、**図1**下部の見取図にしたがって全体像を示してみたい。

三　蛇婦の救済、龍返しの宝剣など

第一幅の①~⑨は性信の誕生から筆を起こし、承元二年の両師配流の法難（⑩⑪）へとつづく。『二十四輩散在記』『捃聚抄』『遺徳法輪集』などの性信伝とほぼ同じ内容であるが、③の熊野参籠の段に神童の夢告が見えるのは、絵伝特有の説話であった。『報恩寺開基性信上人伝記』上巻初段に、

元久《クエンキウ》甲子《キノヘ子ノ》春《ハル》十八歳《シフハチサイ》ニシテ、證誠殿《シヨウシヤウデン》ニツヤシタマヒケリ。于《ニ》レ時《トキ》不思議《フシキ》ノ霊夢《レイム》ノ告《ツゲ》ニヨリテ、黒谷《クロタニ》・法然《ホウ子ン》聖《シヤウ》人《ニン》ノ禅室《ゼンシツ》ニ尋《タヅ子》マイリタマヒテ、ハジメテ当流《トウリウ》祖《ソ》師《シ》聖人《シヤウニン》ニ謁《エツ》シタテマツラル。

といった報恩寺所伝の伝承を図像化したものであろう（図2）。神霊示現の霊験を強調する絵伝の物語性がみてとれる。

第二幅は報恩寺の開創と飯沼の主の蛇婦を救済する話（⑫~⑮）、龍返しの宝剣（⑰）、箱根山の別れ（㉒）を中心に展開する。⑯の貴人邸宅の場面に対応する説話はよくわからない。

飯沼の蛇婦（図3上部）については、『二十四輩散在記』『捃聚抄』などにもみえ、「沼ヲ平地トナシテ七堂伽藍ヲ建立シ報恩寺トナヅ」けたところ、門前の湖に住む大蛇が参詣の人々に害をなしたという（『捃聚抄』）。『報恩寺開基性信上人伝記』は、報恩寺の開創にふれるのみで門前深淵の蛇婦にまつわる説話は載せていない。一方、鎌倉・南北朝期に横曾根門徒が教線をひろげたとされる佐貫庄（群馬県板倉町）の宝福寺（現真言宗）に伝わる『性信上人縁起』は、蛇婦化導の因縁を次のように描いている［4］。

豊田ノ庄ニ者有二飯沼《イヽ》ト云処、沼ニ有リ二大蛇一、時々悩スレ人ヲ、性信以テ二法力一ヲ駈テ二大蛇一ヲ退ヌ矣、日将ニ二黄昏一、有二一美女一来

図2 熊野参籠と霊夢（第一幅③）

図3 報恩寺の建立と蛇婦教化（第二幅下部⑫～⑮）

云ク、我ハ是レ飯沼ノ主シ、自レ今不レ悩二人之来往一ヲ、使三我ヲ処二セ于此一ニ、性信ノ曰、参詣男女之所二怖畏一スル、則有レ害二于我弘法一ニ、不レ能下使三汝ヲシテ処二于此一ニ上、於テレ是乎美女忽現二蛇身一ヲ、今而往二トテ常陸国三股一ト云処ニ而去ヌ、性信憐ミ二彼蛇身一ヲ時濯《ソソグ》二法雨一ヲ、夜々揚二龍燈一ヲ、衆人見テ之大ニ益二セリ信敬一ヲ矣、

大蛇が「常陸国三股」の湖に居を移したというのは、あとに述べる龍返しの宝剣説話にあい通ずる記述である。この地方特有の低湿な風土にねざした水精教化の因縁が、高僧縁起のバリエーションを生じていたことをものがたるものではないだろうか。ちなみに、是心の『御旧跡二十四輩記』(享保一六年〔一七三一〕)には、名剣の伝来や異僧の悪龍退治にまつわる異伝が付加されていて［5］、近世中期に顕著となる伝承の潤色と大衆化傾向を示している。

『性信上人絵伝』の図像的な特色に関して言えば、報恩寺の門前にたたずむ女の裾から蛇体の尾がのぞく構図(⑭)は、『二十四輩順拝図会』に載る大学堂の蛇を援用した筆法ではなかろうか(図4・5)。なお、⑲の龍女成仏については詳細未詳の図柄ながら、宝福寺本の右の引用部末尾に、蛇身が性信の「法雨」に謝して龍燈を奉じた伝承と関わるのかもしれない。

⑰の龍返しの宝剣は、鹿島参詣の途中、荒天を鎮めるため三又江に投じた親鸞授与の剣を、悪龍がおのれの頭にのせて性信に返上したという話で、坂東報恩寺版の『性信上人略縁起』に「当寺宝物の其一ツなり」とあるように［6］、のちには報恩寺の什物を代表する霊験の証拠となっていく。『報恩寺開基性信上人伝記』上巻第三段から、由緒の全体像をみておこう［7］。

承久辛巳秋性信上人《ジヨウキウカノトミノアキシヤウシンシヤウニン》タマ〳〵鹿嶋《カシマ》ノ社廟《シヤベウ》ニ詣《ケイ》シタマフ路《ミチ》ニ三又江《サムサゴウ》アリ、スデニ渡《ワテル》ニノゾンデ、俄《ニハカ》ニ悪浪迅風《アクラウシンフウ》雷電晦冥《ライテンクハイメイ》シテ、舟《フ子》ス、ムコトヲエズ、衆人色《シユウシンイロ》ヲウシナヒ、騒然《ソウセン》トシテアヤシミナストコロヲシラズ、時ニ性信

上人ノタマワク、コレ奇《キ》ニ似《ニ》テ奇《キ》ナラズ、衆《シュ》アヤシムコトナカレ、蓋蛟龍所欲《ケダシカウレウシヨヨク》アルトキハ、舟《フ子》ヲ負《ヲフ》テトヾムトカヤ、然《シカル》ニ我聖人《ワレシヤウニン》ヨリ伝来《デンライ》ノ剣《ケン》ヲ懐《フトコロ》ニス、察《サチ》スルニソノ所由殆《シヨユホトンド》コレナラン、スナハチ懐中《クワイチウ》ヨリ脱《ダチ》シコレヲ漫々《マン〱》タル水底《スイテイ》ニ投ジタマヘハ、タチマチニ天晴風収舟行《テンハレカぜヲサマリシウコウ》モトノコトシ、已《スデ》ニ社廟《シヤベウ》ニ詣《ケイ》シ、下向《ゲコウ》ノ砌《ミギリ》マタ船《フ子》ニノボリタマヘハ、陽候波《ヤウコウナミ》ヲ起《ヲコ》シ、匈湧前日《キヤウユセンジチ》ノ如《コト》ク、衆皆驚動《シユミナキヤウトウ》ス、トキニ奇哉《キナルカナ》、順臾《シユユ》ニシテ蛟龍形《カウレウカタチ》ヲ現《ケン》ジ首《カウベ》ヲ俛《タレヲ》尾ヲ貼《フ》シ、カノ剣《ケン》ヲ性信上人《シヤウシンシヤウニン》ニ返《カヘシ》タテマツル、コレニヨリテ衆皆驚嘆《シユミナキヤウタン》シ、スナハチコレヲ称シテ、龍返《リウカヘシ》ノ剣《ケン》ト号《ガウ》ス、今《イマ》ニヲヒテ、五百余年《ゴヒヤクヨ子ン》イマダカツテ磨礪《マレイ》セザレトモ、光芒歴々《クロウフウレキ〱》トシテ、物《モノ》ノ鑑《カン》ジ、ツ井ニ什物《シウモツ》ノ珍奇《チンキ》トナスト、

図4 ⑭(図3)の拡大図

図5『二十四輩順拝図会』大学堂

なお、十八世紀初頭に編まれた『二十四輩散在記』や宝永八年（一七一一）刊の『遺徳法輪集』には、龍返しの剣を性信の娘で報恩寺二世の性（證）智比丘尼の因縁とした記述がみとめられる。「蛇帰の脇指」にまつわる異伝を『遺徳法輪集』第五の報恩寺「霊宝三十二彙」のなかから抜き出してみよう。

一　御脇指　コノ脇指ハ六寸七分アリ、作ハ波平トモ又了戒トモイフトイヘリ。性智比丘尼、鹿島一見ノタメニ三又ヲ舟ニテコサレシニ、風アラクシテ渡リカタキユヘニイカ、ハセント周章ラル、トキ、コノ脇指ソノマ、ヌケテ水中ヘオチタリシカ、悪風タチマチニヤミ恙ナク着岸セラレタリ。性智比丘尼思ハレケルハ、大事ノ御脇指ヲ失シカサレトモ危命ヲ助カリシトヨロコヒ、鹿島ノコラズ見物セラレ、下向又舟ニノリカヘラレシニ脇指ヲ大蛇ノ頭ニイタ、キアケタリ。性智コレヲトリ大キニ悦レケリ。ソレヨリコノカタ虵帰ノ脇指ト申スナリ。袋モ御時代ノ切ニテ唐錦也。

近世の早い時期には、性智比丘尼をめぐる異伝も語られていたようだが〔8〕、一方、報恩寺側の宝物由来としては、性信その人の法徳説話にまとめる必要があったのだろう。ちなみに民間普及版の『二十四輩順拝図会』では、「寺説に曰く」「ある記に曰く」とことわり両説を並記している。

四　鯉魚献上の由来

⑳㉑の天神示現の景（図6・7）は第三幅の飯沼（大生）天神の鯉魚献上につづくものと推定される。構図上の特色についていえば、とくに㉑は『二十四輩順拝図会』の「生野天神、性信上人を師弟と約したまふ」の場面に酷似し

ており、図8左下の様子をうかがう童の描き方などは、図7の㉑とまったく同じ構図と考えてよい。この点から判断するなら、第二幅⑳㉑を第三幅の天神説話の導入部分と解釈することは可能なのだが、その間に㉒の箱根山の話が挟み込まれており、絵伝の図様配置に無理があるように思われる。もしかすると、絵解きの際に読みあげる図様の順番は、必ずしも下部から上部にひと続きに展開するものとは限らないのかもしれない。

さて、第三幅にすすむと、㉓～㉗の天神の鯉魚献上、㉙㉚に描く宗祖親鸞との再会、㉛㉜の前生の骨の因縁といった説話群を目にすることになる。

飯沼天神の話は『捃聚抄』をはじめ諸書に引かれた著名な霊験譚であった。毎年正月に下総・坂東の報恩寺に献上

図6 飯沼天神（第二幅⑳）

図7 同（第二幅㉑）

図8『二十四輩順拝図会』生野天神

される二匹の鯉と、寺側より返納される鏡餅の儀礼の由来をめぐり、絵伝は天神帰伏の物語をつまびらかにしていく。性信の説教を聴聞した不思議な老翁の正体が、社人の夢を機縁に明かされる。『報恩寺開基性信上人伝記』上巻第五段より、礼拝杉に示現した神と、鯉魚献上のいわれをしるした部分を抄出してみよう。

　同年冬十一月《オナジトシフユジユ井チクワツ》性信上人《シヤウシンシヤウニン》講法《コフウボウ》ノ席《セキ》ニ臨《ノゾミ》タマヘハ、一老翁《井チラウヲフ》忽爾《コチジ》トシテ来詣《ライヱチ》シテノタマハク、嗚呼《アヽ》蠢爾《シユンジ》ノ迷徒《メイト》、モトヨリ仏法《フチハウ》ノ器《ウツハ》ニアラズ、シカリトイヘトモ上人《シヤウニン》卓立《タクリツ》ノ法《ハフ》ヲ以《モツ》テ衆生《シユシヤウ》ヲ済度《サイド》シタマフ、マコトニ真知識《シンノチシキ》コレナリト、云云、ソノトキ性信上人《シヤウシンシヤウニン》ノタマワク、翁《オキナ》ハ何人《ナンヒト》ゾヤ、翁《オキナ》ノイワク、コレヨリ西《ニシ》ニアタリテ大野《ヲホノ》トイフトコロアリ、スデニコヽニ住《チユ》シテヨリ、歳月《セイゲチ》ヒサシ、我居《ワガキヨ》ツ子ニ法鼓《ホチク》ノ妙音《メウヲム》ヲキクニシノビガタシ、故《カルガユヘ》ニ来詣《ライヱチ》ストテ、スデニ去《サリ》ヌ、性信上人《シヤウシンシヤウニン》アヤシミタマヒ、スナハチ門人《モンジン》順海《シユンカイ》ヲシテ蹤蹟《シヤウセキ》セシメタマフニ、ユク〳〵大《ヲホ》野《ノ》ニイタルトキニ、森蔚《シンウツ》タル列樹《レチジユ》ノ中《ナカ》ニ豊隆《ホウリユ》ノ神《シン》アリ、スナワチ管廟《カンベウ》ナリ、廟前《ベウゼン》ニイタリテ、タチマチニ老翁《ラウヲフ》ヲ失《シチ》ス、順海《ジユンカイ》スミヤカニ皈去《カヘリサリ》テ、クハシクコノ旨《ム子》ヲマフスニ、性信上人《シヤウシンシヤウニン》ノタマハク、コレ神《カミ》ノ現《ゲン》ズルトコロカ、イハユル和光同塵《ワクハウドウチン》ハ彼道《カノミチ》トスルトコロナリ、イハンヤマタ仏教《フチケウ》ヲ聞《キク》ニ於《ヲヒ》テヲヤ、シカウシテ老翁時々来《ラウヲフヨリ〳〵キタリ》テ、マス〳〵法《ハウ》ヲ信《シン》ズルコト甚《ハナハダ》シ、然《シカル》ニ天福元年癸巳春《テンフククワン子ンミズノトノミノハル》、正月十日當夜《シヤウクワチトウカノアタリテヨニ》、祝人霊夢《シユクジンレイム》ヲナシ感《カン》ズルトコロナリ、スナハチ神彷彿《シンホウホチ》トシテ長杉《チヤウサン》ノ頂《イタヽキ》ニ現《ゲン》ジ、東方《トウバウ》ヲ礼《ライ》シテイハク、相ヒ伝テ謂フ礼拝杉ト、至テ今ニ在廟前ニ コレヨリ東《ヒンガシ》ニ知識《チシキ》アリ、性信上人《シヤウシンシヤウニン》ト称《シヤウ》シタテマツル、我時々《ワガヨリ〳〵》来往《ライワウ》シテ御法《ミノリ》ヲ信《シン》ジ、心大歓喜《シムヲホキニクワンギ》ス、因《ヨリ》テ報恩《ホウヲン》ノタメニ、何《ナニ》ヲカセン、幸《サイハイ》或神池《ナルカナジンチ》ノ鯉魚《リキヨ》ヲ以テ贈《ヲクル》ベシトミルホドニ夢《ユメ》サメ畢《ヲハン》ヌ、マコトニ奇異《キイ》ノオモヒヲナシツ、スナハチ翌日舟《ヨクジチフ子》ヲ泛網《ウカヘアミ》ヲアグレハ、双鯉躍《ソウリオトリ》テ網中《モウチウ》ニ入《イル》、于時祝人甚《ニトキシユクジンハナハタ》コレヲ感《カン》ジ謹《ツヽシン》テ、性信上人《シヤウシンシヤウニン》マタフカク神慮《シンリヨ》ヲ感《カン》ジ、スナワチコレニ鏡餅《キヤウヘイ》二枚《ニマイ》ヲ以《モチ》テスト、云云、今ニイタルマデ、五百有余年贈答《ゴヒヤクユウヨ子ンゾウトウ》ナヲイマダタヘス、年々正月十六日《子ン〳〵シヤウクワチシフロクニチ》、鯉魚《リキヨ》ノ会《クワイ》ヲ開《ヒラク》コト旧例《キウレイ》トナレリ、下総報恩寺にほど近い飯沼天神の神は、性信への帰順を告げ、神池（御手洗池）の鯉の献上を約束するのであった。現在にいたるまで正月の鯉魚規式は天神の報謝にからめて説き示されているのである。まさに報恩寺縁起のクライマックスともいうべき説話であるだけに絵伝もその部分に多くの図様をあてている（図9〜11）。ことに㉖㉗の鯉開きと鏡餅の献上は、実際に報恩寺で行われる年中行事を性信伝の挿話にしたものであり、過去の縁起伝承と現行の儀礼をとりまぜる絵解きの語り口をよくあらわしている。

さらにまた、図様細部にこだわるなら、絵伝には天神社境内の御手洗池（㉓）、礼拝杉（㉔）といった現存する宗

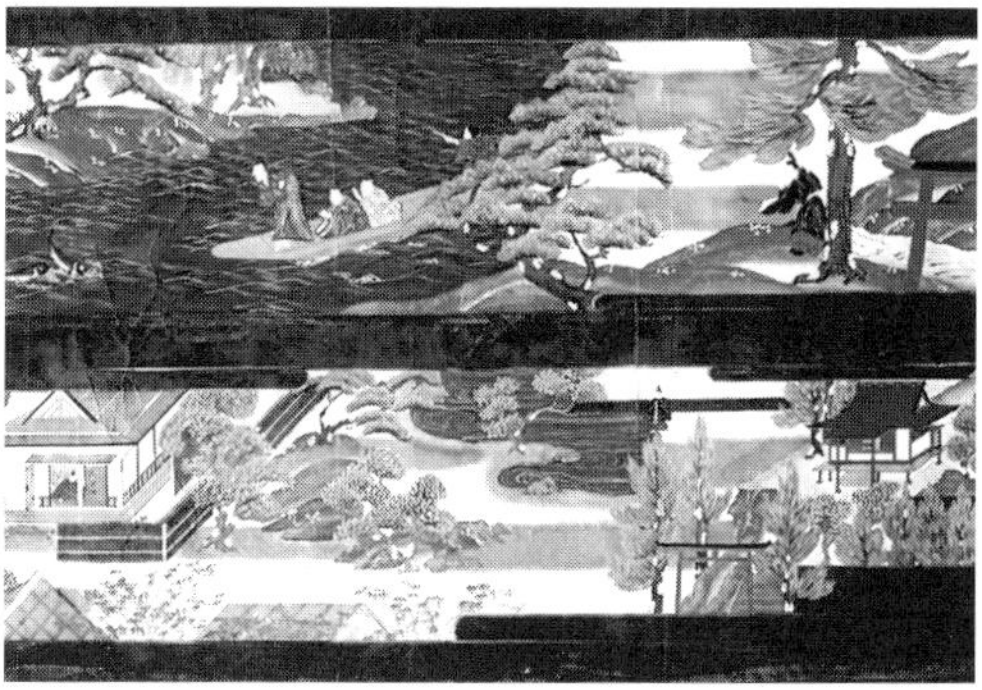

図9　天神社と御手洗池（第三幅㉓）、礼拝杉（㉔）、二鯉を得る景（㉕）

図10　正月鯉開きの儀（第三幅㉖）

図11　二鯉と鏡餅献上（第三幅㉗）

教名所を描き込み、絵解きを聴く者、視る者の興味を喚起して二十四輩巡拝の旅へと誘う旧跡情報の配慮がなされているのである。

五　前生の骨

㉛㉜に描かれた前生の骨の因縁（図12）は、これもまた『二十四輩散在記』『遺徳法輪集』などの諸書にしばしば見受けられる説話であり、性信開基の四ヶ所の法得寺（相模、上総、上野、下野）に関連して語られる場合もある。いま『報恩寺開基性信上人伝記』にそって大概を示すと、およそ次のような内容である。

建長二年（一二五〇）の秋、夢に異僧があらわれ、「奥州信夫郡土湯山」の麓に性信の前生の骨が埋まっていることを告げる。急ぎ土湯山におもむき、松樹の下より二世の骨を掘り出して彼の地に一宇を建てて法得寺と号した。

栃木県下都賀郡野木町の法得寺は、親鸞・性信の師弟が関東入国の折、天台宗であったこの寺にしばし滞在した旧跡とされる。そのような縁から、のちに性信が真宗に中興し今日に至ったという。当寺所蔵の『性信上人像縁起』は、元禄十四年（一七〇一）の七月十七日に上人坐像を造立した時の由緒書であるが［9］、ここにも一猟師の手引きで前生の骨を得た説話を見出すことができる。性信ゆかりの諸寺に、それぞれ自坊固有の霊験となって前生の骨の因縁が拡散していくありさまは注目すべきであろう。かつまた、そのような性信説話の伝播が宗祖親鸞にまつわる二十四輩巡拝のルートと重層する点も、北関東における真宗伝承の伝播を考える際、避けてとおれない問題を提示しているといえるのではないだろうか。

以上の説話群を経て、絵伝第四幅は性信の入滅と葬送、そして報恩寺の全景（図13）を画いて畢わる。第四幅の最上部に見える双嶺は、おそらく筑波山であろう。とすれば、その麓の寺境は下総の報恩寺ということになる。現在坂

図12 前生の骨の因縁（第三幅㉛㉜）

図13 下総報恩寺の景（第四幅㊲）

東報恩寺に伝わるこの絵伝が、製作の当初は、明治になって旧寺名に復した下総の旧地を称揚する意図から描かれたものであることを示す特徴とみておきたい。

六　宝物を画き、語る

ところで、『報恩寺開基性信上人伝記』は下巻末尾の第四段に、享保十七年（一七三二）の春、寺宝の「二世ノ骨」が京都に運ばれ「真如尊師」の展観に供されたことを付記している。

享保十七年《キャウホウシウシチ子ン》壬《ミズネヘ》子《子》ノ春《ハル》、報恩寺《ホウヲンジ》ノ旧儀《キウギ》トシテ、予宗祖《ヨシユウソ》ノ尊像宝物等《ソンゾウホウモチトウ》ヲ供奉《グブ》シ、洛《ラク》ニイタリ、今《イマ》ノ東門真如尊師《トウモンシンニョソンシ》ノ拝覧《ハイラン》ニオヨブ、トキニ性信上人遺骨《シャウシンシャウニン井コチ》ヲミタマヒ、予《ヨ》ニ命《メイ》ゼラレシニ、性信《シャウシン》二世《ニセ》ノ骨《コチ》ナリトコタヘタテマツル、ソノトキ　忝《カタジケナクモ》
真如尊師《シンニヨソンシ》マサシク嘆《タン》ジテノタマハク、嗚呼《アヽ》性信《シャウシン》モ権者《ゴンジャ》ナリト、云云
コレヨリ衆以《シユモチ》テマス〳〵尊重渇仰《ソンヂウカチガウ》セリ、凡《オホヨソ》
性信上人一代《シャウシンシャウニン井チダイ》ノ徳業《トクゲウ》、何《ナン》ゾ筆端《ヒチタン》ニツクスベケンヤ、因《ヨテ》ソノ要《ヤウ》ヲ摘《ツム》デ、イサ、カコレヲ録《ロク》スルトコロナリ、

図14　名号授与（第一幅⑨）

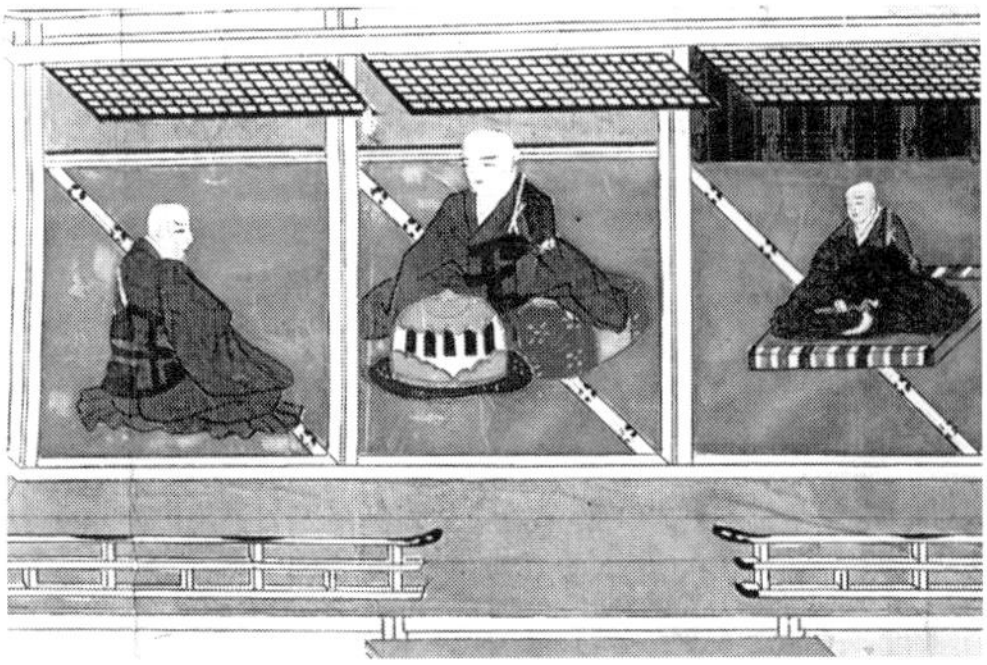

図15　右端に聖人自刻の木像（第三幅㉚）

こうした霊宝の開帳は、むろん報恩寺において頻繁に行われていたに違いない。絵伝の図様と寺宝の緊密な呼応関係から推察される状況は、明治中期の報恩寺における開帳と絵解きの渾然一体としたありかたを示唆するのではないか。この点を確かめるため、今一度、絵伝内容と宝物の連携を検証しておきたい。

宗誉の『遺徳法輪集』は坂東報恩寺の什物として「三十二彙」の品々をあげている。そこには「聖人御影」「教行信證」「本仏名号」や、「御脇指」（性智ゆかりの龍返しの剣）、「二

世骨」（「土湯山ニテ掘出セリ」）、「飯沼天神影」のような前述の説話にまつわる遺宝が含まれる。

絵伝の製作にあたり、古くから報恩寺に伝わるこれらの宝物類のいわれを絵画化することに格別の配慮がなされていた点は明らかであった。たとえば、報恩寺の本尊となった親鸞直筆の「本仏名号」に関して、絵伝はその場面を若き日の入門時代の事跡（第一幅⑨、図14）として配置する。一方、歴史上の名号授与の時期は、『遺徳法輪集』に、

建保二年ノコロ性信房横曾根ニテ当寺ヲ建立セラレシトキ、聖人コノ名号ヲアソハシ性信房ヘ譲リタマヘリ、性信房ソノトキノコノ名号ヲ本尊トシタマヘリ。


とあるように、報恩寺開創の頃でなければならない。あえて史実にこだわらず、寺の霊宝「本仏名号」の授与を第一幅目に掲げ、宗祖との運命的な出会いにつづけたのは、絵伝編者の作意によるものであろう。ちなみに、親鸞自刻の木像「聖人御影」については、第三幅の師弟再会の場面（㉚、図15）にとりあげられている。その姿かたちは『遺徳法輪集』に「右ノ御手ニ払子ヲ持タマヒ左ノ御手ニ数珠ヲモチ」云々とあるのとまったく同じ絵姿であった。

さらにまた『遺徳法輪集』の引く三十二の什物を詳しくみていくと、きわめて通俗臭の強い次の遺宝に目がとまる。

一、御茶入　コノ茶入レハ聖人ノ御細工ニテ唐桑ノ百切ナリ
二、御団扇　コレモ聖人ノ御細工ニテツネニ御持サレタル団扇ナリ
三、御旅銭　コノ銭ハ和同開珎ニテ四銭アリ、道中御遺ノアマリナリ
四、御筬　コノ筬ハ網代ナリ連著モアリトモニ聖人ノ御細工ノイロ〳〵箱根ニテコノ筬ノ内ヘ取テ授与シタマヘリ

一見、歴史的価値のなさそうなこれらの品々が、じつは絵伝の画く「旅する聖人の姿」や、箱根山に繰り広げられた師弟の別離というドラマチックな物語絵の世界を補完するものであることは忘れてならない。『報恩寺開基性信上人伝記』によれば、箱根の別れにのぞんで、笈に納めた仏舎利、教行信証などが性信に授与されたという。

聖人《シヤウニン》マタノタマワク、汝《ナンジ》ガ功至《コウイタレ》リ盡《ツク》セリ、マタ何勉《ナンゾツトメン》、ココニヲヒテ性信《シヤウシン》ナヲ〱戀々《レン〱》トシテ去《サル》ニ忍《シノビ》ガタカリシトコロニ、忝《カタジケナク》モ聖人《シヤウニン》マサシクオホセラレテ云《ノタマハク》、汝《ナンジ》スミヤカニ去《サル》ベシ、マタ念《ネン》ヲナスコトナカレ、我《ワレ》モトヨリ貴重《クヰテウ》スルトコロノ宝物笈中《ホウモチキウチウ》ニヲサム、挙《アゲ》テ汝《ナンジ》ニ付属《フゾク》セン、持《コト》ニ五采《ゴサイ》ノ佛舎利《フチシヤリ》ハ、法然上人《ホウ子ンシヤウニン》ヨリ伝来《デンライ》シタマフトコロニシテ、夢寝《ムビ》ニモワスル、コトナク念《子ン》ヲナストコロナリ、亦付属《マタフゾク》セン、且教行信證六巻併付《ケウギヤウシンシヤウロククワンノヘイフス》、スナハチ我自選《ワガジセン》シ自筆《ジヒチ》スルトコロナリ、是宗風《コレシユフウ》ヲ開《ヒラク》ノ基本《キホン》ニシテ、最《モツト》モ真訣《シンクエチ》ナルモノナリ、汝《ナンジ》ニ於《ヲヒ》テ足《タン》ヌヘシト、云云、コレニヨリテ性信上人欣然《シヤウシンシヤウニンキンゼン》トシテ、再拝命《サイハイシメイ》ヲ領《リヤウ》ジテ、別《ワカレ》タテマツリ玉《タマ》ヒケリ、

（上段第四段）

現在にいたるまで、上野の報恩寺では八月の虫干し会に際して、証拠の「笈」（図17）と聖人所持の茶入れと銭（図18）、団扇（図19）が参詣人の目の前に並べられる。俗臭の濃いものとしては、雷封じに効能ありと伝える、聖人自筆の呪を書きつけた仏舎利も展観されるのである。もちろんそこには「龍返しの剣」（図20）、「本仏名号」などの伝統的な法徳説話の遺宝が所せましと並ぶ。そして堂宇の余間には四幅の絵伝が掛けられ、三十二点の什物の来由を十二分に説明する役割をになうのである。絵伝と宝物が立体的に連動し目の前のモノと、視覚的効果を駆使した物語絵

図17 聖人の「笈」(坂東報恩寺蔵)

図16 箱根の別離(第二幅㉒)。性信に笈を授ける場面を描く

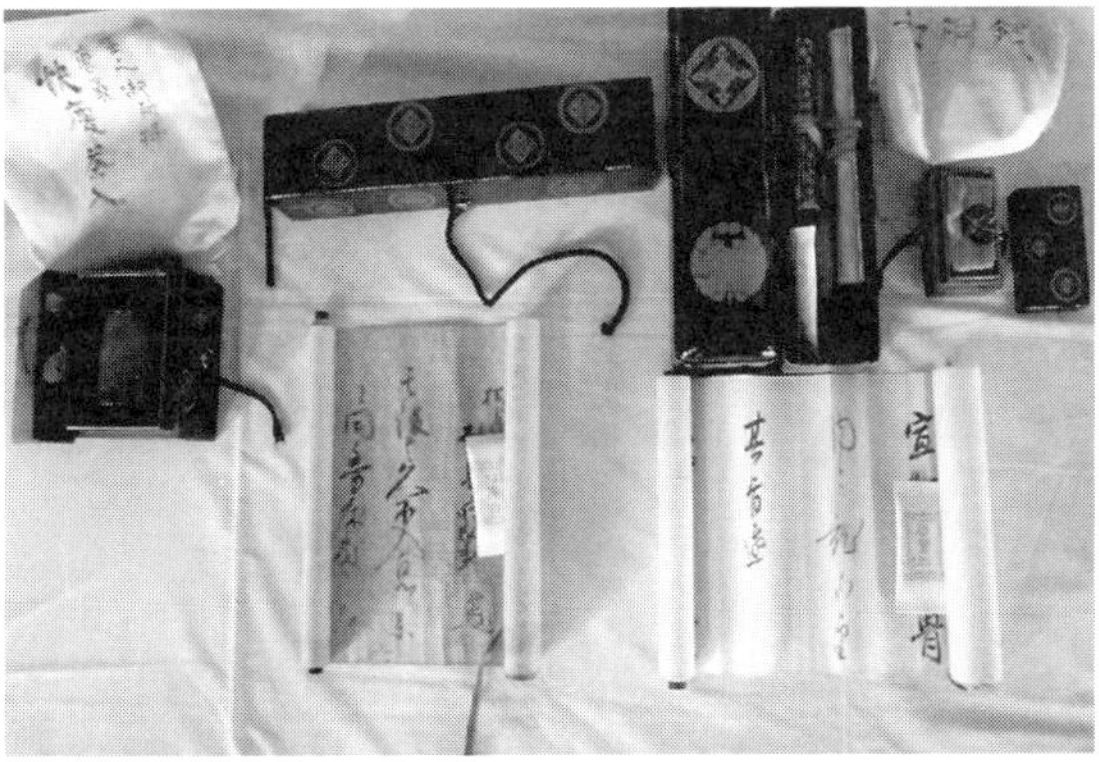

図18 聖人所持の茶入れ(左端)と銭(右端)(報恩寺蔵)

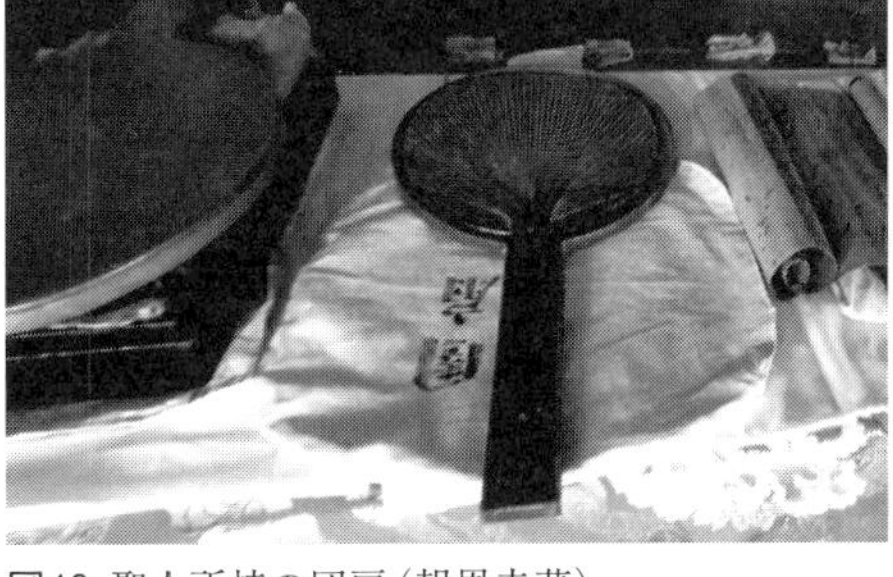

図19 聖人所持の団扇(報恩寺蔵)

（コト）の共鳴により、性信伝はいっそう説得力あふれる宗教伝説に昇化していく。一例としていうならば、龍返しの剣の由来を語る絵解き説法の場と実体をともなう証拠の宝剣が同じ堂宇の空間を共有するのである（図20・21）。以前は龍返しの剣の開帳にあわせて、役僧が経文を唱えることもあったという。報恩寺所伝の読み縁起（図22）の多さを顧慮していうなら、絵画・説教・儀礼の有機的な連関を巧みに生かした布法の場が、近代初頭の坂東報恩寺の堂宇を賑わしていたことは想像にかたくない。

今日の歴史学や宗門史研究などの実証的視点に立てば、確かにかような「宝物」は誇大化した後世の訛伝に過ぎず、通俗説教の産物としか評しようのないものかもしれない。しかし、一面においては、寺を訪れる人々の感性に直接訴

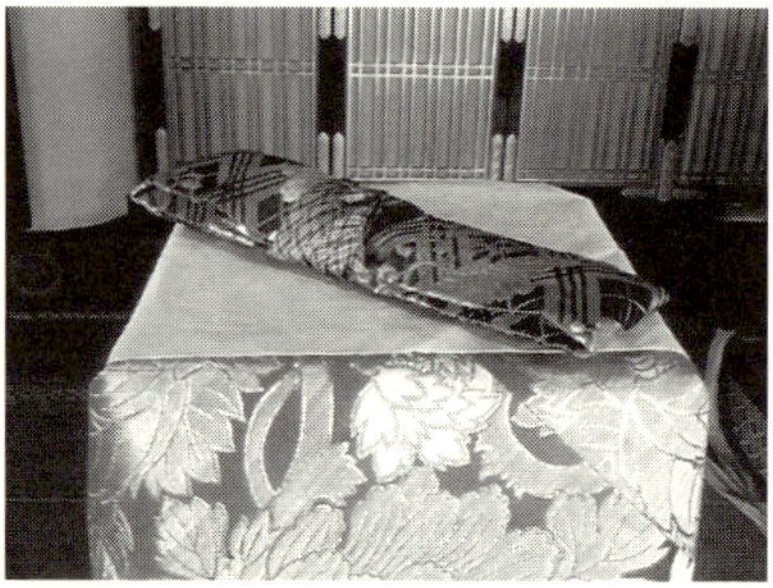

図20 龍返しの剣（報恩寺蔵）

図21 龍返しの宝剣の由来（第三幅⑰）

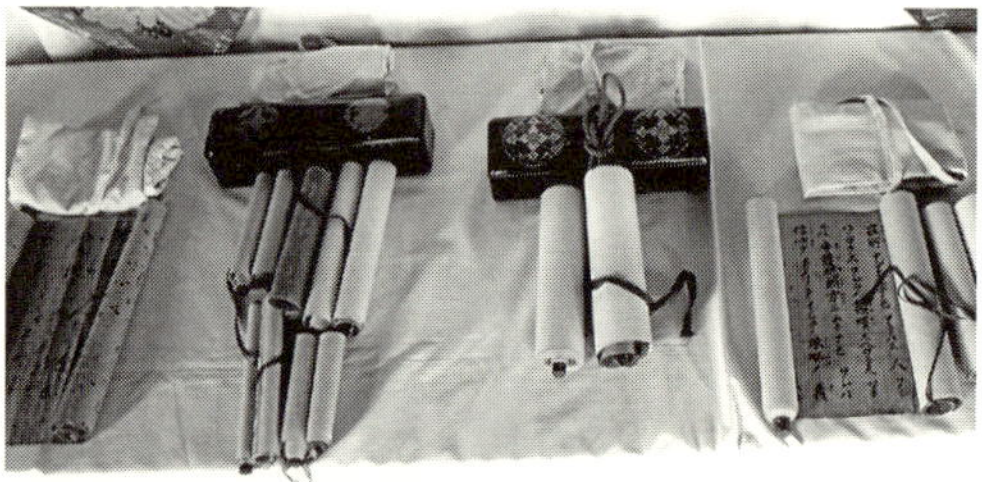

図22 読み縁起（報恩寺蔵）

えかける弘法布教の最前線を保持し、二十四輩巡拝の聖地へと門徒の信仰心を誘ったこともまた、大衆文化史の歴史的事実にほかならない。

[1] 園部公一『常陸の親鸞――旧跡二十四輩の寺々』（東冷書房、二〇〇四年）六八頁。

[2] 今井雅晴「性信坊関係資料――初期真宗の一側面」（『茨城大学人文学部紀要』一九号、一九八六年三月）に翻刻・解題。

[3] 赤井達郎『絵解きの系譜』（教育社、一九八九）三九四頁。

[4] 本文引用は、注2の今井論文による。なお、『性信上人縁起』は飯沼の蛇婦につづけて宝福寺にほど近い板倉の沼の主にまつわる教化譚を載せる。詳細に関しては前章一六三頁参照。

[5] 『御旧跡二十四輩記』巻六に載る異伝は次のような内容である。

一虵反劔　長サ六寸七分有、作ハ波平ト云フ又ハ了戒トモ云ヘリ、性信房昔横曾根ノ古院ヲ修補シテ居レシ時、或日有髪ノ僧（虚無僧ノコト）一人来テ山門ニ入ラントセシニ、卒然トシテ睡眠ニオカサレテ門ノ傍ニ憩フ、熟寝スルニ及ンデ、門ノ傍ノ池ヨリ悪龍出テコレヲ呑ントス、僧ノ懐中ヨリ寸劔トビ出テコレヲ防グ、悪龍退クト見ルトキ、門ニ有ル密迹金剛（此密迹金剛今江戸金龍山浅草寺ノ門ニ有）出テ足ヲ以テ悪龍ヲ池ニ踏コム、コレヲ性信ツラ〳〵見ケルニ、僧眠覚テ寺に入鉢ヲ乞フ、性信カノ僧ヲ請ジテ寺ニ留マレト云フ、僧ノ云ク、我諸国斗藪ノ志アリコ、ニ留ルコトヲ得ジト、性信ノ云ク、然ラバ汝ガ所持スルモノヲ我レ望ムコト有、コレヲ與ヘンヤ否ヤト、僧ノ云ク、我レニ一物ナシト、性信ノ云ク、汝懐中ニ寸劔アリ、コレヲ得ント、僧ノ云ク如何シテコレヲ知レリヤト、性信件ノコトヲ具ニ語ル、汝ソレ疑ハヾ門ニユキテ密迹金剛ノ足ヲ見ヨ、水ニ浸セル痕アラント、僧ユイテ見レバ性信ノ言ノゴトシ、僧カヘリ入テ云ク、マコトニサモアランカ、門ニ入ラントシテ卒ニ眠来ル、コレ悪龍ノナス所カ、懐中ヨリ寸劔ヲトリ出シテ性信ニ與ヘテ云ク、我更ニ下民ニアラズ、一国ニ知タル者ノ子ナリ、敵ノ為ニ国ヲホロホサレテ父兄トモニ戦死ス、我適命ヲ遁レテ流浪ノ身ナリ、厭離ノ志存ニシテカクノゴトシ、名劔多クアリトイヘドモ斗藪ノ身ナレバ身ニ随ヘズ、此寸劔ハ奇瑞アリテ先祖ヨリ守ノ劔トス、然レドモ貴坊ノ望タル所ナレバ、コレヲ譲ルト云テ爰ヲ出去ル、性信名劔ヲ得テ喜ビ、彼悪龍ヲ退ンコトヲハカル、或日悪龍又出テ人ヲナヤマス、性信見テ彼劔ヲ以テコレヲハラヘバ悪龍池ニ入ル、性信ツヾヒテ池ニ入悪龍ヲ刺ントス、悪龍オソレテ池ヨリ出テ、雲ニ乗ジテ東南ノ方へ去ル、性信跡ヲトヾメテコレヲ追フコト三十餘里、現ニ常州三又ト云フ水中ニ入リ去ル、此劔證智比丘尼受得タリ、尼或時鹿島へ詣デル時、三又ヲ舟ニテ行ク時、中流ニシテ風烈シク逆浪ウズマキ来既ニ舟ヲ覆サントス、尼ノ腰ニ帯セル寸劔ミヅカラ飛出テ水中ニ入ル、倉卒ニシテ風ヤミ浪オサマル、尼鹿島ヨリ下向又舟ニシテ一龍水中ヨリ見《アラハ》ル、頭ニ彼寸劔ヲ載タリ、尼コレヲトリ帰ル、コレヨリ此劔ヲ字シテ虵反ノ劔ト云

［6］簗瀬一雄『社寺縁起の研究』（勉誠社、一九九八年）に翻刻がそなわる。

［7］本文引用は注2の今井論文による。

［8］たとえば注5の異伝など。

［9］注2の今井論文に翻刻がそなわる。

第六章

関東絵伝の近代

讃岐に渡った二十四輩伝承

一　明治維新と絵解き説法

廃仏毀釈の嵐が吹き荒れた明治初年は、仏教教団にとって試練の時代であった。徳川三百年の世において檀越制度をはじめとする特権に護られてきた各教団は、まさに存亡の危機に瀕していたのである。

こうした状況のもと、東西両本願寺が、神道中心の国家の宗教政策に背くかたちで、明治八年（一八七五）、中央政府の大教院より離脱の動きをみせたのは、転換期の対応に苦慮する真宗教団の姿を浮き彫りにしている。

一方、同時期の両本願寺は、維新の外的圧力に抗するのみならず、教団内部の近代化をはかり、近代国家にふさわしい学問仏教への転換を宗是にすえる方向にみずからの体制を変えていった。そのような流れは唱導の現場に布教の純化を求め、真宗の教義にもとづく「法話」を中心とする説法以外は否定されるようになった。俗耳に入りやすい芸風の節談説教や、俗伝にみちた神異な絵解き説法のたぐいは、宗風の近代化を妨げる旧弊とみなされ、指弾のターゲットとなった。本山のこうした対応も当時の時代背景を考えれば、しごく当然の結果であった。

赤井達郎によれば、東本願寺が明治八年九月に通達した「改正説教規則」のなかで、「或ハ現今ノ時事ヲ説キ、或ハ仮説ノ譬喩ヲ用ルモ、言鄙俚ニ亘リ、態俳優ニ類スル者ノ如キ」説教は厳に戒められたという〔1〕。

同様の姿勢は絵解きに対しても徹底され、個々の末寺の解釈や寺僧の私説を語る絵解きは、「何等之訛伝謬説ヨリ宗義ヲ紊乱スル」ものとしてこれを禁じた（明治十年五月、東本願寺「配紙」）。西本願寺の明治十三年通達にも、類似の禁令がみえており〔2〕、明治初頭の本山にあって親鸞の伝記を統一化し、異説を排除する方針が行きわたっていたことがわかる。

ところが、本山から遠く離れた地方末寺や関東の旧跡寺院に目を移すと、布法の場の現実は必ずしも中央教団の意向にそうものではなかった。明治十年代になっても、地方色豊かな自坊中心の掛幅絵伝の製作が行われ、門徒の目と耳に訴えかける絵解き説法の法会を賑わせたのは、その証左といえるだろう。前章にとりあげた坂東報恩寺の『性信上人絵伝』は、神異と霊験の世界にいろどられた関東絵伝の伝統が、近代以降も輝きを失っていなかったことをものがたる。

一方、ここに紹介する香川県下の二十四輩絵伝は、いずれも幕末・明治の地方門徒圏に根ざした在地の唱導のありようを今日に伝えている。それらは「二十四輩」を標榜しながらも、縁起の内容をみるかぎり、本山周辺の二十四輩資料に出拠を仰ぐものとはいいがたく、関東諸寺の絵伝とも異なる説話の取捨選択が目につく。さらにまた、世間に流布した『二十四輩順拝図会』、高田派の『親鸞聖人絵詞伝』といった版本資料との対比においても、香川県下の絵伝は独自の解釈が目につく。本山の統制とは別の次元で、明治期の地方社会に根をおろした絵解き説法の現場を垣間見ることのできる事例といえるだろう。そのような観点から、讃岐に渡った二十四輩伝承の展開と図像化の実態は重要な意味を持つものである。

二　讃岐と興正派

香川県下の二十四輩伝承がこの地方特有の様式と内容を持つようになった背景には、讃岐に教線を伸ばした真宗興正派の門徒圏が大いに関係していた。他の地方に類例をみない二十四幅形式の絵伝を所蔵する綾歌郡綾川町山田下の法専寺、および丸亀市郡家町の郡家別院は、いずれも興正派の有力寺坊であり、地域の布法拠点となっている。具体的な絵伝の紹介に先立って、興正派の宗門史と讃岐門徒の関わりにふれておきたい。

京都市下京区の興正寺を本山とする同派の濫觴は、文明十四年（一四八二）に仏光寺の経豪が本願寺の蓮如に帰依して興正寺蓮経を称したことにはじまる。戦国期に入ると西日本に勢力を広げ、とくに泉州堺を拠点に瀬戸内の海路を利用して中国、四国、九州に教線を拡大し、最盛期に三五一八寺を擁するにいたった。江戸期には西本願寺に属したが、しばしば別派独立を企画して果たせず、結局、明治初年の大教院離脱問題をきっかけに、第二十七世本寂（摂信、一八〇八～一八七七）の主導のもとに明治九年（一八七六）、かねてからの念願であった「興正派」の成立にこぎつけたのである。

しかし、分派を嫌う西本願寺の積極的な働きかけもあって、大半の末寺が西本願寺への残留を選び、各地で離末があいついだため、興正派は急速に勢力を縮小するところとなった。興正派側の宗門史である中島慈応の『真宗法脈史』（明治四四年）第七編は、この間の事情を次のように記している。

西本願寺全国に向かつて使僧を増派し、擅に専ら我門末を転派せしめんと努む。此に於てか中国を始とし、九州全部、東海東山、北陸山陰の諸道、南海近畿の大半、合して三千余ヶ寺皆彼れに転属す。

図1　生子山二十四輩石仏群（香川県綾川町畑田）

分派の折の離末の激しさに関して、森岡清美は興正派にとどまった末寺の数と地域を調べた結果、興正派成立後の末寺数が山城十四ヶ寺、近江五ヶ寺、大和三十六ヶ寺、紀伊三ヶ寺、和泉三ヶ寺、河内十四ヶ寺、摂津十三ヶ寺、播磨六ヶ寺、阿波十ヶ寺、讃岐七十七ヶ寺の「計一八二ヶ寺にすぎなかった」としている［3］。全体の末寺数はのちに二三二ヶ寺に訂正されたが、いずれにしても大幅な離脱を許すことになったのに変わりはない。

ところが、地域別にみた場合、讃岐のみ七十七ヶ寺と突出した数の末寺が興正寺に従っており、この地方が明治九年分派後の数少ない興正派の拠点になっていた事実をものがたるのであった。

本書のⅠの第二章にふれたように、香川県は近代になって造られた二十四輩石仏群の散在で知られている。地元の石仏研究者・森川定の長年にわたる調査から、県内四十一ヶ所の二十四輩石仏（他に徳島県四、愛媛県一）が確認されており、さらにそれらの寄進者の多くに興正派門徒の関与を見出しうるという。こうした信仰環境が示すように、分派成立期の興正派において讃岐の末寺と檀信徒の果たした地域的な役割は度外視できない状況にある。むろん絵伝の生成もまた、そのような流れのなかに位置づけて考えるべきであろう。

三　法専寺の二十四輩絵伝

綾川町山田下の法専寺の開基は寿永の昔にさかのぼる。屋島の合戦に敗れた平重盛の四男・小松少将有盛が一門菩提のために建立した天台宗法専坊を起源とする。その後、文明年間（一四六九〜八七）に真宗興正派に改め、永正二年（一五〇五）に現在地に移っている[4]。享保十一年（一七二六）には京都の九条家より親鸞聖人自作像が下賜され宝物に加えられた。現在も地元の「法専寺子守歌」に「ねんねこ山田の法専寺、お開帳あったらでてまいる」と歌われているのは、聖人像の開帳をとおして地域の信仰を支えてきた当寺の役割を示唆するとみてよかろう。今日では八月の虫干に宝物の展観が行われるが、以前は春の農具市なども開催され、近在の人々で境内が賑わったという。

さて、あまたの宝物を所伝する法専寺には、嘉永四年（一八五一、箱書きによる）に製作され、近代以降も絵解きされた二十四幅仕立ての掛幅画がある。さらにまた絵解きの折に用いられた台本を転写したものと思われる『二十四輩略縁起』（半紙本、写本一冊）も残っている。縁起の内容は二十四幅の絵相とすべて対応しており、絵伝が絵解きされ

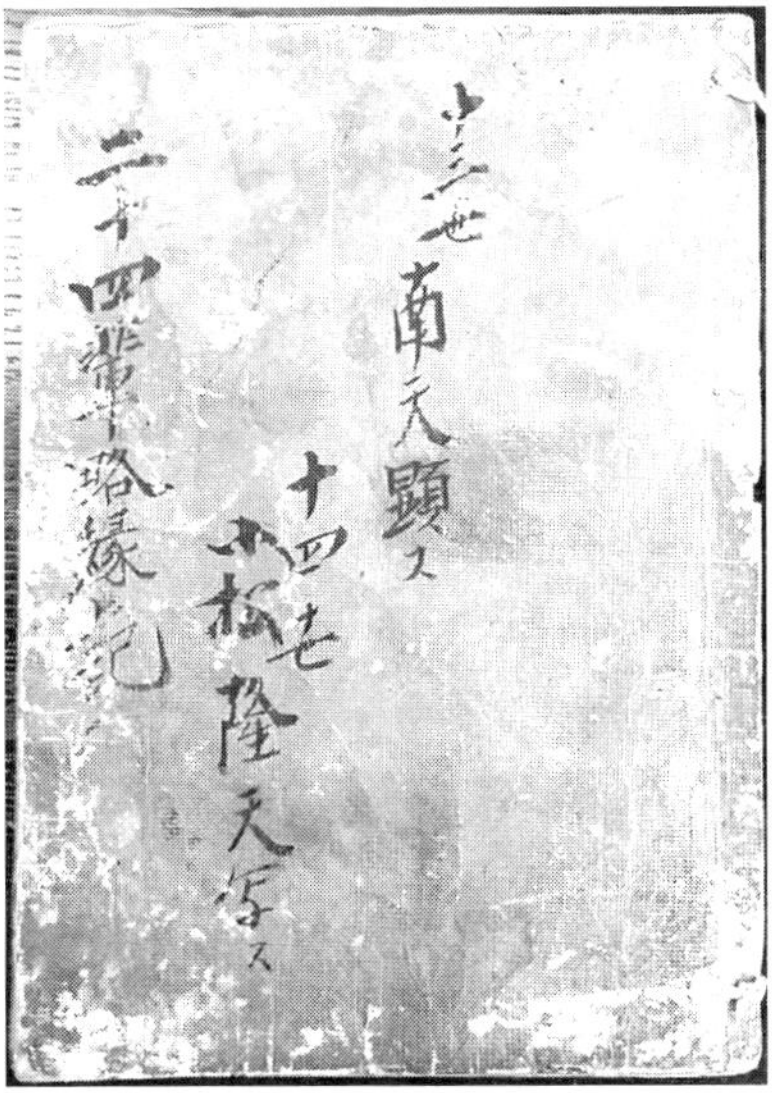

図2『二十四輩略縁起』（法専寺蔵）

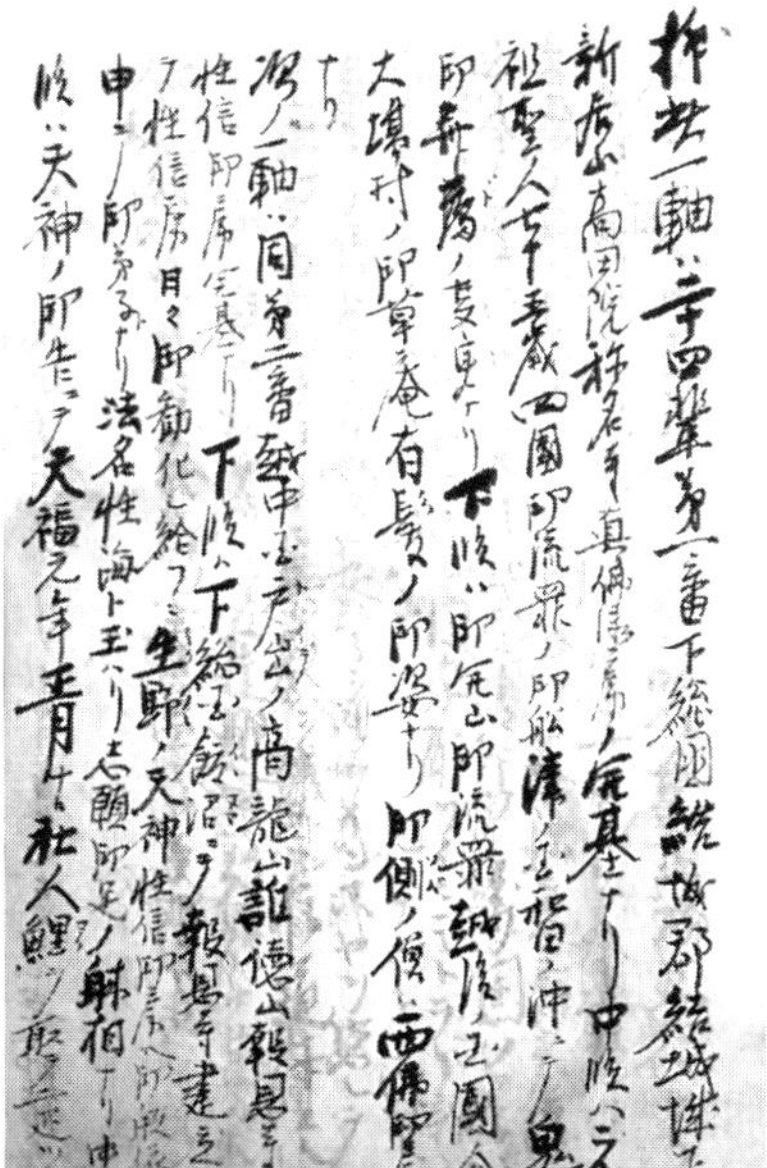
図3『二十四輩略縁起』本文

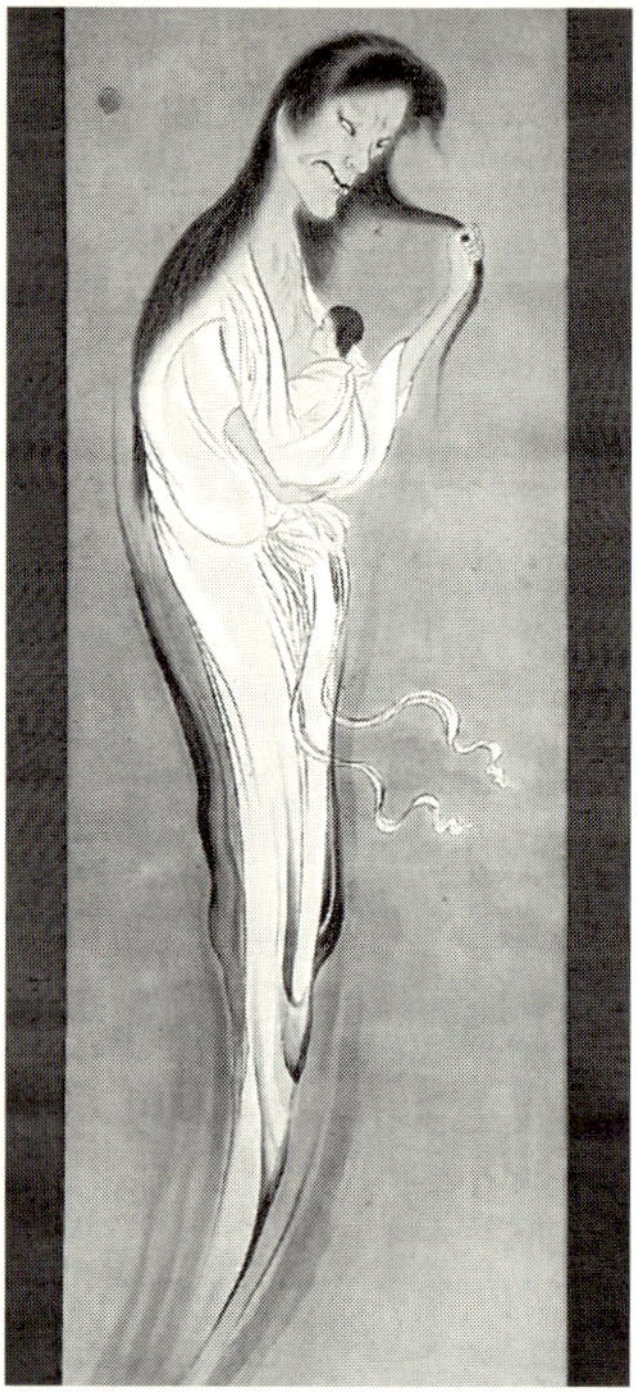

図4「子抱き幽霊図」(法専寺蔵)

た際の口演のさまを文字資料にもとづき立体的に再現し、把握しうる点は、注目に値するだろう。

略縁起は表紙に「十三世南天顕ス／十四世小松隆天写ス」と墨書してあり（図2）、明治元年五月に没した南天が著した縁起を十四世隆天（明治十二年没）の代に書き写して後世に伝えたことがわかる［5］。ちなみに『二十四輩略縁起』は二十四輩最後の二十四番本泉寺の項が途中で残欠となっていて、筆写の過程か、もしくは後の改装で数丁分が失われたものと推察される。絵解きのための読み縁起として、数代にわたり用いられた証しかもしれない。

法専寺には、この他『絵入往生要集』の版本を掛幅に仕立てた「地獄極楽図」三幅、奥州四十九院の伝説に拠る「子抱き幽霊図」一幅（図4）［6］などが伝わる。いずれも南天の時代に製作された説話画であり、幕末の法専寺における絵解き説法の盛行をおしえる。こうした活動を受けて明治初年の十四世隆天の頃に、二十四輩絵伝を用いた唱導が寺参りの信徒に対して行われたのであろう。

寺蔵の二十四輩絵伝の内容について話をすすめたい。

法専寺所蔵絵伝の図像上の特色は、何よりもその配置形式にある。二十四幅の掛幅の上部には、それぞれ旧跡寺院の全景が鳥瞰図風に画かれ、雲形で区切った下段に一、二景の説話画を配置する形式となっている。

また各々の幅掛の上端に「一番　報恩寺」「二番　専修寺」などと墨書した貼紙が貼られていて、一見各幅の由緒寺院を示すかにみえる。しかしながら南天の『二十四輩略縁起』の記述に比べてみると、寺号が一致しない場合が少なくない。現住職・小松政親師によれば、先代住職の頃に新たに説明の貼紙を補ったものらしい。一方、貼紙部分を丹念に透かしてみると、絵伝が描かれた当初の山号寺号が上部に墨書されているのがわかる。そこでここでは一幅ごとに、貼紙の下に書かれた本来の寺号を〔　〕内にしるし、『二十四輩略縁起』の本文を対応させて、明治初年の法席に語られたであろう二十四幅の全容を復元、紹介しておきたい。

なお、略縁起の翻刻にあたり、漢字は現行のものに改め句読点を補うとともに、明かな誤脱部分は傍に（ママ）、欠字による判読不明箇所は□の記号であらわした。また各幅の通し番号（①②……）を私に付し、丁数を（1オ）のように追補した。

①〔称名寺〕

抑此一軸ハ二十四輩第一番下総国結城郡結城下新居山高田院称名寺、真仏房ノ開基ナリ。中段ハ元祖聖人七十五歳四国御流罪ノ御船、津ノ国和田ノ沖ニテ鬼御済度《ド》ノ事実ナリ。下段ハ御開山御流罪越後ノ国国分大場村ノ御草庵、有髪ノ御姿ナリ。御側《ソバ》ノ僧ハ西仏御房ナリ。

②〔報恩寺〕

次ノ一軸ハ同第二番越中国戸出ノ高龍山謝徳山（ママ・院）報恩寺、性信御房開基ナリ。下段ハ下総国飯沼《イヽヌマ》ニテ報恩寺建立シテ性信房日々御勧化を給フニ、生野《イクノ》ノ天神性信房へ御帰依申テ御弟子トナリ、法名性海ト玉ハリ志願御足ノ体相ナリ。中段ハ天神ノ御告ニテ天福元年正月十日、社人鯉《コイ》ヲ取テ二疋ツ、（1オ）性信御房へ献上ス。六百五十年ノ末マテカケル事ナシ。是御弟子ノ御シルシナリ。

③〔無量寿寺〕

次ノ一軸ハ同三番常陸ノ国鳥巣村光明山鳥巣院无量寿寺。御開山三ケ年御逗留シテ順信御房へ御付属《ゾク》ナリ。下段ハ无量寿寺ノ本堂ナリ。村田刑部ノ少輔《イウ》ノ奥方難産テ死ス。幽霊トナリ御済度ニ預カリ迷ヲハナレテ西方往生ス。

④〔安養寺〕

次ノ一軸ハ二十四輩第四番下野ノ国宇都ノ宮北遊山花岳院安養寺、乗念御房ノ霊跡ナリ。下段ハ安養寺ノ由来ニテ、往古丸山長者ノ妻大蛇トナリ大高村ノ淵ニ住《ス》ミ諸人惑悩ナス処、聖人御化導ニ依テ大蛇、菩薩身ヲ現シ西方へ（1ウ）去リ玉フ。其時天ヨリ花カフリシ故花見カ岡ノ御旧跡ト号ス。

⑤〔弘徳寺〕

次ノ一軸ハ第五番相模ノ国海老《エビ》名郡千津村千津山心《シン》光院弘徳寺。信楽御房ノ開基ナリ。下段ハ鎌倉ノ執権北条武蔵ノ守泰時《ヤストキ》ノ御頼ニ依テ一切経校合シ玉フ処。又タ中段大石ハ天竺石ニテ、高祖聖人御指《ユビ》ニテ御名号ヲ書キ玉フ石ナリ。今ハ帰命堂ニ有名号石是ナリ。

⑥〔願牛寺〕

次ノ一軸ハ第六番下総ノ国倉持村大高山照浄院願牛寺、高祖聖人転法ノ霊地ナリ。成然房尊跡ナリ。御堂造栄ノ砌リ、一疋ノ牛来リテ御手伝ヲ申シ終テ、牛飯沼《イヽヌマ》ニ入テ変シテ霊牛木トナル。依テ寺号ヲ願牛寺ト名ク。下段ハ三河ノ国ノ禅門了西、信長公ノ命ヲ背キ改宗セヌ（2オ）故打首トナル。其時御開山御染筆ノ十字名号、身替リニ立テ玉フ了西無難ニ助カリタル体相ナリ。御名号ハ信州康楽寺ノ宝物。

⑦〔長命寺〕

次ノ一軸ハ第七番信濃ノ国水内郡南堀村足立山野田院長命寺ナリ。西念御房遺跡ナリ。右西念御房、年百七才ニシテ覚如上人ニ謁《エツ》シ玉フ時、長命寺ト下サレ、其節ハ武州足立《アダチ》郡野田ニ有、三代目西祐御房ノ時代建武ノ大乱ニ兵火ニテ燃失スル。此時信州南堀へ立越へ一宇建立シ長命寺ト号。下段ハ武州西光院ノ御ムクノ尊像ト号シテ高祖聖人ノ御尊像ナリ。西念御房幷ニ関東ノ御門葉へ□□木像ナリ。尓ルニ御木像ノ御目ノ下タニコブ有リ。聖人ノ御面像ニ高キ御コブナシ。是ハ即小刀ノ残リシ処ナリ。御房（2ウ）ノケ玉ヘト人々ノ申ニ付、西念尤ニ思イ一小刀当テ玉ヘハ、即キス口チヨリ血塩タラ〳〵ト流シ玉ヘリ。後チ至テ奇瑞度々ナリ。今ノ世ニ御ムク様ト号シテ諸人御帰依申木像ナリ。

⑧〔青蓮寺〕

次ノ一軸ハ第八番常陸ノ国久慈郡東蓮寺村玉（ママ・王）跡山諸願院青蓮寺、證性御房ノ開基ナリ。下段ハ越後ノ国柿崎宿ノ御旧跡ナリ。中段ハ柿崎米川寺《ベイセンジ》ニテ川越ノ御名号ナリ。

⑨〔東弘寺〕

次ノ一軸ハ第九番越中ノ国牧野村高柳山信順院東弘寺ナリ。高祖聖人四年御逗留ノ古跡ニシテ善性御房ノ遺跡ナリ。下段ハ越中ノ国立山地獄ノ模様ナリ。谷ノ上ニ浄土山ヲカマヘテ、弥陀、観音、大勢至ノ三尊ヲ安置シ其外九ツノ峯（3オ）ヲ開テ九品ノ浄土ニナソラヘタリ。長老比丘此山登シトキ、宿屋ノ女房生ナカラ立山地獄ヘ行キタル有リサマナリ。

⑩〔善證寺〕

次ノ一軸ハ第十番出羽ノ国仙北郡六郷寛喜院善證寺、是信御房開基ナリ。下段ハ常州筑波山ナリ。筑波権現ノ御願ニ依テ大鬼幷ニ多ノ餓鬼ヲ御済度ノ体相ナリ。

⑪〔称念寺〕

次ノ一軸ハ第十一番陸奥ノ国仙台城下宮城郡北山橘昌山本誓院称名寺（ママ・称念寺カ）、無為信御房ノ霊跡ナリ。下段ハ常陸ノ国大部ノ郷横《ヨコ》曾根《ネ》村平太郎某方ニテ聖人田植ノ御手伝ヲシ玉フ。平太郎夫婦幷早乙女ヲ御教化ナシ玉フニ、平太郎一念発起ノ信ヲ決定シ、御弟子トナリ信仏房（ママ・真仏）ト申ケリ。今ノ信仏（ママ・真仏）寺由来是ナリ。（3ウ）

⑫〔善徳寺〕

次ノ一軸ハ第十二番常陸ノ国那珂郡鷲巣《トリノス》村額光山善徳寺、善念御房ノ尊跡ナリ。下段ハ常陸国与沢村喜八女房難産ニテ命終テ野送リ、夜ヨリ墓所ヨリ幽霊トナリテ出ル事夜ナ〳〵ナリシカ、御開山ノ御化導ニ依テ助カリ菩薩身ヲ現ス。喜八大ニ喜、聖人へ御帰依中テ信者トリ（ママ）、聖人御帰リ、ヲリカラ御弁当ニ赤飯ヲ拵へ、中根ノ原ニテ差上玉フニ、聖人コレヲ喰玉ヘ共御箸ヲ大地ニ差シ玉ヒケレハ、立トコロニ青々ト葉ヲ生シ末代ノ今ニ御箸芦トテ、即宗風トモニサカヘテ拝見スル人御法ニ入ルト有。

⑬〔慈願寺〕

次ノ一軸ハ第十三番下野国那須《ナス》郡武《タケ》部村武部ノ粟野山無量光院慈願寺、信願御房ノ遺跡ナリ。下段ハ（4オ）常州稲田《イナダ》ニテ高祖聖人御化導ノヲリカラ鹿嶋明神老翁ノ御相□ヲ現シ稲田へ御参詣マシマシテ御弟子ト成、法名信海ト玉リケレハ、明神御喜ヒノアマリ社内七ツノ井戸ヲ一ツ稲田へ献ジ玉フ。不思議ヤ其日ヨリ稲田ニテ清水湧出シテ、今ニ於テ稲田ノ鹿島井戸ト申ハ是也。

⑭〔観専寺〕

次ノ一軸ハ第十四番下野国芳賀《ハガ》郡宇都宮稲木山信寿院勧（ママ・観）専寺、定信御房遺跡ナリ。下段ハ下野国柳嶋、聖人御年五拾三歳元仁二年正月八日ノ夜、行暮玉ヒ石上ニ登テ一夜ヲアカシ玉フニ明星天子児ト現シ、天竺白鷺池ノ柳ト菩提樹ノ実ヲ聖人へ献シ奉。其所ハ仏法有縁ノ霊地ナレハコノ二樹ヲ植へ一宇建立仕玉へト告終テ水中ニ入リ玉ウ。不思議（4ウ）ヤ水田カ高田トナリ、一宇建立有リテ高田専修寺ト号ス。

⑮〔称福寺〕

次ノ一軸ハ第拾五番近江国浅井郡月出ノ浦朝日山無量光院称福寺、道円房ノ尊跡ナリ。下段ハ常州久慈郡大門村日野左衛門頼秋ノ門前ニテ、建保五年十一月邪見ノ左衛門済度ノ為、雪ヲシトネ石ヲ枕ニ御苦労ノ御体相ナリ。

⑯〔寿命寺〕

次ノ一軸ハ第拾六番常陸国那珂郡大昌村信照山連台院寿命寺、入信御房ノ旧跡ナリ。下段ハ聖人下野《シモツケ》ノ宮村ノ御草庵ナリ。元仁二年四月十四日夜、善光寺ノ如来ノ御告ヲ蒙リ、十五日早天御山ニ立チニテ十九日ノ朝、善光寺ヘ御参詣シ玉ケレハ、一光（5オ）三尊如来御分身シ玉フ。聖人是ヲ供奉ツリテ専修寺ノ御本尊トシ玉フナリ。

⑰〔康善寺〕

次ノ一軸ハ二十四輩第十七番奥州信夫《シノブ》福嶋城下無為山泥洹《テイヲン》院康善寺、念信御房ノ座持、明教御房ノ血脈ナリ。下段ハ吉池《イケ》彦四郎真宗柴《シバ》村ニテ、熊井弥壱郎ノ悪心ニテ火災《サイ》ノ難ニ逢《アイ》シ時、聖人御染筆ノ十字御名号ノ奇瑞ニ依テ火災ノ大難ヲノカレシ武運長久ノ御名号ナリ。尓ルニ永禄四年、武田信玄公名号ノ不思議ヲ感シ玉ヒ、陣家ヲ以テ堂ヲ建立シ御名号ヲ安置シタテマツリ民ミ神トナシ玉ヒ、信州芝ノアミタ堂御神体ハコノ御名号ナリ。現当ノ御利益方便引入レノ御名号ナリ。

⑱〔法得寺〕

次ノ一軸ハ第十八番下野国都賀郡阿野村高栄山（5ウ）上宮院法徳（ママ・得）寺、入信御房ノ尊跡ナリ。下段ハ常陸国平太郎ノ弟平次郎トテ殺生ヲ好ミ大邪見ノ人ナリ。女房ハ聖人ノ御化導ニ依テ大信者ナリ。或時、夫ト平次郎留主ニテ聖人御形見ノ御名号ヘ御礼ヲ申シ、儘ナラヌ女ノ身ヲクドキ涙タ乍ラ女人正客ノ御慈悲ヲ喜フ処ヘ、平次郎帰宅有リ女房ニ疑念発リ、ニクキ女ト、氷ノ刀ヲ抜手モ見セス切捨タリ。死骸ヲ隠シ内ニ帰レハ、女房ハ夫ノ帰ルヲイツニカワラス待受タリ。平次郎不思議ニ思ヒ女房ノ死骸ヲ吟味《キン》スレハ、聖人御染筆ノ御名号、帰命ノ二字ヨリ切レハナレ身替リ立玉フ有リ様、平次郎大ニ驚キ聖人ノ御弟子トナリ報仏寺ノ開基唯円房是ナリ。

⑲〔上宮寺〕

次ノ一軸ハ第壱九番常陸国那珂郡松原村猶《ユ》（6オ）原《ハラ》山正法院上宮寺ノ明法御房ノ遺跡ナリ。下段ハ播磨公弁円ノ妾荻萩《ヲキハキ》トテ廿斗ノ美人ナリ。弁円ニ人妾ヲ深ク愛シ、荻萩ノ女菩提ノ道ニ入テ稲田ヘ参詣シ、聖人ノ御教化ニテ女人成仏ノ本願ニ帰シ奉、弁円ノ不法成ルヲカコチ、池水ニ身ヲ投ケ浄土参リヲイソガレケリトナン。弁円邪見ノ心ヨリ聖人ノ御形見ノ名号ヲ見テ、是皆善信房カ仕業ナリト、深クコレヲウラミテ袈裟下ノ山伏ヲ集テ山ニコモリ調伏ノ法ヲ修シ祈殺サント計リ、又弓矢刀ヲ以テ差殺サント迄致セシ弁円ナレドモ、後ニハ聖人ノ御弟子トナリ上宮《グ》寺ノ開基明法御房是ナリ。

⑳〔常弘寺〕

次ノ一軸ハ第二拾番陸レ《(ママ)》常ノ国那珂郡石沢村玉川山宝寿院常弘寺、慈善御房ノ開基ナリ。（5ウ）下段ハ越後ノ国佐々木村ノ太子堂コレナリ。聖徳太子ハ高祖聖人ノ御作ナリ。同国新発田《シバタノ》百姓茂助、新潟《ニイガタ》ヘ娘ヲ売リ、極月廿日晩《バン》方佐々木村ホトリニテ三人ノ盗賊来テ金ヲ奪取ラントスル時、皇太子十四五歳ノ児ノ姿タヲ現シ茂助ノ賊難ヲ救ヒ給フ。南無阿弥陀仏ヲ称ウレハ観音勢至ハモロトモニ、恒沙塵ノ数菩薩トカゲノ如クニ身ニソヘリト有。御賛ノ如ク信心ノ人ハ仏菩薩天童神ノ御守護ニアツカリトノ御教化ナレハ、冥加ノ程ノ裡ヲ思、御恩ヲ喜フヘシ。

㉑〔浄光寺〕

次一軸ハ第二十一番常陸ノ国茨木《イハラ(ママ)》郡中湊館《タテ》山衆宝山専願院浄光寺、唯仏御房ノ開基ナリ。下段ハ越後ノ国鳥屋《トヤ》逆竹《サカサタケ》ノ御旧跡ナリ。（6オ）高祖聖人承元元年ノ春ヨリ建暦元年迄五年ノ間、上越中越下越後ト御化益ノ折カラ、此地不法ニシテ信スル人甚タマレナリ。此ノ里ニ親ノ死シタル子ハナイカ法リノ風ニナヒク人ナシト、切ナル大悲御歌ナリ。依逆竹ノ奇瑞ヲ顕シ給ヒケレハ、此事遠近ニ聞ヘテ御法義即繁昌トナリ給ヘリ。尓ルニ人王八十四代ノ帝順徳院様御□キアリ随喜渇仰遊サレ、御宸《シン》筆軸ヲ下シテ鳥屋《トヤノ》院浄光寺勅額ヲ給リシト也。

㉒〔専応寺〕

次ノ一軸ハ第二十二番河内国讃良郡野崎村戸森山専応《ノウ》寺ハ唯信房開基ナリ。下段ハ信州戸隠《カクシ》山九頭龍王神体ヲ現シ玉ヒ、百幡ノ名号ヲ願ヒ玉フ事実ナリ。幷ニ一條村ニ鬼神（6ウ）死骸ヲ取ル事度々ナリ。後ニハ多ノ人ヲ悩ス。此ニ依テ菊五郎ト云ヘル者、聖人ヨリ御化導ヲ願ヒツイニ鬼畜《チク》迄御済度仕給ヒ、御一流益盛ニ御繁昌トナリシトナン。

㉓〔信願寺〕

次ニ一軸ハ第廿三番常陸国水戸城下上町幡谷《ハタヤ》徳池山蓮生院信願寺、畑谷唯信房尊跡ナリ。下段ハ甲州アミタ街《カイ》道笹子川ノ大蛇御済度ノ体相ナリ。甲斐ノ国笹子川ニ芦《ヨシ》ガクボトテ深キ淵《フチ》有。此所ニ悪蛇住テ人ヲ悩ス事云ヘカラス。日ノ七ツスキヌレハ通ル人ハナカリケリ。度々聖人日暮近キ頃、御順□土橋ニ掛リ玉フニ、大蛇橋ニ横タワリテ妨ゲヲナス。聖人ノ玉フハ、汝我通路ノ妨ニ（7オ）出ルヤ。又タ仏法カ聞度ク思テ出タルヤ。聞度ハ我庵室へ来ルヘシト、称名念仏シテ大蛇ヲフミテ御通リナリ。大蛇、女ニ化シテ御教化ニ預リ信心堅固トナリ目出度往生ヲトケラレタリ。

㉔〔本泉寺〕

次ノ一軸ハ第二十四番常陸ノ国水戸野上村鳥喰山本誓（ママ・泉）寺、唯円御房遺跡ナリ。下段ハ常陸国鴻ノ巣村与之七娘タメ十八歳、篠《シノ》沢六郎ト馴染深《ナレソメフカ》キ中トハナリニケリ。尓ルニ六郎、親トノ約束ニテ石川隼人ト娘ヲ嫁セント定ケレハ、六郎モ親ノ命ナレハ是非ナキ次第ヲ物語リ、薄キ縁トアキラメクレヨト申ケレハ、娘メ心ニ思ヒ込タル嫉妬《シット》ノ悪念ツイニ鬼女トナラレタリ。可愛サ余リテ悪《ニク》サ百倍、六郎ヲ取殺サントハカライケル。去程ニ篠沢六郎ノ内ハ所ヲ（以下本文欠）

四　法専寺本絵伝の特色

まず、絵伝二十四幅の全体についていえば、(1)上段に全景を描く寺院と下段の説話が同一の縁起として連動するも

図5 法専寺本絵伝（第三幅）無量寿寺

図6 同（第一幅）称名寺

のと、⑵そうではないものに大別しうる点は注目してよいだろう。⑵のケースでは上段の寺堂と直接関係のない別の旧跡由来を図像化し、ひとつの掛幅に混在させている。

たとえば第三幅の常陸国鳥巣・無量寿寺の場合は⑴の典型を示している。すなわち上段に特徴的な茅葺き屋根の本堂を描き込み、下段の方は無量寿寺にまつわる村田刑部の妻の死霊鎮魂説話に展開するといった配置で、ひとつづきの縁起絵として機能する（図5）。他に第四幅安養寺、第六幅願牛寺も同様の配図構成方法による。

これに対して第一幅称名寺（結城御房）の図様を略縁起の記述と照らし合わせていえば、境内図の下方に法然の四国流罪のエピソードである船上の「鬼御済度の事実」〔7〕を配置し、さらにその下に越後に流された親鸞の「有髪ノ御姿」と大場村の草庵に同道した西仏のありさまが臨場感あふれる筆づかいで描写されている（図6）。いずれも称名寺じたいの縁起と直接かかわる内容ではない。越後配流にまつわる有名遺跡の導入は、他にも第十八番青蓮寺、第二十一番浄光寺の項にも見受けられ、各幅の下段に「川越名号」「柿崎」（以上青蓮寺）、「逆竹」（浄光寺）などが散在し、親鸞伝説の名場面にこだわる絵伝作者の意図を示唆している。

もっとも法専寺絵伝は(2)の場合においても、何の脈絡もなしに上・下異なる図像を適宜組み合わせたわけではない。第十五番の近江国称福寺は、琵琶湖のさざ波に映える寺境（上段）と、日野左衛門頼秋の門前で石を枕に旅寝する聖人の「御苦労ノ御体相」（下段二景）より構成される（図7）。じつは二つの場面を結び付けているのは、いずれも

図7 同（第十五幅）称福寺

入西房道円に関する旧跡由来であるという共通性にある。すなわち下段が入西房道円の出家のいきさつで知られる常陸国枕石寺の縁起に拠ることはいうまでもない。後代の貼紙（図7上部）に「十五番　枕石寺」とあるのは下段の説話を説明したものである。一方、法専寺所伝の略縁起は近江の称福寺を「道円房ノ尊跡」とする異説を主張しており[8]、したがって入西房道円の僧伝を軸に同じ掛幅のなかでふたつの由来譚を語っても何ら不自然は生じないのである。むしろ、そのような構図のあり方から、上段にその寺坊を開基した開山僧の僧伝を掲げ、下段は僧伝のクライマックスとなる旧跡伝承に展開するといった編集の意図が浮かびあがるのではないだろうか。

さらにまた第二幅では、上段に「越中ノ国戸出《トイデ》」の報恩寺を配置し、下段によく知られた天神帰依の因縁が見える（図8）。下総・坂東の両報恩寺の縁起（前章）に慣れた目からは、なぜ越中の報恩寺なのか違和感を覚えるかもしれない。しかし、絵伝の目的が性信伝の全体像を語ることにある点を想い起こせば、これもまた整合性のある内容と読

図8 同（第二幅）報恩寺

める。『二十四輩順拝図会』の越中報恩寺の項には、

謝徳院報恩寺は祖師聖人の上足性信上人の遺跡なり。往昔《むかし》性信上人下総国横曾根に古院を再興してもっぱら弘法ありけるが、歴年の後当国に別院を建てられ、西派二十四輩の第壱番なり。

とあり、性信伝の流れにそって絵伝の上下を読み解ける仕組みが明らかになる。あわせて、のちに西本願寺系の二十四輩第一番が越中報恩寺とされた点を考えるなら、法専寺絵伝の配列意識は、案外に明治九年の興正派独立以前にさかのぼる西本願寺時代の形式を色濃く残しているのかもしれない。

以上の特色をまとめていうなら、讃岐に流伝した二十四輩旧跡由来は、在地的な変遷と読み直しのあとを如実にものがたるのではないだろうか。

図9 同（第十九幅）上宮寺

なお、絵伝の説話内容に関して特殊性のきわだつ場面について追記しておきたい。

第十九幅の上宮寺の景は、下段に播磨公弁円の話を載せるが、その際、弁円の妾女「荻萩」が聖人の教化に導かれて入水往生したいきさつに言い及ぶ（図9）。これを知った弁円は憤怒して聖人を亡きものにせんとする。板敷山法難説話の前段にあたるかような因縁は、一般的な宗門資料にはみあたらない特異なエピソードといえるだろう。

第二十二幅専応寺の下段は、信州戸隠山の九頭竜王の示現をしるしたあとに、死骸を奪って一條村の里民を苦しめる鬼神が、聖人の済度により帰順した一件を描く（図10）。信越地方の曹洞宗禅寺にしばしば伝承された「火車落としの禅定力」を連想させる説話［9］であり、親鸞伝説としては珍しいテーマである。

さらにもう一例目をひくのは、最後の第二十四幅本泉寺の下段にみえる鬼女「タメ」の因縁である（図11）。話の内容じたいは、後半の欠文もあるものの、本書Ⅱの第三章に述べた茨城県常陸太田市・西光寺の鬼女成仏譚とほぼ同じものである。注目すべきは、法専寺本の図柄そのものが西光寺絵伝の構図（本書一四五頁、図8）によく似ている点にある。西光寺絵伝が絵入略縁起などに版本化されていない肉筆画であることを顧慮すれば、あるいは法専寺本の作画にあたり、実地に西光寺絵伝の模写があったものであろうか。確たる証拠のない現在、あくまでも推測に過ぎないが、関東絵伝のきわめて直接的、具体的な伝播を想察させる事例であることを特記しておきたい。

図10　同（第二十二幅）専応寺

図11　同（第二十四幅）本泉寺

五　郡家興正派別院の絵伝

丸亀市郡家町の郡家興正派別院は、明治十二年に高松別院より分かれ当地に開創された。この寺の宝物に「往生要集」二幅、「二河白道図」一幅とともに、明治十六から十七年の間に製作された二十四輩絵伝が所蔵されている（図12）。全二十四幅形式の他に番外篇五幅から成る大部の絵伝で、春の彼岸の折に信徒会館の余間に掛けられ、二〇一〇年までは森川定による絵相解説が行われていた。絵伝成立の経緯は箱書きに、

明治十七年　　郡家村
廿四輩御絵入
甲申五月調之　　興正派分骨所

とあり（図13）、各々の掛幅の裏書きに郡家近在の施主名と寄進の日付が「明治十七年甲申載五月上旬調之」「明治十六年新暦十二月調之」のように記されている。森川によれば、当地方の信徒が浄財を集め、京都の仏画師・西田幸之助の描いたものを購入したという。

絵伝の図様は一幅を四段に分かち、最上部に寺堂の実景、下三段に縁起内容を視覚化して示す。下方の物語部分が二段しかないもの（第十五番枕石寺、第十九番上宮寺、第二十番常弘寺）もあるが、全体としては堂宇全景と縁起を合わせた四段形式を基本とする。

たとえば第一幅の専修寺では下三段に、下野国柳島を訪れた聖人一行の前に柳枝と菩提樹の種子を携えた明星童子

図12 郡家別院本・二十四輩絵伝全体図

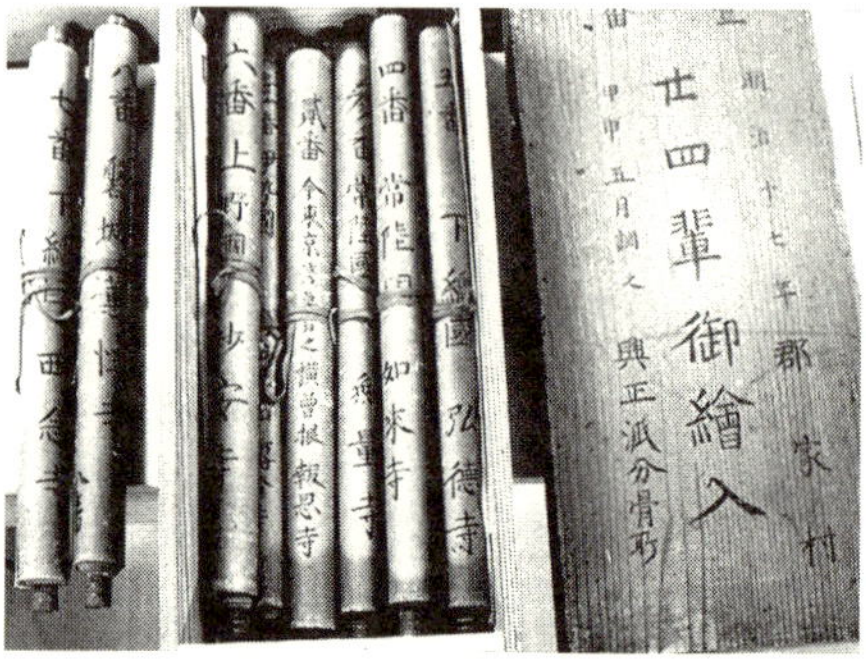

図13 郡家別院本・箱書き

が現れ、沼地を寺域に変えて高田の専修寺を開いた話が描かれている（図14）。これに開山・真仏の出家の因縁を加え、最上段の専修寺全景へと絵相は展開して行くわけである。

第二幅・報恩寺は四段をさらにこまかく区切り、開基性信房の一代記と報恩寺伝来の年中行事「鯉魚規式」のありさまを一幅のなかにまとめている（図15）。二十四輩高僧の史伝を中心にすえる語り口である点は、法専寺絵伝にあい通ずる特徴といえるだろう。

さて、以上を確認したうえで、番外篇を含めた郡家別院本の全貌を

図14 郡家別院本（第一幅）専修寺

第一幅	
⑤専修寺全景	
④境内の両樹	
③真仏出家	②枝葉を出す柳と菩提樹
①明星童子	

図15 同（第二幅）報恩寺

第二幅	
⑦報恩寺全景	
⑥鯉魚規式	⑤二鯉を得る
④飯沼の天神	③箱根山にて聖人との別離
②与四郎、出家して性信房となる	①法然に帰依する鹿島神宮の子･与四郎

概観しておく、（　）内は縁起内容、また上段の寺院由来と異なる話が下段にみえる場合は※印を付して注記した。

第一幅　専修寺（明星童子と柳・菩提樹、真仏剃髪）
第二幅　報恩寺（性信房の出家のいきさつ、飯沼天神の帰依）
第三幅　無量寿寺（順信房出家、村田刑部妻の幽霊済度）
第四幅　如来寺（霞ヶ浦の怪光と阿弥陀仏）
第五幅　弘徳寺（信楽房の帰依と弘徳寺開基）※下段に願牛寺の由来
第六幅　妙安寺（成然房、聖人自刻の木像を授かる）
第七幅　長命寺（西念寺建立、覚如の来訪と長命寺改名）
第八幅　蓮生寺（證性の帰依と往生）
第九幅　東弘寺（後鳥羽帝の第三皇子、聖人の法弟となり良信と法号）
第十幅　本誓寺（流罪の吉田大納言信明、夢告により聖人に帰依して是信房となる）
※下段は安部川渡河の折の本尊の加護
第十一幅　称念寺（武田信勝、庭先の雀に戦さの無常を感じ、無為信房となる）
第十二幅　善重寺（三浦義重、聖人の渡河を助けて、善念房となる）※下段に越後・八房の梅の由来
第十三幅　慈願寺（聖人、太子像の御首を得て慈願寺の宝物とする。信願房の往生）
第十四幅　阿弥陀寺（定信房の帰依と阿弥陀寺の寺宝の仏舎利）
第十五幅　枕石寺（日野左衛門尉、雪中の聖人に帰依し道円房となる）
第十六幅　寿命寺（佐竹義繁、夢告に導かれ聖人に帰依、入信と法号。土中の阿弥陀仏を得る）

第十七幅　昭願寺　（伊賀守氏信、稲田草庵を訪ね念信房となる）※下段は川越の名号
第十八幅　常福寺　（入信房、一宇を建立し太子像を安置）
※下段に蓮住房三日月寺の由来、および三度栗（最下段）
第十九幅　上宮寺　（山伏弁円、聖人に帰伏し明法房となる）
第二十幅　常弘寺　（聖徳太子の夢告により橘重義稲田に赴き慈善房となる）※下段、親不知の金龍
第二十一幅　浄光寺　（唯仏房浄光の出家の因縁）※越中の三本柿
第二十二幅　専応寺　（宍戸唯信房の出家と寺宝の聖徳太子像）※下段、三河矢作柳堂の由来
第二十三幅　信願寺　（幡谷の城主信勝、観音のお告げで霊人に出会い幡谷の唯信房となる）
※下段、常陸大学堂の大蛇済度
第二十四幅　西光寺　（子を失った橋本伊予守、諸国修行の末に聖人の弟子となり、唯円の法号を授かる）
※下段、北条平次郎、身代わり名号の由来と報仏寺の開基唯円房
番外篇（一）　法然、親鸞をめぐる承元の法難
同（二）　専修寺親鸞松の由来
同（三）　上段二景は信願寺縁起、下段二景に興正寺三世源海の伝
同（四）　上段二景は麻布善福寺の相撲、下段二景に下野国花見ヶ岡の大蛇済度
同（五）　上段二景、配所の聖人図、下段二景は難産死婦霊の救済を描く喜八阿弥陀堂の由来

まず本篇の二十四幅に顕著な特色のひとつに、旧跡の現状を詳しく伝えようとする傾向を指摘できるだろう。

第三幅・無量寿寺は、順信房の出家から筆を起こし、産死婦済度の物語へと絵相がつづく。下から二段目の中央

図16　同（第三幅）無量寿寺

図17　同・上段拡大図

（図16）に「村田刑部妻女」と書き添えたのはその説明である。一方、最上段の堂宇の右上に幽霊済度の折の旧跡である「御経塚」（図17）を明示して物語の具象性と宗教名所の姿かたちを、絵解きを聴く者、観る者に伝える工夫がなされているのである。

名所紹介という意味では、越後流罪の旧跡を描き込むことも絵伝製作の目的にかぞえてよかろう。第十七幅・昭願寺の下段に越後柿崎の「川越の名号」の由来を説き（図18）、第二十幅・常弘寺の下段を金龍の加護による親不知越えの場面（図19下段）にあてているのはその典型である。

なお、第二十四幅西光寺の下段は北条平次郎（のちの唯円）をめぐる身代わり名号の因縁を載せる（図20）。西光寺といえば、本書Ⅱの第三章にとりあげた鬼女成仏の縁起で名高い。しかしこちらの開基は同名異人の唯円房（もとは橋本伊予守綱宗）である。正確にいえば、身代わり名号の話は、水戸市河和田・報仏寺の開基で『歎異抄』編者と伝えられている唯円（俗名・北条平次郎則義）にまつわる因縁とすべきであろう。何かの錯誤が生じて西光寺と報仏寺

図18 同（第十七幅）川越の名号

図20 同（第二十四幅）西光寺（下段）

図19 同（第二十幅）常弘寺の親不知

図21　同・番外篇（四）善福寺の相撲（上二段）と花見ヶ岡の大蛇済度（下二段）

図22　同・番外篇（五）配所の聖人有髪（上二段）と喜八阿弥陀堂由来（下二段）

の縁起を混同したのかもしれないが、このような解釈もまた、地方に伝播した二十四輩伝承の実態を考えるうえで注視すべきだろう。問題なのはことの正否ではなく、唱導の現場で何が語られていたのか、という点にある。

一方、番外篇に目を移すと、こちらは二十四輩寺院の縁起としてまとめにくい題材を追補しているのがわかる。番外篇（四）の花見ヶ岡についていうなら、本来の旧跡寺院である安養寺は近世期に故地を離れて所々に流転し、しかも幕末には花見ヶ岡の旧境内地に建立された蓮華寺とのあいだに係争を起こしていた[10]。あるいは、このような事情もあって、安養寺由来の大蛇済度譚を番外篇とせざるをえなかったのであろうか（図21）。明治期の地方教線における二十四輩伝承の受容を知るうえで、じつに興味深いものである。

六　満善寺絵伝

明治期の讃岐地方に浸透した二十四輩伝承の受け止め方と図像化の実情をものがたる事例を追って、最後に高松市国分寺町新名の大谷派満善寺の絵伝をとりあげてみたい。

満善寺本は四幅形式の掛幅で製作年を明記するものはないが、明治以降に画かれたと考えてよい。その根拠は、図様に貼った札書き（札銘）に親鸞をさして「大師」と表現する点にある。すなわち聖人に「見真大師」号が与えられたのは明治九年であるから、本絵伝の生成はそれ以後ということになる。

絵伝の解析に先立って満善寺の沿革にふれておく。『さぬき国分寺町誌』（二〇〇五年）によると、当寺の開創は天正年間（一五七三〜九一）で、もとは天台宗だった。天和二年（一六八二）に東本願寺の常如より満善寺の寺号を拝領し大谷派の真宗寺院となった。境内が旧金毘羅街道沿いにあったため、かっては秋の永代経に合わせて門前市が開かれ、当麻曼荼羅や地獄極楽図の絵解きを行ったという。

さて、満善寺本の内容、形式について話をすすめる。当寺の四幅仕立ての絵伝は、興正派の二十四幅ものにくらべるとやや趣きを異にするものの、様式のうえでは法専寺本や郡家別院本に近い編集方法によると考えてよい。すなわち第一番報恩寺以下、まず堂宇を写実的に描く伽藍図からはじまり、そのあと（または前）に関連説話を一〜二景挟み込むかたちをとり、一幅十二図、計四十八図にまとめている。各景の右端に付された金字墨書の札銘によって、四十八景の絵相を読み取ることができる。札銘部分を翻字して四十八景に対応させると以下のようになる。

第一幅

①第七番武蔵国　釈性信房
高龍山報恩寺

②生野の社人天神の夢告ニヨリテ
報恩寺ニ鯉魚二尾献スル事

③鹿島の神稲田禅室に詣スル

④第二番稲田山西念寺
釈善性御房

⑤第三番常陸国　釈順信房
光明山無量寿寺

⑥常陸国刺史村田刑部が妻女
死シテ迷鬼ト成ル事

⑦順徳帝大師の坊舎に
御幸シ給ふ事

⑧第四番常陸国帰命山如来寺
釈乗念御房

⑨第五番下総国新堤山弘徳寺
釈信楽御房

⑩桓武天皇の後裔相馬太郎義清
大師の真弟ト成釈信楽ト改ム

⑪下野国花見ヶ岡之毒蛇大師の化益
によって悪趣ヲ解脱して白日上天する

⑫第六番上野国一谷山妙安寺
釈成然御房

第一幅	
⑫	⑪
⑩	⑨
⑧	⑦
⑥	⑤
④	③
②	①

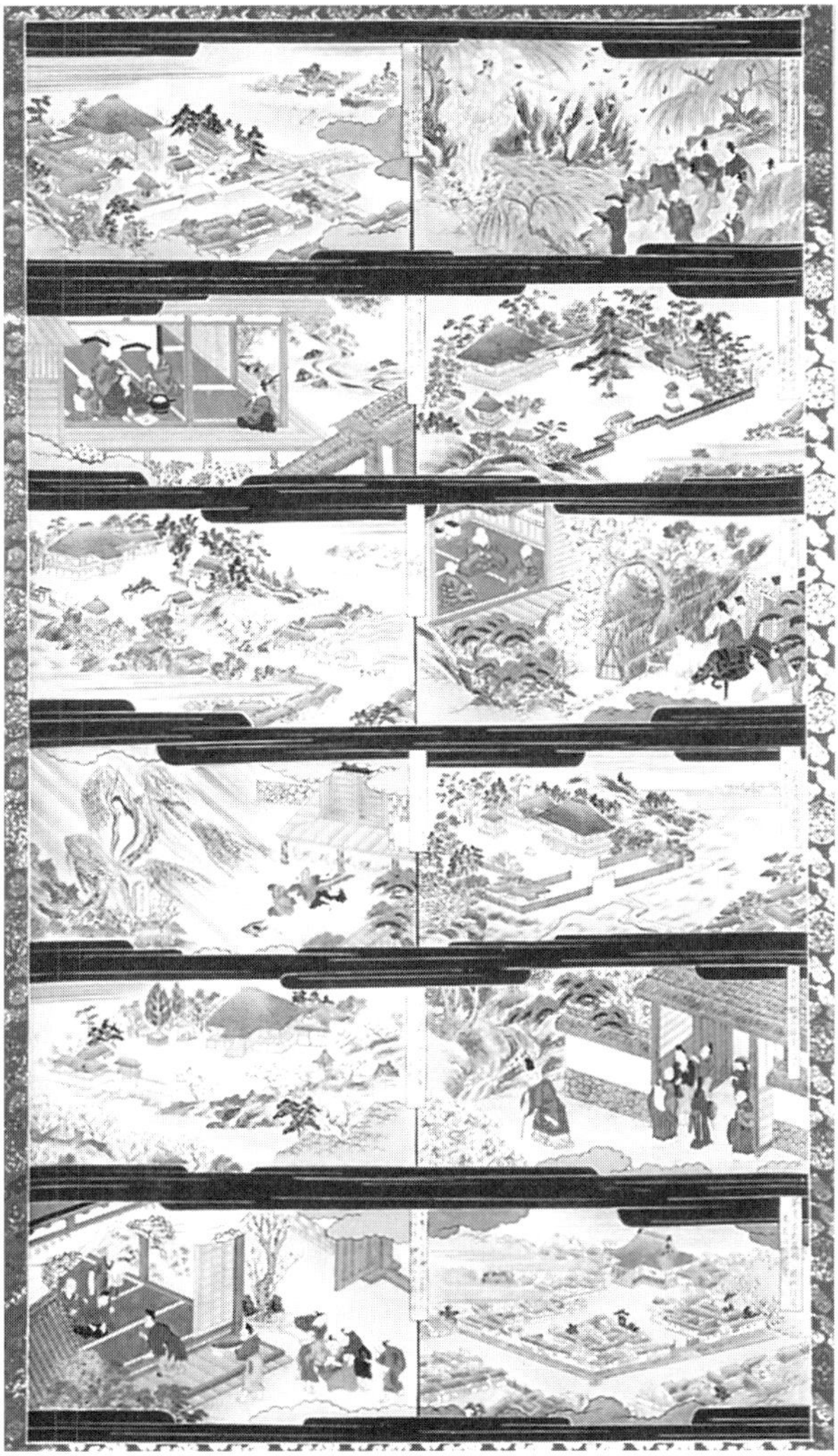

図23 満善寺本(第一幅)

第二幅

⑬第七番下総国極楽山西念寺
野田西念房

⑭大師柿崎扇屋の軒下ニ宿リ玉ふ

⑮北條朝政東洞院のやしきにおひて
畠山重保ト諍論ス

⑯第八番陸奥国宝池山蓮生寺
畠山證性房

⑰第九番下総国高柳山東弘寺
飯沼善性房

⑱逆竹の御旧跡の由来

⑲吉田大納言信明霊告を成シテ
大師に帰順ス

⑳第十番陸奥国石森山本誓寺
吉田是信房

㉑第十一番越後国仏生山無為信寺
武田無為信房

㉒大師御左遷小丸山御配所

㉓平次郎妻を害シテ善因を結ぶ事

㉔第十二番常陸国法王山善重寺
三浦善念房

第二幅	
㉔	㉓
㉒	㉑
⑳	⑲
⑱	⑰
⑯	⑮
⑭	⑬

図24 同(第二幅)

第三幅

㉕第十三番下野国鹿崎山慈願寺
粟野信願房

㉖大師春日明神ヨリ七仏の仮面ヲ得テ
弥陀の全躰ヲ作リ給ふ

㉗長嶋与八郎中根ヶ原ニテ大師に赤飯
進メ両條葦の由来

㉘第十四番常陸国小壺山阿弥陀寺
那河野定信房

㉙第十五番常陸国大門山枕石寺
日野道円房

㉚大師日野左衛門尉頼秋か門外ニ
宿リ給ふ事

㉛老女大師に焼栗を供養シテ麻布ヲ
伐リテ御名号ヲ願奉ル

㉜第十六番常州信照山寿命寺
穴沢入信房

㉝第十七番常陸国毘砂幢山照願寺
高沢念信房

㉞功徳地（ママ）の浜大師雪中に御苦行あらせ
給ひ御詠歌の事

（画中歌）声なくは／いかにそれとは／しりなまし／
雪ふりかゝる／あしわらの／鷺

㉟大師米山寺大川越シニ御筆ヲ立玉ひ
御名号ヲ書与エたまふ事

㊱第十八番常州仏名山常願寺
飯田唯心房

第三幅	
㊱	㉟
㉞	㉝
㉜	㉛
㉚	㉙
㉘	㉗
㉖	㉕

図25 同（第三幅）

第四幅

㊲第十九番常州猶原上宮寺
猶原明法房

㊳播磨公弁円眷属数多かたらひ刀鎗弓箭を携へ大師の往返を伺

㊴小嶋治郎右衛門大師ニ麁飯ニ塩梅ヲ添テ進メ奉ル所八ツ房梅由来

㊵第二十番常州玉泉山常弘寺
村田慈善房

㊶第二十一出羽国宝珠山真光寺
吉田唯信房

㊷金龍波上現レ大師の難をすくふ

㊸大学堂大蛇大師に請解脱を

㊹第二十二常州外森山唯信寺
戸守唯信房

㊺第二十三番常州畠谷山覚念寺
畠山唯信房

㊻三門徒大師ノ教化を聴聞し御弟子ト成リ今ニ法名をもつテ性トス

㊼大蛇大師に解脱の法を授リ蛇身をまぬかれ天女の果を得ル

㊽第二十四番常州鳥喰山西光寺
唯円法師

第四幅	
㊽	㊼
㊻	㊺
㊹	㊸
㊷	㊶
㊵	㊴
㊳	㊲

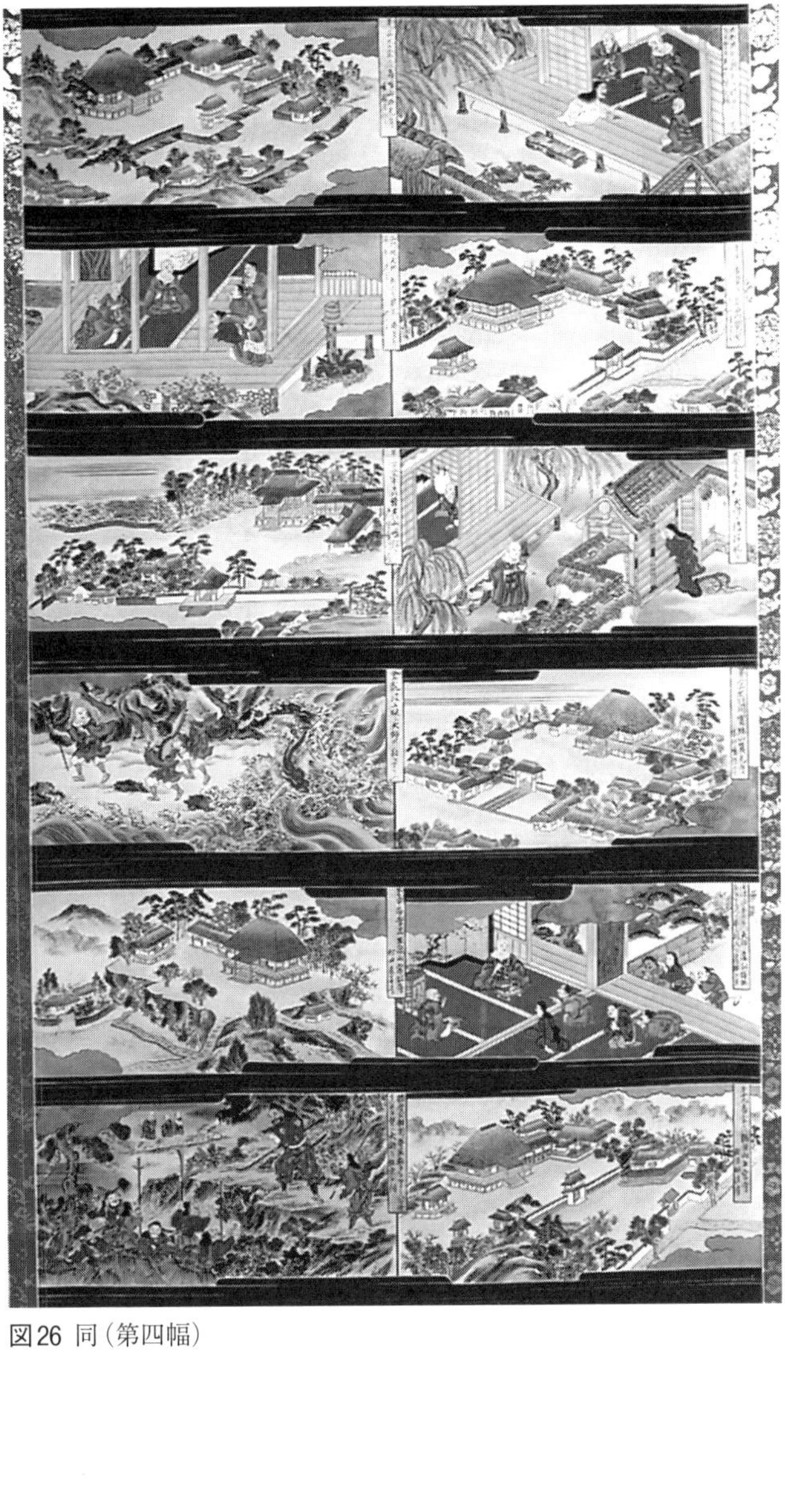

図26 同(第四幅)

図27 同(第三幅㉞)功徳地(池)の浜

図28 同(第四幅㊼)脱角図

満善寺の絵伝は、『二十四輩順拝図会』などを通して世間に流布した題材を広くあつめ、あたかも旧跡めぐりのミニチュア版を絵解き説法の場に提供するような体裁となっている。「生野天神の鯉魚献上」(②)、「村田刑部妻の幽霊済度」(⑥)、「逆竹」(⑱)、「聖人配流」(㉒)、「枕石寺縁起」(㉚)、「川越の名号」(㉟)、「弁円帰伏」(㊳)、「八ツ房の梅」(㊴)、「大学堂の蛇婦」(㊸)、といった内容は、これまでふれてきた二十四輩列伝のダイジェストにほかならない。札銘の記述も『二十四輩順拝図会』を引きうつしたとみられる書きぶりが目立ち、「功徳地(池)の浜」(㉞)、

図27）の画中歌のように『二十四輩順拝図会』をそのまま転用した箇所さえ見受けられる。

説話配列の流れを追って行くと、大半はほぼ寺院の全景図と縁起の絵相をセットにする描き方であるが、なかには「花見ヶ岡之毒蛇」⑪、「平次郎妻を害シテ善因を結ぶ事」㉓などの説話が、話の内容とあまり縁のない寺院図の前後に配置されていて、唐突な感を禁じえない箇所もある。

さらに西光縁起の絵相（㊼、図28）の場合、図像上は鬼女の脱角を描き、寺の宝物由来でもある「お為」の成仏に焦点をあてながら、札銘の説明には「花見ヶ岡」と同材の「蛇身をまぬかれ」た女の仏果をしるすといったぐあいに、複数の説話の混交が目につく。

しかしながら、だからといって、ものの合理を重んずる現今の視座から、近代初頭の地方絵伝のありようを難ずることもまた、理に欠けるのではないか。百五十年以前の香川県下に繰り広げられた二十四輩伝承の受容の現実とは、かなり自由度の高い旧跡めぐりの紙上追体験を企画したものにほかならない。讃岐にわたった二十四輩絵伝の生成事情に着目した真の目的は、地方社会の門徒圏に拡散した近代初頭の親鸞伝説をあるがままに概観し、その位相を整理するところにあるわけである。


［1］赤井達郎『絵解きの系譜』（教育社、一九八九年）Ⅹ「むすびに」。

［2］注1に同じ。

［3］森岡清美「真宗興正派の成立」（『日本常民文化紀要』九、一九八三年一一月）。

［4］『綾上町誌』（二〇〇五年）。

［5］法専寺蔵『当山過去帳』による。

［6］「子抱き幽霊図」の裏書きに「奥州喜左衛門妻四十九陰喜左衛門共云／山田村法専寺南天」とある。なお、四十九院伝説の成立と変遷については堤邦彦『近世仏教説話の研究』（翰林書房、一九九六年）第三部第二章Ⅰ「幽霊女房譚と近世怪異小説」。

［7］法然の鬼人済度は『正源明義抄』（室町期）をはじめ、徳島県・鬼骨寺の縁起などにみえ、ゆかりの宝物、掛幅を今日に伝える。堤邦彦『江戸の高僧伝説』（三弥井書店、二〇〇八年）第一編「法然上人・鬼骨寺縁起」。

［8］宗門史の通説にしたがえば、近江の称福寺は仁治二年（一二四一）、教念の開基。道円との関わりは法専寺の略縁起にみえる独自の解釈。

［9］堤邦彦『近世説話と禅僧』（和泉書院、一九九九年）第二章Ⅰ「火車と禅僧」。

［10］注7書、著第三篇Ⅳ「関東二十四輩の親鸞伝説」。

Ⅲ　縁起と近世文学

第一章

いくさ語りから怪談へ

一　戦死者供養の伝承

戦争文学としての軍記物語や修羅能の特色のひとつに、戦死者の最期の姿を語り継ぎ、荒ぶる魂を鎮める弔祭儀礼の側面が含まれることは、すでにさまざまな角度から論じられてきた。ことに「陣僧」となって武士とともに従軍した南北朝時代の時衆僧が『太平記』『明徳記』などのいくさ語りに深く関与したとみる角川源義、金井清光、菊池勇次郎らの論考［1］は、軍記の宗教性と鎮魂・救済としての語りのありようを明らかにしたものであった。時衆の陣僧たちは、自害する武士に臨終の念仏を勧め、さらには怨親平等の救済思想にもとづいて合戦のあとの死体処置から両軍戦死霊の鎮送にいたるまでの呪的弔魂にたずさわったばかりか、いくさ語りの文芸生成に重要な足跡をのこしたわけである［2］。

下って応仁の乱（一四六七～七七）の後には、陣僧の役目は時衆以外の仏教諸宗の管理下に移り、各地に群雄割拠した戦国大名のもとで教線をひろげた在地僧の鎮送活動が目につくようになる。戦国末から近世初頭の寺院開創縁起や高僧伝のなかに、御霊化し浮遊する戦場の幽魂を済度し、村民の憂いをとりのぞく高徳僧の類話が散見するのは、そのような動きを反映した結果と見てよいだろう。

例えば、曹洞宗禅僧の史伝に結び付いた戦死霊救済の縁起としては、三河国渥美の全久院を開いた光国舜玉（一四七七〜一五六二）の法力譚が伝わる。元禄七年（一六九四）刊の『日域洞上諸祖伝』巻之下によれば、三河・新城（現愛知県新城市）の東北数里の古戦場に敗死した将兵の亡魂が現れ、天陰月昏の闇にまぎれて吶喊の声をあげた。「征夷大将軍」の命により諸宗の名僧が鎮送を試みるが、鬼叫はいっこうに止まず、結局、光国舜玉の禅定力をもってはじめて浮霊の済度がなされ、貴賤の賞賛を得たことを『日域洞上諸祖伝』は書きとどめている。中世後期の曹洞禅が横死者の供養と葬送法を地方小農民の間に布宣し、多くの葬祭切紙をのこした事実［3］にひき比べるなら、古戦場の鎮魂もまた、この時代の禅僧の主な宗教営為のひとつにほかならないのである。

一方、同じく三河地方の事例には、浄土僧を導師とする鎮霊説話が目につき、しかも松平・徳川氏をめぐる軍談にからめて近世以降に話の裾野をひろげたものが少なからず見受けられる。

徳川家康、家光のあつい庇護を受けて発展した岡崎・大樹寺の開創縁起はそのひとつであった。すなわちこの寺の濫觴は文明七年（一四七五）、松平親忠が領内伊田野で戦死した敵味方の将卒を慰めるため一宇を建立し、浄土宗の高僧・愚底（号は真蓮社勢誉、一四四五〜一五一七）を招き開山としたことに始まる。

時は応仁元年八月、岡崎城を攻めた信州の軍勢二万余騎を相手に、わずか五百騎の松平方が「厭穢欣浄」の旗［4］のもとに奮戦して勝利を得る。ところが文明七年のころになって、激戦地・伊田野は鬼哭啾啾の咽び泣きと人馬のいななきに包まれ、まことに陰惨きわまりない修羅の光景を現出させるのであった（正徳二年〔一七一二〕成立『浄宗護国篇』）。古戦場の御霊を鎮めた愚底の法徳譚について、『檀林瀧山大善寺志』所収の「十夜勧進記」（文政三年〔一八二〇〕撰）は、ことの始終を十夜念仏の法義由来にからめて次のようにしるす。

其後文明七年、かの戦死せし伊田野にて、矢さけび、刀のつば音、ときの声など昼夜となく聞こえしかば、遠近の老少是がために愁ふる事少なからざりしかば、親忠君、是をあわれませ、勢誉上人に亡霊得脱を乞せ給ひければ、上人七日七夜の念仏を修し、かの亡魂を回向あられけるに、願以功徳の文に至り、忽ち矢さけびなどの声一時にやみければ、君、感悦のあまり仏供料を定め、永代七日七夜修行すべきの仰あり。爾来今に至り大樹寺にては第一の法会と定まりぬ。

右は浄土高僧が念仏の功徳によって領内の災禍をとり除き、三河大樹寺の寺基を開いた因縁をつまびらかにしたものであるが、同時に十夜念仏の起源由来に説話の主眼が置かれている点は留意すべきであろう。「お十夜」とは、陰暦十月の十日間に先祖供養のために執り行われる浄土宗の重要な信仰行事であった。亡魂の修羅道からの救済が、年中行事化した念仏法要の聖性を示す証拠として語られたところに、大樹寺開創縁起の宗門的な意味付けが見え隠れする。

なお、『檀林瀧山大善寺志』は右引用部につづけて、小田原北条氏の滅亡時に武蔵大善寺近隣の八王子城で討死した二千余人の幽魂が、当寺の開祖・讃誉牛秀の十夜念仏を受けてみごとに得脱したこと、そしてその後お十夜の法会が近在の人々の信仰をあつめ、「二百余年の今に断絶」せず、毎年行われていることに言い及ぶ。当時の浄土宗において大善寺の十夜念仏は鎌倉・光明寺、鴻巣・勝願寺とならぶ関東三大十夜として知られていた。先祖供養の意味合いをもって世俗に普及したお十夜の由来説明に、ひと世代前の亡魂救済の因縁が機能し、民衆に向けて発信されて行く状況がここにもよく示されている。

これらの縁起の目的は、天下に平和と安定をもたらした松平・徳川家の顕栄をことほぎ、それを支えた念仏護国思想［5］の聖なる力を十夜念仏の功徳にシンボライズすることにあったともいえるだろう。他方、戦死者鎮魂の高僧説話が、日常的な寺院活動を権威付け、聖性を補完する機能を持って布宣された点に、時衆陣僧の語りものとは布教の対象範囲や時代状況を異にする近世庶民仏教の説話特性がうかがえるであろう。愚底、牛秀らの敗死霊救済は血なまぐさい戦場の日々を知らない平和の世代に対して発信されたものであった。

説話の主眼が身近な檀那寺のお十夜法要のいわれに軸足を移したのは、軍談を「物語」ととらえる十七世紀以降の民衆史に照らして考えれば、当然の結果といえまいか。言を換えるなら、江戸の説教僧のいくさ語りは、過去の戦史を客体視しうる「故事因縁」の世界に変遷したものであった。むしろその中心点は、亡魂供養のみならず、目の前の仏事由来や教義、開山僧の聖性を主張するところにある。

二　三方原の戦いと遠州大念仏

戦死霊の鎮魂と仏事由来の結び付きは、近世民間に普及した念仏踊りの起源説話についても検証される。五来重の指摘するように［6］、今日各地の民俗芸能として知られる大念仏、念仏踊りのはじまりを戦国乱世の落城や非業の敗死に関連付けて語るためしは少なくない。そのひとつである静岡県浜松市の盆行事「遠州大念仏」の場合には、起源由来として元亀三年（一五七二）十二月の三方原《みかたがはら》の戦いにまつわる亡魂済度の因縁が伝承されている。

四万五千の大軍を擁して遠江に侵攻した武田信玄の軍勢と徳川家康の間に起きたこの合戦は、徳川方の大敗北におわるものの、戦いの後半、夜間の追撃戦にうつった武田軍もまた、浜松城の北方にひろがる「犀《さい》が崖《がけ》」に行く手を阻まれ多くの将卒を失う。犀が崖とは、三方原台地の水触によってできた溝状の急崖で、深さ五十間（九十メートル）に達する天然の谷底が口を開いていた。地理不案内な武田の騎馬隊は、夜の闇のために足を踏みはずして崖下に転落

図1　犀が崖（静岡県浜松市）

する人馬が続出し、大損害をこうむりながら撤退する。この時、徳川方は崖に白布の橋をかけて武田軍の目をあざむく奇略を用いたという。後世の川柳に「人間の千石通《どおし》犀が崖」、「狼が食傷をする犀が岨」（『日本史伝川柳狂句』）などとあるのは、谷を埋め尽くした累々たる屍のありさまを想像した歴史詠であろう。

　さて、三方原合戦から間もなくして、犀が崖で討死した軍兵の亡霊が発動し、鬨の声をあげるようになる。その弔祭のために盆の念仏踊りが行われるようになった経緯をしるす早い時期の資料として、明暦二年（一六五六）刊の『武者物語』第二十四話を掲出してみよう[7]。

> 古き侍の物語に曰《いはく》。遠州味方ケ原にて、武田信玄公と徳川家康公と御一戦の時、味方ケ原と浜松とのあひだ、さいがけといふ谷へ落て死たる軍兵数千なり。其《その》亡魂声をあげ有頂天にひゞく事、すさまじし。家康公きこしめして、或《ある》知識に御尋《おたづね》候へば、「愚僧とぶらひ申すべき」とて、七月十三日より十五日まで、色々の絹にて張《はり》たる器物をつくり、念仏踊《ねんぶつおどり》をもよほし、是を「びんどうろう」と名付けて盆三日玉祭《たままつり》をするとなり。其後かの亡魂のこゑをやみぬるといへり。今にいたって踊ありときく。

家康の命を受け甲州勢の亡魂を鎮めた僧侶とは、いったい何者であったのか。これに関する在地資料の初出例である『旅籠町平右衛門記録』（『浜松市史』史料篇1）に「浜松大念仏由緒之覚」と題して次の一文が載る。

元亀三壬申年極月廿二日未之刻、味方原御戦合之時、信玄之家中衆と権現様御家中衆と、犀崕にて互に御取合被成《なされ》、両方之衆中之内余程打死御座候。（中略）其後、浜松之御城江御帰り御居城被遊候処《あそばされさふらふところ》に、夜々に至而《いたつて》無何トとき之こゑのおん御座候ニ付、権現様御意被成候者、犀崕ニて打死之者共之こゑかと被思召《おぼしめされ》、三州より御つれ被成候浄土坊主宗円と申仁江被仰候者、何とぞ供養いたしおんのこゑしずまり候様ニと被仰付候故、其時宗円奉畏、大念仏を始被申候由、此時浜燈籠弐ツ、幡四本のほり壱本こしらい、かねたいこたゝき供養被致候得者、右夜々におんのこゑ相聞候ニ、ふしぎにやみ申候由《よし》、依之《これより》権現様、方芳え御戦合に御かち被成、目出度天下太平に罷成《まかりなり》候故、浜松大念仏、此節より致来候由、此儀死人大念仏之くどくにてしづまり候故、犀崕念仏ととなへはんしやう仕来、今世まて町人百姓衆共に死人有之《これある》初盆に、右之念仏請候事、是より出来候由申伝《まうしつたへ》候。

右の資料によれば、家康が三河から連れて来た「浄土坊主宗円」の発案によって燈籠をかかげ、鉦・太鼓ではやす大念仏が執り行われ、甲州勢の死霊を鎮めたという。天正元年（一五七三）の創始以来、遠州では「犀崕念仏」の盆行事が衆庶の間にひろまり、主に新盆の家を廻って巡行する念仏踊りをこの地方の村落に根付かせた。

なお、寛政十年（一七九八）成立の『遠江国風土記抄』「犀崕」の項には「于レ時郡中傷レ稼、流言曰、亡魂之祟也」とみえ、戦死霊の発動と時を同じくして稲虫の災禍が村をおそったことを書き添えている。遠州大念仏の実態が、諸国に伝わる虫送りの鎮送民俗（サネモリサン等）と同心円の信仰に支えられていたことを示す記事といえるだろう。

ただし、その発生事情にさかのぼっていえば、犀が崖念仏の場合は必ずしも土着的な御霊鎮めの農村習俗とは考えにくく、むしろ十六世紀の浄土宗教団に顕在化する亡霊弔祭の修法とのかかわりを色濃くとどめる、徳川氏縁故の宗教芸能とみなし得るのではないか。少なくとも起源説の内容をみるかぎり、そこには台頭期の徳川家にまつわる戦場の生々しい記憶がただよっていた筈である。浄土僧・宗円の立場を、いわば陣僧の面影をとどめる家康股肱の宗教者ととらえることも、近世以前の僧坊と軍事史の親縁性を考えるなら、そう不自然な見方ではないだろう。
ちなみに宗円の出自を三河大樹寺の僧とする伝承〔8〕には、古戦場の供養で名高い勢誉上人以来の開山縁起（前出）の影響が見え隠れする。かような口碑は、家康を支援した三河浄土宗の積極的な関与のもとに、いくさの後の鎮魂と救済が行われ、宗教的な戦後処理がおしすすめられたことを示唆している。

三　浄土僧の関与

浄土宗の影響は、遠州大念仏の創始者を「貞誉了伝」とするいまひとつの起源説明にも見出される。天保十一年から十三年（一八四〇〜四二）にかけて成立した『なおり楚の記』によれば、犀が崖の祟りで村々に疫病が蔓延した際、了伝和尚は「七日七夜の間、別時念仏を修業し、ゑやみの流行をとどめ」たという。川上秀治編の『宗円堂小誌』（昭和二十八年）は、「貞誉了伝といふ、或は宗円、もと三河の人」として了伝・宗円を同一人物とするが、いずれの典拠によるものかよくわからない。これに対して了伝の詳しい史伝をめぐって『檀林生実大厳寺志』に次の記事がそなわる。

真遠社貞誉了伝は生実安誉上人弟子、常随修学す。慶長三年、三河国鳴子の辺に西福寺といふ小寺ありしかば、夫《それ》へ住す。後、徳行を聞し召れ、東照宮駿府御在城の時、上意によりてかの西福寺を駿府に移す。即、前の寺号を用ひ東光山良雲院と加号す。又命によりて江戸神田に引開す。（中略）元和八戌年五月二十七日寂六十九才。

了伝が三河鳴子の西福寺に入山したのは慶長三年（一五九八）のことであった。その後家康に従って駿府、江戸に寺を移し、太平の世の到来のなか、元和八年（一六二二）に没する。
江戸の西福寺ははじめ駿河台にあったが、寛永十五年（一六三八）浅草南元町（現台東区蔵前）に移る。当寺は幕府より豊島郡千駄ヶ谷に朱印寺領百石を与えられたばかりか、寺宝に家康、秀忠の画像や家康の持仏と伝えられる黒本尊を安置しており、かつては境内に家康を祀る松平神社が鎮座していた（昭和三年に鳥越神社に合祀）［9］。徳川家との浅からぬ間柄を主張する西福寺の寺格を顧みるなら、三方原合戦にまつわる大念仏の創始を了伝の法力に絡《から》める縁起伝承も、それなりの説得性をもったに相違ない。

なお、『浄土聯燈総系譜』の了伝の項に「投二于虎角一剃髪嗣法、江戸浅草西福寺開山、後移二深川法禅寺一」とあり、了伝の法系が下総国・大厳寺の虎角を師僧とすることがわかる。同じ門流には産死婦済度の霊験譚で知られる江戸深川の霊巌上人がおり、死霊の救済伝承にひいでた宗門サークルの存在が浮かび上がる。了伝を導師とする犀が崖亡魂の弔祭説話は、かような当代浄土宗の説話傾向を反映したものとも考えられるのではないだろうか［10］。

宗円、了伝の伝記に関してはこれ以上の詳細を知り得ないが、いずれにせよ家康もしくは徳川家周辺の三河系浄土宗が唱導した横死者供養の念仏法儀なくして、三方原の戦いと遠州大念仏を結ぶ縁起由来の伝承世界は生成しなかったであろう。浄土宗全体の怨霊済度譚の布宣に類比してみても、犀が崖の因縁は宗門の説話伝統をふまえた鎮魂譚にほかならないのである。

なお『宗円堂小志』によれば、宗円が犀が崖の上に建立した「青雲庵」は大念仏の道場として栄え、明治維新の際の廃庵を経たのち、明治二十六年に再興され、昭和五年には「遠州大念仏団」の本部が置かれた。同四十七年、大念仏が無形文化財に指定されてからは、浜松市立・犀ケ崖資料館となり今日に至っている。一部に宗円堂の宗旨を曹洞宗とし、宗円を崖に程近い曹洞宗・宗源寺の法類とする資料もある［11］。曹洞禅関与の時代もあったのであろうか。遠江の曹洞宗は、家康の正室築山御前の蛇身怨霊を救度した縁起伝承を主張しており（『可睡斎縁起』等）、僧録司《そうろくす》の寺格を持つ袋井の可睡斎《かすいさい》を中心に隆盛した。浄土宗とともに呪的鎮送儀礼をもって大名家に教線をひろげた歴史が思い浮かぶ〔12〕。

ところで、浄土僧との深いつながりが想起される犀が崖の亡魂救済譚、およびこれを起源と説く念仏芸能の由来は、やがて近世中期に至って新たな浄土高僧伝を派生し、この時代に陸続と編集された高僧一代記の様式に取りこまれていく。

白衣・乱髪の異相の山居念仏行者として名高い弾誓《たんぜい》（一五五一～一六一三）の廻国布教を描いた勧化本に、明和四年（一七六七）刊『弾誓上人絵詞伝』なる書がある（本書Ⅳの資料篇に全文を掲載）。編者は上人の開いた京都洛北・阿弥陀寺の僧・宅亮で、上下二冊の平仮名絵入り本である。刊本の原拠となったと思われる三巻本の絵巻物が、神奈川県箱根町の阿弥陀寺や、同伊勢原市の浄発願寺に伝存し（製作年未詳、元禄～享保ごろの寄進）、十八世紀の初頭には弾誓伝の流布が行なわれていたとみられる〔13〕。絵巻、刊本いずれも内容上はほぼ同じものである。すなわち京、近江を巡化し、熊野、信州、箱根、小田原を廻る教化の旅途にあって、天魔神霊を従え、亡魂の救済に尽力する弾誓の法力譚を平明につづりながら、上人ゆかりの宝物・旧跡に言い及ぶ内容であり、高僧一代記の典型的な叙述形式がみてとれる。その下巻第七段では、遠州堀江の里の館山寺の岩窟にこもって修行の日々をおくる弾誓が、この地に没した武田の軍兵を念仏の功力で解脱させた因縁を念仏踊りのはじまりにことよせて紹介する。

堀江の里を初め近隣の男女、毎年七月二日より十六夜にいたる迄を限り、断肉潔斎して白き浴衣に菅の笠を着、各棹に縋り鉦と太鼓をうち交《まじえ》て声をばかりに念仏す。此事の由来を尋るに、昔時甲斐信玄公合戦の節、数万の軍兵、此里堀江に沈み死したりき。其亡魂雨夜ごとに光り渡り声を揚げ、野山に鯢波《げいは》を作る。国民これを驚怖して上人に歎きければ、上人告て宣く、我教に遵《したが》ふて箇様〳〵に念仏を修しなば再び出まじ、と示し給ひける。その示のごとくつとめければ、果して速すみやかにしずまりぬ。それより永く伝はりて今に斯《か》くのごとく修しぬることになんなりけるとぞ。是又、上人利済の余沢なり。

縁起は、毎年七月の念仏踊りの芸態を点描する見聞記風の記述よりはじまり、雨夜に鯢波をなす怨霊を鎮めた弾誓上人の宗教的偉業にその起源を求めるといった説話構造を示している。

堀江の庄に隣接する呉松地区は、浜松城下とならぶ念仏踊りの伝承地であり、犀が崖の祟りから住民を救った了伝和尚の念仏創始伝説をのこす[14]。そのような土地の言い伝えを弾誓の一代記に転用し、旅の浄土高僧の霊験に潤色したところに、『弾誓上人絵詞伝』所載の大念仏由来譚の生成をよみとるべきであろう[15]。そこには遠州在地の民俗信仰とは質の異なる高僧伝編述の常套表現が見いだされる。

すなわち弾誓伝のみならず、異相の木食行者・徳本（一七五八〜一八一八）の行状記にも、紀州有田の古戦場に赴き武者の霊魂を回向して農作物を荒らす虫災を封じた念仏の功徳が語られており（『徳本行者伝』慶応三年〔一八六七〕）、当代浄土宗に顕著な均質化した高僧伝編纂の方法をものがたる。了伝、宗円の創始説から近世中・後期の弾誓、徳本にいたるまで、念仏僧の戦死者鎮魂にこだわりつづけた宗門の説話伝統は、徳川政権と浄土宗教団のかかわりを含めて傾注に値するであろう。

四　都市文芸の視線

一方、犀が崖亡魂の伝承は、浄土僧の説く鎮魂の法談とは別の流伝経路を通して、民衆の間に古戦場の心意風景を根付かせていく。

赤穂浪士の一人で沾徳門の俳人でもあった大高源吾（俳号子葉）は、元禄十年九月九日江戸を発ち、東海道を播州に向かう。そのときの句日記『丁丑紀行』は、子葉の目にとまった遠州大念仏のありさまを次のように描写している。

今日浜松に御やどりまします。夜にいれば者共二三十人づゝ打むれて、声のばかり念仏申て鉦太鼓をたゝき夜すがら廻る。かゝれる魂祭り余所にも侍るやらん、と問へば、あるじの語る、味方が原御合戦の後、戦死の者どもを御とぶらひのため、東照宮より仰事侍りて、今に至りても年々かゝれりとぞ。御城主よりも警固など美々敷御沙汰有りと見ゆ。

聖霊の追ふも返すも夕顔寺

子葉の句文は俳諧師らしい矚目吟に充ちており、もの珍しい土地の風俗に向けられた羇旅の文人の捉え方をよくあらわしている。宿の亭主の語る三方原合戦の故事に耳を傾ける子葉の姿には、芭蕉の紀行文にも通ずる虚構の筆遣いがうかがえる。そうした意味において『丁丑紀行』の一節は、先に引いた軍書、在地記録、宗門資料とは情趣を異にした文芸営為の産物といってよいだろう。むろんそこに、戦場の生々しい記憶を伝承する在地生活者の感性や宗門側の布教意識を見いだすことはできない。いわば外界から訪れる旅人の視野に映し出されることにより、犀が崖の亡魂成仏は土着の宗教民俗臭を脱化し、知識としての故事因縁に話の次元を変えていく。それは文芸作者の手を経た在地伝承の名所旧跡化ともいうべき現象であった。

近世の紀行文、地誌にあらわれる古戦場という「新名所」の根強い人気については、板坂耀子の分析がそなわる[16]。五街道の路傍や各地の寺社に散在する「つわものどもの夢のあと」が芭蕉の『奥の細道』をはじめ、さまざまな文芸、紀行の素材となって近世の人々の間に戦跡情報を行きわたらせたわけである。とりわけ曾我兄弟、源義経、木曾義仲、源平争乱の勇士たち、あるいは楠正成などの討死の歴史英雄像は、江戸の芝居、文芸、絵画に数多くの物語風景を生み出したばかりか、彼らにまつわる名所旧跡の歴訪記や名所案内の生成へと展開するのであった。

文学史の側面からいえば、近世初期にはじまる名所記、故事類書、俳書、紀行などの出版や、戦史に取材する時代物の浄瑠璃、歌舞伎、浮世草子の登場は、合戦の記憶を生々しい目の前の史実から物語のなかの歴史に置き換える原動力となった。およそ十七世紀以降にまきおこる都市情報文化のダイナミックなうねりのなかで、乱世の鎮魂譚は虚構文芸の一景に再生していくのであった。そのような潮流を背景として、三方原合戦のエピソードもまた、宗教性・唱導性と文芸・娯楽的興味の二つの局面をあわせ持ちながら都鄙の間をへめぐることになる。

五　怪異小説のなかのいくさ語り

仮名草子の主要作者である浅井了意が著した『伽婢子』（寛文六年〔一六六六〕刊）、『狗張子』（元禄五年〔一六九二〕刊）の二作は、近世怪異小説の代表作品であり、中国志怪文学の翻案による創作方法を特色としている。

一方、両書の素材には、武田、北条、上杉、織田等の戦国武将に関する逸話が目につき、『伽婢子』全四十五話中の二十三話、『狗張子』全四十五話中の二十話を占めている[17]。それらの出典について『甲陽軍鑑』『武者物語』『武者物語之抄』といった軍書の利用が考証されており[18]、中国典拠の翻案に際して、時代を日本の乱世に設定し、巧みに日本化しながら怪異を現実味あるものに創り上げる方法に了意怪異談の特徴が指摘されている[19]。

そのような作品傾向のなかにあって、『狗張子』巻四の一「味方が原付犀ががけの幽霊のこと」は、上述の亡魂救済譚を乱世の史実に仮託して、怪異談の一場面に潤色したものであった（図2）。すなわち冒頭に、

> 元禄・天正のあひだ天下乱れ、近里遠境たがひにあらそい、隣国群邑を併《あは》せとらんと挑み戦ふ。臣として君を謀《はか》り、君はまた臣を疑ひ、兄弟敵となり父子怨《うらみ》をむすび、運に乗りては数国をうばひ、勢ひ尽《つ》きぬれば牢浪し、栄枯地をかへ盛衰日にあらたまれり。そのあひだに死する者幾千万ともかぎりなし。兵乱うちつゞき、京も田舎も静かなるときなし。かくては世の中に人種《ひとたね》も絶え果てんとぞ思はれける。

として、兄弟君臣あい争う憂き世のさまと民の辛苦を歴史小説の筆致で批評し、以下に元禄三年十二月二十二日の甲州勢進攻にはじまる三方原合戦の折の諸将のいくさぶりなどを、『甲陽軍鑑』に依拠しながら詳細に描き出す。

かくして物語は史実の放つリアリティに裏打ちされながら、犀が崖に怨みの声をあげる武田軍の亡魂とその弔祭へと展開するのであった。この部分の直接の典拠は『武者物語』『武者物語之抄』（両者ほぼ同文）とされるが〔20〕、戦史にもとづく前段部分をともなうことにより、怪異談は単なる奇事異聞の領域をこえて歴史小説のエピソードに昇化したといってもよかろう。そしてさらに了意の筆は、一話の最後に「毎年の七月にはかならず魂祭おこなはれ、燈籠の念仏踊りありとかや」といった同時代の風俗に対する起源説明のスタイルを示して終わる。知識啓蒙性を重んずる仮名草子らしい物語の構造がそこにうかがえる。

図2『狗張子』巻四の一

この他、戦国武将の亡魂にまつわる怪異は、『狗張子』巻一の四「守江の海中の亡魂」、同巻一の五「島村蟹のこと」、同巻五の二「常田合戦甲州軍兵幽霊のこと」などにもとりあげられていて、了意怪異談の主なテーマである点がよくわかる。話の結末に僧の読経による敗死霊の成仏（巻一の四、五の二）を描くのは、真宗説経僧であった了意の唱導者的な発想を反映したものであろう。

十七世紀の怪異小説において、修羅の巷をさまよう幽鬼の救済譚は、歴史に名をとどめる勇将から名もない兵卒の群霊にいたるまで、さまざまな形に潤色されて、諸国の戦跡に付会する怪異の叙述様式を文芸史のなかに形成したわけである。主に近世初期の怪異小説に見出される代表例を示してみよう。

『宿直草』（延宝五年〔一六七七〕刊）

- 巻二の十一「小宰相局の幽霊の事」
  源平合戦で入水した通盛の妻・小宰相の亡霊に魅入られ耳を失った座頭の話。
- 巻五の二「戦場の跡火もゆる事」
  大坂夏の陣の古戦場・若江の里に現れる怪火。
- 巻五の四「曾我の幽霊の事」
  富士の裾野を行く旅僧が、曾我十郎・大磯の虎の亡霊に出会い、十郎の再生を告げられる。

『宗祇諸国物語』（貞享二年〔一六八五〕刊）

- 巻一の三「金剛山の古跡」
  河内国金剛山の山中で、修羅道に堕ちた楠正成の一族に遭遇、一首の歌を手向けて菩提を弔う。
- 巻三の一「魂留む赤間関」
  長門国赤間関の草庵に宿り、細川勝元の臣と名乗る幽霊から応仁の乱前後の諸将の興亡を告げられる話。

個々の作品の指向性にこだわるなら、貞門俳人・荻野安静の遺稿と伝える『宿直草』には、史実の読みかえを積極的に行う俳諧的な趣向が見受けられ、また宗祇廻国の見聞記に仮託した『宗祇諸国物語』の方は、諸国一見の叙述形式に適合させる作意が色濃く、修羅能の構成方法を意識した筋立てに特色をみせる。いずれも僧坊主導の鎮魂説話とは次元の異なる、文芸作者の創意工夫を優先させたものである点では、共通の作品群とみてよかろう。

もっとも、だからといって江戸の怪異小説が宗門教団側の動きと全く関連をもたずに存在したとみなすことも、この時代の文化状況に合致しない一面的な見方であろう。

『宿直草』巻五の四の曾我再生譚が、直接的には甲斐の曹洞宗大泉寺の縁起布宣に触発された同時代的な話柄と考えられる点、あるいは曾我の生まれかわりにまつわる寺社縁起や勧化本の流伝については、旧稿に述べたとおりである［21］。

六 「小宰相局の幽霊の事」

一方、『宿直草』巻二の一の「小宰相局の幽霊の事」においても、『平家物語』以来の入水伝承を援用した背景に、近世社会にくりひろげられた浄土宗説教僧の布教活動の実情を想起しうるものであった。

『平家物語』巻九の通盛討死と、夫のあとを追って鳴門の瀬戸に身を投げた小宰相の哀話は、謡曲『通盛』をはじめ、近世にはよく知られた軍記伝説であった。他方、そのような文芸の世界とは別に、兵庫の浦辺や阿波の鳴門周辺に小宰相の塚、供養塔が散在し、入水伝承の旧跡を今日に残すことは、この話の在地伝承としてのあり方を示している。ことに山中耕作の指摘した、神戸市願成寺の『摂州烏原村願成寺地蔵尊縁起』（縁起絵巻・一巻、図3）の存在は、平家伝説に対する宗門的な死者供養の意味付けを知る上で傾注を要するだろう［22］。

願成寺十二世光誉鸞栄の天明四年（一七八四）奥書によると、寛永年間（一六二四～四三）の火災で原本が失われたため、灰燼の中に残った断片をあつめ、菅原朝臣大足卿に請願して新たに草文し、絵を加えたのが現存の縁起絵巻という。

縁起の内容は、矢田地蔵で名高い満米上人直作の地蔵尊が小宰相の持念仏となり、さらに通盛の敗死と小宰相入水ののち、願成寺の本尊になるまでの因縁をつづったもので、寺宝の霊験由来に力点を置く通盛・小宰相説話の変奏とみてよい。源平合戦のエピソードを盛り込みながらも、願成寺固有の宝物伝承を中心にまとめられた点に、寺院縁起の特性が色濃くうかがえる。

図3『摂州烏原村願成寺地蔵尊縁起』小宰相局の入水

願成寺縁起の生成と流伝に関して、山中は「小宰相の説話を携行して浄土往生と地蔵信仰とを布教」して歩いた下級僧尼、巫覡の唱導活動を想察しているが、近世の浄土教団にあまねく行きわたった鎮魂修法の普及を考えれば、むしろ願成寺とその法類の浄土僧を伝承管理の中心点とみるべきかもしれない。法然に助けられた身重の小宰相が京・東山の庵で男児を生み、その子は法然門弟の源智上人になった、との俗伝が近世浄土宗の間に伝来したことも、小宰相説話と宗門説教僧の親縁性をほのめかす。室町期の『正源明義抄』あたりを出所とするこの種の俗伝の発生について、佐谷眞木人は願成寺縁起の流布をも視野に入れながら、『平家物語』の登場人物を法然の事跡に結び付けて布教に利用する傾向が浄土宗唱導僧のあいだに強くみられることに言及している［23］。さらにまた、この話が元禄六年刊の『円光大師行状画図翼賛』巻五十八や万延元年（一八六〇）刊『三国七高僧伝図会』（図4）にとりあげられている点を考えるなら、小宰相の行く末を法然伝のひとコマとして語る近世的な通俗説教の民間流伝は想像にかたくない。ちなみに『弾誓上人絵詞伝』にも、鬼と化した「忠度、道盛、敦盛」の幽魂成仏が描かれており、『平家物語』を材として、浄土宗高僧の敗死霊救済を潤色するこの時代の唱導説話の一般傾向を想起することができる。ちなみに刊本『弾誓上人絵詞伝』に先行する肉筆の絵巻は、武将名のない「三鬼」の成仏を描くのみであり（図5）、刊本編述の十八世紀なかばにかけて通盛と小宰相の鎮魂譚が一般化した点を想像させる［24］。

図4『三国七高僧伝図会』法然の庵を訪ねる小宰相局

図5 塔の峰・阿弥陀寺（神奈川県箱根町）の絵巻に画かれた三鬼。弾誓の教化により成仏する

一方、『宿直草』の話は、冒頭に摂州尼崎の琵琶法師「星山勾当」を登場させて、小宰相の入水を描く巻九の段を不用意に語り耳を失った座頭の秘事を明かす、といった怪談咄の語り口を示している。ところが本文内容は、怨霊出現の舞台を安徳帝の入水で有名な「長門国赤間関」に設定しており、本来別種の平家伝説を混交させる作意をみせるのであった。いわゆる「耳なし芳一」の話型の後続作品群（『御伽厚化粧』から小泉八雲『怪談』まで）がおしなべて長門壇の浦の平家怨霊を描くのに比べると、「小宰相」の幽魂にこだわる『宿直草』のストーリー展開は特殊な筆法といわざるをえない。

そう考えてみた場合、『宿直草』の成稿とほぼ同時期に展開した願成寺縁起の布宣活動は注視すべき当代情報となりうるのではあるまいか。読者の耳目に親しい俗間の話題が、俳諧師や仮名草子作者の素材となったためしは枚挙にいとまがない。

さて、歴史の争乱期を描き、戦場に果てた死者との邂逅と鎮魂を語る奇談文芸のながれは、仮名草子、浮世草子時代の諸作から上田秋成『雨月物語』（安永五年〔一七七六〕刊）の「白峯」「仏法僧」等に継承されて行く。それらはまさに〈いくさ語りの怪異談〉ともいうべき文学史上の系譜であった。こうした文芸表現の登場が、古戦場供養の仏教儀礼や在地の念仏芸能と共存し、人々の心意に古戦場の記憶を蘇らせる装置として機能したところに、近世社会に流伝した鎮魂説話の全体像を理解すべきであろう。

七　おわりに——戦争と鎮魂の近代

浜松市呉松地区において、第二次世界大戦のために一時中断していた遠州大念仏が再興されたのは、戦後間もない昭和二十二年のことであった。きっかけは、敗戦の翌年ごろから戦没者供養のための大念仏復活の声が起きたことによるという〔25〕。戦時中の金属回収令で供出された双盤の払い下げが行われ、再び呉松の里に念仏踊りの哀唱がひびきわたった。かような郷土史の断片を通して、いったんは遠い昔の故事来歴に定着した遠州大念仏の戦死者鎮魂譚が、忘れようにも忘れられない大戦争の惨禍の体験と交錯し、戦いと鎮魂の精神史を繰り返すさまがみてとれるだろう。水漬く屍、草むす屍となった肉親、友人に対する地域の人々の哀悼の念が、五百年前のいくさに倒れた兵卒を慰撫する大念仏の調べにのって問わず語りにあらわされる。つい昨日までの交戦国による昭和二十年代の日本占領下にあって、将兵らの鎮魂が郷土の祭礼芸能や寺社縁起に名を借りて密かに進行したことは、敗死霊鎮魂をめぐる民俗心意の根深さをものがたる興味深い事例にほかなるまい。政治史や歴史観の議論だけでは可視化できない、戦いの文化史がそこに隠見するのである。

日露戦争の英雄・広瀬武夫中佐が戦前の軍国思想のなかで「軍神」の称号を与えられ、大分県竹田の広瀬神社に神として祀られたのは昭和十年三月のことであった。現行の『広瀬神社由緒記』によれば、戦後の政教分離により宗教法人・広瀬神社となってからは、昭和二十三年四月に近郷出身の戦没者を合祀して今日に至るという。本来の祭神である「海軍中佐・広瀬武夫命」の他に一六二七柱の将兵を神に祀った背景には、敗戦後の村里にわき起こった出征兵士鎮魂の声なき声の民衆史が思い起こされるのではあるまいか。

田中丸勝彦『さまよえる英霊たち』によると、軍国思想が創り出した国家的な英霊像とは別に、「家のホトケ」として近親者を守護するようになったあまたの戦死者と、その鎮魂の民俗が、各地方のムラ社会に根をはり、クニの指導と干渉を受けながら今日に至っている〔26〕。彼らを追悼し、記憶にとどめる社寺モニュメントの開基が昭和二・三十年代に顕在化していった背景に、ムラ・イエをとりまく戦後史の一断面が見えかくれする点は顧慮すべきであろう。

あるいはまた、戦後の沖縄において、民間巫者「ユタ」が執り行う「魂すくい」の儀礼が、戦乱に倒れた近親者に対する最も重要な慰霊営為として機能した事実は、生き残った生者の側より発信される〈戦死者の記憶を語ること〉

の実相を伝えている［27］。

江戸の軍書や小説、あるいは近代の戦争文学、報道文学のなかに描かれた「戦争」は、歴史を語り、戦訓を語り、そして死者たちの挽歌を語った。また宗教者の側は自らの教義に合わせて戦死霊供養の修法を行い、修羅道よりの救済を説話化した縁起のかずかずを発信する。文芸・宗教の両局面にわたるそれらの文化事象をつなぎとめる重要な位置に、争乱に命を奪われた血族を悼む素朴な情念の発露が時代を越えて顕在することはいうまでもない。いくさ語りの説話が人々にあまねく受容され、支持されるメカニズムを解き明かすためには、民衆史に立ちあらわれる、そのような事柄は避けてとおれない命題である。


［1］角川源義「太平記の成立」（『国学院雑誌』六二―一〇、一九六一年一〇月）、金井清光『時衆文芸研究』（風間書房、一九六七年）、菊池勇次郎「時衆と陣僧」（『国史大系月報』二四、一九六五年六月）。

［2］堀一郎『我が国民間信仰史の研究［第二］』（創元社、一九五三年）。

［3］堤邦彦『近世説話と禅僧』（和泉書院、一九九九年）。

［4］永禄三年の桶狭間の戦いにおいて、織田軍に追われた家康は大樹寺・登誉上人の助けを得て危難を脱し、その折に「厭離穢土　欣求浄土」の偈を墨書した御旗を授かり、のちには常にこれを陣中にはためかせたという俗伝が伝わる（『甲子夜話』五など）。

［5］『浄土護国篇』は書名の示すとおり、念仏による護国思想を説いた書であり、徳川家を外護した四篇の浄土僧伝よりなる。

［6］五来重『踊り念仏』（平凡社、一九八八年）。

［7］ほぼ同内容の記事は寛文七年刊『武者物語之抄』、『東照宮御実記付録』（『徳川実紀』所収）にもみえる。

［8］浜田全真「遠州大念仏の一考察」（『日本文化史研究』三〇、一九九九年三月）。

［9］『日本歴史地名大系』第十三巻（平凡社、二〇〇二年）「東京都の地名」。

［10］例えば祐天上人による累怨霊の成仏をはじめ、幡随意、珂碩らの浄土僧には亡魂救済の説話が珍しくない（堤邦彦「近世高僧

伝と実録のあいだ」『江戸文学』二九、二〇〇三年一一月、同「仏教説話の変奏」『国文学』二〇〇三年九月）。
[11] 渡瀬茂三郎「遠州大念仏の沿革と現況」（『土のいろ』一九六〇年一一月）所収。
[12] 注3に同じ。
[13] 五来重「塔の峰本『弾誓上人絵詞伝』にみる弾誓の伝記と宗教」（『箱根町誌』第三巻、角川書店、一九八四年）。
[14] 宮本七郎『浜松市呉松町の歩いた道』（一九七九年）。
[15] 遠州大念仏と弾誓のかかわりについては、注13の論文に指摘がある。
[16] 板坂耀子「古戦場を訪ねて」（『江戸を歩く――近世紀行文の世界』葦書房、一九九三年）。
[17] 江本裕『近世初期小説の研究』（若草書房、二〇〇〇年）。
[18] 冨士昭雄「浅井了意の方法――『狗張子』の典拠を中心に」（『名古屋大学教養部紀要』一〇、一九六七年三月）、同「伽婢子と狗張子」（『国語と国文学』一九七一年一〇月）。
[19] 注17に同じ。
[20] 注17に同じ。
[21] 堤邦彦『近世仏教説話の研究』（翰林書房、一九九六年）第二部第二章「修羅・再生のモチーフと近世唱導」。
[22] 山中耕作「小宰相――クグツの末裔たちの遊行唱導」（『講座日本の伝承文学』八、三弥生書店、二〇〇〇年）。
[23] 佐谷眞木人「法然上人伝から古浄瑠璃『ほうねんき』へ」（『寺社縁起の文化学』森話社、二〇〇五年）。
[24] 一ノ谷の古戦場において、弾誓は「忠度、道盛、敦盛」の三鬼を回向する（本章図5参照）。なお、元禄二年（一六八九）刊の『緇白《しはく》往生伝』所収の弾誓伝では、教経、敦盛の「両亡魂」を救う話になっており、古い伝承においては「道盛」の幽霊済度が見えない。一方、元禄七年九月京都村山座の『熊谷名残盃』に、敦盛、通盛、小宰相の幽霊が登場し、義経にいどみかかる場面を描いており、元禄歌舞伎の舞台上で通盛らの亡魂譚をめぐる新趣向が評判を得ていた。『弾誓上人絵詞伝』の素材となった同時代の通盛・小宰相亡魂譚の流布を示唆する。
[25] 注14に同じ。
[26] 田中丸勝彦『さまよえる英霊たち』（柏書房、二〇〇二年）。
[27] 佐藤壮広「追悼の宗教文化論――沖縄における平和祈念と民間巫者」（国際宗教研究所編『新しい追悼施設は必要か』ぺりかん社、二〇〇四年）。

第二章　浄瑠璃姫伝承と寺宝開帳

一　寺院所伝の浄瑠璃姫伝承

時代小説が史実の虚構化を作品の生命とし、「戦国もの」のゲームソフトが武将たちの逸話を語りつくす。現代の表現文化と「歴史」の関係性を想起するとき、いわゆる歴史ものの創作は過去の出来事の語り手という点において均質である。あるいはそれらは、程度の差こそあれ、作品の根底に由来性を内包する一群といってもよかろう。

一方、寺社縁起もまた、大方の場合、史実もしくは史実らしく見える事柄を話の拠り所とする由来語りのスタイルをとることが少なくない。ただし、縁起の世界では、語りの目的はあくまでも宗門宗派の教線拡大を志向するのが常であり、その点からいえば口承文芸をはじめとする他領域の語りには見られない、あからさまな布法の意図と民衆教化の色合いを鮮明にしている。いわばそれは宗教営為の言語化でもあるわけだ。

唱導者のスタンスから歴史上の英傑や宗祖高僧の行実を縁起の素材に援用したためしは、むろん古代〜中世の宗教説話に珍らしくない。だが、説話の量的な増大と、人々の俗耳に入り易い平明通俗な語り口にこだわるなら、十七世紀以後に顕在化する庶民仏教の唱導営為は明らかに際だっている。とりわけ民衆の寺社参詣が隆盛をきわめた近世後期の社会にあっては、芝居・小説・浮世絵などで知られた源平争乱の英雄伝説や、彼らの旧跡、遺品にからめた堂宇開創譚、本尊・宝物の由来などが寺宝の開帳をともなって頻繁に口誦され、あるいは印刻されて略縁起のかたちで大量に伝播して行った。そのような状況は、たとえば源義経、静御前、平敦盛といった悲劇的な英雄像と個々の寺社縁起とのかかわりを見れば容易に想像できるだろう〔1〕。

さて、伝承の人物像を唱導話材に援用するという意味では、愛知県岡崎市の寺院によって布宣された浄瑠璃姫伝説の場合も、同時代的な縁起語りの特徴をよくあらわしている。市内諸寺に伝わる縁起書や宝物の詳細については、石田茂作『浄瑠璃姫の古蹟と伝説』（至文堂、一九六九年）をはじめ、磯沼重治の調査〔2〕に委曲がつくされている。また近年では、三河武士のやかた家康館発刊の特別展図録『岡崎の説話――浄瑠璃姫』（二〇〇二年）により伝承地、関係資料の全容を知ることができる。ここでは近世後期の縁起布宣のありようを中心に、寺院所伝の浄瑠璃姫伝説の同時代的な意味を再検討してみたい。

東海道矢作宿に程近い寺院のなかで、著名な伝承地をあげるとすれば、次の三ヶ寺であろう。

A　光明院浄瑠璃寺（真言宗醍醐派、岡崎市康生西）
B　成就院（曹洞宗、同吹矢町）
C　慶念山誓願寺（時宗、同矢作町）

Aの浄瑠璃寺は宝暦十二年（一七六二）十月七日再写の巻子本縁起『瑠璃光山安西寺薬師縁起』（一巻）を所蔵し、寺宝に浄瑠璃姫と義経の掛幅画（各一幅、近世前期成立）がある。また、Bの成就院は浄瑠璃姫が身を投じたと伝える淵瀬（浄瑠璃淵）の河岸に位置し、境内裏手の供養塔を伝説のあかしとする。天明二年（一七八二）、菅江真澄の発願により浄瑠璃姫の六百年忌を執り行ったのもこの寺である。

Ａ・Ｂの寺院は、宗派・寺歴は違っていても浄瑠璃姫伝説の故地を主張する点で、歴史伝承の縁起化をよくあらわしている。もっとも戦災、水害等で失われた宝物、資料も少なくないため、布教の実状をつぶさに知るてがかりは必ずしも十分でない。

これに対してＣの誓願寺の場合は、写本の巻子本縁起、略縁起を刷り出した板木、姫・侍女らの墓碑、宝物遺品の類を多数所蔵しており、さらに各地の図書館、研究機関に誓願寺から出された異版の略縁起が散在するといった状況にある。それらの伝存資料にもとづき、東海道を行き交う旅人や参拝者を前にした縁起語りの生の姿を立体的に復元しうる興味深い事例といえるだろう。誓願寺の唱導僧は、それではいったい伝説の旧跡たる自坊の由来を説くことでいかなる宗教メッセージを伝えようとしたのであろうか。あるいは、伝説の布宣は寺の教線伸長策とどうかかわるのか。誓願寺関与の縁起資料を読み解くことにより、そのあたりの事情を探ってみたい。

二　岡崎市・誓願寺の縁起

慶念山誓願寺の開創は長徳三年（九九七）、恵心僧都が、溺死した僧・慶念の鎮魂弔祭のために建てた草堂を濫觴とする。鎌倉期に天台宗より時宗に転じて以来、中世末の兵火を経て衰退の時期もあった。しかし、近世に至って再び教勢をとりもどし、矢作宿の有力寺院に名を連ねた。本尊阿弥陀如来はもとより、境内の堂宇に安置の十王像、地蔵尊像（伝恵心作）に庶民の信仰があつまり、戦前までは岡崎市安養院の浄土僧によって十王図の絵解きが行われたという［3］。十六・七世紀以降に民間に浸透した十王信仰や女人救済の思想を背景として、浄瑠璃姫の悲恋話が寺の開創縁起に組み込まれ、鎮魂の物語を浄土信仰にからめて勧化したのであろう。

門前に建つ宝暦八年（一七五八）に建碑の「浄瑠璃姫菩提所」（図1）の碑文によれば、寿永三年三月、義経との別れを悲しんだ兼高長者の姫・浄瑠璃姫は、菅生川に身を沈めた。長者は姫の遺骸を埋葬し十王堂を建てて菩提を弔ったという。いまも十王堂の脇に室町期のものとみられる姫の墓（五輪塔、図2）があり［4］、二人の木像、姿見の鏡（図3）、掛幅画、義経所持の薄墨の笛などの寺宝とともに、伝説の由来をつづる四種の縁起資料が伝わる。

ひとまずこの四種を写本系と略縁起の板木に分けて書誌データを紹介し、それぞれの内容上の特色について述べてみたい。

図1「浄瑠璃姫菩提所」の塔碑

図2 浄瑠璃姫墓所

図3 浄瑠璃姫の木像と姿見の鏡

〈写本〉

①『慶念山誓願寺縁起』（巻子本・一巻）

・奥書に「寛永三年／丙寅三月上旬　改書之」とある。縁起の前半の「子安延命地蔵大菩薩縁詣」は慶念の怨霊を鎮めるために造立された地蔵尊像の霊験と利益。後半に「縁記」と題して、慶念が淵の由来、ならびに浄瑠璃の誕生、義経の生涯、姫との出会いと別れ、管生川入水、十王堂建立などをしるす（図4）。

②無題巻子本・一巻

・書写年未詳。「源義経公略縁起」「浄瑠璃姫御前略縁起」の二篇よりなる。

二種の縁起はともに前掲磯沼論文に翻刻されており、全貌をうかがうことができる。「子安延命地蔵大菩薩縁詣」は、小堂に安置された地蔵尊像の得益を称揚したもので、冒頭に入水した慶念坊の霊魂得脱と、恵心僧都による長徳三年の寺堂建立譚を載せる。

一方、①の後半部分を占める「縁記」の本文を類比してみると、これもまた浄瑠璃姫伝説の記述に入る前に「子安延命地蔵大菩薩縁詣」とほぼ同内容の怨霊譚を載せる。

当山の根元は往昔此処ニ池有て慶念と云し僧ハ如何なる故にや入水せしとなん。夫より此方慶念が淵と呼伝ふ。其霊魂夜毎に出、人民神を痛しむ。茲ニ人皇六十六代一條院御宇長徳二丙寅、彼池を埋、平地に成し、成仏得脱の為に恵心僧都千体の地蔵菩薩を作り、一宇建立し給ひ慶念山誓願寺と号霊場也。

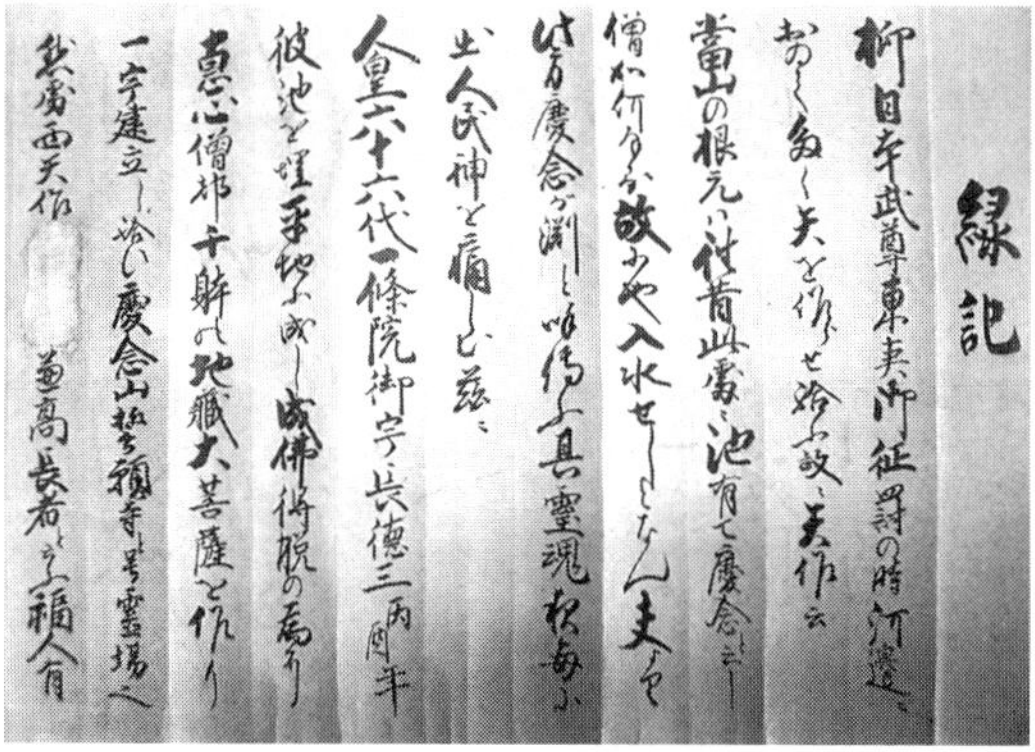

図4『慶念山誓願寺縁起』後半の「縁記」

ここでは誓願寺の開創を長徳二年としており、縁起の最重要記述である開創年号に何故か誤差が生じている。かような説話内容の重複と開創年号の不統一は、①がもともと成立の異なる二つの縁起書を再写の折に合一した写本であることを示唆するのではあるまいか。

奥書に寛永三年（一六二六）の年号を明記してはいるものの、前半・後半の整合性の無さをみるかぎり、二種の縁起書を取り合わせて写したものと考えるのが自然であろう。ことによると「寛永」の年号じたいが、原本からの再写かもしれない。また次に述べるように、比較的新しい時代の縁起とみられる②の筆跡と、①のそれが同筆であることは、①が再写本である裏付けとなる。結論を急げば、①は近世末から近代初頭の書写による伝本ではないだろうか。

①および②をして寛永よりはるか後代の縁起書とみなしうる根拠のひとつは、縁起の記述そのものにある。たとえば①には、寺宝の義経像、浄瑠璃姫像をめぐる現世利益信仰と拝礼の勧めが繰り返しつづられている。その一部を左に引いてみよう。

> 終ニハ蝦夷嶋之御渡り有て彼国を治め給ひ義経大明神と尊敬シ奉る。一度此尊像体を拝し奉ル結縁輩ハ劔難盗難別て無実の災難をのがれ開運長久守ラせ給ふとの御誓願也。又浄るり御前ハ一度拝し結縁し奉る輩ハ男女縁談愛敬感想あらせらるゝ事ハ諸人能知る所也。

目の前の尊像（モノ）と悲恋入水の物語（コト）がもののみごとに融合し、寺僧の説きひろめる招福除災のもろもろの得益（剣難、盗難除け、無実の罪の防除、開運長久、そして縁結びなど）を尊像結縁の善男善女に約束する。そのような現世利益の思想を浄瑠璃姫縁起の中心点にすえて語ることは、十八〜十九世紀に登場する誓願寺版の略縁起（後出③④）に顕著な当代的宗風のあらわれであった。近世略縁起をめぐるそのような時代特性にかんがみるなら、①の巻子本の「寛永」書写はやや時代が早すぎるように思えてならない。

ちなみに②の縁起は、両人尊像の利益に限定した小振りのコンパクトな記述内容であり、寺宝開帳や縁日の折に朗誦される「読み縁起」の一種とみなしうる。尊像拝礼の効能は①とほぼ同じであるものの、細部にこだわっていえば、新たに「水難」除けの利益を追補しているのが目に付く。それはいわば、得益の増殖ともいうべき現象にほかならない。すなわち「浄瑠璃御前縁起」の末尾は、

殊ニ水難のうれいをまぬがれさせ給ふとの御誓ひなれバ各謹で拝礼遂げられませう。

のごとく結ばれるのであった。開創の当初より「慶念淵」の怨霊譚を語っていた誓願寺縁起が、のちに浄瑠璃姫入水の伝承と深く結び付き、さらには近世後期の衆庶に支持された利益信仰の流行色を反映しつつ、「水難のうれい」を退ける霊験あらたかな尊像奉讃の信仰へと変遷したのであろう。

三　寺宝と略縁起

寺宝と一体化して語られる現世利益の強調は、次の③④の略縁起にいっそう明確な布法の意図をあらわしている。

誓願寺には、かつて略縁起の板行に用いられた二種の板木が残されている。両者の書誌データを示す。

〈略縁起板木〉

③『義経公浄瑠璃姫略縁起』（図5）

・板木一枚、全二十五行

・本文中に「延享三丙寅まで七百五十年」とあり延享三年（一七四六）以前の印刻と推測される。

④『浄瑠璃御前菩提所略縁記』

・板木八枚

・本文末尾の次の刊記より安政二年（一八五五）の印刻であることがわかる。

寿永二癸卯年三月十二日
本性院殿浄瑠璃姫弘雲医誓法女
安政二乙卯年迄六百七十二年ニ成ル
誓願寺
東海道三州碧海郡矢作里
十王堂　印

③は一枚刷りの形態から考えて、宝物開帳の折りに配布された略縁起であろう。本文中に義経と浄瑠璃姫の尊像の利益にふれて、

此ノ尊像ヲ一度拝礼結願シ奉ル輩ハ男女縁談諸人愛敬諸芸□進ヲナサシメ、及ビ水火盗難難病等ヲ守護シ

云々とあり、巻子本縁起と同様に、寺に詣でて尊像を拝する「結縁の功徳」に筆をさくのである。

また③の内題下に「境内ニ浄瑠璃姫石塔アリ／左右ニ侍女標石塔アリ」という注記がみえ、奥付部分には、

東海道三州矢作　慶念山誓願寺

浄るり姫菩提所

義経公御祈願道場

図5『義経公浄瑠璃姫略縁起』の版木

とあって、姫の墓所としての遺蹟性を主張し、伝説の故地たることを世俗に勧化する寺側の布法戦略を端的にものがたっている。③の略縁起が刷られた延享三年からさほど遠くない宝暦八年（一七五八）十月十五日、東海道沿いの門前に「浄瑠璃姫菩提所」の石碑（図1）が設けられたのは、その当時、宗教名所の聖性を宣伝しつつあった誓願寺の唱導活動と無縁ではあるまい。石碑の台座に刻された「義経像／しやうるり／こぜん像／幷／石塔」の文言に、寺宝の霊徳を声高に説きひろめ、街道往来の旅人を境内の旧蹟にいざなう伝承名所・誓願寺の弘法姿勢を垣間見ることができるだろう。

略縁起をとおして明らかになる浄瑠璃姫伝説の名所化とゆかりの遺宝の開帳、そして伝説の代弁者ともいうべき個々の宝物が放つ「歴史」のリアリティーと現世利益信仰の融合――。それらの要素を立体化する唱導の方法は④の安政版略縁起に至り、なおいっそう明確な傾向性を示すこととなる。すなわち、④は「当山の宝物」となって「今に伝来」した義経公所持の「薄墨の笛」の由緒をつまびらかにし、「浄るり淵」の古跡に言いおよびながら、尊像結縁の功徳を並べたてることに力をそそぐのであった。それらはまさしく周到に用意された縁起語りの常套的な口吻ともいえるものであった。

なお、④と同板の日本大学総合学術センター・黒川文庫蔵本〔5〕にひき比べてみると、さらに凝った庶民勧化の仕掛けが工夫されているのがわかる。黒川文庫本の場合には、まず表紙裏の見返しに地蔵尊像や義経、姫の木像はもとより、薄墨の笛、姿見の鏡などの宝物を列挙して示し、寺参りの人々の好奇心に訴えかける。その一方で、巻末に「四十二歳厄除之秘法」なる呪法指南を新たに付載し、浄瑠璃姫伝説と直接関係のない呪歌の知識を紹介する。周知の伝説に依拠しつつも、他方では自坊を発信源とする招福除災の庶民化導に傾斜して行った幕末期誓願寺の唱導のありようを如実にものがたる事例といえるだろう。

興味深いことに、現世利益の布宣に走るかような宗風は、当初から誓願寺縁起を特徴付けるものではなかった。国会図書館蔵の享保十七年（一七三二）版略縁起『じゃうるりごぜんゑんぎ』〔6〕には、利益信仰の性格を強める以前の誓願寺と伝説の関係が見えかくれする。すなわち享保版の場合、「浄るり淵」や義経像の安置についてはふれるものの、浄瑠璃姫の尊像に言及せず、また寺宝の利益をめぐる記述が見当たらない。本文末尾に、兵火を受けて十王堂の千体地蔵以外ことごとく焼亡した諸堂が再興され、「当年尊容幾《ほとんど》成就し畢ぬ」とあるところから、誓願寺の寺勢復興を記念した略縁起であることは間違いない。おそらくは、享保版から幕末期略縁起への変遷過程で衆庶に親しみ易い現世利益の要素が時を経るごとに付け加えられ、浄瑠璃姫伝説の古層に積み重ねられて行ったのであろう。

十八世紀なかばを境として、浄土宗系諸流（ことに鎮西白旗派）や日蓮宗のあいだに寺宝の霊徳と目の前の宝物の利益を説いて参詣人を化導する近世庶民仏教の勧化の定型が確立し、人々の日常的な信仰生活に根をはるようになっていった。本章に取りあげた誓願寺縁起の変容もまた、当代唱導界のそのような動向を反映したものとみて、大きくあやまつまい。

［1］たとえば敦盛伝承について論じた佐谷眞木人『平家物語から浄瑠璃へ』（慶應義塾大学出版会、二〇〇二年）第一部「平敦盛像の成立と展開」。また義経と静御前にまつわる略縁起としては、茨城県古河市・光了寺（真宗）の『静女蛙蟆竜舞衣略縁起』（中野猛編『略縁起集成』二、勉誠社、一九九六年所収）などがある。

［2］磯沼重治「岡崎市誓願寺蔵浄瑠璃姫関係資料」（『伝承文学研究』二六、一九八一年九月）。

［3］注2の磯沼論文参照。

［4］『新編岡崎市史』第二巻（一九八九年）四九八頁。

［5］『略縁起集成』二所収。

［6］注5に同じ。内題は「浄瑠璃御前菩提所略縁起」。

第三章

冥府は現世《うつしょ》にあり

地獄観の近世的変容

一　はじめに

古代中世の説話が江戸期の唱導界に影響を与え、時代の解釈を加味されて再生したためしは少なくない。たとえば越中立山に代表される山岳霊場の信仰を話の中心に置く地獄譚の変遷はその典型であろう。堕獄の亡者が旅僧に着物の片袖を託して追善供養を願う。『法華験記』から謡曲『善知鳥』にいたる「片袖幽霊」の系譜は、山中他界の浄域にくりひろげられたあの世とこの世の交流を語る息の長い説話として知られる。

一方、檀家制度の定着や寺社参詣の遊山化、縁日・開帳の日常化がすすみ、仏教の大衆化現象をもたらした十七世紀以降の社会において、山岳地獄にあらわれた亡者の言伝ては、身近な寺院の縁起由来に姿を変えて庶民層に浸透し、享受の場を広げていった。霊験の舞台は、立山信仰の枠組みにとらわれることなく富士・箱根の諸霊場へと広がり、越前永平寺（曹洞宗）、大坂大念仏寺（融通念仏宗）などの大本山格寺院にからめた開創縁起に取り込まれ、亡者ゆかりの寺宝にまつわる伝説の温床となった［1］。

ところが、立山地獄譚の近世社会への展開を追尾していくと、そこには死後の世界を語るにとどまらず、命と体はこの世にありながら山岳地獄に堕ちて行く姿を目撃された人々の行く末にまつわる一群の説教話が見出される。しかも多くの場合、実見した者の体験を克明に描き、偽りならざる証拠の品（袖、帯など）にこだわることを忘れていない。

生身の堕獄というモティーフは、さかのぼれば中国の仏教説話に素源をもつものであろう（唐・皇甫恂の蘇生譚など）。また地獄のありさまを語ることじたいは、日蔵上人の冥途廻り（北野天神縁起など）にみるように、古態の廻獄蘇生譚に珍しくない。しかしながら、近世唱導僧の説きひろめた「生きながらの地獄」は、独特のリアリティと教訓色にいろどられた日常生活のなかの地獄風景である点において、きわだつ特色をもっている。

それでは、この時代の唱導僧たちは地獄語りの説教に何を求め、冥途の証拠品を示すことでいかなる教化を行おうとしたのか。あるいはまた、伝統的な山中他界の民俗信仰に立脚しながら、どのようにして江戸時代人の生活感覚に見合う地獄の存在を導き出したのか。

本章では、十七・八世紀の勧化本や俗文芸に描かれた「生ながらの地獄」というテーマをとりあげ、個々の事例をとおして判然となる、冥府観の近世的な変容とその思想背景を探ってみたい。

二　冥府と町人倫理

仁王禅の提唱で知られる鈴木正三《しょうさん》（一五七九〜一六五五）が信徒を前にした夜話の内容については、正三門弟・恵中《えちゅう》の書き残した『驢鞍橋《ろあんきょう》』（万治三年〔一六六〇〕刊）をとおして垣間見ることができる。同書上巻七十四話は正三の草庵につどう人々の噂にのぼった立山地獄の生々しい見聞を書きとめている。その前半部分に着目してみよう。

一日尾州ノ人来リ語テ曰、此比《コノコロ》知多ノ郡ノ者七八人、越中ノ立山ニ参リケルニ、去《サル》者、我ガ女房、立山ノ地獄ニ走リ込ムヲ見テ、驚キ走リ懸リ、引留メントスルニ不レ叶《カナハ》シテ女房終ニ落入リケリ。彼ノ者不思議ニ乍《ナガラ》レ思ヒ家ニ帰ルニ、女房替《カワ》ル事ナシ、ト語ル。師、聞テ曰、サアルベシ。古今トモニ立山、白山ニテ地獄ニ落タルト見ラレシ人共《ドモ》、一月二月シテ死スルモ有リ、二年三年シテ死スルモ有リ、亦《マタ》七八十迄活ルモアリ。乍レ生キ地獄ニ入タル者数ヲ知ラズ。

立山に分け入った尾張の者の目に自分の妻の堕獄が幻視される。この奇談を耳にした正三は生きながら「地獄ニ入タル者」の類例《ためし》を明らかにするのであった。

『驢鞍橋』の簡素な記述から、師弟・信徒の間に交わされた法談の全般をうかがい知ることはできないが、一方これとまったく同じ立山奇談は、正三夜話の聞き書きをもとに編まれた片仮名本『因果物語』（寛文元年〔一六六一〕刊）にも採録されており、しかもそこには、生者堕獄の原因を日々の悪しき行ないの結果ととらえる明確な教戒の意図が見出される。中巻五の第二話を引用する。

遠州市野村ニ惣右衛門ト云者《モノ》、高野聖ノ宿《ヤド》也。此《コノ》聖、北国立山へ参詣シケルニ、惣右衛門女房、立山ニテ地獄ニ入《イル》。彼ノ聖飛掛《トビカヽリ》テ帯ヲ引留《ヒキトヾ》メケレバ、帯ハ切レテ終《ツイ》ニ女房地獄ニ入《イリ》ヌ。不敏《フビン》ニ思ヒ下向シテ惣右衛門処《トコロ》エ至《イタリ》テ見レバ、女房何事ナク居《イ》タリ。去レバ不思議ニ思ヒ、夏中ニ何ニテモ不思議ナルコトナシヤ、ト問フ。女房答テ云、夏ノ末ニ蔵ノ内へ入ルニ、口本《クチモト》ニテ何者カ我等ガ帯ヲ取リテ、後ヨリ引ケドモ、モチイズ蔵ノ内へ入ケレバ、帯ハ切レテナシ、ト云フ。聖、其ノ日ヲ考フレバ、立山ニテ帯ヲ引取タル時ニ違《タガハ》ズ。是ニ依《ヨツ》テ委《クワシ》ク子細ヲ語テ帯ヲ取出シ見セケレバ、肝《キモ》ヲ消シ驚キ入《イリ》タリ。

立山に登って家族や知人を見かけ、故郷に帰って確かめると同じ人物がつつがなく暮らしている。そのような奇談は片仮名本『因果物語』上巻十三の第四話にもみえ、「生きながらの地獄」という題材がそう珍しくないことを示す。ただし、右に引いた中巻五の第二話の場合は、高野聖の手元に残された証拠の「帯」を書き添えることで目撃譚の信憑性を強めるとともに、女房の堕獄が当人の悪しき振る舞いの報いに相違ないことを謎解きしてみせるのであった。すなわち片仮名本の本文は日頃の積悪を察した聖の言葉をしるしてこうつづく。

聖云、日比《ヒゴロ》何ニテモ悪キ事ヲバ仕給ワヌカ。若《モシ》、心ニ思ヒ当ルコト有ラバ、懺悔シテ科ヲ亡《ホロボス》ベシ。人ニ隠《カク》ス科ナラバ仏神天道ニ懺悔シテサルベシ。全無《サナク》ンバ、必ズ大地獄ニ落チ万劫ヲ歴《フル》トモ閻魔ノ責逃《セメノガル》ベカラズ。今ヨリ以後、慈悲心深ク正直ヲ専《モツハラ》トセバ、先世《センゼ》罪業即《スナハチ》消滅スベシ。只《タヾ》一心不乱ニ念仏信心有《アル》ベシ、ト。其ノ時女房云ヤウ、思当《ヲモイアツル》コト有リ。日比《ヒゴロ》商売利潤ヲ本《ホン》トシテ、舛《マス》ニ大小ヲ拵《コシラ》ヘ人ヲ貫《ヌキ》タル科也《なり》ト、胸《ムネ》ニ当レリ、ト。其所《ソノトコロ》ノ代官《ダイクハン》、松下浄慶《マツシタジヨウケイ》ノ物語也。

大小二つの舛を使いわける不正な商いに手を染めたため、女房は閻魔の責め苦より逃れられない運命を人前に曝《さら》けだすことになった、というのである。

両舛使いの悪報そのものは、すでに平安前期の『日本霊異記』に先蹤がそなわり、また室町期の天台宗系談義書である『直談因縁集《じきだんいんねんしゅう》』にみえる奸商の雷死（巻八の三十五）等に照らすなら、もともと中国種の両舛悪報譚が我が国の唱導界にひろく流伝した事実をうかがい知ることができる［2］。むろん『因果物語』の立山地獄譚もそうした類型説話の末流に位置するわけだが、しかしそこには古い唱導話材の常套話型を踏まえながらも、時流にそくした庶民道徳と因果応報思想の混交をめざす新たな唱導のありようが見え隠れする。なぜなら罪科を懺悔し「正直」な生き方に徹してひとえに念仏を信心せよと説く法談の論理展開は、そのまま正三の主唱する仁王禅的な処世訓に合致するものだからである。

近世の民衆啓蒙史のうえで特筆すべき正三思想の新しさは、士・農・工・商の四民に対する独自の職業倫理観と、それに基づく生活実践のすすめにあるといっても過言ではない〔3〕。中世山林禅の隠遁的な境地からは軽視されがちであった世俗の暮らしに目を向け、徳川政権下の四民階層を念頭に置く職業実践の指南に仏道教化の軸足を置く正三の主張は、商いの道について述べた『商人日用』（元和八年〔一六二二〕成立『万民徳用』所収）の次の一節によくあらわれている。

売買をせん人は、先づ得利の益すべき心づかひを修行すべし。其の心遣と云ふは他の事にあらず。身命を天道に抛《なげう》つて、一筋に正直の道を学ぶべし。正直の人には諸天のめぐみふかく、仏陀神明の加護有て災難を除き、自然に福をまし、衆人愛敬不レ浅《あさからず》して万事、心に可レ叶《なかふべし》。私欲を専として自他を隔て、人をぬきて得利を思ふ人には天道のたたりありて禍をまし、万民のにくみをうけ、衆人愛敬なくして万事心に不レ可レ叶《かなふべからず》。

正三は商取引きの利潤に精を出す営利追求の正統性を公然と認めつつ、あわせて正しい商いの道が「正直」の実践にある点を力説する。私欲に迷い他人の目を欺く奸商行為には、必ず天罰がくだる。かような教戒の言説は、十七世紀に台頭する町人層の生活実感にかなう道徳律であったに違いない。

正三思想の全体像を把握した上で、『因果物語』の説話世界に立ちもどるなら、奇談に託された弘法の意図は明かであった。商人として心得ておかねばならない自明の道理を因果応報の理法にそくして例証したところに、両舛使いの女の立山堕獄譚をしるした中巻五の真の意味付けがあるといってよかろう。言を換えれば、古来より深山幽谷の奥にありと信じられた山中他界の宗教民俗は、町人社会が直面するきわめて実践的な職業倫理を代弁する方便に換置されたわけである。商いという目の前の現実と結び付くかたちで冥府の実在が語られたことは、江戸時代人の地獄観を知るために必要不可欠な事柄であろう。この時代、地獄は日々の身過ぎのすぐ近くに幻視されるものであった。

三　生きながら地獄に墜ちた人々

市井の片隅で目撃される奸商の報いといったテーマは、近世前期の唱導書はもとより、怪異小説の題材に用いられて世俗の耳目に親しい話柄となっていた。

たとえば延宝五年（一六七七）刊『諸国百物語』巻五の二「二舛《ふたます》をつかひて火車《かしや》にとられし事」や同じ年に刊行された『宿直草《とのいくさ》』巻二の八「誓願寺にて鬼に責めらるゝ女の事」、巻二の九「建仁寺の餅屋告げを得る事」は、いずれも不正、盗みなどの積悪のために生きながら獄卒の呵責を受けたり、冥府に連行される科人の苦相を描き出し、さらに京都洛中の古刹を訪ねて偶然そのありさまに出くわした旅僧や修行者が、彼らを教え導き悔い改めさせる筋立てをみせている。この他、欲心無道の生涯の末に、羅刹《らせつ》の呵責を夢に見て発心し、誓願寺堂宇の再建に尽力した長者の話（『狗張子《いぬはりこ》』巻四の八）など、獄卒幻想と倫理教戒のないまぜに特色をあらわす怪異小説の類例は少なくない。

むろん、積悪の報いを知らしめるこの種の因縁話は、同時代の勧化本においても一、二にとどまらない。むしろ唱導界のそうした話材傾向のうえに、怪異小説作者の着想が得られたと考えたほうが事実に近いのかもしれない。類例を求めて勧化本の悪報譚に分け入ってみよう。

真言律の布教で名高い蓮体《れんたい》（一六六七〜一七二六）の『礦石集《こうせきしゅう》』（元禄六年（一六九三）刊）をひもとけば、巻一「洛東清水寺ノ前ニテ巡礼者異相ヲ見ル事」のような鬼卒幻想が目につく。

貞享年中（一六八四〜八八）、関東の巡礼が清水寺に通夜の折節、深夜におよんで女房を火中に投ずる二鬼を目のあたりにする。女は三条の糸屋の妻で、悪夢のために眠れない病を患い憔悴しきっていたが、巡礼の話におのれの罪科を悟り、信仰に目覚めて出家する。堕獄幻視の体験談を証《あか》しに応報の怖るべきためしをつまびらかにする常套的な勧化の語り口が見出される一話である。

日頃の悪しき行いを堕獄の苦相にからめて戒める説教僧の方法は、浄土宗西山派の僧・蓮盛《れんせい》の『善悪因果集』（宝永八年（一七一一）刊）の次の話にもうかがえる。

巻四「婬色ヲ販売《ヘンマイ》スル者地獄ニ墜ル事」は、寛文年中に島原の遊女屋・柏屋長右衛門が死の直前に見た妖夢を紹介する。瘡毒のために命危うくなった長右衛門は昏睡状態のなかで、火炎に焼かれる亡兄に出会う。驚く長右衛門に死者の懺悔話がつづく。

サレバトヨ、我生《イキ》テアリシ時、遊女ヲ養フテ人ノ心ヲ蕩《トロ》カシ、其ノ財物ヲ誑《タブラカ》シ取、剰《アマツサヘ》沙門ヲ穢《ケガ》サシメ、酒宴遊興ヲノミ事トシ、種々ノ悪ヲ作ラシメタル。其ノ罪ノアツマル所、我ガ身ニ受ケズト云コトナシ。是故《コノ》ニ、今此所ニ堕在シテ諸《モロモロ》ノ責ヲウクルガ苦キコト云ンカタナシ。

兄の行く末を目のあたりにした長右衛門であったが、ほどなくこれもこの世を去った。章末に蓮盛自身の見聞であることをことわり、予ガ相知リタル僧、在俗ノ昔、悪友ニサソハレテ彼ノ婬家ニ通ヒシコロノ事ニテ、慥《タシカ》ニ知テカタリ申サレキ。

と付言する。まるで島原遊廓に伝わる世間話のようなリアリティ［4］を放つこの因縁の採集意図は明白であった。すなわち町人の女郎買いという当世風俗に照らして邪淫の悪行を戒め、念仏信心の道に導く平明な教化姿勢に、経典教義の深化よりも実生活の倫理を重んじた近世民間唱導者の姿勢がよくあらわれている。人間一生涯のうちに目に見、耳に聞き、あるいはみずから体験する悪徳のひとつひとつが説法の場に引き出されていく。説教僧たちは、浮世の欲望にまどわされる人々に救いの手をさしのべ仏道に誘う目的のもとに、「生きながらの地獄」の存在を声高に説き明かすのであった。冥府はつねに現世の写し絵として機能していたといってもよい。地獄は遠き荒野の果てにあらず、我が足下にありとの思惟なくして、もはや近世期の地獄語りは成り立たなくなっていたのである。

なお、悪行をかさねた者が病に罹りみかまる直前に鬼卒の引き立てを受けるという話柄は、臨終の床でもだえ苦しむ病者の断末魔を目に見える悪報の証拠とした唱導僧の口吻を想察させる。

図1　平仮名本『因果物語』巻四の五・挿絵

真宗説教僧でもあった浅井了意（?～一六九一）の平仮名本『因果物語』（寛文年間〔一六六一～七二〕刊）に「生きながら火車にとられし女の事」と題する話がそなわる（巻四の五、図1）。河内八尾の者が夜更けの平野街道で松灯をともした「八尺許《ばかり》のおとこ二人」に連れ去られる庄屋の妻とすれちがう。翌日、庄屋のもとに人を遣わして確かめると、ふだんから下男下女を酷使する非道な振る舞いの報いか、女は四、五日前より病に倒れ臥せっているというではないか。このことが判明して三日目に奥方は苦しみながらこの世を去った。
了意は、この他にも『堪忍記』（万治二年〔一六五九〕刊）巻七の「夫の妻を殺し我身生きながら地獄に行ける事」に越中倶利伽羅《くりから》峠の山中で病臥の妊婦が引き立てられて行く幻影に遭遇した男の見聞譚をしるす。こちらは、臨終の悪相を山中地獄の伝統モティーフに交絡させた筆致となっている。

一方、肉体的な病苦と地獄語りの連関は、先に引いた『驢鞍橋』中巻七十四の後半部にもとりあげられている。「活乍《イキナガラ》地獄ニ入タル」越中立山の異聞を受けて、正三は次の法談を語りきかせる。

此前奥ニテ、去ル者、前後モ知ラズ病ミケルガ、其ノ家ノ前ニテ、二人ノ鬼有テ亭主ヲ両方ヱ引張テ炙《アブ》ルト、余人ノ目ニ見エタルト云フ事有リ。誠ニ大病杯《ナド》受ケテ、大寒大熱シテ前後モ知ラズワツ〳〵ト叫ブヤウノ苦患ヲ受ル杯ハ、乍レ生我カ性ノ地獄ノ業ヲ感ズル時ナルベシ。サアレバコソ、病人後世ヲ願ヘバ必ズ無病ニ成ル也。我モ此前ハ折々地獄ニ堕ケルガ、最早此比《コノコロ》ハ不レ落チ。其ノ故ハ悪夢ヲ見ザル也。亦曰ク、今時出家衆ハ乍レ生地獄ニ落ッベシ。無道心ニシテ信施ヲキラレバ、サナクトモ死後アメウシニハナラルベシ。御坊主達大事也。

大寒大熱の苦しみに呻く病態を「我カ性ノ地獄ノ業ヲ感ズル時」とした正三の解釈は、おのれを律すれば堕獄の恐怖よりまぬがれると教える仁王禅の修法を平易に説いたものであろう。また、後段は信徒の布施を貪る強欲な渡世僧に対する警句へ展開する。鋭い世俗批評のさえる一文であった。「地獄」は病悩や欲望に充ちあふれるこの世の諸事象と表裏一体の関係にある、と考えられていた。

四　眼前の孤独地獄

地獄の存在が教理経典の範囲を超えて説得力を発揮しえた物理的条件のひとつとして、実際の火山活動を冥途の様相にかさねあわせる庶民信仰の浸透を想起しておくべきであろう。

そもそも「生きながら地獄に墜ちる」という発想の根元には、日本各地に散らばる「孤独地獄」（孤地獄）の信仰が影をおとしていた。「孤独地獄」とは、地下にある八大地獄、八寒地獄のほかにこの世の山間、広野、樹下、空中などのいたる所に点在する冥府の謂いであり、いわば我々の身のまわりに視認される死者の世界の入口と考えられた。『倶舎論』や『正法念処経』を原拠とする孤独地獄の観念は、我が国でははやくも『今昔物語集』巻十七の三十一話などにみえるが、下って近世になると、諸国の山中に具体的な孤独地獄の在り処が信じられるようになっていた。

温泉湧出の地や噴火山を孤独地獄とみなす考え方には、さかのぼればインド王舎城の熱湯地獄をはじめ、中国仏教の霊場（泰山、酆京など）に山中他界の類例が見受けられる。他方、もともと火山列島の地質条件にとむ日本の風土において、火焔に包まれたあの世の光景はそこここの深山幽谷に散在していた。試みに近世の百科辞書をひもといてみても、われわれにとって馴染みの名湯霊場が名を連ねるのである。

日本ニ有リ二地獄一、皆高山ノ巓《イタダキ》常ニ焼ケ温泉不レ絶ヘ。若キ二肥前ノ温泉《ウンゼン》、豊後ノ鶴見、肥後ノ阿蘇、駿河ノ富士、信濃ノ浅間、出羽ノ羽黒、越中ノ立山、越ノ白《シラ》山、伊豆ノ箱根、陸奥ノ焼山等一之巓、炽炽ト燃起リ熱湯注注ト湧出シ宛然《サナガラ》有リ二焦熱修羅之形勢《アリサマ》一。

（『和漢三才図会』五十六「地獄」）

諸国の山岳霊場に湧出した孤独地獄をめぐり、それでは説教僧たちはどのような教戒を語ったのであろうか。了意の平仮名本『因果物語』にその実例を求めてみよう。

巻三の十四「生ながら地ごくに沈みし出家の事」は肥前嶋原の雲仙を舞台とする。登拝した三人の同行のうち、信者の施物を貪る悪僧が「熱湯《にえゆ》の湧出る所」へ自分から飛び込み、さも心地良さげに身をひたす（図2）。ぶくぶくと沈んで行く狂態に、了意は「信施のむくひ」の凄惨な姿を説き示し、さらに章末に地獄の種別と孤独地獄の身近な所在を詳述する。

地獄に三種あり。一には根本八熱地ごく、二には根本八寒ぢごく。此二種は来世にあり。三には孤独ぢごくとて、日本にては箱根、浅間温泉、その外、広野海辺みな是あり。さもこそあらめ、生ながら地ごくへ入けるぞ悲しき。よく〳〵心得あるべし。

今日でいえば名勝や行楽地にあたる箱根、浅間山の山麓に孤独地獄の観念があてはめられ、しかも悪しき行い故に熱湯の湧きあがる地獄に生きながら沈む話が民衆教化の一助となっていたことを、了意の付言はものがたる。諸国山間の地獄情報が民衆に知られるようになった時代の「孤独地獄」の解釈と、唱導の場における具体的イメージの布宣を示唆する点は見逃せない。

ちなみに平仮名本『因果物語』巻三の十四は、正三の片仮名本『因果物語』上巻十三「生ナガラ地獄ニ落事《おつること》付精魂地獄ニ入《いる》事」の第一話をほぼ原文のままに翻案し、右引用の章末評言を加えたものであった。説教台本の性格をあわせもつ片仮名本の方は、簡素な表現のなかに重悪人の応報を強調する、唱導者らしい語り口がみてとれる。すなわち上巻十三は第一話の肥前嶋原の見聞譚につづけて以下の三つの因縁を載せている。

• 第二話　母を踏み倒す不孝の所行により那須の地獄に墜ちた「教伝《きょうでん》」の話。
• 第三話　寺ノ鐘を盗んだ鋳物師が白山参詣の途中、火焔を発して石となる話。
• 第四話　尾張の者が立山霊場で同じ村の二人に行き逢う。下向すると両人は何事もなく暮らしていたが、数ヶ月後ともに熱病に罹り絶命した。

右のうち第四話が中巻五の立山地獄の話と同材であることはすでに述べた。これを含めた四つの所収説話のいずれもが、貪欲・不孝・偸盗といった五悪十悪の報いであることを思えば、実際に各地の火山地帯に散らばる孤独地獄にからめた宗教倫理の教化が日常化していた点は否めないだろう。むろん、そこには仏教思想と庶民道徳の混融という、日本思想の大きな潮流がみてとれるのである。

図2　平仮名本『因果物語』巻三の十四・挿絵

ちなみに『因果物語』両本所収の肥前嶋原の悪僧堕獄の話は、宝永二年（一七〇五）刊の怪異小説『御伽人形《おとぎにんぎょう》』に「目前に見る現在地獄」の章題を付して脚色されている（巻六の三）。ただしこちらは嶋原の乱の古戦場や雲仙岳の賽の河原、湯玉のあがる「八まん地獄」などの名所案内に筆をついやしており、仏教的な教戒とは立場を違える風土奇談の聞き書きに興味の対象が移っている。奇談もの浮世草子において、孤独地獄の目撃談は不思議な世界を覗く好奇のメンタリティーを優先させる方向に変遷していったわけである。唱導説話と奇談文芸のはざまに見え隠れする、素材上の類想とはなしの目的性をめぐる差違がよくわかる一例といえるだろう。

五　冥きは人の心

一方、近世初期の『因果物語』にとりあげられた孤独地獄の因縁は、下って十八世紀の長篇勧化本に流入し、文芸色のまさる教戒譚に変貌していくことになる。

喚誉《かんよ》編の『幡随意上人諸国行化伝《ばんずいいしょうにんしょこくぎょうけでん》』（宝暦五年〔一七五五〕刊）は、中世から江戸初頭に活躍した浄土宗白旗派の名僧・幡随意白道《ばんずいいびゃくどう》（一五四二～一六一五）の一代記である。その巻二の五「日坂ノ宿駿河屋ノ妻　孤独地獄ノ苦ヲ助《タスカ》ル事」は、東海道を西進する上人が遠州佐夜の中山の幽谷に墜ち入る女を幻視し、念仏の功力によって救済する法徳話である[5]。場所を遠州、化導の僧を幡随意とするものの、じつは内容じたいは前出の片仮名本『因果物語』中巻五の立山地獄譚にもとづく潤色にほかならない。黄昏時の峠を歩む幡随意の眼前を三十歳ほどの女房が想いに沈む面持ちで足早に過ぎる。いぶかしく様子をうかがうところに、突然身をひるがえそうとするではないか。とっさに上人は女の傍にかけよる。

師、女ノ右ノ片袖ヲ持テ引止メ玉ヘドモ、曾テコラヘズシテ谷底ニゾ落入リケル。右ノ片袖ハ師ノ御手ニ残リ、彼ノ幽谷ヲ見玉ヘバ、炎々タル猛火《ミヤウクワ》盛ンニモヘアガリ、女ハ其ノ中ニ血ノ涙ヲ出シ泣キ悲ミ居ケル。随従ノ人々、コハソモ何ゴトゾト云アヘルヲ、師ノ孤独《コドク》地獄ト云フ所ナリト宣《ノタマ》フ。

孤独地獄の厭相を目のあたりにした幡随意一行は、その晩、日坂宿の駿河屋惣兵衛宅に泊まった。四方より集まった村人を相手に説法を行っていると、聴衆のなかに先刻谷底に落ちたはずの女房が座している。聞けばそれは駿河屋の奥方であった。上人は女に向かい「身ニ覚ヘタル罪科」の有無を問うたが、なかなか認めようとしない。やむなく女を連れて山中におもむき「彼ノ孤独地獄ノ体《テイ》」を見せて懺悔を勧めた。たまらず白状するところによれば、昼寝する旅人の金子を盗みとり、そ知らぬ顔をしていたという。そしてまた奥方の告白は、前の日に起きた不思議な体験へとすすむ。目を覚した旅人から逃れようとして、女は土蔵の入口へと急ぐ。

彼ノ男、目ヲ覚シテ件ノ鼻紙袋ヲ詮議シ、狩リサガサント云ヘルニ依テ、我レ土蔵ノ内ニ隠レ入ント裏口ニ出ケルニ、跡ヨリ多クノ人々追来ルト想ヒ、急ギ土蔵ニ入ラントスルニ、誰トモ覚ヘズ我ヵ右ノ片袖ヲ取テ引勢《ヒクイキオ》ヒニ袖ハ斯《カク》ノ如クト見セ侍ル。

ちぎれた袖口を示す女に、上人は手元の片袖を示してこう告げた。

汝《ナンチ》、土蔵ニ入ラント思ヒシハ孤独地獄ニ魂落テ責ヲ受《ウク》ナリ。汝チ善悪因果ノ差別《シヤベツ》ヲ聞ケ。宋《ソウ》国ノ荊《ケイ》王婦人楊傑馬干《ヨウケツバカン》ハ、身ハ娑婆ニアリテ魂者《ハ》九品ノ蓮台ニ宿ス。其レハ称名多善ノ徳。日本日坂ノ汝ハ、身ハ此ノ土ニアリテ魂ハ孤独地獄ニ苦ルシム。是レハ貪欲熾盛《シシヤウ》ノ業ナリ、ト示シ、十念ヲ授《サヅ》ケ玉フ。

原拠の『因果物語』に描かれた証拠の「帯」を「袖」に読み直したのは、当時巷間に流布した「片袖幽霊譚」の影響であろう［6］。また中国の故事に引き比べ、日坂の因縁を出所正しい（とおもえる）知的言説に仕立てる作意がほどこされているのがわかる。『因果物語』の堕獄譚は、ここにいたり説教話としての完成度を高めたといえるだろう。

さて、幡随意の善導により駿河屋の女房は堕獄の運命をまぬがれ、発心遁世することになる。上人は十念を授け、名号を書き与えたばかりか、くだんの片袖に自ら染筆して一首の歌を残した。

極楽モ地獄モ己《オノ》ガ身ニアリテ
　鬼ヤ仏ニコ、ロコソナレ

地獄も極楽も十万億土の彼方にあるのではない。おのれの心の清濁が死後の行く末を決める。道歌は、かような冥府観に立脚しながら、人としての心構えにまさる仏道修行なしとするのである。

自身の心の持ちようにより、善心には極楽が、また悪心には地獄の業火がせまる。そうした教化の常套表現を『因果物語』の立山地獄譚に読み取ろうとする寓意は、喚誉の『行化伝』のみならず、近世唱導僧に共通の考え方であったようだ。たとえば、蓮体の『観音冥応集』(宝永三年〔一七〇六〕刊)では、肉体と魂の分離を述べた「倩女《せんじょ》離魂」の公案や、存命中に心が冥府におもむいた唐の僧・胡弁の話に類比して、正三『因果物語』に対する次の評釈を掲げている。

日本ニモ遠州市野村宗右衛門ガ妻、生身ハ家ニ居ナガラ立山ノ地獄ニ堕センコト、因果物語ニ記セリ。サレバ十方世界ハ皆ナ我ガ心中ニアルコトナレバ、悪念生ズレバ、忽《タチマチ》ニ地獄鬼畜ノ眼前ニアリ。善念生ズレバ、浄土天堂即チ足下ニアリ。此ノ界ニテ一人念仏三昧ヲ修スル者アレバ、西方浄土ニ一茎ノ蓮華ヲ生ジ、勇猛ニ勤ムレバ、花栄ヘテ美シク、懈怠スレバ花萎《チヾ》ミテ落トイヘリ。

蓮体は心の中の善悪邪正こそが冥途と浄土の別れ道となることを正三の法談から導き出し、さらに念仏三昧の利益による極楽往生を勧める。じつのところ人間の心奥に地獄・極楽の相を求める視角は、正三その人の著述に示されていた。『万民徳用』の以下の言説は、「心」と堕獄の相関をわかり易く説明しながら、一首の道歌に教えの真髄をあらわすものであった。

去ば、己に勝を賢とし、己が心に負てなやむを愚とす。己が心に勝得時は、万事に勝て物の上と成て、自由なり。己が心に負時は、万事に負て物の下と成て、うかぶ事あたはず。心に心を着て、強守べし。心こそ、心まどはす心なれ、心に心こゝろゆるすな。此歌尤至極せり。心を恣にする時は、着相の念、増長して、三途に落入なり。心を殺得る時は、直に仏果に到なり。

『万民徳用』において、正三は心のコントロールを仏道修行の要所に位置付け、「着想の念」（執着心）を原因とする「三悪道」への堕在に警鐘を鳴らす。そしてさらに、浄土も奈落もひとえに個々人の内心にありとの思惟は、「心こそ心まどわす心なり」の道歌に凝縮するかたちで信徒に発信されていく。

見えない心の動きに左右されてしまう人間行動を三十一文字にこめるレトリックは、すでに平安・中世の歌学書に、

心こそ心をはかる心なれ　心のあたは心なりけり
（『新撰和歌髄脳』『古今和歌六帖』等）

のような類想がみとめられ、詠歌の際の表現様式を蓄積していた。それらの教訓歌群をいっそう通俗平易に読み直し仏教的な解釈を加えたところに、正三の道歌が派生したとみてよかろう。

ひるがえって精神の計り知れない深奥を仏教教義の立場からとらえ直し、説き明かす視点は、古く我が国では法相宗の唯識論をはじめ、仏教学の基礎として広く学ばれた歴史をもつ。『華厳経』の「三界唯一心」「心外無別法」（すべての現象は心によって存在する）に代表される思想はそのひとつといえよう。いまここで仏教思想史の細部に立ち入ることはひかえるが、一方、中世から近世の唱導説話に自分自身では制御することのできない「心」を因とする妖異がしばしば取りあげられている点は、人の心の深部といったテーマと庶民仏教の接近を如実にものがたるのではあるまいか。

たとえば、中世末成立とみられる『奇異雑談集《きいぞうたんしゅう》』上巻十二話（刊本巻一の四）では、女の情念が肉体を離れて蛇と化し目指す相手の前に立ちあらわれた妖変を「識心蛇《しきしんのじゃ》」「心蛇の変」と表現し、また上巻第五話〜七話の説話群は、激しい欲望や怒りが炎となって燃えさかる異聞をとおして、本人も気付かないあいだに勝手に発動してしまう本能の魔障性をあばき出している［7］。

さらに儒者の側も、新井白石『鬼神論』（寛政十二年〔一八〇〇〕刊）に、

妖は人によりて起る也。人きづなければ妖自らおこらず。

のような言説を展開し、妖魔の正体をそれを思い描く人の心に求める心・妖一元論によって、愚者の迷妄を戒めるのであった［8］。江戸期の思想界において、儒仏を問わず個々人の内心に照らしみた民衆化導の方法が模索されていたことは動かしがたい。地獄の実在が信徒ひとり一人の心の清濁邪正にからめて布宣され、日頃の行いを戒める勧化の一助となったのも、すべてを身近な生活倫理に収斂させる庶民啓蒙の時代思潮と無縁ではなかろう。

目をおおうような凄惨な地獄風景を罪人の自責の念の具象化にほかならないと説く唱導者の論法は、『往生要集』

『十王経』にもとづく近世注釈書の類にも散見する。すなわち羊歩の『往生要集直談』（延宝二年〔一六七四〕刊）、了意の『仏説十王経直談』（天和二年〔一六八二〕刊）をひもとけば、つぎのような言説に行きあたる。

己《オノレ》ガ悪業ノ所感ニ依テ、是ノ如ク苦難ニ遭事《アフ》、是レ即チ罪人ノ心見也。此《カ》ク心見ヲ眼前ニウツシ侍ベルコト、廃悪修善ノタメナリ。獄卒等モ亦《マタ》是ノ如シ。

（『往生要集直談』巻二）

衆合地獄ニ鉄炎嘴鷲アルニハアラズ。彼ノ罪人、自業自得ヲ以テ己《オノ》ガ心ニカクノゴトキ重苦ヲ見ル。是故ニ罪人ノ心見ヲ眼見ニ直シテ説キ玉ヘリ。

（『往生要集直談』巻二）

惣シテ六道四生乃至《ナイシ》九界、皆共ニ妄所生ノ故ニ、都《スベ》テ万法ハ悉《コトゴト》ク一心ノ所起ナリ。此ノ故ニ心ヲ以テ画師ニ喩ヘテ、心外ニ別ノ法無シト説ク。

（『仏説十王経直談』巻二）

これらの勧化本の記述から、中世以来、絵画化されて庶民層に受容された六道絵、十王図などの冥府の絵相を、罪人の自責の念に関連付けて説く「廃悪修善」の教えが一般に行われていたと考えてよかろう。

同様の解釈は、説教僧の地獄語りのみならず、民間学者の教訓啓蒙書においても援用されている。大坂の知識人・一楽子（一七一六〜七六）は、河内・八尾地蔵との一問一答により聖賢の道を論じた寓意書『八尾地蔵通夜物語』（明和八年〔一七七一〕刊）のなかで、地獄・極楽の有無についてこう指摘している。

極楽といふも地獄といふも、仮に名付けたる方便にして、衆生の悪を止めさせ、善道へ導くとのことなり。また正法念経（ママ）に曰く、閻羅獄卒者非二実之有情一、衆生妄業之力故見レ之、と説き給へば、閻魔大王の鬼といふものは実に生きて働く者でなけれども、衆生の心より離れて見ゆるとの事なり。此の意を歌に、

鳴る子をばおのが羽風に吹立て
こころとさわぐ村雀かな

右の一文は、『正法念処経』にしるされた冥府と悪心の相関が、十八世紀の世俗にあって心学流の処世訓に混交するさまをよく示した一例といえるだろう。ちなみに、先に引いた正三の道歌（心こそ心まどはす……）の一首が、後年、天明七年（一七八七）刊の『教訓絵入目《ま》の前《あたり》』、天保六年（一八三五）刊『鳩翁道話』といった心学書の著述に転用されたのは、通俗仏教と心学の類縁性を示す興味深い事象とみてよい。

六　図像化される「心」と地獄

さて、心のありようと地獄思想の表裏一体の関係性をめぐって、最後に絵解き図の周辺に見受けられる冥府観の変遷について触れておきたい。

室町末から江戸初頭の巷間で、諸国漂泊の熊野比丘尼により絵解きされた「観心十界曼荼羅」の掛幅画が、当代の人々の思い描く地獄の光景を最もよくあらわす図像文学であることは周知のとおりである〔9〕。いわゆる「熊野の絵」などと称する地獄絵の特徴として、画の中心に大きく書かれた「心」字に注目したのは萩原龍夫であった〔10〕。これらの図様にしばしば見受けられる「心」字とは何か。この問題に関連して鈴木昭英は、「熊野の絵」の源流にみとめられる中国宋代の『円頓《えんどん》観心十法界図』の影響を相察している〔11〕。

『円頓観心十法界図』の図像表現とは、やはり「心」の一字を中央に画き、その周辺に仏界、菩薩界、縁覚界、声聞界、天界、人界、修羅界、畜生界、餓鬼界、地獄界の十界を放射状に配置する円形の図様を基本形とし、日本最古の製作例に院政期ごろの十法界図が知られている[12]。はるか後世の十八・九世紀には、「観心十法界図」のタイトルを付して配布した一枚刷りの簡便な勧化文が出回り、さらに肉筆の掛幅画に仕立てたものも個別に製作されていて、現今の古書展にしばしば出品をみることがある（図3）[13]。

ところで、近世後期の印刷とみられる一枚刷りの十法界図について、腮尾尚子はそれら近世版の主張する「心」字の意味が、本来の『円頓観心十法界図』に比べて明らかに異なる解釈に変遷した点を指摘する。すなわち「自己の心内の極楽浄土を、やはり心内に存する地獄などと共に、併せて冥想する」という原義を大きく逸脱し、朝夕の念仏信

図3「観心十法界図」（紙本彩色、一幅、裏書きに「嘉永三年」とあり、堤邦彦蔵）

心の功徳で浄土に生まれ替わる利益を俗解しだしたところに近世版十法界図の特色がうかがえるというのである［14］。たしかに略縁起形式の大阪府立中之島図書館所蔵「観心十法界図」（一枚刷り、図4）をみると、その勧化文はこれまでみたような善悪邪正と堕獄のつながりを説く通俗的理解にもとづくものであって、自力悟道に徹する『円頓観心十法界図』の根本思想とは異質の趣がある。ことに中之島図書館本は教戒の中心部分に、

図4「観心十法界図」（大阪府立中之島図書館蔵）

誠に我が一念悪心を起せば忽地獄餓鬼道等の界に落ち、一念善心を起せば忽《たちまち》仏菩薩の界と成る。一旦仏心を起

すとも、若又《もし》悪心を起せば仏界変じて地獄となる。たとひ地獄の念を起すとも、心を翻《ひるがへ》せば地獄も変じて仏界となる。

と説き、文末の結語を、

されば地獄の猛火に焼かるゝも、仏界の微妙の楽しみを受《うく》るも、唯《ただ》我が心の善悪に有り。時々刻々心を省《かへりみ》て心の駒に牛網ゆるすべからず。

のように締めくくる。

一見、心の内を覗きみるようでいて、ここで問題視されているのは、世俗のモラルに照らした「善」「悪」をわきまえる「心」であり、心内の冥府を観想する高度な仏教哲学の感得は、大衆相手の唱導の現場において大きな意味を持つものとなっていない。

もっとも、そうした俗臭を理由に、すぐさま庶民仏教の堕落をいうのは早計であろう。地獄・極楽という遥かかなたの宗教世界は、目前の行動規範と結絡することで、はじめて民衆の生活に根をおろし、毎日の暮らしに役立つ生きた処世訓として再生しえたのではあるまいか。

七　結びにかえて

江戸から明治へと時が移り、開化の荒波が落ちつきをみせはじめた明治四十四年、名古屋の一書林より興味深い教

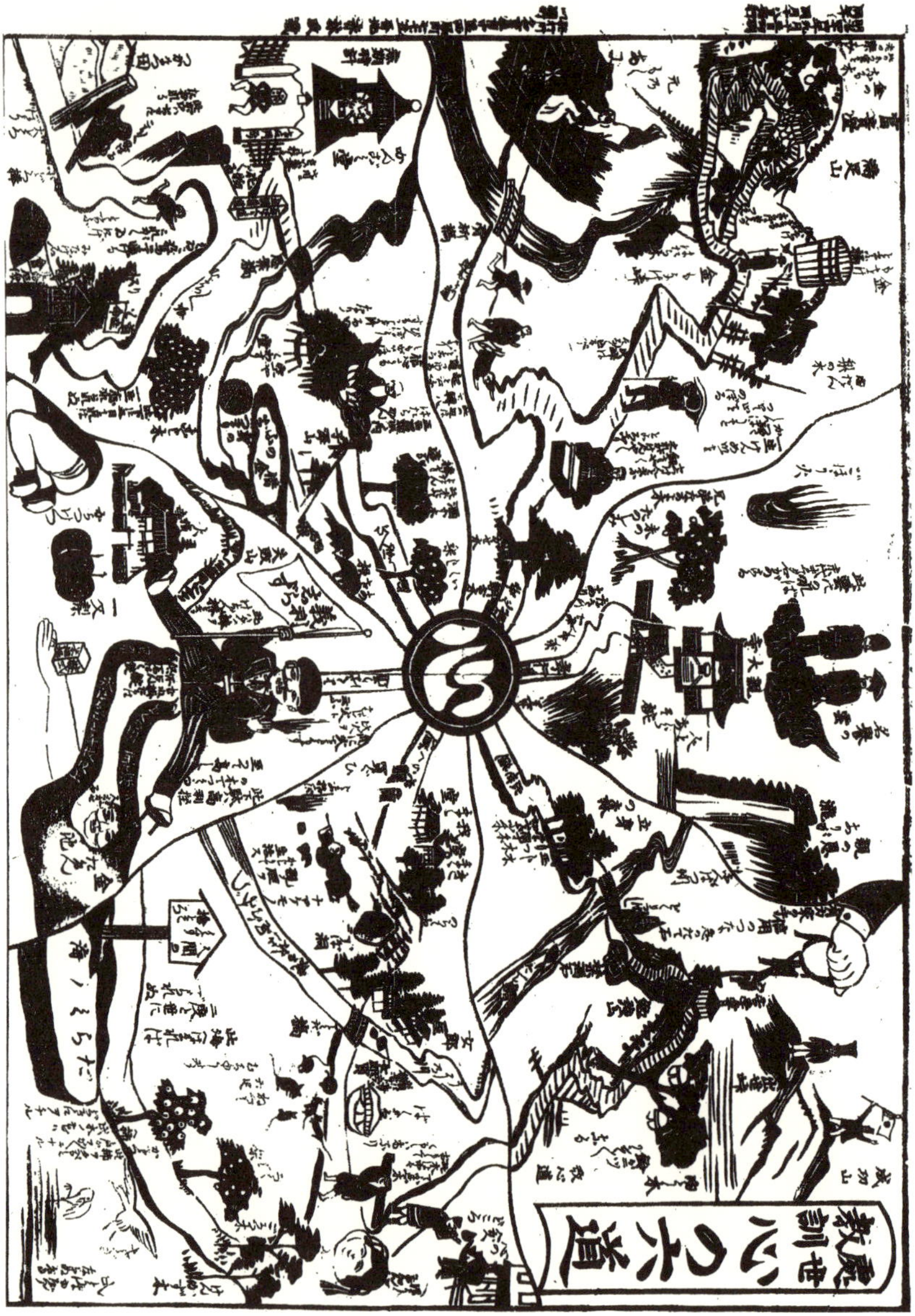

図5『処世教訓心の六道』(堤邦彦蔵)

訓絵図が出版された。『処世教訓心の六道』と題する一枚刷りの絵図（図5）は、「心」字を真中にして、上方に出世道、孝行道、安心道の善の三本道を画き、そして下方部分には、自業自得をあらわす堕落道、欲張道、貧乏道の三悪道が展開する。細部に目を凝らせば、「親大寺」（おやだいじ）の本堂のうえに孝行息子を乗せた「名誉の雲」が浮かび、善行を積んで立身した軍人の姿を称える。また下方の「だらくの海」には「人間のくず捨ところ」の立札が立つ。「此海へはまれば二度と世にでられぬ」というのだから恐ろしい。図中の草木には「一文梨」「兄弟なかよ木」などの洒落が効いており、全体にみなぎる諧謔味とペーソスのうちに人の道が語られ、処世の術を学び取ることができるように仕立てた人生双六の体裁となっている。

人の心の邪正と禍福の相関を図示したこの教訓絵図が、前近代とりわけ江戸後期の現世的地獄を用いた化導の方法と無関係に成立したものでないことは想像にかたくない。『心の六道』図こそは、立身出世を夢みる明治の人々の人生観にみごとに融合を果たした江戸の地獄語りの残陽にほかならない。


［1］堤邦彦『江戸の怪異譚』（ぺりかん社、二〇〇四年）第一部第二章Ⅳ「片袖幽霊譚の展開」。

［2］注1書、第三部第一章Ⅱ「両舛《ふたます》の悪報」。

［3］中村元『近世日本における批判的精神の一考察』（三省堂、一九四九年）、神谷満雄『鈴木正三――現代に生きる勤勉の思想』（PHP文庫、二〇〇一年）。

［4］なお、元禄四年刊の『地蔵菩薩利益集』は遊廓通いの僧の失明と懺悔を蓮盛『善悪因果随聞記』からの引用とことわって紹介している（後小路薫「教化の旅と説話」『国文学解釈と鑑賞』一九九〇年三月、および西田耕三『仏教説話集成（一）』解題）。『善悪因果集』の「剰、沙門ヲ穢サシメ」云々にあい通ずる話題である。

［5］同種の説話は現誉の『本朝三聖利益伝』（延享四年（一七四七）刊）にもみえる。ただしこちらの方は幡随意の行実を簡素にまとめた筆法で、長篇勧化本特有のドラマチックな展開はみられない。

［6］注1に同じ。

[7] 堤邦彦『女人蛇体——偏愛の江戸怪談史』(角川書店、二〇〇六年) 二一三頁。
[8] 注1書、第三部第三章Ⅰ「怪異との共棲」。
[9] 林雅彦『日本の絵解き』(三弥生書店、一九八二年)。
[10] 萩原龍夫『巫女と仏教史』(吉川弘文館、一九八三年)。
[11] 鈴木昭英「金峰・熊野の霊山曼荼羅」(『山岳宗教史研究叢書』一五、名著出版、一九八一年)。
[12] 腮尾尚子「円頓観心十法界図」についての一考察——図の源流をめぐって」(『絵解き研究』一五、一九九九年六月)。
[13] 寺蔵の類例については、滝川和也「地方に残る熊野観心十界曼荼羅——三重県の作例から」(『絵解き研究』二〇・二一合併号、二〇〇七年八月) 参照。三重県熊野市・西光寺蔵の安政六年 (一八五九) 掛幅図に、心字を中心に置く放射状の十界配置が見える。
[14] 注12に同じ。

第四章

福神と貧乏神

近世文学は「宿世の貧報」をどうとらえたか

人間の禍福、とりわけ貧福の格差はどのようにして生ずるのか。そうした疑問に対して、僧坊の唱導者たちは、因果応報の思想にもとづく「宿世《すくせ》の貧報」を説き、仏教的な禍福の解釈を民衆のあいだに根付かせた。古く『日本霊異記』の中巻十四話にみえる「窮《まず》しき女王《ひめおほきみ》」の話などは、仏僧による禍福の解釈を示す早い時期のものとみてよい。吉祥天像の前にひれ臥して自身の困窮を嘆く女の口から「われ先の世に貧窮の因《たね》を殖《う》ゑ、今窮しき報を受く」との言葉が漏れる。いまこの時の貧苦は、前世の因縁によりもたらされた報いにほかならないというのである。

一方、室町期のお伽草子に目を移すと、そこには福の神の来訪と貧乏神の退散といった物語の枠組みが登場し、神仏の力を貸りた貧窮克服へと人々の関心が変容して行くさまを見出すことになる。大黒天などの加護を描く祝儀物の作品群は、立身出世を目指す室町時代の精神性とも連関するものであっただろう。

さらに時代が下がって、十七世紀初めの笑話文学や、仮名草子、西鶴作品の貧乏神説話は、「富」をおのれの精勤の結果ととらえる町人倫理を拠りどころとしながら、機智と才覚によって家筋に憑いた窮鬼を排除する新たな発想の文芸スタイルを構築している。当時の俗間に流行った「かせぐに追付く貧乏なし」の諺は、精勤と立身を理想と考える時代の価値観を端的に示すものといえるのだろう。仮名草子、浮世草子の貧乏神説話には、仏教思想の因果律を超えたところに成り立つ近世町人社会の向陽精神がみなぎり発露していた。

もっとも、自身の力を頼む窮鬼封じの致福譚も庶民層への浸透はそう長くは続かない。十八世紀に入り、享保の改革を過ぎるころになると、西鶴の時代に読者の支持をほしいままにした致福譚の流行に翳りがみえはじめるのであった。経済の行き詰まりから保守化し、世の中の停滞と矛盾が目立つようになる江戸中期の文芸界にあっては、まさに「かせぐを追抜く貧乏神」の俚諺を地で行くような趣向の作品へと傾斜し、窮鬼譚のながれは様変わりしていった。薄汚れた貧乏神の跳梁をこの世の諦観に重ねあわせ、不幸の妖神に惑わされ、翻弄される幸薄い人々の群れを幻視して止まない。上田秋成（一七三四〜一八〇九）に代表される十八世紀の文人作家の小説・詩文は、それでは、貧乏神説話の息の長い伝統に類比した場合、どのような物語史上の位置づけを与えられるべきなのだろうか。ひとまずお伽草子の祝儀物に福神・窮鬼の話の源流を求めながら、近世中期の「妖神」「不幸をもたらす運命神」としての貧乏神説話にいたる道筋をたどってみたい。

一　『大黒舞』『梅津長者物語』など

庶民性の顕著なお伽草子をひとまとめにして「立身出世談」「祝儀物」に分類したのは市古貞次であった〔1〕。それらは中世民衆の理想にかなう致福、立身、一族の繁栄や、若返り、不老長寿などのテーマを物語の中心にすえた一群であり、めでたい詞章と事柄を述べることによって幸福の到来を期待する「祝言性」を生命とする。とりわけ、福神とのかかわりの強いものとして『酒の泉』『大黒舞』『梅津長者物語』の三作品が研究者の目を集めている。

真下美弥子は三作品の関連性に言及しながら、これらの物語がいずれも鬼神や福神の来訪を描き、さらに管弦、連歌、相撲といった「福神遊び」の場面に筆をついやすことで、福徳の招来を期待する作品の構造を明らかにしている

［2］。福神来訪譚の色彩をもあわせもつこれら一群の物語は、とくに正月や節分立春の「読み初め」の折りに朗誦される予祝性の濃厚な草子であった。

物語にみられる予祝儀礼的な性格は、祝儀物お伽草子の影響を受けた近世草双紙の世界においても、おおむね継承されているとみてよい。ことに享保期（一七一六～三六）の子ども絵本には、そのような傾向がうかがえる。七福神の神遊びの芸態をつづった西村重信筆『福神あそび』、あるいは福の神と曾我兄弟の合体を試みた『福神曾我』などの絵本は、おしなべて正月の刊行を常とする縁起ものであり、初春のめでたさを言祝《ことほ》ぐ伝統にねざす文芸の末流に位置している［3］。

恵比寿と大黒の予祝を読み込んだ草子を正月に出版する風習は、十八世紀の笑話集（噺本）にも類型を求めることができる。序文に「笑ふ門には福神影向《ようごう》なしたまわん」とうたった『軽口若夷《かるくちわかえびす》』（寛保二年〔一七四二〕刊）をみると、巻頭に「福神すもふ」の一章を掲げ、恵比寿・大黒による新春相撲の趣向をかまえている。いまだ立ち合う前に行司役の布袋の軍配が大黒にあがったことに腹をたてた恵比寿に対して「たい（＝鯛に体をかける）」が落ちたとのオチがつく（図1）。笑いのなかに正月の祝言的要素を盛り込んだ風情があり、中世の物語の残陽をとどめる作例といえるだろう。

図1『軽口若夷』

ところで、祝儀物のお伽草子を特徴付ける筋立てとして、「福神遊び」のモティーフとともに、悪神退散の場面の強調を指摘しうる。すなわち『大黒舞』『梅津長者物語』には、孝子や篤信の者のもとに福神が姿をあらわし、邪鬼を追い払って一家に栄華をもたらすという、共通の要素がみとめられる。

『大黒舞』の場合は、孝行息子の「大悦」の家へ大黒とその眷属がやって来て、節分の夜の鬼退治を行う。また、後者の『梅津長者物語』では、梅津の里の貧しい夫婦が「えびす神」を信仰して「貧乏神」の放逐と到福を祈願する。すると夫婦の夢に示現した「えびす三郎」によって家内に巣くう貧乏神の追放が約束される。これを知った貧乏神は近隣の仲間をあつめて福神との戦いにそなえる。えびす三郎は群がる貧乏神を蹴散らして奮戦し、「稲荷殿」「鞍馬の毘沙門天」の助太刀を得て窮鬼の一党を打ち破る。そして捕らえた貧乏神の首領に、今後は一歩たりとも梅津の里に近寄らないことを誓言させるのであった。このあと物語は、大黒をはじめとする神仏の来訪と七福神の遊宴へとつづき、一家の繁昌と幸福を描いておわる。

福神の勝利と悪鬼の鎮圧・逃亡を骨子とする神争いの場が、祝儀物のお伽草子に不可欠のモティーフであることはいうまでもない。岩瀬文庫本の『梅津長者物語』において、夫婦の夢にあらわれたえびす三郎の予祝が福の神と貧乏神の出入りをふまえて表現されたのは、その証左であろう。

夫婦のものに、ふくをあたへんとおもへども、びんほう神ども、おほく家のうちにすむゆへに。ふくの神、入たまふことなし。いそぎ此びんほう神をかりうしなひて、そのゝち、ふくの神を　まねき、ながくゑいぐわをあたふべし。

家運に仇なす窮鬼の駆逐によって、はじめて福神を招き入れる段取りが整うとの神託は、次なる神争いの場の伏線として機能する。恵比寿神に住み家をおびやかされた貧乏神は目をいからせて、長年夫婦の身に添うてきたおのれの権益を主張するのであった。奈良絵本の『梅津長者物語』より、その部分をみてみよう。

この家は、むかしより、われらのすみかになしまいらせ、よそよりの神はとゞめ申さず。とく〳〵帰りたまふべし。かえらせたまはぬ物ならば、御身のため、あしかるべしとぞ、いかりける。

貧者の立身出世を語る祝儀物にあって〈善神と窮鬼の闘諍〉を物語の眼目として〈福の神の御加護〉に言い及ぶ定型が確立していたと考えて大きくあやまつまい。

この点に関連して、真下美弥子は『大乗院寺社雑事記』の文明十五年（一四八三）六月二日の条に、女の姿の「福天十六、七人」が堺より京都に入り、かわって男装の「貧宝神五、六十人」が堺に移った記事のあることに注目しながら、中世民衆の貧福観を想察し、「貧乏神とはこのように福神と相対して把握されるものであり、共有することはない」と指摘した〔4〕。福の神と貧乏神の入れ替わりといった民間の伝承が、物語世界を成り立たせる根底に潜存した点は留意すべきであろう。

二　大黒に貧乏神のたゝかれて

日常生活にしばしば起こり得る富の移動を貧・福の出入りにシンボライズする俗信的な想像力は、十六、七世紀の人々の間に共通理解となって浸透し、ときとしては戯笑軽文芸の題材に援用されることすらあった。室町期の俳諧にその実例を求めておきたい。

門《かど》のうちへは　ひとりましませ
ふくの神　びんぼう神をつれられて

など大こくを　かたらはざらん
（『守武千句』巻十）

蔵のすみにて　泣くこゑぞ有

大黒に　貧乏神のたゝかれて
（『犬筑波集』）

前者の『守武千句』は伊勢内宮の神官・荒木田（薗田）守武（一四七三〜一五四九）の連句である。福の神の恵比寿（大黒とは対《つい》の神）が、こともあろうに貧乏神をかたらってやって来た。我が家の門は、どうぞ恵比寿さんお一人でお入り下さい。それにしても、どうせ二人連れの来訪なら、なぜ大黒様とご一緒ではなかったのか――。民間信仰の常識では考えられない貧・福両神の道連れが可笑しさを誘う付け合いであろう。

また、山崎宗鑑（一四六〇〜一五四〇）の撰集ともいわれる後者『犬筑波集』の方は、いっそう俗信に近い滑稽味を表現している。大黒様の験力のために泣きわめきながら蔵から追い出される窮鬼の姿が点描されており、予祝の香気の漂う妙句である。

福の神と貧乏神の優劣と出入りをめぐる戯笑文芸のながれは、やがて近世噺本の諸作に潤色されて洗練された軽文芸の一景に吸収されて行く。貞享三年（一六八六）刊の『鹿の巻筆』より「夢想の読み損ひ」を引いてみよう。作者は江戸辻咄の名手として名高い鹿野武左衛門《しかのぶざえもん》である。

神田大工町にたいそう縁起をかつぐ男で「大黒や長兵衛」なる者が住んでいた。ある年、正月の初夢に授かった歌の上句の内容が何とも不吉に見えるといって、新年そうそう床に臥したまま寝込んでしまう。長兵衛の女房は食事もとらない亭主の身を案じ困りはてていた。そこへ近所の友人「和泉屋の与三」が年始の挨拶に訪れる。常日頃から学問、歌道の素養のある与三の機知により、不吉な夢想の意味が明らかになって行く。「いかがなされた」との問いかけに亭主の長兵衛はこう答える。

亭主《ていしゆ》枕をやう〳〵あげて、「その方、つねに歌道をもすかるゝ人なれば、話《はな》すなり。夕部《ゆうべ》夢《ゆめ》の内に、三度までをしかへして、△奥《おく》よりわつと泣《な》いて出ける、と云下《いふ》の句を見たり。年《とし》の初め、かやうの不吉《ふきつ》なる事心にかゝるゆへ、つや〳〵起《お》きも上《あが》らず」といへば、与三、横《よこ》手を打て、「是は目出度《たき》夢《ゆめ》、ひらに起きて喜《よろこ》び給へ」といわれ、起《お》き上《あが》り、寿《ことぶき》さま〴〵とりつくろい、「扨《さて》、目出度《たし》いわれはいかに」と問へば、与三、最前の下の句に上の句をつけて、「目出度《たし》」とて出《いだ》された。

大黒《だいこく》に貧乏神《びんぼうがみ》がたゝかれて　奥《おく》よりわつと泣《な》いて出ける

と書《か》かれたれば、長兵衛大きに喜《よろこ》び、殊の外に祝《いわゝ》れければ、まことにその年《とし》より幸《しあわせ》つゞき栄《さか》へられけり。

与三の詠じた上の句から、家の奥よりわっと泣いて出て行ったものは蔵の中の貧乏神であることがわかり、大黒の加護を示すめでたい初夢の瑞祥が解き明かされるのであった。『犬筑波集』以来の窮鬼退散の文芸モティーフを、江戸の噺本らしいウィットに富んだ一話に仕立てあげたものといえるだろう。

さて、お伽草子から俳諧、噺本へと展開した祝儀物の話型に、福神の聖なる力を称揚し、貧乏神の放逐に家の繁栄を象徴化する招福除災の説話パターンが見出される点は、文芸史にあらわれた以上の作例をみても明らかであろう。

ところで、大黒に追われる「貧乏神」とは、どのような邪神として理解されていたのか。あるいは人知を超えた貧窮禍福の原因について、中世・近世の宗教者たちはいかなる解釈を与え、富貴の身となるための教戒を説きひろめていたのであろうか。ひとまず貧乏神にまつわる説話・伝承史や唱導文化史を鳥瞰することで、物語の背景をさぐっておきたい。

三　宿世の貧報

家の衰勢をもたらす貧乏神をめぐって、大島建彦はこれを厄神の一種に包括し、しばしば人の姿で貧苦にあえぐ者の目に見える災いの神としている〔5〕。文献資料にしるされた事例をさかのぼっていえば、鴨長明の『発心集』、無住の『沙石集』といった十三世紀の説話集に窮鬼の目撃談がみえる。

ただし、そこには民間信仰的な災厄の神の側面のみならず、家筋の不孝を仏教的な前世の宿業（＝「貧報」）にからめて説明し、邪神を退ける最良の方策を仏道に求める唱導者の論理が見え隠れしている。

前者の『発心集』巻七「三井寺の僧、夢に貧報を見る事」では、貧苦から逃れようとして寺を出ることを決意した僧の夢に「色青み痩せ衰へたる侘びしげなる冠者」が自分と同じ旅姿であらわれる。「何者」との問いに異形のものは「人々しき身ならねば異名侍り。ただうち見る人は貧報の冠者となん申し侍る」と答える。僧は、自力ではいかんともしがたい「身の拙き宿世」を悟り、「いづくへ行くとも、この冠者が添ひたらんには」富裕は望めない、と覚悟を決めてもとの貧寺に暮らした。困苦不遇を前世の因縁に引き比べて解釈する僧坊の「貧報」説が、話の基層をなすことはいなめない。「貧」の「報い」とは、今日的な「貧乏」の字義とはニュアンスの異なる仏教的な貧福宿業観といってもよいだろう。

同様の貧報説話は近世の唱導書においても継承され、いっそう現世利益の色合いをつよめたばかりか、日常レベルの修身、精勤の美徳とその返報としての致福の思想を加味して、脱貧困のための人生指南へと変遷して行く。

たとえば、享保十一年（一七二六）刊の『諸仏感応見好書《しょぶつかんのうけんこうしょ》』上巻の「貧女得レ福」は勧化本にみられる貧報説話の典型であった。編者の猷山石髄は壱岐の曹洞宗・華光寺の第十一世をつとめるかたわら、行脚僧となって東北から関東を廻る民衆教化の旅の経歴を持つ。次に引くのは、十八世紀初頭の貧報宿業説を身辺の奇聞にことよせて教化した唱導話材のひとつである［6］。

昔シ去ル国ニ貧女アリ。求レトモレ物ヲ其ノ儘暮露暮露《ボロ》ト而《シテ》失フ。常ニ無キコトレ術ツ無シレ類ヒモ。古人ノ云「富ンデ嫌ヒ二舌口ノ少キヲ一、貧フシテ厭フコト二一身ノ多ヲ一」。或トキ結フニレ縁ヲ、夫トノ家ヘ極貧ナリ。全ク無シ二衣食ノ便リ一。故ニ思フニレ去ント、此ニ在テ二化奴《ヌ》一作ル二草鞋《ワラジ》一。問ヘハ二何ニ者ゾト一「随フレ汝ニ貧報神也。吾モ供《トモ》セント」。貧女知リレ非ヲ、止ムレ去ルコトヲ。有ル日、被レレ頼マ二徳者ニ一成リレ使《ツカヒ》ト、以テレ米ヲ往クレ寺ニ。路ニ有リレ堂。密カニ以テ二米ノ初尾ヲ一献ズ二観音ニ一。忽チ貧報神ミ怖レレ去ル。後チ日〳〵ニ出テ二参詣ノ志シ一、起リ二慈悲心一、勤ム二孝養ノ志シヲ一故ヘ、追テレ日ヲ家富ミ財生ズ。唯《タヾ》人ノ貧福ハ有リレ心ニ。叶フ二仏天ノ冥加ニ一皆ナ心中ノ作也。献ンズル二初尾ノ米ヲ一日、貧報神ミ取テ二後手《ウシロデ》ヲ一去ルヲレ家ヲ、此ノ女直ニ見《ミ》タリ。作福ノ者ハ隔心スル故ヘ也。人ト皆ナ難シレ成シ二功徳ヲ一。不レ供二養セ於三宝ヲ一、止メ二参詣ヲ一、常ニ無ンバ二施心一、何ンノ福力来ン。悲ヒ哉《カナ》。

夫のもとを去ろうとした貧女は「貧報神」を目のあたりにしたことから、おのれの宿業に気付き、さらに観音様に初穂を献ずる功徳がみのって裕福になる。仏・法・僧の三宝に帰依し、寺参りを怠らず布施の心を失わなければ自然に富貴の身となる。この女の場合も、初穂をささげた同じ日に、貧報神がわが家を去る後ろ姿を確かに目撃したではないか――。そのような『見好書』の語り口をとおして、われわれは信徒に向けて発信された近世庶民仏教の貧福説をうかがい知ることになる。

なお、『見好書』の別の章段をみると、

己レガ貧報ハ不孝ノ報ヒ也。又、富貴ナルハ無ク二不足一養フ二父母ヲ一至孝ノ之報ヒ也。

（下巻「明将ノ手段」）

と述べて、『二十四孝』の故事をひきながら貧・福を孝・不孝の返報に帰結させる教化の論法をあらわにしているのがわかる。幸運の獲得を孝道の倫理規範に交絡させて語る当代説教僧の話材傾向を示すものといえるだろう。

四　かせぐに追つく貧乏なし

『諸仏感応見好書』に示された信心・孝道の美徳と致福実現の明確なつながりは、この時代の勧化本にしばしば見受けられるオーソドックスな教戒であると同時に、一般社会に普及した町人道徳の考え方を仏教唱導の場に取り入れた結果でもあった。近世中期の仏教は、すでに儒教や神道の説く倫理とのあいだに峻別できないほどの類縁性を露呈するようになっていた。

十八世紀の易占家・新井白蛾が著した『闇の曙』（寛政三年〔一七九一〕）下巻は、貧乏神の正体を庶民の日常生活に求め、道徳心に欠ける放埒な暮らしぶりを邪神の化現に喩える寓言を交えて人の道を説いている。

おのれが業をつとめずして、徒《ただ》ぶらぶらと遊び歩きて日を暮らす倫閑《のらもの》を辻びんばふといひ、また、淫乱放蕩にて醜行多き者を裳《すそ》びんばうといふ。

自堕落な身過ぎが窮鬼を生むとする、きわめて現実的な倫理の思考回路が、こうした教化の言説によくあらわれている。それはまた、中世仏教の説く「宿世の業」の思想とはスタンスの異なる現実認識といってもよい。

目の前の貧苦を理解する際、近世の人々は、自身ではどうにもならない前世の因縁に帰結させる宗教意識とともに、個人の精勤と怠惰によって決定される自業自得の観念をあわせ持つようになっていたわけである。われわれはそこに、近世庶民の通俗倫理にねざす貧乏神説話のありようを垣間見ることになる。一生懸命働くことにより、はじめて窮鬼は退散すると考える町人社会の道徳観が、説話や伝承の基盤となって貧乏神と福の神にまつわる江戸の物語を成り立たせている点に傾注しておきたい。

こうした町人道徳の発生は、俚諺の、

かせぐにびんばふおひつかず　（『毛吹草』）

かせぐに追付ク貧乏《ビンバフ》なし　（『諺草』）

などの警句によくあらわれている。精勤の徳こそが窮鬼封じの妙薬となる。厄難克服の方策は神頼みだけではない。そのように主張してはばからない〈生きる道の知恵と教訓〉に、当代民衆に浸透した神仏との距離感を理解することは難しくないだろう。

井原西鶴の浮世草子において、おのれの商才を発揮して運命を切り拓《ひら》く男の成功譚が、「かせぐに追いつく貧乏なし」のスローガンに重ねあわせて描かれたのは、町人文学に展開した近世版の福徳説話の特色を如実に示すものであった。

貞享五年（＝元禄元年〔一六八八〕）刊『日本永代蔵』巻二の三の「才覚を笠に着る大黒」は、京都の豪商「大黒屋」の長男「新六」が色遊びに耽って勘当されたのち、江戸に下り、才覚をきかせて財をなした話である。章題は、富裕の身となった新六が菅笠をかずく大黒像を店の暖簾に染めぬいて「笠大黒屋」と称したことに由来する。父親の新兵衛が、五条橋の廃材で大黒天像を刻み、信心の徳から次第に繁昌して大商人となったのに対して、息子の方は江戸下向の失意のさなか、品川宿で耳にした乞食の雑談にヒントをもらって東都に大店を構えるまでに出世する。神仏ならぬ自分の能力を生かした致福であるところに、西鶴の町人物を特徴付ける新時代の福徳説話の登場がみてとれるだろう。

ところで、江戸下りの道行文の中に、まるで新六の致富を予察させるように「かせぐに追いつく貧乏なし」の諺が引かれたことは、西鶴小説に示された商人出世の理想像を知るうえからも看過できない。京を追われた新六は逢坂の関を越え、過ぎ行く近江路の旅情に自身の境涯を重ねあわせて、再起の覚悟を吐露するのであった。

瀬田の長橋すゑに頼みをかけて、草津の人宿《ひとやど》にて年を取り、姥が餅をむかしの鏡山にみなし、やがて心の花も咲き出づる桜山、色も香もあり若ざかり、かせぐに追ひ着く貧乏神は足よはき、老曾の森の注連餝《しめかざり》もおのづから春めきて、秋見る月もたのもしく、不破の関戸の明暮《あけくれ》、美濃路、尾張を過ぎて東海道の在々廻り、都を出で六十二日めに品川に着きぬ。

草津の旅宿で越年した新六は、「いまにひと花さかせてやろう。まだ若いのだがら、稼いでさえいれば貧乏神も追ってはこられまい」とおのれの商魂にすべてをかけ、六十二日の旅のはてに、彼の運命を決することになる品川宿に到着する。

西鶴の描く放蕩息子の逆転劇は、大黒と貧乏神の闘諍をモティーフとした古風なお伽草子の立身出世談を、みずからの才覚を武器とする町人社会の致富譚に読みかえる作意をあらわにしている。「かせぐに追いつく貧乏なし」といった近世特有の価値観や経済倫理のもとに、生業《なりわい》の工夫と商才を頼りとして自分の手で幸運を招き寄せる町人物の文芸が花開く。神仏を崇敬しながらも、一方では個人の力量を開運致福の源泉と考える人間讃歌《ルネサンス》の世紀が、小ぶりながらもここに到来したわけである。日々の経済活動と富貴願望の説話・伝承は、もはや不可分の関係性をもって社会に定着していたといってもよかろう。

なお、『日本永代蔵』巻四の一「祈る印の神の折敷《おしき》」には、人のいやがる貧乏神を祀り、その甲斐あって大金持ちになった京都の商人の逸話がみえる（図2）。『近代世事談』巻一に載る桔梗屋《ききようや》甚三郎の実話をもとにした脚色として知られている。窮鬼崇拝の奇妙な習俗の出現に、西鶴の時代の現世利益観と神頼みのありようがうかがえる。

図2『日本永代蔵』巻四の一

五　窮鬼を幻視するまなざし

一方、十七世紀末の元禄期に経済発展の限界点に達した上方の町人社会は、西鶴の没する元禄六年（一六九三）のころになると失速状態の様相をあらわし、もはや個人の商才を生かす余裕のない低成長の時代へと推移して行く。活気を失いつつある町人層の衰勢は、『西鶴織留』（元禄七年刊）の次の一文からも容易にうかがえるだろう。

古代に替り、銀《かね》が銀をもうける世と成て、利発才覚者よりは、常在の者の質《もとで》を持たる人の利得を得る時代にぞ成

ける。（巻六の四）

資本が利潤を呼び、元手のない小市民は貧困から逃れる術《すべ》を得ることができない。絶望感のただよう元禄末の上方町人社会は、やがて幕府の貨幣改鋳（元禄八年）に端を発したインフレと財政危機によっていっそう混迷し、出口の見えない停滞の動揺期を迎えることになる。

十八世紀初頭に断行された享保の改革は、そうした財政の不安定要因を取り除くための施策であった。しかし、八代将軍吉宗がその治世（一七一六〜四五）を通しておしすすめた改革政治は、経済活力をなくして行き詰まった町人層にさらなる抑圧を加える結果となった。固定化した身分制度と資本を背景に、社会は保守化の傾向を強め、現実にあらがう大衆のエネルギーを奪い去って行く。

十八世紀も後半に入ると、そのような環境下に生を享《う》けた文人作家の一群が次世代の文芸界を担うようになり、離俗・反俗の精神や高踏的な異国趣味をよろこぶ文芸思潮の流れを形成することになる。吉宗時代に奨励された「学問」「文章」を究め、豊かな学識を修めながら、身分の世襲があたりまえの世の中で、彼らの才能を生かして成功するチャンスはほとんどなかった。

膠着状態におちいった封建制度のもとに、世俗を白眼視して文章に遊ぶ知識人（文人）の学芸が流行する。儒学・詩文に活躍した祇園南海、服部南郭、柳沢淇園《きえん》らはその典型であり、また町人文学の分野に上田秋成、俳壇には与謝蕪村が出て、理知と高雅の美を競う文人趣味の世界が花開いた。

さて、そのような世相のもとにおいて、いくら努力しても報われない目の前の渡世を、身に影のごとく寄り添う貧乏神の存在にシンボライズする表現がしばしば試みられるようになったのは、しごく自然の趨勢であった。『蕪村自筆句帳』所収の明和八年（一七七一）の句作に注目してみよう。

貧乏に　追《おい》つかれけれ　けさの秋

夏が終わり立秋を迎える朝、暑さにかまけてなまけていたせいか、窮鬼に追い付かれてしまったというのである。上述の諺「かせぐに追いつく貧乏なし」を逆転した発想であろう。蕪村の句作には、身辺に出没する不吉な厄神を点描した、

病起《やみおき》て　鬼をむちうつ　今朝の秋

などの類句もあるので、あるいは「貧乏……」の句の場合も、運命的な貧乏神の幻視が句作の妙味となったものかもしれない。

浮世の人口にのぼった俚諺の思想を戯画化することによって、どうにもならない貧困生活を客体視する自嘲表現は、大田南畝の狂詩集『寝惚《ねぼけ》先生文集』初編（明和四年〔一七六七〕）の「貧鈍行」にもみとめられ、この時期の流行色を示唆している。

為レ貧為レ鈍世何　　貧すれば鈍する世をいかん
食也不レ食吾口過　　食うや食わずのわがくちすぎ
君不レ聞地獄沙汰金次第　　君聞かず地獄の沙汰も金次第
干レ挊追付貧乏多　　かせぐに追つく貧乏多し

貝原益軒の『家道訓』にみるような、精勤こそが脱困窮の特効薬と説く通俗教訓に照らしてみたなら［7］、文人達の創作営為のはざまに、それまでの世間の常識を無化する批判精神を読みとることはそう難しくないだろう。古態の物語世界において、福神に追われる存在として描かれた窮鬼の群れは、ここにきて閉塞する浮世のありさまを具象化する不幸の妖神に転訛され、近世後期文学の文芸素材へと変貌をとげたのである。

ところで、しつこい窮鬼の幻影をさらに明確に見つめた作例として、上田秋成の浮世草子『諸道聴耳世間猿《しよどうききみみせけんざる》』（明和三年刊）巻二の一に注目してみたい。「孝行は力ありたけの相撲取」と題するこの話で、秋成は、当時世間によく知られた河内国竹の内峠の大黒天の利益を念頭に置きながら、福神の加護を無力化してしまう貧乏神の強烈な憑依を皮肉な筆致で描き出すのである。播州高砂の相撲取り・相生浦之助は、家族のために身を粉にして精進するのだが、「挊《かせ》ぐを追いぬく貧乏神」のせいか、いつも負け越して出世することができない。この男の不幸の種である、窮鬼の底知れない不気味さに秋成はこの世の不条理を重ねあわせていく。

日頃から懐具合の悪い者の肩の上にあまたの貧乏神が宿るといった不気味な話柄は、すでに怪談物仮名草子の『百物語評判』巻三の七などの先例があり、必ずしも珍しい着想ではない。これらに比べると、秋成浮世草子の場合には、大黒天の利益に代表される小市民の富貴願望をアイロニカルな描法でことごとく嗤い飛ばし、不幸のきわみを並べ立てた点において、他の奇談集と趣の異なる独特な禍福運命観を鮮明にしている。

むろんそこには、秋成自身の仏教観や、通俗化した巷の説法僧に対する忌避意識も大いに作用したであろう。『諸道聴耳世間猿』の貧乏神説話の文化史的な意義を明らかにするためには、ひとまず秋成と仏教のかかわりに触れておかねばならない。秋成は近世中期の唱導文化とどう向き合ったのか。次章ではこの点に論及してみたい。

［1］市古貞次『中世小説の研究』（東京大学出版会、一九五五年）。

［2］真下美弥子「福神来訪の物語の方法――お伽草子『大黒舞』『梅津長者物語』を中心に」（『立命館文学』五五二、一九九八年）。

［3］細谷敦仁「草双紙の七福神」（『黒本・青本の研究と用語索引』国書刊行会、一九九二年）。

［4］注2に同じ。

［5］大島建彦『疫神とその周辺』（岩崎美術社、一九八五年）。

［6］本文引用は叢書江戸文庫『近世仏教説話集成』（国書刊行会）による。

［7］『家道訓』の次の教訓は、貧福と精励の密接なかかわりを説いたものである。


古語につとむれば貧にかち、慎めばわざわひにかつといへり（巻二「総論」）

家を保つの道は勤と倹との二にあり。（中略）励むるは是財録を得るの本なり。本は勤むべし（同）

勤倹なれば、必ず貧窮に至らず（巻四「用財」）

第五章

上田秋成と唱導文化

一　庶民仏教と秋成

上田秋成の仏教観を今日に伝えた一文として、研究者の目をひいたものに、最晩年に著された『胆大小心録』の七十一段が知られている。

仏法のさかんなるは、此国にこゆる所なしとぞ。西竺におとろへ、中土にやゝ禅宗のみ寺院をこん立すと。この国は、いにしへ華厳・法相・真言、中世より善導の念仏、又達磨宗、日蓮宗。今にては門徒宗のさかんなる事、是に皆おさるゝばかり也。いづれも盛衰ありて、此門徒と云ふ宗も、此頃はいさゝか衰ふべき端を見せたりき。されども其宗々のいたづら事なる事、国の為にもならず、たゞ愚民の遊所とこそみゆれ。若き者の遊所にかよひ初めてより、一夜も宿にあらじとするに同じく、老いたる男女は必ず宿に一日もあらじと立ち走りて、参りつかふ事、又さかんなるは狐のつきたるが如し。是は釈尊の本意にあらざるべければ、必竟は遊所と思ふてゆるしおかるゝなるべし。寂々たる寺院は、仏も安座ましますかと思ひて、門に入りては心すめる也。高坐に上りて雄弁の僧と云ふも、坐を下れば、大かたは俗民にて、たのもしき人もなしとこそ思ゆれ。たゞ今にては、僧も天下の民の業とゆるされて、万事は見ゆるしたまふべし。あまりに不如意の僧は、刑ありて橋頭に人に面をさらされ、又重きは島に流さるゝ也。しかれども不如法は改まるとも見へぬは、不如法の世界の仏法にて、婬奔ならずとも、利慾にふかくして、財をつまんとするはいかにぞや。一身の往生の後は、此財往が為ぞ。これたゞ利慾は婦人の情にて、つむをのみよろこばしきなるべし。人情につのりて世法にうとき愚人と云ふべし。新地に寺院たつかと思へば、又廟《べう》にて、或は宗門をかへるは、売利の丁人の宅居に同じ。庵住して、さる不浄に交らぬ僧もあれど、是も稀也。談義とて法をかたりて、諸国に奔走するもあり。皆いたづら事にして、糊口のためのみとぞ思はるゝ。

『小心録』七十一段に示された秋成の主張は、まとめていえば、①天竺・中国を経て我が国に伝来し、古代・中世の日本社会に花開いた念仏、禅、法華などの仏教各宗のなかでも、とくに門徒宗（真宗）の教勢は突出している。近年やや退潮の気配はあるものの、信心の篤さでは他宗を圧倒している。②しかし信者の熱烈な信仰心は決して世のためにならないだろう。狂信的門徒の集団行為は「愚民の遊所」ともいうべきものであり、まるで狐でも憑いたような盲信ぶりに「釈迦の本意」を見出すことはできない。③高座に上り布教活動を行なう説教僧の側も、大半は俗人に等しい連中であり、浮き世の生業《なりわい》と何らかわらない職業化した存在である。利欲にまみれた渡世僧のなかには、法を犯して罰せられる者さえ出る始末である。④そこまでひどい悪僧でなくとも、大方は利潤の追求に奔走する。「不浄に交らぬ僧」もいないわけではないが、それは稀であって、いまどきの談義僧は皆、仏法を生活の糧《かて》として世を渡っている。

当代仏教のありようを痛烈に排撃した『小心録』の言説のなかでも、とくに③④の高座説法に対する批判は主張の中心をなすものとみてよい。教義の本質を見失った説教僧の低俗化を難ずる舌鋒は、『小心録』の章段にかぎってみても、方便としての仏教説話の虚妄をあばく百二十三段、談義の質の悪さにいいおよぶ百六十一段に顕著であり、世俗の庶民仏教を槍玉に挙げる論難の筆致は終始一貫しているとみてよい。

もっとも、そうはいっても秋成の指弾の鋒先が必ずしも仏教思想や仏道修行そのものにおよぶものでない点は理解しておく必要があるだろう。そのことは七十一段の文言にもうかがえる。信者の寄り付かない「寂々たる寺院」のたたずまいに深遠の境地を見出し、「さる不浄に交らぬ僧」の孤高の存在を俗塵にまみれた渡世僧の醜態に対置して語る『小心録』の論理に、われわれは秋成の忌避と嘲侮が、仏教の本源にかかわる部分ではなく、あくまでも実社会に散在する庶民仏教の徒の堕落に向けられていた点を知ることになるだろう。

ところで、従来から指摘されているように、当代仏教に対する秋成の批判精神の発露は、最晩年の『小心録』にいたり形成された考え方ではない。『書初機嫌海』（天明七年（一七八七））、『癇癖談』（寛政三年（一七九一））にも同様の仏徒風刺が描かれたばかりか、すでに国学思想を学ぶ以前の浮世草子作品に顕現する息の長いテーマであった〔1〕。

秋成の作家デビューとなった明和三年（一七六六）刊『諸道聴耳世間猿』巻二の二「宗旨は一向目の見へぬ信心者」は、冒頭に「因果経にお初徳兵衛が道行をまぜて」語る説教僧の失態を嘲笑に充ちた筆づかいで描き出している。

去浄土《さるじやうど》寺の説法《せつぽう》を聴聞《ちやうもん》せしに、因果経《いんぐはきやう》にお初徳兵衛が道行をまぜて、それ娑婆《しやば》のはかなき事は、たとはばあだしが原の道の霜《しも》、一足づつに消《きゑ》てゆく人の命。死る時はかたびら一枚と、欲《ほし》ひ惜《をし》ひの悪念を離《はな》れさせ、婆嬶《ばばかか》の臍《へそ》くりをふるひ出させ、此施物《せもつ》をわるふ請る出家《しゆつけ》は、七生が間は牛に産《うま》るるとござると、舌もかはかぬ所へ、梵妻《だいこく》が安産したとのしらせにおどろき、衣もそこそこにかけ出さるるを、残つて居た講中が、和尚《おしやう》様、たつた今の説法《せつぽう》に、施物を請て悪業《あくげう》をすると牛にうまるるとおつしやつて、是はどふしたお身持と、とらまへて詰《つめ》かくれば、気はせきながらしら声をつくり、はて扨こなた衆は凡夫心《ぼんぷしん》じやのう、是しきで牛に産りやうなら、此世界は人と牛とがふりわけになつて、米市の外に牛の食物《しよくもつ》の相場が立ますわいのと、一言《ごん》にしめして出てゆかれぬ。維摩《ゆいま》は悪田《あくでん》に苗《なえ》を植《うゆ》るごとしと、非人乞食にものやるをしかり給ふげな。まして此やうな僧に物やる事は、雪隠《せつちん》へ銭落《おと》したやうなともたとへ給ふべし。

僧侶の妻帯や施物を貪る欲心を笑いのモティーフに対象化することは、噺本の世界では珍しくない。安楽庵策伝の『醒睡笑』から近世中期の軽口本（たとえば『軽口瓢金苗』下「和尚のげんぞく」など）にいたるまで、同種の話材にこと欠かないだろう。

一方、僧坊を揶揄する『世間猿』の嘲弄が、笑話の常套表現をこえたある種の現実味をもって読まれたであろうことは、同時代の唱導界にわきおこった高座説法の大衆化にひき比べてみれば明らかであった。

十八世紀の町人社会において、俗談平語を重んずる談義の流行や、役者の声色を真似た派手な渡世僧の芸態が問題視されていたことは、三田村鳶魚『教化と江戸文学』をはじめ、諸方面からの指摘がそなわる［2］。そうした世相のなかで、唱導の目的を見誤った法席のあるまじき姿に教団内部からも厳しい批判の声があがり、自己点検を余儀なくされていた。

たとえば、真宗仏光寺派の学僧であった南溟《なんめい》の高座批評は、説教の芸能化を戒めた僧坊サイドの警鐘といえるだろう。寛保三年（一七四三）刊の問答体教化書『野客問話』で、南溟は説教の話材に虚構の物語（「小説」）を援用することの功罪についてこう述べている。

小説モ一向《カウ》ニ益ナキニアラズ。用方《モチイカタ》ニヨリテ捨テラレヌコトナレド、近《チカク》ハ謡《ウタヒ》、浄瑠璃ノゴトキ小説ヲ以テ神社仏閣ノ縁起ニアハセ、劫《カヘリ》テ実録ノ説ヲソシリ、道理ノ外《ホカ》ナルコトヲイヒモテアツカヒ、蜘ノ網《ス》ニ石臼ノカカリタル例《タメシ》モアレバ、（中略）小説ヲ以テ本説ニ混ズルコトナカレトハ云ヘリ、（巻五十九「問二小説一」）

説教僧が謡曲、浄瑠璃芝居のような「小説」の語り口で寺社の縁起をアレンジし、宗教真理にもとづく「本説」を無視して勝手な創り話にはしる。度の過ぎた高座説法のありかたに本末転倒の弊風を指摘する南溟の主張は、裏をかえせば著しく大衆化した当時の唱導の実情をものがたるだろう。

南溟はまた、神秘な「俗説」に傾斜する昨今の高座説法の目的が、営利を追い求める渡世僧の体質に起因することを見抜いていた。

凡《オヨソ》、俗説ノ名ヲ得《ウル》モノ、ソレ一ナラズ。先《マヅ》ハ彼《カノ》奇怪ヲタフトビテ説《トク》コレナリ。亦《マタ》小説ヲ真常ト信ジテ説コレナリ。亦本説トイヘドモ利欲ノ為ニノミ説ヲ慈悲ヲ以テセザルコレナリ。（中略）畢竟《ヒチキヤウ》ハ金銀米銭ヲ貪《ムサボ》ルニ便《タヨリ》アル様ニ虚言《ソラゴト》ヲマジエテ説話スルヲ俗説ト意得《ココロウ》ベキナリ。（巻五十八「問二俗説一」）

南溟のこうした発言は、言を換えるなら、唱導界を二分する学問教義的な「正しい説教」と、衆庶相手の「小説・俗説を用いた説教」の対立が宗門内部において表面化していたことをあらわすといえるだろう。むろん秋成の嫌忌を喚び起こしたのは、巷にあふれた後者の派手な芸態にほかならない。

さて、そう考えてみた場合、秋成の仏教観と作品の連関性にスポットをあてるためには、一般論としての仏教史の知識はもとより、さらに一歩踏み込んだ唱導界の時代状況を丹念に検証してみる必要があるように思えてならない。ことに寺院と民衆のあいだに生じた日常茶飯な出来事や信仰習俗の変遷に目を配り、あわせて近世中期に顕化した仏教の大衆化現象を秋成作品の成立背景に位置付けるべきではあるまいか。いわば大衆迎合の時代をむかえた宝暦・明和期の説法談義の流れにひき比べることにより、はじめて秋成という作家の個がこだわりつづけた仏教の本質と非本質、そして聖と俗の乖離をめぐる問題意識の所在が浮き彫りになるといってもよいだろう。作家の思想は彼をとりまく世俗仏教のどの部分とからみ合い、いかにして切りむすんでいるのか。秋成の目に映じた「愚民の遊所」を具体例にそってうかがい知るてがかりは、近世唱導史のどのような局面に見出されるのか。それらの命題を解き明かすには、十八世紀中葉の仏教唱導の動きは欠かすことのできない要素といえるだろう。

二　二十四輩巡拝の旅

「宗旨は一向」は、高座の説教僧を諷する枕の部分につづけて、熱狂的な一向宗門徒の親子にふりかかった不幸の連鎖を冷めた筆致で描き、談義の口車にひっかかる純朴な門徒たちの盲従を戯画化してみせるのであった。そこに虚構化されたあくどいまでに辛辣な門徒風刺は、それでは宗教界のいかなる実態を揶揄したものだったのか。

そのような疑問から出発して、筆者はかつて「宗旨は一向」の素材・モデルについて論究したことがあった[3]。それは宝暦十一年（一七六一）の大坂で起きた親鸞聖人五百年忌の折の大師号勅許にからむ詐欺横領事件であった。この年は宗祖の五百回忌に相当し、大阪ではそれより数年前から回忌を先取りした法会が行われていた。当時の記録をひもとくなら、

『摂陽奇観』巻三十　宝暦六年二月

同廿三日より　親鸞聖人五百年忌大坂御堂御法事

『続史愚抄』七十六　宝暦九年四月
四月廿八日、戊寅、於㆓大坂東本願寺㆒、行㆓親鸞上人五百回来々年当㆓年忌㆒而引㆑上㆓于今年㆒又忌月為㆓十一月㆒而引㆑上法会㆒云自㆓去十七日㆒行㆑之云

のような法会が大坂市中の噂にのぼっていたことがわかる。

親鸞忌は宝暦期の一大行事であり、それだけでも十分ニュース性を有した情報といえるが、さらにこれに関して世の顰蹙をかうような事件が起きる。宝暦四年東西両本願寺は五百年忌を機に大師号勅許の事を朝廷に願い出た。そして東・西が大師号をめぐり争うが、遂に許されず九月二十七日ひとまず事は落着した。ところが、後日、寺と公家の間に大師号一件に関する詐欺収賄があったことが発覚する。それは、西本願寺の元勝手向加納権太夫が書家葛烏石と計って調停方へ運動したということであったが、その際、烏石は、京都の富豪で一向宗信者であった桑名屋三郎右衛門から贈賄用として多額の金銀を詐取し、その他の信者からも出金させて総額八百両に及んだという（『日本仏教史』第九巻）。この一件で、公家と本願寺の間にはいって私腹をこやした葛烏石なる者の悪業は『当時珍説要秘録』巻七に「八百両を私曲して己が栄耀嶋原八坂八軒屋丸山四條東西の河原の茶屋遊び白人野良に栄花の夢をぞ結びける」とみえている。信徒の浄財はかくして夜毎の遊興に空費された。そればかりか、烏石はなおも「洛中の金持をたぶらかして金銀を取上ん」と秘計をめぐらし、中山大納言の邸内に大師号を許されたと称する親鸞像を安置してこれを世間に喧伝した。するとこの噂を聞いて、桑名屋はじめ多くの信者が「洛中洛外近在大阪伏見堺五畿内」より参集し感涙のうちに皆々冥加金を投じたという。

これら私利私欲と不正に満ちた当代宗教界と盲目的な信者の有様が「宗旨は一向」の直接的なヒントになった点は想像にかたくない。本章の枕に「在家は信心のあまり金銀を投うつ事、他の宗旨に百倍して」とあるのは、やはりこうした一件を匂わす行文であるし、さらにいえば、一向一心に祈りながら不幸の底へ落ちて行く太郎右衛門の姿に、

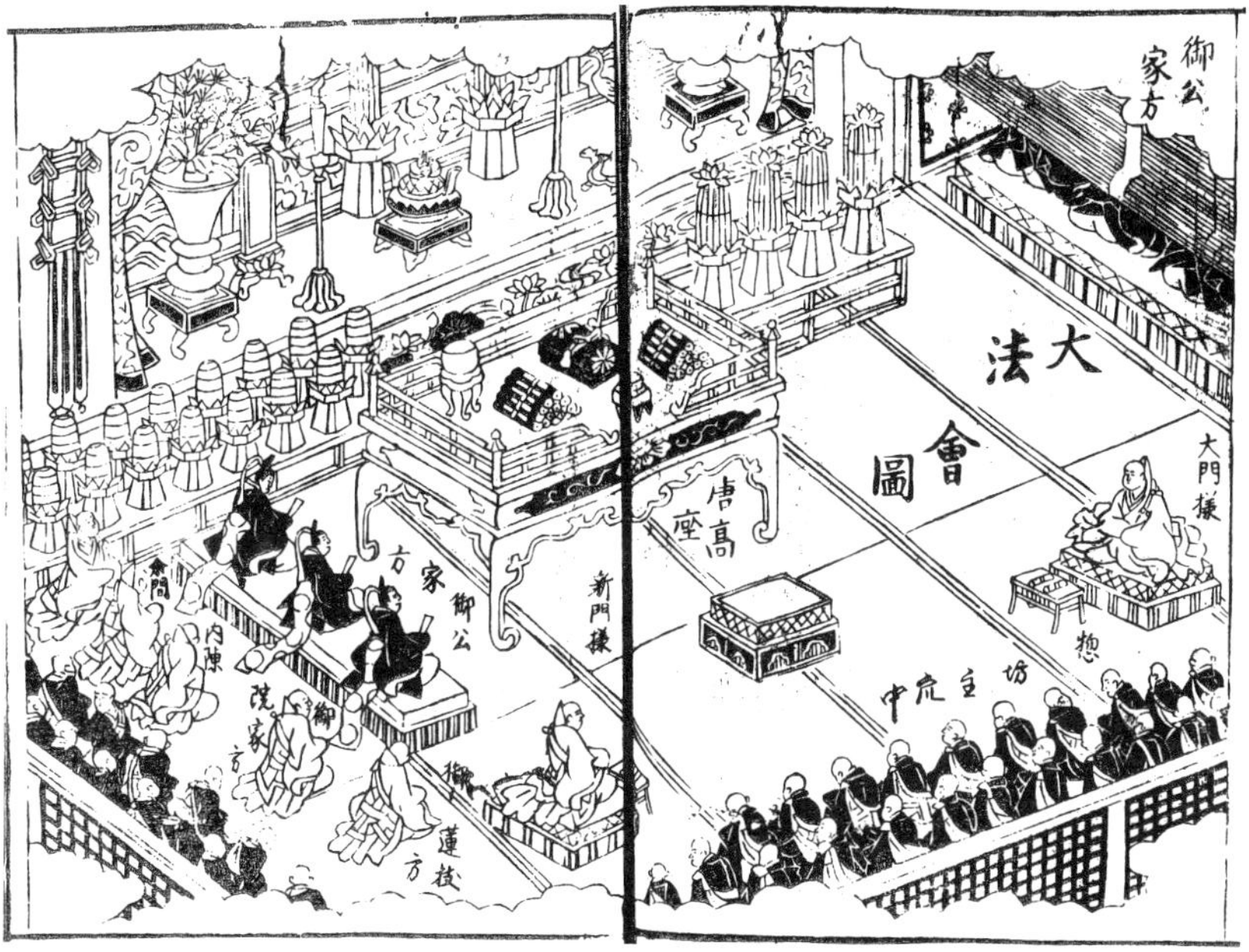

図1『本願寺御法事記』(宝暦十一年)にみる親鸞五百年忌の御法会

信仰故に大金を騙し取られた当代門徒像の投影を認め得るのである。

一方、そうしたセンセーショナルな事件のみならず、宝暦・明和期の真宗門徒、とりわけ京坂の一般信者のあいだに沸き起こった未だ見ぬ関東聖地への渇仰もまた、秋成の目には盲信の群像と映じたのではなかったか。「宗旨は一向」は物語のイントロダクションに門徒一家の不幸の呼び水として、あえて「二十四輩巡拝」への旅立ちを組み入れたのはそのあらわれではなかったか。

信仰心の篤い河内の百姓・太郎右衛門には、太郎七、清太郎という二人の息子があった。兄の太郎七は「仏ぎらいの芝居好き」。一方、弟清太郎は坊主まさりの念仏者で、常日頃より兄の不信心を戒めていた。あるとき清太郎は親鸞上人との結縁を願い、宗祖配流の故地をめぐる旧跡二十四輩の巡礼をこころざす。太郎右衛門も大いに悦び、路金から着替、雨具、丸薬までこまごまとした用意をととのえ、体の丈夫な小作人を供につけて信心の旅に送り出す。しかしこれが一家を襲う災禍の第一歩になってしまう。
吉日の道途《かどいで》を見たててより、留守中の看経《かんきん》にも、清太郎が無事にて帰りますやうにと、たのむ木陰《かげ》に雨もりて、清太郎は常陸の板敷山で山伏の盗人《ぬす》に出あひ、路金も着替もさっぱりと剝《はぎ》とられ、主従非人同前にて、命からがら東海道を逃《にげ》のぼりて在所へは帰りしかど、はがれた上にたたかれた逆さま竹の痛みがつよく、焼栗の芽も出ずに極楽参りをなしけるとぞ。

息子の横死を描くにあたり、「板敷山」「逆さま竹」「焼栗の芽」といった親鸞聖跡にちなむ伝承モティーフを散りばめ、物語の修辞に用いたのは、秋成一流の「わやく」の表現であろう。なかでも「山伏の盗人」に襲われる巡拝者といった構図は周知の宗祖伝を真逆のかたちに読み直す悪どいまでのパロディとみてよい。真宗の正伝において、山道を行く旅の親鸞を無きものにしようとする修験者弁円は宗祖の教化に改心し法弟となる。二十四輩のひとり明法房がその人であった。後世にいたるまで山中で待ち伏せする弁円のエピソードがひろく門徒のあいだに語られた。図2の『親鸞聖人御一代記図絵』はその場面を図像化した典型であろう。「宗旨は一向」の篤信者の悲劇が「板敷山の法難」の逆転であることは疑いない。図3の挿絵は法難の聖地・板敷山の戯画を雄弁に物語っている。

一方、「宗旨は一向」をめぐる作品内部の分析にとどまらず、より広い視点から秋成周辺に起きていたであろう真宗門徒たちの動静を鳥瞰していえば、熱狂的ともいえる関東霊跡への憧憬と二十四輩巡拝の流行が、文人作家秋成の俗世批評を呼び起こし、戯画化のきっかけとなったことは十分に考えられる。十八世紀の上方にあって、二十四輩めぐりの霊跡化と霊跡ゆかりの親鸞伝説は、民間伝承的な土着性を嫌う本山の制止にもかかわらず、着実に一般門徒の生活圏に信仰の輪をひろげていたのである［4］。

街道の整備や、西国三十三所、四国八十八所といった寺社参詣の流行とあいまって、およそ元禄期にはじまる二十四輩巡拝の宗風は、近世中期にいたり門徒の熱狂的な支持を得るようになる［5］。ことに宗祖親鸞の四百五十回忌（宝永八年〔一七一一〕）、五百回忌（宝暦十一年）を契機に、二十四輩旧跡に関する縁起書や、巡拝の旅程、宝物、由緒などをつぶさに紹介する参拝ガイドの小冊子が次々に編纂・刊行されて、信者を宗門の聖地にいざなう役目をはたした。宗誓の『親鸞聖人遺徳法輪集』（宝永八年写）、竹内寿庵（是心）『親鸞聖人御旧跡幷二十四輩記』（享保十六年〔一七三一〕刊）、紅玉堂楓司『二十四輩巡拝記』（宝暦十年〔一七六〇〕刊）、島屋長次『親鸞聖人御旧跡二十四輩参詣

図2『親鸞聖人御一代記図絵』「板敷山御奇瑞」

図3『諸道聴耳世間猿』巻二の二・挿絵

記』（明和四年〔一七六七〕刊）、先啓了雅『大谷遺跡録』（明和八年刊）、編者未詳『二十四輩参詣記』（明和九年刊）などは、いずれも旧跡めぐりの盛行と連動する宗門資料とみてよい。

これらの特色についてみてみよう。明和四年の『親鸞聖人御旧跡二十四輩参詣記』は、京都の本願寺から越後、常陸を経てふたたび本願寺へ帰る三千六百キロの行程をしるした横本仕立ての袖珍本であり、実際の旅に適した案内書であった。また宝暦十年の『二十四輩巡拝記』や明和九年の『二十四輩参詣記』の場合には、在家信者である編者みずからが体験した巡拝路の見聞にもとづき、名所・旧跡の詳細をまとめたものという。こうした巡拝記の内容から、二十四輩の旅が単なる物見遊山とは異なる宗教的追体験の意味付けをもつものであったことがうかがえる［6］。

もともと真宗には、毎年親鸞の祥月命日にあたる霜月になると京都の本願寺を参拝する宗風が根付いていた。宗祖五百回忌が目前となった近世中期の門徒にとって、さらなる宗教心をかきたてる参詣の旅として認知されたのが二十四輩巡拝だったわけである。本山の主導する念仏教義の布宣とは別の次元で、遥かなる聖地への憧憬が門徒の信仰生活にひろまりをみせていった。

今日、北陸・北関東の二十四輩寺院を歩いてみると、しばしば上方門徒の足跡を目にすることがある。たとえば栃木県下野市の蓮華寺には、大坂江戸堀の「釈真□」なる女性門徒により建立された「大蛇済度塚」が現存する［7］。創建は十九世紀まで下るとみられるものの、宗祖の蛇婦救済伝説にちなむ塔碑の建立が旅の上方門徒の篤信に支えられていた点は注視すべきであろう。二十四輩の旅は、門徒の宗教的欲求をかきたてる聖なる巡礼にほかならない。

近世中期に活性化する聖地巡拝への渇仰は、一方において北国・関東に散在する宗祖の神異的な霊験譚や、霊跡の由来を一般門徒の耳目に親しい信仰伝承として定着させることになった。すなわち板敷山の法難につづく山伏弁円の帰伏、焼栗に芽が出る「三度栗」、逆さに立てた杖が竹になる「逆さま竹」等は、宗祖のたぐいまれなる法徳を証明する宗教説話となって末派寺院の唱導話材にとりこまれ口碑化の道をたどった。『遺徳法輪集』をはじめとする巡拝記が、おしなべてこれらの霊跡伝承を記載するようになったのは、十八世紀に顕われる親鸞伝記の大衆化、通俗化をものがたる。さらにいえば、そうした超自然の宗祖法力譚が江戸から明治期の絵伝や略縁起をとおして各地に四散し、〈伝承の親鸞像〉を根付かせることになったわけである。

本来、真宗の教義や本山学僧の立場からは、こうした超自然の呪的伝承は宗祖の名を汚しかねない俗説として退けられるのが常であった。「三度栗」「逆さま竹」といった地方土着の親鸞伝説が本願寺の宗祖史伝に書きとめられたのは、西本願寺能化職・知空の『御伝絵照蒙記』（寛文四年〔一六六四〕刊）にさかのぼるが、その採取態度をみるかぎり「シカレドモ我宗風希恡ヲ放下シ、霊相ヲ睨視ス」とあるごとく、世間のよろこぶ伝奇的な法力説話は基本的に排除されていた［8］。そのような方針は、少なくとも真宗学僧のあいだでは揺らぐことがない。

宗祖の俗伝に比較的寛容とされる高田派の五天良空撰『親鸞聖人正統伝』（享保六年〔一七二一〕刊）においてさえ、聖跡の俗伝を異端とみる姿勢は共通する。「なぜ焼栗の奇瑞を載せないのか」との問いに対して、五天良空は次のような答えを用意している。

或問、越後国加須島ノ焼栗、鳥屋野ノ杖ノ竹、同塩梅等、世ニ多ク言レ之、最モ祖師ノ奇特ト云フベシ。何ゾ此伝ニ載セザルヤ。答、予既ニ祖師ノ末弟ナリ。何ゾ其ノ霊徳アルコトヲ沮《ハバ》ムベキヤ。然ルニ是等ノ事、旧記ノ中ニイマダ本説ヲ不レ見。タトヒ閭巷ノ浮説ニ於テハ、天下ニ洋々タリトモ不レ取レ之ハ造記者ノ常ナリ。

たとえ談義の法席に蔓延した霊験譚であっても、本山認可の「正しい親鸞伝」にみえない地方伝承を採用しないのが史伝考証者の心得であるとするスタンスは、宗学重視の学問僧としては当然であろう。

一方、門徒の人々にとってみれば、二十四輩の聖地にまつわる神異な験力説話こそが信仰の中心点として理解されていた。要するに、この時代の真宗内部に、俗伝を認めない本山学僧と、それを宗祖の霊験と信ずる末派門徒のズレが表面化していたわけである。

板敷山の法難や三度栗、逆さま竹の故事を脚色した古浄瑠璃『しんらんき平太郎』（寛文六年〔一六六六〕）、大坂豊竹座『華和讃新羅源氏』（寛延二年〔一七四九〕）などの演劇作品が、親鸞伝の俗化を不遜の所行とみなす東本願寺の訴えで、あいついで上演禁止の憂き目をみるなかで、一方においては、宗祖五百回忌を奉讃する門徒集団により二十四輩聖跡ゆかりの神秘的な親鸞伝説が、静かに、しかし確実な皮下浸透をはたしていた。

さて、親鸞の正統史伝と伝奇伝説をめぐる宝暦・明和期の宗門事情を念頭に、いまいちど「宗旨は一向」の構造に立ちもどるなら、清太郎の二十四輩巡拝をきっかけとする一家の崩壊が、聖地巡礼を夢みる当代門徒衆に対する痛烈な「わやく」のメッセージとなって機能していることは、間違いないだろう。親鸞俗伝に心惹かれる門徒圏の異様な宗教的昂奮と、彼らの信仰パワーを熱に浮かれた「愚民の遊所」とさげすむ秋成の視線《まなざし》の交点上に、「宗旨は一向」の物語空間が着想されたと考えて大きくあやまつまい。二十四輩めぐりの善行が、何の落度もない篤信者の「極楽参り」（死）へと展開する筋立ては、眼前の門徒衆の蠢動を知る読者の目に、あまりにもリアルな皮肉の筆として映じたに違いない。

三　拝ぐを追ぬく貧乏神

近世寺院の身近な唱導活動を意識した戯画の世界は、巻二の一「孝行は力ありたけの相撲取」においても検証される。そこには、「貧」「福」の因果応報思想にもとづく解釈や、信徒に現世利益をもたらす巷間の福神信仰を逆手にとるかたちで、秋成独自の禍福運命説を作品の寓意にすえる創作方法が見出される。ひとまず話の内容からみていこう。

播州高砂に相生浦之助という不運な相撲取がいた。両親に孝行を尽くし、少しでも楽をさせてやりたいと精進するが、いつも負け越して出世することができない。一方、身を粉にして懸命に働く浦之助とは対照的に、彼の家族はいずれも性悪者で、孝行息子の給金をむさぼることしか知らない。親父は博奕狂いの大酒飲み、母親も鬼のような悪婦で、稼いで帰る息子をねぎらうどころか給金の少なさに罵声を浴びせる始末であった。そのうえ薬代をせびる梅毒病みの弟をかかえ、浦之助の前途に暗雲がたちこめる。しかし、彼は常に前向きな努力型人間であり、何があろうとも稽古をおこたらない。その甲斐あってか、大和の花相撲に大勝し、勢いにのって京の相撲場をめざす。

図4『諸道聴耳世間猿』巻二の一・挿絵

やがて大和・河内の境の竹の内峠を越えて古市川にさしかかると、あとから五十がらみの痩せ男が追ってくる。これこそ長年にわたり浦之助の身にとり憑いていた貧乏神であった。不吉な窮鬼を思いきり大地にたたきつける浦之助（図4）。ところが、それ以来、毒気にあてられたためか原因不明の病に罹り、さらなる不幸の底に墜ちていく。

中村幸彦によれば、本章は多田南嶺の『鎌倉諸芸袖日記』（寛保三年〔一七四三〕刊）巻一の三「和尚の相撲取は四十八願の手取」を参照し、さらに同時代の関取の逸話に取材した作柄という〔9〕。『相撲今昔物語』にみえる大坂の大山次郎右衛門は親孝行で知られ、また給金を貯めて家を再興した九州の御所浦平太輔の徳行が当時噂になっていた。こうした話題が本章のモデルになったのであろう。若いころからの相撲好きで、角界のエピソードに精通していた秋成のことであるから（『小心録』一三八段）、かような情報が作品の素材となったとしても不思議ではない〔10〕。

もっとも、すでに指摘されている作品素材をみるかぎり、ひたすら精進する親孝行な関取にまとわりつく底無しの不幸というテーマは、いずれの典拠情報からも得られないのではないだろうか。もちろん浦之助の断絶した親子関係を孝行力士・大山次郎右衛門のパロディと考えることも可能だが、それにしても、ここまで絶望的で無惨な〈報われない善者の境遇〉をつづることに徹する悪どいまでの秋成の意図は、典拠逆転の気質物の手法をこえた別のところにあるのではないか。

そうした視点から作品全体を読み直してみた場合、竹の内峠の麓に立ち現われた「貧乏神」の意味付けがにわかに浮き彫りになる。本章の主題を最も具体的に表わしているのは、おそらく積年の悪運の元凶を窮鬼の化現によって解き明かした結末部分にあるのだろう。ひさびさの勝ち相撲に気力をとりもどした浦之助は、元気いっぱいで意気揚々と国境の峠を越え、次なる勝負にのぞもうとする。

此勢《いきほ》ひに京の相撲ではおのれやれと、心の気丈《きぢやう》はりつめし、竹の内峠《とうげ》をこへて、古市川にさしかかれば、跡からヲヲイヲヲイ関取殿と呼かくるに、たれじやぞいとふりかへれば、年頃五十ばかりの痩《やせ》男、つづれの肩結《むす》び上て、醤油袋《しやうゆぶくろ》の頭巾《づきん》、時分柄《じぶんがら》の渋《しぶ》うちわ腰にさしてうそよごれた顔つき。漸《やうやう》に追つき、是是親方、まあそろそろいかしやれ。こなたが大黒《おゝぐろ》の大こく様へ参つていやしやる間、わしはちとあの寺がさすゆへ、脇道を廻つて来た内にはぐれましたと、水涕《ばな》すすりあげて馴馴《なれ》しい挨拶《あいさつ》。

渋団扇を片手に後を追いかけてきたいかにも貧相な姿の痩男は、「大黒の大こく様」くらい嫌な相手はいない、と水鼻をすすりながらぞっとする程馴々しい態度をみせる。滑稽にして薄気味悪い光景を前に、浦之助は訝しがる。

こなたはついど見た事もなひわろじやが、念頃《ねんころ》そうにいはしやる。そして見れば、小淋《さび》しい顔つき、貧乏神《びんぼう》のやうなりでといふを、彼男、これ関取、乞食《こじき》つかまへて乞食といや腹たてる。直《ぢき》にはどふしたわる口と、皆までいはさず。扨はおのれが是まで付まはるゆへ思ひばかがゆかなんだのじや。にくさも憎しと引かづいて、大地へどうどのめらすれば、投られながら其裾《すそ》にすがりつき、おまへと一躰かうなつたは、なみ大低《てい》の事かいなァとしたひよるに、ぞつとして、それからの病つき、天道人を殺すのか、高砂や此うら船に病ひ船がつきて、いがみにいがむ尉《ぜう》と嫗《うば》、千とせの鶴首物ほしげに、万代の亀の首すつこめて暮《くら》すのも天なるかな、命《めい》なる哉《かな》。

投げ飛ばされても裾にすがりつくしつこい貧乏神のせいで、さらなる病魔の連鎖が関取一家を奈落の底に突き落として行くのであった。

秋成はすでに本章前半において、一家の困窮のさまを諺の「かせぐに追付く貧乏なし」にからめて「挊《かせ》ぐを追ぬく貧乏神あり」と表現している。影のごとくに浦之助に寄り添っていた不幸の原因が、章末にいたり「貧乏神」の薄汚れた姿態に具象化されて眼前に顕われる。言葉を換えていえば、貧乏神こそは苦労人の善者を常に絶望の淵にいざなう目に見えない運命のシンボルだったわけである。

貧乏神の説話は、古くは『発心集』『沙石集』の時代にさかのぼり、また近世には西鶴の『日本永代蔵』巻四の一のように、誰もが嫌う窮鬼を祀って富を得た話が知られる。これらの系譜を通覧して気付かされる貧乏神説話の一特色として、身の不運を仏教的な前世の宿業（＝貧報）ととらえる通念が話の源流に見え隠れする点はすでに述べたとおりである。

同様の考え方は近世の勧化本においても継承され、いっそう現世利益の色合いを強めただけではなく、日常生活レベルの修身、精勤の美徳とその返報としての富貴の思想を加味して、脱貧窮のための生き方指南へと変遷しているのがよくわかる。本書二九〇頁にとりあげた『諸仏感応見好書』の例などはその典型とみてよい。貧乏神の姿を目のあたりにした慳貪の女はおのれの「宿業」に気付き、観音の慈悲にすがり寺参りに励む。それによって窮鬼の難を克服したというのである。『見好書』の編者猷山は、この話を評して「唯《タヾ》人ノ貧福ハ有リレ心ニ。叶フ二仏天ノ冥加ニ一、皆ナ心中ノ作也。」とする。それはまさに、幸運の獲得を信心の功徳にからめて語る当代説教僧の貧報観とその布宣のありようを示すものといえるだろう。

勧化の場で声高に語られたそのような庶民仏教の貧福宿業説は、秋成の嫌悪を喚び起こしたに違いない。『世間猿』の翌年に刊行された『世間妾形気』巻四の二に、善者の貧困を前世の宿業とみなすものの見方に対する批判が、俗世の説法僧を揶揄する文脈のなかに、さりげなく点描されているのは、その一例であろう。

迂作《うそ》と聞てはおとし咄さへせぬ正直ものが貧乏神の中宿となるは、天数《てんすう》のままならぬ世の中、説法僧の付《つけ》こみ所。因縁とも業障ともお口にまかせて仰《おほせ》らるべし。

正直者が損ばかりする不可解なこの世の天運を「因縁」「業障」のテクニカルタームにことよせて三世の宿因に引き結ぶ寺僧の口ぶり。『妾形気』の舌鋒は、まさしく『見好書』にみるような仏書の貧福宿業説を一刀両断にした文脈と読めるのである。もちろんそこには、仏教思想の本質を忘れて日々の米銭を得ることに奔走する渡世僧の行状をなじる、秋成一流の世俗批評の眼力がはたらいている。

ところで、あとに述べるように、秋成は生涯にわたり、人生の運・不運をその人間に与えられた「命禄」として受け容れる運命思想にこだわりつづけた作家であった。そうした思惟傾向に比べて考えるなら、禍福を輪廻の過程に生ずる宿業の結果と説く通俗仏教のおしえが徹底して排撃されたのはしごく当然といえるだろう。同時に自身の人間観、人生観にねざす仏教批判が早くも初期作品の章中に見出されることには傾注しておかなければならない。秋成文学の重要なテーマである命禄思想の萌芽を考究するうえからも、『世間猿』巻二の一に登場する「抖ぐを追ぬく貧乏神」の造型は格別の意味をもつように思えてならない。

四　大黒寺縁起との落差

話を「孝行は力ありたけ」にもどす。浦之助にとり憑いて離れなかった貧乏神が、たとえ一瞬にせよ彼の身体から落ちたのは、「大黒《おおぐろ》の大こく様」の功力によるものであった。貧乏神にとって、竹の内峠の麓に祀られた大黒天ほど苦手な福神はないというのである。

物語史をかえりみるなら、確かに恵比寿・大黒などの福神に打ち負かされた窮鬼の退散は、決して珍しい題材とはいえないだろう。お伽草子の『大黒舞』では貧しい孝行息子の大悦が恵比寿・大黒より宝を授かり、邪神を退ける。また七福神の徳力で貧乏神が放逐される『梅津長者物語』は、相撲・酒宴などの祝儀の場面を物語の大団円にすえる。大黒と布袋の闘諍、和睦、相撲の宴を描いた『隠里』系の物語をはじめ、お伽草子の諸作には類型的な福神の芸態と招福除災がみてとれる。それらは正月のめでたい席で広げられた祝言物の特色をかねそなえた一群とされている[11]。

一方、「孝行は力ありたけ」において、相生浦之助の命名はもとより、全体に謡曲『高砂』の詞章をもじり、不幸な関取の行く末を「高砂や此うら船に病ひ船がつきて」云々のごとくに表現したのは、伝統的な祝言物世界の戯画といえるだろう。あるいは「相撲―大黒」の連想も、お伽草子の福徳説話を逆転した「わやく」の筆法かもしれない。

ただし「孝行は力ありたけ」の場合は、文飾的な祝言物の裏返しにとどまることなく、より身近な大黒信仰の民間布宣を意識したアイロニカルな発想に支えられていた。

竹の内峠を河内側に下った古市近傍の大黒村《おぐろ》に天童山大黒寺と号する曹洞宗寺院がある（現羽曳野市）。役小角が葛城山の奥に顕われた大黒天の御姿を桜樹に刻んで一宇を開いたものと伝え、日本最初の大黒像を自称する寺である。古来は真言宗に属したが、戦国期の兵乱に焼亡し、廃寺同然となっていたものを、天和年間（一六八一～八四）に曹洞僧の祖仙が再興に着手する。享保十九年（一七三四）、古市郡大黒氏の外護を受けて加賀・大乗寺の二十九世であった密山道顕（一六五二～一七三六）を中興開山初世に迎え、禅寺としての寺基を固める（『続日本高僧伝』）。密山は、当代随一の学識で知られた若狭小浜・空印寺の卍山道白と親交のある洞門の学問僧であった。この高僧を迎えたことで大黒寺は飛躍的に発展し、二世の益之万孚（一七一一～八九）の代に末寺を増やして寺勢を拡大したという。

もともと大和と河内をつなぐ竹の内街道の要所に位置し、東高野街道にも近い立地条件から、享保末の禅宗中興ののち、大黒寺の唱導活動が街道を行く人々を相手ににわかに隆盛したであろうことは想像にかたくない。それを裏付けるように、版の異なる数種の略縁起が伝存し、寺の由緒と大黒天の利益を具体的に布宣している。すなわち現在確認しうるものだけで次の四種の略縁起をかぞえる。

A『河内国古市郡大黒寺署記』
大阪府立中之島図書館・朝日文庫蔵（『諸国社寺縁起』第一冊）。一枚刷。

B『河内国古市郡大黒寺略記』
東京都立中央図書館・井上文庫蔵（『諸国神仏縁起集』第一冊）。写本二丁半。
内容はAとほぼ同じであるが、字句に若干の違いがある。Aの転写本か。『略縁起集成』二に翻刻。

C『日本最初大黒天／河内国古市郡大黒村／大黒天略縁起』
国立国会図書館蔵（『縁起』第七冊）。
表紙墨書、本文三丁。『略縁起集成』五に翻刻。

D『日本／最初／大黒天講弘牒』
日本大学付属図書館蔵（『寺社縁起集正編』第十五冊）。本文未見。

いずれも無刊記なので発刊の年次を特定できないのが残念だが、一枚刷の様式（A、図5）から推察すると、上方で寺社開帳が流行した十八世紀なかば以降のものかと思われる[12]。Aにより略縁起の内容を略述するなら、およそ以下のとおりとなる。

(1)当寺の本尊は役小角が金剛山に安置した大黒天像にして、数度の兵火を経て今に伝来したものである。(2)本堂の傍の大黒坂において尊天の形をした石を拾うと必ず福徳祈願の願いがかなう。石は毎日一体ずつ金剛山から流れ出る霊石である。(3)大黒天は大日如来の化身にして「貧窮の輩《ともがら》に大福力」を与えるために化現した。従って当寺に参詣して本尊を礼拝する者は、現世に「福寿増長、災障消除」の大利を授かり、末世には安楽世界に転生することができる。(4)しばらくの間、甲子《きのえね》の縁日に衆人結縁のため尊像を開帳するので、是非参拝していただきたい。

(4)の甲子の縁日は、のちに「甲子講」の結社に発展し、大坂商人の信仰をあつめた。寺蔵の「永代護摩執行札」（文政五年正月）には、甲子講の大坂講元となった近江屋卯八平ほかの名が刻されている。ちなみにCの略縁起にみえる「福徳の杓子《しやくし》」の配布は現在も行なわれ、家内安全の功徳を広宣している。

なお、B以下の縁起もAとほぼ同内容ながら、やや具体的な利益の記述をともなう。たとえば、Cの縁起は大黒天

河内國古市郡大黒寺畧記

右藍宇往昔數度罹兵燹爲烏有矣今有一艸堂在
安尊像而已悉其靈驗湮沒旹本縁記之繁多略記

図5『河内国古市郡大黒寺畧記』

の五つの功徳にふれ、尊天の陀羅尼を口誦する者は「孝行の福」「子孫長久の福」「諸病平癒の福」「武運長久の福」「商人商売の福」を与えられるとする。

享保十九年の洞門中興を出発点として、荒れ寺となっていた大黒寺の教勢は急速に復旧する。その際、大黒天の現世利益が単なる食農守護神から、ひろく孝・病・武・財にかかわる万能の福徳信仰に増殖していった点は見逃せない変化であろう。むろんそのような庶民信仰の色彩を加速させたのは、享保末より甲子講隆盛の文政年間にいたる百年程の間に、竹の内街道を行き交う人々や大坂商人を相手に大黒天の霊験を説きひろめた大黒寺の唱導活動であったわけである。たび重なる略縁起の発刊と、再刻ごとに付け加わる利益の増大は、そのことの裏付けとなるだろう。

さて、十八世紀の大黒寺をめぐる布法の実情を念頭に置いたうえで、ふたたび『世間猿』に描かれた浦之助と貧乏神のやりとりに目を移すなら、世俗に唱導された大黒寺の功徳がいっさい効能をなしていないことに気付かされる。孝行の志はまったく通じず、悪疾の弟をかかえてずるずると負けつづける相撲取り。かような人物設定に、孝ある者を救い治病・

武勇の心願を成就せしめて富貴の道に導く福徳神の加護はおよぶところがない。しかも浦之助の大黒寺詣でが、かえって身に寄り添う貧乏神を具現化するきっかけとなったことは、竹の内街道に名高い天童山大黒寺のあらたかな縁起伝承に照らして、あまりに無惨な敗北としかいいようがない。

ところで、秋成は寛政十一年（一七九九）に著した『御嶽そうじ』のなかで、三十年の昔に羽曳野を過ぎ、竹の内峠を越えて大和に旅したことを懐古している。高田衛の『上田秋成年譜考説』は最初の大和行を明和二年（一七六五）秋成三十二歳の頃に記載し、遅くとも明和六年までの間のことと推測している〔13〕。『世間猿』の開板が明和元年十一月である点を考慮するなら、「孝行は力ありたけ」の成稿以前に実地に大黒寺を訪れたと断定するのは避けるべきかもしれない。

しかし、享保以後の大黒寺の復興活動や略縁起の流布から考えて、秋成があえて貧乏神と大黒寺の連関を作品の背景に選んだことは、偶然とは思えない。衆庶のひたむきな福神渇仰の信仰心を嗤いとばす「わやく」の構図には、「宗旨は一向」の基底に鳴動する、世俗仏教への批判精神が見てとれるのではあるまいか。現世利益を連呼する大黒寺の唱導営為は、しつこい貧乏神の物語によって完膚なきまで無力化されてしまうのであった。

五　天なるかな、命なる哉

以上、「孝行は力ありたけ」の章末から、大黒天信仰の俗臭に向けられた戯画と冷笑を読みとり、秋成最晩年の『小心録』に「愚民の遊所」の言葉でこきおろされた寺坊批判の原点を探り出してみたわけであるが、それでは、浦之助のような報われない人生の不幸は、いったいどこに原因があるというのか。人間一生涯の禍福を宿世の業の道理から説き明かす庶民仏教の因果応報思想を無化してしまった場合、その代替として秋成は運命の行く末をどう解釈したのか。
そのような観点からいま一度「孝行は力ありたけ」の結びの言葉に着目したなら、われわれはそこに「天道人を殺すのか」「天なるかな、命《めい》なる哉《かな》」といった悲運を呪う哀嘆の叫びが、謡曲「高砂」の詞章を逆手にとる文飾とともに配置されているのを発見することになる。諺にいう「天道人を殺さず」の逆転は、『小心録』百三段の、

天道人を殺さずといへども、生殺しにはなさることじやと思ふ

という運命観に連続しており、秋成文学を貫くキーワードであった。
さらにまた、人の禍福を左右する目にみえない天運を、貧乏神と大黒様の通力にからめて可視化する表現は、晩年にいたるまで秋成の脳裏を離れなかったようだ。『小心録』百十一段では、賀茂真淵門下の歌人・加藤千蔭の名声を酷評して大黒天の加護になぞらえている。

ふくの神も貧ぼ神も、いろいろの所へまで廻らしやます事じや。千陰といふ下手よみは、当時日本一の大家じや。手もよいやうでようはなし。歌は下手也。文盲なり。だいこくさまがお入りなされねば、あんな名利の人にやなられぬものじや。

詩歌の実力がともなわない千蔭が当代一流の歌人になれたのは、とりもなおさず大黒さまのご加護にほかならないというのである。こうした言い回しは、一見世俗教訓や庶民の福神信仰に根ざした文脈のようでいて、裏面に別の意図を潜在させていた。じつは秋成の禍福論には、王充の『論衡』を出拠とする命禄思想の投影が色濃くうかがえるか

らだ。彼の著作にしばしば登場する「遇・不遇」「薄命」そして「命禄」の語が文芸創作上の重要なキーワードとして機能したことは、すでに多くの研究者の指摘に委曲がつくされている［14］。それは幸・不幸のめぐりあわせを支配する運命の所在を直視して、歴史事件から身辺の文事にいたるまでの現象をとらまえる秋成独自の思惟体系と考えてよかろう。

秋成文学の全作品にわたる命禄思想の展開と意義を追うことは、いまはさしひかえるが、ひとつだけ確認しておきたいのは、秋成文学の根幹にかかわる運命論の雛形が、早くも『世間猿』の章中に示されている点である。気質物としての無責任な笑い飛ばしの筆勢に糊塗されてはいるものの、禍福・貴賤をめぐる不可解な人生の魔境に若き日の作家秋成の視線がおよんでいたことは、紛れもない事実であった。

一方、秋成の文芸営為に運命論の深化をもたらした原因の一端には、不遇や困窮の元凶をすぐさま前世の因縁に求める唱導者の安易な民衆教化を嫌う超俗の精神性が見え隠れする。説教の俗臭に対する生理的な忌避の直感は、仏教の宿業説を超える人生理解へと作家の精神をいざなった。

仏道本来の姿から乖離した庶民仏教の非本質性をするどくえぐる秋成の筆は、やがて『雨月物語』「貧福論」にいたり、次のような禍福の論理を導き出していく。

岡左内の枕辺に化現した黄金の精の言説に着目してみよう。忠臣が不遇をかこち、有能・精勤の人士が食うにも困る世間のありさまをかえりみて、左内は「仏法には前業」「儒門には天命」と教えるが、これは如何と問いかける。

翁いふ。「君が問ひ給ふは往古《いにしへ》より論《ろん》じ尽さゞることわりなり、かの仏の御法《みのり》を聞けば、富と貧《まづ》しきは前生《さきのよ》の脩否《よきあしき》によるとや。此《こ》はあらましなる教へぞかし。前生にありしときおのれをよく脩《をさ》め、慈悲《じひ》の心専《もは》らに、他人《ことひと》にもなさけふかく接《まし》はりし人の、その善報《ぜんはう》によりて、今此生《しやう》に富貴の家にうまれきたり、おのがたからをたのみて他人《ことひと》にいきほひをふるひ、あらぬ狂言《まがこと》をいひのゝじり、あさましき夷《えびす》こゝろをも見するは、前生《さきのよ》の善心かくまでなりくだる事はいかなるむくひのなせるにや。仏菩薩《ぶつぼさつ》は名聞利要《みやうもんりよう》を嫌《いみ》給ふとこそ聞きつる物を、など貧福《ひんふく》の事に係《かゝ》づらひ給ふべき。さるを富貴は前生《さきのよ》のおこなひの善《よか》りし所、貧賤《ひんせん》は悪《あし》かりしむくひとのみ説《とき》なすは、尼媽《あまかゝ》を蕩《とら》かすなま仏法ぞかし。貧福をいはず、ひたすら善を積《つま》ん人は、その身に来らずとも、子孫《しそん》はかならず幸福《さいわひ》を得《う》べし。

ここにいう「尼媽を蕩かすなま仏法」とは、前出の『見好書』に代表されるような庶民仏教の貧福宿業説をさす。当代唱導のありかたを指弾した秋成浮世草子の延長線上に「貧福論」のかような言説が生成したとみてよかろう。しかし「貧福論」の場合は、禍福の本質にもう一歩深く踏み込み、黄金の精の口を通じて「我は仏家の前業もしらず、儒門の天命にも拘わらず、異なる境にあそぶ」との新たな論理を語らせるのであった。

銭神の超越した境地に「合理的な通貨集合論」を指摘したのは高田衛であった〔15〕。金銭の「性」を「非情の物」として物質価値《マテリアリズム》に限定する秋成の思弁に、合理主義への傾斜を見出した高田の視角は正鵠を射ている。近世中期の知識人をとりこにした合理主義的な人生観、禍福観のまえには、世俗に迎合した高座説法の因果応報的な概念はもろくも崩れ去るほかなかった。秋成の作品においても、そうした構図がみてとれるのである。

もっともそのことは、すぐさま近世仏教の無価値化を意味するものではない。大桑斉の提唱した仏教の「心への住み着き」論〔16〕に比定していえば、説教の卑俗化は、世俗臭ゆえにむしろ民衆生活のすみずみに浸透し、一般庶民にとって難解な仏教哲学を日常のレヴェルに翻案することで、人々の心のなかに仏教思想の住み着きを果たし、幅広い階層におよぶ信仰のひろまりを可能にした。貧福宿業説についていえば、困苦を克服するための精励と堅信の勧めは、「かせぐに追付く貧乏なし」の町人道徳とも習合しながら、町人社会の一般的な生活倫理に姿をかえていくのであった。

近世中期の仏教大衆化の動きを前提として、秋成文学の運命論に対峙するとき、世間の宗教意識からかけ離れた文人作家の孤高の像がいっそう鮮明になるのではないだろうか。『世間猿』はその原点を示す作品であった。

[1] 鷲山樹心『上田秋成の文芸的境界』(和泉書院、一九八三年)。
[2] たとえば近世仏教史の視点からは長谷川匡俊『近世浄土宗の信仰と教化』(渓水社、一九八八年)などがある。
[3] 堤邦彦「『諸道聴耳世間猿』の構造――世間と伝承」(『国語と国文学』一九八〇年三月)。
[4] 吉本隆明『最後の親鸞』(春秋社、一九八一年)、佐々木正『親鸞始記――隠された真実を読み解く』(筑摩書房、一九九七年)、村上学「伝承と教義のはざま」(『講座日本の伝承文学』五、三弥井書店、一九九八年)、塩谷菊美『真宗寺院由緒書と親鸞伝』(法蔵館、二〇〇四年)。
[5] 柏原祐泉「近世真宗遺跡巡拝の性格」(『論集日本仏教史』七、雄山閣出版、一九八六年)。
[6] 渡辺信和「二十四輩巡拝とその案内書」(『巡礼記研究』第四集、二〇〇七年九月)。
[7] 堤邦彦『江戸の高僧伝説』(三弥井書店、二〇〇八年)第三編Ⅳ。蓮華寺は、正式には二十四輩寺院に入らない。
[8] 塩谷菊美「近世親鸞伝における口演と注釈――「自行化他」の学問」(『文学』二〇〇七年五月)。
[9] 中村幸彦「上田秋成に描かれた人々(一)(二)」(『国語国文』一九六三年一月・六月)。
[10] あるいは明和元年の大坂大相撲の盛況(『摂陽奇観』)なども影響を与えたか。この時は、稲川・千田川の取り組みが人気となっていた。
[11] 真下美弥子「福神来訪の物語の方法――お伽草子『大黒舞』『梅津長者物語』を中心に」(『立命館文学』一九九八年一月)、および新日本古典文学大系『室町物語集　下』解題。
[12] なお大黒寺には巻子本の縁起三種(『大黒天由書写』等)が伝存する。いずれも書写年は不明。内容は略縁起とほぼ同一。
[13] 高田衛『上田秋成年譜考説』(明善堂書店、一九六四年)四〇頁。
[14] 飯倉洋一「秋成における『憤り』の問題――『春雨物語』への一視点」(『文学』一九八四年五月)、長島弘明「秋成と『論衡』

――「命禄」を中心に」(和漢比較文学叢書7『近世文学と漢文学』汲古書院、一九八八年)、稲田篤信『名分と命禄――上田秋成と同時代の人々』(ぺりかん社、二〇〇六年)。
[15] 高田衛『雨月物語評解』(有精堂出版、一九八〇年)。
[16] 大桑斉編『論集仏教土着』(法蔵館、二〇〇三年)。

Ⅳ　資料篇

資料①　『弾誓上人絵詞伝』

本書は、桃山から近世初頭に活躍した乱髪垂肩の異相の山居念仏修行者・弾誓《たんぜい》（一五五一～一六一三）の一代記をしるした上下二巻の絵入り刊本である。編者は、弾誓入滅の寺として知られる京都大原古知谷《こちだに》（左京区）の阿弥陀寺十世・信《しん》阿《あ》宅亮《たくりよう》で、序跋より明和四年（一七六七）に編纂されたことが分かる。巻頭に載る善阿の仮名序に「明和戊子」（明和五年）とあるところから、刊行は翌五年と推定される。

弾誓の僧伝には、神奈川県箱根町の塔の峰・阿弥陀寺に伝わる正徳年間（一七一一～一六）成立の絵巻二巻（絵師は狩野常信の門弟・津田朴由、**図1・2**）[1]、および同じ頃に制作されたとみられる神奈川県伊勢原市一の沢・浄発願寺蔵の絵巻が伝存する[2]。それらの巻子本系弾誓伝に比べると、ここに翻刻する絵入り刊本はより広汎な享受層を想定した大衆性のまさる内容を特色としており、十八世紀後半より陸続と公刊された絵入り平仮名本形式の通俗高僧伝の典型的なありかたを示している。

本書の流布をあらわす一例にふれておこう。

三重県津市久居の引接寺《いんじようじ》（天台宗真盛派）には、宅亮の絵入り刊本をもとに画かれた掛幅絵伝（三幅）が所蔵されている。引接寺本絵伝の図様は、明らかに絵入り刊本の挿絵全三十三図を写したものであり、細かな描写にいたるまで、構図の一致がうかがえて、刊本を台本テキストとした掛幅絵伝の絵解きを想像させる。普及版の刊本の影響をうけてふたたび説教用の掛幅が生成するという僧伝再編の流路をみるにつけても、弾誓の一代記を衆庶のあいだに広める役割をになった絵入り刊本の意義は少なくないだろう。ここでは、版本挿絵をすべて掲載するとともに、翻刻のあとに引接寺の掛幅絵伝（後掲**図5**）を載せた。

成立

本書の成立については、巻頭の謹序（諦念）、仮名序「随喜」（善阿）のほか下巻末に載せた編者・宅亮の跋文により刊行に至った経緯の大要を知ることができる。「明和四年丁亥十月二十五日」の識語をもつ宅亮の跋文は、弾誓の没後百五十年を経て史伝の失われることを恐れ、「当山の旧記」を博捜し、「上人開基の地」を尋ねて開祖伝の草稿をまとめた経緯を明らかにしている。折から同年の春、京都一条の浄福寺において上人ゆかりの宝物類が開帳され、京洛の人々の噂となった。これを機縁に行状記の板行を求める声が高まったため、かの草稿の校閲を尾張八事山の空華に依頼し、『弾誓上人絵詞伝』へと発展したという。

空華とは、名古屋の八事山興正寺五世をつとめた真言律の学匠・妙龍《みょうりゅう》諦忍《たいにん》（一七〇五～八六）のことで、宅亮の求めに応じて草稿本の校訂を行なうとともに、明和四年十一月には『弾誓上人絵詞伝翼賛』を編み、弾誓史伝の注釈書として

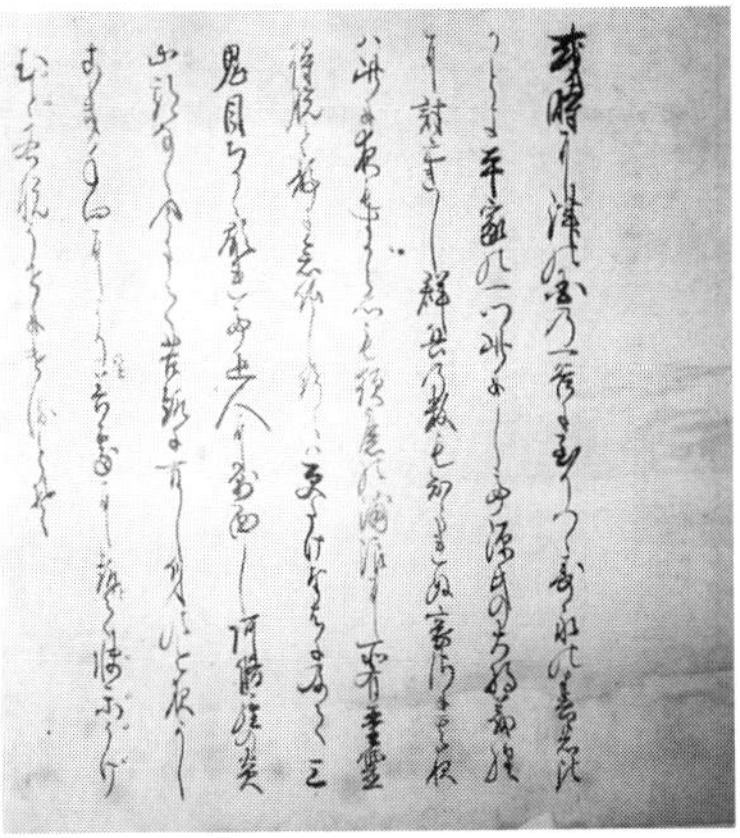

図1 塔の峰・阿弥陀寺本絵巻（神奈川県箱根町）本文部分

図2 同・鉄杖、鉄足駄の白鬼

図3 塔の峰・阿弥陀寺の宝物「白鬼の足駄」

刊行した（明和五年刊か。後印本に安永六年版など）。宅亮の絵入り刊本と空華の『翼賛』がほぼ一対となって編纂・上梓されたことは注目してよい。大正大学蔵の『翼賛』巻末には「附録　古知谷霊宝標目」と題して一丁半の目録が付載され、当時、古知谷阿弥陀寺に伝わっていた弾誓所縁の霊宝を列挙する。末尾に「以上ハ係ル二絵詞伝所レ挙ル故　録スレ之ヲ」とあるように、目録にしるす「鉄杖」「両蛇貝」等はいずれも刊本の説話のなかにみえる什物と一致しており、本書跋文のいう「一条浄福寺」の開帳の評判を受けて、弾誓伝の刊行に踏みきったいきさつを示唆すると考えて差し支えないだろう。宅亮刊本の記述中に「今年開帳の砌り、名号現益の事、翼賛の末にあり」（下巻15オ）とあるのは、浄福寺の宝物開帳をきっかけとする宅亮刊本と『翼賛』刊行のいきさつをよく示すものであった。

一方、宅亮の絵入り刊本の各章段には「鉄の杖は今現に当山にあり。鉄の足駄は相州塔の峯の霊宝たり」（上巻15オ）、「此半作の像、今現に浄発願寺に有」（下巻7ウ）といったぐあいに、霊宝の所伝にこだわる表現が目立つ。かような態度は、開帳をきっかけとする本書の成立事情からみて、しごく自然の筆法であろう。「鉄の杖」「鉄の足駄」はいまも塔の峰・阿弥陀寺に伝わる（図3）。

宅亮と空華の連携をめぐっては、大正大学本『翼賛』の跋文に両者を仲介した浄土僧・仰信［3］の次の言葉が認められる。

往年予躋リ二八事山一ニ謁シテ二空華大和上一ニ而親ク稟リ二法訓一ヲ矣。亦古知谷現住亮公ハ者予掛シ二錫ヲ於縁山一ニ時ノ蘭友ナリ也。是故ニ這回亮公以テレ予ヲ為シテ二紹介一ト通ス二絵詞伝校訂ノ一件ヲ乎八事山一ニ

宅亮の時代に古知谷阿弥陀寺、知恩院、興正寺といった浄土系念仏聖と真言律を結ぶ交流があったことは、近世唱導界の実情をものがたる点からも興味深い。

なお空華の『翼賛』は、一の谷の幽霊済度一件の注釈にあたり、浮世草子『宗祇諸国物語』の幽霊譚を引いて亡魂の顕現を説明する。通俗本を駆使したかような説教の姿勢は、この時代の勧化本にあい通ずる説話傾向であった。

諸本

絵入り刊本は、刊記・奥付・近刊予告の記述から少なくとも三種に大別される。すなわち⑴初版とみられる京都知恩院門前の麗沢堂・沢田吉左衛門版（架蔵本、大谷大学林山文庫蔵、京都精華大学情報館蔵）、⑵京都西村市郎右衛門、大坂の渋川清右衛門、江戸の西村源六の三肆による合板の再版本

（東北大学蔵、大正大学蔵、東京都立中央図書館蔵）、(3)京都の文林堂・中川藤四郎を板元とする再版本（国会図書館蔵、東京大学図書館蔵、東京大学史料編纂所蔵）である。この他、京都府立総合資料館などに無刊記の一本がある。

(1)の沢田吉左衛門は『弾誓上人絵詞伝翼賛』の板元でもあり（寛政版も同）、前述した『翼賛』の成立事情から考えても、沢田版が初版であると考えてよかろう。編者の宅亮および古知谷阿弥陀寺との緊密な関係のなかから、より勧化の場に近いかたちで、沢田版が上肆されたのであろう。

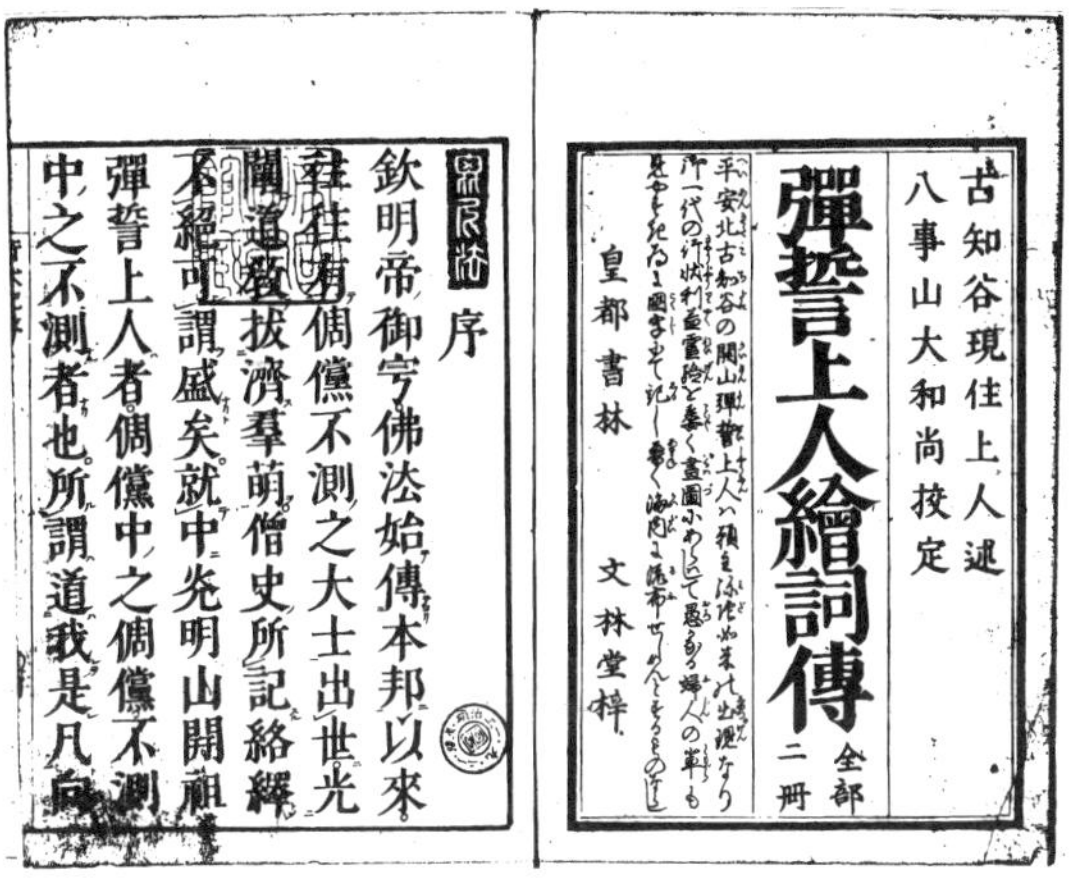

図4　国会図書館本（文林堂版）見返し

これに対して、(3)の文林堂版は、一般庶民層の読者をもターゲットとする通俗高僧伝を意図した出版であった。同版の見返しには寺院外の人々を対象とした旨をしるす次の言辞がつづられている（図4）。

平安北古知谷の開山弾誓上人は、願主弥陀如来の出現なり。御一代の行状利益霊験を委《ことごと》く画図にあらはして愚《おろ》かなる婦人の輩《ともがら》も見やすき為に国字《こくじ》にて記《しる》し普《あまね》く海内《かいだい》に流布せしめんとするものならし

皇都書林　　　文林堂梓

絵入り平仮名本である本書が、後印本に増刷されるにいたって、大衆布宣の教化意識を強めていったことがよくわかる。

架蔵本書誌

底本とした筆者架蔵本のデータはつぎのとおりである。

平仮名絵入り本二巻二冊。外題「弾誓上人絵詞伝　乾（坤）」、内題「弾誓上人絵詞伝上（下）」、上巻の巻頭口絵「諸国光明仏御影」（半丁）、「古知谷之図」（二丁）、「南無阿弥陀

仏／諸国光明」（半丁）につづけて諦忍の謹序（二丁）、善阿の仮名序「随喜」（二丁）。下巻末尾に宅亮の跋文（一丁半）。法量は縦二四・六×横一七・四センチメートルで袋綴。表紙、山吹茶。匡部、四周単辺。一丁の行数十行。

［1］平野寿則「『弾誓上人絵詞伝』をめぐって」（『季刊日本思想史』四八号、一九七二年三月）。平野論文によれば他に横浜市法国寺本（成立年不明）、諏訪市唐沢阿弥陀寺本（大正三年成立、絵巻三巻、同市正願寺蔵）が伝存。なお塔の峰本の翻刻としては、脇坂淳「塔の峰阿弥陀寺本について」（『三浦古文化』一一号、一九七二年三月）。

［2］絵巻諸本の解題については、五来重「塔の峰本『弾誓上人絵詞伝』による弾誓の伝記と宗教」（『箱根町誌』三、角川書店、一九八四年）。また、古知谷阿弥陀寺にも三巻の絵伝が伝わったというが、現在は所在不明。

［3］仰信は三河・遍照院の僧。諦忍の法訓を受けた人物であり、宅亮とは増上寺会下の法友であった（川口高風『諦忍律師研究』上巻、四四九頁、法蔵館、一九九五年）。

凡例（『弾誓上人絵詞伝』『幡随意上人諸国行化伝』共通）

翻刻にあたっては出来るだけ原本に忠実になるよう努めたが、その一方で読み易さも考慮して次のような方針をとった。

一、漢字は、原則として現在通行の字体を用いた。

一、特殊な草字体や略字、異体字、合字の類は次のように改めた。

〆↓シテ、ヿ↓コト、𪜈↓トモ、刕↓州、吴↓異、灵↓霊、泪↓涙、虵↓蛇、皈↓帰、亊↓事、廿↓二十、卅↓三十

一、漢文部分の返り点は、原則として底本に従った。ただし新たに連字符を設けた。

一、漢字の左訓は原本のままとした。

一、小書きは小字で表した。

一、踊り字は、原則として二字以上の場合を「〱」「〲」、漢字一字の場合を「々」とした。また平仮名は「ゝ」「ゞ」、片仮名は「ヽ」「ヾ」のように表した。

一、誤字・当て字は原則として原本のままとしたが、必要に応じて、該当する字の傍らに（ママ）を付した。

一、平仮名、片仮名の清濁は原本のままとした。

一、割注は〈 〉のなかに入れ、二行にわたる場合は／で示し一行におさめ、途中の改行には 」の記号を付した。

一、判読の便を考え、句読点（。、）および並列点（・）を適宜補った。

一、新たに段落を適宜設け、会話文には「 」を付した。

一、改丁部分を、原則として、（1オ）のように丁数と表裏の略号により表示した。『弾誓上人絵詞伝』は、漢序の丁付が「前」「後」のごとくあるので、（前オ）（後オ）と表示した。また漢序につづく仮名序の「随喜」の部分についても、丁数を（随喜1オ）のように表示した。『幡随意上人諸国行化伝』の序・目録部分は（序1オ）（目録1オ）のように表示して本文とは別の丁付とした。

一、架蔵の『幡随意上人諸国行化伝』には、寺僧とみられる旧蔵者による黒書、朱書の書き込みが随所にみられる。架蔵本巻一内題下に「天性寺蔵書」の朱印のみえることから、これらの書き込みは、説教の折りの口吻を伝えるものと推測される。そこで、そのような特質を重視する観点から、判読可能な書入れ部分は〔 〕を付して当該本文の右横に表示した。

一、本文中には人権上好ましくない語彙・表現がみられるが、すべて原本のままに翻刻した。読者各位には、十分な理解の上に立って本書を活用してくださるようお願いするものである。

巻頭口絵「諸国光明仏御影」等

同「古知谷之図」

序

欽明帝《ノ》御守。仏法始《テ》伝《テヨリ》二本《ニ》邦《ニ》一以来。住住有《テ》二倜儻不測之《ノ》大士一出レ世《ニ》。光二闡《シ》道教《ヲ》一抜二済《ス》群萌《ヲ》一。僧史《ノ》所レ記《スル》絡繹《トシテ》不レ絶。可《シ》レ謂《ツ》盛《ナリト》矣。就《テ》レ中《ニ》光明山開祖弾誓上人者《ハ》。倜儻中《ノ》倜儻。不側中之《ノ》不測者《ナリ》也。所《ル》レ謂道《ハハ》二我《レヲレト》是凡一、向《ヒ》二（前オ）聖位裏《ニ》一去《リ》。道《ハ》二我《レヲレト》是聖一向《ヒ》二凡位裏《ニ》一去《ルモノ》者非《スヤ》邪。泰山不レ可二丈尺《ス》一。江海不レ可二斗解《ス》一。唯付《シテ》二一黙《ニ》一而可《ナリ》焉。開祖唱《ルノ》レ滅《ヲ》之后既《ニ》百五十年。未《タ》レ有《ラ》三行状記《ノ》布《ノ》二濩世《ニ》一。現住山主、怒《レ》下其盛徳大業。為《ニ》二歳月《ノ》一所《レテ》レ磨《セ》莫《ンコトヨ》上レ聞《ユルコト》二後世《ニ》一。模《シ》二索旧記《ヲ》一捜二羅《シテ》諸説《ヲ》一勒《シテ》為《ナシ》二両巻《ト》一。遠労《クシテ》二予手《カヲ》一訂二正《セシム》（前ウ）之《ヲ》一。予雖レ恥《ト》下代《テ》二大匠《ニ》一而劉《ルコトヲ》一。嘉二歎《シ》其《ノ》護法之鴻志《ヲ》一。禅誦余《ノ》暇。挑《テ》二燈《ヲ》乎雪中《ニ》一操レ觚《ヲ》校閲《ス》。間《マヽ》亦竊《ニ》付《テ》二己《カ》意《ヲ》一。著《シテ》二翼賛一巻《ヲ》一以《テ》輔《ク》レ之《ヲ》。既《ニシテ》而卒《ヘテ》レ業《ヲ》告《テ》曰。無辺《ノ》刹境。自他不レ隔《テ》二於毫端《ヲ》一。十世《ノ》古今。始終不レ移《サ》二於当念《ヲ》一。法国光明仏。即今出《ノ》二現《シ》筆端《ニ》一。放《テ》大光明《ヲ》一開《ス》二導人天《ヲ》一。（後オ）恰《モ》似《テ》下𤈦蟾上《テ》二天心《ニ》一。絶中《スルニ》中纖翳《ヲ》上一般《ナリ》。尽十方尽未来利益無量。善哉善哉虎吽泮吒。

明和四年冬　八事峯頭陀諦忍題

随喜

古知谷阿弥陀寺現住、亮師は、予が旧相知なり。曾て寺に伝へし開山弾誓上人の伝記、景光荏苒として一百五十年を経ぬれは、展転反復せるにしたかひ、往々磨滅に及ひ、古今希奇の徳業烏有に帰せんことを（随喜1オ）うしろめたくおもひなけき、諸山の旧記をさくり、古人の口碑をひろひ集めて大成し、さらに画図をましえ世に弘通し、絵詞いたりてさとしやすく、諸人をして信をすゝましむるたつきともなれかしとおもひはかり、予に一辞を添んことをもとめらる。しかはあれと、手つゝなる（随喜1ウ）身の齢八旬を踰ぬれは羸耋惛忘し、こと〳〵に慚惶一かたならす、つや〳〵こころをきはみたるにはあらぬと、伝行の由致なん序跋にいちしるしければ、中々に付贅懸疣なるへしといなみ侍れと、なをひたふるにこひもとめありし。とまれかうまれ護法の志厚きを嘉し、いさゝか歳月を（随喜2オ）しるして随喜のこゝろを表する事しかり。時に明和戊子の夏四月二十五日、京師第五橋来迎堂にしてしるす。

華頂山人老藪善阿

（随喜2ウ）

（2オ）

（2ウ）

弾誓上人絵詞伝巻上

開山弾誓上人は父なし。母は青山氏、尾張《おはり》の国海辺里《あまべのさと》の人なり。容色才智《ようしよくさいち》殊《こと》に勝れしかば、父母の鍾愛《しようあい》大方ならず。空《むな》しく鄙《ひな》の栖《すみか》に置《をき》なんことも本位《ほい》なく思ひて、花の都《みやこ》に送《をく》りかけまくも可畏君《かしこき》の御側《みそば》につかふまつる身とぞなしける。花にめで月に嘯《うそぶ》きてあまたの春秋をかさねたり。しかはあれど宿善《しゆくぜん》の内に催《もよほ》しけるにや、つく〴〵と世の無常転変《てんぺん》の有さまを思ひつゞけ、住《すみ》なれし玉の台《うてな》を出てもとの海辺《あまべ》に立かへり、柴《しば》の庵《いほり》を結《むす》びて一向渡世勤《つとめ》より（1オ）外は他事なかりき。或時《あるとき》、二月十五日の夜夢《よゆめ》みらく弥陀の三尊まのあたり来臨し、短冊《たんざく》を給わりける。仰ぎて能々《よく〳〵》見れば、六字の名号なり。「汝是を呑《のむ》べし」と告《つげ》させ給ふゆへに、そのまゝ呑しと見て夢は覚《さめ》たり。是よりして唯《ただ》ならぬ身と成りぬ。日に添《そへ》てありがたく末《すへ》たのもしくぞ覚へられける。

宮廷《きうてい》を出《いで》でられる時《とき》の口《くち》ずさみに

世の中をあきのゆふべの夢《ゆめ》にふして
けふあかつきのかねにおどろく（1ウ）

○後奈良院の御宇天文二十一年四月十五日の夜、又、弥陀如来夢中に現《けん》じ蓮花一本を授《さづ》け給ひ、「此花のうへに坐《ざ》して快く出産し、其子の字《あざな》を弥釈丸《みしやくまる》と呼《よぶ》べし」と告《つげ》給ふ。やがてなやむ事なく男子を生《う》む。額《ひたい》に白毫相《びやくがうさう》あり。時にあたりて紫《し》

（3ウ）

（4ウ）

雲《うん》天にそびへ、白幡《しらはた》二つとび来りて文彩《ぶんさい》日にかゝやく。見聞の輩、奇異《きい》の念《おも》ひをなさずといふことなし。夢《ゆめ》の告《つげ》に任せて小児の名を弥釈丸といふ。二月十五日には釈尊遷神《せんしん》の日なり。その夜、六字の名号を呑《のみ》しかば、是遣迎《けんこう》二尊の使《つかひ》なるへし。字《あざな》のもとづく所こゝにあり。（3オ）

○此子四歳の時、弥陀の三尊化《け》して三《みたり》の童子《どうじ》とあらはれ来りて、阿弥陀の三字を口《くち》ずさみ、小児をなぐさめ給ひけり。小児是より怠《おこた》らす、つねに阿弥陀〳〵ととなへける。上人一生是をわするゝことあたはず。後に当山居住の時、初夜勤行の式とし給ふ。今に至《いた》りて其式を改むることなし。世に大原念仏と名づけ、又は三字念仏とも号す。（4オ）

○七歳の時、たま〳〵井のもとに立寄《たちより》、はからずも落《おち》入りて母を呼《よび》給ひけるに、かたじけなくも弥陀如来忽《たちま》ち来現《らいげん》し給ひて、大慈《じ》大悲《ひ》の御手より摂取不捨《せつしゆふしや》の網《つな》をたれ、小児《せうに》を引挙《ひきあげ》給ひけり。

○九歳の春、人の勧めによらずして自然に発心し、母上に対して出家学道《がくだう》の志をのべられけるに、母堂しばらくこしらへての給ふやうは、「ありがたき志なれどもいまだ二葉の齢《よはひ》なれば今少し待給へ。いか様折《おり》もありなん」と慰《なぐさ》め給ふ。弥釈

（5ウ）

（6オ）

丸、再三会者定理《えしやぢやうり》の理《ことはり》を述《じゆつ》て歎《なげ》かれけるにより、道理にふせられて（5オ）遂《つい》に承諾《しようたく》せられけり。是に因《よつ》て、手づから髻《もとゞり》をきりて名を弾誓《たんぜい》と改め給ひぬ。

○其後、美濃《みの》の国《くに》・塚尾《つかを》の観音堂に参籠《さんろう》し、一百日を期して無上道心を祈願せらる。時に本尊、比丘形を現《げん》し来りて、発心の程を感じ上人を礼拝し、念仏の一行高く諸行に勝《すぐ》るゝ旨を開示《かいじ》し給へり。

○是より同国・武儀郡《むげごほり》の山奥に柴《しば》の庵《いほり》を結《むす》び、一心不乱に称名を修業せらる。光陰速《すみやか》に移《うつ》り鬚《ひげ》を剃《そ》るに遑《いとま》あらざれば居だけに生《おひ》まさり、宛《あたか》も仙人のごとし。（6ウ）其内心の所證いかならんと感歎《かんたん》するに堪たり。

○時に漸く利生のおもひを起《おこ》し、草庵を立出て近江《あふみ》の国にゆき、森山《もりやま》の駅《ゑき》にいたる。里人つげていはく、「八《や》洲《す》の渡《わたり》の橋《はし》のほとりに変化《へんけ》の者《もの》出《で》歩《あり》き夜々《よな〱》人を悩《なやま》せり。日もすでに山の端《は》にかたぶきぬ。かならず行給ふことなかれ」と誡《いまし》めたり。上人これを聞給ひ、「いかなるものならん、ゆきて教化せばや」とおもひ、かの橋の上に坐《ざ》して念仏し給ふに、深更《しんかう》におよびて女の霊鬼《れいき》あらはれ出、上人に告るやう、「われ在生の時、慳貪《けんとん》なりし報《むく》ひにて餓鬼道《がきだう》に落《おち》たり。（8オ）あはれ上

（7ウ）

（7オ）

（10オ）

（9オ）

（11オ）

（12オ）

人に大慈悲《じひ》をたれて苦患《くげん》を救《すく》ひ給はれがし」と泣々《なく〱》かたり聞へたり。身は骨《ほね》と皮《かわ》とばかりにて、口より火焔《くはゑん》を吹出せるさま恐るべし。上人則ち教化して至心に念仏し回向し給へは、たちまち消《きへ》て跡《あと》方なし。其後永く妖怪《ようくはい》は絶《たへ》にけり。（8ウ）

○それよりして花洛《くわらく》に登《のぼ》り、五条の橋の上にて彼方此方《かなたこなた》をながめやり給ふに、北にあたりて紫雲《しうん》たなびきほのかに仏影《ぶつゑい》あらはれぬ。「さては霊地《れいち》なりけり」とおぼしてわけ入給ふ。果して幽邃勝絶《ゆうすいせうぜつ》なる佳境《かきやう》なりき。即《すなは》ち今の古知谷《こちだに》、是なり。（9ウ）

○花洛を出て西を指し、何《いづ》くともなく行《ゆき》々て、摂州一《せつしういち》の谷《たに》の古戦場《こせんじやう》に至り、寿永のいにしへ源平の乱《みだ》れに結《むす》ぶ妄執《もうしう》をあはれみ、終夜《よもすがら》念仏にて所有《しよう》精霊《しやうれう》成三菩提と回向し給へば、更《かう》闌《たけなわ》に及びて忠度《たゞのり》・道盛《みちもり》・敦盛《あつもり》の三鬼目近《まぢか》く顕《あらは》れ出、上人に向ひていふやう、「修羅《しゆら》の炎止期《ほのをやむご》なく今まで苦趣《くしゆ》にありし身の、かしこくも今夜《こよひ》の手向《たむけ》に預り、唯今善趣《ぜんしゆ》に至る」とて、歓喜踊躍《くはんぎゆやく》の相《さう》を成し、合唱叉手《がつしやうしやしゆ》して消去《きへさ》りぬ。（10ウ）

○上人それより海辺《うみべ》に出、漫々《まん〱》たる海上を打ながめて、終《つい》に我《わが》ゆくべき方と西方を望《のぞ》み、しきりに念仏し給へば、弥陀如来忽ち来現し、御手を垂《たれ》て大宝蓮華一本を給はり、「此上に

(13オ)

(14オ)

のぼりて我を拝せよ」と告《つげ》給ふ。時に、いかにして登《のぼ》りたるとも覚えずして、かの蓮華の上に登り、尊容を拝し給へり。

(11ウ)

○紀州熊野《くまの》三社は霊験《れいげん》無双《ぶそう》なる中にも、本宮證誠殿《しやうじやうでん》は本地弥陀如来なりと伝へ聞給ひ、殊《こと》に懐《なつか》しく覚へて、彼に至り終夜称名を修し、心《こゝろ》を澄《すま》しておはしけるに、順礼し罷《おは》れる女人有。たゞちに宝前に進《すす》み来りて、八葉の鏡《かがみ》を権現に捧げ奉り、「一大円鏡曇《くもり》なく、智恵の光《ひかり》明かに照させ給へ」と申て伏《ふし》拝み、帰り去とひとしく、権現は僧形にあらはれ出、上人に告《つげ》給はく、「汝済度の悲願あり、よって此鏡を与ふるなり。衆生の善悪を照し見て利益をなせ」と示し給へり。此鏡、今現に当山に有。錦《にしき》の袋《ふくろ》に入たり。其袋には仏像を織付《おりつけ》たり。右の順礼とみへし女人は、相伝ふ那智山の如意輪観音なりと。

(12ウ)

○それより佐渡《さど》の国にわたり給ひ、相川《あいがは》の市に入り、水を汲《くみ》、薪《たきゞ》をこり、貧《まつ》しき家に助《たすけ》をなし、唯いつとなく打しめりて念仏し明し暮し給ひける。

○仏名口《くち》に絶《たへ》ざれば、諸人随喜し出家をすゝめ、川原田の浄念寺へ誘ひ得度《とくど》せしめたり。既に剃髪して法衣を身にまとひ、

（15ウ）

（16ウ）

朝暮念仏して食時をだにも知ざれば、寺僧の輩にくみ嫌《きら》ふこと甚だし。これにより又市町に帰り、諸人の捨《すて》し食物を拾《ひろ》ひて命をつぐよすがとし、ひたすらに念仏修行し給へり。（13ウ）

○猶飽《あき》たらず修行地に進《すゝ》みて、州の内にある檀特山《だんどくせん》に分《わけ》入、心を澄《すま》して行い給ふ。時に天魔来して異類異形《いるいいぎやう》に変《へん》じ、上人を迷はし菩薩をさまたげんとはかる。上人少しも動転《どうてん》せず一心に称名し給へば、口より光明出て十方に耀《かゝやけ》り。ときに天魔大に驚怖《きやうふ》して散々《ちりぐ》ににげ去りぬ。

○或時、白色の鬼神あらはれ出、鉄《てつ》の足駄《あしだ》をはき、鉄の杖《つへ》を持て上人を一打に殺《ころ》さんとするありさまなり。上人、是にも動転せずしきりに念仏し給へば、東の峯《みね》より薬師如来徐《おもむろ》に影向《やうがう》し給ひ、「汝恐るゝことなかれ、是は（14ウ）西方の教主ぞ」と告《つげ》させ給ふ。時に応《をう》じて彼《かの》鬼形忽《たちま》ち変《へん》じて弥陀尊と成り、鉄の杖、鉄のあしだを上人に譲《ゆづ》り給はりける。

それよりして常に是足駄をはき、是杖を持て諸国を修業し給ひける。如来方便無究《むぐう》にして折伏摂受《しやくぶくせつじゆ》の二輪ともに転《てん》じ給ふと覚えたり。其鉄の杖は今現に当山にあり。鉄の足駄は相州塔の峯の霊宝《れいほう》たり。（15オ）

○其後、盲《めしひ》たる白色の女鬼あらはれける。時に観音勢至の二

（17ウ）

（19オ）

大士、僧形を現じ、上人に告て、「汝怖《をそ》るゝことなかれ。是又、本師弥陀の化現なり」とのたまへば、忽ち虚空《こくう》に一つの宮殿《くうでん》出現す。彼女鬼即ち変じて仏身となり、宮殿の内に入り西を指《さ》して飛《とび》去りぬ。（16オ）

○又或時、弥陀如来、白骨形となりて上人に告てのたまはく、「汝如実修行の志あらば、此身に着《じやく》する事なかれ」と策励《さくれい》し、忽ち変じて仏体と成り大光明を放ちて去り給へり。（17オ）

○又或時、上人瀑《たき》の水にうたれてをはしましけるに、伊勢《いせ》・熊野《くまの》・八幡・住吉・春日の五社の神、形《かたち》をあらはし出給ひ、「汝に神道の秘奥《ひをう》を授《さず》くべし。去ながら凡骨にては成がたし。今換骨《くはんこつ》の法をなさん」とて、春日は右に寄《より》給へば、住吉左に近づき、熊野は前に立給へり。八幡宮は利剣を提《ひつさ》げて上人の背筋《せすじ》を截割《きりわり》、凡血を出し給ふ。天照大神は神水を汲《くみ》て頂上に洒《そゝ》ぎ給へば、痛《いたみ》も疵《きず》も更になく、心眼開《ひら》けて恰《あたか》も睡夢《すいむ》の覚《さめ》たるが如し。此とき五社の神、異口同音に神道の奥義《おうぎ》を授け給ふ。是より以来、見聞の事皆悉く憶持《をくぢ》して忘《わすれ》ず。（18オ）識思《しきし》明了なる事に成りぬ。此時、八幡の手に取給ふ宝剣は今現に当山にあり。（18ウ）

○慶長二年十月十五日の夜、一天晴朗《せいらう》にして巌窟《がんくつ》特《こと》に寂寞《じやくまく》たれば、心もいとゞ澄《すみ》わたりて念仏もつとも勇猛なり。そのとき忽然として此巌窟変《へん》じて報土《ほうど》と成れり。教主弥陀如来、大身を現じて微妙の法を説給ふ。大日如来・釈迦如来・最勝蓮華如来及び一説諸薩衆、星《ほし》のごとく列《つらな》りて虚空界《こくうかい》に充満《じうまん》せり。時に弥陀尊、直《じき》に上人に授記して、十方西清王法国光明満《さいしやうわうほうこくこうみやうまん》正《しやう》弾誓阿弥陀仏と呼《よび》たまふ。其説法を書記して弾誓経と名く。都《すべ》て六巻。今現に当山にあり。梶井宮盛胤《かじいのみやぜいいん》法親王の御筆なり。（19ウ）

寔《まこと》に上人は弥陀直授の真子にして、三昧発得の導師《たうし》なり、凡《ぼん》情の測《はか》る所にあらず、唯仰ひで信ずべし。説法既に終る時、

（20ウ）

観音大士、手づから白蓮乗の仏頭《ず》をもって上人に授け給ふ。是、伝法の印璽《ゐんし》なり。本師如来は前三重・後ろ三重等の秘訣を授けたまへり。上来の事畢りて後、報土の相没《さうもつ》し去《さり》、元《もと》の巌洞《がんとう》と成りて松風寂々《せき〳〵》たり。その白蓮所乗の御頭《みくし》は今儼然《げんぜん》として当山に鎮在す。あるひは證拠の御頭ともいひ、又は伝法の仏面ともいふ。（20オ）

○上人の体《てい》たらく、身に白衣を着《き》て眉間に白毫あり。乱髪下《らんはつくだ》り垂《たれ》て甚だ異相なり。檀徳山に住《すみ》て樵夫《せうふ》来れば、逢《あふ》ものごとに十念を授けて利益せんとし給ふに、上人の異相に驚《おどろ》き、天魔鬼神かと怪《あや》しみ怖《おそ》れて往来既《すで》に絶《たへ》ければ、市町薪《たきゞ》に乏《とぼ》しく成りぬ。已《やむ》ことを得ずして列卒《せこ》を催《もよほ》し、山を狩《かつ》て糺明《きうめい》する所に、思はずも上人柔和忍辱《にうわにんにく》のありさまにて、称名声澄《こえすみ》わたし聞えぬれば、各々随喜の涙《なみだ》を流《なが》し、藤《ふじ》や葛《くず》を取集《あつ》め、木の枝を結びつなぎて輿《こし》に作り、上人を舁《かき》きのせて麓《ふもと》の里に帰り、各々供養礼拝し貴賤（21オ）群集して利益日々に盛《さかん》なり。其行化の跡、寺と成て弾誓寺を号す。其外、佐州の内に上人の旧跡五六箇寺あり。

○上人の法花《ほうけ》、既《すで》に国中に普《あまね》くして念仏申さぬ人もなく、名号かけぬ家も希なり。

時に日蓮教の俗あり。窃《ひそか》に上人の徳をしたひ名号を受たく

志し、料紙《れうし》を調《とゝの》え置《おき》けれども、我《わが》本家を憚《はゞか》り怖れて空《むな》しく月日を過《すご》せしが、いとゞ求むる心のやる方なく、人伝《づて》ながら願を立けるに、上人微笑《みせう》して、「その名号ははや既に授け畢《おはり》ぬ」と告給ふ。思はずながら立帰りてかくと告るに、彼《かの》人驚《おどろ》き、件の料紙を箱の内より取出して披《ひら》き見るに、（21ウ）名号・題目《たいもく》、相並《なら》べて明らかに書給へり。信心髄《すい》に徹《てつ》して渇仰弥増《かつがういやま》し、永く家の重宝と崇《あが》め奉りき。

○佐州の化縁、既に繁栄《はんゑい》なりければ、余国も又結縁あらまほしく、甲斐《かい》・信濃《しなの》の境《さかい》に帰り、大に利益を施《ほどこ》し給ふ。諏訪《すわ》の山辺の唐沢《からさわ》に始めて一宇を造立し、光明山阿弥陀と号す。昼夜六時の勤行に参詣の輩、市をなしける。飯田の阿弥陀寺、大町の弾誓寺、松本の念来寺、百瀬の昌念寺、雲照院も上人を以て開基とし、念仏不退の道場なり。

○其頃、甲州八代《やつしろ》に故心《こしん》と云禅師あり。深く上人に帰《き》してやんごとなき念仏の行者なり。師を重《おも》んずること（22オ）真仏の如くす。或時しばらく睡眠《すいみん》する内に上人を夢に拝せり。その粧《よそほ》ひ宛《あたか》も仏身のごとし。緑《みどり》の髪《かみ》うるはしく、冠《かんふり》にいたゞく玉の色、身に垂《たれ》たる瓔珞《やうらく》の荘《かざり》、白毫光《ひかり》明らけく、身体紫金色にして、白衣を着し辺身の光明普《あまね》く四辺を照し給ふ。右の御手の内より百雲一むら立あがり、其中に一本の蓮花生《を》ひ出、口より化仏を吐《は》き、九重の宝座に乗《のり》給ふ。禅師、夢覚《さめ》て感歎肝《かんたんきも》に銘《めい》じ、直《たゞち》に諏訪《すわ》に行て上人に謁《ゑつ》し、右の趣を語られけるに、上人笑《えみ》を含《ふくみ》ての給はく、「いしくも尋給ふものかな、いでその夢を合せてみせなん」とて、諏（22ウ）訪の湖水の雲中に立《たち》、紫雲に乗じ上来の粧を現じ給ふ。禅師、夢《ゆめ》とも現《うつゝ》ともわきまへず、五体投地《たうち》して敬礼せらる。時に湖水忽ち風浪怒号《らうどがう》して一ツの貝《かい》あらはれ出たり。貝の内よりいかりさけぶ蛇《じや》《いかりさけぶ》二ツ出来り、さも用《よう》ありげに近《ちか》づきぬ。上人これを見て十念を授け給へば、即時に天人と成り虚空に飛騰《とびのぼ》る。雲中より人語をなしていはく、「我等此地に住《すむ》こと一千余年、然るに今ありがたき御法《みのり》に逢《あ》ひ、蛇道の苦《く》をのがれ天上の楽《らく》をうく。此恩報謝しがたし。我に安産《さん》の法あり、今是を伝えへ侍る。もしくは大悲の一助ともならんかし。是《かく》のごとく〱《（ママ）》し（23オ）給はゞ立《たち》どころに産生せん」と口伝して去りぬ。当山一流の伝法にある所の安産の符《ふ》これなり。かの貝を両蛇の貝といふ。今現に当山にあり。

禅師深く法恩を謝せんが為に、誓《ちか》ふて上人の仏身尊影十余幅を画《えが》き、普く施世《せよ》せられける。今現に当山に在所の仏身の肖像、上人自筆の賛《さん》あるもの、是其内の一なり。

此安産の符《ふ》、今にいたり霊験特《れいげんこと》にいちじるし。或は三日四日産難に苦《くる》しみ、既に命絶《いのちたへ》なんとするもの、此符を服用して快よく出産するものあり。或はその生るゝ子、手に件《くだん》の符

（24オ）

（25オ）

をにぎりて出るあり。実に奇《き》なりといふべし。甲州光国寺には開山自作の坐像の真影あり。同国宝樹院、郡内法国山（23ウ）光明院も又上人の旧跡なり。

○其頃、江戸幡随《ばんずい》意院白道和尚は化を武州に振《ふる》ひ給ふ。互《たが》ひに高風を伝へ聞《きゝ》、随喜し給ふ所に、両師相互ひに霊夢の告を感ぜらる。茲《こゝ》に因《よつ》て幡随和尚、書を馳《はせ》て上人を招請し給ふ。上面に、進上弾誓如来と筆せり。上人即ち彼寺に行給ふ。和尚、喜悦の余り出向ひ手を取て方丈に入り、七日七夜寝食《しんしよく》を忘れて法話し給ふ。互いに師資《しし》の芳契《はうげい》あり。上人、檀特山弥陀直受の法をば上人に伝へ、和尚、白旗《しらはた》一流の法をば上人に伝へられたり。仍て取替《とりかは》しの名号とて、幡随和尚大字の名号並に書翰、血脈今現に当山に有。慶長八年卯の夏の事なりき。（24ウ）

弾誓上人絵詞伝巻上終（25ウ）

（2オ）

（3オ）

弾誓上人絵詞伝巻下

○夫《それ》より相州早川の庄・塔《たう》の峯《みね》に至り、巌窟《がんくつ》に籠《こも》り念仏し給ふ。

或時、領主大久保氏、狩《かり》に出られけるが、思はずも此所に至り上人を見出して異相《いさう》に驚き、「若《か》ゝる人里遠き山中に住《すま》るゝこと人類にてはよもあらじ」と疑《うたが》ひ、数多《あまた》の犬《いぬ》を放《はな》ちかけて試《こゝろみ》らるゝに、犬どもみな頭《かうべ》を低《たれ》、膝《ひざ》を折《おり》て吠《ほゆ》ることあたはず。弥瞋《いか》りて弓を取、只一箭《や》に射倒さんと箭を放つに、その箭も折て落たり。領主も五体すくみてはたらかず。其時、上人告給はく、「我は是諸国修行の（1オ）聖《ひじり》なり。しばらく爰《こゝ》に山居せり。かならず怪《あや》しみ給ふことなかれ」といひ畢りて、静《しづ》かに念仏し給へば、領主大いに信を発し、前非《ひ》を悔《くや》み謝して、山林を寄付し恭敬《くけう》尤をごそかなり。

或時、門人念光といふもの重病に悩《なやま》さる。上人、此念光をひきひて山澗《さんかん》に下り、かの鉄杖を以て穿《うが》ち給ふに、忽ち石間《いわま》より温泉涌《わき》出たり。念光此に浴《よく》して病平愈す。伝へ聞て至り浴するもの、衆病悉く痊《いゆ》。今現に塔《たう》の沢《さわ》の薬湯《くすりゆ》と号《かう》するもの是なり。（1ウ）

○既《すで》にして上人の徳風四方《よも》に聞え、道俗貴賤歩を運び、日課念仏を授り、或は葷酒《くんしゆ》を断じ、或は斉戒を持《たも》ち、身命をもお

（4オ）

（5ウ）

しまず樹下石上にして念仏し、山河もゆるぐばかりなり。衆人力《ちから》合せて忽ち一宇を造立しぬ。上人、是を名付て阿弥陀寺と号し給ふ。時に龍神帰敬し、毎夜龍燈《りうとう》を捧《さゝ》げたり。

又或時、箱根《はこね》権現、貴女の姿《すがた》を現じ来りて血脈を受給ひ、不滅《ふめつ》の貝《かい》を達嚫《だつしん》に備へて去り給ふ。後に又別当に神託ありて又一の貝を献じ給ふ。二の貝今現に当山にあり。（2ウ）

○又上人或時、柄《え》の嶋《しま》弁財天に詣し祈請して宣《のたまは》く、「我衆生済度の志ありといへとも、凡夫《ぼんぶ》疑惑の情深くしていかんともしがたし。願はくは尊天加護し給へ」と。時に弁天出現し、金《きん》の団扇《うちわ》を捧げ、「是を持て諸障《しやう》を扇《あふ》ぎ払ひ、念仏を弘通し給へ」とて授け給ふ。此団扇、今現に当山にあり。

爰《こゝ》に道高《どうたか》ければ魔盛《まさかん》なる験《しるし》にや。或時、虚空より大磐石《ばんじやく》を投《なげ》て仏閣を微塵《みじん》に打摧《くだ》きたり。然れども数千群集の人、壱人もあやまちなし。有がたき事かなと感歎しき。（3ウ）

○麓《ふもと》の小田原に大蓮寺あり。寺主を鏡誉以天といふ。智道兼備《けんび》に聞へあり。深く上人に帰し、常に登山怠りしなし。或時、上人に告ていはく、「上人の徳行利益の程愚意に測《はか》りがたし。然れども有髪にましませば、人おほくは恐れを懐《いだ》くべし。願はくは御髪《みかみ》を下させ給へ」と申されければ、上人答て宣く、「此事甚だ易し。去なから予が髪を剃《そる》人は寿命早く尽《つく》

（6ウ）

（7オ）

るなり。いかがせん」と。以天の云く、「我《われ》諸人の為に命《いのち》を捨《すて》て疾《とく》極楽に往生せん。是、願ふ所なり。上人納受して、正念を護らせ給へ」とて、御髪を下《おろ》し給へば、えなら（4ウ）ぬにほい室にみち、音楽遠く聞え、紫雲西にたなびきければ、端坐合掌して念仏と共に息絶《いきたへ》たり。不思議の事なり。慶長十年三月二十五日の事なりき。其時の剃髪、今現に当山にあり。（5オ）

○同国の北山に紫雲たなびきけるを見て、尋ね行給ふに、いかにも清浄無塵の勝境なり。爰《こゝ》に住して念仏し給ふに、鹿猿《しゝさる》に至るまで化益を蒙ること夥《おびたゝ》し。諸人したひ来り。程なく一宇を草創し、心驚無常山浄発願寺と号す。此寺、今は朱章を給はりぬ。然るに、此一の沢と塔の峯とは渓《けい》山相隔《へだゝ》ること凡十里なり。二山の間、上人日夜往来し給ふに、その疾《とき》こと風のごとし。或は晨朝《じんじやう》は塔の峯にて勤修し、日中は一の沢にて執行し給へり。両山兼任の間、都て六年を経たり。（6オ）

○巌窟寒風いと烈《はげ》しかりけるに、不思議や空より大盤石降《ふり》来りて北に落、宛《あたか》も扉《とびら》のごとくなりて自ら寒風を屏《しりぞ》け、身心安居し給へり。此石に上人爪彫《つめぼり》の弥陀とて、今現に儼然として存在す。此石の上より日毎に紫雲たなびき、夜毎に聖衆の来迎あり。その傍《かたはら》に桜有。此木を伐《きり》て上人、自の姿《すがた》を刻《きざ》み置

（8オ）

なんとて斧《をの》を運《めぐ》らし給ふ半《なかば》に、忽ち熱血流《なが》れ出けれは、「唯此まゝにして足《たり》ぬべし」とて、袈裟を覆《をゝ》ひ函《はこ》に入て釘《くぎ》を打てぞ残し給ふ。此半作の像、今現に浄発願寺に有。（7ウ）

○夫より遠州堀江の里・館《たて》山の巌窟に入、念仏し給ふに、例のごとく化を蒙るもの市のごとし。或は漁猟《ぎよりりやう》を止《やめ》、あるひは五辛を断《たち》、或は斎戒念仏す。茲《こゝ》にして又一宇を取立、蓮花寺と号す。済度の人数都て弐百十万余なりき。

○堀江の里を初め近隣の男女、毎年七月二日より十六夜にいたる迄を限り、断肉潔斎《たんにくけつさい》して白き浴衣《ゆかた》に菅《すげ》の笠を着《き》、各棹に縋《すが》り、鉦《かね》と太鼓《たいこ》をうち交《まぜ》て声をはかりに念仏す。此事の由来を尋るに、昔時《そのかみ》甲斐信玄公合戦の節、数万の軍兵、此里（8ウ）の堀江に沈み死したりき。其亡魂《ぼうこん》雨夜《あまよ》ごとに光り渡り声を揚《あげ》、野山に鯢波《とき》を作る。国民これを驚怖して上人に歎きければ、上人告て宣く、「我教《わがをしえ》に遵《したが》ふて箇様《かやう》〳〵に念仏を修しなば再び出きじ」と示し給ひける。その示のごとくつとめければ、果して速にしづまりぬ。それより永く伝はりて、今に斯《かく》のごとく修しぬることになんなりけるとぞ。是又、上人利済の余沢なり。

○上人それより尾州に趣《おもむ》き、海辺の里に尋入給ふに、移り替《かは》る世の習ひ、道もなきまで荒果《あれはて》たり。（9オ）母堂の石塔に打向ひ、心の及ぶかぎり至誠に念仏回向し給ひて、都路《みやこぢ》にぞをむかれける。（9ウ）

○慶長十三年花洛に上り、先、誓願寺に詣で、三日の間、籠居念仏せられたり。

其後、むかし見置給へる古知谷にわけ入り、松の木陰《こかげ》を庵《いほ》にして所持の鉦鼓《こ》を枝にかけ、苔《こけ》むす岩の上に坐し西の山合に打向ひ、明暮念仏し給へり。樵夫これを聞付て木の間をわけて尋ね入けるが、乱髪異相を怪しみ、たゞちに逃《にげ》んとするを呼《よび》返し、十念を授け給へば、忽ち信心を発起《ほつき》しぬ。常随給仕の弟子共は、跡《あと》をしたひ岩窟を栖《すみか》として念仏す。次第に聞伝へてうちむれ〱書賤群集し、念仏を授り名号を受（10ウ）て化益日々に昌《さかん》なり。終《つい》に仏国僧舎の営構《ゑいかう》に及ひぬ。よって上人これを名付けて一心帰命決定光明山阿弥陀寺と号せらる。

時に本尊を得ばやと思《おぼ》しけるに、何《いづ》くともなく老翁一人来り弥陀尊を授けて去る。則ち感得本尊是なり。

又上人手づから自身の肖像を彫刻し給ふ。植髪《うへがみ》の尊像と号す。今現にあり。此像、古今種々の霊験あり。

○慶長十四年三月十五日、上人自から常行念仏の開白《かいびやく》を成し給へり。龍神帰依して常に庭前の末に燈明を挑《か》けて供養しける。

（10オ）

又或時、龍神現じ来りて日月の硯《すゞり》を上人に献じ奉る。上人、此硯にて名号を書給ふに（11オ）水自《おのづ》から湧出しけるとなん。今現に存在して霊宝たり。

又或時、文殊菩薩来臨ありて上人の弘法を随喜し、天竺の貝多羅葉《ばいたらよう》二枚を授与し給ふ。此貝葉に梵天あり。今時書《かく》所の字体《てい》と頗《すこぶ》る同じからず。此又今現にあり。

又或時、上人かの弥陀仏より給はりたる鉄杖を持て傍《かたはら》成岩角《いわかど》を穿《うがち》給へば、清水涌《わき》出たり。此水を以て常に仏前の供養物を営む。世に伝へて御杖《みづへ》の水と号する是なり。此水を服用して現益を得る者多し。種々難病と除《のぞ》き、或は狂乱を治し、或は臨終に正念に成りて往生を遂《とぐ》るの類《るい》是なり。（11ウ）

○或時、京都の守護板倉伊賀守来りて上人に謁し、深く帰依の心を発し、随従の大衆を後代の故障なからしめんが為にとて、制札を寄付せられける。彼《か》の自筆の制札、今現にあり。

法化日々に盛にして道俗男女歩《あゆみ》を運《はこ》ぶ者幾《ものいく》千万といふ数をしらず。仍て商賈《しやうこ》の輩、門前に茶店を並《なら》べ、山中さながら駅路《えきろ》の如し。其時茶店を営たる輩、直《すぐ》に住居して相続《ぞく》し古知の茶屋村といふ。上人の勧誘によりて、都鄙の貴賤悪を廃《はい》し善を修《しゆ》し、捨家棄欲《しやけきよく》する者多し。山居随従の僧七十口に余れり。各々樹下石上の意楽《いげう》に（13オ）住し、如法念仏するさま

（12オ）

（12ウ）

いと殊勝なりき。

○又上人印文とて[illegible]かくの如き物を自から彫刻《てうこく》し、常々諸人に授けらる。此印文を願ふ者には必ず日課念仏を授け、五辛を断《たゝ》させ給ふ。又上人御意《こゝろ》を留《とめ》させられ、或は恭敬し給ふものには何にても此印文を居《すへ》給へり。定めて深き子細あるへし。臨終に狂乱する輩、此印文を戴きて正念に成り往生するもの又多し。

○当寺山内不出の秘書三通あり。第一は神道の秘伝なり。是則ち五社の神所伝の大事なり。第二には葷酒の誡文など。此事釈尊の所制なりといへども、いままた（13ウ）弥陀覚王の別勅を受て誡め給へるその文なり。第三は上人三国受生の事跡なり。

○大凡《おゝよそ》上人一期の行状質朴《しつはく》にして花美にあらず。衣物は布《ぬの》・木綿《もめん》・紙子《かみこ》に過ず。食物は抹香《まつかう》に松の甘皮《あまかは》を合せて石臼《うす》にて搗《つき》、是を丸《ぐはん》となして食し給ふにいたる。其石臼、今現にて霊宝たり。一生威儀厳粛《げんしゆく》にして三衣を護持し暫くも離《はな》し給はず。又徒衆の為に七十三箇条の制誡を作りて教示す。実《まこと》に内外具足の大導師なり。

又時々《より〱》和歌《か》を詠じて法門を掲《かゝ》げ示し給へる事あり。是則ち我国の風俗に準《じゆん》じ（14オ）て衆生を引接するの手段なるべし。

又近きあたりの樵夫、或時岩窟に詣《まふで》ければ、持《もち》たる鎌《かま》にて弥陀の像を作りて与へ給ふ。是を鎌仏《かまぶつ》といふ。近在の民家往々にこれあり。当山にも或人の許より寄付したるあり。これ又質素《しつそ》の古風なり。

○上人在世の内、日課念仏授与の印《しるし》に書与へ給ふ所の弥陀名号、凡そ四百万余幅なり。或は大、或は小、或は金泥、筆形少しも違ふことなし。或は又、名体不離名号、化仏印文などゝて書給へり。其名号、光明を放ち種々の奇瑞ありき。今に至りて信心に奉持《ぶち》する輩、光明を（14ウ）拝する者多し。

（16オ）

今年開帳の砌り、名号現益の事、翼賛《よくさん》の末にあり。

○上人、或人兄弟に五遍宛《づゝ》紺紙金泥にて名号を書与へ給ふに、五返火中に入、変じて黄金の仏体となり給へり。是を十念名号所変仏像と申奉る。今現に当山にあり。

○石見国坂崎織部正《をりべのかみ》の家中・土井伝蔵といふもの、江戸へ使者に下りける時、上人の高徳を聞及び、慶長十二年未五月十四日の夜、相州塔の峯に登《のぼ》り日課四万声を授り、并に名号をも受て去りぬ。
其後、主君の意に背《そむ》くことありて、同年十月九日牢獄《らうごく》に入る。十二日には既に（15オ）死罪に究りぬ。よって十一日の夜、上人より給はりたる名号を牢中に掛《かけ》て、臨終正念を祈りける。時に名号より光明輝《かゝや》き、弥陀三尊来現あり。牢番是を見て急《いそ》ぎ主君へ訴へければ、則ち検使《けんし》を立て見せられけるに、検使ありのまゝに主君へ告ければ、主君大ひに驚きて直《ぢき》に罪科《ざいくわ》を赦免《しやめん》せられける。

坂崎氏、代々《よゝ》日蓮宗なりしが、立《たちどころ》に改めて浄土の家と成られたり。是によりて一門の輩も日課名号を受奉らんと志し、起請文を以て願を立らる。件の伝蔵、取次なり。かの起請文を一軸に成して二十通の起請文と号し、今現に当山にあり。
（15ウ）

○慶長七年四月より五月に至り、上人夢中に何ともしれざる人来りて数《しばく》目見《まみへ》けり。何の由《ゆへ》といふことをしらず。又同六月十七日丑の刻に来り見えて云く、「我は是大閤秀吉《ひでよし》なり。存生の時頗《すこぶ》る善根を作《なさん》といへとも、皆名聞の意なりしかば、いまだ九患《くげん》を脱《だつ》することあたはず。況《いはん》や人を殺害する事幾《いく》千万といふ数をしらず。此亡魂、日夜来りて我を責《せむ》る苦《くる》しみ堪《たへ》がたし。あはれ上人是をたすけ給へ」と願はる。上人告ていはく、「予は頑魯《ぐはんろ》にして公を救《すく》ふ神力なし。唯《たゞ》弥陀超世の本願に任せ十念仏名を授くべし」とて、則ち名号并に十念を（16ウ）授け、法号を浄光院香誉宗摂楽意《かうよしうせつらくい》法師《ほうし》と授与し、殺害する所の亡霊等にも十念を授けて回向し給ふ。時に太閤慇懃《いんぎん》に感謝《かんしや》して去られたり。其時太閤へ授与せられし十念名号、今現に当山にあり。

太閤、此時上人の利済を蒙られしゆへにや、其後太閤所持の釈尊左眼瞳《さがんひとみ》子の舎利、展転《ちんでん》して当山に納《をさま》る。豈《あに》不思議にあらずや。顧《おも》ふに是法乳の恩に報ふの所為《しよい》ならんかし。

○上人曾て弥陀直授の伝燈、前三重後三重等の口訣あり。特《こと》に布薩《ふさつ》の奥義自染筆厳重にして、自他の往生専修念仏の一行に決帰し給へり。是当山不共の伝（17オ）なり。此璽書布薩相承の者は蓮誓号を許可し給ふ。是を一流の規矩《きく》と定められたり。

又上人所々山居の時は樹下石上に坐し、本尊をも安ぜず、聖教をも持せず、香花をも供ぜず、但口称念仏の外、他事なし。古語に賀古の教信は西には垣《かき》をもせず極楽と中をあけ合せて、本尊をも安ぜず、聖教をも持せず、僧にもあらず俗にもあらぬ形にて、常に西に向ひ念仏して其余は忘れたるごとしといへるに同じ。凡そ上古巌穴《がんけつ》修道の大士、大峯役《みねゑんの》行者、越智山泰澄《おちさんたいてう》のごとき、皆々是《かく》のごとくなるへし。本尊、持経、香花、燈明の備《そなへ》あるべからず。

○洛陽大雲院の貞安和尚は当時の豪傑《がうけつ》なり。上人の（17ウ）行状異相なることを聞て、難破《なんは》を加へんか為に、伴僧と共に俗形となり当山に至る。上人既に予《あらかじ》め此由を知りて自から門外に出迎へ、彼等《かれら》に対《たい》して異相をあらはし、彼等が巧《たく》む所の旨趣を説給ふ。時に主伴共に是を見聞して凡人《ぼんにん》にあらざる事を知り、深く慚愧の心を起し、慇懃に懺謝《さんじや》して退きぬ。

○上人の門弟多かる中にも、念光法師は殊に深く師恩を重んじ、自も木食長斎《ちやうさい》にして常随給仕せられける。剰《あまつさへ》報恩に擬《ぎ》せんとて、柴竹の光念寺、田中の守興寺を造立し、上人を以て開山として尊影を安置せられたり。（18オ）

○慶長十八年五月二十四日、門弟等《ら》を集《あつ》めて告て宣く、「先年汝等に語《かた》るがごとく、弥々明日午の刻に滅度すべし」と示し給へば、大衆悉く悲歎の涙にむせびけり。

漸く二十五日、日中の勤行回向の終りに至りて大宝蓮花の上に坐し、念仏と共に息絶給《いきたへ》ひぬ。寿算六十二歳なり。七日の間紫雲靉靆《ありたい》し音楽髣髴《をんかくほうはつ》たり。異香芬馥《いきやうふんふく》し天華乱墜《らんつい》す。光明山野にみち、一山の青樹しばらく色《いろ》を変《へん》ず。都鄙《とひ》遠近聞伝へて稲麻竹葦《たうまちくい》の如く馳集《はせあつま》り、恋慕悲歎《れんぼひたん》の声、谷に響《ひゝ》き地を動《うごか》す。恰《あたか》も鶴林大会の如し。

遺告《ゆいがう》に任せて七日の後、窀穸《ちゆんせき》《うづむ》し（18ウ）奉る。今にいたり毎年五月二十四日より開山忌を執行《とりおこな》ふ。二十二、三日より都鄙《とひ》の諸人群参《くんさん》してその遺徳をしたひ、称名の声、山谷に

（19ウ）

ひでゞきわたる。是も又盛徳《せいとく》の一端なり。

吁《あゝ》、上人は実《まこと》に西刹の願主変化して、濁世の衆生を導き給へるなり。一生草衣木食にして、深く信施を恐れ給ふ。凡そ衣食の節倹《せつけん》なること古今類希《たぐひまれ》なり。しかふして自行化他修する所は唯《たゞ》正定業の一行のみ。仏神擁護《おうご》の感《かん》、龍鬼《りうき》渇仰《かつかう》の相《さう》、実《まこと》に天外に出たり。其行状の卓絶《たくせつ》なる事、言語の及ぶ所にあらず。今暫く九牛《きうぎう》が一毛を録《ろく》して、後人に知《し》らしむるものなり。（19オ）

弾誓上人絵詞伝巻下終（20オ）

跋

当山開祖上人は、願王の変化として群生の大導師なり。其高風逸韻《いついん》、世に又類希《たぐひまれ》なるへし。然るに入滅以後百五十年余に及べども、いまだ行状梓行《しかう》の挙《きよ》あることなし。当山に旧《きう》記《き》ありといへども、半《なかば》蠹魚《とぎよ》の為《ため》に食れて全備《ぜんひ》せず。缺典《けつでん》といふもをろかなり。某《それがし》は一箇の啞羊僧《あようそう》なれど、もしくは宿縁あるか、当山に住《すみ》ぬる事、既に年あり。今若《もし》伝記編集流布の挙《きよ》なかりせば、後世に開山の高風を聞知ることなからん事を恐れ、時々《よりよ》当山の旧記を捜《さぐ》り、或は他方にある所の上人開《かい》基《き》の地に尋ね（20ウ）求て、一々に其事実《じじつ》を糺《ただ》し、若干《そこばく》の年

月を累《かさ》ねて草稿《そうこう》漸《やうや》く成就しぬ。されども素《もと》より不才なるゆへ、藻塩草《もしほくさ》かきあつめたるばかりにて、人前に指出すべきにしもあらねば、櫃《ひつ》の内に蔵《おさ》めて深くかくせり。図《はか》らずも今茲《ことし》の春、人々の勧誘によりて、開山上人の肖像及び手沢《しゆたく》・法器《ほつき》等を、洛《らく》の一條浄福寺に移《うつ》して、普く瞻礼《せんらい》結縁せしむ。都下《とか》翕然《きうぜん》として信を起《をこ》すもの数《かず》なし名号等に就て現益あり、翼賛の末にしるす。其中に予が此行状の作《さく》ある事を聞伝へて、ひたすらに梓行をすゝむる人も又すくなからず。こゝにをひて、時の至れるにやと思ひ回《めぐ》らし、彼草稿を遠く尾州八事山（21オ）空華尊者の侍司下に呈《てい》して訂正《ていせい》を乞願ひ侍る。尊者は当今の碩学《せきがく》、天下の老徳なり。慈悲の色濃《いろこまやか》に護法《ごはう》の念淳《あつ》きゆへに、深く此挙《きよ》を随喜し給ひ、慈眸《じぼう》を垂《たれ》ていと苦《ねんごろ》に校閲《かうゑつ》し、特《こと》に證誠に擬《ぎ》して翼賛《よくさん》を著《あらは》し給はりぬ。予、頂戴奉持して歓喜踊《ゆ》躍《やく》し、手の舞足《まひあし》の踊《ふむ》ことを知らず。速《すみやか》に剞劂氏《きけつし》に与《あた》へて梓《し》行《かう》し、王敷《たましき》の都《みやこ》の内はいふも更《さら》なり、壺《つぼ》の碑《いしぶみ》、蝦夷《えぞ》が千島《ちしま》の外までも、流布《るふ》せしめん事をはかる。因《ちなみ》に其始卒《そのはじめおはり》をのべて、世に告《つぐ》るものならし。

明和四年丁亥十月二十五日

洛北古知谷阿弥陀寺現住安蓮誓信阿宅亮識（21ウ）

図5 引接寺本絵伝、全三幅（右より第一幅）

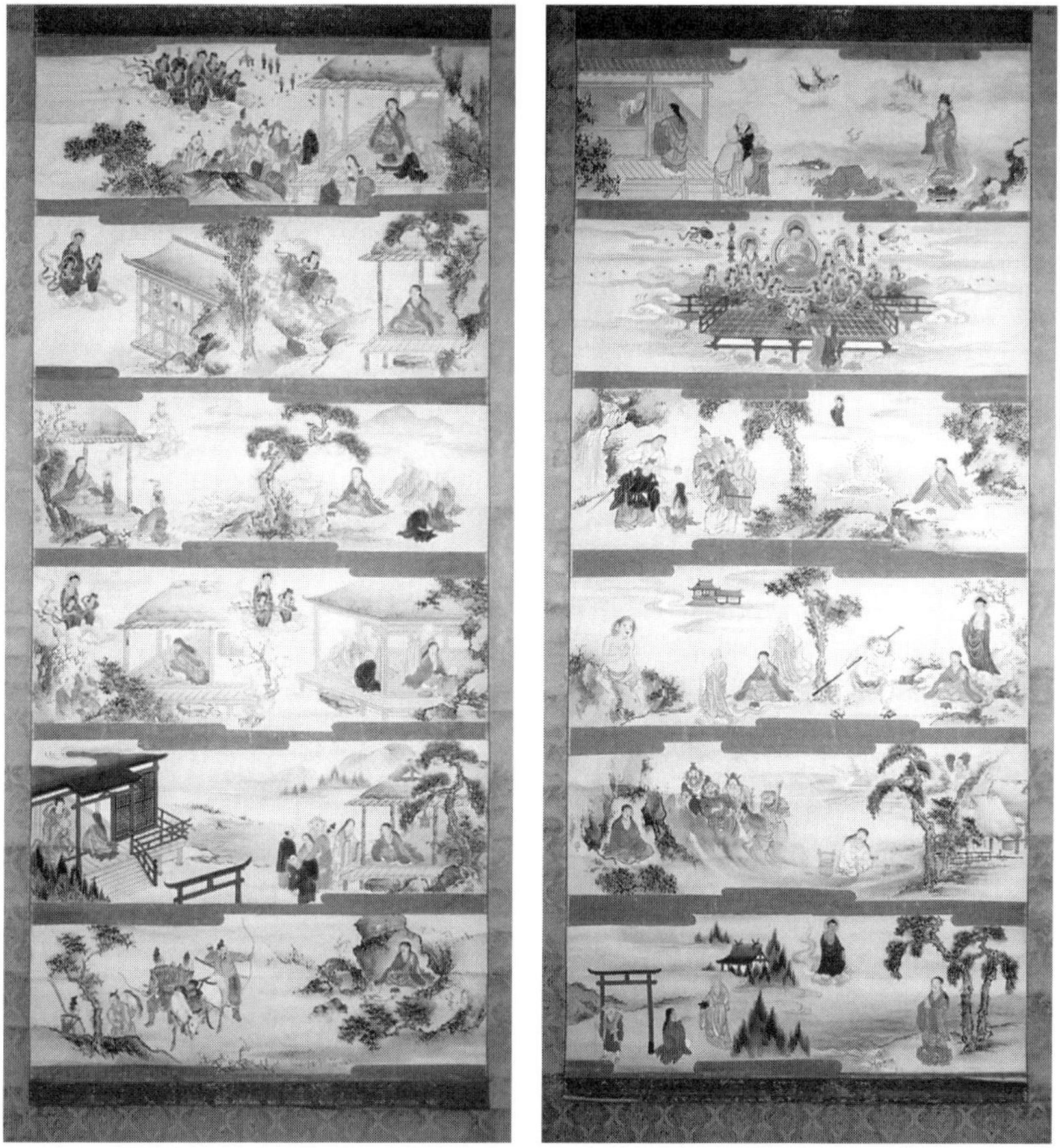

資料②

『幡随意上人諸国行化伝』

本書は近世前期の浄土宗を代表する学僧、幡随意《ばんずいい》（一五四二～一六一五、演蓮社智誉白道）の伝記をまとめたものである。幡随意伝には、漢文体の正統僧伝と、俗耳に入りやすい霊異譚に富む片仮名・平仮名本の二つの系統が伝存する。すなわち前者としては、宝永元年（一七〇四）自序、正徳三年（一七一三）刊の『浄土鎮流祖伝』に所収の「武江幡随意上人伝」や、個人僧伝を分離して刊行した妙導の『幡随意上人行状』（延享三年〔一七四六〕刊）などを数える。また、後者の代表に本書、および彩誉の文久二年（一八六二）刊『幡随意上人伝』がある。本書は平仮名絵入の文久版『幡随意上人伝』に比べ、片仮名本の形態や宝暦五年（一七五五）の刊行時期から考えて、一見正統僧伝に近い性格の勧化本と見受けられがちだが、しかし話柄そのものに関する限り、神異な霊験に充ちた文芸創作性を随所にうかがわせる内容となっている。かつて横山邦治は本書をして発生期読本の「勧化もの」に位置付け、『祐天上人一代記』への素材提供を指摘しながら、談義僧の語り口が勧化ものの読本に発展した一例と考えた［1］。たしかに本書には、漢文体の幡随意伝はもとより、文久版にも不載の幽霊済度譚や名号利益の霊験が取り込まれており、物語の発する虚構の芳香さえ思わせる文体、記述が目をひく。各章段の説話的な特色については、堤『江戸の高僧伝説』第二篇Ⅲ「『幡随意上人諸国行化伝』の文芸性」に詳述したとおりである［2］。洛北五劫院（現京都市上京区出水通七本松）の説教僧であった編者・喚誉の唱導者としての意識や語り口を今日に伝える本書の意義は少なくないだろう。

本書が後世、幡随意の足跡と関連諸寺の由緒、霊宝由来を詳しくしるすものとなって、あまねく唱導の場に流布した痕跡は、定本に用いた架蔵本に、朱・墨書による多くの書き込みが散見し、寺院関係者とみられる旧蔵者の筆で、口語調への改変が試みられている点からも明らかである。また、本論に述べた三重県久居・引接寺の幡随意絵伝の例（Ⅱ「絵解きと高僧絵伝」第一章「勧化本と絵解き」）が示すとおり、喚誉の『行化伝』を語りのテキストに用いた絵伝の製作と絵解き説法の実態は、とりもなおさず『行化伝』に対する唱導現場の「需要」のありかたを教える。近世中期の仏教説話の立体的な伝播の様相がよく分かる一級資料といってよいだろう。

図1　喚誉上人墓（左端、京都五劫院）。塔碑台座に「西陣／幡随意講中」とある

成立

巻頭に載せる了蓮寺無相文雄《もんおう》（字は僧谿、尚絅堂とも、一七〇〇～六三）の宝暦三年漢序によれば、五劫院の開山であり優れた唱導僧であった喚誉は、布法と修行の合い間に幡随意上人にまつわる「秘録」を博策し、諸方の「浄者」より上人の行実を聞き取ってその一生涯を『行化伝』にまとめたという［3］。

内外の典籍に精通した著名な学僧・文雄をして、「唱導以誘《イサナフ》二群萌《ヲ》一」との評言を得た喚誉の伝については詳しくはわからない。本書の他に、宝暦七年には『満霊上人徳業伝』を編んでおり、宝暦初年にかけて五劫院を本拠に活躍した在京の浄土宗説法僧であったものと推察される。各章に載せる霊験譚の末尾に「私ニ曰」などとことわって和漢の故事、旧記の類話を付け加える形式に、劇的な筋立てと豊かな知識性の混交をよろこぶ近世中期の勧化本らしい特色を指摘できるだろう。

京都市上京区の五劫院境内には喚誉の墓碑が現存し、側面に「当院中興新地開基」とある。西田耕三によれば、喚誉の示寂は明和八年十二月二日であり、五劫院内の二万座説法成就の碑（寛政元年十月）によって、唱導活動に生涯をかけた喚誉の行実がわかるという［4］。また台座に「西陣幡随意講中」とあるところから、西陣を拠点に幡随意を崇める講組織が行なわれたことを知りうる。

なお、後代の『檀林下谷幡随院志』（浄土宗全書20）には、『行化伝』を文雄の著作とする異説がみえる。

> 五巻　僧文雄作と云　行化伝と題す。専ら諸国にて不可思議の神力並諸寺院開基の事なと詳にのせたり。按ずるに文雄にはあるべからず。唱導説法者の述せる所と見へたり。右の行化伝の中、粗一二を出して済度の秘術を知

らせ此外に徳行なしと思ふべからす。

内容の神異性を論拠に他の説法者の編述と推測したのは、『行化伝』の評価をめぐる僧坊側の反応を示唆する点でじつに興味深い。

諸本

底本とした架蔵の五巻五冊本は、宝暦五年に京都の勝村治右衛門より出された版であるが、他の伝本についても同一の刊記をもつ。ただし、大正大学図書館、東京大学史料編纂所に所蔵の五巻五冊本は、巻五跋文の末尾の刊記（17ウ）につづけて、以下の刊記半丁分（18オ）を付載する。

江戸　須原屋茂兵衛
同　伊八
山城屋佐兵衛
書肆　岡田屋嘉七
大阪　敦賀屋九兵衛
秋田屋太右衛門
京都　勝村治右衛門

大正大学本等は再刊とみられる。

架蔵本書誌

片仮名五巻五冊。外題「幡随意上人諸国行化伝一（～五）」（刷題簽、双郭）、内題「幡随意上人諸国行化伝巻之一（～五）」、巻一巻頭に文雄の漢序（三丁）、序記は「宝暦癸酉冬日」とある。巻五末に喚誉の跋文（二丁）、刊記「宝暦五乙亥年正月良辰／作者　京師喚誉／書林　京寺町通松原下ル町／勝村治右衛門」。法量は縦二六・二×横一八・三センチメートルで袋綴。表紙、紺色。匡郭、四周単辺。一面の行数十行。紙数は巻一・二十丁、巻二・二十丁、巻三・二十四丁、巻四・十七丁、巻五・十八丁。

［1］横山邦治『読本の研究』（風間書房、一九七四年）一九五～二一〇頁。
［2］堤邦彦『江戸の高僧伝説』（三弥井書店、二〇〇九年）。
［3］浄土宗全書20所収の『略伝集』「京都了蓮寺沙門文雄伝」によれば、文雄は若くして江戸伝通院に遊学、内外の典籍を渉猟して京に戻り了蓮寺（現左京区）十七世となる。時の碩儒・太宰純とも親交を深くして、儒仏の学問に通じた。宝暦の初めに桂林寺に退き同十三年（一七六三）九月に没する。
［4］西田耕三『仏教説話集成㈡』（国書刊行会、一九九八年）解題、五六五頁。

幡随意上人行化伝序

大権ノ之出二興スル於世一也豈蕞爾ナカラン哉。猶シ下千鈞ノ之弩不ル中ガ為ニ二鼷鼠猶ノ一発セ上レ機ヲ也。以ノ故ニ出没有リレ所三大ニ警二覚スル於世ヲ一。往‐昔光明ノ輝キ二唐土ニ一吉水ノ之流《ツタフル》二海東ニ一、皆有リレ所三大ニ為ス二興レ世径庭スルコトヲ一、雖レ韜《ツヽムト》レ光ヲ乎終ニ有二不ルレ可レ掩者一。非常人ノ所レ為ル常人ノ不ルレ可二企テ（序1オ）及ズ一也、雖二叔世ト一也。

幡師ハ熊野ノ之神ノ所レ化スル降誕関寂鳥衆為レ端ヲ。盖シ其ノ神ノ之所ナレバ二使令スル一也。済ヒ二幽鬼ヲ一除キ二妖怪ヲ一度シ二神龍ヲ一析ク二邪党ヲ一。尽ク非常人ノ之所レ為ル常人ノ之不ルレ可カラ二企テ‐及ス一者也。其遊二‐履スル於諸国ニ一也、武蔵ノ之間創《ハジメテ》二教黌ヲ一而叢《アツメ》二生徒ヲ一建テ二法幢ヲ一而講ズ二宗義ヲ一。奇蹟妙化以益スル二群（序1ウ）類ヲ一亡《ナシ》レ論。跋二渉シ乎北越ニ一感ジテ二霊像ヲ一起テ二梵宇ヲ一移二住シ勢南ニ一拝二瞻シ仏光ヲ一于二京師一于二浪華一度シ二難化ノ之衆生ヲ一竟ニ西海大ニ震フ二非常ノ之態ヲ一。大凡所ノレ到ル之処風靡草偃ス。黎庶咸然トシテ莫シレ不ルコト下帰二‐敬シ寿尊ニ一厭ヒレ穢ヲ忻ヒレ浄フ宗門光闡セ宜ナリ矣。寿尊ノ之行願応ジ二時機ニ一蓮門ノ之教不ルコト二徒設セ一也、一ニ化シ（序2オ）於證誠殿ニ一再二‐化ス于幡師ニ一。有レ本者ハ如キレ是ノ乎。若‐夫レ神君ノ之帰命天能ノ之衛護徳ノ之不ルレ孤ナラ必有ルレ鄰者乎。

洛北五劫ノ喚誉上人開二‐基シ精舎ヲ一唱導以誘《イザナフ》二群萌ヲ一。風雨寒暑ニモ孜々トシテ四時無コト二虚キ日一三十年一日ノ如クニシテ不レ倦マ。勧丼ノ之暇編ミ二幡師ノ之行実ヲ一或ハ捜二策シ諸ヲ秘録ニ一或ハ私二‐淑シ（序2ウ）諸ヲ浄者ニ一霊応神迹靡シレ不ルコト二戴セ悉セ一矣。編成テ題シテ曰二幡随意上人諸国行化伝一ト。予、不敏ナルモ披読シテ不レ勝ヘ二歓喜ニ一。大権之化迹行履ノ之顛末燦爛トシテ可レ観ツ者、嗚‐呼上人ノ之業可レ謂勤タリト矣。於テレ是ニ乎叙ス。

宝暦癸酉冬日無相文雄操二毫ヲ於（序3オ）京師了蓮浄寺ノ尚絅堂ニ一

（序3ウ）

【巻一】

幡随意《ハンスイヰ》上人諸国行化伝《シヨコクキヤウケテン》巻之一目録

幡随意《ハンスイヰ》上人諸国行化伝《シヨコクキヤウケテン》巻之一

幡随意上人誕生奇瑞《タンシヤウキスイ》ノ事

上人字《アサナ》ハ智誉《ヨ》〈始号ス二／典誉ト一〉諱《イミナ》ハ幡隋意《ハンスイイ》、又ハ白道《ハクタウ》ト称《シヤウ》シ奉《タテマツ》ル。生国ハ相模国《サカミノ》藤沢《フチサワ》ノ郷善行寺《カウセンキヤウ》村ノ人、俗姓《ソクシヤウ》ハ川島氏《カハシマウチ》ナリ。父、始《ハシ》メ上野《カフヅケ》ノ国館林《タテハヤシ》ノ郷《ガウ》ニ居住《キヨチウ》シテ、即《スナハ》チ川島七党《タウ》ノ魁《サキカケ》ニシテ、北條《ホフチヤウ》家ノ嗣裔《シエイ》ナリ〈或ハ武田《タケタ》／氏ナリ共云〉。後ニ婚家《コンカ》ノ好《ヨシ》ミニ依テ、相州善行寺村ニ移住《イヂウ》ス。尓《シカ》ルニ夫婦《フウフ》、一子無キ事ヲ愁《ウレ》ヘテ、熊野権現《クマノコンケン》ニ祈《イノ》ル。〔カレノ〕婦《フ》、或《アル》夜ノ夢《ユメ》ニ、熊野《クマノ》ニ詣《マフ》テ下向《ケカウ》ノ時、広野《クハウヤ》ヲ過《スク》ルニ〔ト思フト〕、金色《コンシキ》ノ大熊《クマ》、後《ウシロ》ヨリ追《ヲ》ヒ来リ忽《タチマ》チ化シテ、宝珠《ホウシユ》ト成リテ懐《フトコロ》ニ入ルト見テ、恐怖《ヲトロキ》（1オ）テ、夢寤《サ》メタリ。其ノ後チ懐胎《クハイタイ》ノ身トナレリ。夢ノ事ヲ委《クハシ》ク夫《ヲツト》ニ語ルニ、〔ヲツトフシギニヲモイ〕夫ノ曰ク、「我聞ク、神武天皇紀州南郊《シンムテンハウキシウナンカウ》ニ至リ給フニ、一〔ツ〕ノ大熊《クマ》アラハレ、其ノ長《タ》ケ一丈余《シヨウヨ》ニシテ、金色ノ光リヲハナチ、無量ノ奇瑞《キスイ》、光中ニ顕《アラハ》レタリ。天皇此ノ示現《シケン》ヲ拝《ハイ》シテ、天ノ告《ツケ》ヲ承《ウ》ケ霊夢《レイム》ヲ感《カン》シテ、神蔵宝剣《カンノクラホウケン》ヲ得テ、州中ノ邪《シヤ》神ヲ伏《フク》セシメ、国民悉《コトヾ》ク安シ給フト云ヘリ。況《イハン》ヤ又、宝珠ト変《ヘン》シテ懐《フトコロ》ニ入リ玉フ事、甚奇怪《ハナハタキクハイ》ナリ。宝珠ハ此レ万宝ヲ雨《フ》ラスノ徳アリ。汝チカ孕《ハラ》メル子ハ普《アマネ》ク国中ノ邪《シヤ》ヲ退《シリソ》ケ、正ヲ進《スヽ》メ、意《コヽロ》ニ随《シタカ》ヒ、自在ヲ施《ホトコ》ス男子ニシテ、権現《コンケン》ノ再誕《サイタン》ナルヘシ。今ヨリ（1ウ）酒肉五辛《シユニクコシン》ヲ食《シヨク》セス、起居《タチイ》縦《ホシイマヽ》ニスルコトナカレ」ト云フ。

月満シテ、人王百六代後奈良院《コナラヰン》ノ御宇、天文十一〈壬寅〉年十月十五日、男子出生ス。此ノ時、群鴉稲穂《クンアイナホ》ヲ啣《フク》ミ、屋上ニ集《アツマ》ル。其鳴ク声、産屋《ウフ》ヲ賀スルノヨソホヒナリ。〔扨モ不思ギナルカナ〕南北ノ隣家《カ》、其ノ瑞《スイ》ヲ見、近隣《キンリン》ノ男女、此事ヲ聞キ、大ニ奇嘆ス。〔イタシタトアル〕童子《トウシ》誕《タン》生ノ後、百日ハカリヲ過《ス》キテ、常ニ仏菩薩《ホサツ》ノ像《ソウ》ヲ見テ、甚《ハナハ》タ悦《ヨロコ》ヒ、掌《タナコヽロ》ヲ合シテ落涙《ラクルイ》セリ。見ル人不思議《フシキ》ノ思ヲナス。

五、六歳ノ頃《コロ》ヨリ、沙門《シヤモン》ヲ見テハ、歓喜《クハンキ》シテ跡《アト》ヲ追《ヲ》ヒ行《ユク》クセアリ。漸《ヤウヤ》ク九歳ニ及ンテ、父母ニ向ヒ、出家《シユツケ》センコトヲ乞《コ》フ。父母堅《カタ》ク是レヲ免《ユル》サス、「汝《ナン》チヲ仏神ニ祈《イノ》リ、儲《マフ》（2オ）ケ得テ養育《ヤウイク》スルコト、偏《ヒトヘ》ニ家名《カメイ》ヲ相続《ソウゾク》シ、武将《フシヤウ》トモナサン為ナリ。何《ナン》ソ此ヲ捨《ステ》テ、出家トセンヤ。重テ此事申ス事ナカレ」ト云ヘリ。

既《ステ》ニ二十一歳ノ時、或《アル》日同国玉縄邑《タマナハノサト》・二伝寺〈光明寺第九世源誉／正空上人開基ノ寺〉範《ハン》誉義順《キシユン》上人ト云ヘル智道兼《チタウケン》備《ヒ》ノ僧来リテ語《カタ》リテ曰ク、「昨夜《サクヤ》不思議《フシキ》ノ霊夢《レイム》ヲ感《カン》ス。忽然《コツセン》トシテ青衣《セイヱ》ノ童子、手《テ》ニハ白キ幡《ハタ》ヲ携《タツサ》ヘテ当家《タウカ》ノ小童ノ後《ウシ》ロニ立ツ。我レ其ノ所以《ユエン》ヲ問フ。答テ曰ク、此童子ハ、実《マコト》ニ是レ世ノ福田《フクテン》ナリ。故ニ昼《チウ》夜守護《シユコ》セン為ニ来レリ。我ハ是レ、帝釈天《タイシヤクテン》ノ使者《シシヤ》・青衣《セイヱ》童子ト云フ者ナリ、ト告ルト見テ、夢《ユメ》覚《サメ》ヌ。然レハ、此童子（2ウ）ヲ空《ムナ》シク在俗《サイゾク》ノ塵《チ》リニ置《ヲカ》ンヨリハ、早《ハヤ》ク沙門《シヤモン》ト成シ玉ハヽ、頗《スコフ》ル四海《シカイ》ノ導師《タウシ》タラン」ト。父母驚《オトロヒ》テ、彼《カ》ノ童《トウ》子ガ幼稚《ヨウチ》ヨリノ作業《サコウ》ヲ思ヒ、此ノ僧《ソウ》ノ告《ツク》ルヲ聞《キイ》テ、止《ヤ》ムコト無ク、遂《ツイ》ニ小童《セフタウ》ヲ範《ハン》誉上人〔ノ御弟子〕ニ投《タウ》ズ。上人即《スナハ》チ落髪授戒《ラクハツシユカイ》シテ、彼青衣童《カノセイヱトウ》子ノ〔意デ〕、白幡常《シラハタツネ》ニ随従《スイジウ》スルコトヲ思ヒテ、名ヲ幡随意《ハンスイイ》ト付ケ玉フ〔タト御座ル〕。

私《ワタクシニ》云《イハク》、釈泰澄《シヤクタイテウ》ハ三神《ミカミ》氏ニテ、越前《エチセン》ノ麻生津《アサフツ》ノ人ナリ。父ハ安角《ヤススミ》、母ハ伊野《イノ》氏ナリ。夢《ユメ》ニ白キ玉懐《フトコロ》ニ入ト見テ孕《ハラ》ム。白鳳《ハクホウ》十一年六月、十一日ニ生ル。其ノ時雪降《フ》ルコト、産屋《ウフヤ》ノ上ニ一寸余《ヨ》ナリ。五、六歳ニ及《ヲヨ》ヘトモ、小（3オ）児《ニ》ノ輩《トモカラ》ニ交《マジ》ハラズ唯《タヽ》泥土《テイド》〔トロッチ〕ヲ以テ仏像《ブツゾウ》ヲ作《ツク》リ、草木《サウモク》ヲ以テ堂宇《タウウ》ヲ構《カマ》ヘ、或《アルヒ》ハ花ヲトリ、水ヲ掬《ムス》ヒ、合掌《カツシヤウ》シ供《ク》養《ヤウ》スルヲ態《ワサ》トセリ。〔ナサレタトアル〕。

持統《ヂトウ》六年、道昭和尚《タウシヤウヲシヤウ》北国《ホツコク》ニ遊化《ユウケ》シ、三神《ミカミ》氏ニ宿《シユク》ス。忽《タチマ》チ小童《セフタウ》〔コトモヲ〕ヲ見〔玉〕ルニ、頭《カシラ》ニ円光《エンクハウ》ヲ現《ケン》シ、上ニ宝蓋《ホウカイ》ヲ覆《ヲホ》ヘリ。道昭〔和尚〕、独《ヒト》リ是ヲ見ル。父母ニ告《ツケ》テ、「此児《コノコ》ハ神異《シンイ》ノ童子ナレハ、恭敬《クケウ》ノ心ヲ加《クハ》ヘテ、養育《ヤウイク》スヘシ」ト示《シメ》サル。其ノ時、泰澄《タイテウ》十一歳ナリ。

十四歳ノ時ノ夢《ユメ》ニハ、身《ミ》、蓮台《レンタイ》ニ坐《サ》シケルニ、傍《カタハ》ラニ沙門《シヤモン》アリ語《カタ》リテ曰、「汝《ナン》チ知ルヤ否《イナ》ヤ、我レハ汝《ナンチ》カ本師《シ》ナリ。住家《スミカ》ハ西方ニ在《ア》リ。汝カ坐《サ》スル蓮《ハチス》ハ、観《クハン》世音《ヲン》（3ウ）所《シヨ》持《チ》セル花ニテアリ。汝《ナンチ》、比丘《ヒク》ノ形《カタチ》ヲ以テ十一面利《メンリ》生普照《シヤウフシヤウ》ノ徳ヲ施《ホトコ》スヘシ」ト、告《ツ》ケヲナセリ。〈此ノ伝今師ノ誕生《タンシヤウ》ヨリ／授戒《シユカイ》マテ能ク相類《アイルイ》セリ〉

鎌倉《カマクラ》光明寺ニ至リ給フ事

其後《ソノノチ》師ノ許《モト》ヲ辞《ジ》シテ、鎌倉天照山《カマクラテンシヤウ》光明寺・法誉智聡《ホウヨチソウ》上人ノ室《シツ》ニ入リ、内外ノ修学《シユカク》ニ通達《ツウタツ》シ、超倫《テウリン》ノ誉《ホマ》レアリテ、法戦《ホウセン》場《シヤウ》ニ声《コヘ》ヲ震《フルウ》フトキハ衆中《シウチウ》敢《アヘ》テ当ル者ナシ。又奉誉《ヨ》聖伝《シヤウテン》上人ニ随順《スイシユン》シ、宗要《シウヨウ》ノ玄微《ケンビ》ヲ究《キハ》メ、円頓戒《エントンカイ》并ニ本山正統《タウ》布薩《フサツ》ノ大戒《カイ》ヲ受持《ジユチ》シ、先師ノ口訣《クケツ》ヲ守《マモ》リ、伝法自己《テンホフジコ》ニ統《ス》ヘ、譜脈《フミヤク》ノ錯乱《サクラン》ヲ糺《タヾ》シ、法燈《ホウトウ》ヲ挑《カヽ》ケ玉ヘリ。（4オ）

私云〔然ルニ〕、奉誉《ホウヨ》上人ハ範《ハン》誉上人ノ法弟《ホウテイ》ニシテ、始《ハジメ》二伝《ニデン》寺ニ住《ヂウ》シ〔遊ハシ〕、中ゴロ光明寺ニ転住《テンヂウ》シ終《ツイ》ニ本山智恩《チヲン》寺ニ主《シユ》タリ。知恩寺ハ応仁以来《ヲウニンコノカタ》、百有余《イウヨ》年ヲ渉《ワタ》リテ、諸《シヨ》堂漸々《ヨウ〱》再《サイ》興《コウ》アリト云ヘトモ、累年兵乱打続《ルイネンヘウランウチツヽ》キケレハ諸堂全備《シヨタウゼンビ》セス。第三十一世岌興善《キフコウセン》心上人在住《ザイジウ》、天正ノ末《スヘ》ノ年地《トコロ》ヲ京極ニ移《ウツ》サル。第三十二世奉誉上人、勅《チヨク》ニ依《ヨツ》テ寺務《ジム》トナリ給《タマ》フ。道《タウ》徳《トク》時ニ長《チヤウ》ジテ、世挙《ヨコソツ》テ信伏《シンフク》ス。太閤秀吉《タイカウヒデヨシ》公、殊《コト》ニ御帰依《キエ》浅《アサ》カラス。諸国ノ奇物財産《ブツザイサン》ヲ喜捨《キシヤ》シ、所須念《シヨシユネン》ニ応《ヲフ》シテ、殿堂房舎《ハウシヤ》一時ニ再建《サイコン》シ、中興《コフ》シ給《タマ》ヒテ、慶《ケイ》長十五年正月（4ウ）十八日、塔頭《タツチウ》・慶運院《ケイウンイン》ニ移《ウツ》〔シ〕テ、滅《メツ》ヲ〔シタトモアル〕示サル。〈故ニ秀吉公所持《シヨヂ》ノ具《ク》／今尚《ナヲ》寺中ニ伝《ツタ》フル所ノ者《モノ》多シ〉。次ニ三十三世智《チ》誉上人ナリ。本山智恩《チヲン》寺ニ二巻ノ円《エン》覚経《カクキヤウ》、紺紙金泥《コンシコンテイ》ニシテ、弘法《コウホフ》大師ノ筆《フテ》ト云アリ。奥書《オクカキ》ニ

奉誉《ホウヨ》上人弟子、相州藤沢之産《ソウシウフチサワノサン》智《チ》誉幡随《ハムスイ》意本主也。幡随意白《ハンスイイハク》道判《タウハン》、ト在《アリ》テ自筆《ジヒツ》ナリ。

或《アル》日、河越《カハコヘ》ノ感《カン》誉上人ノ座下《ザカ》ニ至《イタ》リ、年序数回《シヨスクハイ》ナリ。時ニ学友《カクユフ》、清岸《セイガン》、全寿《ゼンジユ》、幡随意《ハンスイイ》、存応《ソンヲウ》、皆緇林《ミナシリン》ノ鸞鳳《ランホウ》、法門ノ龍象《リウザウ》ナリ。曽テ諸所遊歴《シヨシヨユウレキ》シテ、講帷《カウイ》ヲ張リ説談《セツタン》ヲナス。道徳《タウトク》所《シヨ》々ニ溢《アフ》レ玉ヘリ。然ルニ人皇百七代正親町《アフキマチノ》院、天正三〈乙亥〉年春三月寿算《シユサン》（5オ）三十四歳、頻《シキ》リニ無常《ムシヤウ》ノ切《セツ》ナル事《コト》ヲ知リ、名利《メウリ》ノ学道《カクタウ》ヲ厭《イト》ヒ、一向専修《センシウ》ノ外、他事《タジ》ナカリキ。

伝尸《テンシ》病ヲ治シ給フ事

天正年中、武州浅草《ブシウアサクサ》ノ辺《ホト》リニ武将《ブシヤウ》アリ。一人ノ息女《ソクシヨ》、其ノ顔色《カンシヨク》甚《ハナハ》タ醜《ミニク》ク、アマツサヘ、足《アシ》モ人並《ナミ》ナラズ。故ニ婚嫁《コンカ》ノ縁《エン》モナケレハ、尼《アマ》トナシテ浅草《アサクサ》ノ遍《ヘン》ニ庵室《アンシツ》ヲ構《カマ》ヘ、住ミ玉ヒケリ。尓《シカ》ルニカリソメニ、虚損労瘵《キヨソンラウサイ》ノ病《ヤマヒ》ニ〔トリ〕カヽリ、其身熱《ネツ》〔イ〕シテ、咳嗽盗汗《カイソウタウカン》シ漸々《セン〱》ニヤセ衰《ヲトロ》ヘタリ〔ケレハ〕。労瘵《ラウサイ》ノ病ハ腰《ヲク》中ニ虫《ムシ》アリテ、鍼薬灸《シンヤクキウ》治モ及《ヲヨヒ》カタク、十人ニシテ九人ハ〔助カラン病ナレハ〕死ス。其兄弟《キヤウタイ》一族《ソク》ニウツ（5ウ）リ渡リテ、悉《コト〱》ク滅《メツ》ス。故ニ伝尸病《テンシヒヤウ》ト云ヘリ。

此尼公《コウ》、頻《シキ》リニ病重《ヤマヒヲモ》ク、死シナントス。尼公ノ妹《イモト》アリ。容顔《ヨウカン》甚《ハナハタ》艶《ウルハシ》ク〔御座テ〕、父母寵愛限《テイアイカキ》リナシ。彼姉君《アネキミ》ノ病苦《ク》ヲ訪《トハ》ント〔ヲモヒ〕、庵室《アンシツ》ニ来《キタリ》〔ケレハ〕、暫《シハラ》ク看病《カンヒヤウ》ノ人ト物語《モノカタ》リシ給

フ内ニ、〔カノ〕尼公ノ身ヨリ、白キ蝿ノ如《コト》クナルモノ飛《ト》ヒ出テ〔ルトヲモヘハ〕、糸《イト》ヲ引ガコトク、白キ気アリテ、妹《イモト》ノ袖《ソテ》ノ中ニ入テ〔タト御座ルニ〕見エス。払《ハラ》ヒフルヘトモ更《サラ》ニナシ。尼公、遂ニ其ノ暮《クレ》ニ死ス〔シタトゴザル〕。

其ノ日ヨリ妹君《イモトキミ》、心地《コヽチ》重《ヲモ》ク煩《ワツラ》フ、姉《アネ》ノ尼公ニ少《スコシ》モ違《タガ》ハス。姉ノ尼公ヨリ伝《ツタ》ハル病トテ、父母モ大キニ驚《ヲトロ》キナケキ玉ヘハ、家《カ》〔ウチ〕中ノ面々《メン〳〵》〔カミシモ〕上下トモニ是《コレ》ヲ嘆《ナケ》キ、療養品《リヤウヤウシナ》ヲ尽《ツク》シ〔セトモ〕、医（6オ）薬灸鍼《ヤクキフシン》モ、露《ツユ》ハカリノ験《シルシ》モナシ。今ハ仏神ノ力《チカラ》ナラデハ叶フヘカラストテ〔マヘト思フテ夫ヨリカノ〕、浅草《アサクサ》ノ観音《クハンヲン》ヘ一七日詣《マフ》テ、祈願《キクハン》スルニ、第《タイ》六日ノ夜《ヨ》ノ夢《ユメ》ニ、〔年比七十有余ノ〕老僧来《ラフソウキタ》リテ父ニ告《ツケ》テ曰、「汝《ナンチ》ガ娘《ムスメ》ノ病《ヤマイ》ハ明朝《メウテウ》始《ハシメ》テ来《キタ》ル沙門《シヤモン》ヲ頼《タノ》ミ祈《イノ》ラバ、本復《ホンフク》スヘシ」ト〔ヲモフトユメ〕覚《サ》メテ後チ、此ノ告夢《コクム》ヲ悦《ヨロコヒ》、家中ノ人々ニ申含《フク》メ、暁《アカツキ》ヲ待《マ》ツ。〔マカリ居ケレハ〕

翌朝《ヨクテウ》、行脚《アンキヤ》ノ僧アリテ、頭陀《ヅタ》セラル、ヲ、頓《ヤカ》テ請《シヤウ》シテ、内ニ入レ、夢想《ムソウ》ノ告《ツ》ケヲ語《カタ》リ、病悩《ヒヤウノウ》ノ祈願《キクハン》ヲ頼《タノ》ム。時ニ僧答《コタヘ》テ云《ノタモフハ》、「我レハ幡随意《ハンスイイ》ト云モノナリ。宗門《シウモン》ハ浄土《シヤウト》ニシテ、厭穢欣浄《エンエコンシヤウ》ヲ勧《スヽ》ム。曾テ台家密宗《タイケミツシウ》ノコトク、祈禱《キタウ》ナント成《ナ》スコトナシ〔イタサヌト〕。思ヒモヨラサル事ナリ。」（6ウ）ト宣《ノタマ》フヲ、重《カサネ》テ頼《タノ》ミテ曰ク、「僧《ソウ》ハ是レ大慈悲《ジヒ》ヲ以テ人ヲ助ケ〔玉ヒ〕、我身《ワカミ》ヲワスレテ、人ヲ利益《リヤク》シ玉フヲ本トス〔ナシ〕、ト聞ク。〔何卒〕今哀《アハレ》ミヲ垂レテ一人ヲ救ヒ給ヘハ〔〕一家中悉《コト〳〵》ク悦《ヨロコ》フ所、其功徳広大《クトククハウタイ》ナリ。其ノ上〔ナヲ又〕、観音《クハンヲン》ノ夢想《ムサウ》〔アレハ〕豈虚《アニキヨ》〔ムナシユ〕ナランヤ。是非《セヒ》頼《タノ》ミ奉《タテマツ》ル」ト、願《ネカ》ヘハ、師〔幡随意〕ノ曰、「尓《シカ》ラハ白《ハク》布《フ》ヲ三尺出セ。」トテ、其布《ヌノ》ニ弥陀《ミタ》ノ宝号《ホウカウ》ヲ書《カ》キ、病《ヤマイ》ノ床《ユカ》ニ掛《カ》ケ、前《マヘ》ニ香花灯明《カウケトウメウ》ヲ献《ケン》シ、「弥陀《ミタ》ノ名号《メウカウ》ヲ称念《セウネン》セヨ、横難《ワウナン》横病横死《ワウヒヤウワウシ》ヲ除《ノソ》キ、広済衆厄難《クハウサイシウヤクナン》ノ利益《リヤク》、必《カナラス》其ノ験《シルシ》アルヘシ。我レ明朝《メウテウ》来テ廻向《エカウ》スヘシ」ト、病人《ヒヤウ》ニ十念ヲ授《サツ》ケ、帰《カヘ》リ玉フ。父母ヲ先《サキ》トシ、家中《カチウ》ノ面々《メン〳〵》一心ニ称名《シヤウメウ》（7オ）ス。

暁鐘《ケウシヤウ》〔アカツキ〕ニ及《ヲヨ》ンテ、師、約《ヤク》〔ソクノトヲリ〕ノコトク来リ玉フニ、〔アカツキ〕父母、上人ニ対面《タイメン》シテ、合掌《カツシヤウ》シ落涙《ラクルイ》シテ曰、「昨夜《サクヤ》教《ヲシヘ》ノコトク、念仏セシニ、五更《カウ》〔夜モハツトキヲホシキ比〕ニ至リ、病人起《ヲキ》テ告《ツケ》〔モスニハ〕テ曰、「暫《シハラ》ク睡《ネム》ル夢《ユメ》ニ、四人ノ童子来リ〔〕タマイテ、我惣身《ソウ》ヲ首《クヒ》ヨリ手足マテ、撫《ナテ》玉ヘハ、身ノ中ヨリ、白イ糸《イト》ノ如キモノ出《イテ》テ空《ソラ》ニ登《ノホ》ルト見ヘシガ、夢サメテ後チ、心地《コヽチ》涼《スヽ》シク、頭《カウ》ヘカロクナリシトテ、食進《スヽ》ムコト平常《ツネ》ノコトクニ候、是レ偏《ヒトヘ》ニ師〔幡随意上人〕御恵《メク》ミナリ〔ト〕」。病人モ〔〕身ヲ清《キヨ》メテ、「御対面仕《タイメンツカマツ》リタキトテ、「唯今《タヽ》髪《カミ》ヲツクロハセ居候《イソロ》ナリ。追《ヲツ》テ出〔タシ〕申ヘシ」ト云所ヘ、侍女案内《シシヨアンナイ》シ、病人出《イテ》テ恭敬礼拝《クキヤウライハイ》シ、快気《クハイキ》セル（7ウ）コトヲ歓喜《クハンキ》シ、「上人ハ我カ命《イノチ》ノ親《ヲヤ》ナリ。」ト尊《タツト》メハ、師〔幡随意〕ノ云〔仰セニハ〕、「是レ我カ力《チカラ》ニハアラズ、観音《クハンヲン》ハ本師ノ化益《ケヤク》ヲ助《タス》ケン為ニ〔〕夢中《ムチウ》ニ〔〕告ケ〔サセ玉ヘ〕、我レハ弥陀《ミタ》ノ他力《タリキ》ヲ頼《タノ》ンテ、汝《ナンチ》ニ教《ヲシ》ユ報恩《ホウオン》ヲ存セハ、怠《ヲコタ》ラス名号《メウカウ》ヲ称《トナ》フヘシ」トテ、十念ヲ授《サツ》ケ、還《カヘ》ラセ玉フ。此白布《ハクフ》ノ名号、今ニ其ノ子孫《シソン》ニ伝持〔ヘ来ルトアル〕セリ。

館林善導《タテハヤシセンタウ》寺開基《カイキ》ノ事

上人念仏弘通《クツウ》ノ為ニ、諸国巡行《シユンキヤウ》シ玉フ。其ノ徳《トク》世間《ケン》ニ流《ル》布《フ》シ、其ノ名四方ニ隠《カク》レナシ。故ニ上州館林《タテハヤシ》ノ刺史《シシ》・榊原《サカキハラ》氏藤原康政《ヤスマサ》、師ノ徳ニ帰《キ》シ、厭欣《エンコン》ノ要路《ヨウロ》ヲ聞キ、信敬尊重《シンケウソンチウ》シ、新《アラタ》ニ一宇《ウ》ヲ経営《ケイエイ》シ、師ヲ請《セフ》シテ（8オ）開《カイ》山第一祖《ソ》トシ、終南《シウナン》山見生《ケンシヤウ》院善導《センタウ》寺ト号《カウ》ス。既ニ田園《テンエン》百戸ヲ寄付《キフ》シ、衆徒《シユト》数《ス》百ヲ領《レウ》シテ、盛《サカン》ニ法《ホウ》輪ヲ転ス。

其ノ後、東君《トウクン》、観智《クハンチ》国師ト相議《アヒキ》シテ、十八檀林《タンリン》ヲ定《サタ》メ玉フ。善導寺其ノ一ナリ。十八檀林《タンリン》トハ弥陀如来本願ノ数《カス》ニモトツキ、兼《カネ》テハ松ノ十八公ナルニ比《ヒ》シテ、一宗ノ檀林ヲ十八ト定メ玉ヘリ。カクテ常ニ国中ノ男女群参《クンサン》シ、尊容《ソンヨウ》ヲ拝《ハイ》シ、十念ヲ受《ウ》ケ燈燭ヲ供養《クヤウ》シ、専念ノ行ヲ修《シ》スルモノ多《オホ》カリケル。

竜女化益ノ事

天生十〈壬午〉年、師ノ歳四十一、女人闡提極重悪人《センタイコクチウアクニン》（8ウ）ナルモ、一称十念《シヤウジウネン》スレハ、即《スナハ》チ浄《ジヤウ》土ニ生スル旨《ムネ》ヲ、演《エン》説《セツ》シ玉フニ、貴賤袂《タモト》ヲ連《ツラ》ネ、参詣《サンケイ》市ヲ成《ナ》ス。

一夕《セキ》、倏然《シウセン》トシテ化《ケ》女来レリ。其容貌《ヨウホウ》、端厳《タンコン》ニシテ、殆《ホトン》ト常人ニアラス。上人ニ語《カタツ》テ曰、「我レハ此ノ城外《シヤウクハイ》ヲ去《サツ》テ躑躅《ツヽシ》カ池《イケ》ニ住《スム》竜《リウ》女ナリ。嗚呼《アヽ》、浅間《アサマ》敷竜畜《シクリウ》ノ身ヲ受ケ、数《ス》百歳ヲ経《フ》ルニ、昼夜《チウヤ》三熱《ネツ》ノ患《ウレ》ヒ有テ、其苦《クルシ》ミ忍難《シノヒカタ》シ。上人哀《アハ》レ願クハ、抜苦与楽《ハツクヨラク》ノ法ヲ示《シメ》シ玉ヘ」ト。師ノ曰、「汝《ナンチ》、実《マコト》ニ竜《リウ》神《シン》ナラハ、何《ナン》ソ本形《ホンキヤウ》ヲ現《ケン》セサルヤ」。化《ケ》女ノ云、「我《ワレ》本形ヲ現《アラハ》シナハ、上人甚恐怖《ハナハタケウフ》シ玉ハン」ト。師ノ曰、「我未《イマ》タ物ノ恐怖《オソレ》ヲ知ラス。実《マコト》（9オ）竜《リウ》女ナラハ、本相《ホンソウ》ヲ現《アラ》ハスヘシ」ト。其ノ時、化《ケ》女ハ座《サ》ヲ起《タチ》テ、縁《エン》ノ板間《イタマ》ニ出テケルカ、虚空《コクウ》ヨリ黒雲《クロクモ》一ムラ巻《マキ》来ルト見ヘシカ、忽《タチマ》チ化《ケ》女二十尋《ハタヒロ》ハカリノ大蛇《シヤ》トナリ、両眼《リヤウカン》ヨリ月日ノ如クノ光《ヒカ》リヲ放《ハナ》チ、口ヲ開《ヒラ》キ、紅《クレナイ》ノ舌《シタ》ヲ出シテ、火炎《クハエン》ヲ吹ク。師、少《スコシ》モ騒《サハキ》タマハス、函杖《カンシヤウ》〈師一生所持ノ杖《ツエ》／今幡随院ニ在リ〉ヲ取《トツ》テ彼ノ大蛇《シヤ》ノ頂《イタヽ》キニ当テ、「善哉善哉《センサイセンサイ》、止《ヤミ》ナン止ナン」ト宣《ノタマ》ヘハ、又本《モト》ノ化女《ケニヨ》ト成リテ、本坐《サ》ニ着《チヤク》ス。其ノ時師、勧諭《クハンユ》シテ曰、「夫レ我弥陀《ワカミタ》ハ六八ノ願ヲ立テ、一切人天鬼畜被毛戴角《キチクヒモフタイカク》マテ、悉《コト〱》ク摂取《セツシユ》ス。中ニモ女人往生《ワウシヤウ》ノ誓《チカ》ヒアリ。龍《リウ》女トイヘトモ、千劫《センコウ》漏《モレ》ル（9ウ）コトナシ。若シ此名願力《コノメウクハンリキ》ニヨラスンハ、万劫恒沙《マンコウコウシヤ》劫ヲ経《フ》ルトモ、女身ヲ転《テン》スルコトアタハス。設《タト》ヒ蛇《シヤ》身《シン》ナリトイヘトモ、一念随喜《ネンスイキ》セハ、十方衆《ハウシユ》生ノ誓《チカヒ》ニ叶《カナ》フヘシ」ト、念頃ニ教化《キヤウケ》シ玉ヒ、即《スナハ》チ布《フ》薩大戒《カイ》ノ血脈《ケチ》ヲ与《アタ》ヘ、戒《カイ》名《メウ》ヲ王誉妙竜《ワウヨメウリウ》ト許可《ユル》シ、十念ヲ授《サツ》ケ玉フニ、化《ケ》女ハ歓喜落涙《クハンキラクルイ》シテ曰、「上人ノ教化《キヨウケ》ニ依《ヨツ》テ、我、今竜畜《リウチク》ノ身ヲ脱《タツ》シ、三熱《ネツ》ノ苦患《クケン》ヲ離《ハナレ》テ、西方浄《シヤウ》土ニ往生セン。師ノ徳《トク》ニ非《アラ》スンハ、誰《タレ》カ能ク我ヲ導《ミチヒカ》ン。今ヨリ以後、山頂《テウ》海中ニモアレ、上人在《イ》マス所ニハ、竜力《リウリキ》ノ不思《フシ》議ヲ以テ水ヲ捧《サヽケ》テ大恩《オン》ヲ報謝《ホフシヤ》セン。且ツ火災《クハサイ》ヲ払《ハラ》ヒ、又上人弘通（10オ）ノ念仏ヲ守護《シユコ》セン」ト約シテ去リヌ。

彼ノ法華《ホツケ》経ノ八歳ノ竜《リウ》女、無垢世界《ムコセカイ》ニ成仏《シヤウフツ》ノ相《サウ》ヲ示《シメ》ス。彼《カレ》ハ在《サイ》世、是ハ末《マツ》世、彼ハ大権《コン》ノ化《ケ》身、是ハ実業《ジツコフ》ノ竜畜《リウチク》ナリ。同日ニハ論《ロン》スヘカラス。

随岩《スイカン》ト宥田法論《ユウテンホウロン》ノ事

上人ノ上足《ソク》・随意岩《スイイカン》ト云ヘルハ、多年ノ執学《シウカク》ニシテ、博識《ハクシキ》多才《タサイ》ノ誉《ホマ》レアリ。尓《シカ》ルニ同国遍照《ヘンセウ》寺ノ住侶《チウリヨ》・宥田《ユウテン》ト云ヘル密《ミツ》宗《シウ》ノ僧《ソウ》有リ。上人ノ念仏弘通《クツウ》ニヨリ、自宗《シシウ》ノ檀家《タンカ》、皆念仏ニ帰依《キエ》シ、師ヲ尊敬《ソンケウ》シ、改宗《カイシウ》スル者甚多シ。故ニ是ヲ嫉《ネタ》ミテ、念仏ヲ誹謗《ヒハウ》シ、上人ヲ悪口セリ。（10ウ）

随意岩、是ヲ聞《キク》ヨリ心ニ忍《タヘ》カタク、師ニ暇乞《イトマコヒ》シテ立出テ、直ニ遍照《ヘンセウ》寺ニ往《ユイ》テ、宥田《ユウテン》ニ出会《テア》ヒテ、真言浄土《シンコンシヤウト》ノ宗義末代相《シウキマツタイソウ》応《ヲウ》、不応《フヲウ》ヲ論《ロン》スル事、時尅《シコク》ヲ移《ウツ》セリ。随岩《スイカン》曰、「三密瑜伽《ミツユカ》ノ法門《ホウモン》ハ、上根《コン》上智ハ叶《カナ》フヘケレトモ、末代今時《マツコンヂ》ノ愚痴無知《チムチ》ノ凡夫《ホンフ》、争《イカ》テカ修行《シユキヤウ》スルコトヲ得ン、只《タヽ》弥陀ノ教法《ケウホウ》コソ、時《シ》機《キ》ヲエラハス、王濁悪《チヤクアク》世可《ヘキ》二通入《ツウニウ》一ス路《ミチ》ノ要門《ヨウモン》ナリ」ト、智弁《チヘン》無窮《ムダウ》ニ論《ロン》シケレハ、流石《サスカ》ノ宥田《ユウテン》モ機根《キコン》クラヘニハ力ヲヨハス、閉口《ヘイコウ》セリ。随岩《スイカン》、大ニ勝利《シヨウリ》ヲ得《エ》テ、宥田《ユウテン》ガ法衣《ホフエ》ヲ剝取《ハキトツ》テ帰《カヘ》リヌ。

彼ノ門徒《モント》、大ニ瞋《イカ》リ、兎角近日《トカクキンシツ》夜ニ紛《マキ》レテ乱レ入リ、幡《ハン》（11オ）随意師弟《スイイシテイ》、共《トモ》ニ殺害《セツカイ》シテ無念ヲ散《ハラ》サント、徒党《トタウ》ヲ結《ムス》ヒ、既《ステ》ニ其ノ用意《ヨウイ》ナトシケル。

其ノ夜五更ニ光明《クワウメウ》ヲ放《ハナ》チ、一菩薩来臨《サツライリン》シ玉ヒ、師ニ告《ツケ》テ曰、「我レハ是レ王《ヲウ》誉妙竜《メウリウ》ナリ。師ノ血脈《ケチミヤク》十念ヲ受ケ、決定《ケツテウ》ノ信心ヲ発シ永竜畜《ナカクリウチク》ノ穢身《シン》ヲ捨《ステ》テ、今ハ西方ノ報《ホウ》土ニ得生ス。師ノ法力《ホウリキ》、吾身ニ於テ恩《オン》ヲ蒙《カフム》ルコト、海ヨリモ深《フカ》ク山ヨリモ高《タカ》シ。尓《シカ》ルニ今宵宥田《コヨイユウテン》ガ徒《トモカラ》、上人師弟《シテイ》ヲ殺害《セツカイ》セント計《ハカ》ル。我《ワレ》、蓮台《レンタイ》上ニ結跏趺座《ケツカフサ》シテ是レヲ見ルニ忍難《シノヒカタ》ク、爰《コヽ》ニ来テ急《キフ》事《シ》ヲ告ケ奉《ツ》ル。是レハ師ノ恩《ヲン》ヲ報謝《ホウシヤ》スルナリ」ト云畢《オハツ》テ、紫雲《シウン》ニ乗《シヤウ》シテ（11ウ）西天《サイ》ニ去リニケリ。師ハ門弟《モンテイ》ヲ集《アツメ》テ、「我レハ此ノ地ヲ退《シリソ》クヘシ。随意岩《スイイカン》ハ後《アト》ニ住持《シウ》スヘシ。」ト告ケ、御弟子四五輩《ハイ》ヲ召連《メシツ》レ、一首ヲ詠《エイ》シテ

阿弥陀仏乃古恵農宇知奈留加久礼我波《アミタフノコエノウチナルカクレカハ》
無賀志茂伊麻裳須美与加利計理《ムカシモイマモスミヨカリケリ》

ト。門弟涙《ナミタ》ヲ流《ナカ》シ、御歌《ウタ》ヲ感《カン》シ、館林《タテハヤシ》ヲ出テ信州ニ趣《ヲモム》キ玉ハント、先ツ下総《シモフサ》国関宿《セキヤト》ニソ到《イタ》リ玉フ。

幽霊《ユウレイ》ヲ引導《インタウ》シ給フ事

師、已《ステ》ニ下総ノ国関宿ニ至リ給フニ、モハヤ暮《クレ》、前後モミヘワカスナリケレハ、松ノ木陰《コ》ニ宿リ、終夜《ヨモスカラ》念仏シテ在マ（12オ）スニ、丑満《ミツ》ツ夜半《ヨハ》モ更ケ行ケハ、艶《アテ》ヤカナル女ノ、髪《カミ》ハ乱《ミタ》レテイト黒《クロ》ク、雪ヲ欺《アサム》ク白キ衣《キヌ》ニ、裳《モスソ》ハ千入《チシホ》ノ紅《クレナイ》ニ染、サモ哀《アハレ》ナル姿《スカタ》ニテ、師ノ前ニ来《キタ》リケル。師、「何者ソ」ト尋《タツネ》玉ヘハ、「我アサマシキ流《ナカ》レノ身、白玉《シラタマ》ト申ス遊女ニテ候《ソロ》ガ、偶《タマ〳〵》人界《ニンカイ》ニ生ヲ受《ウケ》ナカラ、例《タメシ》少《スクナ》キ川竹《カハタケ》ノ、流レニ沈《シス》ム身トナリ、夜コト日コトノ憂《ウ》キ枕《マクラ》、アラヌ虚言《ソラコト》ニ人ヲマトハシ、年月《トシツキ》積《ツモ》ル罪過《ツミトカ》ノ、病《ヤマヒ》ノ床《ユカ》ニ日ヲ重《カサ》ネ、竟《ツイ》ニムナシクナリ果《ハテ》テ、血ノ池水《イケミツ》ニ身ハ沈ミ、浮《ウカ》ム瀬《セ》モナキ此ノ苦シミ、事《コト》問《トフ》人モアラサレハ、誰《タレ》ニ語《カタ》ランヨスカモナク、空《ムナ》シクナケク七ヵ年、唯願《タヽネカハ》クハ上人慈悲《シヒ》哀愍《アイミン》ヲ垂（12ウ）レ玉ヒテ、我レヲ助《タス》ケ給《タマ》ハレ」ト、涙《ナミタ》ヲ流《ナカ》シ泣ニケル。師ノ曰、「我レ弥陀ノ威力《イリキ》ヲ頼《タノミ》、普《アマネ》ク衆生《シヤウ》ヲ化度《ケト》スルニ、竜畜《リウチク》ノ女身ダニ已《ステ》ニ往生《ワウシヤウ》セリ。仏ノ本誓《セイ》、最《モツト》モ頼《タノ》ミ有リ。白玉ガ何ソト人ノ問ヒシ時、露《ツユ》ト消《キヘ》ニシ汝カ為ニ引導セン」トテ、戒名《カイメウ》ハ本来《ホンライ》ノ白玉《ハクキヨク》信女、

卞和抱レ璞楚山恩《ヘンクハアラタマヲイタクソサンノヲモヒ》、已刖年々涙不レ乾《ステニアシキラレテネン〳〵ナミタカハカズ》、今日偶《コンニチタマ〳〵》
逢二明眼客一《メイカンノカクニアフテ》、玲瓏白玉放光寒《レイラウタルハクキヨクヒカリヲハナツテスサマシ》

水ノ面《オモ》ニ夜ナヨナ通《カヨ》フ月ナレト、
月モヌレネハ水モ跡《アト》ナシ

ト詠シ、十念ヲ授《サツ》ケ玉ヘハ、幽霊《ユウレイ》ハ忽《タチマ》チ消《キヘ》テ見ヘサルニ、虚《コ》空《クウ》ニ音楽《ヲンカク》聞《キコ》ヘ、闇夜《アンヤ》明了《メウレウ》ナルコト、白日《ハクジツ》ノ如《コト》シ。紫雲《シウン》靉靆《アイタイ》シ、聖衆来迎《セウシユライカウ》ノ容儀《ヨウキ》アリケル。霊魂《レイコン》ノ（13オ）仏果《クハ》、疑《ウタカ》フ所ナシト、歓喜《クハンキ》シ玉ヘリ。

釘抜名号利生《クキヌキメウカウ》ノ事

〔扨コ、二〕下州宇津宮《ウツノミヤ》ニ、三谷《タニ》善八ト云ヘル者アリ。定《サタマ》レル妻《ツマ》ノ外ニ、又情《ナサケ》ヲ通《カヨ》ハス女アリテ、他所《ヨソ》ニ抱置《カヽヘヲキ》テ、昼夜《チウヤ》忍《シノ》ヒテ行キ通《カヨ》ヒケルヲ、本妻ハ怪《アヤシ》ク思ヒテ、〔カノ〕召仕《メシツカ》ヒノ女ニ色《イロ》々スカシ、子細《シサイ》ヲ尋《タツネ》ケレハ、サスカ婢女《シモヘ》ノカナシサニ、「ワレコソ折《ヲリ》々御使《ツカイ》ニ参《マイ》リ、ヨク知リタリ。シカ〳〵ノ事ニテ懐胎《クハイタイ》シ、早ヤ追テ産月《ヲツ〔ツケ〕ウミ》ナリ」ト、委細《イサイ》ヲ語《カタ》レハ、本妻是《サイ》レヲ聞〔ク〕ヨリ〔コ〕嗔《イカ》リ腹立《ハラタチ》、本ヨリ人ニ増《マサ》リタル嫉妬《シツト》深《フカ》キ女ナレハ、ワサト其色〔ロカヲ〕ヲ隠シ、夫ノ還《カヘ》ルヲ待《マチ》テ（13ウ）云《イヽ》ケルハ、「イツ〳〵ノ頃《コロ》ヨリ、自《ミツカ》ラニハ深《カ》ク隠《カク》シ玉ヘトモ、我能始《ハジ》メ終《ヲハ》リヲ知レリ。必ス悋気《リンキ》嫉妬《シツト》ニテ申ニハアラス。君ト我レ、三五ノ年月ヲ重ヌレトモ、今ニ一子モ儲《マフ》ケエス。早ヤ自ラモ四十《ヨソシ》ニ近《チカ》シ。家督《カトク》ヲ継クヘキモノナケレハ、

後ノ世《ヨ》ノ事マテ悲《カナシ》ク侍《ハヘ》ル。兼《カネ》テ此事仏神ニ祈《イノ》リ奉レトモ、其ノ験《シルシ》モナシ。尓《シカ》ルニ君寵愛《キミテウアイ》ノ妾《セフ》、重キ身ト成リヌト聞ヨリ、嬉《ウレ》シサ遣《ヤ》ル方ナク、仏神ノ与《アタ》ヘト思ヒ、君ノ種子《タネ》ナレハ自ラカ為ニモ子ナリ《〔ナレハ〕》。斯《カ》ク申ス上ハ、他所《タショ》ニ置《オイ》テ気遣《キツカハ》シ、其ノ身モ又何角《ナニカ》ニツキ不自由《フシユウ》ナラン、〔故ニ〕必《カナラ》ス此屋《〔ウチ〕》ヘ呼《ヨヒ》入レ、身二《フタ》ツニナシ玉ヘ。其上ハ兎《ト》モ角《カク》モ（14オ）若シ又我レヲ疑《ウタカ》ヒ玉ハ、、我カ身ハ他所《タショ》ニ住居《スマイ》セン」ト、仏神ヲ誓言《セイコン》ニ入、真《マ》顔《カホ》ニナリテ云ケレハ、夫《ヲット》モ一度ハ恐レ疑《ウタカ》ヒケレトモ、再三他《サイサンタ》事《シ》ナク見ヘケレハ、今ハ隠《カク》ス事能《アタ》ハサレハ、一往有無《ワウウム》ノ返答《ヘンタウ》ナク、「兎モ角モヨキヨウニ」ト計《ハカ》リニテ、彼ノ照《テル》ト云ヘル妾《セフ》ノ許《モト》ニ往《ユ》キテ、此ノ事ヲ語《カタ》ルニ、照モ一往《ワウ》ハ得心《トクシン》セサレトモ、再三《サイサン》ニ及ヒ、又本妻《サイ》〔カ〕直《チキ》ニ〔カノテルカ〕宅ニ往《ユ》キ、イト念《ネン》頃《コロ》ニ、「女ハ互《タカイ》ノ事ナレハ、必《カナラ》ス遠慮《エンリヨ》シ玉フナ」ト、言葉《コトハ》ニ花ヲ咲《サカ》スレハ、今ハ是非《セヒ》ナク、「尓《シカ》ラハ本家《ケ》ニ移《ウツ》リ往《ユ》カン」トテ、別ニ一間《マ》ヲシツライテ呼《ヨヒ》入ケレハ、本妻大ニ悦《ヨロコヒ》ヒ、余《ヨ》事ナクイタハリ侍リケルガ、イカナル事ニヤ、照《テル》ハニハカニ（14ウ）ナヤミテ、臍《ホソ》〔ヘソ〕ノ上ニ一ツノ腫物《シユモツ》〔デケモノ〕出《〔デケ〕》テ、次第ニ腫痛《ハレイタ》ミ苦《クル》シム事限《カキ》リナシ。

今ハ医術祈願《イシユツキクハン》モ験《シルシ》ナク、命《イノチ》モ危《アヤフ》ク見ヘケルカ、善八ニ向《ムカ》ヒ涙《ナミタ》ヲ流《ナカ》シ云ケルハ、「我身ハ果報拙《クハホウツタナ》クシテハカラザル大病ヲ受ケ、死《シ》スル命《イノチ》ハ惜《ヲシ》カラネトモ、責《セメ》テ身二ツニモ成リテ、〔シ、テ〕空ク成ラハ恨《ウラミ》モナシ。此ノ身此儘果往《ハテユ》カハ、後《ノチ》ノ世モ怖《ヲソ》ロシク〔ヲモイ〕、世ノソシリヲ受《ウケ》ンモ悲《カナ》シケレハ、是ニツキ一ツノ願《ネカ》ヒ有リ。伝《ツタ》ヘ聞ク、幡随意《ハンスイイ》上人、下総国《シモフサノ》関宿《セキヤト》ニ在《マシマ》シテ、化《ケ》益《ヤク》ヲ施《ホトコ》シ玉フト承《ウケタマハ》ル。我レ直《チキ》ニ御十念ヲ受《ウ》ケ身二ツニ成リ、後生モ助《タスカ》リタク思ヘトモ、枕《マクラ》タニ上《アカ》ラサレハ叶《カナヒ》カタシ。君、彼《カ》シコニ至リ玉ヒテ、御十念ヲ授《サツカ》リ、又妾《セフ》〔ワタクシ〕（15オ）ニ口写《クチウツ》シニ授《サツ》ケ玉ハラハ、身二ツニモ成リ、世間《ケン》ノソシリモウケス、未来《ミライ》モ助《タスカ》リ候《ソウラ》ハン」ト、口説泣《クトキナキ》ケレハ、夫《ヲット》モ哀《アハ》レニカナシク思ヒテ、急《イソ》キ関宿《セキヤト》ニ至リ、師ニ対面《タイメン》シ、始末《シマツ》ヲ語《カタ》リテ、御十念ヲ受ケル。又、遠《エン》方ノ事ナレハ、別ニ此名号《メウカウ》ヲ授《サツ》ク〔ケ玉ヘテ〕。「汝、還《カヘ》リテ頂戴《テウタイ》サスヘシ。十念ハ此名号《メウカウ》ニ授《サツ》ケ置《ヲ》ク〔ニ依テ〕。汝、勧《ス、メ》テ〔御念仏〕称《トナ》ヘサスヘシ」ト、告《ツ》ケ給《タマ》フ。

善八有難《アリカタ》ク悦《ヨロコン》テ、十念ト名号ヲ受ケ帰《カヘ》リケルニ、既《ステ》ニ其ノ日モ晩方《クレカタ》ニナリ、家路程近《イヘチホトチカ》キ〔イヘミチノホトモ〕ワタリニ、一ツノ小川《〔チサキカワ御座テ〕》アリ、水浅《アサ》ケレハ、渡《ワタ》リカ、リケルニ、何《ナニ》トカシケン、川中ニテスベリテ、其ノ身ハ川ニ溺《ヲホ》レ〔コロヒケレハ〕、半町《ハンテウ》ハカリ流《ナカ》レケルカ、ヤフ〳〵トメハヒ〔〕上リテ、着《キ》ル〔モノ〕（15ウ）物打《〔ウチ〕》シホリツ、懐中《クハイチウ》ヲサクリ〔〕見レハ、〔幡随意上人ノ〕授《サツ》ケ玉ヒシ名号ハナカリケレハ、善八大ニ驚《オトロ》キ、「兎ヤセン角」ト案《アン》シ煩《ワツラ》ヘトモ、スヘキヤウモアラサレハ、是非《セヒ》ナク家ニ帰《カヘ》ルトテ、「扨《サテ》〳〵、我妾《セフ》〔テル〕ハ何《イカ》ナル業障深《コフシヤウフカ》キ身ナルニヤ。持《モチ》籠リニテ死スル約束《ヤクソク》、前世ノ報《ムクヒ》ナルカ。御念仏《ヲネンフツ》・御名号《ヲメウカウ》ニモ捨《ステ》ラレタリ」トテ、ツフヤキツフヤキ行《〔ユキ〕》キケルニ、里近《チカ》クナリテ、友達《トモタチ》ノ老人《ラウ》来《キタ》リ、善八ヲ見テ、「何《ナニ》トテ濡《ヌ》レタルヤ」ト、怪《アヤ》シミケレハ、「シカ〳〵ノ事ナリ」ト、委《クハ》シク語《カタ》リケレハ、老人打《ウチ》ウナツキ、「彼川下ノ岩《イハ》カ鼻《ハナ》ノ淵《フチ》ニコソ、龍神《リウシン》ノ住《スム》トイウナレハ、其方《ソナタ》ノ持《モチ》シ尊《タウト》キ御名号《ヲメウカウ》ハ、龍神ニ奪《ウハ、》レ（16オ）、タル〔トラレタロト〕ナラン、残念《サンネン》サヨ」ト、語《カタ》ルニコソ、善八ハイト悔《クヤ》シクテ、家ニ帰《カヘ》レハ、夜モ漸《ヤウヤ》ク深《フケ》ケルガ、家中《カナイ》大ニ物《モノ》騒《サハカ》シケレハ、妾《セフ》〔カノ〕照《テル》ハ早《ハ》ヤ虚《ムナシ》ク成リタルモノナラン」ト、思《ヲモ》ヒナカラ内ニイレハ、左《サ》ニハアラデ、〔カノ〕腫物《シユモツ》〔テケモノ〕モ速《スミヤカ》ニ平癒《ヘイユ》シテ安産《サン》シ、シカモ男子《ナンシ》ナリトテ、悦《ヨロコヒ》サハケリ。

善八、夢現《ユメウツ、》ノ如ク、「如何《イカ》ニヤ」ト、先ツ産子《ウマレ》ヲ見レハ、左《ヒタリ》ノ掌《タナコ、ロ》ヲ〔テヲ〕堅《カタ》ク握《ニキリ》テ開カサリケレハ、人皆《ミナ》不思議《フシキ》ノ思ヒヲナス。男立寄《ヨ》リ開キ見ルニ、掌〔テ〕ノ中ヨリ幡随《ハンスイ》上人ノ御名《ヲメウ》号《カウ》、釘《クキ》一本包《ツヽ》ミ巻《マイ》テ握《ニキ》リ居タルナリ。人々、是ヲ見て、「コハ如何《イカ》ニ」ト怪《アヤシ》ミ合〔アヘケルニ〕ヘリ。善八、涙《ナミタ》ヲ流《ナカ》シ、心肝《シンカン》ニ銘《メイ》（16ウ）シ、「我、此名号ヲ拝受《ハイシユ》シテ帰〔カヘル〕ルニ、道遠《ミチトヲ》クシテ、出《シユツ》胎《タイ》ノ間《マ》ニ合《ア》ヒ難《カタ》キ故ニ、道ニテ取リ落《ヲト》シタリト思シニ、我ヨリ先《サキ》ニ〔名号〕来ラセ玉ヒ、安産《アンサン》ヲ守護《シユコ》シ玉フ事コソ有難《アリカタ》ケレ」ト、歓喜《クハンキ》ノ涙《ナミタ》ヲ浸《ヒタ》シキ。

去《サ》レトモ、「鉄釘《カナクキ》ヲ包《ツヽ》ミ玉フハ奇怪《キクハイ》ナリ」ト、各々《ヲノ〳〵》評定《ヘウテウ》スレハ、次ノ一間《マ》ニテ本妻《サイ》ノ声《コエ》トシテ、「其釘《クキ》ノ主《ヌ》シハ我レナリ。嗚呼《ア、》恨《ウラ》メシヤ我夫《ヲット》、悋気嫉妬《リンキシット》ハ女ノ習ヒ、照《テル》カ事、始《ハジメ》終《ヲハ》リヲ聞《キク》ヨリモ、嗔恚《シンイ》ノ炎胸《ホムラムネ》ヲ焦《コカ》シ、妬《ネタマ》シサ苦《クル》シサ、何ニ喩《タト》ヘン事ソナキ。鬼《ヲニ》トモ成リ、蛇《シヤ》トモ成リ、取殺《トリコロ》サント思ヒシカ、態《ワサ》ト悋気《リンキ》ノ色《イロ》ヲ隠《カク》シテ、偽《イツワ》リヲ構《カマ》ヘ（17オ）テ呼迎《ヨヒムカ》ヘ、照《テル》カ姿《スカタ》ヲ藁《ワラ》人形《キヤウ》ニ造《ツク》リ、サマ〳〵ト呪詛《シユソ》シ調伏《テウフク》シ、思フ心ノ一念ニハ、石ニ矢《ヤ》モ立ツ習《ナラヒ》ソト、照《テル》カ臍《ホソ》〔ムネ〕ニ釘《クキ》ヲ打《ウチ》、継《タト》ヒ非礼《ヒレイ》ヲ受《ウ》ケストモ、我一念ノ力《チカラ》ヲ以テ殺《コロ》サンモノト、祈《イノ》ル念力通《ネンリキツウ》シケルニヤ、腫物《ジユモツ》〔デケテ〕ヲ生シテ苦《クル》シム故ニ、大形《オホカタ》ニハ仕《シ》負《オホ》セタリ。此ノ上ニ毒薬《トクヤク》ヲ与《アタ》ヘント、色々ト頼《タノ》メトモ、人々未《イマタ》合点《カテン》セス。尓《シカ》ル処《トコロ》ニ、御名号《ヲメウカウ》ノ、光《ヒカ》リヲ放《ハナ》チテ飛来《トヒキタ》リ、釘《クキ》ヲ巻《マキ》付ケ抜《ヌ》キ取リ、忽《タチマ》チ化シ去リ玉フト思フト、照《テル》ハ平産《ヘイサン》シ、我カ本意《ホンイ》ハ遂《トケ》サル、口惜《ヲ》シヤ。人ニハ恨《ウラ》ミノ有ルカ無〔ナイ〕カ、今ニ思ヒ知ラセン者〔モノ〕」ト、身ヲ悶《モタ》ヘ苦《クルシ》ミ、アタ（17ウ）リニアリシ脇差《ワキサシ》ヲ抜キ、其儘喉《ノント》ニ貫《ツラ》ヌキテ、自害《シカイ》シテコソ〔本サイハ〕死シタリケリ。

誠《マコト》ニ還着於本人《ケンチヤクヲホンニン》ノ金言《キンケン》、当《アタ》レル哉《カナ》。古歌《コカ》ニモ、

　　白波《シラナミ》ハ寄来《ヨセク》ル方《カタ》ニ帰《カヘ》ルナリ
　　人ヲ難波《ナニハ》ノアシト思フナ

ト詠《エイ》セシモ、此《カク》ノコトキノ事ナラン。是ヨリ御名号《ヲメウカウ》ヲ「釘抜《クキヌキ》名号」ト云伝《ツタ》ヘタリ。

関宿大竜寺建立ノ事

夫《ソレ》ヨリ〔カノ〕善八、不思議霊徳《フシキノレイトク》ヲ感《カン》シ、早速使《サツソクツカイ》ヲ以テ、

師〔バンズイ上人〕ノ許《モト》ヘ奉告《ツケタテマツル》ニ、上人、又産屋《サンヤ》ノ守護《シユコ》ノ為ニトテ、名号《メウカウ》ヲ書キ賜《タマ》ハリケレハ、謹《ツヽシン》テ頂戴《テウタイ》シ、産屋《サンヤ》〔ワカウチ〕ニ掛《カ》ケ安置《アンチ》シ、香花《コウケ》ソ供養《クヤウ》ヲナシケリ。

尓《シカ》ルニ男〔善八〕毎夜《マイヨ》ノ（18オ）夢《ユメ》ニ小蛇《セフシヤ》来リテ産婦《サンフ》ニ近寄《チカヨ》ラントスレハ、〔バンスイ上人〕名号尓《メウカウシカ》ルニヨリ光《ヒカ》リ放《ハナ》チ玉フ。其ノ光リニ恐《ヲソ》レテ退《シリソ》キケリ。又、此ノ事上人ニ告《ツ》ケ奉《タテマツ》ルニ、上人モ念仏シ、彼《カ》ノ妻《サイ》ヲ廻向《エカウ》シ玉フ。

其ノ夜、一人ノ女来《キタツ》テ上人ニ語《カタツ》テ曰、「我レハ善八ガ妻《サイ》ナリ。其ノ前生《センシヤウ》ハ人間《ケン》ニアラス。小池《コイケ》ノ辺《ホト》リニ住《ス》ム小蛇《コヘヒ》ナリシカ、善八未童形《イマタトウケイ》〔コドモノトキ〕ノ時、我レ一ツノ蛙《カハツ》ヲ得〔トツテ〕テ呑《ノミ》食セントセシヲ、小石ヲ以テ投《ナ》ケ、是ヲ妨《サマタ》ケ蛙《カヘル》ヲ助《タス》ケ、剰《アマツサ》ヘ我ヲ殺害《セツカイ》セリ。我、其ノ時思フニハ、蛙《カヘル》ヲ助《タス》ケハ我命《イノチ》モ助《タス》クヘシ。尓《シカ》ルニ蛙ハ命ヲ助《タス》ケ、食物《シヨクモツ》ヲ得《エ》シ我命ヲ害《カイ》スル事、如何ナル事ソ。食《シヨク》ヲ奪《ウハヽ》レ命《メイ》ヲ取ラル、（18ウ）此ノ恨《ウラ》ミ生々ニ報《ホウ》スヘシト思フ一念ヨリ、人界ニ生シ、女トナリ、今善八カ妻《サイ》トナリ、先生《センシヨウ》ノ怨《アタ》ヲ報《ホフ》セント思所ニ、幸妾《サイハイセフ》ノ懐胎《クハイタイ》セリ。彼レカ寵愛《テウアイ》セル照《テル》カ産《サン》ヲ悩《ナヤマ》セ、母子ノ命《イノチ》ヲ取殺《トリコロ》シ、善八ニ憂《ウキ》目《メ》ヲ見セントセシニ、照《テル》ハ師ノ善縁《センエン》ニヨリテ、名号《メウカウ》ノ威力《イリキ》アリテ、我レ本意ヲ失《ウシナ》ヘリ。尓《シカ》レトモ生々ノ怨《ウラ》ミ未《イマ》タ解《ト》ケス。我、竜《リヤウ》ト化《ケ》シテ怨《アタ》ヲ酬《ムクヒ》ント思フ。上人、是ヲ止《トヽム》ルコトナカレ。」

師ノ云、「汝チ大竜ト成リテ本望《モウ》ヲ遂《トケ》ント思フ事、尤《モツトモ》ナリ。去《サ》リナカラ、竜ト成リテ、何《イツ》レノ所ニカ住《ス》マント思フヤ。我〔カ〕朝ノ大池小池《イケ》、皆主《ミナヌ》シアリ。又、大海ハ金《コン》（19オ）翅鳥《ジテウ》ノ恐《ヲソ》レアリ。安穏《アンヲン》ニ住《ヂウ》スル所アルヘカラス。尓《シカ》ルニ汝《ナンチ》住シテ本意ヲ遂《トク》ヘキ池アリ。西方極楽《コクラク》浄土ノ八功《ハツク》徳池《チ》ハ主《ヌシ》モナク、三熱《ネツ》ノ苦《ク》モナク、快楽《ケラク》ノミナリ。汝《ナンチ》此池ニ至リ、本意ヲ遂《ト》クヘシ。至ラント思《ヲモ》ハ、暫怨《シハラクウラミ》ノ念慮《ネンリヨ》ヲ止《ヤ》メ、一心ニ我カ十念ヲ受ケ、彼《カ》ノ池ニ至《イタ》ラント思フ堅《カタ》キ願《クハン》ヲ発《ヲコ》セ。願有《アツ》テ名《メウ》号《カウ》ヲ唱《トナ》ヘハ、必《カナラ》ス本意ヲ遂《トク》ヘシ」ト宣フ。

霊魂《レイコン》カ曰、「我浄土往生《ワウ》ノ願《ネカヒ》ナキニハ非《アラ》ス。尓《シカ》レトモ、上来ノ恨《ラ》ミ晴《ハ》レヤラス。殊《コト》ニ嫉妬《シツト》ニテ刃《ヤイ》ニ身ヲ死スル恥雪《ハヂキヨ》メカタク、其ノ思ヒタニ解《ト》ケハ、教《ヲシ》ヘニ順《シタカ》フヘシ。」

師ノ云、「尓《シカ》ラハ、今汝チガ（19ウ）為メニ、一寺ヲ建立《コンリウ》シ、永ク汝《ナンチ》ヲ以テ開基《カイキ》ノ主《ヌシ》トシ、末代《マツ》マテ善八ゴトキノ不実《フシツ》ノ夫《ヲツト》ハ、斯《カク》ノ如クノ恨《ウラミ》ヲ受《ウ》クルト、諸人ニ因果《インクハ》ノ道理《タウリ》ヲ知ラセハ、汝《ナンチ》ハ是レ永ク世ノ廃悪《ハイアク》ノ手《テ》本トナリ、善八ハ不義《フキ》ノ悪《アク》名ヲ留《トヽ》ム。是汝カ本意遂《トケ》タルナリ。急《イソヒ》テ万事ヲ放下《ホウカ》シ、我カ十念ヲ受《ウ》クヘシ」ト、十度《トタヒ》十念ヲ授《サツ》ケ玉ヘハ、一一ニ拝受《ハイシユ》シテ、忽《タチマチ》ニ失《ウセ》ニケリ。

故ニ、師、関宿《セキヤト》ニ彼《カレ》カ為《タメ》ニ大竜寺《リウ》ヲ開基《カイキ》シ玉フ。建立成《コンリウシヤウ》就《シウ》シテ、霊魂得脱《レイコントクタツ》ノ為ニ別時《ヘツシ》念仏ヲ執行《シユキヤウ》シ、廻向《エカウ》シ玉フ。諸人群《クン》ヲナシ、結縁《ケチエン》シケル。

其ノ夜、霊魂《レイコン》、上人ノ夢中《ムチウ》ニ来テ告《ツケ》テ曰、「上人ノ教化《ケウケ》ニヨリテ、生死ノ苦《ク》ヲ脱《タツ》シテ浄土往生セリ」ト、菩薩《ホサツ》ノ形《カタチ》ヲ〔紫雲タナビキ空ニ音楽ヲ○シタト有〕（20オ）現《ケン》シ、光明ヲ放《ハナツ》テ西ノ空《ソラ》ニ飛去《トヒサ》リケリ。

大竜《リウ》寺、昔《ムカシ》ハ野中ニテアリシト。今ハ民屋建続《タミノイエタチツヽ》キ、市《シ》中ト成リ関宿台《セキヤトタイ》町ト云ヘル所ニ有。繁昌《ハンシヨウ》ノ地ナリ。

越後《エチコノ》国高田《タカタ》善導《セントウ》寺建立《コンリウ》ノ事

師、下総《フサノ》国関宿《セキヤト》ヲ辞《シ》シテ、越後《エチコ》国高田ニ移住《イチウ》シ玉フ。彼《カノ》地ニ暫《シハラ》ク錫《シヤク》ヲ止《トヽメ》テ、草庵《サウアン》ヲ結《ムス》ヒ、居住《キヨチウ》シ玉フ。

或《アル》日ノ朝《アシ》夕、白髪《ハツ》ノ老人、師ノ許ニ来リテ対《タイ》シテ曰、「我レ年来僧形《ネンライソウキヤウ》ノ御首《ミクシ》ヲ所持《シヨチ》セリ。伝《ツタ》ヘ云、大唐《トウ》ノ善導大師ノ御首《ミクシ》ナリ、ト。今、師ニ奉ル。宜《ヨロシ》ク拝《ハイ》シ玉フヘシ」ト。上人、悦《ヨロコン》テ請《ウケ》玉フニ、忽然《コツセン》トシテ老人ハ去《サ》リヌ。

其ノ後チ、夜ナ〳〵海中光耀《カイチユウヒカリカヽヤ》キテ、魚鱗《ウロクス》畏《ヲソレ》テ集《アツマ》ラス、（20ウ）漁猟少《キヨレウスクナ》フシテ漁《キヨ》人歎《ナケ》キ悲シム。其ノ中ニ一人ノ強勇ナル者アリ。「我レ光ル所ニ至リ、網《アミ》ヲ入テ是ヲ害シ、浦人ノナケキヲ救《スク》ハン」ト、其ノ所ニ至リ、網《アミ》ヲ打《ウチ》ケレハ、何《ナニ》ヤラン掛ル者アリ。是ナラント引《ヒキ》上ケ見レハ、首《クヒ》ナキ木像ナリ。海人、恐レ怪ンテ、師ノ許《モト》ニ持参シテ此ノ事ヲ語《カタ》リケリ。

師、不思議ノ感得ナリト、悦《ヨロコン》テ御首ヲ取合セ見給フニ、符節《フセツ》ト合セルコトクナリ。師、弥《イヨイ》ヨ信心歓喜シ、落涙シ給ヒ、

末世《マツ》ノ亀鏡残《ノコ》サン為ニ、村民《ソンミン》ヲ勧誘《クハンユウ》シ、一宇ヲ開基《カイキ》マシ〳〵、彼ノ尊像《ソウ》ヲ安置《アンチ》シテ、善導寺ト号シヌ。尓《シカ》シヨリ、化導《ケタウ》弥《イヨ〳〵》盛《サカ》ンニシテ、念仏弘通《クツウ》ノ益《ヤク》ヲ蒙《カフ》ムル者、市《イチ》ノ如クナリトソ。（21オ）

竜誉高《リウヨカウ》天ヲ化《ケ》度シ給フ事

師、或夜独《アルヨヒト》リ仏前ニ在《マシマ》シテ、念仏シ玉フニ、異相ノ老翁忽《ラウヲウコツ》然《セン》トシテ師ノ前ニ来レリ。「何者《ナニモノ》ソ」ト尋《タツネ》玉ヘハ、「我ハ龍神ニテ候《ソロ》。我カ婦《ツマ》・王誉妙龍《ワウヨメウリウ》ハ、師ノ化導《ケタウ》ニ依《ヨリ》テ速《スミヤカ》ニ往生《ワウシヤウ》セリ。我ハ其夫《ヲツト》ニシテ、今マテ婦カ勧メヲ聞《キク》ト云ヘトモ、業報《コフホフコト》殊ニ深《フカ》ク、師ノ因縁浅《インエンアサ》キニヤ、化導《ケタウ》ヲ蒙《カフム》ル事遅々《チヽ》セリ。既《ステ》ニ婦カ往生ヲ見テ、甚《ハナハ》タ浦山敷《ウラヤマシク》、願《ネカハ》クハ師憐《アハレ》ミヲ垂《タレ》テ、血脈《ケチミヤク》ヲ賜《タマハ》リ、十念ヲ授与《シユヨ》シ玉ヘ」ト。師ノ云、「汝ハ今、何《イツ》レノ池ニ住《スム》ヤ」ト。答《コタヘ》テ云、「我、始ハ上州躑躅《ツヽシ》カ池ニ住メリ。妙竜《メウリウ》往生ノ後ハ、池ヲ竜《リウ》子ニ譲《ユツ》リ、我ハ当国青柳《アヲヤキ》ノ池ニ住メリ」ト。師ノ曰、「汝チ（21ウ）能ク聴ケ、竜神タリト云ヘトモ、汝ハ仏法ノ非器ナリ。尓ルニ、妙竜既《ステ》ニ往生ス。汝ハ竜畜《リウチク》タレトモ、男夫《ヲトコ》ニ生レシニ、仏法非《ヒ》器ノ龍《リウ》女ニ先ヲ越サレ、婦《フ》ハ早ク往生シヌルニ、汝ハ未タ竜畜《リウチク》ノ身ヲ離《ハナ》レス。三熱《ネツ》ノ苦《ク》ヲ受《ウク》ルハ、仏縁《エン》ノ疎《ウト》キナリ。尓《シカ》レトモ、婦《フ》カ縁《エン》ニヨリテ、吾レヲ慕ヒ来ル事、殊勝《シユシヨウ》ナリ。業障消滅《コウシヤウセフメツ》ノ期ノ来ル

ナラン。汝チ先ツ去《サ》ルヘシ。跡《アト》ヨリ吾弟子《ワカテシ》ヲ以テ、譜《フ》脈ヲ送《ヲク》リ遣《ツカハ》スヘシ」ト。竜《リウ》神ハ歓喜《クハン》シテ、攪消《ケス》如ク見ヘサリケリ。

翌《ヨク》日、血脈《ケチミヤク》ヲ認《シタヽ》メ、高弟《カウテイ》・随波《スイハ》和尚、彼池《カノイケ》ノ辺《ホト》リニ往テ、「我レハ幡随《ハンスイ》上人ノ使僧《シソウ》ニ来レリ。王誉妙竜《メウリウ》カ夫龍《ツマノリウ》、早《ハヤ》ク出テ来ルヘシ。血脈《ケチミヤク》ヲ渡《ワタ》スヘシ」ト、大音挙《アケ》テ宣（22オ）ハ、池水波《ナミ》立テ、中ヨリ大龍《リヤウ》顕レ、頭ヘヲ上テ角ヲ振リ立テ、口ヨリ火焔《クハエン》ヲ吹《フイ》テソ、居タリケル。随波《スイハ》和尚、小船《コフネ》ニ打乗リテ、波ヲ怖《ヲソ》レス彼《カシ》コニ至《イタ》リ、血脈《ケチミヤク》ヲ与《アタ》ヘ、十念ヲ授《サス》ケテ曰、「抑《ソモ〳〵》、此血脈、十念ハ吾カ授《サツク》ルニ非ス。我師、幡随上人ヨリ授ケ玉フナリ。慥《タシカ》ニ受ケヨ」トノ玉ヘハ、竜神ハ涙《ナミタ》ヲ流《ナカ》シ、角ヲ分《ワケ》テ和尚ノ船ニ頭《カシラ》ヲ寄《ヨ》セタリ。和尚、血《ケチ》脈ヲ角ノ間ニ入レ玉フニ、角ヲ合セテ拝受《シユ》シテ、水中ニ入リケル。即《スナハチ》、戒名ヲ竜《リウ》誉高天ト許可シ玉フ。

程ヘテ後、高天ハ菩薩《ホサツ》ノ姿《スカタ》ヲ現《ケン》シテ、師ノ前ニ来リ、「我、已《ステ》ニ師ノ化導《ケタウ》ヲ蒙リ、報土ニ往生セリ。今ヨリ以後、師ノ厚《カフ》恩《ヲン》ヲ報セン為ニ、宗ヲ守護《シユコ》（22ウ）シ奉リ、別テ師ノ名号ヲ信スル家ニハ、妙竜ト吾ト、常《ツネ》ニ火災水難《ナン》、一切ノ障リヲ払《ハラ》フヘシ」ト、云畢《ヲハリ》テ化シ去リヌ。有難《アリカタ》キ事コソ侍《ハンヘ》ル。

私ニ曰、本朝高僧伝《ソウテン》ニ随波和尚、後ニ上州館林善導《センタウ》寺ニ住シ玉フ。竜《リウ》神来テ、「我父母ハ上人ノ師下ニテ血脈《チミヤク》ヲ賜ハリ、既《ステ》ニ成仏ス。願《ネカハ》クハ我ニ法脈ヲ賜ハレ」ト。和尚、明日ヲ約シテ帰シ玉フニ、翌《ヨク》日来テ血脈ヲ受ケ、歓喜シテ去ルト云。是レ高天カ竜子ナラン。伝燈《テントウ》系譜ニモ竜子ト云ヘリ。

林泉禅寺と問答龍神守護《シユコ》之事（23オ）

師、一日同所春日山林泉寺ニ至リテ、寺主ト法論《ホウロン》ノ事アリテ、勝利ヲ得テ、作法ノ如ク法服《フク》ヲ剝取《ハキトリ》テ帰リ玉フニ、林泉寺ハ国主《コクシユ》・長尾《ナカヲ》入道謙信《ケンシン》ノ先祖《センソ》ヲ葬《ホフム》リシ地ニテ、代々菩提所ナレハ、輝虎是《テルトラコレ》ヲ聞《キイ》テ大ニ怒《イカ》リ、「法ノ勝負《セウフ》ハ兎《ト》モ角モ、我《ワカ》寺《テラ》ノ事ナレハ、我ヲ崇敬《ソウケイ》セハ、法服《フク》ヲ剝取《ハキトル》事ハ遠慮《エンリヨ》アルヘキ事ナルニ、我レヲ恐《ヲソ》レサル働《ハタラ》キ言語《コンコ》ヲ絶《セツ》スル振舞《フルマヒ》、甚《ハナハタ》以テ意恨《イコン》ナレ。尓《シカ》レトモ、我意ヲ以テ彼ヲ害セハ、世間ノ嘲リモアルヘシ。幸《サイハイ》ニ当国ニハ、往昔《ムカシ》ヨリ一念義ヲ信スル徒《トモ》カラ多《オホ》シ。此ノ者トモ、兼テ幡随《ハンスイ》カ念々不捨者《ネン〳〵フシヤ》ヲ勧ムル事ヲ悪《ニク》ミ嫌《キラ》ヘリ。此等《コレラ》ニ彼ヲ害セサセンニハ、如シ」トアレハ、群臣頓テ民百姓ヲ招《ツク》テ、（23ウ）右ノ次第《タイ》ヲ語《カタ》リ、「彼ノ僧《ソウ》ヲ害《カイ》スヘシ」ト告レハ、土民トモ大ニ悦ヒ、「兼テ幡随カ、我等信スル所ノ一念義《イチネンキ》ノ法門ハ邪《シヤ》義ナリト破スル故ニ、彼等《カレラ》ヲ殺害セント支度《シタク》スレトモ、上ヲ恐《ヲソ》レテ延引《エンイン》セリ。仰《オホ》セ有コソ幸《サイハ》ヒ」ト、近郷《コウ》ノ徒党会合《トトウカイカフ》シ、一揆ノ用意《ヨウイ》ゾシタリケリ。

尓《シカ》ルニ、師ハ曾テ此事知リ玉ハス、念仏誦《シユ》経ノ其ノ夜、夫《フウ》婦《フ》ノ竜神《リウシン》来テ曰、「上人此所ニ住シ玉ハヽ、不幸危難《ナン》アルへシ。急《イソ》キ其ノ患《ウレヒ》ヲ免《マヌカ》レ玉ヘ」ト告ルニコソ、師驚《ヲトロヒ》テ、「何事モ前業ノ所感《ショカン》ニシテ、自業自得ナリ。豈《アニ》遁レ去事アランヤ。」竜ノ曰、「師ハ他《タ》日化益《ケヤク》多カラン。我等守《シュ》護セン、早ク去リ玉ヘ」ト。師ノ曰、「尓《シカ》ラハ、先弟子等ヲ落《ヲト》サン」ト、件《クタ》ン告《ツケ》ヲ宣《ノヘ》テ、「急《イソ》キ汝等《ナンチラ》（24オ）志ス方ニ早ク退《シリソ》クヘシ。何国《イツク》ニアルトモ、称名怠ル事勿レ。縁《エン》有ラハ又値《ア》フヘシ」トノ玉ヘハ、門弟《モンテイ》大ニ悲《カナシ》ミ、「師ノ下ヲ暫クモ放ルヘカラス。設《タト》ヒ師害《カヒ》セラレ玉ハヽ、我々先キニ殺《コロ》サルヘシ」ト。師ノ曰、「否トモ左ニハ非ス、我ハ是ヨリ武州《フシウ》ヘ趣《ヲモム》カント思フ。汝等随身セハ、互《タカイ》ノ為宜《ヨロ》シカラス。先ツ早ク退《シリソヒ》テ、我ヲ待ツヘシ。隠《カク》レ忍《シノヒ》テ我モ行クヘシ」ト。其時、弟子等力《チカラ》ヲ得テ、仰《ヲホセ》ニ随《シタカ》ヒ皆悉《コト〱》ク去リケレハ、然《シカラ》ハトテ、師ハ跡ヨリ錫《シャク》ヲ飛シテ出玉フニ、既ニ山路ニ掛リ玉ヘハ、彼ノ異相《イサウ》ノ老翁現《ラウヲウアラハ》レ来リ、「我ハ竜《リウ》誉高天ナリ。師、此ノ所マテ来リ玉ヘトモ、追手《ヲツテ》ノ大勢、跡《アト》ヨリ急ニ追来レリ。我此ノ所ニ留《トヽマ》リテ、彼ノ者トモヲ押《ヲサ》ヘ障《サヽ》ヘン。師、早ク（24ウ）落往《ヲチユキ》玉ヘ」ト。師、悦《ヨロコ》ンテ武州ヘト志《コヽロサ》シ玉フ。

尓《シカ》ルニ、土民一揆《キ》ノ者トモハ、破レ具足《クソク》ニ縄帯《ナハヲヒ》シ、竹鑓《タケヤリ》ヲ携《タツサ》ヘ太刀《タチ》ヲハキ、思ヒ〱ニ出立テ、善導寺《センタウ》ヘ到《イタ》リケレハ、師弟トモニ一人モマシマサス。「サテハ早落失《ハヤヲチウセ》タリ、何国《イツク》マテモ行カン、跡《アト》ヲ追掛《ヲツカケ》、打捕《ウチト》レ」ト、大勢《セイ》ノ土民《トミン》トモ、山路《チ》ヲサシテ急《イソ》キケル。

山路ニナレハ、不思議ヤ高天カ竜力ニテ、今迄晴《マテハレ》タル空《ソラ》ナルニ、俄《ニハカ》ニ黒雲巻起《クロクモマキヲコツ》テ、大車軸《シャシク》ノ雨ヲ降《フラ》ス。闇《クラ》キ事暗《アン》夜ノ如ク、大雨凌《シノ》キ難《カタ》ク、前後《センコ》ノ道《ミチ》モ見ヘ分《ワカ》タズ、十方《トホウ》ニ暮《クレ》テ居タリケル。

其間《ソノアイタ》ニ師ハ早《ハ》ヤ筑摩《ツクマ》川〈今ノ泉《イツミ》／川ト云〉ニ至リ玉フニ、洪水水増《コウスイミナキリ》、白波夥《シラナミヲヒタヽシ》ク、瀬枕《セマクラウツ》打テ箭《ヤ》ノ如クニ流《ナカ》ル。師モ「コハイカヽセン」ト、思煩《ヲモヒワスラ》ヒ玉フ所ニ、二八許《ハカリ》ノ美女一人、「我ヨク川ノ案内《アンナイ》ヲ知レ（25オ）リ、御《ヲ》手《テ》ヲ引《ヒイ》テ渡《ワタ》シ奉《タテマツ》ルヘシ」ト。師ノ云、「我イカニ水難《スイナン》ヲ遁《ノカレ》一命《メイ》ヲ続《ツカ》ン為《タメ》ナレハトテ、若《ワカ》キ女ニ手《テ》ヲ引《ヒカ》レテ此川ヲ渡《ワタ》ラン事、諸《ショ》人ノ嘲《アサケ》リヲ受《ウケ》、念仏弘通《クツウ》ノ障《サハ》リトナルヘシ」ト。女ノ曰、「我レハ御弟子《ヲテシ》・王誉妙龍《メウリウ》ナリ。師ノ災難《サイナン》ヲ払《ハラハ》ン為ニ是マテ来レリ」ト。師ノ曰、「然ラハ早ク本体《タイ》ヲ現シ、渡《ワタ》スヘシ」ト。女ノ曰、「暫《シハラ》ク此ノ所ニ待《マチ》玉ヘ」ト、云ヒモ果《ハテ》ヌニ攪消《ケス》如ニ見ヘサリケルカ、川水弥《イヨイ》ヨ溢《アフ》レ、波浪逆巻《ハラウサカマキ》、水煙《ミツケフリ》ヲ立テ、水中ヨリ大竜《リウ》ノ身ヲ現《ケン》ジ、頭《カシラ》ヲ振立《フリタテ》テ、口《クチ》ヲ開《ヒラ》キ、火焔《クハエン》ヲ吐《ハイ》テ、師ノ前ナル岩《イハ》ノ上ニ頭《カシラ》ヲ居置《スヘヲキ》、師即《スナワ》チ彼ノ頭《カシラ》ノ上ニ打乗《ウチノ》リ、角ヲ杖《ツエ》ニシ玉ヒ、念仏ヲ唱《トナ》ヘテ在《イマ》スニ、大竜《リウ》ハ頭《カシラ》ヲ持《モチ》上ケ、頓《ヤカ》テ向《ムカ》ヒノ川岸《キシ》ニソ渡《ワタ》シ奉ル。師ハ悦《ヨロコン》テ、急《イソ》ギ武州ニ趣《ヲモム》キ玉フニ、（25ウ）彼ノ追手《ヲツテ》ノ者トモハ、車軸《シャチク》ノ雨ニ障《サ》ラレ、師、筑摩《ツクマ》川ヲ越《コヘ》玉ヒテ後チ、雨モ晴《ハレ》ケレハ、漸々《ヤウ〱》息ヲ次《ツイ》テ筑摩川ニ到着《タウチヤク》ス。此川ノ水ヲ見テ、「是程《ホト》ノ川ヲ渡《ワタ》ル幡随《ハンスイ》ナレハ、所詮《ショセン》我等カ手《テ》ニハ叶フヘカラス。設《タト》ヒ手ニ入トモ、害《カイ》シ奉ル事ハ無《ム》慙《サン》ナリ」トテ、越後《エチゴ》ヘコソハ帰リケリ。

幡随意上人諸国行化伝巻一終

【巻二】

幡随意《ハンスイ》上人諸国行化伝《ショコクキョウケテン》巻二目録

幡随意《ハンスイイ》上人諸国行化伝《ショコクキャウケテン》巻之二

武州品川小児現益《フシユウシナカハノセウニケンヤク》ノ事《コト》

武州江戸品川《シナカハ》ト云ル所《トコロ》ニ、貧者《ヒンシヤ》アリ。貧《マツシ》キ中《ナカ》ニモ一人《ヒトリ》ノ男《ナン》子《シ》ヲ儲《マフ》ケ、其妻《ソノツマ》、後産重《アトサンヲモ》クシテ空《ムナシ》ク成《ナ》リヌ。此子養育《コノコヤウイク》ノ為《タ》メ、又後妻《マタゴサイ》ヲ迎《ムカ》ヘケリ。今《イマ》ニ始《ハシ》メヌ継母《ケイボ》ノ嫉《ネタ》ミ、彼《カ》ノ男子《ナンシ》ヲ悪《ニク》ム事限《カギ》リナシ。

此子三歳《サイ》ノ時《トキ》、夫《ヲツト》ノ留守《ルス》ヲ考《カンカ》ヘ、二階ニ上《ノホ》リテ存分《ゾンフン》ニ打《テウ》擲《チヤク》シテ二階ヨリ蹴落《ケヲト》シ、遂《ツイ》ニ片輪《カタワ》ニナリ、夫《ソレ》ヨリ一向《イッカウ》ニ腰立《タヽ》ス。夫《ヲット》、帰《カヘ》リテ問ヘハ、「余《アマ》リイタツラ遊《アソヒ》ニ斯《カク》ナリ」ト云テ、共ニ悲《カナシ》ム体《テイ》ヲナス。

其子《コ》六歳《サイ》、夫《ヲット》ハ渡世ノ為《タメ》ニ西国《サイコク》（1オ）方ヘ昇《ノホ》リ、又、夫《ヲット》ノ他行ヲ幸《サイハ》ヒト悦《ヨロコヒ》テ、本所《ホンシヨ》ノ二ツ目《メ》ト云所《トコロ》ヘ打捨置《ウチステヲイ》テ帰《カヘ》リケリ。継子《マヽコ》、悶《モタ》ヘ悲《カナシ》メトモ、腰立《コシタヽ》ス、声《コエ》ヲ上《アケ》テ啼《ナク》ヨリ外《ホカ》ノ事《コト》ハナシ。

然《シカ》ルニ、師《シ》ノ化導《ケタウ》日々《ヒヽ》増々《マスヽヽ》盛《サカ》ンナレハ、遠近《エンキン》ヨリ昼夜《チウヤ》ヲ分《ワカ》タス禅室《センシツ》ニ往来《ワウライ》ノ者《モノ》、市《イチ》ノ如《コト》シ。其人々《ソノヒトヽヽ》、此ノ腰《コシ》ヌケヲ見《ミ》テ、「扨《サテ》モ乞食《コツシキ》トモ見ヘス。斯《カ》ク此所《コノトコロ》ニ捨《ステ》ラレ、何日《イツカ》モ泣居《ナキイ》ル事、不便《フヒン》ノ事ナリ。殊《コト》ニ聞《キ》ケハ、継母《マヽハヽ》ニ掛《カヽ》リ片輪《カタワ》ニ成《ナ》リ、父《チヽ》ハ他国ヘ往《ユキ》シ留守《ルス》ニ打捨《ウチステ》ラレタリ」ト語ル。「定《サタ》メテ宿業《シユクカウ》ナランガ、サソ悲《カナ》シカルベシ」ナト口説《クトヒ》テ、師《シ》ニ斯《カク》ト申上《モウシアゲ》ケレハ、師聞給《シキヽタマヒ》テ、「重《カサネ》テノ日《ヒ》、連来《ツレキタ》ラルベシ」ト宣《ノタマ》フ。故ニ人々互《タカヒ》ニ懐《イタ》キ抱《カヽ》ヘテ、師ノ御前《オンマヘ》ニ出《タ》シケルニ、師御覧《コラン》ジテ、薄拘羅《ハクラ》尊者《ソンシヤ》ノ継母《ケイホ》ノ難《ナン》（1ウ）五不死《ゴフシ》ノ事、前生《センセウ》ノ因縁《インエン》ナト、具《ツフサ》ニ宣《ノ》ヘ給《タマ》ヒ、「是ナル童子《トウシ》モ三《ミ》ツ子《コ》ノ智恵《チエ》ハ百迄《ヒヤクマテ》ト云ル事アリ。幡随《ハンスイ》カ云事ヨク聞《キ》クヘシ。汝《ナンチ》、宿世《シユクセ》ノ余殃《ヨワウ》、身《ミ》ヲ責《セメ》テ、今《コン》生継母《シヤウケイホ》ノ難《ナン》ニ逢《ア》ヒ、斯《カ》ク迄《マテ》ニ生《ウマ》レモツカヌ片輪《カタワ》ニナル事コソ不便《フヒン》ナレ。父《チヽ》ハ他国《タコク》ニ往《ユキ》、母ニハ疾《ハヤ》ク離《ハナ》レ、今継母《マヽハヽ》ニ捨《ステ》ラレヌル事、前生《センシヤウ》ニテ父母ニ不孝《フカウ》ニシテ傍《ソハ》ヲ離《ハナ》レ、遠《トヲサ》カリ捨《ステ》ツラン《〔タル〕》業報《ゴフハウ》ナリト、因果《インクワ》ノ道理《タウリ》ヲ思ヒ明《アキラ》ムヘシ。尓《シカ》レトモ、今我レニ縁《エン》有ルヲ以テ、十念《ジウネン》ヲ授《サスク》ヘシ。今生ヲ永《ナカ》ク厭《イト》ヒ捨《ステ》テ、浄土《シヨウト》ニ至《イタ》ラント思《ヲモ》フヘシ」トテ、十念ヲ授《サス》ケ玉ヒヌ。又、名号《ミヤウカウ》ヲ与《アタ》ヘテ、「汝《ナン》ヂ此《コレ》ヲ身《ミ》ノ守《マモ》リトスヘシ。汝《ナンチ》、何国《イツク》ニ有ルトモ何《ナニ》ノ障碍《シヤウケ》モアルヘカラス」（2オ）ト宣《ノタマ》ヘハ、小童《シウトヲ》モ稚《ヲサ》ナキ意ニモ道理《タウリ》ヲ聞分《キヽワ》ケテ、有難《アリカタ》ク思《ヲモ》ヒ、名号ヲ頂《イタヽキ》テ涙《ナミタ》ニ沈《シツ》ンテ居タリシカ、其座《ソノサ》ノ人々《ヒト》モ皆下向《ミナケカウ》シケレハ、我《ワレ》モ下《ケ》向《カウ》セント思ヒテ、思ワスモ歩《アユ》ミケルニ、不思議《フシキ》ヤ、両足立《リヤウソクタツ》テ常《ツネ》ノ人《ヒト》ノ如《コト》クナリ。小童大《ヲヽイ》ニ悦《ヨロコ》ヒ、直《チキ》ニ品川ノ居所《イシヨ》ヲ尋《タツネ》テ帰《カヘ》リケリ。

継母《ケイホ》ハ大ニ驚《ヲトロ》キ、子細《シサイ》ヲ問《トイ》ケレハ、件《クタン》ノ訳《ワケ》ヲ委細《イサイ》ニ語《カタ》ルニ、継母《マヽハヽ》忽《タチマ》チ改悔《カイケ》ノ心ヲ起《ヲコ》シ、師ノ下《モト》ニ至リ、罪《ツミ》ヲ懺悔《サンケ》シテ髪《カミ》ヲ切《キツ》テ尼《アマ》ト成《ナ》リ、一生不退《シヤウフタイ》ノ行者トナリヌ。夫《ヲット》モ還《カヘ》リテ是ヲ聞《キ》キ、共ニ出家《シユツケ》スレハ、子《コ》モ又同ク出家シテ、三人共ニ目出度往《ワウ》生ノ本望《モウ》ヲ遂《トケ》ケルトナリ。皆是レ、師ノ化導《ケタウ》尊《タツト》キ故（2ウ）ナリ。

私《ワタクシニ》云ク、仏祖統記《フツソタウキ》ニ唐《タウ》ノ並州《シウ》ト云ヘル所ノ釈帷岸《シヤクイガン》法師ハ、唯称名《ユイシヤウメウ》ノ行者ナリ。或日《アルヒ》、怪《アヤシ》キ絵師《エシ》二人来《キタリ》テ、浄土ノ変相《ヘンサウ》ヲ書シ化《ケ》シ去リヌ。其ノ後、帷岸《イカン》、往生ノ日限《ケン》ヲ知テ、諸弟子《シヨデシ》ニ語テ曰、「我ト共ニ浄土ニ到《イタ》リナント思ハヽ来ルヘシ」ト。一人ノ小童アリテ、「願《ネカハ》クハ我往《ワレユカ》ン」ト。即《スナハ》チ父母ニ告《ツケ》テ、各留半座《カクルスンザ》ノ契《チキ》リヲナシ、師トトモニ正念シテ、往生ヲ遂《トケ》ケリ。又、我朝壱岐《ワカテウイキ》ノ前司親輔《ゼンジチカスケ》ノ一子、三歳ニシテ、数《シユ》珠ヲ持《モチ》テ遊《アソ》フ。父母、寵愛《テウアイ》シテ、紫檀《シタン》ノ念《ジユ》数《ズ》ヲ与《アタフ》ルニ、常《ツネ》ニ弥陀ノ尊《ソン》（3オ）号《カウ》ヲ唱《トナ》へ、六歳ニシテ重病《チウヘウ》ヲ受ケ、命終ニ臨《ノソン》テ起《ヲキ》テ西ニ向ヒ、念仏シテ正念ニ往生ス。又、加賀国《カカノ》ニ貧者《マツシキモノ》アリ。夫婦《フウフ》ノ中ニ唯《タヽ》男子一人ヲ儲《マフ》ケケルカ、母ハ此ノ子ヲ産落《ウミヲト》シテ死《シ》セリ。父、育《ハゴク》ミテ成《セイ》長《チヤウ》セリ。此ノ子三歳ノ時、母ヲ尋《タツ》ヌ。父《チヽ》、涙《ナミタ》ト共ニ死セシ事ヲ語ル。小児聞《キイ》テ悲《カナシ》ミテ泣《ナキ》ケルガ、次第《シダイ》ニ成人《セイジン》スルニ、人ト交《マシワ》リ遊《アソ》フ事ヲ厭《イト》ヒ、平日仏前《ヘイジツフツゼン》ニ出《イ》テ、鐘《カネ》ヲ扣《タヽ》キ念仏シテ、回向《エカウ》シケリ。父モ哀《アハレ》ニ思ヒ、涙《ナミタ》ヲ流《ナカ》シケル。或時《アルトキ》、小童例《レイ》ノ如ク仏間《フツマ》ニ出テ、鐘《カネ》ヲ打鳴《ウチナラ》シ回向《エカウ》シテ、

　母ノ親《オヤ》今ハ奈落《ナラク》ヲ出給《イテタマ》へ
　　明暮《アケクレ》タ、ク鐘《カネ》ノヒ、キニ

トゾ詠（3ウ）シケル。国主《コクシユ》、伝聞《ツタヘキイ》テ大ニ嘆《タン》シ給ヒ、小童ヲ招《マネキ》テ、桜ノ花ヲ絵《エ》ニ書ケル扇子ヲ賜《タマフ》。小童取アヘス

　タトヒ扇ノ風ハフクトモ

ト詠シケリ。国主ヲ始メ、人々皆奇嘆《ミナキタン》シケリ。惜哉《オシキカナ》、不幸《フカウ》短命《タンメイ》ニシテ死ス。臨終《リンシウ》ニ父ニ暇乞《イトマコヒ》シテ、仏ニ向《ムカ》ヒ合掌《カツシヤウ》シテ、念仏ノ声高《コヘタカ》ク称《トナ》ヘテ終《オハ》リケル。斯《カ》ク幼キ者スラ、念仏ヲ称ヘ往生ヲ遂《ト》ケヌ。増《マ》シテ老タル人ノ往生ヲ願《ネカ》ハサルハ悲《カナ》シキ事ナリ。〈勝尾《カチヲ》ノ證如《シヤウニヨ》上人発心《ホッシン》モ相同シ。／緇祖《シソ》往生伝小児ノ往生多挙《ヲホクアケ》タリ〉

洛陽《ラクヤウ》本山百万遍入院《ヘンシユイン》ノ事

　後陽成《ヤウセイ》院・慶長《ケイチヤウ》七〈壬寅〉年、師六十一歳。其トキ諸人帰依《キエ》（4オ）浅《アサ》カラズ、ツイニ洛陽本山《ラクヤウホンサン》知恩《チヲン》寺住持職《チウチシヨク》ヲ仰《アフセ》付《ツケ》ラレ、白銀二十枚ヲ送賜《ソウシ》シ玉フ。知恩寺〈三十三世〉ニ移《シ》住《チウ》シ、紫服《シフク》ヲ賜《タマ》ハリ、参《シ》㆓鳳闕《ホウケツ》㆒浄家ノ秘賾《ヒサク》ヲ演説《エンセツ》シ玉フ。諸君皇后三公月郷《シヨクンクワウコウサンコウケツケイ》、耳ヲ傾《カタム》ケ聴受《チウシユ》マシ〳〵、其ノ座《サ》久シケレトモ倦《ウ》ム事ナク、懸河弁舌《ケンカノヘンセツ》ヲ嘆《タン》シ給ヒケル。且《カツ》、平日説法《ヘイシツセツホウ》怠《ヲコタ》ラス、都鄙《トヒ》ノ道俗男女《タウソクナンニヨ》、日々群集《クンシユ》シ、風雨ト云ヘトモ曾テ厭《イト》フ事ナク、化益《ケヤク》ヲ蒙《カフム》ラスト云コトナシ。凡、上人諸人ニ帰仰《キアフ》セラレ玉フ事、斯《カク》ノコトシ。

知恩寺《チヲンジ》百万遍《ヘン》ノ里

　抑《ソモ〳〵》、知恩寺ハ慈覚《シカク》大師彫刻《テウコク》ノ〈又ハ御首《ミクシ》ハ自然《シセン》ノ湧／出、余《ヨ》ハ慈覚ノ作〉釈迦仏座《シヤカフツサ》（4ウ）像八尺ノ尊像ヲ安置《アンチ》シ、加茂下土ノ宮ノ法楽修法《ホウラクシユホウ》ノ神宮寺ナリ。又ハ加茂ノ釈迦堂《シヤカタウ》、或ハ川原屋ト云。往昔《ソノカミ》ハ一條以北《イホク》ハ九重《コヽノヘ》ノ外ニシテ、今ノ相国寺ノ地ニ有テ、加茂ノ川原堂ト云。

　嘗《カツ》テ大師、加茂下上ノ神ヲ信敬《シンケウ》シ玉ヘリ。或時、彼《カ》ノ神、円光《エンクワウ》大師ノ枕上《シンシヤウ》ニ来現《ライケン》シ、告テ宣《ノタマハ》ク、「神宮寺ノ釈迦仏《シヤカフツ》ハ、

諸人吾カ《ワ》神相《シンソウ》トナシテ、諸願ヲ祈ル。吾其奸直《カンチョク》ヲ鑑《カンカ》ミテ、霊応《レイワウ》ヲ施《ホトコ》ス。今ヨリ此寺ヲ師ニ附属《フソク》ス。此地ニヲイテ専修《センシュ》念仏ヲ勧《スヽ》メハ、四海化益《ケヤク》ニ順《シュン》スヘシ。我又、擁護《ヨウコ》スヘシ」。又、加茂ノ神人ノ数輩《スハイ》、皆霊夢《レイム》ヲ感《カン》スル事、大師ニ同シ。神司《シンシ》等驚《オトロ》キ謹《ツヽシン》テ、大師ヲ招請《セウセウ》シテ、（5オ）寄付《キフ》ス。亦、大師モ神勅《シンチョク》ニ任《マカ》セ、此地ニ住シ玉フ。折ニフレテ加茂ノ祭《マツリ》ヲ見玉ヒテ、アフヒクサノ和歌モ斯ノ地ニマシマス時ナリ。又、加茂ノ河原屋ニテ、庭上《テイ》ノ池水ヲ見テ詠シ玉ヘル、池ケ水ノ御歌有リ〈相国寺《シヨウコク》塔頭《タウチウ》松鷗軒《シヨウヲウケン》ニ／法然水《ホウネン》トテ今ニ有リ〉。明神ヘ時々参詣《サンケイ》アリシ通路《カヨヒチ》トテ、今ニ法然ノ辻子〈上御霊《カミコリヤウ》／ノ西ナリ〉ト云処有リ。其後、大師此ノ地ヲ勢観房《セイクハンホウ》源智上人〈知恩寺《チヲン》／第二世〉ニ譲リテ、小松谷ニ移住《イシウ》シ玉フ。

源智上人ハ備中守師盛《モロモリ》ノ息《ソク》、小松内大臣重盛《シケモリ》ノ孫ナリ。尓《シカ》ルニ大師入滅《メツ》ノ後チ、深恩《シンオン》ヲ報《ホウ》セン為ニ、始テ影堂《エイタウ》ヲ経営《ケイエイ》シテ、大師御付属《フソク》ノ真影《シンエイ》ヲ安置《アンチ》シ、知恩寺〈一宗最初《サイ》ノ寺〉ト号ス。是ヨリ神宮寺ヲ改メテ、（5ウ）知恩寺ト云ヘリ。

源智、又弟子ノ蓮寂《レンシヤク》房信恵《シンエ》〈三世高野《タカノ》ノ大政大臣兼房《カネフサ》公／ノ孫・大納言兼良《カネヨシ》卿ノ子〉ニ譲リ、神恩ヲ報セン為ニ、加茂ノ辺《ホト》リニ〈今ノ西念／寺其ノ跡〉住《チウ》シ社参シ玉ヘリ。故ニ加茂ノ上人ト号ス。生年五十六、暦仁《リヤクニン》元年十二月十二日、高声《カウセウ》念仏二百余遍終リニハ陀仏ノ二字ノミ聞《キコ》ヘテ、知恩寺ニテ滅シ玉ヘリ。臨終《リンジウ》ニ仏前ヨリ異香薫《イキヤウクン》シ、放光《ハウクワウ》ノ瑞《スイ》有リ。此本尊、影堂《タウ》ニ安置セリ。

又、文永年中、聖光上人付法《フハウ》ノ弟子・然阿《ネンア》良忠《リヤウチウ》〈永仁元年七月／勅謚ス二記主禅師ト一〉上人、勢観上人付法ノ弟子・蓮《レン》寂《シヤク》上人ト、両流〈鎮西《チンセイ》／源智〉ヲ校合《ケウカウ》セラレケルニ、一トシテ違《イ》スルコトナク、符節《フセツ》ヲ合セタル如クナリ。故ニ蓮寂上人ノ曰、「我師〈勢／観〉常ニ大師ノ正義伝持《テンチ》ハ（6オ）聖《セイ》光房《クハウハウ》ナリ、ト歎《タン》シ玉ヘルコト、実《マコト》ニ尓《シカ》ナリ。予ガ門弟、更《サラ》ニ別流《ヘツリウ》ヲ存スヘカラス、鎮西《チンセイ》ヲ以テ義トスヘシ」ト。是ヨリ合シテ一流トナル。然レハ今吉水《ヨシミツ》、正流鎮西ノ余波《ヨハ》ヲ汲《ク》ム本末トモニ此寺ヲ根元トス。

又、元祖ヨリ法孫《ハフソン》第六世、一宗ノ嫡伝《チヤクテン》数《ス》代ヲ経テ、当寺ノ法脈、未ダ支流末浪《シリウマツハ》ヲツガズトテ、勅シテ智恵如《ニヨ》一国師ノ号ヲ賜フ。本朝浄家《シヨウケ》、国師号《コクシカウ》ノ始《ハジメ》ナリ。

此ノ後、代々ノ住持、勅請《チヨクセウ》ニ依ル〈綸旨今／寺ニ存ス〉知恩寺ヲ百万遍ト号スル事ハ、後醍醐《コタイコ》帝ノ勅号《チヤクカウ》也。其来由《ライユ》ハ、元亨《ケンコウ》元年ノ秋、日本国中大ニ疫死《エキシ》ス。頃年《トシコロ》続《ツヽ》キ天変《ヘン》有リ。故ニ帝哀憐《テイアイレン》シテ、神家仏舎《シンケフツシ》ニ祈《イノ》リ玉ヘトモ、除殃アルコト（6ウ）ナシ。遂《ツイ》ニ当寺第八世空円善阿《クウエンセンア》上人ニ命シテ、持念《チネン》セシム。師、余行《ヨキヤウ》ナク、一千八十珠ノ大数珠《シユズ》ヲ巡《メクラ》シ、一七日弥陀ノ宝号《ホウカウ》一百万遍《ヘン》ヲ唱念《シヤウネン》ス。立地《タチトコロ》ニ天災《サイ》・地変《ヘン》・疫癘《エキレイ》止テ、天下皆《ミナ》蘇生《ソセイ》ス。帝叡感《エイカン》有テ、寺ニ百万遍ノ号ヲ賜《タマ》ハリ、又、官庫《クハンコ》ニ納《オサ》メアリシ弘法大師ノ真筆《シンヒツ》・利剣《リケン》ノ名号ヲ寄付シ玉フ。

此御名号ハ人皇五十二代・嵯峨《サカ》天皇弘仁《コウニン》九年ノ春、都鄙遠《トヒエン》境《キヤウ》ニ至テ甚タ疫死《エキシ》ス。天子、宸襟ヲ悩《ナヤマ》シ玉ヒ、弘法大師トトモニ祈念シ玉フ。天皇ハ紺紙《コンシ》金泥《コンテイ》ノ心経ヲ書シ玉フ。弘法ハ秘鍵《ヒケン》ヲ作リ、金泥《コンテイ》ヲ以テ名号ヲ書シ、禁裡《キンリ》ニ於テ開眼《カイケン》供養シ玉フ。此時、天下ノ病者 忽《タチマチ》（7オ）ニ活生スルコトヲ得テ、大平ノ声ヲナス。此名号《メウカウ》ヲ以テ、「永ク祈願《キクハン》百万遍ノ本尊トスヘシ」トナリ。

利剣ノ名号ト称スル事ハ、其ノ字画ノアマル所《トコロ》、利剣形《リケンキヤウ》ナレハナリ。此後、代々ノ帝王《テイワウ》、帰依浅《キエアサ》カラス、天長地久ノ御祈願所《キクハンシヨ》トナル。

人皇一百代・御円融院《エンイウイン》ノ御宇《ミヨ》・永徳二年、鹿苑院将軍義《ロクヲンインシヤウクンヨシ》満《ミツ》、相国《シヤウコク》寺草創《サウソウ》ノ時、此ノ寺ヲ油ノ小路一条ノ北ニ移《ウツ》サル。百三代・御花園《ソノ》院文安五年、水災《スイサイ》・地震《チシン》・疫疾《エキシツ》、同六年大地《チ》震止《シンヤマ》サリケレハ、天皇殊《コト》ニ勅ヲ下サル〈住事善誉／上人御時〉。同四年正月朔日ヨリ、天変 及《ヲヨヒ》疫病流行ス。慈照《シセウ》院 将《シヤウ》軍義政《クンヨシマサ》、公《コウ》（7ウ）状《シヤウ》ヲ賜《タマ》フ。百四代応仁《ワウニン》元年、天下大 乱《ヲヽイニミタル》放火《ハウクハ》、同二年、洪水《コウスイ》・大風《タイフウ》・彗星《スイセイ》アリ。文明元年、客星《カクセイ》出ツ。累《ルイ》年ノ災変《サイヘン》ヲ痛《イタ》ミ思シ召シ、天下安全ノ祈願ノ勅ヲ下サル。綸旨《リンシ》・御教書《ケウシヨ》、今尚《ナヲ》存ス。

応《ヲウ》仁ノ乱《ラン》ニハ、諸堂 悉《コト〳〵》ク焼失《セウシツ》セリ〈法誉上／人ノ代也〉。尔《シカ》レトモ、諸堂ノ本尊《ホンソン》ハ恙《ツヽカ》ナクヲハシマス。毎度ノ御祈願《キクハン》ニ宝札《ホウサツ》ヲ印《シル》シ、朝庭《テウテイ》ニ奉レリ。其已来《ライ》、天長地久ノ御祈《イノ》リニ、正・五・九月十六日、百万遍執行《ヘンシユケウ》御祈願、今ニ怠転《タイテン》ナシ。

斯《カ》クノコトク朝家ノ御信仰《シンカウ》、他ニ異《コト》ニシテ後花園院ハ浄土一宗第一ノ綸旨《リンジ》ヲ下サレ、光源院将軍義輝《ヨシテル》ハ一宗嫡流《チヤクリウ》ノ御《コ》教書《ケフシヨ》ヲ賜《タマ》フ。後花園院崩御《ホウキヨ》ノ日ハ、法誉上人善知識《チシキ》ニ参《サン》セラル。百六代・後奈良《ナラ》院ハ岌長《キフチヤウ》上（8オ）人ニ紫衣《シエ》ノ永宣旨《エイセンシ》ヲ賜フ。百八代・後陽成《ヤウセイ》院天長（正）十八年、豊臣秀吉《トヨトミヒテヨシ》公、洛中ノ寺院町家ニ混雑《コンサツ》セルヲ、京極《キヤウコク》ノ東《ヒカシ》、上ハ鴨《カモ》口ヨリ下ハ六条マテ、庁面《オモテ》ニ移《ウツ》サル。故ニ天正二十〈文禄《フンロク》／元年〉年ニ京極土御門《ミカト》ノ南ニ移《ウツ》ス〈今百万遍／屋敷ト云〉。岌興《キフコウ》上人代、建立《コンリウ》未成就《シヤウシウ》ニテ寂《シヤク》ス。次ニ奉《ホウ》誉上人、道徳《タウトク》ニ長シテ、太閤《タイカフ》秀吉《ヒテヨシ》公御帰依浅《キエアサ》カラス。故ニ殿堂《テンタウ》一時ニ再建《サイコン》シ玉フ。次ニ幡《ハン》随意《ズイイ》上人、告《コク》命ニヨリテ御住職《チウシヨク》、又、寛文元年〈百十二代／後西院〉正月十五日灰燼《カイチン》ス。此ノ時、吉田ノ西北、田中領《レウ》ニ移《ウツ》ル。其トキ黄金五百両ヲ賜《タマ》ハル。光誉満霊《マンレイ》上人中興《コウ》ス。加茂ノ神祠《シンシ》ニ近付コト、昔ニマサレリ。加茂ノ神人来テ、鎮《チン》守《シユ》ノ注連《シメ》ヲ引コト、例《レイ》年ノ式《シキ》ニテ、今ニ絶《タ》ヘス。神（8ウ）宮寺ヲ改《アラタ》メシ事 明《アキラカ》ナリ。

日坂《ヒサカ》ノ宿駿河屋妻《シユクスルカヤノツマ》孤独地獄《コドクチコク》ノ苦《ク》ヲ助《タスカ》ル事

師、告命ニ依テ上洛《ラク》シ玉フニ、乗輿《シヨウヨ》ニハ召シ玉ハス、歩行ノミナリ。東海道《トウカイタウ》ノ群品《クンホン》、師ノ化導《ケタウ》ニ預《アツカ》ル者 夥《オヒタヽ》シ。

爰ニ遠江国・佐夜《サヨ》ノ中山ヲ通《トヲ》リ玉フ。日モ早《ハヤ》、夕陽《セキヤウ》ニ向《ナン〳〵》トス。向フノ方ヨリ、年頃《コロ》三十余リナル女ノ、唯《タヽ》一人愁《ウレ》ヒニ沈《シツ》ミタル体《テイ》ニテ、足《アシ》ハヤニ走《ハシ》リ往《ユ》キケルニ、師、是ヲ見玉ヒテ、何トヤラン怪《アヤ》シク、合点《カテン》ユカサル有様《アリサマ》ユヘ、又跡《アト》ニツキ帰《カヘ》リ見《ミ》玉フニ、女ハ数丈《スシヤウ》ノ幽谷《ユウコク》ニ落《オ》チ入ラントス。師、女ノ右ノ片袖《カタソテ》ヲ持テ引止メ玉ヘトモ、曾テコラヘスシテ谷底《ソコ》ニソ落入《オチイリ》ケル。右（9オ）ノ片袖《ソテ》ハ師ノ御手ニ残《ノコ》リ、彼ノ幽谷《ユウコク》ヲ見玉ヘハ、炎《エン》々タル猛火《ミヤウカ》盛《サカ》ンニモヘアガリ、女ハ其中ニ血ノ涙《ナミタ》ヲ出シ泣悲《ナキカナシ》ミ居ケル。随従《スイシウ》ノ人々、「コハソモ何コトソ」ト云アヘルヲ、師ノ云、「是ハ孤独地獄《コトクチコク》ト云所ナリ」ト宣《ノタマ》フ。

其夜ハ、日坂ノ駿河屋惣《スルカヤソウ》兵衛ト云ヘル者ノ所ニ止宿《シシユク》シ玉フニ、例《レイ》ノコトク、四方ヨリ貴賤《キセン》集《アツマ》リテ、師ノ十念ヲ受《ウケ》ケル。宿《ヤト》ノ主ノ夫婦《フウフ》モ師ノ御前ニ在《ア》リシヲ、師、能《ヨ》ク彼女房《カノニヨウハウ》ヲ見玉ヒテ、「是《コレ》ナル女ニハ直《チキ》ニ十念ヲ授《サツク》ル事ハ成リ難《カタ》シ、其所ヲ去《サ》ルヘシ」ト宣フ。夫《ヲツト》、頻《シキ》リニ願《ネカ》ヒケレハ、師、「然《シカラ》ハ汝カ妻《サイ》、身ニ覚ヘタル罪科《サイクワ》アルヘシ。早《ハヤ》ク懺悔《サンケ》スヘシ」ト。女房大《ヲヽイ》（9ウ）ニ怒《イカ》リ、タケ〳〵敷争《シクアラソ》ヒケル。師、「然《シカ》ラハ我ニ随《シタカツ》テ来《キタ》ルヘシ。汝《ナンチ》ニ物見セン」トテ、彼孤独地獄《カノコトクチコク》ノ体《テイ》ヲ見セ玉ヘハ、女ハハツト泣《ナイ》テケリ。師ノ曰、「汝チ、何ソ速《スミヤカ》ニ懺悔《サンケ》セサルヤ」ト。其時、夫《ヲツト》ヲ始テ、「早ク懺悔《サンケ》セヨ」トテ、宿《ヤト》ニ連帰《カヘ》リケル。

暫《シハラ》ク女泣《ナ》キ悲《カナシ》ミテ、「ア、辱《ハツカ》シヤ、夫《ヲツト》ニサヘ隠《カク》シテ云ハス。尓《シカ》レトモ今速《スミヤカ》ニ白状《ハクテウ》セン。今日昼《ヒル》、旅《タヒ》人来リテ暫《シハラ》ク休《ヤス》ミ睡《ネムリ》ケルニ、枕《マクラ》本ニ鼻紙《ハナカミ》入ノ有ケルヲ見テ、頻《シキリ》ニ欲心起《ヨクシンヲコ》リテ、既《ステ》ニ盗《ヌスミ》取テケルニ、彼《カノ》男目ヲ覚シテ、件ノ鼻紙袋《ハナカミフクロ》ヲ詮議《センキ》シ、「狩リサカサン」ト云ルニ依テ、我レ土蔵《ドソウ》ノ内ニ隠《カクレ》入ント、裏《ウラ》口ニ出テケルニ、跡ヨリ多《オヽク》ノ人々追来《オヒキタ》ト思ヒ、急《イソキ》テ土蔵《トソウ》（10オ）ニ入ラントスルニ、誰《タレ》トモ覚ヘス、我右ノ片袖《カタソテ》ヲ取テ引勢《ヒクイキヲ》ヒニ袖ハ斯《カク》ノ如ク」ト見セ侍《ハンヘ》ル。其時、師ノ曰、「其ノ片袖ハ此《コヽ》ニ有リ」ト、件《クタン》ノ袖《ソテ》ヲ出シ、「我レ先《サキ》ニ汝ヲ見テ、呼ヘトモ聞《キヽ》入ス。袖ヲ引トモ引放《ハナ》チテ往ントセシ時、右ノ袖引切レテ我手《テ》ニ残《ノコ》レリ。汝土蔵《ナンチトサウ》ニ入ラント思ヒシハ、孤独《コトク》地獄《チコク》ニ魂《タマシイ》落《オチ》テ、責《セメ》ヲ受《ウケ》ルナリ。汝チ善悪因果《センアクインクワ》ノ差別《シヤヘツ》ヲ聞《キ》ケ。宋《ソウ》国ノ荊《ケイ》王夫人《フシン》・楊傑馬干《ヤウケツハカン》ハ、身ハ娑婆《シヤハ》ニアリテ、魂者《コンハ》九品《クホン》ノ蓮台《レンタイ》ニ宿《シユク》ス。其《ソ》レハ称名《シヤウメウ》多善《タセン》ノ徳《トク》。日本日坂《ヒサカ》ノ汝《ナンチ》ハ、身ハ此土ニアリテ、魂ハ孤独地獄《コトクチコク》ニ苦シム、是レハ貪欲熾盛《トンヨクシシヤウ》ノ業《コフ》ナリ」ト示《シメ》シ、十念ヲ授《サツ》ケ玉フ。（10ウ）又、名号ヲ望《ノソミ》ケレハ、即チ与《アタヘ》玉フ。其御筆ノ次手《ツイテ》ニ彼片袖《カノカタソテ》ニ

極楽《コクラク》モ地獄《チコク》モ己《ヲノ》カ身ニアリテ
鬼《ヲニ》ヤ仏ニコ、ロコソナレ

ト書テ渡シ玉ヒヌ。

夫《ヲツト》、「余リニ有難《アリカタ》キ事、今一宿《シユク》」ト願ヒ止《ト、》メケレハ、師、即《スナハチ》止宿シ玉ヒテ、又其ノ夜、中山ヘ連《ツ》レ往《ユイ》テ見セ玉フニ、

過《スキ》シ夜ノ如ク、地獄ノ現前スレトモ、師ノ名号ヨリ光《ヒカ》リヲ放《ハナ》チテ守リ玉フユヘ、猛火《メウクワ》ハ近《チカ》ツク事ナシト、夫婦歓喜《フウフクハンキ》ノ涙《ナミタ》ヲ流《ナカ》シテ悦《ヨコロ》ヒケル。師ノ曰、「ツトメヨヤ、ツトメヨヤ。称名怠《ヲコタ》ルコトナカレ」ト。

夫《ソレ》ヨリ二人共ニ出家《シユツケ》シテ、終《ツイ》ニ目出度往生ヲ遂《トケ》ケルトナリ。コレ師《シ》（11オ）ノ化導《ケタウ》ノ周《アマネ》キ故ナリ。

私ニ曰、年代遥《ハルカ》ニ隔《ヘタ》テ三人和歌有リ。師ノ心ニ同シ。

仏ニハ何トナル身ノシホヒカタ
　身ヲイツクトモヲキツ白波　　小野《ヲノ》小町
仏ニハ心ナルミノシホヒカタ
　身ヲイツクトモヲキツ白波　　栂尾《トカノヲ》明恵
仏ニハ心モナラス身モナラス
　ナラヌモノコソ仏ナリケリ　　紫野《ムラサキノ》一休

今ノ師ノ詠モ此歌ノ外ナラス。

宇治ノ里ノ癭《エイ》女ヲ教化シ給フ事

師、知恩寺等ニ住シ在《マシマ》シテ、或日鶏鳴《ケイメイ》ヲ待《マタ》スシテ京都ヲ出テ立チ、木幡《コハタ》ノ里ニ到《イタ》リ、慈《シ》心上人ノ旧跡《キフセキ》ヲ訪《ト》ヒ、古墳ニ詣《マフ》テ念仏シ、源信僧都《ケンシンソウツ》ノ跡《アト》ヲ慕《シタ》ヒテ恵心院《エシムイン》（11ウ）ヲ拝シ、橋《ハシ》ヲ渡《ワタ》リテ平等院《ヘウタウ》ノ弥陀如来ヲ礼シ、暫ク農民《ノウミン》ノ家ニ休息《キフソク》シ玉フニ、亭《テイ》主ト見ヘシ男、賤シカラサル姿《スカタ》ニテ、出迎《ムカ》ヒ、奥《ヲク》ノ一《ト》間ニ招請《テウセウ》シ茶《チヤ》ナント捧《サヽケ》ケ、十念ヲ拝受《ハイシユ》シテ、語《カタ》リテ曰、「我妻《ワカツマ》ニテ候《ソロ》女、気分曾テ変《カハ》ル事ナク、食事モ常ノコトク、味《アシハ》ヒモ異《コト》ナラス、死病《シヒヤウ》トモ見ヘ申サス。尓《シカ》ルニ四年以前《イセン》、項《ウナシ》ニ棗《ナツメ》ハカリノモノ出来《テキ》、其ノ翌《ヨク》年、三升《セウ》入タル袋《フクロ》ノコトク、三年目ニハ一斗《ト》ノ袋ノコトク、当《タウ》年ニ至リテ二斗《ト》入レシ袋ノコトクナリ。痛《イタ》ミモナク、甚《ハナハ》タ重《ヲモ》クシテ、立テ行事叶ヒ難《カタ》ク、若《モシ》行時ハ彼癭《カノコフ》ヲ人ノ肩《カタ》ニカケサセ行ク。此ノ故ニ起臥《ヲキフシ》一向《カフ》ニ叶（12オ）ヒ難《カタ》ク候《ソロ》。終《ツイ》ニハ禍《ワサハヒ》トモナランヤト、悲《カナ》シク候《ソロ》ナリ。御十念ヲ授《サツ》ケ玉ヘ」ト望《ノソミ》ケレハ、師、即チ癭《コフ》ノ女ト一《ト》間ニ入リ、対面《タイメン》シ、先ツ癭《コフ》ノ上ニ名号ヲ書キ、十念ヲ授《サス》ケ玉ヘハ、名号ノ「南」ノ字ノ首《カシラ》ニ口アキテ、煙霞《エンカ》ノコトクノ気出ル事少時《シハラク》ナリ。其穴ヨリ豆腐《タウフ》ヲ粉《コ》ニセシコトキモノ、五六升計《ハカ》リ出タリ。其臭気《シフキ》云ハカリナシ。赤豆《アツキ》ノ如キモノ四五升出テ、其跡ヨリ二尺ハカリノ黒白《コクヒヤク》ノ蛇《ヘヒ》二ツ出《イテ》、表ヲサシテ行クヲ、夫《ヲツト》見テ、棒《ホウ》ヲ取テ是ヲ殺《コロ》サントス。師、制《セイ》シテ、「害スヘカラス〳〵」ト誡《イマシ》メ、〔師〕女ニ向《ムカ》ヒ、「汝懺悔《サンケ》セヨ、業障《コウシヤウ》今消滅《セウメツ》セン」ト宣《ノタマ》フ時、女房涙《ナミタ》ヲ流《ナカ》シテ、「尓《シカ》ラハ明《メイ》白《ハク》（12ウ）ニ語《カタ》リ申サン。我カ夫《ツマ》ニ先妻《センサイ》アリテ、即我カ為ニハ姉《アネ》ナリ。男子アリテ二歳ノ時、其ノ母、永ク相煩《ワツラ》フ。看《カン》病《ヒヤウ》ノ為ニ我レ此家ニ来リ、姉未《イマタシ》死セサル時、今ノ夫ト密通《ミツツウ》セリ。遂《ツイ》ニ姉ハ死ス。父母、其ノ男子養育《ヤウイク》ノ為ニトテ、ユルシテ夫婦トセリ。其年直《チキ》ニ懐胎《クハイタイ》シテ、翌《ヨク》年女子ヲ儲《マフ》ケタリ。

此女子三歳、兄ノ継子《マヽ》五歳ノ時、兄ノ男子、我女子ヲエンノ上ヨリ推《ヲ》シ落セリ。頭《カシラ》ニ疵《キツ》ツキ絶入《タヘ》リケルニ、漸々《ヤウ〳〵》乳《チ》ヲ含《フク》メ蘇生《ソセイ》セリ。我《レ》怒《イカ》リノマヽニ、男子ヲエンヨリツキ堕《ヲト》シケレハ、大声《コヘ》ヲ上泣クヲ、尚腹《ナヲハラ》立テ、下駄《ケタ》ヲハキナカラ、三度足《トアシ》ニテ蹴《ケ》タリケレハ、当《アタ》リ所ヤ悪《ア》シカリ（13オ）キ。忽チ死シケリ。我《レ》是ヲ殺《コロ》サントハ曾テ思ズ。死タル体《カラタ》ヲミレハ我子ノコトク疵《キス》モアリシヲ、是非《セヒ》ナク葬送《ソウソウ》シケリ。即八月十一日ナリ。夫《ソ》レヨリ、我《レ》女子ヲ大切ニ養育《ヤウイク》セシニ、五歳ノ時八月十一日ニ頓死《トンシ》セリ。我《レ》始テ継子ヲ殺《コロ》セシ報《ムク》ヒト知レリ。我《レ》意ニ兄ヲ殺セシハ、殺サント思ニハアラス、謬《アヤマツ》テ死セシナリ。先妻ハ姉ナリ。尓レハ我《カ》娘ハ、先妻ノ為ニハ姪《メイ》ナリ。如何《イカ》ナレハトテ、カクハアルマシキ事ト泣悲《ナキカナシ》ム。其《ノ》夜、姉夢《ユメ》ニ来リテ告テ云、『我《ワカ》子ノ不便《フヒン》ナルモ、汝《ナンチ》カ子ヲ哀《アハ》レムモ同シ思ヒナリ。我《カ》為ニ汝カ娘《ムスメ》カ姪《メイ》ナラハ、蹴落《ケヲト》セシ我《カ》子ハ汝カ為ニ甥《ヲイ》ナリ。態《ワサ》ト殺セシニハアラスト云、我《レ》又、汝カ娘ヲ態ト殺セシニハア（13ウ）ラス。天ノ責ル所ナリ。汝《シ》我《レカ》死セシヲ、一旦ノ離別《リヘツ》ニハ悲ムト云ヘトモ、内心ニハ幸ト思ヘリ。何ソ我夫ヲ盗《ヌス》メルヤ。是ハ義ナリヤ、不義ナリヤ。故ニ我《カ》忌日《キニチ》、又子ノ命日モ、一花ノ手向《タムケ》モナス事ナシ。汝、子ヲ失《ウシナフ》テ始テ哀レヲ知ルヤ』ト怒《イカ》リ、我項《ウナシ》ヲ打ト思フト夢サメタリ。其所ニ此瘻《コフ》ヲ生セリ。夫《ソレ》ヨリハ忌日モ忘《ワス》レス、弔《トムラヒ》モナセトモ、本《ト》蹴殺《ケコロ》セシ事ハ、我《レ》夫《ヲツト》ニモ深《フカ》ク隠《カク》セリ。尓ルニ今日師ノ御十念ニ依テ、怨霊《ヲンリヤウ》小蛇トナリテ退《タイ》散《サン》セリ。瘻《コフ》モ軽クナレリ。今亦、此《ノ》皮《カハ》アキ袋ノ如クナルハ如何《イカヽ》セン」トナゲキケリ。

夫カ曰、「師ノ御十念ノ功力《クリキ》ニヨリ、有難《アリカタク》モコブハ減少《ケンセフ》セリ。尓《シカ》ラハ二蛇《シヤ》ハ先妻幷ニ一子カ霊《レイ》（14オ）魂《コン》ニ候《ソロ》ヤ」。師ノ曰、「我モ知ラス。定メテ然ラン。但シ未ダ成仏セントハ見ヘズ。若《モ》シ恨《ウラ》ミ残《ノコ》ラハ、如何ナル不吉《フキツ》ヤアラン。随分《スイフン》ニ回《ヱ》向《カウ》シ、念仏スヘシ。我モ回向セン」トテ、誦経《ジユキヤウ》念仏シ給ヒ、既《ステ》ニ帰ラントシ玉フヲ、夫《ヲツト》、衣ノ袖《ソテ》ニスカリ、「御慈悲《シヒ》ニ彼カ瘻透《コフスキ》ト平愈《ヘイユ》イタス様《ヤウ》ヲ願ヒ奉ル」ト泣《ナキ》ケリ。上人、名号《メウカウ》ヲ書テ与ヘ玉ヒ、「今宵《コヨヒ》一夜、此《ノ》名号ノ前ニシテ念仏スヘシ。我モ亦、回向スヘシ」トテ、帰《キ》京シ玉フ。夫《ヲツト》、名残《ナコリ》ヲ惜《ヲシ》ミ涙《ナミタ》トトモニ送リ奉リ、教ノコトク念仏セリ。

暁《アカツキ》ニ及ンテ、夫暫《ヲツトシハラ》ク休息《キウソク》セルニ、先妻ノ霊《レイ》ウルハシキ姿ニテ、「我《レ》嬉《ウレ》シクモ貴キ上人ノ回向ユヘ、昔シノ恨《ウラ》ミ消《キ》ヘ失タリ。今又、極楽ニ往（14ウ）生ス。其喜ヒニヨツテ来テ告ルナリ。又、瘻《コフ》ノ疵《キス》ニハ麻《アサ》ノ葉ヲモミテツケ玉ヘ。即イユヘシ」トテ、一子モ共ニ飛去《トヒサ》ルト見テ、夢ハ覚メニケリ。ヤカテ此事ヲ語リ、念仏回向シ畢《ヲハツ》テ、ヲシヘノコトク麻《アサ》ノ葉ヲモミテツケケレハ、疵《キツ》モ愈《イエ》タリ。其後一生不退ノ念仏ノ行者トナリニケリ。不思議ノ事ニアラスヤ。

狐妖ノ障碍ヲ除キ給フ事

洛陽《ラクヤウ》ニ赤穂屋《アコウ》茂次郎ト云ヘル富栄之商家《フエイノシヤウカ》有リ。家業《カケフ》ノ用事在テ大津ニ至リ、僕従《ホクシウ》三人連《ツ》レ、晩景《ハンケイ》ニ及ヒ山科野《ヤマシナ》ヲ通リ京ニ帰ルニ、御廟野《ヘウノ》ノ辺《ホト》リニ四十《ヨソシ》（15オ）ニハ五《イツヽ》モタラサル女ト、二八計リノ娘《ムスメ》ト、息《イキ》モツギアヘズ、世ニ周章《アハテ》タル有リ様《サマ》ナリ。

茂次郎ツク〳〵是レヲ見ルニ、二人トモニ面貌艶《カホカタチウルハシ》ク、紅《コウ》梅《ハイ》ウラノ小袖《ソテ》ノ裳《モスソ》ヲカヒトリ、アナタコナタト歩ム体《テイ》イヤシカラス。最《モツト》モ高家《カフケ》ノ婦人ナラントアヤシクモ、茂次郎ハ好色人ナレハ、女性ノ許ニ近《チカツ》キ、「君ハ何国《イツク》ヨリ何地《イツチ》ヘ往《ユカ》セ玉フソ、ハヤ今日《ケフ》ノ日モ暮《クレ》方ニ、召連《メシツ》レ玉フ供人モナシ。如何《イカ》ニ」ト問ヘハ、女答《コタヘ》テ曰、「自《ミツカラ》ハ此ノ大津ノ城ニ籠《コモ》リ玉ヒシ京極宰相高次《キヤウコクサイシヤウタカツク》公ノ家臣《カシン》・黒田伊予《クロタイヨ》ト云ヘル武士ニ仕ヘシモノナリ。去《サンヌ》ル頃《コロ》、石田三成《ミツナリ》謀反《ムホン》ノ節《セツ》、京極《キヤウコク》殿ハ関東《クハントウ》ノ御味《ミ》方《カタ》ト（15ウ）シテ大津ノ城ニ籠《コモ》ラセ玉フ。立花左近《タチハナサコム》ノ将監《シヤウケン》ハ三成《ミツナリ》ニ組《クミ》シテ、勢田ノ城ヨリ押寄《ヲシヨ》セ、合戦《カツセン》アリテ大津ノ城ハ落ニケリ。此ノ時、我カ夫モ討死シ、主人黒田伊予《クロタイヨ》ハ越度《ヲチト》有リテ、身上没取《モツシユ》セラレ、西国ニ落行《ヲチユキ》、出家シ玉フ。我等《ワレラ》親子ハ主君ニ捨ラレ、夫《ヲツト》ニ別《ワカ》レ、家僕《カホク》ハ行《ユキ》方ヲシラス、一門一家モ非《アラ》サレハ、山科《ヤマシナ》ノ奥《ヲク》ニ知ル人アリテ、是ヲ頼ミ一両年モ過セシニ、今ハ貯《タクハ》ヘシ財宝《サイホウ》モ尽《ツキ》ヌ。尓《シカ》ルニ昨夜《サクヤ》頼ミシ夫婦《フウフ》、次ノ障子《シヤウシ》ノ外ニテ物語リシケルヲ、何事ヤラント、睡《ネ》ラレヌ儘ニ聞候《キヽサウラ》ヘハ、此娘《ムスメ》ヲ傾《ケイ》城奉公《ホウコウ》ニ遣《ツカハ》シ、金子ヲ取リ、我身モ水司《ミスシ》ニナリトモ売（16オ）リナント談合《タンコフ》ヲ究《キハメ》、先程《サキホト》ヨリ男ハ京都ノ遊女《ユウシヨ》屋ヘ参《マイ》リシト見ヘテ、宿ヲ出テ候《ソロ》ガ、今宵《コヨヒ》ノ内ニ自《ミツカ》ラト娘《ムスメ》トヲ売《ウ》ラント計《ハカ》リ候《ソロ》。我身ハ兎モ角モ、此ノ娘ハ無キ人ノ形見《カタミ》ト思ヘハ、心モ空《ソラ》ニ成リ、居ルニモ心ナラス迷《マヨヒ》出候ヘトモ、何国《イソク》ヘ往ン方モナク、誰《タ》レ知ル人モナケレハ如何《イカヽ》ハセン」ト、語リケレハ、茂次郎モ面顔《カオカタチ》ヲ打詠《ナカ》メ、「サテサテ世ニタクヒナキ美婦《ビフ》ニテ、マユケタカクウルハシキ様《サマ》、何ニツケテモ、国《コク》中ニカヽル美《ビ》人モアルモノカ」ト、彼《カレ》カ為ナラハ命モヲシカラシト思ヒテ、ソハヘ立寄リ、「扨《サテ》々安キ事、最《イ》ト心安カレ。旁《カタ〵》ヲ養育《ヤウイク》イタストテ（16ウ）苦《ク》ルシキ身ニモアラズ。幸《サイハ》ヒ我《ワ》レ、去年《コソ》妻《ツマ》ニヲクレテヤモメナリ。君モ夫《ヲツト》ニ別レ玉《タモ》フト聞《キク》。又《マタ》、我レニ一リ男子《ナンシ》有《ア》リ、未《イマ》タ定《サタマ》レル妻《ツマ》モナシ。娘《ムスメ》ハ我カ嫁《ヨメ》トセン、イサ帰《カヘ》ラン。去《サ》リナカラ、山科《ヤマシナ》ノ里《サト》ノ男《オトコ》、京《キヤウ》ヨリ帰《カヘ》リナンニ、途中《トチウ》ニテ逢《ア》ハヽ、ムツカシカラン。僕《ホク》トモ負《オ》ヒマイラセヨ」トテ、肩《カタ》ニ掛《カケ》ルニ、其軽《ソノカル》キ事タトヘンモノナシ。急《イソ》キ京都《キヤウト》ニ帰リ、我カ宅《タク》ニ入《イ》リ、此女《ヲンナ》ヲ又ナキ物《モノ》ト寵愛《テウアイ》ス。

尓《シカ》レトモ、此ノ女曾テタカブルコトナク、イト才覚《サイカク》アリテ、万事《ハンシ》ニツキ茂次郎《モチロウ》カ思《オモ》フ如《コト》クニハカラヒ、一ッ子茂吉《シモキチ》ニモ、我レハ妾《セフ》ナリ、君ノ母ハ先達《サキタチ》テ死《シ》玉ヘトモ本妻《ホンサイ》ナリ。君又、妾カ聟《ムコ》ナレトモ、主人《シウジン》（17オ）ナリ。娘ニモマメヤカニ仕《ツカ》ヘヨ」トテ、出入《テイリ》ノ輩《トモカラ》ニモ程《ホド》ニツキテ物ナト与《アタ》ヘクレケリ。其身《ミ》ハ苧績糸《ヲヽウミイト》ヲツムキ、物縫《モノヌヒ》、又モノ書《カ》キ算盤《ソロバン》トリ、歌《ウタ》ヨミ、花《ハナ》ツクリ、何《ナニ》ニ闇《クラ》カラス、隣町近辺《リンテウキンヘン》ヨリ赤穂屋《アコウヤ》ニコソ賢女《ケンジヨ》ヲ求《モト》メ得《エ》タリト、人毎《ツネ》ニ浦山敷《ウラヤマシク》ソ思ヒケル。

一年程過《ホトスキ》テ、茂次郎、心地悪敷《コヽチアシク》相煩《ワヅラ》ヒ、面色青《カホイロアヲ》クヤセ衰《ヲトロ》ヘ、目《マナコ》モ暗《クラ》ク身ノ肉《シヽ》カレテ膏《アフラ》ナク、只悩々《タヽナフ〳〵》トシ、物ゴト正《タヽ》シカラス。一子茂吉モ、又同シ。家人等驚《ヲトロヒ》テ、色々医療《イリヤウ》スレトモ験《シルシ》モナシ。所詮《ショセン》、夫婦《フウフ》一ッ所ニ置《ヲキ》テハ悪《アシ》カリナント、茂次郎親子《ヲヤコ》ヲ別間《ヘツマ》ニ置《ヲキ(ママ)》キ養生《ヤウシヤウ》スレトモ、四大《シタイ》日々《ヒヽ》ニ（17ウ）衰《ヲトロ》ヘ疲《ツカ》レ、今ハ命《イノチ》モ絶《タ》ヘナントス。故《カルカユヘ》ニ祈禱加持《キタウカチ》ヲ頼《タノ》メトモ、其甲斐《カヒ》ナシ。此上ハ、トテ師ヲ請《セフ》シテ十念《ネン》ヲ乞《コフ》。

師、彼《カ》ノ家《イヘ》ニ来臨《ライリン》アリテ、病人《ヒヨウニン》ヲ見《ミ》テ、「汝《ナン》チハ妖怪《ヨフクハイ》ノ為《タメ》ニ精気《セイキ》ヲ吸《ス》ハレタルナリ。悲《カナシ》ヒ哉《カナ》、仏道《ブツタウ》ノ威力《イリキ》ニヨラズンバ、命《イノチ》ヲ損《ソン》ズルノミナラス、畜生《チクシヤウ》道ニ堕《ヲ》チナン。彼等《カレラ》ガ妻《メ》ヲ呼《ヨ》ヘ」ト宣《ノタモ》フ。

妻《ツマ》、来リ師ヲ拝《ハイ》シ奉《タテマツ》ルヨリ、恐怖《キヤウフ》シ身振《ミフル》ハセテ面《ヲモテ》ヲ伏《フ》シテソ居《イ》タリケリ。師、親子ノ男子ニ十念ヲ授《サツ》ケ給《タマ》ヒ、「扨《サテ》、彼等《カレラ》カ妻二人《フタリ》トモニ十念ヲ受ケヨ」ト宣《ノタマ》フ時《トキ》、二人ノ女《ヲンナ》、共ニ息《イキ》モツキアヘズ逃去《ニケサ》ラントス。師、怒《イカツ》テ、「汝等《ナンチラ》、何《ナニ》カ故《ユヘ》ソ、此幡随《ハンスイ》カ十念ヲ（18オ）受《ウ》ケサルヤ、己《ヲノ》レ本体《タイ》ヲ現《アラハ》セヨ」ト、手杖《シユジヤウ》ヲ以テ打《ウチ》玉ヘハ、忽《タチマ》チ老狐《ラフコ》トナリテ逃去《ニケ》リケル。

夫《ソレ》ヨリ病人心涼《ヒヨウニンコヽロスヽシ》ク夢《ユメ》ノ覚《サメ》メタルカ如《コト》ク、正《シヤウ》気ニナリケレハ、家撲悦テ、「狐ノ障碍《シヨウゲ》ハ去《サ》リタリ。親子ノ病悩《ビヤウノウ》、追《ヲツ》テ平復《ヘイフク》イタスベシ。此ノ上何ノ故障《コシヤウ》モアラサルヤウニ頼《タノ》ミ奉ル」ト申時《モウストキ》、師、又名号八枚ヲ書キ玉ヒテ、「是レヲ門戸《モント》ニ押《ハウ》スヘシ、何ノ障《サハリ》モ有ルベカラス」トテ、帰山《キサン》シ玉フ。其ノ後、医《イ》師療養《リヤウヤウ》ヲ頼ミ、薬服《フク》スレバ気力《キリヨク》整《トヽノ》ヒ、一月程経《ホトヘ》テ、病気《キ》正《マサ》ニ本復《ブク》シ、家《イヘ》ニ何ノ障《サハリ》ナク繁昌《ハンシヤウ》セリ。

扨《サテ》、彼《カ》ノ女《ヲンナ》立去《タチサ》リシ跡《アト》ニテ、家内《カナイ》ノ者与《モノアタ》ヘシ物ヲ見レハ、婢《シモヲンナ》ノ請《ウケ》シ白粉《ヲシロイ》ト見ヘシハ、糠《ヌカ》ナ（18ウ）リ。針《ハリ》ト思ヒシハ松葉《マツハ》、小袖《ソテ》ト見ヘシハ木葉《コノハ》ナリ。茂次郎モ歓喜シテ、「誠《マコト》ニ上人ナカリセハ、畜生《チクシヨウ》ノ為《タメ》ニ惑《マトハ》ハサレ、命モ滅《ホロヒ》ナンニ有《アリ》難《カタシ》」トテ、京極《ゴク》、知恩《チヲン》寺諸堂《シヨタウ》ノ破損《ハソン》ヲ修復《シユフク》シ、報恩《ハウオン》ノ為メニナスト云ヘリ。

幡随意上人諸国行化伝第二終（19オ）

【巻三】

幡随意上人諸国行化伝巻之三目録《バンスイイ ショコクキャウケテン》

亡妻《ハウサイ》ノ死霊得脱《シリヤウトクタツ》ノ事
幡随院建立《ハンスイインコンリウ》ノ事
名号《メウカウ》ヲ祈乳《イノリチ》ノ出シ事
肖像《セウソウ》ヲ彫刻《テウコク》シ玉《タマ》フ事
盗賊《タウソク》ヲ教化《キャウケ》シ給《タマ》フ事
身代名号《ミカハリメウカウ》ノ事
捨子《ステコ》ヲ拾《ヒロ》ヒ給《タマフ》フ事　（目録1オ）
板橋《イタハシ》ノ幽魂《ユウコン》ヲ教化《キャウケ》シ玉フ事付リ連歌《レンカ》ノ事
熊谷寺《クマカヘ》建立《コンリウ》ノ事
悪鬼《アクキ》ヲ降伏《カウフク》シ悪人ヲ化度《ケト》シ給フ事
法論《ハウロン》ノ称美《シャウヒ》ヲ得給《エタマ》フ事
龍水《リウスイ》名号請雨現證《アマコヒケンショウ》ノ事　（目録1ウ）

幡随意上人諸国行化伝巻三

亡妻《ホウサイ》ノ死霊得脱《シリヤウトクタツ》ノ事

或ル堂上《タウシヤウ》ノ青侍《アヲサムラヒ》ノ妻《サイ》、世ノ人ニ勝《スク》レテ嫉妬《シット》深ク、下女ニ至ルマテ、人並ナレハ追出《ヲヒイタ》シ、五体不具《タイフク》ナレハ召仕《メシツカ》ヒケリ。仮初《カリソメ》ニモ男女ノ睦《ムツマ》シキ物語《モノカタ》リナト聞《キイ》テハ、他所《タショ》ノ事マテ嗔《イカ》リ謗《ソシ》リ腹《ハラ》立テ、食事《ショクシ》モ更《サラ》ニ口ニ入ラス。何《イカ》ニ況ヤ我夫《ツマ》ニ悋気《リンキ》スル事、言語《コンコ》ノ及フ所ニ非ス。適《タマ》々他ノ女ニ言葉《コトハ》ヲカクレハ、恨《ウラ》ミテ悪口《アクコウ》シ泣悲《ナキカナシ》ム。女猫《メネコ》ト云ヘトモ、近寄《チカヨ》ル事有レハ恨ミ恚《イカ》ル。若シ夫、他ニ行テ夜入レハ、朋友《ハウユウ》一家ノ差別《シャヘツ》ナク、走《ハシ》リテ行テ悪口《アクコウ》シ、恥《ハシ》シム故ニ、諸（1オ）人トモニ悪《ニク》ミ嫌《キラ》ヒ、此事ヲ評《ヘウ》シケレハ、夫《ヲット》モ今ハ飽《アキ》ハテ、色《イロ》々トコシラヘテ去《サ》リニケリ。

女、去ラレテ後《ノチ》、兼《カネ》テ皆《ミナ》人ニ忌《イ》ミ嫌《キラ》ハレシ女ナレハ、誰《タレ》ヲ便《タヨ》リトスルモノモナク、春日通《カスカトヲリ》ニ一間《マ》ヲ借《カ》リ、詫《ワヒ》シク住居《スマイ》ケリ。夫《ヲット》ハ又、異《コト》女ノ色好《イロス》キヲ迎《ムカ》ヘ、睦《ムツマ》シク契《チキ》リテ、一男子ヲ産《サン》シテケリ。

先妻《センサイ》、或《アル》日表《ヲモテ》ヲ見レハ、乳母《ウハ》ニ子ヲ抱《タ》カセ、色ヨキ小袖《ソテ》ヲ著《キ》、通《トヲ》ル女有リ。先妻是《センサイコレ》ヲ見テ、「如何《イカ》ナル人ノ妻《ツマ》ナラン」ト、人ニ問《ト》ヘハ、傍《カタヘ》ノ人、「アレコソ其方《ソナタ》ノ先夫 某殿《ヲットソレカシトノ》ノ妻《サイ》ナリ。今ノ妻ニハ一子アリテ、殊サラ寵愛深《テウアイフカ》シ」ト云ヲ聞《キク》トヒトシク、忽《タチマチ》ニ顔色変《カンシヨクカハ》リ、眼《マナコ》モサクル計《ハカ》リニ瞋《イカ》リ、声《コヘ》ヲフルハシ、「アラ恨《ウラ》メシノ夫《ヲット》カナ。悋気嫉妬《リンキシット》ハ（1ウ）女ノ習《ナラ》ヒ、夫《ヲット》ヲ大切ニ思フヨリ発《ヲコ》ルモノヲ、我ヲ棄《ス》テ、外《ホカ》ノ女ヲ愛《アイ》スル事ノ口惜《ヲシ》ヤ。此ノ怨《ウラ》ミヲ思ヒシラセン」ト、家《イエ》ヲ走《ハシ》リ出テ、舟岡山《フナヲカヤマ》ニ到《イタ》リ、水食《スイショク》ヲ断《タン》シテ、怨《ウラ》ミ死《シニ》ニソ死《シニ》ケリ。

此ノ女ノ死骸《シカイ》、誰《タ》レ葬《ホフ》ムルモノナケレハ、日ヲ歴《ヘ》テ其儘ニテアリシニ、狐狼犬烏《コラウケンウ》モ食《クラ》ハス、肉《ニク》モ爛《タヽ》レス、髪《カミ》モ落《ヲ》チス、常《ツネ》ノ如クナリケレハ、見ル人畏《ヲソ》レサルハナシ。世ニモテハヤシテ、「此ノ女、夜ナ〳〵所《トコロ》々ヲ徘徊《ハイクワイ》スル」トテ、皆《ミナ》人恐《ヲソ》レテ其ノ辺《ホト》リハ、夜《ヨ》ニ入シハ人モ通《カヨ》ハサリケル。

夫《ヲット》ハ、「我ヲ怨《ウラ》ミ死《シニ》タルモノナレハ、必《カナラス》我身ノ讐《アタ》トナラン」ト怖《ヲソ》ロシク、陰陽師《ヲンヤウシ》ノ許《モト》ニ行キ、「如何《イカヽ》シテ此ノ難ヲ遁《ノカ》レンヤ」ト問《ト》ヘハ、陰陽師答《コタヘ》テ曰、「是レハ究《キハ》メ（2オ）タル大事ナリ。我カ教《ヲシヘ》ノ如ク成シ給《タマ》ハ、遁《ノカ》レ玉ハン。先ツ今宵《コヨヒ》此死骸《シカイ》ノモトヘ行キ、其ノ死骸《シカイ》ニ馬乗《ノ》リテ、手ニ髪《カミ》ヲ巻《マイ》テ、此ノ秘文《ヒモン》ヲ唱《トナ》ヘ、動《ウコ》クトモ、起《ヲキル》トモ、其ノ髪ヲハナスヘカラズ。放《ハナ》スレハ大事ナリ。カクシテ夜ノ明《アク》ルヲ待《マチ》タマヘ。明ケナハ我行ン。ソレマテハ乗《ノ》リ居《イ》玉ヘ」ト云。

恐《ヲソ》ロシナカラモ舟岡《フナヲカ》ニ至《イタ》リ、其ノ死骸《シカイ》ヲ見ルニ畏《ヲソ》ロシク、陰陽師《ヲンヤウシ》カ教《ヲシヘ》ヲナス事、思ヒモヨラス、及難《ヲヨヒカタ》キ事ナレハ、「如何《イカヽ》セン」ト案《アン》シケルカ、兼《カネ》テ師ノ高徳《カウトク》ヲ聞《キヽ》シカハ、直《スク》ニ百万遍《ヘン》ニ至《イタ》リ、上人ニ対顔《タイカン》シ、件《クタン》ノ由《ヨシ》ヲ物語《モノカタ》リス。

師、ツク〳〵ト聴《キヽ》給《タマ》ヒテ、「汝チ患《ウレ》フル事勿《ナカ》レ。我、是ヲ回向《エカウ》シ、得脱《トクタツ》セシムヘシ。死骸《シカイ》モ解《ト》ケ、髪《カミ》モ落《ヲ》チ白骨《ハクコツ》トナラハ、成仏《シヨウフツ》セリト思ヘシ。（2ウ）其上ニ何事モ禍《ワサハヒ》カ是レ有ラン」。

其女ノ死セル日限《ニチケン》ヲ計《ハカ》ルニ、既《ステ》ニ二十ノ月ヲ経《ヘ》タリシニ、上人、舟岡《フナヲカ》山ニ至リ給《タマ》ヒテ、彼ノ死骸《シカイ》ノ背《セナ》ニ、清水《セイスイ》ヲ以テ名《メウ》号《カウ》ヲ書《カ》キ、十念ヲ授与《シユヨ》シ、諸弟《テイ》ト同音ニ念仏回向《エカウ》シ玉ヘハ、眼前《カンセン》ノ死骸《シカイ》、自然《シセン》ト肉解《ニクトケ》、髪《カミ》モ落《ヲ》チニケリ。

カクテ「是ヲ火葬《クハソウ》セヨ」トノ玉ヒ、夫《ヲット》幷ニ後妻《コサイ》・一子迄《マテ》、十念ヲ授《サッ》ケ還《カヘ》ラセ玉フ。其ノ後、何ノ怨《ウラミ》モナカリシトナン。有難《カタ》キ事ニアラスヤ。

幡随院建立《ハンスイインコンリウ》ノ事

慶長《ケイチヤウ》九〈甲辰〉年、師、京都長徳山《キヤウトチヤウトク》百万遍《ヘン》ニ在《イマ》シテ、化《ケ》導《タウ》倍《マスマ》ス盛《サカン》ナリ。爰《コヽ》ニヲイテ其道徳《トウトク》ヲ慕給《シタヒタマ》ヒ、東武《トウフ》ニ招《マネキ》テ、近《チカ》キ（3オ）ニ住《チウ》セシメン事ヲ思召《ヲホシメシ》、再《フタヽ》ヒ招請在《テウセウアッ》テ、地ヲ神《カン》田ノ台《タイ》〈今駿河台《スルカタイ》／ト云ヘル所ナリ〉ニ賜《タマ》ヒ、一宇ヲ営建《エイコン》有テ、神田《カンタ》山新地恩《シンチヲン》寺幡随院《ハンスイイン》ト号《カウ》ス。白銀十貫《クハン》目ヲ賜《タマ》フ。又、カサネテ米三百俵《ヘウ》ヲ賜《タマハ》リ、仏閣成就《フッカクシヤウシウ》ス。

或夜《アルヨ》、一菩薩来臨《ホサツライリン》シテ曰、「我レハ王誉妙竜《メウリウ》ナリ。此ノ地、甚《ハナハ》タ高《タカフ》シテ水少《スクナ》シ。又、此ノ辺《ホト》リハ火災《サイ》ノ患《ウレ》ヘ多キ所ナリ。明《メウ》日、我竜力《ワカリウリキ》ノ不思議《フシキ》ヲ以テ、竜宮《リウクウ》ヨリ水ヲ捧《サヽ》ケ奉ルヘシ。本堂《タウ》ノ戌亥《イヌイ》ノ方ヲ掘《ホラ》シメ玉ヘ。清泉涌出《セイセンワキイツ》ヘシ。又、師ノ坐《マシマ》ス所ニハ、必《カナラ》ス随従《スイシウ》シテ火災《サイ》ノ難《ナン》ヲ守《マモ》ルヘシ。又、師ノ化導《ケタウ》ヲ蒙《カフム》リ名号《メウカウ》ヲ信ル輩《トモカラ》アランニ、我《ワレ》水火ノ難《ナン》ヲ払《ハラ》フヘシ」ト、云畢《ヲハッ》テ化シ去《サ》リヌ。

師、夜明テ堂《タウ》ノ戌亥ノ角《スミ》ノ所ニ（3ウ）井ヲ掘《ホ》ラシメ玉フニ、纔《ワツカ》ニ三尺計《ハカ》リモ掘《ホリ》ケルニ、清泉涌出《セイセンワキ》ル事夥《ヲヒタヽ》シ。是ヲ竜《リヤウ》水《スイ》ト名《ナツ》ク。若《モシ》火災《サイ》ノ事アレハ、此ノ竜水《リヤウスイ》ノ中ヨリ黒雲巻上《クロクモマキアカ》リテ、寺内ニ車軸《シヤチク》ノ雨《アメ》ヲ降《フラ》シテ、火難《クハナン》ヲ払《ハラ》フ。

毎年十一月四日ノ夜、開山忌《カイサンキ》ノ逮夜《タイヤ》ナレハ、本堂ノ上、虚《コ》空《クウ》ニ黒雲覆 来《クロクモヲヽヒキタツ》テ、雲《ウン》中ニ竜燈供《リウタウクウ》シケル。通夜《ツヤ》ノ諸人、多《ヲホ》ク是ヲ見ル。向月ハ正月五日ナレトモ、冬安居《トウアンコ》ノ大衆《タイシユ》、在《サイ》山ノ時節《シセツ》、亦ハ王誉妙竜《ヨメウリウ》化益《ケヤク》ヲ蒙《カフム》リシ日限《ニチケン》ナレハ、此ノ日ヲ選《エラ》ンテ、此ノ月法会《ホフエ》ヲ営《イトナ》ムトナン。

其ノ後、六世岳誉《カクヨ》上人ノ代ニ、イカナレハニヤ回禄《クハイロク》セリ。評議《ヒヤウギ》ニヨツテ、寺ヲ下谷《シタヤ》ニ移《ウツ》シ、七世貴《キ》誉上人中興ス。此ノ時、今ノ地ニ竜水《リウスイ》涌《ユ》出シ、神田《カンタ》ノ古池《フルチ》ノ水乾《カハ》キヌ。其（4オ）古《フル》井ノ跡《アト》ハ今ニアレトモ、水ハ一滴《テキ》モアルコトナシ。是レ実《マコト》ニ不思議《フシキ》ノ至《イタ》リナリ。

当今《タウコン》ノ本堂ハ、元禄《ケンロク》年中、十四世厳《コン》誉上人ノ建立《コンリウ》ナリ。又、知恩院《チヲンイン》大僧正称誉《ソウシヤウセウコ》上人、当《タウ》院在住《シウ》ノ時、竜水《リウスイ》ノ石碑《セキヒ》ヲ建《タテ》テ荘厳《シヤウコン》セリ〈幷ニ妙竜水ト／云 謡《ウタヒ》 本出タリ〉。始《ハシ》メ神田ニ有リシ時ハ、新知恩《シンチヲン》寺ト号《カウ》セシヲ、下谷《シタヤ》ノ地ニ移《ウツ》リシヨリ、改《アラタメ》テ幡随院《ハンスイイン》ト呼ナリキ。

名号《メウカウ》ヲ祈リ乳《チ》ノ出シ事

或《アル》大名ノ御許《ヲンモト》ニ在リシ女房《ニヨウハウ》、形《カタ》チ美麗《レイ》ニシテ、色好《イロコノミ》ナリケレハ、多《オホ》クノ人ニ愛《アイ》セラレテ、一子ヲ産《ウミ》ケレトモ、本ヨリ誰《タ》レヲ此ノ子カ父ト定《サタ》メカタケレハ、養育《ヤウイク》シテモヨシナシトテ、其ノ子ヲ人ノタメニ遣《ヤ》リ棄《ステ》テケリ。

其後、我身ハ乳母《ウハ》トナリテ、世ヲ（4ウ）暮《クラ》シケルカ、中年余《アマ》リヨリ、ツク〴〵其身ノ無常《ムシヤウ》ヲ弁《ワキ》マヘ、未来《ミライ》ノ畏《ヲソ》ロシキ事ヲ知リテ、菩提《ホタイ》ノ志《コヽロサ》シ発《ヲコ》リ、幡随《ハンスイ》上人ニ帰依《キエ》シ念仏修行《シユキヤウ》セリ。

或《アル》日、神田《カンタ》ノ御寺ヘ詣《マフ》テ帰《カヘ》リケルホトニ、日モ早《ハ》ヤ暮《クレ》方ニナリケル。尓《シカ》ルニ、道ノ辺《ホト》リニ若《ワカ》キ女ノ頻《シキ》リニ泣《ナ》ク声《コヘ》スレハ、乳母《ウハ》立寄《ヨリ》テ、「如何《イカ》ナル事ニテ、カク悲《カナシ》ミ玉フソ」ト問《ト》フニ、女答《コタヘ》テ、「サレハ、去年《コソ》ト今年《コトシ》トノ二人ノ子ヲ持《モチ》テ候《ソロ》ニ、去《サ》ル人ニイサナハレ妻《ツマ》トナリ、他国《タコク》ヘ往《ユカ》ント約束《ヤクソク》シ候《ソロ》ニ、子二人持《モチ》テ往《ユ》クヘキモ、如何《イカ》ナレハ一人ハ捨《ステ》ハヤト思ヒ定《サタ》メ、是マテ参《マイ》リツレトモ、何《イツ》レノ子ヲ捨《スツ》ヘキヤト悲《カナ》シクテ」ト云ヘハ、姥《ウハ》ハ我身ノ昔《ムカシ》ヲ思ヒ出シテ、哀《アハ》レニ思ヒ、「左アラハ一人ヲ我ニ得《エ》サセ（5オ）玉ヘ。養育《ヤフイク》セン」ト云ヘハ、若キ女、「イト嬉《ウレ》シクモノ玉フ」トテ、一人ヲトラセケリ。

喜《ヨロコ》ヒ取《ト》リ還《カヘ》リテ後チ、我張《ハ》ラヌ乳《チ》ヲ吸《ス》ハセケレト、乳《チ》ナケレハ唯泣《タヽナ》キ泣《ナ》クノミナリ。貧《マツ》シケレハ乳母《ウハ》ヲ置《ヲ》クヘキ方便《テタテ》モナク、アマリセンカタナクテ、上人ヨリ賜《タマ》ハリタル名号《メウカウ》ヲ念シテ、「助給《タスケタマ》ヘ、我慈悲《シヒ》心ヲ発《ヲコ》シテ養《ヤシナ》フ子ナリ。乳《チ》ヲ出《イタ》シテ玉ハレ」ト念シケレハ、子ヲ産《ウミ》テヨリ二十余年ニ成ル乳ノ、齢盛《ヨハヒサカン》ナル時ノコトク張《ハ》リテ、思フ様《ヤウ》ニ此ノ児《コ》ヲ養《ヤシナヒ》ケリ。誠《マコト》ニ名号《メウカウ》ノ功徳《クトク》、有難《アリカタ》キ事ニナンアリケル。

肖像《セフソウ》ヲ彫刻《テフコク》シ玉フ事

師、或《アル》時登城《トウシヨウ》シ玉ヒ、下城ノオリカラ、庫裏《クリ》門ノ前ニ、往昔《ムカシ》ヨリ（5ウ）有リ来ル枝葉《エタハ》茂《シケ》リタル大木ノ榎木《エノキ》有シヲ、倒《タヲ》シケルヲ見玉ヒテ、「如何《イカ》ナル事ニ伐《キ》リタルヤ」ト、尋《タツネ》玉フニ、「出入《テイリ》ノ障《サハ》リアル故《ユヘ》ニ、伐《キリ》テ薪《タキ、》トナスナリ」ト云ヘリ。師、怒《イカツ》テ云、「此榎木ハ当寺開基《カイキ》セサル昔《ムカシ》ヨリ有リシ所ノ有《ウ》縁《エン》ノ木ナリ。仏意見《フツイケン》ニ約《ヤク》スレハ、草木国土悉皆成仏《サウモクコクトシツカイシヨウフツ》ナレハ、是ヲ伐《キ》ルハ軽垢罪《キヤウクサイ》ナリ。サレハ和歌ニモ

深山木《ミヤマキ》ヲ切《キ》ラス刻《キサ》マス其儘ニ
拝《ヲカ》メハ直《チキ》ニ仏《ホトケ》ナリケリ

トアリ。山内ノ竹木、是ヨリ以後ハ案内《アンナイ》ナク伐《キ》ルヘカラス」ト示《シメ》シテ、即《スナハ》チ仏工《フツク》ヲ召《メ》シテ、此木ヲ以テ師ノ像《ソウ》ヲ刻《キサ》マシメ、既《ステ》ニ功成《コウナリ》、像成就《サウシヨウシウ》セリ。

開眼供養《カイケンクヤウ》セントテ、仏前ニ安置《アンチ》シテ焚香《セフカウ》シ、竹篦《シツヘイ》ヲ拈《テン》シテ打ツ事三度《ト》シテ、「幡随意《ハンスイイ》々々」ト三声喚《コヘヨヒ》玉フニ、木像《モクソウ》（6オ）元《モト》ヨリ無言《ムコン》ナレハ、師云、「覚鑁阿闍梨《カクハンアシヤリ》ハ不動《フトウ》ヲ彫刻《テウコク》シテ、『明王《メウハウ》明王』ト喚《ヨヒ》玉ヘハ、像《ソウ》立テ歩《アユ》ミ行ク事、八歩ナリ。時ニ覚鑁《カクハン》、『我ヨリ外ニ何ソ歩《アユ》ムヘキ。呼《ヨフ》ニハ無言ニシテ歩《アユ》ムハ、不動ニ非《アラ》ス』トテ、斧《ヲノ》ヲ取《トリ》テ忽《タチマチ》ニ両段《リヤウタン》トス。今又、此ノ像無言ナリ。是、我像《ソウ》ニ非ス」トテ、忽《タチマ》チ鉄槌《テツツイ》ヲ以テ破却《ハキヤク》シ玉ヒヌ。

又彫《エ》リ、又倅《クタ》キ、三度ニ及ンテ仏工《ク》ト共ニ自《ミツカ》ラ手《テ》ヲ加《クハ》ヘ、数《ス》日ニシテ一像成就《ソウシヤウシウ》ス。師、又杖《ツエ》ヲ以テ打扣《ウチタヽ》キ、「幡随《ハンスイ》々々」ト呼《ヨヒ》玉ヒケレハ、「爰《コヽ》ニ在リ」トテ、立テ地ヲ離《ハナ》レ玉フ。時ニ師、「是レ我カ真影《シンエイ》ナリ。遐代《カタイ》ヲ化益《ケヤク》スヘキナリ」トテ、堂《タウ》ニ納《ヲサ》メ玉フ。

コレニ依テ、対言《タイコン》ノ御影《ミエイ》ト名ツケ、今開山堂《カイサンタウ》ニ安置《アンチ》シ、奇瑞ノ事多シ。又、自ラ鏡《カヽミ》ニ向《ムカ》ヒ像《カタチ》ヲ写《ウツ》シ、手《テ》ツカラ彫刻《テウコク》シ玉（6ウ）フ像在《ソウイマ》シテ、鏡《カヽミ》ノ御影《ミエイ》ト名《ナツ》ケ、其長坐像《タケサソウ》四寸ハカリナル有リ。共ニ神田《カンタ》山ニ安置スルノ霊像《レイソウ》ナリ。

盗賊《トウソク》ヲ教化《キヤウケ》シ玉フ事

師、神田山ニ在《イマ》ス時、或《アル》夜、土蔵《トソウ》ニ盗《ヌス》人入シトテ、皆人、火ヲ燈《トモ》シテ尋《タツ》ヌルニ見ヘスト云、師モ後《アト》ヨリ到《イタ》リ見玉フニ、革籠《カハコ》ヲ置《ヲ》ケル迫《ハサマ》ニ裾《スソ》ノ見ヘケレハ、紙燭《シソク》ヲモツテ見玉フニ、疑《ウタカヒ》モナク盗賊《トウソク》ナリ。彼《カレ》カ心ニ、左コソヲソロシカルラント、ワサト盗《ヌス》人ノ上ニ腰《コシ》ヲ掛《カケ》テ、「ヨク尋《タツ》ネヨ、此ノ方ニハ居ル事ナシ」ト高声《カウシヤウ》ニ宣ヘハ、盗《ヌス》人ハ弥《イヨ〳〵》フルヒテ居タリケリ。

カクテ、人々外ヲサカシ求《モトメ》ントテ、本堂・浴室《ヨクシツ》ナト馳廻《ハセマハ》ル

ヒマニ、紙燭《シソク》ヲ打消《ウチケ》シ、暗《クラ》マキレニ、盗人ニ向《ムカ》ヒ（7オ）「我身ノ脇《ワキ》ニツキテ出ヨ。不便《フヒン》ナレハ逃《ニカ》サント思フソ」トノ玉ヒテ、師ノ脇ニツケテ出、築垣《ツイカキ》ノ間《アイタ》ノ方ニ連往《ツレユイ》テ、「必《カナラ》ス今ヨリカヽル悪事ナセソ。現世《ケンセ》モ安穏《アンヲン》ナラス、未来亦《ミライマタ》地獄《チコク》ニ堕《タ》スソ」トテ、放《ハナ》チ玉ヘハ、三人共ニ逃去《ニケサリ》ケリ。

四、五日程過《ホトスキ》テ、彼《カ》ノ盗賊《トウソク》、本堂ニ詣《マフ》テ、罪《ツミ》ヲ懺悔《サンケ》シ、師ノ教誡《キヤウカイ》ヲ蒙《カフム》リ、三人共ニ出家《シユツケ》シ、一向専修《カウセンシユ》ノ行者《キヤウシヤ》トナリ、生涯恙《シヤウカイツヽカ》ナク本意《ホイ》ノ往生ヲ遂《トケ》ケリ。

師ノ名号猟師《レウシ》ノ身代《ミカハリ》ニ立玉フ事

其ノ頃《コロ》、江戸芝《シハ》ノ浦《ウラ》ニ、年来殺業《トシコロセツシヤウ》ヲ営《イトナ》ミテ家業《カキヤウ》トセル漁人《キヨシン》アリ。此ノ者、師ノ教化《キヤウケ》ヲ蒙《カフム》リ、御名号《ヲメウカウ》ヲ授《サツカ》リテ、常《ツネ》ニ信仰《シンカフ》セリ。

其ノ身福祐《フクユウ》ニ暮《クラ》シケレハ、或《アル》夜盗賊忍入《タウソクシノヒイリ》テ、家財《カサイ》ヲ奪取《ウハヒトラ》ン（7ウ）トテ、主《アルシ》ノ能寝《ヨクネ》入タル胸《ムネ》ノ上ニ乗掛《ノリカヽ》リ、財宝《サイハウ》ヲ出セト責《セメ》ケル。主《アルシ》アハテ、声《コヘ》ヲ立ケレハ、盗人《ヌス》怒《イカツ》テ刃《ヤイハ》ヲ取テ、心下《ムネ》ヲ指通《サシトヲ》シ、エグリ殺《コロ》シケル。奴僕《シモヘトモ》、目覚《メサメ》テ起合《ヲキアヒ》ケルホトニ、盗人《ヌス》ハウハウ逃失《ニケウセ》ケリ。

主《アルシ》、起《ヲキ》出テ思ヒマハセハ、正《マサ》シク刃《ヤイハ》ニ貫《ツラヌ》カレシニ、身ニ少《スコシ》モ疵《キス》ナケレハ不思議《フシキ》ニ思ヒ、兼《カネ》テ信《シン》スル念仏ノ功徳《クトク》、且《カツ》ハ御名号《ヲメウカウ》ノ利生ナラント、急《イソ》ギ仏間《フツマ》ニ入リ見レハ、血煙《チケフリ》立テ腥《ナマクサ》シ。コハイカニト怪《アヤシ》ミナカラ、仏壇《フツタン》ノ御名号《ヲメウカウ》ノ戸ヲ開《ヒラ》キケレハ、中ヨリ赤《アカ》キ血《チ》、滝《タキ》ノ如クニ流《ナカ》レ出ル。燈《トモシヒ》ヲ挑《カヽ》ケ能《ヨク》拝《ハイ》スレハ、御名号《ヲメウカウ》ノ阿ノ字ノ所《トコロ》二ヶ所《シヨ》、刀疵《カタナキス》アリテ血ノ湧《ワキ》出ルナリ。信心肝《キモ》ニ銘《メイ》シ、弥《イヨイ》ヨ称名不退《シヨウメウフタイ》ノ行者トナリテ、目出度《メテタキ》往生ヲ遂《トケ》（8オ）ル。其名号《メウカウ》ヲ名ツケテ、身代《ミカハリ》ノ名号ト云。同所西信《サイシン》寺第一《タイ》ノ宝物《ハウモツ》トナリテ、今ニ奇瑞《キスイ》多シ。仰《アヲヒ》テ信スヘシ。

私《ワタクシ》曰、祐天《ユウテン》大僧正《ソウシヤウ》ノ名号、本田中務大輔《ナカツカサノタユウ》家臣《カシン》・蜂須《ハチス》加《カ》囚獄《ヒトヤ》家来《ケライ》、刃難《ケンナン》ノ身代《ミカハリ》ニ立チ玉フ事、真験往生伝《シンケンワウシヤウテントウ》等ニ具《ツフサ》也。其ノ名号、本田家ノ添状《ソヘシヤウ》トトモニ、武江祐天《フカウユフテン》寺ノ宝《ハウ》蔵《ソウ》ニ在リ。誠《マコト》ニ横難《ナン》・横病《ワウヒヤウ》・横死《ワウシ》ノ災難《サイナン》アル事ナシト。奇《キ》ナル哉。

捨《ステ》子ヲ拾《ヒロ》ヒ玉ヒ其子出世ノ事

江戸石町《コクテウ》ト云ヘル所ニ、極《キハ》メテ貧《マツ》シキ婦《フ》〔女〕アリ。夫《ヲツト》ニ後《ヲク》レテ二歳《サイ》ノ男子ヲ育《イツクシ》ミ、姑《シフトメ》ニ孝養ヲ尽《ツク》スニ、〔至テ孝子者デ有タガ〕一日ノ糧《カテ》タニモ乏《トモシ》ク、朝夕《アサユフ》ノ煙《ケフ》リモ立難《カタ〔キ〕》ケレハ、道《ミチ》ニハアラヌ事ナレトモ〔ト思ナガラ〕、宵々《ヨナ〳〵》ハ両国《リヤウコク》〔橋〕（8ウ）ノ辺《ホト》リニ立テ、往来ノ人ノ袖《ソテ》ヲ引テ身ヲ売《ウ》リ、姑《シフトメ》ヲ育〔ヤシナヘ〕ミ、幼子《ヲサナコ》ヲ養《ヤシナ》〔ソダテケリトゾ〕ヘリ。慎《ツヽシ》ミ隠《カク》〔此事ヲ知スマイト〕ス ト思ヘトモ、毎夜《マイヨ》ノ事ナレハ、姑《シフトメ》、此ノ事ヲ知リテ泣悲《ナキカナシ》ミ、〔嫁ニ云ヨウ〕「夜ナ夜ナ人ノ為ニ身ヲ任《マカ》セ、若《モ》シ悪病《アクヒヤウ》ニテモ受《ウケ》テ煩《ワツラ》ヒ臥《フシ》ナハ、還《カヘリ》テ我身モ孫《マコ》モ如何《イカ、》セン。是《セ》非《ヒ》々止〔ヤメ〕マリ玉ヘ」ト制《セイ》スレハ、渡世《トセイ》ノ営《イトナ》ミ便《タヨリ》ナク、縫《ヌヒ》モノ洗濯〔モ子共カ有ル故ニ不自由〕ナト、タツキモ及難《ヲヨヒカタ》ク、飢喝《キカツ》ノ愁《ウレヒ》絶《タヘ》カタケレハ、実《マコト》ニヤ古歌《コカ》ニ、身ニ優《マサ》ル〔・〕モノナカリケリ〔・〕嬰児《ミトリコ》ハ〔・〕ヤラン方ナク悲《カナ》シケレトモ、ト詠《エイ》セシモ、子ヲ捨《スツ》ル藪《ヤフ》ハアレトモ、身ヲ捨《スツ》ル淵《フチ》ハナシトカヤ。姑《シフトメ》ニ孝養《カフヤフ》センタメニ、二歳ノ男子ヲ両国《リヤウコク》ノ橋爪《ハシツメ》ニ捨《ステ》ニケリ。

此ノ婦《フ》〔女〕、幼少《ヨウセフ》ノ時、上人ノ名号《メウカウ》ヲ母ヨリ授《サツカ》リテ、常《ツネ》ニ信仰《シンカウ》セシカ、流石《サスカ》ノ恩愛《ヲンアイ》ヤル方ナク、悲《カナシミ》ニ余《アマ》リ（9オ）テ、彼名号《カノメウカウ》ヲ子ノ襟《エリ》ニ掛《カケ》サセ、「今迄《マテ》ハ我身ヲ守リ玉ヘトモ、今ヨリハ此ノ子ヲ護《マモ》リ玉ハン。牛馬〔ウシムマ〕ニモ踏殺《フミコロ》サレス、哀《アハ》レ人ニモ成シテ給《タマ》ハレ、必ス頼《タノ》ミ奉《タテマツ》ル」ト、泣《ナ》キ口説《クトヒ》テ、我家《イエ》ニ帰《カヘ》リケル。其夜ハ宵《ヨヒ》ヨリ暁《アカツキ》マテ、子ノ事ノミ案《アン》シ思ヒ、一目モ眠《ネム》ラス泣明《ナキアカ》シケル。其後ハ忘《ワス》ル、ニハアラネトモ、彼レ是レト営《イトナミ》テ、姑《シフトメ》ヲ養育《ヤフイク》ス。

或時《アルトキ》、姑云《イハク》、「孫《マコ》ヲハ何地《イツチ》ヘヤリニケン〔タヤラ〕、此ノ程《ホト》ハ久《ヒサ》シク見モヤラス〔センカ〕。如何《イカ、》怪《アヤ》シ」ト尋《タスネ》ケレハ、「サレハトヨ、幼キ者ハ此ノ程同年ノ幼〔イトナ〕キヲ失《ウシナ》ヒシ母《ハ、》ノアリケルカ、『懐《フトコ》ロ淋《サヒ》シケレハ借《カシ》テヨ』ト頼〔タノ〕メルマ、、シハシカホト借《カ》シ置《ヲキ》シナリ。頓《ヤカ》テ帰《カヘ》リ申《マフ》サン」ト、偽《イツハ》リ〔申ヲキ〕ケレハ、姑《シフトメ》、此ヲ聞《キイ》テ、「我コソ年老テ、イカニモ早ク死度《シニタク》思ヘトモ、宿業《シユクコフ》ニ引《ヒカ》レテ、長生《ナカイキ》シテ真《シン》（9ウ）実《シツ》ノ一子ニ離《ハナ》レ、嫁《ヨメ》ノ養育《ヤウイク》ニ預《アスカ》ルコソ悲《カナ》シケレ。一人ノ孫《マコ》モ、此ノ婆《ハ、》ヲ養《ヤシナハ》ン為ニ如何《イカ、》ナシ玉ヘルヤ、心許《モト》ナシ」トテ、無端《アチキナノ》一向《カウ》ニ世ヲ厭《イト》ヒ、浄土《シヤウト》ヲ欣求《コンク》シケル。又、師ノ化導《ケタウ》盛《サカ》ンナリケレハ、「責《セメ》テ教化《キヤウケ》ヲ蒙《カフム》リ奉《タテマツ》ラハヤ」トテ、神田《カンタ》山ニソ詣《マフ》テケル。

即《スナハチ》、師ノ前《マヘ》ニテ申《マフ》シケルハ、「シカ〳〵ノ事アリテ、我孫《マコ》ノ見ヘサルハ、嫁《ヨメ》カ真実《シンシツ》ノ孝養《カフヨウ》ニ、孫ヲ他人ニ預《アツ》ケテ我ヲ育《ハコク》ミ候《ソロ》ナリ。此ノ事ヲ思ヘハソ、ロニ悲《カナ》シク、身ノ置所《ヲキトコロ》ナク候《ソロ》。前世ノ報《ムク》ヒニテ、長生《ナカイキ》シ嫁《ヨメ》ノ苦労《クラフ》ニ預《アツカ》ル事、如何《イカ》ナル因果《インクワ》ニ候《ソロ》ヤラン」ト、老声《コヘ》出シテ泣《ナキ》ケレハ、師モ哀《アハレ》ニ思召《ヲホシメシ》、種々《シユ〳〵》教化《キヤウケ》シ玉ヒテ、「我レツク〳〵思ヒ当ル事アリ。汝カ孫《マコ》ノアリカヲ知レリ。孫《マコ》ニ（10オ）値度《アヒタク》ハ値《アハ》スヘシ。夫《ソ》レ連来《ツレキタ》レ」ト宣《ノタマ》ヘハ、良《ヤ、》暫《シハラク》有テ、連来《ツレキタ》レリ。能《ヨク》々見レハ我カ孫《マコ》ナリ。昔《ムカシ》ニハ引替《ヒキカヘ》テ美《ウツ》クシキ衣装《イシヤウ》ヲ着《キ》セ、乳人《ヲチ》〔ウバ二〕・手代《テタイ》、付従《ツキシタカ》ヒ来リケレハ、コハイカニトアキレハテ、物《モノ》モ云ハサリケリ。

暫《シハラ》クアリテ、〔幡随上人〕ノ玉ヘルハ、「我レ此ノ頃《コロ》、両国《リヤウ》ノ橋《ハシ》ノ爪《ツメ》ヲ通《トヲ》リシニ、打捨《ウチステ》アリシ子ヲ見レハ、我名号《メウカウ》ヲ首《クヒ》ニ掛《カケ》サセケルヲ、思フニ我ニ縁《エン》アル者ナリト、懐《イタ》キ抱《カ、》ヘテ帰《カヘ》リケルカ、帰依《キエ》ノ檀那《タンナ》ニ年来《トシコロ》一子ナキ事ヲ歎《ナケ》ク者アレハ、是幸《サイハイ》ト思ヒヨリテ、我親《ヲヤ》ト成テ与《アタ》ヘケルニ、夫婦共《フウフトモ》ニ大ニ悦ヒ、斯《カ》ク大事ニ養育《ヤウイク》セリ。始ニ、預《アツ》ケ置《ヲキ》タリト嫁《ヨメ》カ云シハ、此ノ名《メウ》号《カウ》ニコソ預《アツ》ケ置《ヲキ》タルナルヘシ」ト宣《ノタマ》ヒケレハ、姑《シウトメ》ハ大声上テ、「扨《サテ》ハ、今迄実《マテシツ》ニ他人ニ（10ウ）預《アツ》ケ置《ヲク》カト思ヒシニ、恩愛《ヲンアイ》ノ一子ヲ捨《ステ》テ、今日明日《ケフアス》トモ知ラヌ老《ヲヒ》ノ身ヲ、孝養《カウヤウ》セシ事、其アシキナサ何ニ喩《タト》フヘキ。然《シカ》ルニ、師ノ御名号《ヲメウカウ》ノ功徳《クトク》ニテ、眼前孫《カンセンマコ》ガ立身《リウシン》ヲ見ル。返《カヘ》ス〳〵モ師ノ御恩《コオン》、何ヲ以カ報《ホウ》シ奉《タテマ》ツルヘキ」ト、天ニ仰《アフ》キ地ニ伏《フ》シテ大ニ悦ヒ、《〔我カ〕》家ニ帰《カヘ》リ斯《カク》ト語《カタ》レハ、嫁《ヨメ》モ驚《ヲトロ》キ悦《ヨロコン》テ、扨《サテ》ハト急キ師ノ下《モト》ニ参《マイ》リ、別《ワカレ》テ久《ヒサ》シキ一子ニ値《ア》ヒ、「師ノ御名号ノ利生《リシヤウ》ニテ、現《ケン》在猶《サイナ》ヲ斯《カク》ノ如ク、未来《ミライ》モ猶《ナ》ヲ頼母子《タノモシ》」ト、歓喜《クハンキ》ノ涙止難《ナミタトメカタ》ク、フシ拝《ヲカ》ミ〳〵テ帰《カヘ》リケル。

其養子親《ヤウシオヤ》、是《コレ》ヲ聞《キイ》テ、孝《カウ》心ノ厚《アツ》キヲ感《カン》シテ、其ノ母ノ子ナラハ、此ノ子モ至孝《シカウ》ノモノナラン」ト喜《ヨロコ》ヒ、色《イロ》々ノ送《ヲク》リ物ナトシケレトモ、姑《シフトメ》、嫁《ヨメ》トモニ曾テ受《ウケ》ス。

姑《シフトメ》ハ幾程《イクホト》ナク正念ニ往生（11オ）シ、嫁《ヨメ》ハ髪《カミ》オロシテ、師ノ弟子ト成リテ、法名《ホウメイ》・好清比丘尼《コウセイヒクニ》ト号《カウ》シ、念仏堅固《ケンコ》ノ行者《キヤウシヤ》ニテ、是《コレ》モ臨終《リンシウ》正念ニ往生遂《ト》ケニケリ。其ノ後、養子《ヤウシ》ノ親《オヤ》モ弥《イヨイ》ヨ信心深《フカ》ク、念仏行者トナリ、彼ノ子モ念仏修行《シユキヤウ》シ、家モ富栄《トミサカ》ヘケリ。

武州板橋幽魂ヲ教化シ玉フ事

慶長《ケイチヤウ》十三〈庚中〉年、師ノ歳六十七、武蔵国《ムサシノ》熊谷邑《クマカヘノサト》・蓮《レン》生法師《セウホウ》カ遺跡《ユイセキ》ヲ訪《トハ》ントテ、法弟《ホウテイ》・意天《イテン》和尚ヲ随身《スイシン》シ玉フ。日暮《ヒクレ》テ、板橋《イタハシ》ト云ヘル所ニ宿《シユク》シ玉フ。主《アル》シハ後家《コケ》ナカリケ《〔カ一人住ミケル〕》ル《アトナリ〕》カ、其ノ夜三更《カウ》ニ及《ヲヨ》ンテ、ヒトリ言《コト〔申シケルトキニ〕》シケル。「回《マハ》シテ見レハ無端《アシキ》ナノ世ヤ」ト幾度《イクタヒ》カクリカヘシ〳〵云ケルヲ、師、意《イ》天《テン》ニ向《ムカヒ》テ、「今、女ノ云ヘル事、其ノ故《ユヘ》（11ウ）ヲ知レルヤ」。意天ノ曰ク、「我レ思フニ、彼《カレ》ハ色愛《シキアイ》ノ道ニ迷《マヨ》ヒ侍《ハンヘ》ルナリ」トテ、即《スナハチ》一首ヲ詠《エイ》シテ、

我恋《ワカコヒ》ハ結《ムス》ヘト帯《ヲヒ》ノユルマリテ
回《マハ》シテ見レハ無端《アシキ》ナノ世ヤ

ト。師ノ曰、「全《マツタ》ク色情《シキシヤウ》ニアラス。此ノ婦ハ定《サタメ》テ一子ヲ先達《サキタチ》テ、恩愛《ヲンアイ》ノ悲《カナシミ》ニ値ヘルナリ」ト。師モ又斯《カク》ナン、

稚子《ミトリコ》カ形見《カタミ》ニ残《ノコ》ス風車《カサクルマ》
回シテ見レハ無端ナノ世ヤ

ト詠《エイ》シ玉フ。彼ノ婦《フ》、次ノ間ニ在テ、密《ヒソカ》ニ是ヲ聞《キイ》テ、頓《ヤカ》テ師ノ前ニ来テ、小児《〔ワカコノ〕》ノ持遊《モチアソヒ》シ風車《カサクルマ》ヲ出シテ云ケルハ、「夫《ヲツト》ノ忘《ワス》レカタミトテ、三歳ニ成ル男子ヲ養《ヤシナ》ヒ、末《スヱ》ヘ頼母敷思《タノモシクオモヒ》（12オ）侍《ハヘ》ルニ、此ノ程終《ホトツイ》ニ空《ムナシ》ク成リシ事、限《カキ》リ無ク悲《カナシ》ク侍《ハヘ》ル儘ニ、此ノ風車《カサクルマ》ヲ出《イタ》シテ見、責《セメ》テハ愁《ウレヘ》ヲモ止《ヤ》メント思フニ、今ハ此形見《カタミ》コソ中々化《アタ》ニ《〔ナリテ〕》侍レ。人ノ親《オヤ》ノ心ハ闇《ヤミ》ニアラネトモ、子ヲ思フ道《ミチ》ニマトヒヌル哉《カナ》」ト、打詠《ウチエイ》シケレハ、師モ哀《アハ》レニ思召《オホシメシ》、「孔子《カウシ》サヘ鯉魚《リキヨ》ニ後《ヲクレ》テ、思ヒノ火ヲ胸《ムネ》ニ焦《コカ》シ、又白居《ハクキヨ》易《イ》モ我子《ワカコ》ヲ先達《サキタチ》テ、枕《マクラ》ニ残《ノコ》ル薬《クスリ》ヲ恨《ウラ》ム。誰《タレ》々モ前後相違《ソウイ》ノ無《ム》常《シヤウ》ハ遁《ノカ》レ難《カタ》シ。必竟《ヒツキヤウ》シテ教《ヲシヘ》テ帰《カヘ》ル子ハ、知識《チシキ》ト思ヒ悟《サト》リテ、

今ヨリハ仏陀《タ》ニ帰依《キエ》スヘシ」トテ、頓《ヤカ》テ彼ノ風車《カサクルマ》ヲ取テ、「是ヲ見ヨ」トテ、幾回《イクマハ》シカ回《マハ》シテ見セ玉ヒ、「六道輪廻《ロクタウリンヱ》ノアリサマハ、此ノ〔カサ〕車ノ回ルカ如シ。早《ハヤ》ク仏ノ悲願《ヒクハン》ニ乗《シヤウ》シテ、往生ヲ遂《ト》ケ、一仏浄土ノ再会《サイクハイ》ヲ（12ウ）侍ヘシ」ト、年頃《ネンコロ》ニ教化《キヤウケ》シ玉ヘハ、寡婦合掌《クハフカツシヤウ》シ、「師ノ教化《ケウケ》ニテ、母子《ホシ》今得脱《トクタツ》仕ルナリ」ト云カト見ヘテ、忽明渡《タチマチアケワタ》ル鳥《トリ》ノ声《コヘ》ニ、住荒《スミアラ》シタルアハラヤニ、師弟惘然《シテイホウセン》トシテ居《イ》玉ヘルカ、尚《ナヲ》モ念比《ネンコロ》ニ廻向《ヱカウ》シテ立出《タチイテ》玉フ。

私《ワタクシニ》曰、此ノ段《タン》、宗祇回国物語《ソウキノクハイコクモノカタリ》ニ相似《アイニタ》リ。彼ノ書ニ宗祇回国ノ時、破レタル庵《イホ》アリケルヲ尋《タツネ》玉ヘハ、傍《アタリ》ノ人、「是レハ昔《ムカシ》ハ誹諧連歌《ハイカイレンカ》ノ宗匠《ソウシヤウ》ノ住《スミ》ケル庵ナリ。尓《シカ》ルニ、其ノ点者《テンシヤシ、》死テヨリ、幽霊《ユウレイ》ノ出テ夜々《ヨナ〱》奇怪《キクハイ》ノ事多《ヲホ》シトテ、住《スム》人モ無《ナカ》リケレハ、荒果《アレハテ》ヌ」ト答《コタ》フ。宗祇《ソウキ》、是ヲ聞《キイ》テ、「扨《サテ》モ耳寄《ミヽヨリ》ナル事ヲ聞ヌ。回国修行《クハイコクシユキヤウ》ハカヽル事ヲ試《コヽロミ》ン為ナリ」トテ、其ノ夜、（13オ）彼ノ庵《イホリ》ニ住テ宿《シユク》シ玉フニ、少《スコ》シ眠《ネムル》ト覚《オホ》ヘテ傍《アタ》リヲ見レハ、イツノ間《マ》ニカハ、庵《イホリ》モ結構《ケツカウ》ニ常ノ人ノ住《スミ》ナセル体《テイ》ニ見ヘテ、良《ヤヽ》有テ大勢《セイ》ノ人、下袴《シモハカマ》ヲ打著《ウチキ》テ、硯《スヽリ》・料紙《リヤウシ》ヲ真中《マンナカ》ニ置《ヲイ》テ、左右《サユウ》ニ列座《レツサ》スレハ、年頃《トシコロ》七十計《ハカリ》ナル禅門《センモン》ノ体《テイ》シタル老人《ラフ》、十徳《シツトク》ノ如キ羽織《ハヲリ》ヲ著《キ》テ、頭巾《スキン》ニ撞木《シユモク》・杖《ツヱ》ヲツキテ出シカ、頓《ヤカ》テ上段《タン》ノ床《トコ》ノ脇《ワキ》ニ敷物《シキモノ》シカセ、坐《サ》シテ暫《シハラク》有テ、列座《レツサ》ノ人々ヲ打詠《ウチナカメ》ケレハ、人々崇敬甚《ソウキヤウハナハタ》シ。其ノ時、禅門《センモン》、「何《ナン》ント句ハ付タルヤ」ト尋《タツネ》ケレハ、上座《サ》ノ人、手《テ》ヲツキ、「今一度吟《トキン》シ玉ヘ」ト云ケレハ、其ノ時、禅門《センモン》、「スヽキノ中ニマコモ一村」トソ吟シケル。人々、「ハツ」ト云テ、忽消《タチマチキ》ヘテ（13ウ）一人モ無シ。又、本ノ破《ヤフ》レタル庵《イホ》トナレリ。其ノ時、宗祇謂《ソウキヲモ》ヘラク、「扨《サテ》ハ禅門《センモン》ト見ヘシハ点者《テンシヤ》ニテ、昔《ムカシ》ノ宗匠《ソウシヤウ》ナリ。人々ハ其弟子《テシ》ト覚《ヲホヘ》タリ。彼ノ難題《ナンタイ》ノ宗匠《ソウシヤウ》モ、句《ク》ヲ得《エ》スシテ、一生ヲ苦《ク》ニシテ、最期迄《サイコマテ》モ思《ヲモヒ》ツメテ死《シ》セシニヨリ、斯《カク》迷《マヨ》ヒ侍《ハヘ》ルナリ。我、此ノ句ヲ付テ助《タス》ケン」トテ、又一宿《シユク》シテ試《コヽロミ》ルニ、前《マヘ》ノ如クナレハ、禅門吟《センモンキン》シ畢《ヲハ》ラヌ内ニ、宗祇《ソウキ》大音《ヲン》ニテ、「付テ侍《ハヘ》ル」ト云ヘハ、禅門、「何《ナン》ト」ト問フ。宗祇《ソウキ》、高声《カウシヤウ》ニ、「池沼《イケヌマ》ノ浅《アサ》キ方《カタ》ヨリ野《ノ》ニ成《ナ》リテ」ト付ケレハ、禅門モ人々モ、暫《シハラ》ク感心《カンシン》ノ体《テイ》ヲ成《ナシ》テ、忽消失《タチマチキエウセ》ヌ。其後ハ重《カサネ》テ出サリケルトナリ。又、或書《アルシヨ》ニ昔下女《ムカシケシヨ》、川ニ出テ洗濯《センタク》シケルニ、其中ニ（14オ）古《フル》キ衣《コロモ》ノアリケルヲ洗フトテ、黒垢落《クロアカヲチ》テ川水一面《メン》ニ黒《クロ》クナリケレハ、何心ナク、「墨《スミ》染ヲ洗《アラ》ヘハ波《ナミ》モ衣消《コロモキヘ》テ」ト句作《クツク》リシテ、下ノ句出サレハ、サマ〱心ヲ尽《ツク》セトモツカサリケレハ、苦《クルシ》ミニシテ病《ヤマイ》ニ臥《フ》シテ死《シヽ》ケリ。其ノ後、夜毎《ヨコト》ニ彼ノ川瑞《ハタ》ニ幽霊《ユフレイ》ト成《ナツ》テ、姿《スカタ》ハ見ヘス声計《コヘハカ》リシテ、今ノ句《ク》ヲ吟《キン》シケルヲ、或《アル》僧コレヲ聞《キイ》テ、「我《ワレ》、迷《マヨヒ》ヲ解《トイ》テ助《タスケ》ン」トテ、或夜《アルヨ》、彼川端《ハタ》ニ至《イタツ》テ待居《マチイ》ケルカ、例《レイ》ノ刻限違《コクケンチカ》ハスシテ出テ、、幽霊《ユウレイ》上ノ句ヲ吟《キン》シケルヲ、彼僧《カノソウ》、直《チキ》ニ「水《ミツ》モ浮世《ウキヨ》ヲ厭《イト》フモノカハ」ト、下ノ句ヲ付ケレハ、幽霊《ユウレイ》ト覚《ヲホ》シキ女ノ声《コヘ》ニテ、「嗚呼嬉《アヽウレシ》ヤ」ト云シヨリ、後ハ出サリキト云ヘリ。（14ウ）仮初《カリソメ》ノ事ニモ、思ヲ凝《コラ》シ着《チヤク》スルハ、ヨカラヌ事ナリ。是レヲ思フコトク、本願《クハン》ヲ信《シン》シ、弥陀《ミタ》ヲ念セハ可《カ》ナラン。

武蔵《ムサシノ》国熊谷寺《クマカヘテラ》ヲ造建《ソフコン》シ玉フ事

慶長《ケイチヤウ》十三〈庚申〉年〈上人六十七歳亦《マタ》／或説《アルセツ》天正十壬午年〉、熊谷邑《クマカヘノサト》・蓮生法師《レンシヤウハウシ》カ遺跡《ユイセキ》ヲ訪《トヒ》、其ノ房宇《ハウウ》破壊《ハエ》セルヲ造《ソウ》営《エイ》シ玉フ。

抑《ソモ〳〵》、此ノ寺、不断《フタン》念仏ノ元由《ケンユ》ハ元暦《ケンリヤク》元年、摂州一ノ谷《タニ》ノ合戦《カツセン》ニ搦手《カラメテ》ノ大将《タイシヤウ》・源義経《ミナモトノヨシツネ》ニ従《シタカヒ》テ、熊谷次郎直実《クマカヘノシロフナヲサネ》、同一子・直家《ナヲイエ》、先登《セント》ヲ懸《カケ》テ、「日本第一《タイ》ノ剛者《カフノモノ》」ト名乗《ナノツ》テ相戦《アヒタヽカフ》。一子直家《ナヲイエ》十六歳、始《ハシメ》テ戦場《センシヤウ》ヲ踏《フミ》、敵《テキ》ノ矢《ヤ》ニ中《アタ》ツテ疵《キス》ヲ被《カフム》ル。父直実《ナホサネ》、恩愛《ヲンアイ》ノ道ヨリ始《ハシメ》テ世無常《ヨノムシヤウ》ヲ知リ、又、無官《ムクハン》ノ太《タ》夫敦盛《ユフアツモリ》、我《ワカ》子ノ直家《ナヲイエ》ト同年ナルヲ害《カイ》シ、（15オ）我身ニタクラヘ、其ノ双親《フタオヤ》ノ悲《カナシ》マン事ヲ計《ハカ》リ、世上《セシヤウ》ヲ厭《イト》フ志《コヽロサ》シヲ厚《アツ》クセリ。

尓《シカ》レトモ、此ノ勲功《クンコウ》ニ依《ヨツ》テ、熊谷《クマカヘ》ノ本領《レウ》ヲ賜《タマ》ハリケルニ、久下《クケ》権守直光《コンノカミナヲミツ》〈直実伯《ナオサネノヲ》／母《ハ》ノ夫《ヲツト》〉ト領分相論《リヨウフンアラソヒ》ノ事ナリ。将《シヤウ》軍頼朝《クンヨリトモ》ヲ恨《ウラ》ミ奉《タテマツ》リ、上京シテ上人ノ弟子《テシ》ト成リ、蓮生《レンシヤウ》ト名ツケ、発心入道《ホツシムニフタウ》セリ。又、故郷熊谷《コキヤウクマカヘ》ニ還《カヘ》リ、草庵《ソウアン》ヲ結《ムス》ヒ、敦《アツ》盛《モリ》ノ菩提《ホタイ》ノ為ニトテ、念仏開闢《カイヒヤク》セリ。

故《カルカユヘ》ニ彼ノ寺ノ石碑《セキヒ》ニモ、無官《ムクハン》ノ太《タ》夫敦盛《ユフアツモリ》菩提《ホタイ》ノ為《タメ》、念仏開闢《カイヒヤク》セシムト有リ。

蓮生《レンシヤウ》法師、円光大師《エンクハウタイシ》ノ座下《サカ》ニ有テ、念仏ノ安心決定《アンシンケツテウ》セル事、大師ノ御伝《コテン》ニ具《ツフサ》ニ載《ノス》ルカ如ク、下八品《ホン》ノ往生ヲ願《ネカ》ハス、上品上生ノ誓《チカ》ヒヲ立《タテ》テ、霊夢《レイム》ヲ感《カン》セシ事、実《マコト》ニ希有《ケウ》ニモ有難《アリカタ》キ行者ニテ、大師モ（15ウ）常《ツネ》ニ思召《ヲホシメシ》出シテ、坂東《ハントウ》ノ阿弥《アミ》陀《タ》ホトケトソ仰《ヲホセ》ラレケルナリ。

蓮生《レンシヤウ》、高野《カウヤ》山ニ居《イ》テ、

古《イニシ》ヘノ鎧《ヨロヒ》ニ替《カハ》ル紙子《カミコ》ニハ
風《カセ》ノ射《イ》ル矢《ヤ》モ通《トヲ》ラサリケリ

東《アツマ》ヘ下ル時、馬《ムマ》ニモサカサマニ乗《ノ》リテ、

極楽《コクラク》ニ剛《カフ》ノモノトヤ沙汰《サタ》スラン
西《ニシ》ニ向《ムカ》ヒテ後《ウシ》ロ見《ミ》セネハ

此ノ外《ホカ》、諸人ノ知レル歌多《オホ》シ。建永《ケンエイ》元年九月四日、往生ノ日限《ケン》ヲ知《シ》リ、村岡《ムラオカ》ノ市ニ高札《タカフタ》ヲ立テ、遠近《エンキン》ニ触《フレ》テ諸人ニ知ラシメ、端座合掌《タンサカツシヤウ》シ、高声《セウ》念仏熾盛《シシヤウ》ニシテ、念仏ト共ニ息止《イキト》マル時ニ、口《クチ》ヨリ五、六尺ノ光《ヒカリ》ヲ放《ハナ》チ、紫雲靉靆《シウンアイタイ》シテ、音楽《ヲンカク》髣髴《ハウフツ》タリ。異香芬郁《イキヤウフンイク》シテ、大地震動《シントウ》セリ。其ノ瑞《スイ》（16オ）連《レン》綿《メン》トシテ、五日ノ卯《ウ》ノ剋《コク》ニ至ル。六日、入棺《クハン》ノ時、亦異香《マタイキヤウ》・音楽《ヲンカク》・瑞光《スイクハウ》、先《サキ》ノ如シ。実《マコト》ニ上々品往生ノ人ナリ。故ニ師、其徳ヲ慕《シタヒ》、念仏結縁《ケチエン》シテ、亦庵《アン》ヲ転《テン》シテ精舎《シヤウシヤ》トシ、熊谷寺《ユウコクシ》ト号《カウ》シ、此ノ寺ニ在《マシマ》ス時、化導《ケタウ》ヲ蒙《カフム》ラサル者ハナシ。蓮生《レンシヤウ》法師ノ極楽《コクラク》ヨリ再来《サイライ》シ玉フト崇敬《ソウケウ》シケル。サルホトニ、此ノ地ニ来臨《ライリン》シ玉ヒ、仏殿《フツテン》ノ柱《ハシラ》ニ葵《アフヒ》ノ御紋《モン》御免《コメン》、寺領《レウ》五十石、金襴《キンラン》ノ袈裟《ケサ》ヲ賜《タマ》フ。

悪鬼《アクキ》ヲ降伏《コウフク》シ悪《アク》人ヲ助給《タスケタマ》フ事

師ノ化導普《ケタウアマネ》キ中ニ、熊谷邑《クマカヘムラ》ニ久三郎ト云ヘル者アリ。師ニ帰《キ》シテ常《ツネ》ニ念仏懈《ヲコタ》ル事ナシ。弟《ヲト、》有リテ松ト名ツ（16ウ）ク。同、師ニ帰《キ》シテ御弟子ト成リ、知雲《チウン》ト称《シヨウ》ス〈日向国白道寺第二世ナリ。／師開基シテ知雲《チ》ニ付属《フソク》セリ〉。

其ノ母、甚《ハナハ》タ邪見放逸《シヤケンハウイツ》ニシテ、曾テ因果《インクワ》ノ理《コトハ》リヲ知ラズ。強欲無道《コフヨクフタウ》ニシテ、常《ツネ》ニ三宝《ハウ》ノ名ヲタニ聞事《キクコト》ヲ忌嫌《イミキラ》ヒ、二人ノ子ノ、師ニ帰依《キエ》シテ念仏申スサヘ、種々《シユ〳〵》悪口《アクコウ》誹謗《ヒハウ》ヲナス。故ニ、子共色々ト善巧方便《センギヤウハウヘン》スレトモ、却《カヘツ》テ瞋恚強盛《シンイゴウジヤウ》ニ成リテ、面色変《メンシヨクヘン》シテ泣怒《ナキイカル》。如何《イカ》ントモ詮方《センカタ》ナシ。然《シカ》ルニ、齢《ヨハ》ヒ既《ステ》ニ七旬《シユン》ニ満《ミチ》テ、大病《ヒヤウ》ニ臥《フ》シ、命終七日《メウシウナヌカ》前ヨリ熱悩《ネツナフ》シ、虚空《コクウ》ヲツカミ目ヲ見張《ミハリ》、口ヨリ黄色《キイロ》ノ泡《アハ》ヲ吹《フ》キ、七顚《テン》八倒《タウ》シテ、身心悶《モタ》ヘ疲《ツカ》レ、現在阿鼻《ケンサイアヒ》ノ相《ソウ》ヲ現シテ死《シ》シケリ。久三郎、急《イソ》キ熊谷《クマカヘ》寺ニ至《イタ》リ、師ノ御（17オ）引導《インタウ》ヲ願《ネカ》ヒ、已ニ此ノ義ヲ相定《アヒサタ》ム。

其ノ夜、独《ヒト》リ禅机《センキ》ニ寄《ヨ》リ、静《シスカ》ニ念仏シ、暫《シハラ》ク寝《イネ》玉フニ、青《セウ》赤《シヤク》ノ二鬼忽然《キコツセン》ト現《ケン》シ来《キタ》ツテ云、「知雲カ兄《アニ》・久三カ母命終《ハヽメウシウ》ス。此ノ老嫗《ハヽ》ハ造罪《ソウサイ》ノ悪《アク》人ナレハ、冥官《メウクハン》我ヲ遣《ツカハ》シテ堕獄《タコク》セシム。故ニ、我レ彼カ骸《カラタ》ヲ奪《ウハ》ヒ取ルヘシ。師、縁《エン》有ルニ依《ヨツ》テ、是ヲ弔《トムラ》ヒ玉ハヽ、我取ル事ヲ得ス。尓《シカ》ラハ、我等鬼衆《キシウ》ノ徒《ト》ヲ放《ハナ》タルヘシ。彼《カレ》ハ自業自得《シコフトク》ノ報《ムクヒ》也。其ノ悪懲《コラ》シメ、他《タ》ノ亀鑑《カヽミ》トセン。師、必《カナラ》ス引導回向《インタウヱコウ》スル事勿《ナカ》レ」ト云。師ノ云、「彼ハ極重《コクチウ》ノ悪人ナレトモ、我ニ深《フカ》キ因縁《インエン》アリ。設《タト》ヒ五逆《キヤク》ノ罪《サイ》人タリトモ、豈弥陀深重《アニミタシンシウ》ノ誓願力《セイクハンリキ》ヲ以テ、助《タス》ケスシテ置《ヲク》ヘキヤ。我《ワカ》弥陀ハ善《セン》人ヲ先《サキ》トセス、悪人ヲ先トシテ救《スク》（17ウ）ハン為ノ本願《クハン》ナリ。我レ是ヲ引導《インタウ》セシニ、誰《タレ》カ障碍《シヤウケ》スル事ヲ得ン。汝等《ナンチラ》ハ第六天ノ魔民《マミン》ナラン。我、速《スミヤカ》ニ降伏《カフフク》スヘシ」トテ、念珠《シユス》ヲ持《モツ》テ飛掛《トヒカヽ》リ、投付《ナケツケ》玉ヘハ、其念珠《シユス》、一鬼《キ》ノ口中ニ当《アタ》リ、牙歯《キハ》三枚落《マイヲト》セリ。流《ナカ》ル、血、滝《タキ》ノ如ク、二鬼トモニ動《ウコ》キ得スシテ泣居《ナキイ》ケリ。其ノ時、師、「我レ末代相応《マツタイソウヲウ》ノ弥陀本願《クハン》ノ名号《メウカウ》ヲ弘通《クツウ》ス。何ソ障碍《シヤウケ》ヲナサンヤ」ト、様《サマ》々ニ責《セ》メ玉ヘハ、「然《シカレ》ハ向後《ケフカフ》ハ師ノ引導《インタウ》シ玉フ亡者《モフシヤ》、幷ニ師ノ名号《メウカウ》安置《アンチ》ノ家ニハ、我等鬼趣《キシユ》ヲ放《ハナチ》タルモ、来テ障礙《シヤウケ》スヘカラス。哀《アハレ》ミヲ垂《タレ》テ許《ユル》シ玉ヘ」ト申シケレハ、師、「中々ノ事ナリ。何《ナニ》ニテモ其證拠《シヤウコ》ヲ残《ノコ》シ置《ヲク》ヘシ」ト宣《ノタマ》ヘハ、然ハトテ、爪《ツメ》ヲ以テ板（18オ）間ニ判形《ハンキヤウ》ノ如キノモノ書《カ》キケル。「是、證拠《シヨウコ》ナリ」ト云。其ノ時、「許《ユル》ス」ト宣《ノタマ》ヘハ、二鬼《キ》ハ忽消失《タチマチキエウセ》ヌ、ト見玉ヒテ夢ハサメニケリ。

扨《サテ》、翌《ヨク》日死人ニ戒名《カイメウ》ヲ妙智《メウチ》信女ト付テ、引導《インタウ》シ玉フ。曾テ障礙《シヤウケ》ナシ。久三郎、大ニ感《カン》心シテ、師ノ御弟子《ヲテシ》ト成リ、出家シ、住宅田園《チウタクテンエン》ヲ捨《ステ》テ一宇《ウ》トシ、幡龍山久三〈後ニ／改ムレ山ニ〉寺ト号《カウ》シテ、即《スナハ》チ熊谷寺ノ末院《マツイン》トナレリ。

彼ノ鬼《ヲニ》ノ牙歯《キハ》ハ長《タケ》七寸余《アマリ》、今ニ熊谷寺ノ住宝《チウハウ》トナリ、爪《ツメ》形《カタ》ノ判《ハン》モ、今彼ノ寺ノ霊宝《レイホウ》ナリ。師ノ名号《メウカウ》ノ下ニ華押《カキハン》ヲ居《スエ》玉フニ、右ノ方ノ黒《クロ》キ丸キハ、熊野権現《クマノコンケン》ヨリ授リ玉フ印点《インテン》ナリ。又左ノ細《ホソ》キ丸キハ、彼鬼《ヲニ》ノ爪形《ツメカタ》ノ判《ハン》ナリ。故ニ師ノ名号ノ有ル所ニハ、鬼類《ヲニノタクヒ》、曾テ入リ乱《ミタル、》事能《アタ》ハス（18ウ）ト云ヘリ。

法論《ハウロン》ノ勝利《シヤウリ》ヲ得《エ》テ称美《シヤウヒ》セラレ玉フ事

或時《アルトキ》ノ事ニヤ、武州《フシヤウ》ノ殿中ニ於《オイ》テ、宗門《シウモン》ノ俊秀《シユンシウ》ノ僧ヲ選《エラヒ》集《アツメ》テ、難易《ナンイ》二道《タウ》ノ対論《タイロン》ヲ試《コヽロミ》玉フ。師ハ第《タイ》二座《サ》ニ当《アタツ》テ、問答《モンタウ》若干ニシテ詞弁流水《シヘンリウスイ》ノ如シ。敵者終《テキハツイ》ニ屈服《クツフク》ス。誠《マコト》ニ其ノ日ノ法問中《ホウモンノウチ》、第一人ト聞《キコ》ヘテ、満坐《マンサ》、耳《ミヽ》ヲヒソメテ聞《キヽ》、殿中《テンチウ》ノ面《メン》々称美《シヤウヒ》セスト云事ナク、推《ヲシ》テ義龍《キリヤウ》ト称《シヤウ》スル事、比《タク》ヒ希《マレ》ナル誉《ホマ》レニテ、古今独歩《トクホ》ノ俊才《シユンサイ》ナリ。カク智道兼備《チタウケンヒ》ノ高徳《カウトク》ナレハ、ヒト〳〵ノ御帰依浅《コキエアサ》カラサリシモ宣《ムヘ》ナラスヤ。

龍水名号請雨現證《アマコヒケンシヤウ》ノ事（19オ）

勢州白子《シラコ》終南《スナン》山悟真《コシン》寺ニ幡随意上人龍水名号《リウスイメウカウ》アリ。霊験《レイケン》アラタナルコト、響《ヒヽキ》ノ声《コヱ》ニ応《ヲフ》スル如ク。里人、是ヲ尊ムコト生身ノ如来ノ如シ。就中《ナカンツク》、雩《アマコヒ》ヲ祈《イノ》ルニ不思議《フシキ》ノ利益《リヤク》ヲ施《ホトコ》シ玉フコト、幾度《イクタヒ》ト云フ数《カス》ヲ知ラス。

爰《コヽ》ニ宝暦二年壬申《ミツノエ》ノ夏、大ヒニ旱《ヒテリ》シ五穀《コク》熟《ミノラ》ス、村民《ソンミン》甚《ハナハ》タ患《ウレ》ヒニ及ヘリ。水ヲ擔《ニナ》フモ力《チカラ》尽キテ、今ハ人民モ病トナレリ。カクテハ命モ危《アヤ》フカリケレハ、人々心ヲ合セテ雨請《アマコヒ》ノ祈リセントテ、村々ノ氏神ニソレ〳〵ノ願《クハン》ヲナシ、昼夜《ヒルヨル》ノ別《ワカチ》ナク太鼓ヲ鳴ラシテ祈レトモ、更《サラ》ニ験《シルシ》モアラサルホト、打続《ウチツヽ》ク旱威《ヒデリ》ニ穀物《コクモツ》ハ次第ニ枯萎《カレシホミ》、見ル目モ哀レニ歎《ナケ》カシケル。

終《ツイ》ニ村々ヨリ太神宮ニ禱《イノ》ラントテ、両宮へ歩《アユ》ミヲ運《ハコ》ヒ、誠《マコト》ノ祈リ止《ヤメ》ンコトナケレト、一（19ウ）天雲霽《クモハレ》テ、数《ス》十日ノ旱魃《カンハツ》、炎々《エン〳〵》トシテ燬《ヤク》カ如シ。民力尽《ミンリヨクツ》キテ網然《ハウセン》タリ。

古老ノ徒《トモカラ》、語テ曰、「昔《ムカシ》ヨリカヽル大旱魃《ダイカンハツ》ノ節ニハ、悟真《コシン》寺ノ什宝《シウハウ》・龍《リウ》水ノ名号ニ祈願《キクハン》セシ例《タメシ》アリ。此上ハ彼寺ニ願《ネカ》ヒ侍《ハヘ》ラン」トテ、其々《ソレ〳〵》ノ地頭ノ有司《ユウシ》ニ訴《ウツタ》ヘ、悟真寺ニカクト告ケレハ、時ノ住職《シヨク》・勧誉《クハンヨ》上人、黙然《モクセン》トシテ打ウナツキ、「抑《ソモ〳〵》当寺龍水ノ名号、奇特《キトク》ノ霊験《レイケン》マシマスコト、親《マノアタ》リ予カ知ル所ナレハ、此ノ程《ホト》ノ村民ノ苦《クル》シミ見ルニ忍《シノ》ヒ難《カタ》ケレハ、疾《トク》ニモ祈リヲナサント思ヘト、其ノ事厳重《ケンチウ》ニシテ、軽《カロ》々シク成スヘキニアラテ、今ニ延引《エンイン》セリ。此ノ上《ウヘ》ハハヤ〳〵用意アルヘシ」トテ、七月朔日、海辺《カイヘン》ニ大《ヲホヒ》ナル仮屋《カリヤ》ヲ作《ツク》リ、七箇日ヲ刻《カキリ》トシ、前《マヘ》ニハ八大龍王ヲ勧請《クハンシヨウ》シ、卒塔婆《ソトハ》ヲ造《ツク》リ浜《ハマ》ノ手ニ列《ツラ》ネ、中央ニハ龍水名号ヲ本尊ト（20オ）シ、香火《カウクハ》ヲ弁備《ヘンヒ》シ、供物《クモツ》ヲ捧《サヽ》ケ、座《サ》ニハ百万遍ノ大念珠《シユス》ヲ置《オキ》、闔《イツ》山ノ大衆《シユ》十余人、厳《オコソカ》ニ出立《イテタチ》テ、勧誉上人導師《トウシ》ヲ成シ、法事ノ式儼然《シキゲンゼン》トシテ百万遍ノ念仏ヲ修行《シユキヤウ》セラル。村々ヨリ聚《アツマ》ル人々、同シク大数珠幾串《シユスイクレン》モ取リ来リ、手々《テンテ》ニ繰《ク》リテ念仏スル声、天ニモ響《ヒヽ》クハカリナリ。

午ノ正中ヨリ興行《コウキヤウ》セラレケルカ、未ノ下刻ニ至リ、百万遍モ半《ナカハ》ナリシニ、俄《ニワカ》ニ海上風荒《アラ》ケ一群《ムラ》ノ黒雲《クロクモ》来リ、忽《タチマ》チ一天カキ曇《クモ》リ、大雨注下《ソヽキクタ》ルコト偏《ヒトヘ》ニ車軸《チク》ノ如クナレハ、横《ヨコ》キル雨ニ仮屋《カリヤ》ノ中、灯燭《トウシヨク》モシメリ人々タ、ヌレニヌレケレハ、角テハ叶ハシトテ法座ヲ退《シリソ》キ、悟真寺ニ立チ帰リ、相続キテ念仏ヲ修セラレケレハ、雨ハイヨ〳〵盛《サカン》ニシテ、数十里ノ中沽《ウルホヒ》ヲ得、今マテ枯《カレ》タル作物《サクモツ》ハ萋々蒼々《セイ〳〵ソウ〳〵》トシテ春ノ若葉《ワカハ》（20ウ）ノ如ク死《シ》シタル人ハ蘇生《ソセイ》シ、枯木《カレキ》ニ花ヲ生スルニ似タリ。巷《チマタ》ニ歌ヒ野ニ打《テウ》チ、上人ノ行力《リキ》、名号ノ不思議ナル諸人ノ感嘆《カンタン》、日ヲ累《カサ》ネテサ、メキ渡《ワタ》リテ夥《ヲヒタヽ》シ。

カクテソ五日十日ハ経《ヘ》ニケルカ、又モ雨降《フ》ラサルコト数旬ニ及ヒケレハ、田畠《テンハタ》ノ焦《ヤ》ケ額《カシ》ケタルコト、前ノ旱《ヒテリ》ニ異ナラス。人々アキレテ胸《ムネ》フサカリ、又モヤ雩《アマコヒ》ヲ催《モヨホ》シケル。サキニ神々ニ禱《イノ》リテ験《シル》シナカリケレハ、又モヤイノランヤウモナシ。只龍水ノ名号ト、皆一同ニ悟真寺ニ詰《ツ》メカケタリ。上人カクト聞キ玉ヒ、「ヤミネ〳〵再《フタヽ》ヒ祈ルヘカラス。先《サキ》ニ祈リテ雨降リシハ、我輩《ワカトモカラ》ノ僥倖《マクレアタリ》ノシアハセ、万民ノ大事ナリ。夫、我国ハ神国ナリ。神ニ祈リテ験《シルシ》ナキハ必ス深キ所由《ユヘ》アラン。争《イカテ》カ人力《ニンリキ》ノ及フ所ナラン。偶《タマ〳〵》サキニ利益ヲナシ玉ヘハトテ、再《フタヽ》ヒ是（21オ）ヲ祈ランハ、尊威《ソンイ》ヲ褻《ナレ》ケカスト云者。俗諺《ヨノコトハサ》ニモイハスヤ、仏ノ面《カホ》モ三度摩《ナツ》レハハラタツ、ト。慎《ツヽ》シンテ尊ムヘシ、褻《ナレ》テ数《シハ〳〵》祈ルヘカラス」ト、フツニ肯《ウケカ》ヒ玉ハサレハ、村民ハ力《チカラ》ナク、「仏ハ大慈大悲ニテカ、ル苦患《クケン》ヲ救《スク》ヒ玉フ。上人ノ祈ヲナサヌハ、法ヲ惜《ヲシ》ミ玉フニ似タリ。一向《ヒタスラ》願ヒ奉ル」ト、ヤル方ナク申スニソ、上人重ネテ、「大凡ソ大刹《タイチ》ニ住持スル身ハ欽《ツヽシン》テ仏法ヲ重《ヲモン》シ、其寺ノ侮《アナトリ》ヲ禦《フセ》クヲ住職ノ勤トス。当寺ハ数多《アマタ》ノ外護《ゲコ》ノ檀《タン》越アリ。滅《メツ》罪生善ノ引導ヲ先務トシ、現世祈禱ヲ勤トスルニ非ス。若シ再ヒ祈リヲ成シテ雨降ラサル時ハ、先日ノ大功モ詮《セン》ナキコトトナリ、諸人ノ嘲《アサケリ》ヲ招《マネ》クヘシ。其嘲リハ我身ヒトツニアラス。大衆檀越共ニ被《カフム》ル仏法ノ瑕瑾《カキン》ナリ。此ノ般《タヒ》ノ旱魃《カンハツ》常事《タヽコト》ニアラス。（21ウ）雨降ルヘキ縁アラハ、我レ祈ラストモ仏神何ソ惜ミ玉ハン。ヤミネ祈ルヘカラス」トアレハ、各道理《タウリ》ニ伏ストイヘトモ、「先ニ眼前ノ現證ヲ見テ又モヤ苦シム旱《ヒテリ》ナレハ、居ナカラ枯ル、ヲ見シヨリハ非理《ムタイ》ニ願ヒ奉ル」トテ、去ラン気色ハナカリケリ。塔頭《タツチウ》申ケルハ、「角マテ人々懇望《コンハウ》ノ次第、檀中ヘモ沙汰シ申スヘシ」トテ、頓《ヤカ》テ其由告《ヨシツケ》ケルニ、檀那打寄リ評議シテ曰、「諸人ノ歎《ナケ》キ黙止《モクシ》カタシ。御苦労ナカラ再ヒノ祈リヲナシ、諸人ノ心ヲ休《ヤス》メ玉ヘカシ。降ルト降ラヌトハ、天ノ時ナルヘシ。仏神タモ是ヲ如何トモシ玉ハサレハ、上人ノ恥辱《チシヨク》トハナルマシ。上人ノ恥辱ニアラスハ、寺ニ難ナシ。塔頭《タツチウ》檀那 侮《アナトリ》ヲ受ルコトナシ。同シク願ヒ奉ル」トアリケレハ、方丈ツク〳〵点頭《テントウ》《カテン》シ、「予モ（22オ）サハ思ヘトモ、非理《ヒリ》ニ祈ル雨ナレハ、予《ワレ》一人ノ力ニ能《アタ》ハス。万人ノ心ヲ一ツニシテ祈ランニハシカシト、檀中ノ心ヲ探《サク》リシナリ。イテ〳〵用意アレカシ」トテ、前ノ如ク檀ヲシツラヒ、三日ヲ限リトシ、正日中ニ百万遍ヲ行シ玉フ。傍《カタヘ》ノ人々、稲麻《タウマ》・竹葦《チクイ》ノ如ク、今ハ数珠モ及フヘクモアラネハ、大ナル細引《ホソヒキ》ヲ幾箇《イクラ》モツナキ合セテ、大数珠ニ代ヘ、是ニ取リ付キ、エイヤ声ニテ海モ山モ崩ル、ハカリ、大音声ニテ念仏スルハ、目サマシカリシコトトモナリ。

　カクテ申ノ刻ハカリニ海上少シ浪立チテ、少シ曇《クモ》リ見ヘケレハ、スハヤト人々目ト目ヲ見合セ、精誠《セイ〳〵》ヲ凝《コ》ラシ、声限《カキ》リ力《チカラ》限リト勤《ツトム》ルニソ、暑《アツ》サハアツシ、精力《セイリヨク》ハ疲《ツカ》ル。流ル、汗《アセ》ハ瀧ノ如ク、帷子衣《カタヒラコロモ》ヲ浸《ヒタ》スコトハ、以前ノ雨ヨリ甚シ（22ウ）ケレトモ、空《ソラ》ハ次第ニ晴レ行キテ、雨降ルケシキハナカリケルニ、百万遍ハ満座ニテ既ニ夕陽《セキヤウ》ウスツキテ、「其日ノ勤メハ果タリ」トテ、導師ハ静カニ念仏シ、「カタ〳〵本意《ホイ》ナク思フコト勿レ、祈ル限リハ三日ヲ約セリ。今日《ケフ》ハ始メノ一日ナリ。明日明後又祈ルヘシ。先ツ寺ニ帰リナン」トテ、スコ〳〵ト立チ玉ヘハ、一山ノ大衆ハ力《チカラ》ナク、近郷《キンカウ》ノ村民《ヒヤクシヤウ》ハ手ニ握《ニキ》リタル杖《ツエ》ヲ失フカ如ク、物ヲモイハスヨロ〳〵ト家《イヘ》路《チ》ニコソハ帰リケル。

　ステニ其日モ暮ケレハ、人々疲《ツカ》レテ臥《フシ》タリシニ、夜半《ヤハン》ノ比《コロ》ホヒ雷電《ライテン》シ、暴風サツト吹キワタリ、大雨頻《シキ》リニ注《ソヽ》クコト、麻ヲ立タル如クナレハ、皆々目サマシ起《ヲキ》上リ、「扨《サテ》々不思議ノ法力哉」ト、悦ヒアヘル声々ハ、野モ山モ響《ヒヽ》キワタリ、幡随意上人活《イキ》如来ト渇仰《カツカウ》スルコト、吾浄（23オ）家ノ輩ノミニアラス、八宗九宗老若男女ノ悦ヒハ、生々世々モ忘《ワス》ルマシト、ハテハ御礼ノ踊《ヲトリ》ヲ成シ、踊躍《ユヤク》歓喜ノアリサマハ、此ノ世ステニ此ノ如シ、当来ノ往生モ、最頼母《イトタノモシ》クソアリケル。近キコトナレハ、其会《エ》ニ列《ツラ》ナリシ人ノ親《シタ》シク物語リセシヲ聞ケリ。

幡随意上人諸国行化伝巻三終（23ウ）

【巻四】

幡随意《ハンスイイ》上人諸国行化伝《ショコクキヤ(ウ)ケテン》巻之四目録

幡随意《ハンスイイ》上人諸国行化伝《ショコクキヤウケテン》巻之四

勢州山田入門寺開基《セイシウヤマタニフモンカイキ》之事

慶長《ケイチヤウ》十六〈辛亥《カノトノ》〉年、師、七十歳、勢州《セイシウ》山田ノ辺《ホト》リニ隠《イン》居《キヨ》シ玉フ。即チ一宇《チウ》ヲ開基《カイキ》シ、入門寺ト号《カウ》ス。本尊《ホンソン》ハ恵心《エシン》僧都《ソウツ》ノ真作《シンサク》ト申伝《ツタ》ヘ、三尊来迎《ライカウ》ノ弥陀《ミタ》ヲ安置《アンチ》シ玉フ。左右《サユウ》ノ障子《シヤウシ》ニ唐《カラ》ノ楽天《ラクテン》ガ「行也、阿弥陀坐スルヤ也、阿弥陀縦饒《タトヒ》忙《イソカシキコト》ニ似ルモレ鑽《キルニ》不レ廃《ハイセ》二阿弥陀ヲ一、旦暮《タンホ》清浄《シヤウシヤウ》心《シン》但《タヽ》念《スル》二阿弥陀一」之句ト、又、大江《オヽエ》ノ定基《サタモト》ガ「笙歌《セイノカ》遥《ハルカニ》聞《キコフ》孤雲《コウン》ノ上《ウヘ》、聖《シヤウ》衆来迎落日前《シュライカウスラクシツノマヘ》」ノ語ト粘《テン》シ、賢《ケン》ヲ見テ齊《ヒト》シカラン事ヲ思ヒ、亦現存《マタケンソン》ニ仏《ホトケ》ノ光明《クハウメウ》ヲ拝《ハイ》セント誓《チカヒ》玉フニ、此本尊、光明ヲ放《ハナチ》テ師ヲ照《テラ》シ玉フ。随従《スイジウ》ノ僧《ソウ》モ是レヲ拝《ハイ》（1オ）シ奉《タテマツ》リテ、悦《ヨロコン》テ師ニ語《カタ》レハ、「汝《ナンチ》モ我《ワカ》化益《ケヤク》ヲ蒙《カフム》リテ、三垢《ク》ヲ消滅《セフメツ》スル利《リ》ヲ得タリ。勤《ツト》メヨヤ」ト宣《ノタマ》フ。

其ノ後ハ光《ヒカ》リヲ放《ハナ》チ玉フ事度々《タヒタヒ》ナリ。故ニ貴賤道俗《キセンタウソク》、市ノ如クニ集《アツマ》リ、師ノ教化《キヤウケ》ヲ蒙《カフム》リ結縁《ケチエン》シ奉《タテマツ》ル中ニモ、光明ヲ拝《ハイ》スルモノモアリケル。

北邑長兵衛《キタムラチヤウヘウエ》ヲ教誡《キヤウカイ》シ玉フ事

其ノ頃《コロ》、伊勢《イセ》ノ山田《ヤウタ》・北村《キタムラ》長兵衛ト云ヘル者アリ。元来貧《グハンライビン》乏《ボウ》ナレトモ、親《オヤ》ノ代ヨリ俄《ニワカ》ニ分限者《ブゲンシヤ》ニ成《ナツ》テ、肩《カタ》ヲ双《ナラフ》ル者モナシ。父《チヽ》某《ソレカシ》、齢《ヨハヒ》七旬《シユン》ニ余《アマ》レトモ、三宝非器《ハウヒキ》ノ人ニテ、慳貧《ケントン》邪見《シヤケン》ナリ。既《ステ》ニ大病ニ臥《フシ》テ、自身《ジシン》モ必死《ヒツシ》ト覚悟《カクコ》ヲ究《キハ》メ、最期《サイコ》ニ臨《ノソ》ンテ、忰《セカレ》長兵衛ヲ密《ヒソカ》ニ枕頭《マクラモト》ニ呼《ヨヒ》、秤一挺《ハカリイツテウ》ヲ譲《ユツリ》テ、秘シテ遺言《ユイケン》シケルハ、「我、此ノ秤《ハカリ》ヲ以テ（1ウ）俄《ニハカ》ニ分限《ブケン》ニ成レリ。其故ハ、此秤《ハカリ》ノ衡《サヲ》ノ中ニ水銀《ミツカネ》ヲ仕込《シコミ》置《オイ》テ、若銀《モシカネ》ヲ得ル時、衡《サヲ》ヲ錘《ヲモリ》ノ方ニ傾《カタムケ》ルニ、水銀自然《ミツカネシセン》ト流《ナカ》レテ錘《ヲモリ》ノ方重《ヲモ》ク成ル故ニ、利ヲ得ル。若《モ》シ銀ヲ（人ニ）与《アタフ》ル時ニハ、秤《ハカリ》ノ方ニ衡《サヲ》ヲ傾《カタムケ》ル。水銀自然秤目重《ハカリメヲモ》クスル故ニ、利ヲ得。出入ニ付テ損《ソン》ハナク、利潤《リシユン》アリ。凡《ヲヨ》ソ此ノ所ニ我家ノ身上《シンシヤウ》、家督《カトク》ニ誰《タレ》カ及《ヲヨ》フ者アランヤ。今迄ハ女房ニモ此事知《シ》ラサスシテ、秘《ヒ》スト云ヘトモ、今汝ニ此ノ秤《ハカリ》ヲ譲《ユツ》ル故、此密《ミツ》事ヲ伝《ツタ》フナリ。必《カナラ》ス秘スヘシ。汝モ又、我カ如クニ必ス此ノ秤ヲ以テ利潤《リシユン》セヨ」トテ、一生悪《アク》ヲ造《ツク》リ、又一子ニ迄《マテ》悪ヲ教《ヲシ》ヘ譲《ユツ》リテ、一遍《ヘン》ノ念仏モ唱《トナ》ヘス、苦痛顛倒《クツウテンタウ》シテ死《シヽ》ケリ。

一子長兵衛ハ親《オヤ》ニ似ス、天性《テンセイ》正直《シキ》ニシテ三宝ヲ信シ、因果《インクハ》ヲ怖《ヲソ》ル、者ナルカ、（2オ）倩《ツラ〳〵》思ヒケルハ、「設《タト》ヒ父ノ命ナリト云ヘトモ、不実《フシツ》ヲ以テ人ヲ惑《マトハ》スハ、天道《タウ》必《カナラ》ス罰《ハツ》セン。三年父ノ道ヲ改メサルヲ孝《カウ》ト云ヘトモ、斯《カヽル》悪《アク》事ハ片時《ヘンシ》モ早ク改メスンハ天道ノ恐《ヲソ》レ有リ」トテ、入門寺ニ詣《マフテ》テ師ニ其ノ始末《シマツ》ヲ語リケレハ、師ノ云、「即チ速《スミヤカ》ニ其ノ秤《ハカリ》ヲ捨《ステ》ナハ、天理《リ》ニ叶《カナ》ハン事ハ目前ナリ」ト宣《ノタマ》フ。長兵衛、師ノ示《シメシ》ヲ受《ウケ》テ、即《スナハチ》、師ノ前《マヘ》ニテ件《クタン》ノ秤《ハカリ》ヲ二ツニ折《ヲリ》ケレハ、不思議《フシキ》ヤ、秤《ハカリ》ノ衡《サヲ》ノ折《ヲレ》目ヨリ火ノ玉二ツ飛出《トヒイテ》テ、忽《タチマ》チ虚空《コクウ》ニ上リヌ。

怪《アヤシ》ミナガラ、本尊ヲ拝《ハイ》シテ、念頃《ネンコロ》ニ懺悔《サンケ》シテ、「父ノ罪《サイ》障滅《シヤウメツ》シ玉ヘ。子孫《シソン》ヲ守護《シユコ》シ玉ヘ」ト、仏ニ向《ムカツ》テ泣《ナキ》ケルカ、頓《ヤカ》テ我家ニ帰《カヘ》リケルニ、惣領《ソウレウ》ノ子俄《ニワカ》ニ苦《クルシ》ミ悩《ナヤム》事限《カキ》リナク、七日ト云ニ空《ムナシ》ク成《ナリ》ヌ。父母泣悲《ナキカナシ》ミケルニ、（2ウ）又次男《シナン》苦《クルシミ》テ、兄《アニ》ノ如ク悩《ナヤ》ンテ、是モ七日メニ至《イタツ》テ死ス。

夫婦《フウフ》ハ狂乱《キヤウラン》ノ如ク、立テモ居テモ二子ヲ失《ウシナ》フ事忘《ワス》レ難《カタ》ク、余《アマ》リノ事ニ直《シキ》ニ夫婦《フウフ》共ニ走《ハシ》リ出、入門寺ニ詣《マフ》テ師ノ前ニ出テ、散々《サン〳〵》ニ悪口《アクコウ》シテ曰、「是ナル房主《ハウズ》、能《ヨク》コソ我ヲ惑《マトハ》シテ、秤《ハカリ》ヲ折《ヲラ》セケルヨ。何条《ナンテウ》悪《ニク》キ房主メ、二人《フタリ》ノ子ヲ殺《コロ》シテ狂乱《キヤウラン》ノ如ク成《ナリ》シハ、此ノ房主カ秤ヲ折セシワザ、仏道ト云事ハナイ事、神モ仏モ入ラヌ。善《セン》ト云事、悪ト云事、ミナ僻事《ヒカ》。我カ父、アレ程《ホト》ノ事シテモ一生何事モナク安穏《アンヲン》ナリ。我ハ其ノ悪ト云秤《ハカリ》ヲ折《ヲツ》テ、二人ノ子ヲ死《シ》ナセタ。悪ト云事、実《ジツ》ニアラハ、父ヲナセ罰《バツ》ハ報《ムク》ハヌソ。善ト云事、実《マコト》ニアル事ナラハ、何セ我ニ二人ノ子ヲ先達《サキタチ》サセテ悲《カナシミ》（3オ）ヲ掛《カケ》ルソ。仏神ト云者アラハ、何《ナン》ソ我父《チヽ》ヲ見ノガシニシタ。何《ナ》セ我ヲ守《マモ》ラズシテ、悲《カナシミ》ヲ掛《カケ》ルヤ。サア幡随ノ語《カタ》リ房主ノ偽《イツハ》リモノ、汝チガ秤《ハカリ》ヲ折《ヲラ》セシユヘニ、二人ノ子ハ死シタリ。二人ノ子共ヲ返《カヘ》セ、マドヘ返《カヘ》セ」ト泣狂《ナキクルヒ》ケレハ、師ノ云、「愚《ヲロカ》ナル心ヨリ、二人ノ子ヲ先達《サキタテ》テ我ヲ恨《ウラ》ムモ理《コトハ》リナリ。夫仏神現《ソレフツシンケン》ニ有《アリ》テ、善《セン》悪《アク》ヲ今明《アキラ》カニ立玉フヲ、汝《ナンチ》カ迷《マヨ》ヒ、何《ナニ》モ知《シ》ラヌ心カラハ得《エ》知《シル》マシ。汝カ父ニ罰《ハチ》ノ当《アタ》ラヌト思フヤ。当来《タウライ》永《ナカ》ク地獄《チコク》ニ堕《タ》スヘキ者故ニ、娑婆《シヤハ》ノワツカナル間《アイタ》ハ、仏モ神モ見捨《ミステ》玉ヒタルナリ。娑婆《シヤハ》ニテ厳罰《ケンハツ》ノ当《アタル》ト云ハ、若《モシ》一分モ当来《タウライ》仏ノ方便《ハウヘン》ニテ、助《タス》カルヘキ手掛《テカヽリ》ノ有ル者ニコソ当《アタ》レ、極《キハメ》テ地獄《チコク》ニ堕《ヲツ》ル者ヲ、仏モ神モ何《ナン》ソ（3ウ）現在ノ纔《ワツカ》ナル事ニ構《カマ》ヒ玉フヘキヤ。譬《タトヘ》ハ汝カ家ニ永《ナカ》クモ仕《ツカヘ》ント思フ者、若一分《モシイチフン》モ見所アル者ナラハ、悪《アシ》キ事有ラハ異見《イケン》シ、杖《ツエ》ヲ当テ、モ見ヘシ。若シ迚《トテ》モ永ク仕《ツカ》フヘキ者ニアラス、五日七日ノ内ニハ出スヘキ者《モノ》ト見《ミ》極《キハ》メタラハ、居《イ》ル間《アイタ》、纔《ワツカ》ト思テ異見《イケン》モ世話《セワ》モセサルカ如シ。公儀《コフキ》ノ慈悲《ヒ》モ左《サ》ノ如ク、一分モ助《タスカ》ルヘキ罪《サイ》人ナレハ、木馬《キムマ》亦水責《ミツセメ》モ有リ。死罪《シサイ》ノ咎《トカ》ニ究《キハマリ》タルハ、責ハ入ラヌカ如シ。又二人ノ子ヲ殺《コロ》シタルヲ悪シキ事ト悲《カナシ》ムヘカラス。汝、又父カ如クノ罪人ナラハ、定《サタメ》テ二人ノ子モ堅固《ケンコ》ナルヘシ。汝ハ父ニ替《カハ》リ、善《セン》心アル故ニ、仏神ノ大悲《ヒ》、永キ当来ヲ助《タス》ケンカ為ニ、二人ノ子ヲ殺《コロ》シ（4オ）テ、其ノ悲《カナシミ》ヲ未来《ミライ》ノ永キ地獄《チコク》ノ苦《クルシ》ミニ替《カヘ》玉フナラン。是ヲ仏ノ転重軽受《テンヂウケイシウ》ノ慈悲《シヒ》ト云フ。汝カ惜《ヲシ》ミ愛《アイ》スル二人ノ子ハ、定《サタメ》テ天魔《マ》ノ所為《シヨイ》ナラン。善人ノ禍《ワサハヒ》ハ先《セン》祖《ソ》ノ余殃《ヨワウ》ナリ。不善《フゼン》人ノ幸《サイハヒ》モ先祖《センソ》ノ余慶《ヨケイ》ナレハ、親《オヤ》ノ因果《インクハ》ハ子ニ報《ムク》フト云ヘリ。如何《イカ》ナル天魔破旬《マハジユン》ガ汝カ二子ト生レテ成《セイ》人ノ後《ノチ》、博奕《バクエキ》・遊女《ユウシヨ》ニ身上ヲ破却《ハキヤク》シ、剰《アマツサ》ヘ盗賊《トウソク》、追剝《ヲヒハキ》トナリテ親ノ首《クビ》ニ縄《ナハ》ヲ掛《カケ》テ、汝ガ親ノ因果ガ子ノ汝ニ報《ムク》ハセン為ナラン。汝チ能覚《ヨクヲホヘ》タルヤ。秤《ハカリ》ヲ二ツニ折《ヲリ》タル時《トキ》、火ノ玉二ツ天ニ上《アカ》ル。我、其時今ヨリ汝カ禍《ワサハヒ》ヲ去《サツ》テ福《サイハヒ》アルヘシト思ヒヌ。汝カ父ノ譲《ユスリ》ノ秤《ハカリ》ヲ折テ、悪ノ根元《コンケン》ヲ永ク断絶《タンセツ》セシニ依テ、魔王破旬《マワウハシユン》（4ウ）モ其ノ善根《センコン》ニ驚《オトロヒ》テ、所ヲ失《ウシナ》フテ天ニ上リタルナリ。汝二人ノ子ヲ成長《セイチヤウ》シテ後ニ、汝カ首《クビ》ニ縄《ナハ》ヲ掛ケ、其ノ身モ死罪《シサイ》ニ行レ、未来永《ミライナカ》キ地獄《チコク》ニ堕テ苦《ク》ヲ受ルカヨキカ、又二人ハ死罪ニモ行ハレスシテ病死《ビヤウシ》シ、汝モ現《ケン》在《サイ》何ノ災難《サイナン》モナク、一生安楽《アンラク》ニシテ、其ノ上、死《シ》シテ浄土ニ至リテ仏果《フツクワ》ヲ受テ、永ク安楽ヲ得ルカヨキカ、得《トク》ト心ヲ静《シスメ》テ思惟《シユイ》シテ見ヨ」ト示《シメ》シ玉フ。

夫婦《フウフ》共ニ少《スコ》シハ心和《ヤハラ》キケレトモ、未《イマ》タ愚《ク》癡ノ闇《ヤミ》ニ迷《マヨヒ》テ心解《トケ》サレハ、又本尊ノ前ニ至リテ、散々《サン〳〵》ニ三尊ニ向《ムカ》ヒテ、悪口《アクコウ》誹謗《ヒハウ》シテ帰《カヘ》ルコソ悲《カナ》シケレ。

頓《ヤカ》テ我屋ニ帰《カヘ》リテ、直《チキ》ニ仏壇《タン》ニ取掛《カヽ》リ、又色々《イロ〳〵》種々《シユ〳〵》ノ悪言《アクコン》ヲ云、「犬《イヌ》ヤ猫《ネコ》ニ物食《モノクハ》セテモ、主ノ恩ヲ知テ、犬（5オ）ハ盗人ヲ守リ、猫ハ鼡《ネスミ》ヲ取ル。此ノ人形ヲ是迄《マテ》敬ヒ供養スレトモ、何ノ益ニモ立《タヽ》ヌ。夫婦《フウフ》二人ノ子ヲ失《ウシナ》ヒ、是程ニ悲ムニ、何ソヤマヂ〳〵トシテ知ラヌ貌《カホ》シテ居ル。神モ仏モ入ヌ」トテ、仏モ祓《ハラヒ》モ庭《ニワ》ニ取投《ナケ》出シケリ。見ル人、笑止《シヨウシ》ニゾ思ヒケル。

頓《ヤカ》テ日暮《クレ》ケレハ、夫婦《フウフ》共ニ悪言言草臥《アクコンイヽクタヒレ》テ、終《ツイ》ニ寝《ネ》タルニ、入門寺ノ本尊真中《マンナカ》ニ在《マシマ》シ、左右《サユウ》ニハ長兵衛カ家ノ如来ト天照太神ト在シ、各々光リヲ放《ハナ》チ、枕上ニ来《キタツ》テ告《ツケ》テ曰《ノタマハク》、「イカニ夫婦ノ者諦ニ聴《キ》ケ。先《サキ》ニ幡随《ハンスイ》カ云ヘル如クナリ。必ス疑ヲナスヘカラズ。二子ニ別《ワカ》〔先達テ〕レテ我ヲ恨《ウラ》ムルハ僻《ヒカ》事ナリ。死タル二子ハ実《マコト》ニ人間《ケン》ニハ非《アラ》ス。火星《クハセイ》・亡星《ハウ》ト云悪《アク》星ナリ。成長《セイチヤウ》ノ後ハ、必ス汝等《ナンチラ》（5ウ）ニ災難《サイナン》ヲ掛《カ》ケ、火難《クハナン》・盗《トウ》難ヲ受《ウ》ケ〔サセ〕、家ヲ亡《ホロホ》サンカ為ニ、仮《カリ》ニ汝カ二子ト生レテ人間《ケン》ニ交《マシハ》ル。然《シカ》レトモ幡随《バンズイ》ガ教誡《キヤウカイ》ヲ受《ウケ》テ、悪《アク》ヲ翻《ヒルカヘ》シ善ヲ修《シユ》スルニ依《ヨツ》テ、秤《ハカリ》ヲ折《ヲリ》タル時ニ星《セイ》ハ天ニ上リヌ。委《クハシ》クハ幡随ガ示《シメ》ス如シ」ト宣《ノタマ》フト、忽消失《タチマチキヘウセ》玉ヒヌト見テ夢《ユメ》ハ覚《サメ》〔タリ〕ヌ。

其後〔此御告ヲ得テ〕、夫婦《フウフ》共ニ正気《キ》ニ成テ、惑解《マトヒトケ》テ夜ノ明《アケ》タル如クナレハ、家ノ仏神ニ懺悔《サンケ》シ、又入門寺ニ詣《マフ》テ、本尊ニ種々懺悔シ、夫《ソレ》ヨリ師ノ前ニ出テ、発露懺悔《ホツロサンケ》シテ先非《センヒ》ヲ後悔《コウクハイ》ス。其ノ時、師ノ曰、「汝等《ナンチラ》ハ仏縁深《フツエンフカ》キ者ナリ。今ヨリ猶々《ナヲ〳〵》念仏スヘシ」ト宣《ノタマ》ヘハ、大ニ悦《ヨロコン》テ夫婦《フウフ》共ニ師ノ前ニテ髪《カミ》ヲ切《キツ》テ、直《チキ》ニ出家《シユツケ》シ、師弟《テイ》トナレリ。

一念顚倒《テンタウ》スレハ獄卒鉄棒《コクソツテツボウ》ヲ振《フリ》、十念成就《ジヤウジウ》〔安心決定〕スレハ聖《シヤウ》（6オ）衆華台《ジウケダイ》ヲ傾《カタム》ク。師ノ勧誡《クハンカイ》ニアラスンハ、何ソ本心ニ帰《カヘ》ラン。師ノ示《シメシ》ヲ本尊此ヲ許《ユル》シテ、教誡《キヨウカイ》ヲ師ニ譲《ユツ》リ玉フ。世ニ有難《カタ》キ事ニ非《アラ》スヤ。実《マコト》ニ師ハ是レ凡人《ボンニン》ニアラサル事、思テ知《シル》ヘシ。

告令ニ依《ヨツ》テ邪宗退治《シヤシウタイチ》ノ事

慶長《ケイチヤウ》十八〈癸丑《ミツノトノウシ》〉年、上人七十二歳、蛮夷《バンイ》ノ凶賊《ケフソク》九州ニ来《キタ》リ、国《クニ》ヲ傾《カタ》ムケント謀《ハカ》リテ邪法《シヤハウ》ヲ弘《ヒロ》ム。種々《シユ〳〵》ノ幻術《ケンシユツ》ヲ以テ人ヲ惑《マトハ》ス。諸《シヨ》人、之《コレ》ヲ信シテ党《タウ》ヲ成シ、国政《クニノマツリコト》ヲ乱《ミタ》シ、厳罰ヲ恐《ヲソ》レス、甚《ハナハ》タ平治《チ》ナリカタカリケルホトニ、国守関《コクシユクハン》東《トウ》へ上聞《フン》ス。

是《コヽ》ヲ以テ速《スミヤカ》ニ刑罰《ケイハツ》アルヘキノ由《ヨシ》キコヘケレトモ、悪徒恐《アクトヲソ》ル、気色《ケシキ》ナク、干戈《カンクハ》ヲ以スル時ハ、国中ヲ鏖《ミナコロシ》ニスルトモ止《ヤム》事ナシ。如何《イカヽ》アラント評議《ヘウキ》マチ〳〵（6ウ）ナリケルニ、老《ラウ》臣何某《シンナニカシ》進出テ、「邪党ノ信スル所ハ、蛮夷ノ邪法ニシテ我国ノ仏道神道ノ類ニアラス。彼等《カレラ》ガ惑《マトヒ》ヲ闢《ヒラ》カンニハ、天下ノ高《カウ》僧《ソウ》ニ命シテ、正法ヲ説《トカ》シメ愚夫愚婦《フ》ノ心ヲ正《タヽ》サシメハ、当来《タウライ》地獄ノ苦患ヲ怖《ヲソ》ル、心ヨリ、邪法ヲウトム思ヲ生《シヤウ》スヘシ。其ノ党破《ヤフ》ル、トキハ、其ノ魁《カシラ》ヲ罰《ハツ》センコトモ遅カルマシキ」トテ、衆議《シウキ》一同シテ、「幡《ハン》随、其ノ器《キ》ナリ」ト云。

幕下、急キ近士《シ》ヲ遣《ツカハ》シテ師ヲ招《マネ》キ玉フ。師、固《コ》辞スル事ヲ得スシテ、東都《トウト》ニ下向《ケカフ》シ登城アル。ソノトキ、師ニ命シテ曰、「吾レ聞ク、国ニ患有ル時ハ必ス仏法ノ護持ニ依ル、ト。老《ラフ》衲《ナフ》天下ノ法将ニシテ、邪党ヲ対治スヘキノ英雄ナリ。急《イソ》キ九州ニ趣（7オ）キ凶徒ヲ教化《キヤウケ》シ、正法ニ導キ国家《コクカ》ノ患《ウレヒ》ヲ除キ玉へ。是、吾希フ所ナリ」ト。師、諾《タク》シテ曰、「仏法ヲ以教諭スルコト、我、豈苦労ヲ辞《ジ》センヤ。速《スミヤカ》ニ彼ノ地ニ住テ是ヲ治ヘシ」ト。領掌《レウシヤウ》アルニヨツテ感悦斜《カンエツナヽメ》ナラス。蜀紅《シヨクコウ》ノ錦《ニシキ》ノ陣羽織《チンハヲリ》ト、金ノ軍配団扇トヲ自《ミツカラ》携《タツサヘ》テ師ニ語《カタツ》テ曰、「念フニ夫、仏法世法異《コト》ナリト云ヘトモ、老衲、今般邪徒《シヤト》ニ対向《タイカウ》スルハ、全《マツタ》ク軍《クン》将ノ干戈《カンクワ》ヲ揮《フルウ》テ敵陣《テキシン》ニ趣《ヲモムク》ニ同シ。コレニ依《ヨツ》テ、今陣衣幷団扇ヲ以テ餞別トス。団扇《ウチハ》ヲ取テハ、高《タカ》ク宗風《シウフウ》ヲ扇《セン》揚《ヨウ》シ、邪《シヤ》輪ヲ摧《クダ》キ、正轍《セウテツ》ニ帰セシメ、陣衣《ヂンエ》ヲ以テハ、法服《ハウフク》ヲ制リ、威儀儼然《イキタンセン》トシテ、邪宗《シヤシウ》ノ仏敵ヲ教誡シ玉へ」トナリ〈団扇《ウチワ》ハ幡随院ノ宝庫《ホウコ》ニ有リ道衣《トウエ》ノ／蜀錦ハ法孫于今伝持セリ〉。

又、有馬某《ソレカシ》（7ウ）藤原直純朝臣ニ命《メイ》シテ、師ノ警固《ケイコ》タラシム。師、拝受シテ退キ、九州ニ趣《ヲモム》キ玉ハントシテ、亦思《マタシ》惟《ユイ》スラク、「邪徒《シヤト》国中ニ充満《ジウマン》ス。若、神助ニ依《ヨラ》スンハ、恐《ヲソラ》クハ我進退危急《シンタイキキウ》ノ時ナリ。先《マツ》太神宮ヲ拝《ハイ》シテ、対治《タイヂ》邪宗ノ神威《シンイ》ヲ祈《イノ》リ奉《タテマツ》ラン」ト、外護ノ有馬氏ニ先達《サキタツ》事二ケ月、武陽《フヤウ》ヲ発賀《ハツカ》シ、勢州《セイシウ》ニ趣《ヲモムキ》玉フ。

伊勢参籠《イセサンロウ》幷弥陀ノ像感得《ソウカントク》之事

師、斯《カク》テ日本ノ宗廟《シウヘウ》ニ詣《マフ》テ、仏法勝利《シヤウリ》有ン事ヲ懇《ネンコロ》ニ祈求《イノリモトメ》シ。七日満《マン》スル暁《アカツ》キニ夢《ユメ》ミラク、社檀《シヤダン》ノ扉忽ニ開《ヒラ》ケ、太神宮出現《シユツケン》シテ、弥陀ノ像一軀《ク》ヲ与《アタ》ヘ告《ツケ》テ曰《ノタマハク》、「此ノ像《ソウ》ニヨリテ化度スル時ハ、必《カナラ》ス勝利アルヘシ」ト。師、面《マノアタ》リニ其像ヲ見テ、歓喜感涙《クハンギカンルイ》（8オ）シテ夢《ユメ》ハ覚タリ。

明旦《メウタン》、一老翁《ラウヲウ》一ノ函《ハコ》ヲ持来リ、上人ニ謁《エツ》シテ曰、「此ノ中ニ尊像《ソンソウ》有リ。吾レ年来拝持《トシコロハイチ》スル所ナリ。今、上人ニ寄付《キフ》セシム」ト。即《スナハ》チ開《ヒラ》キ拝《ハイ》シ玉フニ、夢ニ拝《ハイ》シ玉フ如ク一尺二寸ノ霊像ナリ。低頭合掌《テイトウカツシヤウ》シテ、「瑞夢《スイム》ニ絲《シ》毫モ違ハス」ト随《スイ》喜シ、頭《カシラ》ヲ挙《アケ》玉フニ、老翁《ラウヲウ》ハ忽《タチマチ》見ヘス。「将《マサ》ニ邪《シヤ》ヲ防《フセ》キ正ヲ開《ヒラ》クヘキ祥瑞ナリ」ト、毫《カウ》ヲ染テ其ノ霊験《レイケン》、時日支干《カン》ヲ足踵ニ記シ、白道《タウ》寺ニ安置《アンチ》シテ、邪宗退治證拠《キリシタンタイチシヨウコノ》弥陀ト称シテ、今現《ケン》ニ在《マシ》テ皇太神一体分身《タイフンシン》ノ霊像也《レイソウナリ》〈白道寺開基ノ事ハ末ニ至テ知ルヘ／シ。今ハ越前ノ丸岡ニ有リ。国主有馬」氏直純以来《ナヲスミコノカタ》、代々菩提所トシテ／田園二百石ヲ寄ス。〉

私曰《ワタクシニイハク》、皇太神宮本地《クハウタイシンクウノホンチ》、阿弥陀如来ト申奉ル事、諸抄ニ散在（8ウ）セリ。別テ神国決疑編ニ宝基本紀ヲ載セテ、人王十一代垂仁天皇十六年〈丁巳〉冬十一月、倭姫命《ヤマトヒメノミコト》ニ託《タク》シテ、天下《ケ》和順等《ワシユントウ》ノ詞アリ。乃是無量寿経《リヤウシユキヤウ》ノ文ナル事、披テ見ヘシ。

又、人王九十代後宇多院ノ御宇、南都西大寺・興正菩薩ノ弟子・覚乗《カクシヤウ》上人、太神宮本地ノ尊形《ソンケウ》ヲ拝セント誓願《セイクハン》シテ、両社ニ詣ケル事、一百日ニ及《ヲヨ》ヘリ。神明感応在《シンメイカンヲウマシ〱》シテ託宣《タクセン》ヲ下シテ曰、「神前ノ池ニ来ルヘシ、朕相形《ワレスカタ》ヲ見スヘシ」ト。覚乗有難ク、鶏鳴《ケイメイ》ヲ待《マチ》テ御池ニ至リ玉フニ、其ノ長《タケ》一丈余ノ金色ノ大龍ト現レ、水上ニ浮《ウカ》ミ玉フ。覚乗、驚《ヲトロキ》怪《アヤシミ》テ稽首《ケイシユ》シテ、「和光同塵《ワクハウトウチン》ノ利益ハ本迹平等《シヤクヘウトウ》ナリト云ヘトモ、末世《マツセ》ノ凡夫ハ甚《ハナハタ》恐怖《キヤウフ》シテ、（9オ）信心生スヘカラス。是ハ方便身ニシテ、本地実体《シツタイ》ノ御相好ニ非ス」ト、御身ニ着シ玉ヘル竺布《チクフ》ノ袈裟《ケサ》ヲ脱《ヌイ》テ、大龍《リヤウ》ノ頂ニ投掛《カケ》玉ヘハ、霊蛇《シヤ》ハ袈裟《ケサ》ト共ニ水中ニ入玉フ。覚乗、重《カサネ》テ七日詣《マフテ》テ、本地ノ実体其ノ真《シン》身ヲ拝《ハイ》セント、念頃ニ祈誓《キセイ》シ玉フニ、七日満スル暁ニ、神明又託宣《タクセン》ヲ下テ告《ツケ》テ曰、「神ハ無相空寂ニシテ定レル色相《シキソウ》ナシ。併《シカシナカラ》、機見《キケン》不同ニ依《ヨツ》テ蛇《ジヤ》形ヲ現シ、或ハ内宮外宮《ケクウ》ヲシテ日本ヲ護《マモ》リ、或ハ和光ヲ九界《カイ》ノ塵《チリ》ニ同スト云ヘトモ、本地身ノ覚月ハ曇《クモ》ル事ナシ。爰《コヽ》ニ人皇ノ始《ハシ》メ、世モ豊《ユタカ》ニ仏法麗キ頃《コロ》、衆生利益《シユシヤウリヤク》ノ為ニ我レ仏ト変シ、弥陀ノ三尊ヲ刻《キサ》メリ。是ヨリ北《キタ》ニ当《アタ》リテ、国府《コフ》ノ里《サト》ニ一宇有リ。太平《タイヘイ》山無量《ムリヤウ》寿（9ウ）寺ト云ヘル、彼《カシ》コニ安置《チ》シテ年久シ。是レ朕《ワ》カ真ノ相ナリ。汝チ、朕《ワレ》ヲ拝《ハイ》セント欲《ホツ》セハ、彼ノ尊ヲ拝《ハイ》スヘシ」ト。覚乗、歓喜踊躍《クハンキユヤク》シテ、彼《カシコ》ヲ尋《タツネ》テ件《クタン》ノ事ヲ寺僧ニ語《カタ》ルニ、住僧《チウソウ》モ前夜ノ夢《ユメ》ニ弥陀ノ告ヲ得タリ。「明旦《メウタン》、一僧来リテ我ヲ拝セント云ヘシ。往古《ヲウコ》ヨリ我カ宮殿秘仏ニシテ開《ヒラ》ク事ナシトイヘトモ、彼ノ僧ニハ暫《ヲシマ》スシテ扉ヲ開テ拝セシムヘシ」ト。依テ覚乗是ヲ拝シ奉ルニ、弥陀尊ノ妙相端厳《メウソウタンコン》ニシテ、光明赫奕タリ。恭敬《クケウ》渇仰シテ仏足ヲ敬礼《ケウライ》スレハ、先キニ御池《ミイケ》ニテ、彼霊蛇《カノレイシヤ》ニ投掛奉《ナケカケタテマツ》ル竺布《チクフ》ノ袈裟《ケサ》ヲ、如来ノ御頭《ミクシ》ニ掛《カケ》玉ヘリ。感涙《カンルイ》袖《ソテ》ヲ浸シ、信心肝ニ銘《メイ》ス。大衆モ挙テ不思議《フシキ》ノ恩ヲ成ス。此《コヽ》ニ知《シン》ヌ、霊香偽《レイカウイツハ》リ無《ナ》ク、仏言空《フツコンムナシ》（10オ）カラス。国府《フ》ノ阿弥陀ハ天照太神ノ本地ナル事ヲ左《サ》右ノ扉《トホソ》ニ二首ノ尊詠《ソンエイ》アリテ、

　阿弥陀仏ト唱フル人ノ空クハ
　　ワレ此国ノ神《カミ》トイハレジ
　唯《タヽ》タノメ万ノ罪ハ深《フカ》クトモ
　　ワカ本願《クハン》ノアラン限《カキ》リハ

又、洛陽《ラクヤウ》一条《デウ》大超《テウ》寺ノ本尊ハ、往昔《ソノカミ》ヨリ天照太神本地仏ト崇メ、諸人群参《クンサン》ス。其ノ因縁《インエン》ヲ尋《タスヌ》ルニ、恵心ノ僧都《ソウツ》台嶺《タイレイ》ニマシマシケル時、天照大神宮ノ真体、異議区々《マチ〳〵》ニシテ決定《ケツデウ》シ難《カタ》ク、御真体《シンタイ》ヲ拝シ奉ラント祈願《クハン》シテ、一七日参籠《サンロウ》シ給《タマ》フニ、七日満《マン》スル夜《ヨ》、空中《クウチウ》ニ光明赫《カク》奕トシテ、光中ニ弥陀尊来現《ソンライケン》シ給《タマ》フ。僧都《ソウツ》、渇仰拝念《ネン》シテ曰、「末代《マツタイ》ノ衆《シュ》生ヲ哀《アイ》愍覆護シ（10ウ）玉ハ、、願クハ我前近《マヘチカ》ク尊容《ソンヤウ》ヲ現《ケン》シ玉ヘ。我レ、其尊体《ソンタイ》ヲ彫刻《テウコク（ママ）》ンテ末代《マツタイ》ノ証拠《ショウコ》トシ、留《トヽ》メテ衆《シュ》生《シャウ》ノ疑心《キシン》ヲ晴《ハラ》サン」ト。時ニ尊《ソン》容眼前ニ来リ給《タマ》フ。即《スナハチ》、御袈裟《ヲンケサ》ヲ以テ、寸法《スンハウ》ヲ乞請《コヒウケ》、刻《キサミ》玉フニ、化《ケ》人来リテ助作《ショサク》シ、日ナラスシテ刻彫《テウコク》シ給《タマ》フ。化《ケ》人ノ助作シ玉フハ、恐《ヲソラ》クハ太神宮ナラン。故ニ太神宮ノ御作トモ申ス。是ヲ太神宮ノ御真《シン》体、又ハ御本地仏ト崇敬《スウケイ》シ奉《タテマツ》ルトナリ。又、太神宮、或《アル》人ニ告ケ玉フ御詠歌《エイカ》トテ、

　払ウヘキ心ノ塵《チリ》モナカリケリ
　　南無阿弥陀仏ノ風ノ前ニハ

此ノ外、天照太神宮ノ本地弥陀ト云説々《セツ〳〵》、挙《アグ》ルニ遑アラス。師ノ感得《カントク》、思ヒ合スヘシ。（11オ）

浪華《ナニハ》大鏡寺ニテ化益《ケヤク》ノ事

慶長《ケイチヤウ》十八〈癸丑〉年、師七十二歳、九州《キウシウ》ニ趣《ヲモム》キ玉ハントテ、既《ステ》ニ摂州浪華ノ津ニ至リ玉フト聞《キコ》ヘ、邪宗《キリシタン》ノ党反《タウカヘツ》テ師ヲ害《カイ》セン事、恐慮《クリヨ》シ玉ヒ、肥《ヒ》ノ前州嶋原《センシウシマハラ》日ノ江城主・有馬《アリマ》氏直純《ナヲスミ》ヲ以テ、外護《ケコ》トシテ乗船《ショウセン》シ給フヘキ所ニ、有馬《アリマ》氏、関《クハン》東《トウ》ヨリ下向《ケカウ》、師ニ後《ヲクル》ル事四旬ナリ。

故ニ天満《テンマ》ノ大鏡《キヤウ》寺ニ在《マシマ》シテ、一日ノ光陰《クハウイン》モ空《ムナシ》クスヘカラス、邪宗退治《シヤシウタイチ》ノ前表《センヘウ》ニ、先ツ此ノ地ノ人民ヲ化度《ケト》セントテ、日々他力《タリキ》本願《クハン》ノ不可思議《シキ》ナル事ヲ演説シ玉フ。諸《シヨ》人群集《クンシウ》シ、化益《ケヤク》ヲ蒙《カフ》ムルモノ市ノ如シ。

爰《コヽ》ニ坂《ハン》陽福嶋ニ居住《キヨシウ》セル農民《ノウミン》五郎介ト云モノアリ。力《チカラ》千人ニ勝（11ウ）トテ、相撲《スマウ》ニ名ヲ得テ、異名ヲ二王五郎ト云ヘリ。秀頼公《ヒテヨリコウ》ノ家臣・薄田隼人正《スヽキタハヤトノカミ》ハ力量諸人ニ勝《スク》レテ相撲ヲ好《コノ》ミ、是レニ相従者《アヒシタカフモノ》ハ皆力強《ミナチカラツヨ》ク、天下ニ隠《カク》レナキアフレ者ナリ。此ノ五郎モ隼人ニ随従《スイシウ》シテ武士ト成リ、直ニ二王五郎ト呼《ヨ》ヒケリ。

此ノ者、若年ヨリ父母ニ不孝《フカウ》ニシテ、父ヲ苦ルシメ、母ヲ泣《ナカ》シム。川ノ流《ナカレ》ニ行テ魚《ウヲ》ヲ網シ、山野ニ走《ハシ》リテ鉄鉋《テツハウ》ヲ以テ鳥《テウ》獣《シウ》ヲ殺シ、酒《サケ》ニ長シテ人ヲ害《カヒ》シ、博奕《ハクエキ》ヲ好《コノ》ミテ財《サイ》宝ヲ奪《ウハヒ》、隼人《ハイト》カ権《ケン》ヲ借《カリ》テ人ヲ威《ヲト》シ、町家《テウカ》ヲ苦《ク》ルシム。其ノ悪逆《キヤク》、云ニ越タリ。

尓《シカ》ルニ彼《カレ》ガ妻、懐胎《クハイタイ》シテ臨産《リンサン》ノ時、双子《フタコ》ヲ生セリ。一人ハ男子ニシテ片足《カタアシ》ナシ。一人ハ女子ニシテ片手《カタテ》（12オ）ナシ。五郎甚タ怒《イカ》リテ、「不祥《フシヤウ》ナリ」トテ、薦《コモ》ニ裹《ツヽ》ミテ川ニ流シ捨《ステ》タリ。

又、幾程《イクホト》ナク孕《ハラミ》テ、翌《ヨク》年又産《サン》ス。此ノ度ハ胴体《トウタイ》ハ一ッニシテ首二ツ、手足共ニ四本宛《ツヽ》アリテ、男女ノ根ハ知レ難シ。又是レ「不吉ナリ」トテ、川ヘ捨《スツ》ル事先《サキ》ノ如ク。

「前後続《センコツヽイ》テ片輪《カタワ》ノ子ヲ産《ウム》ハ、其ノ母ノ失ナリ」トテ、其ノ妻ヲ追出《ヲイイタ》シテ又妻《メ》ヲ呼迎《ヨヒムカ》ヘ、二年ヲ過《スキ》テ此ノ妻亦出産《ツマヽタシユツサン》ス。其ノ子ハ又口《クチ》アリテ目鼻ハ其ノ形《カタチ》ハアレトモ、皮《カハ》一重隔《ヘタテ》タルコトクニテ相《サウ》ナシ。後妻ハ、「定メテ先妻ノ子共ノ報《ムクヒ》ナラン」ト歎《ナケ》キナカラ養育《イク》スルニ、三ヶ月ニシテ死ケリ。

其ノ頃、大鏡寺ニ在シテ、日夜名号《メウカウ》ノ利益《リヤク》ヲ説法シ玉フニ、五郎モ同縁ヤ有リケン、門前《セン》ヲ通（12ウ）ケルカ、諸《シヨ》人群集《クンジウ》スルヲ見テ、「何事アルヤ」ト堂《タウ》ノ縁《エン》ニ立寄聴聞《ヨリテウモン》シ、骨髄《コツスイ》ニ徹《テツ》シテ有難《アリカタ》ク、其ノ日ヨリ日々参詣《サンケイ》シテ、師ニ対面《タイメン》シテ十念ヲ受《ウケ》、先非ヲ懺悔《サンケ》シ、日課三万遍畢命為期《ヘンヒメウイコ》ノ誓《チカヒ》ヲ立テ、念々相続《サウソク》ノ行者トナリニケル。

翌《ヨク》年、慶長《ケイチヤウ》十九年十一月、薄《スヽキ》田隼人《ハイト》、伯楽《ハクラ》カ淵《フチ》ノ砦《シカラミ》ノ大将タリシ時、其ノ軍勢《クンセイ》ニ相従《アヒシタカ》ヒ石川主殿頭《トノモノカミ》ノ家人ト相戦《アヒタヽカ》ヒ、太刀《タチ》打折《ウチヲレ》テ討死シケル。最後《サイコ》ノ時ニ至リテ、白キ雲《クモ》ノ如キモノ口《クチ》ヨリ出テ、西ヘ去リケリ。戦《タヽカヒ》最中ノ事ナレハ、見ル者三、四人ナリシトカヤ。

九州ヘ出船《シユツセン》シ玉フ事

肥前国《ヒセンノ》嶋原《シマハラ》日ノ江城主有馬《シヤウシユアリマ》氏、坂陽《ハンヤウ》ニ着《ツ》キ給フ。師ト（13オ）共ニ乗船《シヨウセン》シテ纜《トモツナ》ヲ解《ト》キ難波ノ地ヲ離《ハナ》レ、播州明石ノ浦ニ着船《チヤクセン》ス。

此所ノ漁人《キヨ》、網《アミ》ヲ入テ数多《アマタ》ノ魚鱗《ギヨリン》ヲ得タリ。師ハ是ヲ見テ甚《ハナハ》タ悲《カナシ》ミ玉ヒ、漁夫《キヨフ》ニ告《ツケ》テ曰、「今汝《ナンヂ》カ得タル所ノ魚鱗《キヨリン》、悉《コト〳〵》ク我ニ与《アタ》ヘヨ。其ノ値《アタヒ》ヲ償《ツクナ》ハン」ト。漁人ノ曰、「値《アタヒ》宜シカランニハ売奉《ウリタテマツ》ラン」ト。師、即チ十貫《クハン》文ノ銭《セニ》ヲ与《アタ》ヘント約《ヤク》シ、鱗《ウロクス》ニ向《ムカ》ヒ十念ヲ授《サス》ケ玉ヘハ、諸々《モロ〳〵》ノ魚、踊《ヲト》リ立テ悦《ヨロコ》ヒ、十念ヲ拝受《ハイシユ》スル体《テイ》ヲ作ス。故ニ残《ノコ》リナク海《ウミ》ニ放《ハナ》チ玉フ。数多《アマタ》ノ鱗ハ悦ンテ、頭《カフヘ》ヲ揃《ソロヘ》テ師ノ跡《アト》ヲ顧《カヘリ》ミ、波間《ナミマ》ニ浮《ウカ》ミ遊《アソ》フト云ヘリ。

師ノ船《フネ》、既《ステ》ニ出サント云。漁人、魚ノ値《アタヒ》ヲ乞。師ノ曰、「我レハ三衣一鉢《ハツ》ノ境界《キヤウカイ》ニシテ、値《アタヒ》ハナシ。イサヤ其ノ代ヲ与ヘン」ト（13ウ）テ合掌《カッシヤウ》叉手《シヤシュ》シ、暫《シハラ》ク念シ玉ヘハ、忽《タチマ》チ船中ニ響《ヒヽキ》有テ、虚空《クウ》ヨリ十貫《クハン》文ノ銭落《セニヲチ》タリ。漁人《キヨ》驚《オトロ》キ恭《ク》敬スレハ、船《セン》中ノ道俗奇異《キイ》ノ思ヲナス。漁人《キヨ》カ曰、「多年殺生《セツシヤウ》ヲ以、家業《カケフ》トシ、貪欲《トンヨク》無道ニシテ菩提《ホタイ》心ナク、又施《ホトコ》ス事ヲ知ラス。尓《シカ》ルニ、今斯《カク》ノ如キ不思議《シキ》ヲ見ル、如何ナル事ソヤ。」師ノ曰、「魚鱗《ウロクス》ヲ助《タス》クル志願《クハン》ニ依《ヨツ》テ、諸天、魚値《ウホノアタヒ》ヲ与《アタフ》ル所ナリ。汝アヤシム事勿レ」ト。漁人《キヨ》、弥《イヨ〳〵》発起《ホツキ》シテ落涙《ラクルイ》シ、「助クル方方ニハ、諸天ノ現益《ケンヤク》ヲ施シ玉フ。然ルヲ、日々是ヲ殺《コロ》シ身《シン》命ノ助トナスコト、恐《ヲソ》ルヘシ〳〵。況《イハン》ヤ今諸天ノ与《アタ》ヘ玉フ魚ノ値《アタヒ》ヲ以テ、身命ヲ続《ツカ》ンコト恐《ヲソ》レアリ。所詮《シヨセン》仏道《タウ》ニ帰入シ先罪《センサイ》ヲ懺悔《サンケ》シ、先祖《センソ》ヲ救《スク》ヒ、此ノ業《コフ》ヲ永ク止《ヤメ》テ、子孫《ソン》ニ不譲《ユツラサル》（14オ）ニハシカシ」ト、直《チキ》ニ髪《カミ》ヲ切リ捨《ステ》テ、発《ホツ》心修行《シユキヤウ》ノ門ニソ入リケリ。誠《マコト》ニ放生《ハウシヤウ》ノ善行ヲ諸天納受《ノウシユ》シ玉ヒ、其ノ値《アタヒ》ヲ賜《タマウ》ナラン。有難《アリカタ》キ事ナリ。

私曰、放生《ハウシヤウ》ノ功徳《クトク》広大《クハウタイ》ナル故、八幡宮《マンクウ》神記ニヨリテ、毎《マイ》歳是《トシコレ》ヲ行ル。養老《ヤウラウ》四年九月、征夷ノ事有リ。太神託宣《セン》ニ曰ク、「合戦ノ間《アヒタ》、多ク殺生セリ。宜《ヨロシ》ク放生ヲ修《シユ》スヘシ」ト。諸国ノ放生会《ハウシヤウエ》、此ノ時始《ハシマ》ル。又、宇治橋《ウチハシ》ノ川上ニ十三重高サ五丈ノ石塔婆《トウハ》有リ。此ノ塔《タウ》ハ弘安《コウアン》年中ニ、興聖菩薩《コウシヤウホサツ》、此ノ所ノ漁夫《キヨフ》ヲ招《マネキ》テ、殺業《セツケフ》太タ重罪《チフサイ》ナル事ヲ説キ聴《キカ》シメ、此ノ産業《サンケフ》ヲ止《ヤメ》テ、瀑布《ボウフ》〔サラシ〕ノ業《ワサ》ヲ教ヘシム。然《シカフ》シテ、年来設《マフク》ル所ノ網代《アシロ》ヲ集《アツ》メテ水底《ミナソコ》ニ埋《ウツ》メ、永ク殺（14ウ）生禁断《キンタン》ノ證《シヤウ》トシテ建《タツ》ル所也〈近隣榎ノ嶋ノ瀑布／此ノ末ニテ于レ今有リ〉。又、奏門《ソウモン》ヲ遂《トケ》テ諸州ニ放生《ハウシヤウ》ヲ置《ヲク》事、一千三百五十六所ト云ヘリ。又、恵《エ》心僧都《ソウツ》、殺《セツ》生造罪《ゾウサイ》ヲ哀《アハ》レミ玉ヒテ、江州堅田《カタタ》ノ浦《ウラ》ハ都《スヘ》テ魚人《キヨ》ナリケレハ、魚鱗化益《キヨリンケヤク》ノ為《タメ》ニ、湖水《コスイ》ノ中ニ一堂《タウ》ヲ構《カマヘ》テ、一千躰《タイ》ノ阿弥陀ヲ彫刻《テウコク》シ安置《アンチ》シテ、漁人《キヨ》、魚鱗《キヨリン》ノ回向《エカウ》シ玉フ。世ニ浮御堂《ウキミタウ》ト云、仏ヲ堅《カタ》田千体《タイ》ト云ハ是レナリ。猶《ナヲ》、漁人《キヨ》ヲ誡示《カイシ》シテ、「汝等《ナンチラ》、魚《キヨ》鱗《リン》ノ命《メイ》ヲ断《タツ》事、甚重罪《ハナハタチウサイ》ニシテ軽《カル》カラス。尓《シカ》レトモ、娑婆《シヤハ》ノ習《ナラヒ》、世渡業《ヨハタルワサ》ハ是非《セヒ》モナシ。網打者《アミウツモノ》モ鱗《ウロクス》モ、共ニ往生浄《シヤウ》土ノ信心ヲ発《ヲコ》シ、網引度《アミヒクタヒ》ニ歌《ウタ》ヘ」トテ、即チ僧都教《ソウツヲシ》ヘテ曰、「堅田《カタタ》ノ浦《ウラ》ニ引網《ヒクアミ》ハ南無阿弥陀仏南無阿弥陀仏、堅田《カタ》ノ浦ニ引網ハ、ナムアミタ（15オ）仏ナムアミタ仏」ト、今ニ伝《ツタ》ヘテ此ヲ歌《ウタ》フトナン。執師《シウシ》子国ノ阿弥陀魚《キヨ》ノ因縁《インエン》ノ如シ。又、円光《エンクハウ》大師、西海《サイカイ》ニ趣《ヲモム》キ給《タマ》フ時、播磨ノ国高砂《タカサコ》ノ浦ニ着《ツキ》玉フ。老人夫婦《フウフ》来リテ、「我カ身ハ此ノ浦ノ漁《キヨ》人ナリ。幼《ヲサナ》キヨリ漁《スナト》リヲ業《ケフ》トシ、朝夕《テウセキ》鱗《ウロクツ》ノ命《メイ》ヲ断《タチ》テ世ヲ渡《ワタ》ル業《ワサ》トス。我カ如クノ地獄《チコク》ノ罪《サイ》人、助《タス》ケサセ玉ヘ」ト、手《テ》ヲ合テソ泣《ナキ》ケリ。大師、哀《アハレ》ミテ、「汝ガゴトキモノ、南無阿弥陀仏ト唱《トナフ》レハ、仏ノ悲願《ヒクハン》ニ乗《シヤウ》シ往生スヘキ」旨《ムネ》、念頃《コロ》ニ教《ヲシ》ヘ給《タマ》ヒケレハ、二人共ニ涙《ナミタ》ニムセヒ悦《ヨロコヒ》ケリ。大師ノ教《ヲシヘ》ヲ承《ウケタマハ》リテ後ハ、昼《ヒル》ハ浦ニ出テ手《テ》ニ漁《スナト》リスル事、止《ヤマ》サリケレトモ、口《クチ》ニハ名号《メウカウ》ヲ称《トナ》ヘ、夜《ヨ》ハ家ニ帰《カヘ》リテ二人共ニ声《コヘ》ヲ挙《アケ》テ終夜《ヨモスカラ》念仏シ、臨終《リンシウ》正念シテ往生ヲ遂《ト》ケ、アタリノ人（15ウ）モオトロクハカリナリ。又、菅相丞《カンシヤウシヤウ》左遷《サセン》ノ時、長門《ナカトノ》国浜中《ハマナカ》ト云所ニ泊《トマ》リ玉フ。其ノ里ハ茅舎《ホウシヤ》五十軒《ケン》ニハ過《スキ》ス。耕《タカヤ》スヘキ田畠《テンハタ》モ無ク、樵《キコル》ヘキ薪《タキヽ》モナケレハ、常《ツネ》ニ浜《ハマ》ニ出テ魚貝《ウヲカヒ》ヲ漁《スナトリ》シテ世ヲ渡《ワタ》ル営《イトナミ》トナシケル。尓《シカ》ルニ、近年《キンネン》海《カイ》上穏《ヲタヤカ》ナラスシテ、魚貝口《ウヲカヒクチ》ニ足《タ》ラズ、病《ヤマヒ》ナフシテ餓死《カシ》スル者多《オヽ》シ。里《サト》人、菅公《カンコフ》ヲ見奉《タテマツ》リ、「願《ネカハ》クハ大悲ヲ垂《タレ》テ、海《カイ》中波静《ナミシスカ》ニシテ家業《カケフ》ヲ恵《メク》ミ玉へ」ト云。菅公、哀《アハレ》ニヲホサレテ、「誠《マコト》ニ浮生半《フセイハン》日ノ露命《ロメイ》ヲ助《タス》カラン為《タメ》ニ数多《アマタ》ノ命《メイ》ヲ断《タツ》事、謬《アヤマ》リト知《シラ》サルコソ不便《フヒン》ナレ。シカハアレトモ、余《ヨ》ノナスヘキ産業《スキハヒ》ナシ。去《サリ》ナカラ、日々魚物《キヨモツ》ノ命《メイ》ヲ断《タツ》事ナレハ、罪障滅除《サイシヤウメツシヨ》ノ法ヲ教《ヲシ》ヘテ後《ノチ》、海神《カイシン》ヲ祭《マツ》ラン」トテ、十一面《メン》ノ十字《ジ》ノ神呪《ジンシユ》ヲ教《ヲシ》へ、「是ヲ唱《トナ》ヘテ網《アミ》ス（16オ）ルモノハ魚《ウヲ》ヲ得《エ》ン。唱《トナハ》ズハ得ヘカラス」ト、堅《カタ》ク教諭《ケウユ》シ玉ヒ、短冊《タンサク》ニ和歌《ワカ》ヲ書シテ、海《カイ》中ニ投捨《ナケステ》玉ヒ、高声《カウシヤウ》ニ

魚アガレ名モ浜中《ハマナカ》ノ波《ナミ》ノ間《マ》ゾ
漁《スナトリ》ノ引網《ヒクアミ》ノ目コトニ

ト三度唱《トナヘ》玉ヘハ、海上俄《ニワカ》ニ静《シスカ》ニシテ、浦人数《ス》万ノ魚類《キヨルイ》ヲ得タリト云《イヘ》リ。此等《コレラ》ハ皆《ミナ》、殺生《セツシヤウ》ハ御制戒《セイカイ》ノ内證《ナイシヨウ》ナレトモ、利生守民《シヤウシユミン》ノ方便《ハウヘン》ナレハ、折伏《ヲリフシ》ノ御慈悲《シヒ》ニテ、仏門ニ引入《インニフ》シ玉フ善巧《ゼンゲウ》ナラン。西国二十二番惣持《ハンソウヂ》寺縁起《エンギ》・山陰《カケ》中納言《ナコン》ノ因《イン》、知ルヘシ。

幡随意上人諸国行化伝巻四終（16ウ）

【巻五】

幡随《ハンスイ》意上人諸国行化伝《ショコクキヤウケテン》巻之五目録

（目録1ウ）

幡随意上人諸国行化伝巻之五

師ノ名号《メウカウ》不濡《ヌレス》ノ名号ト云事

師ノ御船《ヲフネ》、洋《ヤウ》中数《ス》百里計《ハカ》リニシテ、何トカシテ暴風俄起《ハウフウニワカヲコ》リテ逆波涌沸《ケキラウユフツ》シテ、御船マサニ覆《クツカヘ》サントス。船夫驚《セントウヲトロ》キ、「アナ恐《ヲソ》ロシ、我輩《ワカトモカラ》、忽《タチマチ》今魚ノ餌《エ》ト作ラントス。願《ネカハ》クハ貴《タット》キ上人ノ法力《ホウリキ》ヲ以テ此難《ナン》ヲ救《スク》ヒ玉ヘ」ト、掌《タナコヽロ》ヲ合セテ一同ニ申ケル。時ニ師、白紙ヲ取リ出シ、謹《ツヽシン》テ弥陀ノ像ヲ画写《エカキウツシ》、傍《カタハラ》ニ名号十遍《ヘン》ヲ書シ、手《テ》ツカラ海《カイ》中ニ投《ナケ》入レ、神力演大光《シンリキエンタイクハウ》普照無際土消除三垢冥《フセウムサイトセウシヨサンクメウ》広済衆厄難《クハウサイシウヤクナン》ノ文ヲ誦《シユ》シ、端座合掌シ、目ヲ閉《ト》チテ念仏シ玉ヒケルニ、不思議《フシキ》ヤ、猛風立地《モウフウタチトコロ》ニ息《ヤミ》、海面平《ウミツラタイ》ラカニシテ、人々始《ハシメ》テ蘇生《ソセイ》（1オ）スル心地《コヽチ》シ、夢《ユメ》ノ覚《サメ》タルカ如クヨロコヒテ、師ヲ礼敬《ライキヤウ》シ奉《タテマツ》レリ。

師ノ曰、「恐《ヲソ》ル、コトナカレ。諸々《モロ〳〵》ノ龍《リウ》神ヲ始メ、海中ノアラユル魚《ウオ》、鱗《ウロクス》ノ類《タク》ヒ、予《ワ》カ十念ヲ望《ノソミ》テ一時ニ聚来故《アツマリキタルユヘ》、カクノ如ク波浪《ハラウ》ヲ動《ウコ》カシ、船ヲカタフケントスルニ似タリ。我今書スル所《トコロ》ノ名号《メウカウ》ヲ授与《シユヨ》スルニ、群類《クンルイ》大ニ歓喜《クハンキ》シテ、速《スミヤカ》ニ風波《フウハ》ノ難静《ナンシツマツ》テ、然モ彼等海中ノ苦報《クハウ》ヲ脱《タツ》シ、当来成仏《タウライシヤウフツ》疑《ウタカ》ヒ無キ者ナリ。蓋《ケタ》シ其現證《ケンシヤウ》ヲ見ント欲《ホツ》セハ、今海中《カイチウ》ニ投《タフ》セシ名号《メウカウ》、少《スコシ》モ水ニ濡《ヌル》ル事アルヘカラス。汝《ナン》チ等是ヲ現見《ゲンケン》シテ、法力《ハウリキ》ノ不可思議《フカシキ》ナルコトヲ識知《シキチ》セヨ」トアレハ、諸弟子《シヨテシ》、船夫《フナコ》ト共ニ件ノ名号ヲ引上テ拝《ハイ》シ奉ルニ、曾テ一滴《テキ》モ濡《ヌレ》サリケリ。各々《ヲノ〳〵》奇異《キイ》ノ思ヲ生シ、（1ウ）弥《イヨイ》ヨ師ノ法徳《ハウトク》ヲ嘆伏《タンフク》セスト云事ナシ。是《コレ》ニ依《ヨツ》テ、師ノ名号ヲ不濡《ヌレス》ノ名号ト称《シヤウ》ス。

師モ其ノ霊応《レイヲウ》ヲ感《カン》シ、重《カサネ》テ弥陀ノ像幷ニ十念名号ヲ書シ、是ヲ則印刻《スナハチインコク》シテ、末代《マツタイ》ニ留《トヽメ》テ船《セン》中ノ守護《シユコ》トシ玉フ。現《ゲン》ニ今幡随院《ハンスイイン》ニ在リテ、回船《クハイセン》ノ頭人《トウニン》、悉《コト〳〵》ク是ヲ頂戴《テフタイ》シテ船中ニ安置《アンチ》シ、又旅《タヒ》人ハ衣《エ》裏《リ》ニ掛《カケ》テ、山川ノ厄難《ヤクナン》ヲ除《ノソ》ク守護《マモリ》トス。師ノ高徳仰《カウトクアフ》クヘシ、信スヘシ。

師ノ名号《メウカウ》ヲ不焼《ヤケス》ノ名号ト云事

師、肥前州有馬《ヒセンノクニアリマ》氏ノ館《タチ》ニ到着《タウチヤク》シ玉ヒテ、錫《シヤク》ヲ同国三福《フク》寺〈今／ハ」日向国／ニアリ〉ニ掛《カ》ク。邪徒降伏《シヤトカフフク》ノ為ニ、天照太神御付属《フソク》ノ阿弥陀如来ヲ安置《アンチ》シ奉リ、四十八夜《ヤ》ノ別《ヘツ》行ヲ始メ、専《モツハ》ラ催邪興正《サイシヤコウ》（2オ）ノ法要、念仏往生ノ秘賾《ヒサク》ヲ演説《エンセツ》シ玉フ。始《ハシメ》ノ比《コロ》ヲイハ、説法シ玉ヘトモ、来テ聴聞《テウモン》シ法座ニ列《ツラナ》ル者ハ一人モアラサリケリ。是《コレ》、邪徒《シヤト》ノ教《ヲシエ》、国中ニ満《ミチ》タル故ナリ。尓レトモ、少《スコシ》モ懈倦《ケケン》シ玉フ事ナク、毎席《マイセキ》ノ説法アリ。十日ヲ経《ヘ》テ、漸《ヤウヤ》ク一人ノ老翁《ラフヲフ》来テ座下《サカ》ニ拝聴《ハイテウ》セシヨリ、翌《ヨク》日亦《マタ》一人ヲ増《マス》。カクシテ次第《シタイ》ニ日ヲ追《ヲフ》テ群集《クンシウ》シ、国中挙《コソツ》テ教化《ケフケ》ヲ信敬《シンケフ》スル者、稲麻竹葦《タウマチクイ》ノ如シ。

爰《コヽ》ニ当国ノ高来郡《タカクコホリ》ニ一老婦《ラウフ》アリ。先達《サキタチ》シ夫《ヲツト》ヨリ以来《コノカタ》、邪宗《シヤシウ》ノ徒《ト》ナリシカ、其身放逸邪曲《ハウイツシヤキヨク》ニシテ、人タルノ道ヲモ知ラス。一人娘《ムスメ》アリ。艶《ヤサ》シク志《コヽロサシ》直《スナヲ》ナル者ナリ。遂《ツイ》ニ一男子ヲ迎《ムカ》ヘテ娘《ムスメ》ト合セ、先夫カ家督相続《トクソウソク》セリ。

尓ルニ、此ノ婿《ムコ》極《キハメ》テ美男《ヒナン》ニシテ、志《コヽロサシ》又風雅《フウカ》ナリ。（2ウ）姑《シフトメ》、不図《フト》思ヒヨリシヨリ、恋慕《レンホ》ノ念頻《シキリ》ニシテ忘《ワス》レラレス、我心カラ実《マコト》ニ道ニ違《タカ》フ事ナレハ、語《コトハ》ニモ出シカネ、玉章《ツサ》シテ口説《クトキ》ナトシケルニ、男《ヲトコ》大ニ驚《ヲトロヒ》テ物狂《モノクル》ハシク成《ナリ》シヤト、窺《ウカヽヒ》見レト、左ハナクテ、誠《マコト》ニ思ヒ入タル気色《ケシキ》ナレハ、「宿《シユク》世ノ縁《エン》ト云ナカラ、浅間敷《マシク》侍ル。必《カナラ》ス思ヒ止《トヽマ》リ玉ハレ」トサマ〳〵為奇《スカシ》ケレトモ、露《ツユ》モ止マル気色《ケシキ》ナク、モテアマシテソアリケル。

折節《ヲリフシ》、長崎《ナカサキ》ニ商売《シヤウハイ》ノ所用アリケレハ、彼国ヘ行キケリ。其留守《ルス》ニ老婦《ラウフ》思ヒケルハ、「迚叶ハヌ恋路《コヒチ》ナラハ、娘《ムスメ》ヲ亡《ナ》キ者《モノ》ニシ、男ニ思ヒ知ラセ、其上ニテ覚悟《カクコ》セン」ト、夜深《ヨフケ》テ小刀ヲ口《クチ》ニクハヘ、娘《ムスメ》カ閨ニ至リ、咽《ノト》フエヲズブト指貫《サシツラヌ》キケル。娘ハ苦《クル》シキ声《コエ》ヲ挙《アケ》、「何故《ナニユエ》ニ（3オ）角《カク》ハ殺《コロ》シ玉フソ」ト問《トヘ》ハ、母ハ答《コタヘ》テ曰、「我レ道ナラヌ恋路《コヒチ》ノ闇《ヤミ》ニ迷《マヨ》ヒ、思フネカヒノ叶ハヌハ、皆汝《ミナナンチ》ト云妻《ツマ》有ルユヘ、我カ思ノ障《サハ》リトナル」ト、力《チカラ》ヲ限《カキ》リエクリケレハ、娘《ムスメ》ハ、「無念口惜《ムネムクチヲシ》」ト、其ノ声《コヘ》モ絶々《タヘ〳〵》ニ、終《ツイ》ニ命《イノチ》モ消《キエ》ニケリ。ソレヨリ下人ヲコシラヘテ、遂《ツイ》ニ死骸《シカイ》ヲ密《ヒソカ》ニ淵瀬《フチセ》ニ沈《シツメ》テ捨《ステ》ニケリ。

斯《カク》ノ如シテ、三日ニ当《アタ》リテ男帰《オトコカヘ》リテ、老婦《ラウフ》モ常《ツネ》ノ如クナレトモ、妻出《サイイテ》サレハ、男不思議《ヲトコフシキ》ニ思ヒ尋《タツネ》ケレハ、母カ曰、「娘《ムスメ》事ハ其方《ソナタ》ノ出ラレシ日ノ夕方、何モノトモ知レサルモノ尋来《キタリ》シカ、連レ立《タチ》テ出《イテ》テ、今ニ帰《カヘ》ラス。定《サタメ》テ密夫《マヲトコ》ナラン。其方《ソナタ》ノ帰《カヘ》ルモ知ラス、何方ニソ居ルナラン」ト云ヘハ、男曾テ合点《カテン》ユカス、「彼ノ女ニ限《カキツ》テ不所存《フシヨソン》有ヘシトモ覚《ヲホ》ヘス。何カ（3ウ）様子《サマシ》細有ヘシ」ト、方々《ハウ〳〵》尋《タツ》ヌレトモ、終《ツイ》ニ行《ユク》エモ知《シラ》サレハ、空《ムナ》シク家《イエ》ニ帰《カヘ》リミレハ、母ハ娘《ムスメ》カ衣装《イシヤウ》ヲ着《キ》テ、身フリ詞《コトハ》モ娘ニ似《ニ》セ、夫《ヲツト》ニ向《ムカ》ヒ、「我ヲ誰《タレ》トカ思フラン。世ニタメシナキ恋路ノ怨《ウラミ》ナリトテ、刃《ヤイハ》ニ掛《カ》ケラレ空《ムナ》シク成リ、今ハ此ノ世モ去リシナリ。死骸《シカイ》ハ淵瀬《フチセ》ニ沈《シツ》メラレ、重《ヲモ》キ此ノ身モ七月《ナヽツキ》ノ持籠《モチコモ》リニテ、尚《ナヲ》サラニ三従《シフ》ノ霞《カスミ》、五障《シヤウ》ノ雲《クモ》、猶晴《ナヲハレ》ヤラヌ罪咎故《ツミトカユヘ》ニ、涙《ナミタ》ノ色、紅《クレナイ》ノ衆合《シユカフ》地獄《チコク》ニ落沈《オチシスミ》、其苦《クルシ》ミノ堪《タヘ》カタク、何ニ喩《タト》ヘン方モナシ。我レ此ノ世ニ有リシ昔《ムカシ》ノ、君ノ情《ナサケ》ノ忘《ワス》ラレス、其ノ執心《シフ》ニ引《ヒカ》サレテ、迷《マヨ》ヒ来リテ告《ツク》ルソヤ。兎角《トカク》我身ノ苦《クルシ》ミヲ助ケ玉ヘ」ト啼《ナキ》ケレハ、男《ヲトコ》モ又涙《ナミタ》ナカラ、「如何《イカ》ナレハ我妻《ツマ》ハ、其ノ身地獄《チコク》ニ（4オ）落《オチ》ナカラ、今又爰《コヽ》ニ来ルソヤ」ト。霊魂答《レイコンコタヘ》テ、「サレハ我レハ定業《テウコフ》ヲ待《マタ》ズ、非《ヒ》業ノ刃《ヤイハ》ニ果《ハテ》シ身ノ、其ノ最後《サイコ》ノ一念ニ、今カヽル憂目《ウキ》ヲ得《ウ》ル事ヲ、一度ハ君《キミ》ニ語《カタ》ラント、思ヒ込《コメ》タル一念ノ強キニ、君又我レヲ尋給《タツネタマ》フカ悲《カナ》シクテ、唯今《タヽイマ》来リ告《ツク》ルナリ。早《ハヤ》クモ我カ苦《クルシ》ミヲ助《タス》ケ玉ヘ」ト頼《タノ》ムニソ、彼ノデイウスヲ祭《マツ》リテ助《タス》ケント、同行《キヤウ》同判呼集《ハンヨヒアツ》メ、大勢《セイ》一所《シヨ》ニ籠《コモ》リ居テ、彼ノ邪法《シヤハウ》ヲ行《ヲコナ》ヒケル。

尓レトモ、死霊《シレウ》ハ母《ハヽ》カ五体《タイ》ヲ責《セメ》、七顚《テン》八倒悶絶《タウモンセツ》シテ、「アラ苦《クルシ》ヤ」ト泣叫《ナキサケ》ヒ、更《サラ》ニ退《シリソ》ク事ナカリケレハ、同行同判《ハン》アキレハテ、後ニハ修験《シユケン》ノ術《シユツ》ヲ尽《ツク》セトモ、曾テ其ノ甲斐《カヒ》ナカリケル。

其時、死霊《シレウ》ハ唯獄中ノ苦患《クケン》ヲ語《カタ》リ、涙《ナミタ》ヲ流《ナカ》シ、「カヽル苦患ハ仏法ノ威力《イリキ》ナラテハ救《スク》（4ウ）フコト能《アタ》ハス。デイウスノ祈《イノリ》ハ還《カヘツ》テ我身ノ苦《クル》シミヲ増《マス》。必《カナラ》ス祈《イノリ》玉フコト勿《ナカ》レ。幸《サイハイ》ナル哉《カナ》、当国《タフコク》ニテ、幡随意《ハンスイイ》上人ノ化益盛《ケヤクサカン》ナリ。我レ此ノ上人ノ回向《エカウ》ニ預《アツカ》リ、苦患《クケン》ヲ助《タスカ》ラン」ト願《ネカ》フ。男《ヲトコ》モ霊魂《レイコン》カ望《ノソミ》ヲ聞《キイ》テ是非《セヒ》ナク、密《ヒソカ》ニ師ノ下ニ往《ユイ》テ、哀《アハ》レミヲ願《ネカ》フ。

師ノ曰、「善哉々々《ヨヒカナ〱》、仏法ノ冥助《メウシヨ》ヲ乞《コフ》コト、早《ハヤ》ク亡魂《ハウコン》ノ死《シ》骸《カイ》ヲ得テ持《モ》チ来レ。引導回向《インタウエカウ》シ、仏果《クハ》ニ至《イタ》ラシメン。又汝《ナンチ》カ為《タメ》ニ、現《ケン》ニ成仏《シヤウフツ》ノ證拠《シヤウコ》ヲ見スヘシ」ト。此レニ依《ヨツ》テ男嬉《ウレ》シク、死骸《シカイ》ヲ尋《タツ》ヌレトモ、霊魂《レイコン》モ云ハス知《シル》モノナケレハ、重《カサネ》テ師ノ下ニ往《ユイ》テ、斯《カク》ト告奉《ツケタテマツ》ルニ、師ハ彼ノ下人ガトクヨリ来《キタ》リ、懺悔《サンケ》シテ捨《ステ》シ所ヲ語リケルヲ、兼《カネ》テ聞《キヽ》テ知《シリ》玉ヘハ、捨《ステ》シ所《トコロ》ヲ委《クハシ》ク教ヘ玉フニ、果《ハタ》シテ是レヲ得テ見レハ、（5オ）色《イロ》モ余《アマ》リ変《カハ》ラスシテ、師ノ下ニ持来《モチキタ》レリ。師、コレヲ見玉ヒ、池蓮《チレン》ト戒名《カイメウ》ヲ給《タマ》ハリ、引導《インタウ》シ、又名号《メウカウ》ヲ書《カイ》テ骸《カラタ》ト共ニ棺《クハン》ニ納《ヲサ》メ、荼毘《タヒ》シ玉ヘハ、頓《ヤカ》テ死霊《シレウ》ハ立去《サ》リテ、老婦《ラウフ》ハ夢《ユメ》ノ覚《サメ》タルカ如クナリ。男《ヲトコ》ハ初《ハシメ》テ仏法威神力《イシンノチカラ》、師ノ法徳ヲ信敬《シンケウ》スル事限《カキ》リナシ。

師又語《カタツ》テ曰、「我レ先《サキ》ニ死霊成仏《シレウシヤウフツ》ノ現證《ケンシヤウ》ヲ見セント約《ヤク》セリ。実《マコト》ニ仏果《クワ》ニ至《イタ》ラハ、荼毘《タヒ》スル所ノ棺《クハン》ニ納《ヲサメ》シ名号《メウカウ》、必《カナラ》ス焼《セウ》失《シツ》アルヘカラス。若灰《モシハイ》燼トナラハ、称名《シヤウメウ》無益《ムヤク》ニシテ、成仏《シヤウ》ノ功《カウ》ナカルヘシ」ト。是ヲ聞《キク》人、皆《ミナ》身ノ毛《ケ》ヲ竪《タツ》ルバカリナル。尓《シカ》ルニ、火滅《メツ》シテ後ニ是《コレ》ヲ見ルニ、骸《カラタ》ハ悉《コト〱》ク灰《ハイ》トナリ、名《メウ》号《カウ》ハ焼《ヤケ》スシテ、明了赫々《メウレウカク〱》タリ。誠《マコト》ヤ、火中ノ蓮《ハチス》ニシテ、亡魂《ハウ》ノ成仏疑《ウタカ》ヒナキ證《シヨウ》ナリ。男《ヲトコ》（5ウ）弥《イヨイ》ヨ捨邪帰正《シヤジヤキシヨウ》シテ、老《ラウ》婦ト共ニ発心出家《ホツシムシユツケ》シヌ。誠《マコト》ニ万善《マンセン》ノ妙体《メウタイ》ハ、名号《メウカウ》ノ六字《ロクシ》ニ即《ソク》シ、恒沙《コフシヤ》ノ功徳《クトク》ハ口《ク》称《シヤウ》ノ一行《キヤウ》ニ備《ソナ》フ。名体不離《タイフリ》ノ勝能《シヤウナウ》タルヲヤ。是《コレ》レハ此、五劫思惟《コウシユイ》ノ善巧《センギヤウ》、大願業力《クハンコフリキ》ノ構出《カマヘイタ》ス所ナリ。是レヲ他力《タリキ》本願《クハン》ト称《シヨウ》ス。仰《アヲヒ》テ信ズヘシ。師ノ名号、此ノ不思議有《フシキアリ》シヨリ、世挙《ヨコソツ》テ不焼《ヤケズ》ノ名号《メウカウ》ト称《シヤウ》ス。尓《シカ》ルニ、師帰東《キトウ》ノ時、竜神船中《リウシンセンチウ》ニ現《ケン》シ、彼《カノ》名号ヲ乞《ヒ》ケル故ニ、即《スナハ》チ授与《シユヨ》シ玉ヒケレハ、歓喜《クハンキ》拝受《ハイシユ》シテ帰リヌ。当巻《タウクハン》ノ末《スヱ》ニ記《シルス》カ如シ。

私《ワタクシニ》曰、洛陽聚楽《ラクヤウシユラク》〈黒門通椹／木町下ル所〉恵光《ヱクハウ》ト云ヘル法尼《ハウニ》アリ。日課称名《ニツクハシヨウメウ》五万ノ行者ナリ。兼日《カネテ》祐《ユウ》天大僧正《ソウシヤウ》ノ徳光《トククハウ》ノ厚《アツ》キニ帰《キ》シ、名号ヲ伝持《テンチ》シ奉リ、多《タ》年勇猛精進《ユウメウシヨウシン》ニ礼拝恭敬《ライハイクケウ》セリ。然《シカ》ルニ寛《クハン》（6オ）延《エン》三〈庚午〉年三月十八日ノ夜、隣家《リンカ》ヨリ火災起《クハサイヲコ》リ、其焔盛《ホノヲサカン》ニシテ終《ツイ》ニ焼失《シヤウシツ》ス。尼主《ニシユ》、漸壇《ヤウヤクタン》上ノ弥陀《ミタ》ノ肖像《セフソウ》ヲ懐《イタ》キ、煙《ケムリ》中ヲ進出《ノカレ》テ、財《サイ》宝悉《ハウコト〳〵》ク灰燼《ハイシン》セリ。時移《ウツ》リテ炎《ホノホ》滅ス。恵光尼《ヱクハウニ》、嗟嘆《サタン》ノ声頻《コヘシキ》リニシ、同行三五輩《ハイ》トトモニ灰《ハイ》中ヲ捜《サク》ルニ、函軸《カンチク》ハ焼失《セウシツ》スレトモ、奇《キ》ナル哉《カナ》、六字ノ尊号《ソンカウ》ハ灰中ニ残《ノコ》レリ。尼主、寒毛卓豎《カンモウタクシユ》シテ是ヲ拝《ハイ》ス。隣家《リンカ》ノ群品《クンホン》、聴《キク》ニ耐《タヘ》、見《ミル》ニ耐《タヘ》タリ。是即《コレスナハチ》、名体不離《メウタイフリ》ノ徳《トク》ナレハ、報身《ハウシン》弥陀ノ智水ヲ以テ、炎《エン》火《クハ》ヲ消滅《セウメツ》シ給フナラン。又、傍《カタハラ》ニ仰信《カウシン》ノ人アリ〈丸太町堀川／東木沢英伯〉テ、火中応現《ヲウケン》ノ名号ヲ修補荘厳《シユホシヤウコン》シテ、諸人ノ信心ヲ弥《イヨ〳〵》増《マシ》ケリ。予《ヨ》、現《ケン》ニ是ヲ拝《ハイ》シテ爰《コヽ》ニ記《シル》ス。

其ノ余《ヨ》、世間《セケン》ニ焼残《ヤケノコ》ル名号ノ威徳《イトク》アマタアリ。尓《シカ》レハ祐天《ユウテン》僧《ソウ》（6ウ）正ノ名号モ不焼《ヤケス》ノ名号ト云ヘキナリ。

邪宗発頭伴夢《シヤシウホツトウハンム》ヲ化度《ケト》シ給フ事

爰《コヽ》ニ邪宗ノ首魁《カシラ》タル伴夢《ハンム》ト云者アリ。仏法ヲ破斥《ハセキ》シ、師ヲ誹謗《ヒハウ》シテ、邪術《シヤシユツ》ヲ現《ケン》シ、愚蒙《クモウ》ノ眼《メ》ヲ驚《ヲトロカ》スヲ以テ、弥《イヨ〳〵》邪法《シヤハウ》ヲ弘通《クツウ》セントス。

或時《アルトキ》、師ト邪正《シヤシヤウ》ヲ諍《アラソ》ヒテ、勝劣《セウレツ》ヲ決《ケツ》セン事ヲ求《モトム》。是《コレ》ハ此ノ頃《コロ》、邪徒《シヤト》ノ門人、多《ヲホ》ク師ノ正法ニ帰《キ》スル故ニ、彼カ邪党《シヤトウ》ノ日々ニ減《ケン》スル事ヲ悲《カナシ》ミ、師ヲ妬《ネタ》ム故ナリ。師ハ対論《タイロン》ノ事ヲ幸《サイハヒ》トシ、已《ステ》ニ其日ニ至レハ、僧俗《ソウソク》・男女《ナンニヨ》・貴賤《キセン》、雲霞《ウンカ》ノ如ク集《アツマ》ル。

此ノ時、伴夢《ハンム》其ノ党類《トウルイ》ヲ随《シタカ》ヘ、イカメシケニ三福寺ニ来リ、坐《サ》シテ師ニ向テ曰、「抑《ソモソ》モ汝カ宗ニ阿弥陀ト称《シヤウ》スル者ハ何ソヤ。即《スナハチ》、禽獣《キンシウ》（7オ）ノ主ナリ。故ニ是ヲ信スル者ハ、畜《チク》生道《シヤウタウ》ニ堕《タ》シテ、劫《コウ》ヲ経《フ》ルト云ヘトモ、曽テ其ノ生ヲ転《テン》スル事ナシ。汝チ幡随意《ハンスイイ》、現《ケン》ニ畜《チク》ノ身ヲ得タリ。若《モ》シ是ヲ疑《ウタカ》ハ、我カ家ノ妙術《メウシユツ》ヲ以テ、其ノ證拠《シヨウコ》ヲ見スヘシ」トテ、一ノ鏡《カヽミ》ヲ取リ出シテ、是《コレ》ヲ諸《シヨ》人ノ面前《メンセン》ニ置《オ》ク。不思議《フシキ》ヤ、師ノ形像映《ケウソウエイ》徹《テツ》シテ、忽《タチマ》チ変《ヘン》シテ牛《ウシ》ノ形《カタチ》トナル。故ニ自他《シタ》ノ真俗《シンソク》コレヲ見テ、各々《ヲノ〳〵》奇異《キイ》ノ思ヒヲ生《ナ》ス。其時、伴夢《ハンム》イタケ高ニナリテ、大ニ責《セメ》テ曰、「見ヨ〳〵我カ貴《タツト》ム所《トコロ》ノ法力《ハウリキ》、不思議《フシギ》ノ神変《ヘン》ナラスヤ」ト。時ニ上人少モ動ゼズ、呵々《カヽ》大笑《セウ》シテ曰、「汝《ナンチ》、邪術《シヤシユツ》ヲ以テ鏡《キヤウ》中ニ異形《イケウ》ヲ現《ケン》ス。是レ正理《シヤウリ》ニ戻《モト》ル事、大ナル哉《カナ》。元来鏡《クハンライカヽミ》ハ正直《シキ》ヲ以テ体《タイ》トシ、虚妄《コモウ》ヲ用ト（7ウ）ス。其ノ徳タルヤ、直《ナヲキ》ヲ現《ケン》シテ曲《マカ》ラサル事、明々《メイ〳〵》タリ。我神国《ワカシンコク》ハ正直《シキ》ヲ道《ミチ》トス。故ニ神前《シンセン》ニ鏡《カヽミ》ヲ建《タテ》テ、御正体《ミシヤウタイ》トス。人一タヒ向《ムカ》ヘハ、明々《メイ〳〵》ノ徳《トク》ニ触《フレ》テ、其ノ心スカ〳〵シク、正直《チキ》ノ誠《マコト》顕《アラハ》シ、邪曲《シヤキヨク》ノ偽《イツハ》リヲ除《ノソ》キ、神人一致《チ》シテ虚妄《コモウ》ノ詐欺《サキ》ヲ排《ハラ》フ事、神道仏道《シンタウフツ》共《トモ》ニ同シ。長短方円《チヤウタンハウエン》・善悪邪正《センアクシヤシヤウ》、其ノ儘ニシテ、写《ウツ》シ現《アラハ》スハ正直明鏡徳《シヤウシキメイキヤウトク》ナリ。一分《フン》ノ私《ワタクシ》ヲ容《イレ》サルヲ神トシ、仏トシ、是《コレ》ヲ尊《タツト》ム、是ニ随《シタカ》フヲ正法正人トシ、是ニ戻《モト》ルヲ邪《シヤ》法《ハウ》邪人トス。尓《シカ》ルニ、汝カ鏡《カヽミ》ニハ、人向《ムカヒ》テ異形《イケウ》ヲ移《ウツ》ス。是《コレ》虚偽《キヨキ》ニシテ邪《シヤ》法ナリ。全《マツタ》ク鏡《カヽミ》ノ性ニ非《アラ》ス。汝《ナンチ》カ法ハ邪術《シヤシユツ》ニシテ、正法ニ非《アラ》サル事、此レヲ以テ知《シ》ルヘシ。癡人《チシン》ハ是ニ驚《ヲトロ》キ信ズ。信スルガ故ニ、其禍《ワサハヒ》ヲ受《ウケ》、譬《タトヘ》ハ狐狸《キツネタヌキ》ノ妖怪《ヨウクハイ》ヲ受《ウケ》、（8オ）誑《カトハ》カサレテ種々《シユ〳〵》ノ悩《ナヤミ》ヲ生スルカ如シ。我ニ於《ヲイ》テハ驚《オトロ》カズ、究竟《クキヤウ》ノ邪法《シヤハウ》ナル事ヲ知ル。円《エン》ヲ向《ムカ》ヘ角《カク》ヲ移《ウツ》シ、角ヲ示《シメ》シテ円ヲ現《ケン》ズルヲ正鏡《キヤウ》ト云ヘキヤ。此ハ是《コレ》、邪教《シヤケウ》ノ根《コン》本《ホン》ナリ。邪術《シヤシユツ》ノ邪鏡《シヤキヤウ》ナリ。此邪鏡《シヤキヤウ》ヲ以テ世人ヲ誑惑《ワウハク》ス。早ク轍《ワタチ》ヲ翻《ヒルカヘ》シテ、正道ニ入ルヘシ。若尓《モシシカ》ラスンハ、禍《ワサハ》ヒ近《チカキ》ニアリテ、其ノ身ヲ喪《ホロホ》ス事遠カラシ。恐《ヲソ》ルヘシ、慎《ツヽシ》ムヘシ」ト宣《ノタマ》ヘハ、伴夢《ハンム》カ徒党《トタウ》、道理《タウリ》ニ伏《フク》シテ、一言《コン》モ出サスシテ閉《ヘイ》口《コウ》ス。

此ノ時、太神宮《タイシンクウ》ヨリ感得《カントク》ノ弥陀如来《ミタニヨライ》、白毫《ヒヤクカウ》ヨリ大光明《クハウメウ》ヲ放《ハナ》チ玉ヘハ、光火《クハウクハ》ニ依《ヨツ》テ邪法ノ鏡《カヽミ》ハ黒炭《クロスミ》ノ如ク、瓦《カハラ》ノ如クナレリ。此ノ光照《クハウセウ》ヲ拝《ハイ》シ、大ニ驚《ヲトロ》キ怖《ヲノヽ》キ震《フルヒ》、胸中早鐘《ケウチウハヤカネ》ヲ撞《ツク》カ如ク、身ハ風炉《フロ》ニ入リタル如ク大汗《アセ》ヲ流《ナカ》シ、始《ハシメ》テ正信帰伏《シヤウシンキフク》ノ思《ヲモヒ》ヲ生シ、伴夢《ハンム》ヲ始《ハシメ》ト（8ウ）シ、其ノ徒党《トタウ》、邪ヲ摧《クチキ》正法ニ帰嚮《キカウ》スレハ、浄土門《シヤウト》ニ入ル者、幾《イク》千万人ト云数《カス》ヲ知《シ》ラス。其ノ中ニ、三十余《ヨ》人ハ正法ニ値《ア》ヘル事ヲ悦《ヨロコ》ヒ、歓喜《クハンキ》ノ余《アマ》リ捨《シヤ》身《シン》シテ往生セルトナン。

尓《シカ》レハ、城主《シヤウシユ》・有馬《アリマ》氏、関東起行《クハントウキカウ》ノヲリ、「汝カ国ニ於テ、殿堂《テンタウ》ヲ営ミ、正法ヲ弘通《クツウ》スヘシ」トノ命令《メイレイ》アリ。是ニ依《ヨツ》テ梵《ホン》宇《ウ》ヲ建立《コンリウ》シ玉ヒ、師ヲ開山《カイサン》トシ、荘園《シヤウエン》百戸《コ》ヲ寄付《キフ》シ、太神宮ヨリ授《サツ》ケ玉フ邪宗退治證拠《キリシタンタイチシヤウコ》ノ阿弥陀ト号《カウ》スルヲ本尊《ソン》トシ、満字《マンチ》山観三《クハンサン》寺ト号ス。国中ノ人民《ニンミン》日々参詣《サンケイ》シテ、上人ノ影《ヤウ》像《ソウ》ニ向《ムカ》ヒ、合掌《カツシヤウ》シテ曰、「我此ノ国ノ人民、邪法《シヤハウ》ヲ信シテ国《コク》政《セイ》ニ違《イ》セシカハ、現《ケン》ニ殺害《セツカイ》セラレ、当《タウ》ニハ悪趣《アクシユ》ニ堕入《ヲチイリ》ナン。若《モシ》上人ノ化導《ケタウ》ニ値《アハ》スンハ、何《ナン》ソ我等《ワレラ》カ命《イノチ》有ンヤ。命ナク（9オ）ンハ、何ソ子孫《シソン》ヲ相続《ソウソク》センヤ。是、上人ハ我輩《トモカラ》ノ産《ウフ》ノ神《カミ》ナリ」トテ、尊敬落涙《ソンケイラクルイ》シケリ。于今産神《イマニウフスナ》ノ社《ヤシロ》ニ合祭《アハセマツル》トモ云ヘリ。

慶長《ケイチヤウ》十九年、有馬《アリマ》氏、日向国延岡《ノヘヲカ》ヲ領《リヤウ》ス。此ノ時、寺モ随《シタカフ》テ移住《イチウ》ス。師ノ高弟《カウテイ》タル演誉智雲《エンヨチウン》、現住《ケンチウ》ス。二河白道《ハクタウ》寺ト改《アラタ》ム。後、元禄《ケンロク》年中、有馬《アリマ》氏越前《エチセンノ》国丸岡《マルヲカ》ヲ領ス。寺モ又随《シタカツ》テ移建《イケン》シ、現ニ今彼《カノ》弥陀尊ヲ安置《アンチ》ス。開山《カイサン》ノ像《ソウ》ハ霊験《レイケン》新《アラタ》ニシテ、別《ヘツ》シテ疫癘《エキレイ》・癘病《ヲコリ》・虫歯《ムシハ》ノ患《ウレヒ》ヲ除《ノソ》キ玉フ事奇妙《キメウ》也。

其ノ邪正《シヤシヤウ》ヲ論《ロン》シ玉フ事ハ、往昔《ソノカミ》後漢《コカン》ノ明帝《メイテイ》・永平《エイヘイ》年中、白《ハク》馬《ハ》寺ニ於《オイ》テ、迦葉摩騰竺法蘭《カセフマトウチクハウラン》ト、五岳《カク》ノ道士《タウシ》ト対論《タイロン》ノ時、仏《フツ》舎利《シヤリ》光明《クハウメウ》ヲ放《ハナ》チ玉フ事縁《シエン》、又唐《タウ》ノ西京寺ニテ、善導《センタウ》大師ト（9ウ）金剛法師《コンカウホウシ》ト、別時《ヘツチ》ノ問答《モンタウ》ニ、本尊《ソン》ノ光明堂《クハウメウタウ》中ヲ照《テラ》シ、證明《シヤウメウ》シ玉フニ全ク同シ。

鏡《カヽミ》ノ事、神代《シンタイ》ニ白銅鏡《マスミノカヽミ》有リ。天照太神《テンセウタイシン》、盤戸《イハト》ニ籠《コモ》リ玉フ時、糟戸《カスト》ノ神《カミ》ノ造《ツク》リ玉フ、八咫《ヤタ》ノ鏡有リ。委《クハシク》ハ神代巻ノ如シ。必竟《ヒツキヤウ》神ハ鑑《カンカミル》ノ略語《リヤクコ》ニシテ、正直《チキ》ヲ体《タイ》トス。鏡《カヽミ》ヲ御《ミ》正体《タイ》トスル事ハ、聖皇本紀《シヤウクハウホンキ》ニ曰、「推古《スイコ》天皇二十年夏《ナツ》五月、三輪《ミワ》神託於巫告《シンシカニタククシテフツケテ》二学訶《カクカニ》一曰、吾今教《ワレイマヲシエン》二大事《イタレルコトヲ》一。吾元神形者《ワカモトノシンキヤウハ》、十有一聖面《トヲアマリヒトツノミカホ》、比《ナラヘリ》二於聖頭上《ミツラノウヘニ》一。以二這尊形《コノミカタチヲ》一鏡面鋳為懸《カヽミノヲモテニイナシテカケヨ》二於祠中《ヤシロノナカ》心一、国中ノ悪神《アクシン》多来拒《サハナリコハマン》二神明祠《シンメイノヤシロヲ》一、見二此像《コノソウヲ》一消レ禍而得《セウシテワサハヒヲシカモエン》レ福《サイハヒヲ》。有二一類《ルイ》一、常世大聖化成大神天極大魔成レ化荒神《トコヨノヲ、ヒシリナリナルヲ、ンカミアマキハメノヲ、シユノナリナルアラフルカミアリ》。其ノ荒神ン等、皆嫌二鏡像《キラフカヽミノスカタヲ》一。這《コノ》大神等、皆有二元ノ像一。（10オ）宜《ヨロシク》ヘシ三鋳《イル》二鏡《カヽミ》ノ像一ヲ。時至テ告《ツクト》レ之ヲ。学訶信伏而奏《カクカシンフクシテソウス》二於朝《テウニ》一。朝廷《テウテイ》、遣《ツカハシ》二使《シヲ》於国邦《コクハウニ》一、於二大社・国社・県社一奏《ソウシ》二神楽《カクラ》一乞《コフ》二神託《タク》一ヲ。随《マニ〳〵》二神言ノ一鋳二像鏡一ヲ、先《サキ》レ是《コレヨリ》、於二代々年々一毎《コトニ》二国県一数《シハ〳〵》、有テ二神軍《カミイクサ》一発ル毎レ二度、暴雨暴《アラクアメフリアシク》風損《カセフキソコナヒ》二五穀《コク》一ヲ、傷《ヤフル》二庶民《モロ〳〵ノタミヲ》一。此ヨリ後、無二神軍一、仍《ヨツテ》無シ二損《ソンスルノ》レ田ヲ憂《ウレヘ》一。是《コレ》、社《ヤシロニカクル》懸二正体鏡《ミカタ》一ヲ其法元也。

長崎《ナカサキ》ニテ佐久間《サクマ》三柳《リウ》ヲ化度ノ事

師、亦《マタ》同国長崎《ナカサキ》ニ至《イタツ》テ、邪徒《シヤト》ヲ降伏《コウフク》シ玉フ。軍将《クンシヤウ》ノ敵《テキ》ニ臨《ノソ》ムカ如ク、己身《コシン》ニハ三学《カク》ノ鎧《ヨロヒ》ヲ以テ荘厳《シヤウコン》シ、他方《タハウ》ノ棘《キヨク》心ヲ摧《クタ》クニハ弥陀ノ利剣《リケン》ヲ挟《ハサ》ミ、寄来《ヨセク》ル邪敵《シヤテキ》ヲ待《マチ》玉フ。

爰《コヽ》ニ佐久間三柳《サクマサンリウ》ト云者アリ。表《オモテ》ニハ良医《リヨウイ》ノ作業《サコフ》ヲ常《ツネ》トシ、内ニハ密《ヒソカ》ニ邪法《シヤハウ》ヲ行《ヲコナヒ》（10ウ）ケレハ、其ノ婦《フ》〔サイ〕コレヲ悲《カナシ》ミ、種《シユ》々ニ諫メ、彼宗《カノシウ》ヲ嫌《キラ》ヒケレトモ、心頑石《クハンセキ》ノ如クニシテ、却《カヘツ》テ婦《フ》〔サイ〕ヲ呵《カ》シテ打擲《テウチヤク》ナ〔シ〕ドシケレハ、力及《チカラヲヨハ》ス。其ノ後ハ夫婦《フウフ》中《ナカ》モ不和《フワ》ニ成《ナ》リケレハ、婦《フ》ハ身ヲ捨《ステ》テ髪《カミ》ナトモ結《ユ》ハス、形《カタチ》モ飾《カサ》ラス成リケレハ、他《タ》ニ一人ノ女ヲ愛《アイ》ス。婦《フ》〔サイ〕ハコレヲ恨《ウラ》ミテ、耶蘇《ヤソ》〔シヤホウ〕ノ事ヨリ、今ハ嫉妬ノ心ノミ深《フカ》ク、常《ツネ》ニ瞋恚《シンイ》ノ胸《ムネ》ヲ焦《コカ》シ、サカナキ事トモ多《ヲヽ》カリケレハ、夫《ヲツト》ハ猶更《ナホサラ》ニ忌々敷思《イマ〳〵シクヲモ》ヒ、「我、密《ヒソカ》ニ耶蘇《ヤソ》ノ法ヲ信スルヲ訴《ウツタ》ヘヤセン。如何《イカヽ》シテ、ナキ者ニセン」ト計《ハカリ》、或時《アルトキ》、偽寄《スカシ》テ野辺《ノヘ》ノ遊山《ユサン》ニ誘《イサナ》ヒ行キ、還《カヘ》リ道ニテ婦《フ》ヲ先《サキ》ニ遣《ヤ》リ過《スゴ》シテ、後《ウシロ》ヨリ〔刃ヲ〕抜討《ヌキウチ》ニ切《キ》リケレハ、女ハ倒《タヲ》レテ声《コヘ》ヲ揚《アケ》ルヲ、頓《ヤカ》テ止《トヽ》メヲ指《サシ》テ、下人共《トモ》ニ死骸《シカイ》ヲ埋《ウツ》マシテ、宅《タク》ニ還《カヘ》リケルカ、其後、我家ニ飼置《カヒヲク》（11オ）犬懐妊《クハイニン》シテ、頓《ヤカ》テ黒白《コクヒヤク》ノ毛色斑《ケイロマタラ》ナル子ヲ生《シヤウ》ス。

殊更《コトサラ》ニ籠愛《テウアイ》シテ飼《カヒ》ケルニ、翌《ヨク》年ノ春、件《クタン》ノ妾《セウ》ハ〔メカケカ〕昼《ヒル》寝《ネ》シ居タルヲ、彼ノ子犬《〔犬ノ〕》覗《ネラ》ヒ寄《ヨ》ルヲ、三柳是《リウコレ》ヲ見テ怪《アヤシ》ク思ヒ、害《カヒ》セントスルニ、其時彼ノ犬、人語《シンコ》ヲ発《ハツ》シテ曰、「我レハ御身ノ妻《サイ》ナリ。去年《キヨ》ノ春、謀《ハカ》ラレテ手《テ》ニ掛《カヽ》リ、害《カイ》セラレシ最後《サイコ》ノ無念口惜《ムネンクチヲシ》サ、一念ノ恨《ウラ》ミ、今畜生道《チクシヤウタウ》ニ入リ、此ノ女ヲ害《カイ》セント思フナリ。此ハ是レ我為ニ怨敵《アタカタキ》ナリ。此ノ思ヲ晴《ハラ》サント、夫《ヲツト》ノ家《イエ》ニ生レ来《キ》タルナリ」ト云テ、已《ステ》ニ彼ノ妾《セフ》カ喉《ノント》ニ飛《トヒ》掛《カヽ》リ、喰《クヒ》ツキケルヲ、三柳《リウ》ハ少モ騒《サハ》カス、刀《カタナ》ヲ抜《ヌイ》テ犬《イヌ》ヲ害《カイ》ス。妾《セフ》〔メカケ〕ハ件《クタン》ノ疵《キス》ニ悩《ナヤン》テ、程《ホト》ナク死《シニ》ケリ。

其ノ後チ、夜毎《コト》ニ三更ニ及フ頃《コロ》、本妻《ホンサイ》ノ怨霊《ヲンリヤウ》姿《スカタ》ヲ現《ケン》ス。故ニ三柳ハ（11ウ）亡魂退散《ハウコンタイサン》ノ為ニ、種々《シユ〳〵》ノ邪法《シヤハウ》ヲ行《ヨコナ》ヒケレトモ、曾テ其ノ験《シルシ》ナシ。尓レトモ翻邪《ホンシヤ》ノ心ナク、強勢堅固《カウセイケンコ》ノ悪《アク》徒ナリ。

師、或日《アルヒ》鉢《ハツ》ヲ持《チ》シテ三柳カ門前ニ立テ、頭陀《ツタ》シ玉フニ、三柳是ヲ見テ、大ニ悪口《カウ》シ、罵詈《〔ソウゴン〕》シテケル。師、暫《シハラ》ク有テ、地上ニ竈《カマト》ノ灰《ハイ》ヲ蒔《マキ》テ曰、「汝《ナンチ》、此ノ上ヲ一歩《ヒトアユミ》セヨ」ト。三柳カ曰、「夫《ソレ》ハ抑《ソモソ》モ何ノ事ソヤ」。師ノ曰、「汝、妻《ツマ》ヲ害《カヒ》シテ外《ホカ》ニ知ル人ナシト思ヘトモ、我能《ヨク》是ヲ知レリ。汝チ邪術《シヤシユツ》ヲ以テ彼《カレ》ヲ祭《マツ》レトモ、亡魂二度来《ハウコンフタタヒキタツ》テ怨ヲ為《〔ナ〕》ス。我若《モシ》、回向《エカウ》シ弔《トムラ》ヒナハ、再《フタヽ》ヒ来《キタ》ル事ナシ。唯《タヽ》我言《コト》ニ随《シタカツ》テ此ノ上ヲ歩《アユ》ムヘシ」ト。三柳是ヲ聞《キイ》テ、大ニ驚《オトロ》キ、教《ヲシヘ》ノ如ク歩《アユ》ム時、師、大地ヲ指《ユヒサ》シテ曰、「是レヲ見サルヤ。汝《ナンチ》カ足跡《アシアト》ノ無キ事ヲ」ト。三（12オ）柳是レヲ見テ、弥《イヨ〳〵》驚動《キヤウタウ》シテ、大地ニ倒《タヲ》レ伏《フ》ス。師ノ曰、「汝チ一生ノ造罪《ソウサイ》、殊《コト》ニ邪法《シヤハウ》ヲ行《キヤウ》シ正法ヲ破《ハ》シ、其ノ上ニ咎《トカ》ナキ妻女《サイシヨ》ヲ害《カイ》スル故ニ、穢身《エシム》ハ娑婆《シヤハ》ニ在リ乍《ナカ》ラ、魂《タマシイ》ハ早ヤ泥梨《ナイリ》ニ堕《タ》スル故、〔扨フビンナコトジヤ〕其ノ両足《リヨウソク》ノ無キ事知ルヘシ。尓《シカ》レトモ捨邪帰正《シヤジヤキシヤウ》セハ、其ノ罪《ツミ》ヲ滅《メツ》シ、亡魂成仏《ハウコンシヤウフツ》ヲ得セシメン」ト。

三柳此ノ時、落涙《ラクルイ》止《トヽ》メ難《カタ》ク、誠《マコト》ニ夢《ユメ》ノ覚《サメ》タル心地《コヽチ》シテ曰、「我レカヽル現罰《ケンハツ》ヲ見テ、先非《センヒ》ヲ悔《クユ》ルトイヘトモ帰《カヘ》ラス。哀《アハ》レ願《ネカハ》クハ、師其ノ罪《ツミ》ヲ許《ユル》シ、仏果《フツクハ》ニ至《イタ》ラシメ玉ヘ」ト、髪《カミ》ヲ切テ師ノ前ニ置《オ》ク。師即《スナハ》チ三帰戒《キカイ》ヲ授《サス》ケ、法弟《テイ》トシ玉フニ、念仏三昧《マイ》ヲ行シテ、本意《イ》ノ往生ヲ遂《トケ》ケリ。俗《ソク》ニ云ヘル、悪《アク》ニ強《ツヨ》ケレハ善《セン》ニ強シトハ此ノ類《ルイ》ナラン。

師ノ化導《ケタウ》（12ウ）盛《サカ》ンニシテ、帰《キ》スル者数《カス》ヲ知ラス。法《ホウ》戦場《センチヤウ》ニ向《ムカ》ヒテハ、魚鱗鶴翼《キヨリンクハクヨク》ノ如ク五色《シキ》ノ法幡《ホウハン》ヲ翻《ヒルカ》ヘシ、金銀《キンキン》ノ宝蓋《ホウカイ》ヲ飾《カサ》リ、法鼓《ホウコ》ヲ扣《タヽ》キ、法螺《ホラ》ヲ吹《フ》キ、慈弓《シキウ》ヲ張《ハリ》、智《チ》箭《セン》ヲ放《ハナ》チ、邪僻《シヤヘキ》ノ肝《キモ》ヲ射《イ》、奸曲《カンキヨク》ノ腸《ハラワタ》ヲ断《タ》チ、説法《セツホウ》・勧諭《クハンユ》・論議《ロンキ》・筆陣《ヒツチン》、甚《ハナハ》タ譴責《ケンセキ》ヲ究《キハ》ム。終《ツイ》ニ邪徒《シヤト》、屈服閉口《クツフクヘイコウ》シ、画踏《エフミ》〈彼邪徒ガ尊信スル所ノ本尊ナリト云。是ヲ／踏ヲ崇メサルノ印證トスト云ヘリ。于レ今西国ニハ毎年此式有リ〉ノ誓ヲ建《タテ》テ、「我等《ワレラ》今ヨリ已後《イコ》、子々孫々《ソン〳〵》ニ伝《ツタ》ヘテ、正法ニ違《チカ》ヒ仏敵《テキ》トナルヘカラス。国政ニ背《ソム》クヘカラス」ト、頭《カウヘ》ヲ叩《タヽ》キ懺謝《サンシヤ》シテ曰、「仰願《アフキネカハ》クハ、上人永《ナカ》ク此ノ所ニ留《トヽマ》リテ、念仏ヲ弘通《クツウ》シ給ヒ、衆生《シユシヤウ》ノ昏惑《コンワク》ヲ照《テラ》シ玉ヘ」ト。師モ又、士民《シミン》ノ懇到《コンタウ》ヲ感《カン》シテ大音寺ニ留《トヽマ》リ、専修念仏《センシユネンフツ》シ玉フ。爾《シカ》ヨリ来《コノカ》タ、称《シヤウ》名《メウ》ノ（13オ）道場《タウチヤウ》ト成ル。

上人、隣国《リンコク》ノ諸民《シヨミン》ヲ勧化《クハンケ》シテ云、「汝等《ナンチラ》、生ヲ辺土《ヘント》ニ受《ウケ》テ、如来《ニヨライ》ノ正法ヲ聞《キカ》ス、邪法《シヤホウ》ヲ信シ仏敵《フツテキ》トナル。是レ又、先世《センセ》ノ業因也《コフインナリ》。現《ケン》ニハ官吏《クハンリ》ノ為《タメ》ニ刑罰《ケイハツ》セラレ、未来《ミライ》ニハ必《カナラ》ス泥梨《ナイリ》ニ堕《タ》セン。今ヨリ汝等《ナンチラ》、如法《ニヨホウ》ニ他力本願《タリキホンクハン》ノ妙術《メウシユツ》ヲ信行《シンキヤウ》スヘシ」ト演説《エンセツ》シ玉ヒ、諸民捨邪帰正《シヨミンシヤシヤキシヤウ》シテ、専修念仏《センシユネンフツ》ノ行者トナル。

錫《シヤク》ヲ留《トヽム》ル事両《リヤウ》三歳《サイ》、偉々《イヽ》トシテ国政《コクセイ》ヲ資《タス》ケ、九州普《キウシウアマネ》ク正法ニ帰《キ》ス。上人ノ曰、「吾レ既《ステ》ニ本意ヲ遂《トケ》ヌ。帰去来《イサカヘリナン》、旅《タヒ》装《ヨソホヒ》セヨ」ト。即《スナハ》チ乗船《シヤウセン》シ給《タマ》フ。諸人名残《ナコリ》ヲ惜《オシ》ミ、落涙《ラクルイ》セサル者ハナシ。

長州赤間関《チヤウシウアカマセキ》ニテ龍神化度《リウシンケト》ノ事

既《ステ》ニ長州赤間関ヲ過《ス》キ玉フニ、海《カイ》上閑《シスカ》ナルニ、俄《ニワカ》ニ黒雲《クロクモ》覆《オホヒ》（13ウ）来《キ》テ波濤《ハタウ》夥《ヲヒタヽ》シ。時ニ一人ノ老翁現《ラウヲウケン》シテ曰、「某《ソレカシ》ハ是レ仏法守護《シユコ》ノ龍神《リウシム》ナリ。常《ツネ》ニ仏法ヲ護持《コチ》ストイヘトモ、未《イマ》タ三熱《ネツ》ノ苦悩《クノウ》ヲ免《マヌカ》レス。乞願《コヒネカハ》クハ、師ノ名号《メウカウ》ヲ授《サツ》ケ玉ヘ」ト。師、点頭《テンタウ》シテ筆《フテ》ヲ取《トリ》玉ヘハ、老翁是《ラウヲウコレ》ヲ止《トヽ》メテ曰、「我願《ネカハ》クハ、師肥前《ヒセン》ノ国ニ於テ化度《ケト》シ玉ヒシ、不焼《ヤケス》ノ名号ヲ授ケ玉ヘ」ト云。師ノ曰、「件《クタン》ノ名号ハ、既《ステ》ニ霊瑞《レイスイ》アリ。世ノ珍奇《チンキ》トスル所《トコロ》ナリ。尓《シカ》レトモ、今汝懇望《ナンチコンホウ》スルニ依《ヨツ》テ、コレヲ与《アタ》フ。速《スミヤカ》ニ三熱《ネツ》ノ苦果《ククハ》ヲ免《マヌカレ》ン事、決定《ケツテウ》ナリ」ト。名号ヲ与《アタ》ヘ十念ヲ授《サツ》ケ玉フニ、歓喜拝頂《クハンキハイテウ》シテ水中ニ去《サリ》ケリ。

紀州万松寺《キシウハンセウ》ニテ発病入滅《ハツヒヤウニフメツ》ノ事

夫《ソレ》ヨリ南紀熊野《ナンキクマノ》山ニ詣《マフテ》テ、一七日法施《ホウセ》シ玉フ。和歌《ワカ》山ニ（14オ）至リ、万松寺《ハンセウ》ヲ建《タテ》テ居住《キヨチウ》シ、此ニヲイテ疾病《シツヘイ》ニ疲《ツカ》レ玉フ。尓《シカ》ルニ群鴉《クンア》来《キタツ》テ禅室《センシツ》ノ上ニ集《アツマ》リ鳴《ナ》ク。諸衆追《シヨシウヲ》ヘトモ去ラス居《イ》ケレハ、皆怪《アヤシ》ミヲ生シケリ。上人、此鴉《カラス》ニ向《ムカヒ》十念ヲ授《サツ》ケ玉フニ、皆悉《コト〱》ク飛去《トヒサ》リケリ。師ハ熊野権現《クマノコンケン》ノ応跡《ヲウセキ》ナリ。鴉《カラス》ハ権現《コンケン》ノ使鳥《シテウ》ナレハ、誕生入滅《タンシヤウニフメツ》ノ始終《シシウ》ニ来リ集《アツマ》ルモ、又不思議《フシキ》ナリ。

既《ステ》ニ師ノ疾急《ヤマヒキフ》ニ及《ヲヨ》ヒヌレハ、群鴉《クンア》モ愁嘆《シウタン》ノ色《イロ》ヲナス。誰《タレ》ノ人カ別離《ヘツリ》ヲ悲《カナシ》マスト云ハンヤ、上人ノ上足《ジヤウソク》・霊巌《レイカン》寺第《タイ》二世意《イ》天和尚《ヲシヤウ》ハ、師ノ疾病《シツヘイ》ニ臥《フシ》テ起《タ》ツヘカラサル事ヲ知《シ》ツテ、夜ヲ以テ日ニ継《ツ》キ、長途《チヤウト》ヲ速《スミヤカ》ニ跋渉《ハツシヨフ》シ安否《アンヒ》ヲ訪《トムラ》フ。

師ノ曰、「子《シ》、千里ヲ遠シトセス、来《キタツ》テ我ガ病《ヤマヒ》ヲ護《マモ》ル。豈《アニ》経《キヤウ》ニ言《イヘ》サルヤ、八福田《ハツフクテン》中ニ看病《カンヒヤウ》第一ト。我亦《マタ》、汝《ナンチ》カ来《キタ》ル事ヲ（14ウ）相待《アヒマツ》事久《ヒサ》シ。老後《ラウコ》ノ本懐《クハイ》、之《コレ》ニ如ジ。即《スナハチ》、浄家《シヤウケ》ノ伝《テン》法・法具《ク》等悉《コト〳〵》ク汝ニ付属《フソク》ス。東土《トウト》ニ持去《モチサツ》テ伝燈《テンタウ》ノ法主タルヘシ」ト。意《イ》天、謹《ツヽシン》テ拝受《ハイシユ》シ、悲喜交《ヒキコモコ》モ集《アツマ》ル。亦《マタ》、随《スイ》侍《チ》ノ大通《ツウ》上人ニ滅後《メツコ》ノ事ヲ遺属《イソク》シ、諸弟《シヨテイ》ヲ教誡《キヤウカイ》シ、上品蓮《シヤウホンレン》台《タイ》ノ得果再会《トククワサイクハイ》ヲ契《チキ》リ、「若《モ》シ娑婆《シヤハ》ノ再会《サイクハイ》ヲ願《ネカ》ハン者《モノ》ハ、重《カサネ》テ熊野《クマノ》ニ来リ祈《イノ》ルヘシ」ト告《ツ》ケ、操浴新衣《ソウヨクシンエ》シテ麁布《ソフ》ノ僧伽梨《ソウキヤリ》ヲ着《チヤク》シ、焼香作礼《セウカウサレイ》シ、猊床《シシヤウ》ニ端座《タンサ》シ、西ニ向《ムカ》ヒ、筆《フテ》ヲ求《モト》メ辞《シ》世《セイ》ノ偈《ケ》ヲ書《シヨ》シテ曰、

白道運《ハクタウニハコブ》レ歩《ホヲ》数《ス》十年、以《モツテ》レ火ヲ消《ケス》レ火ヲ難思術《ナンシノシユツ》。書畢《カキヲハツ》テ筆《フテ》ヲ擲《ナケ》テ合掌《カツシヤウ》シ、念仏シ眠《ネム》ル如ク遷神《センシン》シ玉ヘリ。于時元和《トキニケンワ》元年〈乙夘〉正月五日、歳算《サイサン》七十四歳《サイ》ナリ。落《ラク》日ノ時ニ及《ヲヨン》テ、白《ハク》気《キ》一道夕陽《タウセキヤウ》ヲ貫《ツラヌ》キ、後チ亦《マタ》紫金《シキン》ノ色ト変《ヘン》（15オ）ス。空《クウ》中ニ音楽奇馥《ヲンカクキフク》アリ。面貌笑《メンメウエム》カ如ク、三日異相《イソウ》ニ変《ヘン》セス。遠近《エンキン》ノ道《タウ》俗《ソク》、其奇瑞《キスイ》ヲ視《ミ》テ来《キタ》ル者、勝《アケ》テ計《ハカ》ルヘカラス。随持《スイチ》ノ大通《ツウ》上人、遺語《ユイコ》ニ任《マカ》ゼ、万松《セウ》ノ山頭《トウ》ニ荼毘《タヒ》ス。寒灰《カンハイ》シテ遺骨《ユイコツ》ヲ拾《ヒロ》フニ、身骨総《シンコツスヘ》テナク、唯平生所持《タヽヘイセイシヨチ》ノ水精《スイシヤウ》ノ念珠《シユス》、煥爛《クハンラン》ト照《テ》リ耀《カヽヤ》キ、ツナキナカラニシテアリケリ。諸人、感嘆《カンタン》セスト云事ナシ。

一老尼《ラフニ》アリ、寿貞《シユテイ》ト名ツク〈法孫貴誉《ホウソンキヨ》／万量《ハンリヨウ》ノ母〉。彼ノ一顆《クハ》ヲ宝塔《ハウタウ》ニ納《ヲサ》メ持念《チネン》スルニ、光耀赫奕《クワウヤウカウヤク》トシテ、後ニ五色《シキ》ノ分顆《フンクハ》十数《スウ》ヲ得《エ》タリ。今ハ幡随《ハンスイ》院ノ宝蔵《ハウソウ》ニアリ。其ノ徒弟《トテイ》、皆熊野《クマノ》山ニ登山《トウサン》シ、證誠殿《シヨウジヤウテン》ヲ拝《ハイ》スルニ、殿《テン》ノ扉《トホソ》自然《シセン》ニ左右《サユウ》ニ開《ヒラケ》テ在世ノ容貌《ヤウハウ》ニ違《チカ》ハス出現《シユツケン》シテ曰、「我ハ是《コレ》、西刹《サイセツ》ノ願《クハン》主《シユ》ナリ。仮《カ》リニ穢国《エコク》ニ（15ウ）交《マシハ》ル事、済度利生《サイトリシヤウ》ノ為《タメ》ナリ。汝等《ナンチラ》能ク勤《ツトメ》テ怠《ヲコタ》ル事勿《ナカ》レ」ト告《ツ》ケ畢《ヲワリ》テ、宮殿《クウテン》ノ中ニ入リ玉フ。諸弟《シヨテイ》、奇異《キイ》ノ思ヲナシ、涙《ナミタ》ト共ニ帰《カヘ》リケル。

師ハ是熊野権現《コレクマノコンケン》ノ応化《ヲウケ》ナル故ニ、常《ツネ》ニ鴉来《カラスキタツ》テ善悪《センアク》ヲ告《ツ》ケ、又生ト死トニ、善《ヨロコ》ヒト憂《ウレヒ》トヲ告《ツ》ク。世人ノ生死《シヤウシ》ニ、何ソ其告《ツ》ケ有ランヤ。己《ヲノレ》カ心ニ思フ事アレハ、喜《ヨロコ》ヒトモ憂《ウレヒ》トモ聞《キク》ナラン。古歌ニ

鳥《トリ》ノ音《ネ》モ別《ワカ》レヨトテハ鳴《ナカ》ヌナリ
ヲノガツラサニ聞《キケ》ハコソアレ

幡随意上人諸国行化伝巻五　大尾（16オ）

演蓮社智誉白道上人幡随意大和尚
従元和元年〈乙夘〉正月五日遷神至宝暦三〈癸酉〉年歴
百三十九年

南無阿弥陀仏
王誉妙竜
竜誉高天　（16ウ）

師ノ行化振《フルヒ》二東西ニ一累徳潤《ルイトクウルヲス》二南北ニ一。偏《アマネク》於テ二諸州ニ一創《ソウ》二建《ケン》ス精舎《シヨウシヤ》ヲ一。或ハ補二治《スルコト》旧趾ヲ一四十有八所、恒ニ講二演シ経

-論ヲ一教二-令シ学-徒一ヲ説-法勧《クハン》-諭《ユ》利二-益ス万民一ヲ。其レ自ラ精《セイ》-修《シュ》スルヤ也。斎《サイ》-戒《カイ》清浄ニシテ口-称名-号スルコト日-課《クワ》数-万-遍也。至若《シカノミナラス》、毎レ開二-基スル蓮社《レンシヤ》一ヲ、勧《クハン》二請《シヤウ》シ熊野権現《コンケン》一ヲ為二鎮守《チンシュ》一ト華《クハ》-押《カフ》ニ象《カタトリ》二熊野三-山一ヲ点《テンスルヤ》二三-鴉《ア》一ヲ也、父-母祈《イノリ》二児ヲ権現一ニ宝-珠入リ二母ノ咽《ノンド》一ニ、其ノ誕辰《タンシン》ノ稲鴉《タウア》、終《シウ》-期《キ》ノ群《グン》-鴉、神-明ノ感-応、龍-女ノ救済《クサイ》、末期《マツコ》ノ奇-瑞等、其ノ不レルコト可レ誣《シュ》、如レシ斯《カクノ》乎。

奚　疑《イックンソウタカハン》二（17オ）現ノ応跡一ナルコト也。然ルニ権-現ハ本是レ弥-陀也。究《キフ》二-論《ロン》スレハ於本一則上-人ハ者亦是レ弥-陀応-現ナリ也。震旦《シンタン》ニ化《ケ》シ二善導一ト、日《ジチ》-域《イキ》ニハ現ス二白-道一ト。二-土ノ摂《セツ》-化勧策《ケクハンサイ》均《ヒトシフ》レシ趣、雖トモレ経《フル》ト二千歳一ヲ寒-松ノ一-色ナルカ焉。宜《ムヘナル》哉、滅-後雖トモ三已ニ及《フト》二百-有余載《ヨサイ》一ニ、威《イ》-光倍増《バイソウ》シ、緇素《シソ》崇-敬スルコト遺《イ》像《ソウ》ヲ宛《アタカモ》如シ二真-仏一ノ。大権ノ応現誰カ不レンヤ信レセ之ヲ者乎。

洛北　五劫院主　喚誉誌

宝暦五乙亥年正月良辰

作者　京師喚誉
書林　京寺町松原下ル町
勝村治右衛門（17ウ）

あとがき

本書のサブタイトルとなった「聖なる俗伝」の視座にこだわりはじめたのは、二〇〇八年刊の旧著『江戸の高僧伝説』以来のことであった。その意味では、本書は旧著の続篇にあたる。

もっとも、当初は近世高僧伝の図像と伝承に関する論考を一書にまとめる構想より出発したものの、最終的に僧伝の枠組みにおさまりきれない口碑、伝説、怪異談との連結も、近世の僧坊文芸を読み解く重要なファクターとして、考究の対象となった。十七世紀以後の高僧伝、あるいは縁起伝承に光をあてようとするとき、世俗に散らばる寺院由来の霊異談や宗教名所にまつわる俗説のたぐいに、かえってことの本質が潜む場合も少なくない。通常では訛伝とみなされる市井の口碑もまた、寺僧の語る「聖なる俗伝」と隣り合わせの事象なのである。

さらにまた、近世の僧坊文芸が民衆生活のごく近いところで物語の裾野を広げるにいたった要因のひとつとして、絵解き説法の普及にみるような布教活動の大衆化現象は大いに関わりをもったはずである。その際、寺に秘蔵された宝物の開帳が、寺僧の絵語りに信憑性と迫真力を与える聖なる装置となって、視る者、聴く者を遊楽の場に誘ったことは、歴史の事実であった。

絵解き説法や寺宝開帳をめぐる個々の寺坊の動きを追尾することも、「聖なる俗伝」が生み出される生の姿を知るために欠かせない視点と考え、これもまた考究の対象に加えた。

寺と民衆のあいだの距離を劇的に縮めるようになった近世という時代の僧坊文芸を総体として捉え直すところに、本書の目的が存したといってよい。

もっとも、絵画と宝物開帳と縁起語りを有機的にからめる布法のあり方は、必ずしも前近代の遺物とはいいきれない。

二十四輩寺院のひとつ無量寿寺の産女済度譚が遠く九州の地に運ばれ、長崎市・光源寺の縁起を派生したことは、本書Ⅰの第二章にふれたとおりである。光源寺は明治のころから「産女の幽霊」の木像を八月の盆にあわせて開帳し、地元の飴買い幽霊伝説を説教にとりまぜ、母の慈愛の証としてきた。二〇〇二年に墓所の一画に「赤子塚民話の碑」が建てられてからは、しばしばメディアにもとりあげられ、以前にもまして県内外の目をあつめるようになっている。

二〇一六年の夏、およそ十年ぶりに盆の法会を訪れてみて驚かされたのは、一般公開の法宝物のなかに、前回の調査の折には伝存していなかった四幅の幽霊画が新たに加えられていることであった。本堂奥の間に入ると、旧来の木像・産女図とは別に、作者も図様も異なる掛幅絵が薄暗い書院の余間に並んでいた。「反魂香」「亡婦と髑髏」などを描いた幽霊画は、いずれもこの十年のあいだに檀家や地元関係者の手をへて寺に納められたものであり、「赤子塚民話の碑」の評判に触発されて宝物となったという。

民話の碑にしるされた説話の内容が土地に伝わる飴買い幽霊の口碑に変遷している点を考えれば、光源寺の布宣する現今の縁起伝承は二十四輩無量寿寺の産女済度譚から大きく変容した俗伝ということになるだろう。しかし、現実には塔碑の建立をきっかけに、母幽霊の哀話は人々の共感を呼び、二十四輩伝承に由来する産女像の存在じたいが大きな求心力となって幽霊画のあいつぐ献納をもたらしたわけである。

盆の一日、照明を落とした開帳の間は、産女像を扇の枢要にすえたあまたの幽霊画によって、まるで曼荼羅の世界にも似た死者図様のコスモロジーを現出させていた。そして宝物開帳の空間は、すぐ隣りの本堂で口演される「赤子塚」の紙芝居と連動しながら、光源寺の縁起を説得力にみちた産女救済の物語に立体化していく。

近世にわきおこった視る説教、聴く説教の潮流は、現代社会にあって姿かたちを変えながら、なおも命脈を保ちつづけている。それは「聖なる俗伝」の最も今日的なありようを示唆するものといえるだろう。

最後になったが、小書をなすにあたり、貴重な資料の閲覧と宝物の撮影を許可していただいた諸寺、諸機関の皆様に深謝申し上げる。図版の一枚一枚に寺堂を訪れた季節の風情と諸師の御厚情がよみがえる。

また小書刊行のチャンスを与えていただいた森話社の大石良則社長ならびに西村篤氏に御礼申し上げる。西村氏には校正から索引の作成にいたるまで大変お世話になった。記して深謝申し上げる次第である。

二〇一六年師走　洛北木野にて

堤　邦彦

初出一覧

はじめに
「寺社縁起の転換期――近世から近代へ」（堤邦彦・徳田和夫編『寺社縁起の文化学』森話社、二〇〇五年）の前半を改稿

Ⅰ　近世高僧伝の文芸性と口承性

第一章　近世高僧伝の虚と実――道元伝記の変容を中心に
原題同（鈴木健一編『江戸の「知」』森話社、二〇一〇年）
第二章　親鸞の産女済度譚――縁起と口碑伝説のあいだ
原題同（『比較日本文化研究』第一二号、二〇〇八年一二月）
第三章　蓮如上人・幽霊済度の島――真宗史と在地伝承
原題同（『芸能文化史』第二五号、二〇一〇年三月）

Ⅱ　絵解きと高僧絵伝

第一章　勧化本と絵解き――幡随意上人伝の図像化をめぐって
原題同（堤邦彦・徳田和夫編『遊楽と信仰の文化学』森話社、二〇一〇年）
第二章　二十四輩巡拝と関東絵伝
原題同（『文芸論叢』七二号、二〇〇九年三月）

第三章　『西光寺御絵伝』と「鬼人成仏証拠之角縁起」
「生活の中の異界」（小松和彦監修『別冊太陽　妖怪絵伝』平凡社、二〇一〇年）の一部に加筆
第四章　二十四輩寺院縁起の周辺――水辺の風土と念仏の勝利
新稿
第五章　親鸞伝から『性信上人絵伝』へ――報恩寺絵伝をよみとく
新稿
第六章　関東絵伝の近代――讃岐に渡った二十四輩伝承
新稿

Ⅲ　縁起と近世文学

第一章　いくさ語りから怪談へ
原題同（堤邦彦・徳田和夫編『寺社縁起の文化学』森話社、二〇〇五年）
第二章　浄瑠璃姫伝承と寺宝開帳
「浄瑠璃姫をめぐる近世唱導」（『口承文芸研究』三二号、二〇〇九年三月）
第三章　冥府は現世にあり――地獄観の近世的変容
原題同（楠元六男編『江戸文学からの架橋』竹林舎、二〇〇九年）
第四章　福神と貧乏神――近世文学は「宿世の貧報」をどうとらえたか
「福神・窮鬼の説話をめぐって」（徳田和夫編『お伽草子百花繚乱』笠間書院、二〇〇八年）
第五章　上田秋成と唱導文化
「秋成浮世草子と唱導文化」（飯倉洋一・木越治編『秋成文学の生成』森話社、二〇〇八年）

［た］

［な］

［は］

寺社名索引

［ま］

［や］

［ら］

［わ］

［た］

［な］

［は］

書名索引

［ら］

［た］

人名索引

［著者略歴］
堤 邦彦（つつみ・くにひこ）
1953年、東京都生まれ。慶應義塾大学大学院博士課程修了。京都精華大学人文学部教授。
専攻　日本近世文学、説話伝承史、怪異学

［著書］『近世仏教説話の研究――唱導と文芸』翰林書房、1996年
『近世説話と禅僧』和泉書院、1999年
『江戸の怪異譚――地下水脈の系譜』ぺりかん社、2004年
『女人蛇体――偏愛の江戸怪談史』角川書店、2006年
『江戸の高僧伝説』三弥井書店、2008年
［共著］『近世民間異聞怪談集成』国書刊行会、2003年
『日本妖怪学大全』小学館、2003年
『寺社縁起の文化学』森話社、2004年
『番町皿屋敷』国書刊行会、2005年
『近世略縁起論考』和泉書院、2007年
『遊楽と信仰の文化学』森話社、2010年

絵伝と縁起の近世僧坊文芸――聖なる俗伝

発行日……………………………2017年2月3日・初版第1刷発行

著者………………………………堤 邦彦

発行者……………………………大石良則

発行所……………………………株式会社森話社
〒101-0064 東京都千代田区猿楽町1-2-3
Tel 03-3292-2636
Fax 03-3292-2638
振替 00130-2-149068

印刷………………………………株式会社厚徳社

製本………………………………榎本製本株式会社

ISBN 978-4-86405-107-1 C1095

（本書は京都精華大学による出版助成を受けています）